Ao longo dos séculos, o Homem tem-se dividido quanto à forma como a política deve enformar a sua vida em sociedade, o que originou o aparecimento de inúmeras correntes e teorias políticas. Por isso, a «Biblioteca de Teoria Política» visa ser um ponto de encontro abrangente dos vários autores que num passado mais recente se dedicaram à reflexão e filosofia políticas, mas também das diversas orientações da moderna teoria política.

A Sociedade Aberta e os Seus Inimigos

Título original:
Karl R. Popper: The Open Society and Its Enemies. Vol. 1.
London: Routledge, 5th ed. (revised) 1966 (or later)

© 1962, 1966 Karl Raimund Popper
© 1995 The Estate of Karl Raimund Popper
© 2008 University of Klagenfurt / Karl Popper Library

Prefácio:
© João Carlos Espada e Edições 70, 2012

Tradução:
Miguel Freitas da Costa

Revisão:
Pedro Bernardo

Capa: FBA

Depósito legal nº 349350/12

Biblioteca Nacional de Portugal – Catalogação na Publicação

POPPER, Karl, 1902-1994

A sociedade aberta e os seus inimigos. – 2 v. – (Biblioteca
de teoria política)
1º v.: p. – ISBN 978-972-44-1658-8

CDU 1
930
321.01

Paginação:
MJA

Impressão e acabamento:
PAPELMUNDE
para
EDIÇÕES 70
Fevereiro de 2021

Direitos reservados para todos os países de língua portuguesa

EDIÇÕES 70, uma chancela de Edições Almedina, S.A.
LEAP CENTER – Espaço Amoreiras – Rua D. João V, n.º 24, 1.03
1250-091 Lisboa – Portugal
e-mail: editoras@grupoalmedina.pt

www.edicoes70.pt

Esta obra está protegida pela lei. Não pode ser reproduzida,
no todo ou em parte, qualquer que seja o modo utilizado,
incluindo fotocópia e xerocópia, sem prévia autorização do Editor.
Qualquer transgressão à lei dos Direitos de Autor será passível
de procedimento judicial.

KARL POPPER

A Sociedade Aberta
e os Seus Inimigos
Primeiro Volume:
O Sortilégio de Platão

Prefácio de João Carlos Espada

70

Prefácio à Edição Portuguesa

Este livro, originalmente publicado em língua inglesa em 1945, é geralmente apontado como um dos mais importantes do século XX. Surge invariavelmente nas listas internacionais dos 25 mais influentes, muitas vezes também nas listas dos 10 livros que mais profundamente marcaram, e mudaram, o século XX. Foi traduzido em literalmente todas as línguas do planeta, nalguns casos em edições clandestinas, sobretudo em países sob regimes ditatoriais, comunistas ou de sinal oposto. A versão inglesa conheceu já incontáveis reedições, podendo ser sempre encontrado em qualquer boa livraria.

O livro foi aplaudido por filósofos, políticos e estadistas de várias inclinações políticas democráticas, ao centro-esquerda e ao centro-direita. Isaiah Berlin considerou que a crítica nele contida ao marxismo fora a mais devastadora jamais produzida. Bertrand Russell chegou mesmo a dizer que *A Sociedade Aberta* de Karl Popper era uma espécie de Bíblia das democracias ocidentais. Na Alemanha Federal, o chanceler social-democrata Helmut Schmidt e o chanceler democrata-cristão Helmut Kohl prefaciaram obras de ou sobre Karl Popper. Em Portugal, Mário Soares e Diogo Freitas do Amaral declararam-se admiradores do velho filósofo. Eu tive o prazer e o privilégio de acompanhar cada um deles em visitas privadas a casa de Karl Popper, em Kenley, perto de Londres, em 1992 e 1993, respectivamente. (No caso de Mário Soares, este foi acompanhado por sua mulher, Maria Barroso, e filha, Isabel Soares, que se deslocou a Londres propositadamente para a visita a Popper, não tendo participado na visita de Estado de seu pai, então Presidente da República, que antecedeu a visita privada a Karl Popper).

Para mim, *A Sociedade Aberta e Seus Inimigos* foi simplesmente um dos livros mais importantes da minha vida, talvez o mais importante. Simplesmente mudou a minha visão do mundo e, talvez possa ser dito, a minha vida. Li-o tardiamente, aos 25 anos ou pouco depois, por volta de 1980. Iniciou-se então uma «revolução copernicana» na minha maneira de ver o mundo e a vida. Essa revolução começou por imediatamente destruir o marxismo a que eu aderira como «religião secular» na juventude, e do qual procurava então libertar-me com o auxílio das obras de Raymond Aron e Ralf Dahrendorf, entre outros. Mas os seus efeitos foram muito mais profundos, graduais e duradouros. A profundidade do argumento de Karl Popper deixou-me para sempre intrigado, curioso, inquieto. Eu felizmente percebia que não conseguia perceber todo o alcance do seu argumento. Um mundo novo abria-se a meus olhos, um mundo muito excitante e desconhecido, que eu precisava de explorar urgentemente. Tenho estado a tentar explorá-lo desde então, dir-se-ia que com o mesmo entusiasmo com que inicialmente o descobri. E já passaram mais de trinta anos. E a cada nova solução, encontro um novo problema. E continuo à procura.

Vejo agora, com clareza meridiana, que Karl Popper me con-verteu à, e me abriu as portas da, civilização ocidental da liberdade e responsabilidade pessoal. Esta é a descoberta mais interessante que alguma vez terei feito. E é uma descoberta que gera uma busca sem fim. Ocupa a nossa vida, dá-lhe um sentido, mantém-nos despertos para novas perguntas e novas descobertas. Permite-nos apreciar e dar graças por um mundo em que misteriosamente existe beleza, bondade e verdade – mas ao qual só poderemos aceder, e só poderemos desfrutar, em liberdade, com abertura de espírito. Este é o mundo, como explica Karl Popper neste livro, da sociedade aberta, a sociedade livre e humanitária que foi para nós tentativamente desbravada pelos nossos antepassados atenienses do século V a.C., há mais de 2500 anos, e para a qual o Cristianismo deu em seguida uma decisiva contribuição.

Estas são algumas das poderosas razões porque só posso recomendar a leitura atenta deste livro. São elas que me levam também a saudar enfaticamente as Edições 70 por terem decidido

PREFÁCIO À EDIÇÃO PORTUGUESA | III

voltar a traduzir e editar esta obra magistral. Ela tinha sido pela primeira vez publicada entre nós em 1990 pela Editorial Fragmentos – fundada na década de 1980 pelo meu querido amigo, precocemente falecido, José Alexandre Magro, e depois retomada pelos nossos comuns amigos Luís Borges e Jorge Azevedo. Fico honrado e estou grato às Edições 70 pelo convite para prefaciar esta obra. Esta gratidão estende-se a José Alexandre, Luís Borges e Jorge Azevedo, que primeiro a introduziram entre nós.

O «esforço de guerra» de Karl Popper

Karl Popper descreveu os seus livros *A Sociedade Aberta e os Seus Inimigos* e *A Pobreza do Historicismo* como o seu esforço de guerra contra os totalitarismos nacional-socialista e comunista, em defesa das democracias liberais. Os livros foram escritos na Nova Zelândia, para onde o casal Popper se exilou em Março de 1937, um ano antes da anexação da sua Áustria natal pelas tropas alemãs de Hitler. Vale a pena recordar brevemente a génese deste exílio neozelandês que, paradoxalmente, começou com um aliciante convite para leccionar na prestigiosa Universidade de Cambridge, no Reino Unido, em 1936.

No final de 1935 e início de 1936, Karl Popper fizera uma primeira visita a Inglaterra, que se estendeu por cerca de nove meses. Até essa altura, Popper vivera basicamente em Viena de Áustria, onde nascera em 28 de Julho de1902. Depois de uma formação académica muito variada e de uma esporádica passagem pelo marxismo, quando tinha 16 anos, doutorara-se em Filosofia em 1928. Em 1934, publicaria o seu primeiro livro, que se tornaria um clássico da filosofia da ciência e do conhecimento: *Logik der Forschung*([1]). Apesar de ter sido publicado em alemão, o livro teve impacto imediato em Inglaterra e gerou vários convites para palestras por parte de universidades inglesas. Foi daí que resultou o périplo de nove meses, em 1935-1936, por várias universidades – entre as quais Oxford, Cambridge e a London School of Economics and Political Science, onde conheceu o seu compatriota Friedrich A. Hayek, de quem ficaria amigo para o resto da

---

([1]) A obra seria traduzida para inglês apenas em 1959, sob o título *The Logic of Scientific Discovery*.

vida. Esses nove meses em Inglaterra, quando Popper tinha 33 anos, «tinham sido uma revelação e uma inspiração», como ele relata na sua *Autobiografia Intelectual*: «A honestidade e decência das pessoas e o seu forte sentimento de responsabilidade política deixaram em mim a maior impressão possível»[2].

Por isso, foi com grande alegria que, em Novembro de 1936, Karl Popper e a mulher receberam o convite para se mudarem de Viena para Cambridge. Só que, na véspera de Natal desse mesmo ano, ainda em Viena, Popper recebeu outro convite, desta vez para leccionar em Canterbury University College, em Christ Church, na Nova Zelândia. Este era um convite puramente académico, enquanto a oferta de Cambridge se destinava a um refugiado do nazismo ascendente no continente europeu. Embora o casal Popper preferisse Cambridge, decidiram sugerir à Universidade que convidasse Fritz Waismann, do Círculo de Viena, no lugar de Popper – o que aconteceu. E, assim, Karl Popper ofereceu a um amigo o seu lugar em Cambridge – uma das mais prestigiadas universidades do mundo – embarcando pouco depois, em Fevereiro/Março de 1937, para uma remota universidade na remota Nova Zelândia.

Nessa época, a Nova Zelândia encontrava-se a cinco semanas de navio de Inglaterra e não se podia esperar resposta a uma carta em menos de três meses. Popper apreciou a tranquilidade neozelandesa, que classificou de «país mais bem governado do mundo e o mais fácil de governar». Julgo recordar ouvi-lo dizer que a Nova Zelândia era o país mais belo, mais pacífico... e mais monótono que conhecera.

Mas essa tranquilidade convinha, pelo menos de início, à sua criatividade intelectual. Apesar da tremenda carga de leccionação a que foi submetido, Popper lançou-se ao trabalho e produziu duas obras magistrais – *A Pobreza do Historicismo* e *A Sociedade Aberta e os Seus Inimigos* – entre 1938 e 1943. Houve depois terríveis peripécias em torno da publicação das duas obras: ambas foram ini-

---

[2] Karl Popper, *Busca Inacabada: Autobiografia Intelectual*, Lisboa, Esfera do Caos, 2008, pág. 157 (edição original: *Unended Quest: An Intellectual Autobiography, London, Routledge, 1976)* Ainda assim, Popper observou com preocupação que, mesmo em Inglaterra, ninguém nessa época parecia compreender a ameaça de Hitler – com excepção da voz corajosa e isolada de Winston Churchill. Desde essa altura, Karl Popper tornou-se um admirador incondicional de Churchill.

PREFÁCIO À EDIÇÃO PORTUGUESA | V

cialmente recusadas por várias editoras, deixando Popper à beira de uma depressão, como explica na sua autobiografia. A sua vida foi salva – a expressão é de Popper – por Friedrich A. Hayek e Ernst Gombrich (o célebre historiador de arte), que conseguiram a publicação de *A Sociedade Aberta* pela Routledge de Londres, em 1945. Quanto à *Pobreza do Historicismo*, depois de ter sido recusada pela revista *Mind* foi publicada em três números sucessivos da distinta revista *Economica*, dirigida na época por Hayek, no final de 1944 e no início de 1945. A primeira edição em livro foi curiosamente em italiano, em 1954, e depois em francês, em 1956. Em língua inglesa, o livro saiu apenas em 1957, em edição revista e aumentada. Entre nós, foi publicada em 2007 pela editora Esfera do Caos.

Ainda em 1945, Karl Popper recebe um convite de Friedrich A. Hayek para leccionar na London School of Economics. Desta vez, o casal Popper aceitou o convite sem pestanejar. Em Janeiro de 1946, chegavam a Inglaterra, onde permaneceriam até ao final da vida, tornando-se orgulhosos e felizes cidadãos britânicos. Em 1964, Karl Popper receberia da Rainha o título de Sir: Professor Sir Karl Popper. Faleceu em 1994, na sua residência de Kenley, ao sul de Londres.

Uma crítica original e demolidora do marxismo

O impacto imediato da publicação de *A Sociedade Aberta e os seus Inimigos* centrou-se na sua crítica demolidora do marxismo. Sob a sua influência, centenas ou mesmo milhares de jovens marxistas descobriram a fraude intelectual e moral do marxismo. Tal como aconteceu comigo, a *Sociedade Aberta* de Karl Popper levou-nos a abandonar o marxismo e a combatê-lo sem complexos, mais do que isso, com prazer e algum espírito de dever. Essa foi a primeira mudança fundamental operada por Karl Popper no século xx: a demolição intelectual e moral do marxismo, em nome da tradição da liberdade e responsabilidade pessoal.

É por aqui que vou começar esta breve apresentação do argumento de Popper. Mas serei breve. O marxismo está hoje exausto, embora não totalmente defunto, e outros temas realmente mais importantes foram tratados por Popper neste livro. Ainda assim, começarei brevemente por introduzir o leitor à crítica de Karl

Popper a Karl Marx. Creio que é possível identificar três elementos inovadores fundamentais nesta crítica. Começarei por enunciá-los, para depois os desenvolver, ainda que resumidamente.

Em primeiro lugar, Karl Popper reconheceu e elogiou o impulso moral humanitário e «melhorista» subjacente à doutrina de Marx, o impulso para melhorar a sorte dos nossos semelhantes e aliviar o sofrimento humano susceptível de ser evitado. Mas, simultaneamente, acusou a doutrina de Marx de ter abandonado e até «atraiçoado» esse impulso moral humanitário que lhe dera origem, em troca de uma ideologia dogmática e destituída de moral, ou moralmente relativista. Por outras palavras, Karl Popper condenou a mensagem moral de Marx em nome dos próprios princípios morais humanitários de que Marx se reclamara.

Em segundo lugar, Karl Popper dissecou o conteúdo substantivo da doutrina de Marx, agora separada do seu impulso moral, e acusou-a de **reaccionária**. Colocou-a sem hesitações ao lado das ideologias contrárias à sociedade aberta, as ideologias totalitárias, de esquerda ou de direita, como o nacional-socialismo, ou nazismo, e o fascismo, que «continuam a tentar derrubar a civilização e regressar ao tribalismo». Por outras palavras, Karl Popper condenou a doutrina de Marx em nome da ideia de progresso de que Marx se reclamara.

Em terceiro lugar, Karl Popper criticou duramente a ilusão do «socialismo científico» que Marx acabara por colocar no centro da sua doutrina. Popper mostrou que o «socialismo científico» (que distinguiu de outras variedades de socialismo, designadamente democrático, ou liberal, ou reformista) simplesmente não existe. Mostrou que se trata de uma superstição primitiva e profundamente contrária à atitude científica. A essa superstição poderosa, uma superstição dos que "acreditam que sabem, sem saberem que acreditam", Popper chamou historicismo. Por outras palavras, Popper criticou a doutrina de Marx em nome da atitude científica de que este se reclamara.

A crítica ao historicismo de Platão, Hegel e Marx

Em *A Sociedade Aberta e os seus Inimigos*, Karl Popper lança um fulminante ataque a três grandes filósofos que considerou principais inimigos da sociedade aberta: Platão, Hegel e Marx. O pri-

PREFÁCIO À EDIÇÃO PORTUGUESA | VII

meiro volume da obra, no qual este prefácio se integra, é quase inteiramente dedicado a Platão, e permanece ainda hoje o mais controverso. O segundo volume é sobretudo dedicado a Marx, com apenas um capítulo sobre Hegel, revelando pelas motivações daquele autor uma simpatia de todo ausente no tratamento de Platão ou Hegel. Esta abertura para com as motivações morais de Marx – a sua alegada revolta moral perante o sofrimento das classes trabalhadoras – contrasta com a severidade de Popper para com a doutrina de Marx. Como referi acima, este dualismo foi entendido por muitos observadores como factor explicativo do poderoso impacto da crítica de Popper em muitos jovens intelectuais marxistas que deixaram de o ser sob a influência de Popper.

Seria impossível resumir aqui as detalhadas críticas a Platão e Marx contidas neste volume e no próximo de *A Sociedade Aberta*. Seria sobretudo impossível reproduzir o vigor e energia contagiantes que Popper lhes imprimiu. Optei, por isso, por tentar reconstruir o argumento de Popper contra as atitudes intelectuais que considerou inimigas da sociedade aberta, e só subsidiariamente as remeterei para os pontos de vista particulares de Platão, Hegel ou Marx. De certa forma, trata-se de homenagear a argúcia intelectual de Popper na detecção das ideias hostis à sociedade aberta, deixando uma margem interpretativa para decidir se essas ideias foram ou não exactamente defendidas pelos autores que ele criticou – uma margem que, em meu entender, é sobretudo justificável relativamente a Platão.

O primeiro e mais claro inimigo da sociedade aberta de Popper é, sem qualquer dúvida, o historicismo. Foi de um trabalho inicial de crítica ao historicismo que emergiu não intencionalmente o livro *A Sociedade Aberta* – findo o qual Popper voltou ao trabalho inicial para produzir *A Pobreza do Historicismo*[3]. Por historicismo, Popper entende uma atitude intelectual – que pode estar presente em doutrinas particulares diversas – que atribui à história um sentido predeterminado que não é susceptível de alteração pelos indivíduos. Tal como o desenlace de um filme a que estamos a assistir já está contido no celulóide ainda não projec-

---

[3] Sobre a génese intelectual das duas obras, ver Karl Popper, *Busca Inacabada: Autobiografia Intelectual* (Lisboa, Esfera do Caos, 2008), pp. 160-169.

tado, também o futuro da história humana estaria já definido no presente, assim como o presente teria estado definido no passado. Para esta visão determinista da história, a verdadeira liberdade do homem não consiste em tentar ilusoriamente imprimir um rumo aos acontecimentos. A verdadeira liberdade consistiria em conhecer as leis necessárias do desenvolvimento histórico – «a liberdade é a consciência da necessidade», disseram Hegel e Marx – para, em seguida, poder contribuir para a sua concretização e, se possível, aceleração. Acelerar ou retardar a concretização das leis da história é toda a liberdade que resta aos indivíduos.

Contra esta visão da história, Karl Popper argumentou, em primeiro lugar, que é impossível prever o futuro. Existe uma razão puramente lógica para esta impossibilidade. Ela decorre do facto de termos de reconhecer que os nossos conhecimentos técnicos e científicos futuros influenciarão em larga medida o futuro das nossas sociedades. Mas também temos de reconhecer que não podemos conhecer hoje os nossos conhecimentos técnicos e científicos futuros – caso contrário, eles deixariam de ser futuros e passariam a ser presentes. Logo, concluiu Popper, não podemos conhecer o futuro.

Em segundo lugar, as profecias historicistas acerca do sentido inevitável da história não são em regra susceptíveis de teste. Este é o caso flagrante do marxismo, que profetizou o advento inexorável do socialismo e do comunismo sem lhe atribuir um horizonte temporal definido – e, simultaneamente, reclamando um estatuto científico para essa profecia. Mas esta profecia não pode ter carácter científico, argumentou Popper, porque nenhum teste – que, quando ocorrer, ocorrerá sempre «no presente» – pode refutar uma teoria que anuncia a sua concretização sempre «para o futuro». A «previsão» marxista sobre o inevitável advento do socialismo no futuro trata-se, por isso, apenas de uma crença ou de uma superstição. A inverosimilhança dessa superstição foi aliás empiricamente ilustrada: (1) o socialismo nunca ocorreu nos países em que a teoria previa que devia ocorrer, os países de capitalismo maduro, mas naqueles em que não devia ter ocorrido, os países pré-capitalistas ou de capitalismo incipiente; (2) mais grave do que isso, depois de 1989, o socialismo em muitos desses países deu lugar ao capitalismo democrático, o que estava excluído pela teoria. Ainda assim, os crentes na profecia marxista podem continuar a dizer que, no futuro, o socialismo é inevitável. Isto apenas

PREFÁCIO À EDIÇÃO PORTUGUESA

mostra, concluiu Popper, que se trata de uma crença e não de uma teoria científica susceptível de teste([4]).

No entanto, foi precisamente em nome desta profecia historicista – o chamado «socialismo científico» – que o marxismo capturou a imaginação dos intelectuais e concretizou alguns dos regimes políticos mais violentos do século XX. O impulso moral humanitário do socialismo original foi corrompido pelo historicismo alegadamente científico, sustentou Popper. E isso deve-se à mensagem moral profundamente relativista do historicismo. Ao proclamar que todos os princípios e valores morais são relativos ao contexto e época históricos, o historicismo marxista esvaziou a moral de todo e qualquer conteúdo autónomo, subordinando-a por inteiro à doutrina do sucesso histórico. A consequência não se fez esperar: libertado de todo o escrúpulo moral absoluto ou intemporal, o marxismo teórico deu lugar ao marxismo realmente existente – o das ditaduras mais sanguinárias([5]).

A crítica ao relativismo

Um segundo inimigo da sociedade aberta consiste no **naturalismo ético**, a atitude que consiste em tentar reduzir normas a factos([6]). O ponto de partida do positivismo ético reside frequentemente na observação da existência de uma grande variedade de normas morais. O naturalismo ético conclui daí que as normas morais são arbitrárias e que a única forma de superar essa arbitrariedade consiste em reconduzir normas a factos. Paradoxalmente, argumenta Popper, esta recusa monista do dualismo de factos e padrões acabará por produzir um relativismo ético sem entraves.

([4]) Sobre a distinção entre previsão e profecia nas ciências sociais, ver sobretudo Karl Popper, *A Pobreza do Historicismo* (Lisboa: Esfera do Caos, 2007), em particular parte 4 «Crítica das doutrinas pró-naturalistas», pp. 99- -150, (edição original, *The Poverty of Historicism*, London, Routledge & Kegan Paul, 1957.

([5]) Sobre o relativismo moral do historicismo e o seu contraste com a perspectiva moral de Popper, ver capítulo 22 do presente livro, volume II, «A teoria moral do historicismo».

([6]) Para uma crítica detalhada ao naturalismo ético, ver capítulo 5 do presente volume, «Natureza e convenção».

Popper distingue várias formas de naturalismo ético: naturalismo biológico, positivismo ético e naturalismo psicológico. Ao longo da sua obra, o positivismo ético vai emergir como o mais importante e o alvo mais recorrente das suas críticas. Por positivismo ético, Popper entende a forma particular de naturalismo ético que «sustenta não existirem outras normas para além das leis que foram realmente consagradas (ou positivadas) e que portanto têm uma existência positiva. Outros padrões são considerados produtos irreais da imaginação». O problema óbvio com esta teoria é que ela impede qualquer tipo de desafio moral às normas existentes. Se não existem padrões morais além daqueles positivados na lei, a lei que existe (*is*) é a que deve existir (*ought to be*). Esta teoria conduz ao princípio de que a força é o direito (*might is right*). Como tal, ela opõe-se radicalmente ao espírito da sociedade aberta: esta funda-se, como recordarei adiante, na possibilidade de criticar e gradualmente alterar leis e costumes. O positivismo ético, ao decretar a inexistência de valores morais para além daqueles contidos nas normas legais realmente existentes conduz à desmoralização da sociedade e, por essa via, à abolição do conceito de liberdade e responsabilidade moral do indivíduo.

Este é talvez um dos aspectos mais incompreendidos na obra de Popper e na sua concepção de sociedade aberta. A ideia de «abertura» foi capturada por modas e teorias intelectuais relativistas que Popper na verdade condenara como inimigos da sociedade aberta. Observando este fenómeno crescer sob os seus próprios olhos – e, algumas vezes, em nome da sua obra – o aguerrido filósofo decidiu acrescentar em 1961 uma adenda à *Sociedade Aberta* de 1945, intitulada «Factos, padrões e verdade: uma crítica adicional ao relativismo», contida no segundo volume desta obra. Neste vigoroso e denso ensaio, Popper começa por afirmar que «a principal doença do nosso tempo é um relativismo intelectual e moral, o segundo sendo pelo menos em parte baseado no primeiro». Este relativismo caracteriza-se pela negação da existência de verdade objectiva e/ou pela afirmação da arbitrariedade da escolha entre duas asserções ou teorias. Para refutar este ponto de vista, Popper começa por estabelecer uma distinção entre padrões e critérios. Um enunciado é verdadeiro, diz Popper, se e apenas se corresponde aos factos. Esse é o padrão de verdade de um enunciado, e ele é totalmente objectivo: um enunciado é ou não verdadeiro, isto é, corresponde ou não aos factos, independentemente

PREFÁCIO À EDIÇÃO PORTUGUESA | XI

de sabermos se ele é ou não verdadeiro. Só este entendimento de verdade permite dar sentido ao conceito de erro. Cometemos um erro quando consideramos verdadeiro um enunciado que é falso, ou vice-versa. Em bom rigor, cometemos em regra erros sem termos consciência de que os estamos a cometer. Uma das razões principais pelas quais cometemos erros reside no facto de não existirem critérios inteiramente seguros para descobrirmos em todas as situações se um enunciado corresponde ou não aos factos. Existe, por isso, uma diferença entre a falibilidade dos critérios e a objectividade do padrão de verdade. É devido a esta diferença que é tão importante a liberdade de crítica: é ela que permite detectar erros na utilização de critérios e, dessa forma, ajudar-nos a aproximarmo-nos da verdade objectiva. A esta atitude, que combina a defesa da existência de um padrão objectivo e absoluto de verdade com o reconhecimento da falibilidade dos critérios para identificar a verdade, Popper chamou absolutismo falibilista. Este pode ser aplicado analogamente ao domínio moral, embora Popper reconheça que o conceito de «bem» ou de «justiça» é logicamente mais complexo do que o conceito de «verdade» enquanto correspondência com os factos. Contudo, sustenta o autor, também podemos aprender com os nossos erros no domínio dos padrões morais e também podemos procurar padrões moralmente mais exigentes. Esta será mesmo uma característica fundamental do liberalismo – o qual «se baseia no dualismo de factos e padrões no sentido em que acredita na procura de padrões sempre melhores, especialmente no domínio da política e da legislação».

A crítica ao colectivismo

Depois do historicismo e do naturalismo ético, outra atitude que esvazia a moral de conteúdo autónomo é o colectivismo. Este consiste em atribuir ao colectivo uma «essência» independente dos indivíduos que o compõem. Acontece, notou Popper, que o colectivo não é um sujeito moral: o colectivo não pensa, não age, não sente prazer nem dor. Por isso, porque o colectivo é na verdade uma colecção de indivíduos, algum indivíduo vai ter de falar em nome do colectivo. Ao atribuir ao colectivo uma existência independente dos indivíduos que o compõem, o colectivismo abre as portas à tirania, ao líder que fala em nome da multidão – e, em nome da multidão, esmaga toda e qualquer oposição individual. No plano moral, o colectivismo rouba a responsabilidade moral ao indivíduo – o fardo de cada um ter de ser responsável pelos seus actos. Este fardo da liberdade e responsabilidade pessoal é então aliviado e transferido para uma mítica entidade colectiva. Finalmente, o colectivismo corrompe o altruísmo moral, o qual, segundo Popper, terá de ser sempre individualista. O colectivismo coloca em primeiro lugar a lealdade para com a tribo. Gera, neste sentido, uma espécie de egoísmo colectivista. O individualismo altruísta, em contrapartida, manda auxiliar indivíduos que precisam de auxílio, independentemente da tribo a que pertencem. Popper sublinha o crucial contributo do cristianismo para a emergência do individualismo altruísta. Recorda que Jesus Cristo ensinou a «amar o próximo» e não a «amar a tribo».

O individualismo de Popper, no entanto, não deve ser confundido com egoísmo moral nem com individualismo desenraizado. No plano moral, referi acima que Popper considera o altruísmo inseparável do individualismo: ser altruísta significa auxiliar outros indivíduos que precisam de auxílio, não submeter-se a lógicas de grupo ou colectivistas (como seria o caso do racismo, ou do nacionalismo, ou da idolatria de uma qualquer classe social). No plano metodológico, como recordarei de novo mais à frente, Popper vê o indivíduo sempre em interacção ou em relação com o outro. Toda a sua filosofia do conhecimento e da sociedade aberta funda-se na interacção livre entre indivíduos e instituições, não em indivíduos isolados ou desenraizados.

Sociedade aberta e falibilismo

Para captar o conceito popperiano de sociedade aberta é necessária uma breve incursão na sua filosofia do conhecimento, a que fizemos já breve referência na crítica ao relativismo. A filosofia do conhecimento de Popper foi originalmente apresentada no seu livro *Lógica da Descoberta Científica* (publicado pela primeira vez em alemão, em 1934). No centro do argumento epistemológico de Popper está uma observação muito simples que é costume designar por «assimetria dos enunciados universais». Esta assimetria reside no facto de que, enquanto nenhum número finito

PREFÁCIO À EDIÇÃO PORTUGUESA | XIII

de observações (positivas) permite validar definitivamente um enunciado universal, basta uma observação (negativa) para o invalidar ou refutar. Por outras palavras, e citando um exemplo que se tornou clássico: por mais cisnes brancos que sejam encontrados, nunca podemos ter a certeza de que todos os cisnes são brancos (pois, amanhã, alguém pode encontrar um cisne preto). Em contrapartida, basta encontrar um cisne preto para ter a certeza de que é falso o enunciado universal «todos os cisnes são brancos».

Karl Popper fundou nesta assimetria dos enunciados universais a sua teoria falibilista do conhecimento em geral e do conhecimento científico em particular. Basicamente, Karl Popper argumenta que o conhecimento científico não assenta no chamado método indutivo, mas numa contínua interacção entre conjecturas e refutações (daí o título de um outro livro importante de Popper, editado entre nós pela Almedina). Enfrentando problemas, o cientista formula teorias conjecturais para tentar resolvê-los. Essas teorias serão então submetidas a teste. Se forem refutadas, serão corrigidas (ou simplesmente eliminadas) e darão origem a novas teorias que, por sua vez, voltarão a ser submetidas a teste. Mas, se não forem refutadas, não serão consideradas como provadas. Elas serão apenas corroboradas, admitindo-se que, no futuro, poderão ainda vir a ser refutadas por testes mais severos. O nosso conhecimento é, por isso, fundamentalmente conjectural e progride por ensaio e erro.

Entre as múltiplas consequências desta visão sobre o progresso do conhecimento encontram-se duas que terão particular importância para a filosofia política e moral de Popper. Em primeiro lugar, o chamado critério de demarcação entre asserções científicas e não científicas: serão asserções científicas apenas aquelas que sejam susceptíveis de teste, isto é, de refutação[7]. Este ponto foi, como vimos acima, de crucial importância para a crítica de Popper ao historicismo marxista. Em segundo lugar, a possibilidade de criticar uma teoria, de a submeter a teste e de tentar refutá-la é condição indispensável para o progresso do conhecimento. Por outras palavras, a liberdade de crítica é indispensável para o progresso do conhecimento.

---

[7] Sobre este tema, ver em particular *A Pobreza do Historicismo* e *The Logic o f Scientific Discovery*.

É na aceitação ou não da liberdade de crítica que Popper vai fundar a distinção fundamental entre sociedade aberta e sociedade fechada. Na primeira, existe espaço para a liberdade de crítica e para a gradual alteração de leis e costumes através da crítica racional. Na segunda, pelo contrário, leis e costumes são vistos como tabus imunes à crítica e à avaliação pelos indivíduos. No capítulo 10 do presente livro, o capítulo que encerra este volume, Karl Popper desenvolve uma poderosa e emocionada defesa do ideal da sociedade aberta, fazendo remontar as suas origens à civilização comercial, marítima, democrática e individualista do iluminismo ateniense do século v a.C. – que o autor contrasta duramente com a tirania colectivista e anticomercial de Esparta.

Para Popper, o conflito que no século xx opôs as democracias liberais do Ocidente aos totalitarismos nazi e comunista é, nos seus traços essenciais, um conflito semelhante ao que opôs a democracia ateniense à tirania espartana. As modernas democracias liberais são herdeiras de um longo processo de abertura gradual das sociedades fechadas, tribais e colectivistas do passado – processo que terá tido início em Atenas e noutras civilizações marítimas e comerciais como a da Suméria. Popper explica que, embora não tenha qualquer interesse particular por actividades comerciais, verifica que as culturas comerciais e marítimas têm maior propensão para a abertura intelectual. Isso pode dever-se ao facto de estarem em contacto com outras culturas e serem por isso estimuladas a avaliar, justificar e talvez reformar criticamente as suas próprias leis e tradições([8]).

Duas teorias da democracia

Sendo um intransigente defensor das democracias liberais, Popper é, contudo, um crítico contundente das teorias usualmente associadas à democracia, em particular a que entende a democracia como o regime fundado no governo do povo, ou da

---

([8]) Sobre a relação entre liberdade e culturas marítimas, ver, entre outros, Peter Padfield, *Maritime Power and the Struggle for Freedom* (London: John Murray, 2003). Com base em Karl Popper, abordei o tema em «O poder do Estado no mar e a história do Ocidente», Sessão de Abertura do XI Simpósio de História Marítima, Academia de Marinha, Lisboa, 25 de Novembro de 2009.

PREFÁCIO À EDIÇÃO PORTUGUESA | XV

maioria, ou na chamada «soberania popular». Popper começa por observar que esta teoria da «soberania popular» se inscreve numa tradição de definição do melhor regime político em termos da melhor resposta à pergunta «quem deve governar?». Mas esta pergunta, que remonta a Platão, prossegue o autor, conduzirá sempre a uma resposta paradoxal. Se, por exemplo, o melhor regime for definido como aquele em que um – talvez o mais sábio, ou o mais forte, ou o melhor – deve governar, então, esse um pode, segundo a definição do melhor regime, entregar o poder a alguns ou a todos, dado que é a ele que cabe decidir ou governar. Chegamos então a um paradoxo: uma decisão conforme à definição de melhor regime conduz à destruição desse mesmo regime. Este paradoxo ocorrerá qualquer que seja a resposta à pergunta "quem deve governar?" (um, alguns, ou todos reunidos em colectivo) e decorre da própria natureza da pergunta – que remete para uma resposta sobre **pessoas** e não sobre **regras** que permitam preservar o melhor regime.

A teoria da democracia de Popper vai então decorrer da resposta a outro tipo de pergunta: não sobre **quem** deve governar, mas sobre **como** evitar a tirania, **como** garantir a mudança de governo sem violência. O meio para alcançar este objectivo residirá então num conjunto de regras que permitam a alternância de propostas concorrentes no exercício do poder e que impeçam que, uma vez chegadas ao poder, qualquer delas possa anular as regras que lhe permitiram lá chegar. O governo representativo ou democrático surge então como uma, e apenas uma, dessas regras. Elas incluem a separação de poderes, os freios e contrapesos, as garantias legais – numa palavra, o governo constitucional ou limitado pela lei. Tal como em *The Federalist Papers* ou em Edmund Burke, a teoria do governo representativo de Popper apresenta-o como um dos instrumentos para limitar o poder, e não como fonte de um poder absoluto que devesse ser transferido de um ou de alguns para todos. Existe aqui uma clara analogia com a teoria do conhecimento de Popper, na qual as fontes de conhecimento não detém autoridade e toda a ênfase é colocada no controlo mútuo entre propostas rivais – na tentativa de refutação mútua entre propostas rivais. Por este motivo, Popper argumentou também que o sistema eleitoral mais adequado a esta visão da democracia é o sistema maioritário baseado em círculos uninominais: ele permite um maior controlo dos eleitores sobre os eleitos;

XVI | A SOCIEDADE ABERTA E OS SEUS INIMIGOS

facilita a formação de maiorias, favorecendo por isso o controlo mútuo entre governo forte e oposição consistente; e evita a fluidez dos governos e oposições fundados em coligações[9].

Engenharia social: parcelar *versus* utópica

O governo limitado de Karl Popper não é, no entanto, um governo passivo cujas funções devam ser fixadas de antemão de forma rígida. Dentro dos limites constitucionais que visam impedir a tirania, as funções e políticas específicas de cada governo estarão também elas sujeitas à controvérsia racional e ao ensaio e erro. No entanto, esta abertura ao método do ensaio e erro impõe uma limitação ao tipo de intervenção governamental: só uma intervenção de tipo parcelar, e não de tipo global ou utópica, é compatível com a atitude científica da experimentação e do ensaio e erro.

A distinção, crucial para Karl Popper, decorre em grande parte da distinção por ele introduzida entre racionalismo crítico e racionalismo dogmático ou abrangente. Enquanto no primeiro a razão actua parcelar ou topicamente a partir de problemas, no segundo é atribuída à razão a função abrangente de prover fundações e redesenhar a partir dessas fundações[10]. Analogamente, a engenharia social parcelar ensaia soluções parcelares para problemas parcelares. A engenharia social utópica, pelo contrário, supõe que todos os problemas parcelares só podem ser enfrentados com

---

[9] Um vigoroso resumo da teoria da democracia de Popper pode ser encontrado na sua «Conferência de Lisboa», proferida em 1988 no âmbito do ciclo «Balanço do Século», promovido pelo Presidente da República, Dr. Mário Soares. O texto foi reproduzido pelo prestigiado semanário britânico *The Economist* e pode ainda ser encontrado na segunda edição da versão portuguesa da obra de Karl Popper, *Em Busca de Um Mundo Melhor* (Lisboa: Fragmentos, 1989), bem como no próprio livro de actas do ciclo de conferências *Balanço do Século* (Lisboa: Imprensa Nacional, 1989).

[10] Esta distinção entre racionalismo crítico e racionalismo dogmático está brilhantemente apresentada no capítulo 24 do presente livro, volume II, «A filosofia oracular e a revolta contra a razão». Outro texto crucial neste domínio é «Avançando para uma teoria racional da tradição», que constitui o capítulo 4 da magnífica colectânea de ensaios de Karl Popper, *Conjecturas e Refutações* (Lisboa, Almedina, 2003; edição original: *Conjectures and Refutations*, London: Routledge, 1963).

PREFÁCIO À EDIÇÃO PORTUGUESA | XVII

o redesenhar da sociedade no seu conjunto. Este redesenhar vai ser feito com base na formulação de planos globais (*blueprints*) de uma sociedade outra.

O erro fundamental da engenharia social utópica consiste em ignorar a existência de efeitos não intencionais de todas as acções humanas. Por definição, estes efeitos não podem ser conhecidos de antemão – apenas serão conhecidos por ensaio e erro, devendo, por isso, conduzir à constante e gradual correcção e reformulação de políticas públicas. É esta possibilidade de correcção gradual que é garantida pela democracia liberal e pelas suas engenharias sociais parcelares – sempre submetidas à crítica de propostas rivais e ao escrutínio público dos resultados alcançados. A engenharia social utópica, pelo contrário, não será capaz de revelar a mesma capacidade de aprendizagem. Dado que trabalha na base de um *blueprint* global, todos os insucessos parcelares serão atribuídos ao facto de o *blueprint* não ter ainda sido completamente alcançado. Cada fracasso ou insucesso conduzirá então a uma aceleração ou radicalização das políticas ensaiadas, e nunca à sua revisão. Este mecanismo, inerente à própria natureza abrangente da engenharia social utópica, conduzirá à intransigência revolucionária e à violência. Esta será então utilizada em nome da razão contra aqueles que alegadamente resistem à libertação racional dos atavismos sociais. Mas Popper denunciou que na essência desta política alegadamente racional está uma visão dogmática oposta à atitude experimental de ensaio e erro([11]).

Por outro lado, Popper sublinha a visão activa da engenharia social parcelar relativamente a mecanismos descentralizados como o mercado ou a propriedade privada. Segundo Popper, estes mecanismos devem ser protegidos e incentivados como parte de políticas activas que reconhecem serem esses mecanismos os mais adequados para atingir certos fins: por exemplo, a garantia de que o sistema económico estará ao serviço dos consumidores e não dos produtores. Nesta perspectiva, Popper critica o conceito de «não intervencionismo universal» e sublinha que o próprio mercado livre requer uma protecção adequada do Estado

---

([11]) Para uma crítica vigorosa da utopia e das suas consequências autoritárias, ver, em relação a Platão, capítulo 9 do presente volume, «Esteticismo, perfeccionismo, utopismo», e, em relação a Marx, ver no Volume II capítulos 18-21, na secção «A profecia de Marx».

e, por vezes, a sua intervenção. A intervenção adequada, quando necessária, deve ser de tipo indirecto e institucional e não directo e pessoal.

Finalmente, Popper sustenta que a engenharia social parcelar da sociedade aberta deve ser inspirada por uma máxima negativa que consiste em «aliviar o sofrimento humano susceptível de ser aliviado». De certa forma, trata-se de uma versão negativa da máxima utilitarista de «maximizar a felicidade do maior número». A versão negativa é preferível pelas mesmas razões que, em política, é preferível combater males concretos do que promover bens abstractos. Em primeiro lugar, porque é mais fácil definir objectivamente sofrimento do que felicidade. Em segundo lugar, o sofrimento alheio é susceptível de produzir um directo apelo moral, o que não acontece necessariamente com a promoção da felicidade de terceiros. Finalmente, a promoção da felicidade dos outros frequentemente envolve a intromissão nas suas vidas privadas e a imposição sobre eles de uma hierarquia de valores – o que é desnecessário ou apenas excepcionalmente necessário quando se trata de aliviar o sofrimento ou combater males conhecidos.

Civilização ocidental e sociedade aberta

Julgo que Karl Popper concordaria se disséssemos que a mensagem principal da sua filosofia – *sabemos muito pouco e cometemos muitos erros, mas podemos aprender com os nossos erros* – não fez dele um filósofo particularmente popular entre os filósofos. Apesar disso (e, de certa forma, por isso mesmo), Karl Popper reiterou que esta é a principal mensagem da civilização ocidental, a que funda a sociedade aberta que gradualmente emergiu nesta civilização, e que primordialmente a distingue dos seus inimigos. Esta mensagem pode ser descortinada nas duas citações com que Karl Popper decidiu abrir *A Sociedade Aberta e Seus Inimigos*. A primeira, de Samuel Butler, diz o seguinte:

> «Ver-se-á (…) que os Erewhonianos são um povo humilde e sofredor, fácil de levar pela trela e que se apressa a sacrificar o bom senso no altar da lógica, logo que surja entre eles um filósofo que os arraste (…) convencendo-os de que as suas presentes instituições não assentam nos mais estritos princípios de moralidade.»

PREFÁCIO À EDIÇÃO PORTUGUESA | XIX

Recordemos também a segunda citação, de Edmund Burke:

«Ao longo da minha vida conheci e, na medida das minhas possibilidades, colaborei com grandes homens; e nunca vi até hoje qualquer plano que não tenha sido emendado pelas observações daqueles que eram muito inferiores em entendimento à pessoa que encabeçava o empreendimento.»

Estas duas passagens, que servem de epígrafe a todo o livro, exprimem um profundo cepticismo relativamente ao que poderíamos designar por direcção central, ou, para utilizar a linguagem de Friedrich A. Hayek, por «ordens sociais feitas por desígnio central». Mas devem ser evitadas interpretações precipitadas deste cepticismo. Como referi acima, a propósito das tuas teorias da democracia, Popper não sugere a substituição de uma direcção central por uma espécie de «direcção colectiva de base», ou por uma espécie de «comuna», ou uma espécie de «autogestão generalizada» em que todos participariam permanentemente em todas as decisões. A visão de Popper é muito mais subtil e na verdade sugere que a sociedade aberta é uma espécie de «terceira via» entre uma ordem centralmente dirigida e uma ordem dirigida pela base. Em ambos os casos – quer numa ordem centralmente dirigida, quer numa ordem dirigida colectivamente pela base – estaríamos perante sociedades fechadas ou tribais.

A visão de Karl Popper sobre a sociedade aberta está próxima da de Walter Lippmann em *The Good* Society (1937) e de Friedrich A. Hayek em *The Constitution of Liberty* (1960). Para captar o alcance desse entendimento de sociedade aberta, talvez seja útil pensarmos em duas das maiores realizações da civilização ocidental e da sociedade aberta que com ela emergiu: a ciência e o Estado de Direito (ou Governo limitado pela lei, ou democracia constitucional/liberal).

Em ambos os casos, o da ciência e o do Estado de Direito, nenhuma autoridade última é atribuída a qualquer indivíduo, ou grupo de indivíduos. Embora várias instituições científicas, políticas e judiciais detenham e devam deter autoridade, todas estão sujeitas a recurso e à crítica livre, designadamente por via da liberdade de expressão e da alternância de maiorias parlamentares rivais. No entanto, isso não decorre da premissa (tão popular nos nossos dias) de que não existe diferença objectiva entre verdadeiro e falso, ou entre certo e errado, e de que, por isso, cada um teria a sua verdade. Pelo contrário, se há domínios em que essas distinções são cruciais, esses são seguramente os domínios da ciência e da lei: a ciência procura eliminar as teorias erradas e a lei procura proteger o inocente contra o agressor.

Interacção, pluralismo, evolução gradual

Como é possível conciliar, por um lado, a firme convicção de que existe verdade e erro, certo e errado, e, por outro, a recusa de atribuir a um indivíduo ou grupo de indivíduos a autoridade última de desenhar essas distinções? Karl Popper sugere uma explicação, a que já fiz referência a propósito da sua crítica ao relativismo: isto é possível se distinguirmos, por um lado, a existência objectiva de verdade e de bem e, por outro, a existência do conhecimento subjectivo da verdade e do bem. Por outras palavras, existem padrões objectivos de verdade e de bem, mas todos nós somos falíveis na percepção desses padrões. A possibilidade de corrigirmos os nossos erros de percepção e de nos aproximarmos dos padrões objectivos de verdade e de bem assenta, por isso, na possibilidade de submetermos as percepções de cada um à crítica dos outros. Essa crítica tem como suporte fundamental o confronto com os factos, ou com as consequências decorrentes das nossas percepções.

Esta teoria costuma ser descrita pela expressão «conjecturas e refutações». É importante sublinhar a visão *interaccionista* subjacente ao método das conjecturas e refutações. Este método parece hoje bastante claro: o nosso conhecimento progride por ensaio e erro. Mas nem sempre tem sido enfatizado que o método do ensaio e erro só funciona num ambiente aberto de interacção – um ponto que de certa forma supera discussões intermináveis entre o chamado individualismo e o chamado comunitarismo. Karl Popper era certamente um individualista, por contraste com o colectivismo, mas via o indivíduo em interacção com os outros e enraizado em modos de vida e instituições.

O conceito de interacção requer desde logo a liberdade de crítica entre pontos de vista rivais. Mas, mais do que isso, requer também a possibilidade de diferentes propostas serem postas em prática sem o acordo prévio de todos, ou sequer da maioria.

PREFÁCIO À EDIÇÃO PORTUGUESA

Novas descobertas e novas melhorias no campo científico e social emergem muitas vezes de iniciativas minoritárias, muitas vezes individuais, que, quando são lançadas, merecem reprovação da maioria. Se a sua experimentação dependesse da autorização prévia dos chamados «colectivos», elas nunca seriam autorizadas e, por isso, os seus benefícios nunca chegariam a ser conhecidos.

Muitos admiradores de Popper viram aqui uma teoria anti-conservadora favorável por princípio à inovação. Creio que se trata de um mal-entendido, ainda que compreensível. Popper nunca disse que uma inovação, só por ser inovação, é necessariamente melhor do que uma tradição. Disse que deve existir uma interacção aberta entre tradição e mudança. Só essa interacção – designadamente a comparação entre os resultados de uma e de outra – permitirá saber, ou melhor, ir tentativamente sabendo, as vantagens comparativas de cada uma delas. Por esta razão, da mesma forma que uma inovação não deve depender de prévio assentimento da maioria, também uma inovação não deve ser coercivamente generalizada apenas porque detém momentâneo apoio de uma maioria. Idealmente, deve existir terreno para a coexistência concorrencial entre elas. Gradual e descentralizadamente, as pessoas, as instituições e as gerações irão comparando os resultados respectivos e irão seleccionando as que lhe parecerem mais vantajosas.

A esta visão sobre o papel crucial da interacção podemos chamar *pluralista e evolucionista*. É pluralista porque contém uma forte presunção a favor da liberdade e da coexistência de diferentes práticas, diferentes tradições e diferentes inovações. Por outras palavras, porque coloca o ónus da prova numa proibição (que pode ser necessária, mas tem de ser justificada e, em caso de dúvida, rejeitada), e porque coloca também o ónus da prova numa proposta de uniformização. Em contrapartida, é evolucionista porque não valoriza a pluralidade como um fim em si mesmo: a pluralidade é vista como condição indispensável à melhoria ou evolução. Como o nosso conhecimento é sempre limitado e falível, a pluralidade é a condição perene para podermos cometer erros e aprender com os nossos erros. Esta aprendizagem tanto pode implicar abandonar uma tradição que se revelou desvantajosa face a uma inovação, como abandonar uma inovação e retomar uma tradição que, afinal de contas, se revelou melhor do que uma inovação que inicialmente nos parecia preferível. Este processo, para poder ter lugar e permitir a correcção reversiva de escolhas, deve ser tão descentralizado quanto possível. Ele constitui o processo de aprendizagem inerente às sociedades abertas.

Este processo de aprendizagem descentralizado das sociedades abertas só é possível se elas viverem sob o primado da lei, sob a limitação e equilíbrio de todos os poderes através da lei. É a lei que garante a cada pessoa e instituição, enquanto associação livre entre pessoas e gerações, uma esfera de inviolabilidade no interior da qual podem exercer as suas escolhas em segurança. Esse é o significado dos célebres direitos inalienáveis dos homens à vida, à liberdade e à busca da felicidade, consagrados na Declaração de Independência norte-americana. A democracia, no sentido da tomada de decisões por maioria, é por isso apenas supletiva: aplica-se apenas naquelas áreas em que tem de haver decisões colectivas. Para além dessas áreas, existe uma vasta esfera – que podíamos designar por sociedade civil – em que as decisões não são políticas, nem colectivas, nem centralizadas: elas simplesmente acontecem e são tomadas descentralizadamente pelos indivíduos, famílias e instituições a que dizem respeito. Isto é o que significa o princípio do Governo limitado pela lei.

Gentlemanship e Winston Churchill

Uma esfera, cuja autonomia relativamente à acção política é particularmente importante para Karl Popper, é a esfera da moral. Muitos dos seus admiradores concluíram daqui que isso significa que a acção política deve ser independente, ou neutra, relativamente aos princípios morais. Creio, mais uma vez, que se trata de um mal-entendido. Popper pensava que os princípios morais é que devem ser independentes das conveniências políticas. Por outras palavras, o perigo não está tanto em introduzir pregação moral na política (o que ele também não desejava), mas, sobretudo, em politizar a moral. Uma sociedade aberta é também aquela que reconhece a autonomia da moral relativamente à vontade política e que submete o exercício da vontade política a limites morais. Numa sociedade aberta, o poder político, em rigor, todos os poderes são limitados pela lei e pela moral.

A pergunta inevitável é, neste ponto, a de saber quem decide ou faz os princípios morais. A resposta, decorrente da teoria plu-

PREFÁCIO À EDIÇÃO PORTUGUESA   XXIII

ralista e evolucionista das conjecturas e refutações, será: todos e ninguém. Ninguém, no sentido em que nenhuma pessoa ou grupo de pessoas particulares está encarregue de decidir, ou desenhar, ou decretar princípios morais. Todos, no sentido em que todos procuram princípios morais e dessa forma participam no processo interaccionista de descoberta, por ensaio e erro, de princípios morais. Este processo de interacção – que, repito, não deve ser confundido com um processo de decisão em colectivo, mas que é um processo descentralizado de aprendizagem por interacção e observação dos resultados diferentes de condutas diferentes – envolve indivíduos, famílias, instituições e gerações. Nas sociedades abertas que emergiram no Ocidente, as principais inspirações para a vida moral que lhes subjaz emergem da filosofia clássica de Atenas e do Cristianismo. O próprio Iluminismo do século XVIII, de que Popper era um defensor de tipo especial, sobretudo na sua versão escocesa, deve ser visto como uma nova faceta da conversação entre aquelas inspirações clássicas.

Karl Popper repetiu-me vezes sem conta que uma expressão importante da vida moral do Ocidente reside na *gentlemanship* – uma atitude de inspiração cristã que nunca foi centralmente desenhada, mas que se enraizou profundamente no mundo de língua inglesa e, sobretudo, na sua amada Inglaterra (de que, como se sabe, não era aliás originário). Os *gentlemen* nunca se tomam demasiado a sério, explicou-me Popper, mas estão preparados para tomar muito a sério os seus deveres, especialmente quando os outros só falam dos seus direitos. Winston Churchill era, para Karl Popper, o melhor exemplo de um *gentleman* no século XX.

Um apontamento pessoal

A minha dívida intelectual e pessoal para com Karl Popper é imensa e dificilmente pode ser descrita. Foi a descoberta e o estudo da sua obra que me libertaram definitivamente do arcaísmo marxista em que me deixara enredar na juventude. Tive depois o privilégio de conhecer pessoalmente Karl Popper, em 1987. Insistiu que eu devia estudar em Inglaterra ou na América, e foi meu *referee* na minha candidatura a doutoramento em Oxford. Ralf Dahrendorf, o meu orientador em Oxford, tinha sido aluno de Karl Popper na London School of Economics and Political

Science (da qual viria depois a ser director) e era seu enfático admirador. Entre Agosto de 1990 e Agosto de 1994, durante o doutoramento em Oxford, visitei Popper regularmente na sua simpática casa em Kenley, a sul de Londres.

Terminado o doutoramento em Oxford, Karl Popper insistiu que eu tinha de aceitar um convite para leccionar nas Universidades de Brown e Stanford, nos EUA. Para lá segui em Agosto de 1994, poucos dias depois de ter ido entregar-lhe um exemplar da minha tese de doutoramento, entretanto aprovada. Foi a minha última visita a sua casa, numa bela tarde de Verão, saboreada em mais uma longa conversa no jardim, que Popper fazia questão de conservar imaculado. Escassas semanas após ter chegado à América, voei com tristeza de regresso a Londres para assistir ao seu funeral, celebrado por um pastor anglicano. Nessa noite, viajando de carro com Dahrendorf entre Londres e Oxford, mantivemos longos períodos de silêncio. O nosso herói tinha partido. Mas o seu exemplo e os seus ensinamentos ficavam connosco.

João Carlos Espada(*)
Monte do Arrais, Alcácer do Sal, Agosto de 2012

(*) Professor Catedrático de Estudos Políticos da Universidade Católica Portuguesa e director do Instituto de Estudos Políticos daquela universidade. Titular da cátedra "European Parliament/Bronislaw Geremek European Civilisation" no Colégio da Europa, campus de Natolin (Varsóvia). Presidente da secção portuguesa da International Churchill Society/Churchill Centre.

Ver-se-á (...) que os Erewhonianos são um povo humilde e sofredor, fácil de levar pela trela e que se apressa a sacrificar o bom senso no altar da lógica, logo que surja entre eles um filósofo que os arraste (...) convencendo-os de que as suas presentes instituições não assentam nos mais estritos princípios de moralidade.

SAMUEL BUTLER

Ao longo da minha vida conheci e, na medida das minhas possibilidades, colaborei com grandes homens; e nunca vi até hoje qualquer plano que não tenha sido emendado pelas observações daqueles que eram muito inferiores em entendimento à pessoa que encabeçava a empresa.

EDMUND BURKE

Prefácio da Primeira Edição

As palavras ríspidas proferidas neste livro acerca de algumas das principais figuras intelectuais da humanidade não são motivadas, quero crer, por um qualquer desejo meu de as diminuir. Nascem antes da minha convicção de que, para que a nossa civilização sobreviva, temos de quebrar o hábito da deferência para com os grandes homens. Os grandes homens cometem grandes erros; e como este livro tenta mostrar, algumas das melhores mentes do passado apoiaram o ataque que reiteradamente é movido contra a liberdade e a razão. A influência deles, tão raras vezes desafiada, continua a desencaminhar e a dividir aqueles de cuja defesa a civilização depende. A responsabilidade por esta divisão trágica e possivelmente fatal passa a ser nossa se hesitarmos em ser francos na nossa crítica do que é, ninguém o nega, parte da nossa herança intelectual. Com a nossa relutância em criticar uma parte dela podemos ajudar a destruí-la por completo.

Este livro é uma introdução crítica à filosofia da política e da história e uma análise de alguns princípios de reconstrução social. O seu objetivo e a sua linha de abordagem são indicados na Introdução. Mesmo quando olha para o passado, os problemas que trata são os problemas do nosso próprio tempo; e esforcei-me por expô-los com toda a simplicidade de que fui capaz, na esperança de esclarecer questões que dizem respeito a todos nós.

Embora o livro nada pressuponha no leitor a não ser abertura de espírito, o seu objetivo não é tanto popularizar as questões de que trata quanto resolvê-las. No intuito, todavia, de servir ambos os propósitos, remeti todos os aspetos de interesse mais especializado para as Notas coligidas no fim do livro.

1943

Prefácio da Segunda Edição

Embora muito do que está contido neste livro tenha ganho forma em data anterior, a decisão final de o escrever foi tomada em março de 1938, no dia em que recebi a notícia da invasão da Áustria. A sua redação prolongou-se até 1943; e o facto de a maior parte do livro ter sido escrito durante os dias soturnos em que o desenlace da guerra era incerto talvez ajude a explicar porque algumas das críticas que contém me pareçam hoje de um tom mais emocional e agreste do que desejaria. Mas não era altura de medir as palavras – ou, pelo menos, assim me pareceu então. Nem a guerra nem qualquer outro acontecimento contemporâneo era explicitamente mencionado no livro; mas havia nele uma tentativa de compreender esses acontecimentos e os seus antecedentes, bem como algumas das questões que provavelmente surgiriam depois de se ter vencido a guerra. A expectativa de que o marxismo se tornaria um problema importante foi a razão de o tratar com bastante detalhe.

Na sombria perspetiva da atual situação do mundo, a crítica do marxismo que se tenta aqui fazer é suscetível de ser vista como a principal razão deste livro. É uma impressão não totalmente descabida e talvez inevitável, embora os objetivos do livro sejam muito mais amplos. O marxismo não passa de um episódio – um dos muitos erros que cometemos na luta perigosa e cíclica pela construção de um mundo melhor e mais livre.

Como era de esperar, houve quem me censurasse a excessiva severidade no meu tratamento de Marx, enquanto outros contrastavam a minha indulgência para com ele com a violência do meu ataque a Platão. Mas continuo a julgar que é necessário ver Platão com olhos muito críticos, justamente porque a adoração geral do «divino filósofo» tem uma base real nos seus feitos intelectuais avassaladores. Marx, por outro lado, tem sido atacado com excessiva frequência no plano pessoal e moral, de modo que se impunha antes, aqui, uma severa crítica racional das suas teorias, conjugada com o entendimento compreensivo do seu assombroso poder de atração moral e intelectual. Com razão ou sem ela, achei que a minha crítica dele era devastadora e que podia portanto permitir-me procurar o real contributo de Marx e dar às suas motivações o benefício da dúvida. Em qualquer caso, é óbvio que devemos tentar avaliar a força de um opositor se quisermos combatê-lo com êxito. (Em 1965, acrescentei uma nova nota sobre a questão, a **Adenda II** do meu segundo volume.)

Nenhum livro pode alguma vez dar-se por acabado. Enquanto trabalhamos nele ficamos a saber o suficiente para o achar imaturo no mesmo instante em que lhe viramos as costas. No que se refere à minha crítica de Platão e de Marx, esta experiência inevitável não foi mais perturbadora do que é habitual. Mas muitas das minhas sugestões positivas e, acima de tudo, o forte sentimento de otimismo que impregna todo o livro pareceram-me cada vez mais ingénuos à medida que passavam os anos que se seguiram à guerra. A minha própria voz começou a soar-me como se viesse de um passado distante – como a voz de um daqueles esperançosos reformadores sociais do século XVIII ou mesmo do século XVII.

Mas essa minha fase de depressão passou, em grande parte devido à minha visita aos Estados Unidos, e alegro-me agora por me ter limitado, na revisão do livro, a acrescentar material novo e a corrigir erros de facto e de estilo e ter resistido à tentação de moderar o seu teor. Pois apesar da situação presente do mundo, sinto-me tão esperançado como sempre estive.

Vejo agora com mais nitidez do que nunca que mesmo os nossos maiores problemas brotam de uma coisa que é tão admirável e saudável como perigosa – da nossa impaciência por melhorar a sorte dos nossos semelhantes. Pois esses problemas resultam do que é talvez a maior de todas as revoluções morais e espirituais da história, um movimento que teve início há três séculos. É a aspiração de inúmeros homens desconhecidos a libertarem-se e libertarem as suas mentes da tutela da autoridade e do preconceito. É a sua tentativa de edificarem uma sociedade aberta que

PREFÁCIO DA SEGUNDA EDIÇÃO | 13

rejeite a autoridade absoluta do meramente estabelecido e do meramente tradicional e que ao mesmo tempo preserve, desenvolva e estabeleça tradições, novas ou velhas, que estejam à altura dos padrões da liberdade, da humanidade e da crítica racional. É a sua recusa em se demitirem e deixarem toda a responsabilidade pelo governo do mundo a uma qualquer autoridade humana ou sobre-humana e a sua disposição a partilhar o fardo da responsabilidade pelo sofrimento que é evitável – e a trabalhar para o evitar. Esta revolução tem criado poderes de uma capacidade destrutiva aterradora; mas ainda podem ser vencidos.

1950

Agradecimentos

Desejo manifestar a minha gratidão a todos os meus amigos que tornaram possível que eu escrevesse este livro. O Professor C. G. F. Simkin não só me ajudou numa versão anterior como me deu a oportunidade de esclarecer muitos problemas, em longas conversas durante um período de quase quatro anos. A Dr.ª Margaret Dalziel ajudou-me a preparar as várias versões provisórias e do manuscrito final. A sua ajuda infatigável foi preciosa. O interesse do Dr. H. Larsen no problema do historicismo constituiu um grande encorajamento. O Professor T. K. Ewer leu o manuscrito e fez várias sugestões para o seu melhoramento.

Tenho uma enorme dívida para com o Professor F. A. von Hayek. Sem o seu interesse e o seu apoio este livro não teria sido publicado. O Professor E. Gombrich encarregou-se de todo o processo de edição do livro, um fardo a que se acrescentou o peso de uma exigente correspondência entre Inglaterra e a Nova Zelândia. A sua ajuda foi de tal ordem que me é quase impossível fazer justiça a tudo o que lhe devo.

Christchurch, N. Z., abril 1944

Na preparação desta edição revista, contei com a grande ajuda das pormenorizadas anotações críticas à primeira edição amavelmente postas à minha disposição pelo Professor Jacob Viner e por J. D. Mabbott.

Londres, agosto de 1951

16 | A SOCIEDADE ABERTA E OS SEUS INIMIGOS

Na terceira edição foram acrescentados um Índice de Assuntos e um Índice de Passos Platónicos, ambos preparados pelo Dr. J. Agassi. O Dr. Agassi também me chamou a atenção para uns quantos erros, que corrigi. Estou-lhe muito grato pela ajuda. Em seis pontos tentei aperfeiçoar e corrigir citações de Platão, ou referências aos seus textos, à luz da crítica estimulante e muito bem-vinda de Richard Robinson (*The Philosophical Review*, vol. 60) à edição americana deste livro.

Stanford, Califórnia, maio de 1957

A maior parte dos melhoramentos desta quarta edição devo-a ao Dr. William W. Bartley e a Bryan Magee.

Penn, Buckinghamshire, maio de 1961

A quinta edição contém algum material histórico novo (especialmente na página 312 do Vol. I e nas Adendas) e também uma breve Adenda nova em cada volume. Também há material adicional nas minhas *Conjecturas e Refutações*, especialmente na segunda edição (1965). David Miller descobriu, e corrigiu, muitos erros.

Penn, Buckinghamshire, julho de 1963
K. R. P.

Introdução

Não pretendo ocultar o facto de que não posso ver senão com repugnância (...) o pretensiosismo empolado de todos esses volumes cheios de sabedoria que estão hoje tão em voga. Pois estou certo de que (...) os métodos geralmente aceites aumentarão infindavelmente, forçosamente, essas loucuras e asneiras e que nem sequer a completa aniquilação de todas essas fantásticas proezas pode ser mais nociva do que essa falsa ciência e a sua malfadada fertilidade.

KANT

Este livro suscita questões que podem não transparecer no seu índice. Esboça algumas das dificuldades que a nossa civilização enfrenta – uma civilização que podia talvez ser definida por almejar a humanidade e a razoabilidade, a igualdade e a liberdade; uma civilização que está ainda na sua infância, por assim dizer, e que continua a crescer apesar do facto de ter sido muitas vezes traída por tantos dos próceres intelectuais da humanidade. O livro tenta mostrar que esta civilização ainda não se recompôs por completo do choque do seu nascimento – a transição da sociedade tribal ou «fechada», com a sua submissão a forças mágicas, para a «sociedade aberta», que liberta os poderes críticos do homem. Tenta mostrar que o choque dessa transição é um dos fatores que tornam possível a ascensão desses movimentos reacionários que têm tentado, e continuam a tentar, derrubar a civilização e regressar ao tribalismo. E sugere que aquilo a que hoje chamamos totalitarismo pertence a uma tradição que é tão velha, ou tão nova, quanto a nossa própria civilização.

Tenta, deste modo, contribuir para a nossa compreensão do totalitarismo e do significado da luta eterna contra ele.

Tenta ainda examinar a aplicação dos métodos críticos e racionais da ciência à resolução dos problemas da sociedade aberta. Analisa os princípios de reconstrução social da democracia, os princípios daquilo a que eu chamaria «engenharia social parcelar», por oposição à «engenharia social utópica» (como se explica no capítulo 9). E tenta fazer desaparecer alguns dos obstáculos que impedem uma abordagem racional aos problemas da reconstrução social. Para tanto, faz a crítica daquelas filosofias sociais responsáveis por um preconceito muito difundido contra as possibilidades de reforma democrática. A mais poderosa destas filosofias é a que designei por historicismo. A história da ascensão e influência de algumas importantes formas de historicismo é um dos principais tópicos do livro, que podia até ser descrito como uma série de notas marginais sobre o desenvolvimento de algumas filosofias historicistas. Umas quantas observações sobre a origem do livro indicarão o que se quer dizer por historicismo e a relação que este tem com as outras questões referidas.

Embora me interessem principalmente os métodos da física (e, por conseguinte, certos problemas técnicos muito distantes daqueles que são aqui tratados), também há muitos anos que me interessa o problema do estado de certa maneira insatisfatório das ciências sociais e em especial da filosofia social. Isto levanta, é claro, o problema dos métodos que usam. O meu interesse nesta matéria foi bastante estimulado pela ascensão do totalitarismo e pela incapacidade das várias ciências e filosofias sociais para a explicarem.

A este respeito, um ponto me pareceu de particular premência.

Ouve-se com excessiva frequência a sugestão de que é inevitável uma ou outra forma de totalitarismo. Muitos dos que, pela sua inteligência e preparação, deviam ser responsabilizados pelo que dizem, anunciam que não há maneira de lhe escapar. Perguntam-nos se somos realmente tão ingénuos que acreditemos que a democracia pode ser permanente; se não vemos que é apenas

INTRODUÇÃO | 19

uma de muitas formas de governo que aparecem e desaparecem no curso da História. Argumentam que a democracia, para combater o totalitarismo, é forçada a copiar os seus métodos e, assim, a tornar-se ela própria totalitária. Ou asseveram que o nosso sistema industrial não pode continuar a funcionar sem adotar os métodos do planeamento coletivista, e inferem da inevitabilidade de um sistema económico coletivista que a adoção de formas sociais totalitárias é também ela inevitável.

Estes argumentos podem parecer bastante plausíveis. Mas a plausibilidade não é um guia fiável nestas matérias. Na verdade, nem sequer devíamos começar a discutir estes argumentos especiosos sem primeiro ter considerado a questão do método: estará dentro das possibilidades de qualquer ciência social fazer profecias históricas tão categóricas? Poderemos esperar mais do que uma resposta irresponsável, do domínio do adivinho, se perguntarmos a alguém o que o futuro reserva à humanidade?

É uma questão de método das ciências sociais. É uma questão nitidamente mais fundamental do que qualquer crítica de qualquer argumento específico que se apresente em defesa de qualquer profecia histórica.

Um exame cuidadoso desta questão levou-me à conclusão de que essas profecias históricas de caráter generalista estão inteiramente fora do alcance do método científico. O futuro depende de nós e nós não dependemos de qualquer necessidade histórica. Há, no entanto, doutrinas sociais influentes que postulam o contrário. Sustentam que toda a gente deve tentar usar a cabeça para predizer acontecimentos iminentes; que é certamente legítimo para um estratega tentar prever o desenlace de uma batalha; e que as fronteiras entre uma previsão desse género e profecias históricas mais amplas são fluidas. Afirmam que a missão da ciência é, em geral, fazer previsões, ou antes, melhorar as nossas previsões quotidianas e fundamentá-las numa base mais segura; e que a missão das ciências sociais, em particular, é a de nos fornecer profecias históricas de longo prazo. Também acreditam que descobriram leis da História que os habilitam a profetizar o curso dos acontecimentos históricos. Agrupei sob a designação de historicismo as várias filosofias sociais com pretensões deste tipo. Noutra obra, em *The Poverty of Historicism* [*A Pobreza do Historicismo*], tentei argumentar contra estas pretensões e mostrar que, apesar da sua plausibilidade, se baseiam numa incompreensão grosseira do método da ciência e, em especial, no esquecimento da distinção entre *predição científica* e *profecia histórica*.

Enquanto me dedicava à análise e crítica sistemáticas das pretensões do historicismo tentei também coligir alguns materiais que ilustrassem a sua evolução. As notas reunidas com esse propósito tornaram-se a base deste livro.

A análise sistemática do historicismo aspira a um estatuto científico. Este livro não. Muitas das opiniões manifestadas são meramente pessoais. O que ele deve ao método científico é apenas a consciência das suas limitações: não apresenta provas daquilo que não pode ser provado, nem prentende ser científico naquilo em que não pode apresentar mais do que uma perspetiva pessoal. Não tenta substituir os velhos sistemas filosóficos por um novo sistema. Não tenta juntar-se a todos aqueles volumes cheios de sabedoria, às metafísicas da história e do destino que hoje estão em voga. Tenta, sim, demonstrar que essa sabedoria profética é daninha, que a metafísica da história impede a aplicação dos métodos casuísticos da ciência aos problemas da reforma social. E tenta ainda mostrar que podemos tornar-nos autores do nosso destino quando deixarmos de nos erigir em seus profetas.

Ao investigar o desenvolvimento do historicismo, descobri que o hábito perigoso da profecia histórica, tão difundido entre os nossos líderes intelectuais, tem várias funções. É sempre lisonjeiro pertencer ao círculo íntimo dos iniciados e possuir o poder invulgar de predizer o curso da História. Além disso, existe a tradição de os líderes intelectuais serem dotados desses poderes e a falta deles pode levar à perda de estatuto. Por outro lado, o perigo de serem desmascarados é muito pequeno, visto que podem sempre salientar que é certamente permissível fazer predições menos ambiciosas; e as fronteiras entre estas e os augúrios são fluidas.

Mas às vezes há motivos ulteriores e mais profundos para acalentar crenças historicistas. Os profetas que vaticinam a chegada de um milénio podem estar a dar expressão a um sentimento profundo de insatisfação; e os seus sonhos talvez deem, de facto, esperança e ânimo a quem dificilmente pode passar sem eles. Mas temos de perceber também que a sua influência é suscetível de nos impedir de enfrentar as tarefas quotidianas da vida social. E aqueles profetas menores que anunciam que irão ocorrer determinados acontecimentos, como a queda no totalitarismo (ou talvez no «gestionalismo»), podem, gostem eles ou não, ajudar

INTRODUÇÃO | 21

a torná-los realidade. A sua teoria de que a democracia não vai durar para sempre é tão verdadeira, e tão pouco pertinente, como a asserção de que a razão humana não vai durar para sempre, uma vez que só a democracia proporciona um quadro institucional que permite a reforma sem violência, e, assim, o uso da razão em matéria política. Mas a sua tese tende a desencorajar aqueles que combatem o totalitarismo; tem por motivo apoiar a revolta contra a civilização. Um outro motivo pode talvez ser que a metafísica historicista está em condições de aliviar os homens do peso das suas responsabilidades. Quando sabemos que as coisas acontece-rão façamos o que fizermos, podemos sentir-nos desobrigados de lutar contra elas. Podemos, mais concretamente, desistir de qual-quer tentativa de controlar as coisas que toda a gente concorda em considerar males sociais, como a guerra; ou, para falar de uma questão menor mas nem por isso menos importante, a tirania do pequeno funcionário.

Não quero dizer com isto que o historicismo tenha sempre estes efeitos. Há historicistas – especialmente os marxistas – que não pretendem aliviar os homens do peso das suas responsabi-lidades. Por outro lado, há filosofias sociais que podem ou não ser historicistas, mas pregam a impotência da razão na vida social e, por este seu antirracionalismo, propagam a atitude «sigam o Chefe, o Grande Estadista, ou tornem-se Chefes»; uma atitude que para a maior parte das pessoas significa obrigatoriamente a submissão passiva às forças, pessoais ou anónimas, que governam a sociedade.

Ora, é interessante observar como alguns daqueles que denun-ciam a razão e até a culpam pelos males sociais do nosso tempo, o fazem, por um lado, porque percebem que a profecia histórica está para além do poder da razão e, por outro, porque não conse-guem conceber que uma ciência social, ou a aplicação da razão na sociedade, tenha outra função que não seja a da profecia histórica. Por outras palavras, são historicistas desapontados; são homens que, apesar de perceberem a pobreza do historicismo, não têm consciência de que mantêm um preconceito fundamental do his-toricismo – a doutrina de que as ciências sociais, se alguma utili-dade hão de ter, têm de ser proféticas. É evidente que esta atitude deve levar à rejeição da aplicabilidade da ciência ou da razão aos problemas da vida social – e, em última análise, a uma doutrina de poder, de domínio e submissão.

Porque apoiam todas estas filosofias sociais a revolta contra a civilização? E qual o segredo da sua popularidade? Porque atraem e seduzem tantos intelectuais? Inclino-me a pensar que é por darem expressão a um descontentamento profundamente sentido com um mundo que não está, nem pode estar, à altura dos nossos ideais morais e dos nossos sonhos de perfeição. A tendência do historicismo (e de pontos de vista afins) para apoiar a revolta contra a civilização pode dever-se ao facto de o próprio historicismo ser, em larga medida, uma reação contra as pressões da nossa civilização e a sua exigência de responsabilidade pessoal.

Estas últimas alusões são um tanto vagas mas terão de bastar nesta introdução. Serão documentadas mais tarde com material histórico, especialmente no capítulo «A Sociedade Aberta e os Seus Inimigos». Estive tentado a colocar esse capítulo no início do livro; pela atualidade do seu interesse teria constituído decerto uma introdução mais aliciante. Mas achei que não podia sentir-se todo o peso desta interpretação histórica a não ser que fosse antecedida pela matéria que se discute previamente no livro. Parece-me que é preciso que sejamos perturbados primeiro pela semelhança entre a teoria platónica da justiça e a teoria e prática do totalitarismo moderno para podermos sentir toda a urgência de interpretar estas questões.

Pela Sociedade Aberta (cerca de 430 a.C.):

Embora só uns poucos possam criar uma política, todos nós somos capazes de a julgar.

PÉRICLES DE ATENAS

Contra a Sociedade Aberta (cerca de 80 anos mais tarde):

O maior princípio de todos é o de que ninguém, seja homem ou mulher, deverá carecer de um chefe. Nem deverá a mente de ninguém ser acostumada a deixar que faça seja o que for por sua própria iniciativa; nem por zelo nem sequer por brincadeira. Seja na guerra ou em plena paz – deverá dirigir para o chefe o seu olhar e segui-lo fielmente. E mesmo no mais ínfimo dos assuntos deverá obedecer ao chefe. Por exemplo, deverá levantar-se, ou mover-se, ou lavar-se, ou tomar as suas refeições (...) apenas se lhe foi ordenado que o fizesse. Numa palavra, deverá ensinar a sua alma, por um longo hábito, a nunca sonhar em agir com independência, até se tornar totalmente incapaz disso.

PLATÃO DE ATENAS

O MITO DA ORIGEM
E DO DESTINO

1.

O historicismo e o mito do destino

É uma crença muito espalhada que uma atitude verdadeiramente científica ou filosófica em relação à política, e uma compreensão mais profunda da vida social em geral, se deve basear na contemplação e na interpretação da história do homem. Enquanto o homem vulgar dá por adquiridos o cenário da sua vida e a importância das suas experiências pessoais e dos seus esforços mesquinhos, diz-se que o cientista ou filósofo social deve observar as coisas de um plano mais elevado. Ele vê o indivíduo como um peão, como um instrumento um tanto insignificante na evolução geral da humanidade. E acha que os atores verdadeiramente importantes no Palco da História são ou as Grandes Nações e os seus Grandes Líderes ou, talvez, as Grandes Classes ou as Grandes Ideias. Seja como for, tentará compreender o significado do drama que é representado no Palco da História; tentará perceber quais as leis da evolução histórica. Se tiver êxito nisto será capaz, evidentemente, de predizer os desenvolvimentos futuros. Poderá então assentar a política numa base sólida e dar-nos conselhos práticos sobre quais as ações políticas que têm probabilidades de ser bem-sucedidas e quais provavelmente fracassarão.

Aqui está uma breve descrição da atitude a que chamo *historicismo*. É uma velha ideia, ou melhor, um conjunto de ideias vagamente ligadas entre si que infelizmente se tornaram de tal modo parte da nossa atmosfera intelectual que normalmente são dadas por adquiridas e quase nunca questionadas.

Noutra obra, tentei mostrar como a abordagem historicista das ciências sociais tem fracos resultados. Tentei também delinear um método que, na minha opinião, daria melhores frutos.

Mas se é verdade que o historicismo é um método defeituoso que produz resultados sem valor, talvez seja útil ver como nasceu e como conseguiu entrincheirar-se com tanto êxito. Um esboço histórico empreendido com este objetivo pode servir, ao mesmo tempo, para analisar toda a variedade de ideias que se aglutinaram gradualmente em torno do núcleo da doutrina historicista – a doutrina de que a História é dominada por determinadas leis históricas ou evolutivas cuja descoberta nos permitiria profetizar o futuro do homem.

O historicismo, que até aqui só tenho caracterizado de forma bastante abstrata, pode ser bem ilustrado por uma das suas formas mais simples e mais antigas, a doutrina do povo escolhido. Esta doutrina é uma das tentativas de tornar a história compreensível por meio de uma interpretação teística, ou seja, pelo reconhecimento de Deus como autor do drama que é representado no Palco Histórico. A teoria do povo escolhido, mais especificamente, pressupõe que Deus escolheu um certo povo para funcionar como instrumento selecionado da Sua vontade e que esse povo herdará a Terra.

Nesta doutrina, a lei da evolução histórica é ditada pela Vontade de Deus. É esta a diferença específica que distingue a forma teística de outras formas de historicismo. Um historicismo naturalista, por exemplo, poderia tratar a lei da evolução como uma lei da natureza; um historicismo espiritual tratá-la-ia como uma lei da evolução espiritual; um historicismo económico, por sua vez, como uma lei da evolução económica. O historicismo teístico partilha com essas outras formas a doutrina de que há leis históricas específicas que podem ser descobertas e nas quais se podem basear previsões sobre o futuro da humanidade.

A doutrina do povo eleito nasceu, sem dúvida, da forma tribal de vida social. O tribalismo, isto é, a ênfase na importância suprema da tribo, sem a qual o indivíduo não é nada de nada, é um elemento que encontraremos em muitas das formas das teorias historicistas. Outras formas que já não são tribalistas podem reter ainda um elemento de coletivismo[1]; podem ainda realçar o significado de algum grupo ou coletivo – por exemplo, uma classe – sem o qual o indivíduo nada é. Outro aspeto da doutrina do povo escolhido é a lonjura daquilo que apresenta como o fim da História. Pois embora possa descrever esse fim com algum grau de precisão, temos um longo caminho a percorrer antes de lá chegarmos. E esse caminho não só é longo como sinuoso, levando ora acima, ora abaixo, à direita ou à esquerda. Assim, será perfeitamente possível incluir neste esquema interpretativo qualquer acontecimento histórico concebível. Nenhuma experiência concebível o poderá refutar([2]). Mas dá àqueles que acreditam nele a *certeza* do desenlace último da história humana.

Tentaremos uma crítica da interpretação teística da História no último capítulo deste livro, onde também mostraremos que alguns dos maiores pensadores cristãos repudiaram esta teoria como idólatra. O ataque a esta forma de historicismo não deverá, deste modo, ser interpretado como um ataque à religião. Neste capítulo, a doutrina do povo eleito serve apenas como ilustração. O seu valor como tal pode ver-se no facto de que as suas principais características([3]) são partilhadas pelas duas mais importantes versões modernas do historicismo, cuja análise formará a maior parte deste livro – a filosofia histórica do racismo ou fascismo, por um lado (o direito), e a filosofia histórica marxiana, por outro (o esquerdo). O racismo substitui o povo escolhido pela raça escolhida (escolhida por Gobineau), eleita como instrumento do destino, em última instância herdeira da Terra. A filosofia histórica de Marx substitui-lhe a classe eleita, instrumento da criação da sociedade sem classes e, ao mesmo tempo, classe destinada a herdar a Terra. Ambas as teorias baseiam os seus vaticínios históricos numa interpretação da História que conduz à descoberta de uma lei da sua evolução. No caso do racismo, é considerada uma espécie de lei natural; a superioridade biológica do sangue da raça eleita explica o curso da História, passada, presente e futura: não é mais do que a luta das raças pela hegemonia. No caso da filosofia da história de Marx, a lei é económica: toda a história tem de ser interpretada como uma luta entre classes pela supremacia económica.

O caráter historicista destes dois movimentos torna a nossa investigação pertinente. Voltaremos a eles em posteriores momentos deste livro. Ambos remontam diretamente à filosofia de Hegel. Temos, por conseguinte, de tratar também desta filosofia. E dado que Hegel([4]), em termos gerais, segue certos filósofos antigos, será necessário discutir Heráclito, Platão e Aristóteles antes de regressarmos às formas mais modernas de historicismo.

2.

Heráclito

Só com Heráclito encontramos na Grécia teorias que, pelo seu caráter historicista, se possam comparar com a doutrina do povo eleito. Na interpretação teística, ou melhor, politeística, de Homero, a História é produto da vontade divina. Mas os deuses homéricos não ditam leis gerais para sua evolução. O que Homero tenta realçar e explicar não é a unidade da História, antes a sua falta de unidade. O autor do drama encenado no Palco da História não é um Deus; são vários os deuses que nele intervêm. O que a interpretação de Homero tem em comum com a judaica é um certo sentimento vago de destino e a ideia de que há poderes em ação nos bastidores. Mas o destino último, segundo Homero, não nos é revelado; ao contrário da versão judaica, permanece misterioso.

O primeiro grego a introduzir uma doutrina mais marcadamente historicista foi Hesíodo, provavelmente influenciado por fontes orientais. Serviu-se da ideia de uma linha ou tendência geral na evolução histórica. A sua interpretação da história é pessimista. Acredita que a humanidade, na sua evolução a partir de uma Idade de Ouro, está destinada a degenerar, tanto física como moralmente. O culminar das várias ideias historicistas propostas pelos primeiros fisósofos gregos veio com Platão, que, numa tentativa de interpretar a história e a vida social das tribos gregas, e em especial dos Atenienses, pintou um grandioso quadro filosófico do mundo. Foi muito influenciado no seu historicismo por vários antecessores, em especial por Hesíodo, mas a influência mais importante veio de Heráclito.

Heráclito foi o filósofo que descobriu a ideia de mudança. Até essa altura, os filósofos gregos, sob a influência de ideias orientais, tinham olhado o mundo como um enorme edifício feito das coisas materiais([1]). Era a totalidade das coisas – o *cosmos* (que originalmente parece ter sido uma tenda ou manto oriental). As perguntas que os filósofos faziam a si próprios eram: «De que material é feito o mundo?»; ou «Como está construído, qual o plano a que obedece?». Consideravam a filosofia, ou a física (as duas foram indestrinçáveis durante muito tempo), como a investigação da «natureza», ou seja, da matéria original de que fora feito esse edifício do mundo. Na medida em que quaisquer *processos* eram contemplados, eram concebidos como decorrendo no interior do edifício ou então como a construção ou a manutenção dele, perturbando e restabelecendo a estabilidade ou o equilíbrio de uma estrutura que era tida por fundamentalmente estática. Eram processos cíclicos (fora os processos ligados à origem do edifício; a pergunta «Quem o construiu?» foi discutida pelos orientais, por Hesíodo e por outros). Esta abordagem muito natural, natural até para muitos de nós ainda hoje, foi ultrapassada pelo génio de Heráclito. O ponto de vista que ele introduziu foi o de que não existia tal edifício, tal estrutura estável, tal cosmos. «O cosmos, no melhor dos casos, é como um monte de detritos espalhados ao acaso», é um dos seus ditos([2]). Via o mundo, não como um edifício, mas como um processo colossal; não como a soma final de todas as *coisas*, antes como a totalidade de acontecimentos, ou mudanças ou factos. «Tudo flui e nada está em repouso», é o lema da sua filosofia.

A descoberta de Heráclito influenciou a evolução da filosofia grega durante muito tempo. As filosofias de Parménides, Demócrito, Platão e Aristóteles podem ser todas caracterizadas como tentativas para resolver os problemas desse mundo em mudança que Heráclito descobrira. A grandeza desta descoberta dificilmente pode ser sobrestimada. Já foi descrita como aterradora e o seu efeito comparado ao de «um terramoto, em que tudo (...) parece oscilar»([3]). E não duvido de que essa descoberta tenha sido incutida em Heráclito pelas aterradoras experiências pessoais que sofreu em resultado da agitação política e social do seu tempo. Heráclito, que foi o primeiro filósofo a lidar não só com a «natureza» mas também com problemas ético-políticos, viveu numa era de revolução social. Foi no seu tempo que as aristocracias tribais gregas começaram a ceder à nova força da democracia. Para perceber o efeito desta revolução temos de nos lembrar da estabilidade e da rigidez da vida social numa aristocracia tribal. A vida social é determinada por tabus sociais e religiosos; toda a gente ocupa o lugar que lhe foi atribuído no conjunto da estrutura social; toda a gente sente que o lugar que tem é o lugar próprio, o lugar «natural», atribuído pelas forças que governam o mundo; toda a gente «sabe qual é o seu lugar».

Segundo a tradição, o lugar de Heráclito era o de herdeiro da família real de reis-sacerdotes de Éfeso, mas ele renunciou aos seus direitos a favor do irmão. Apesar da sua orgulhosa recusa em participar na vida política da sua cidade, apoiou a causa dos aristocratas que tentaram, em vão, suster a maré crescente das novas forças revolucionárias. Estas experiências no campo social ou político estão refletidas nos fragmentos da sua obra que se conservam([4]). «Os Efésios, todos os adultos, deveriam enforcar-se um por um, e deixar que a cidade fosse governada pelas crianças (...)» é um dos seus desabafos, ocasionado pela decisão do povo de banir Hermodoro, um dos amigos aristocratas de Heráclito. A sua interpretação dos motivos do povo é de grande interesse, pois mostra que o instrumental básico da argumentação antidemocrática não variou muito desde os primeiros dias da democracia. «Diziam eles: ninguém há de ser o melhor de entre nós; e se alguém se destaca, que se vá destacar noutro lado e entre outros.» Esta hostilidade para com a democracia transparece por toda a parte nos fragmentos: «a multidão enche a pança como os animais (...). Tomam como guias os bardos e a crença popular, sem se aperceberem de que os muitos são maus e só os poucos são bons (...). Em Priene vivia Bias, filho de Teutames, cuja palavra conta mais do que a dos outros homens (Foi ele que disse: 'A maior parte dos homens são malvados.') (...). A populaça não se importa nem sequer com as coisas em que tropeça; nem é capaz de perceber qualquer lição – embora pense que sim.» Na mesma veia, diz também: «A lei pode exigir, também, que a vontade de Um Homem tenha de ser obedecida.» Uma outra expressão do ponto de vista conservador e antidemocrático de Heráclito é, diga-se de passagem, bastante aceitável para os democratas na sua formulação, embora talvez não na sua intenção: «Um povo deve lutar pelas leis da cidade como se fossem as suas muralhas.»

Mas a luta de Heráclito pelas antigas leis da sua cidade foi em vão e a transitoriedade de todas as coisas impôs-se-lhe fortemente. A sua teoria da mudança deu expressão a este sentimento[5]: «Tudo flui», dizia; e «ninguém pode banhar-se duas vezes no mesmo rio». Desiludido, argumentou contra a crença de que a ordem social existente durasse para sempre: «Não devemos portar-nos como crianças educadas no estreito ponto de vista do 'Como nos foi legado'».

Esta ênfase na mudança, e em especial na mudança na vida social, é uma característica importante, não só da filosofia de Heráclito como do historicismo em geral. Que as coisas, e mesmo os reis, mudam, é uma ideia que precisa de ser incutida sobretudo naqueles que dão por adquirida a sua envolvente social. Até aqui, é de admitir. Mas na filosofia de Heráclito manifesta-se uma das características menos recomendáveis do historicismo, ou seja, um excesso de ênfase na mudança, combinado com a crença complementar numa *lei do destino* inexorável e imutável .

Deparamos nesta crença com uma atitude que, embora à primeira vista esteja em contradição com a ênfase excessiva na mudança do historicista, é característica da maior parte, se não de todos os historicistas. Podemos talvez explicar esta atitude se interpretarmos essa ênfase excessiva na mudança própria do historicista como sintoma do esforço necessário para vencer a sua resistência inconsciente à ideia de mudança. Isto também explicaria a tensão emocional que leva tantos historicistas (mesmo nos nossos dias) a sublinhar a novidade da revelação inaudita que têm a fazer-nos. Estas considerações sugerem a possibilidade de que estes historicistas temem a mudança e não conseguem aceitá-la sem um grave conflito interior. Parece muitas vezes como se estivessem a tentar consolar-se pela perda de um mundo estável aferrando-se à opinião de que a mudança é regida por uma lei que não muda. (Em Parménides e em Platão encontraremos mesmo a teoria de que o mundo em mudança em que vivemos é uma ilusão e que existe um mundo mais real imutável.)

No caso de Heráclito, a ênfase na mudança leva-o à teoria de que todas as coisas materiais, sejam sólidas, líquidas ou gasosas, são como chamas – mais processos do que coisas e todas transformações do fogo; a terra aparentemente sólida (que consiste em

HERÁCLITO

cinzas) é apenas um fogo em estado de transformação e mesmo os líquidos (a água, o mar) são fogo transformado (e podem tornar--se combustível, talvez na forma de petróleo). «A primeira transformação do fogo é o mar; mas do mar, metade é terra e metade ar quente»[6]. Assim, todos os outros «elementos» – terra, água e ar – são fogo transformado: «Tudo é permuta do fogo e o fogo, de tudo; tal como o ouro se troca pelas mercadorias e as mercadorias pelo ouro.»

Mas tendo reduzido tudo a fogo, a processos, como a combustão, Heráclito discerne nos processos uma lei, uma medida, uma razão, uma sabedoria, e tendo destruído o cosmos como edifício e tendo-o declarado um monte de lixo, reintrodu-lo como ordem predeterminada de acontecimentos no mundo-processo.

Todos os processos no mundo, e em especial o próprio fogo, se desenvolvem de acordo com uma lei definida, que é a sua «medida»[7]. É uma lei inexorável e irresistível e nessa medida assemelha-se à nossa moderna conceção da lei natural, bem como à conceção de leis históricas ou evolutivas perfilhada pelos modernos historicistas. Mas difere destas conceções na medida em que é vista como um decreto da razão, feito cumprir por meio de castigo, tal como a lei imposta pelo Estado. Esta incapacidade de distinguir entre leis legais ou normas, por um lado, e leis naturais ou regularidades, por outro, é característica do sistema tribal de tabus: as leis de ambos os tipos são tratadas igualmente como mágicas, o que torna qualquer crítica racional dos tabus criados pelo homem tão inconcebível como qualquer tentativa de aperfeiçoamento da sabedoria e da razão última das leis ou regularidades do mundo natural: «Tudo o que acontece se desenrola com a necessidade do destino (...). O sol não sairá da medida da sua senda; ou então as deusas do Destino, aias da Justiça, saberão como encontrá-lo.» Mas não só o sol obedece à lei; o Fogo, na forma do sol e (como veremos) do raio de Zeus, guarda a lei e julga de acordo com ela. «O sol é o guarda e protetor dos ciclos, limitando e julgando e anunciando e manifestando as mudanças e estações que tudo fazem nascer (...). Esta ordem cósmica, que é a mesma para todas as coisas, não foi criada nem pelos deuses nem pelos homens; sempre foi, e é, e será, um Fogo sempre vivo, que se inflama de acordo com a medida e afrouxa de acordo com a medida (...). No seu avanço, o Fogo captura, julga e executa tudo.»

Em combinação com a ideia historicista de um destino implacável encontramos com frequência um elemento de misticismo. Apresentaremos no capítulo 11 uma análise crítica do misticismo. Aqui, desejo apenas mostrar o papel do antirracionalismo e do misticismo na filosofia de Heráclito[8]. «A Natureza gosta de se esconder», escreve ele, e «o Senhor que tem em Delfos o seu oráculo nem revela nem oculta, mas aponta o seu significado por meio de indícios». O desdém de Heráclito pelos cientistas de orientação mais empírica é típico dos que adotam esta atitude: «Quem sabe muitas coisas não precisa de ter muita inteligência; se fosse de outro modo Hesíodo e Pitágoras seriam mais inteligentes e também Xenófanes (...). Pitágoras é o avô de todos os impostores.» Este desprezo pelos cientistas é acompanhado pela teoria mística de um conhecimento intuitivo. A teoria da razão de Heráclito toma como ponto de partida o facto de que, se estivermos despertos, vivemos num mundo comum. Podemos comunicar, controlar e vigiar-nos uns aos outros; e nisto reside a garantia de que não somos vítimas de uma ilusão. Mas é dado a esta teoria um segundo significado, um significado místico. É a teoria de uma intuição mística concedida aos eleitos, aos que estão despertos, que têm o poder de ver, ouvir e falar. «Não devemos agir e falar como se dormíssemos (...). Aqueles que estão despertos têm Um mundo comum; aqueles que dormem viram-se para os seus mundos privados (...). São incapazes tanto de ouvir como de falar (...). Mesmo que ouçam são como surdos. Aplica-se-lhes o ditado: estão presentes e no entanto não estão presentes (...). Uma só coisa é a sabedoria: compreender o pensamento que conduz tudo através de todas as coisas.» O mundo cuja experiência é comum a todos os que estão despertos é a unidade mística, a unidade de todas as coisas que só pela razão pode ser apreendida: «Temos de seguir o que é comum a todos (...). A razão é comum a todos (...).Tudo se torna Uno e Uno torna-se Tudo (...). Aquele que só ele é a sabedoria deseja e não deseja ser designado pelo nome de Zeus (...). É o raio que guia todas as coisas.»

São estes os traços mais gerais da filosofia heraclitiana da mudança universal e do Destino oculto. Desta filosofia emana uma teoria sobre a força motriz que está por trás de toda a mudança; uma teoria que exibe o seu caráter historicista pela ênfase que põe na importância da «dinâmica social», em contraste com a «estática social». A dinâmica heraclitiana da natureza em geral e da vida social em particular confirma a ideia de que a sua filosofia foi inspirada pelas perturbações sociais e políticas que viveu. Pois declara que discórdia e guerra são a dinâmica, assim como o princípio criador de toda a mudança e especialmente de todas as diferenças entre os homens. E sendo um historicista típico, o juízo da História é para ele um juízo moral[9], pois sustenta que o resultado da guerra é sempre justo[10]: «A guerra é o pai e o rei de todas as coisas. Prova que alguns são deuses e outros não passam de meros homens, fazendo de uns escravos e de outros senhores (...). É preciso ter consciência de que a guerra é universal e que a Justiça – a ação judicial – é conflito e que todas as coisas se desenvolvem através do conflito e por necessidade.»

Mas se a Justiça é conflito ou guerra, se «as deusas do Destino» são ao mesmo tempo «as aias da Justiça»; se a história, ou mais precisamente, se o êxito, ou seja, o êxito na guerra, é o critério do mérito, então o próprio padrão do mérito tem de «estar em movimento». Heráclito resolve este problema com o seu relativismo e a sua doutrina da identidade dos opostos. Isto emana da sua teoria da mudança (que continua a ser a base da teoria de Platão e ainda mais da de Aristóteles). Uma coisa que muda tem de perder uma propriedade e adquirir a propriedade oposta. Não é tanto uma coisa mas um processo de transição de um estado para o estado oposto e portanto a unificação de estados opostos[11]: «As coisas frias tornam-se quentes e as quentes tornam-se frias; o que é húmido torna-se seco e o que é seco, húmido (...). A doença dá-nos a capacidade de apreciar a saúde (...). Vida e morte, estar acordado e estar a dormir, a juventude e a idade avançada, tudo é idêntico; porque uma coisa transforma-se na outra e a outra na primeira (...). Aquilo que luta consigo mesmo compromete-se consigo próprio: há uma ligação ou harmonia que se deve ao recuo e à tensão, como no arco e na lira (...). Os opostos pertencem um ao outro, a melhor harmonia nasce da discórdia e tudo se desenvolve pelo conflito (...). A senda que leva para cima e a que conduz para baixo são idênticas (...). O caminho direito e o torto são um e o mesmo (...). Para os deuses todas as coisas são belas e boas e justas; os homens, no entanto, adotaram certas coisas como justas, outras como injustas (...). O bem e o mal são a mesma coisa.»

Mas o relativismo dos valores (poderia até ser descrito como um relativismo ético) que se exprime neste último fragmento não impede Heráclito de desenvolver, sobre o pano de fundo da sua teoria da justiça e da guerra e o veredicto da história, uma ética tribalista e romântica da Fama, do Destino e da superioridade do Grande Homem, todas estranhamente semelhantes a algumas ideias muito modernas[12]: «Aquele que tomba no campo de batalha será glorificado por deuses e homens (...). Quanto maior a queda mais glorioso o fado (...). Os melhores procuram uma coisa acima de todas as outras: a fama eterna (...). Um homem vale mais do que dez mil, se for Grande.»

É surpreendente encontrar nestes fragmentos antigos, que datam de 500 anos antes de Cristo, tanto do que é característico dos historicistas modernos e das tendências antidemocráticas. Mas fora o facto de que Heráclito foi um pensador de um poder e originalidade nunca ultrapassados e, por conseguinte, muitas das suas ideias (através da mediação de Platão) se tornaram parte do *corpus* principal da tradição filosófica, a similitude da doutrina pode talvez explicar-se, em certa medida, pela similitude das condições sociais nas respetivas épocas. Parece que as ideias historicistas facilmente se tornam proeminentes em tempos de grande mudança social. Surgiram quando a vida tribal grega se desmoronou e também quando a dos Judeus foi desfeita pelo impacto da conquista babilónica[13]. Não pode haver muitas dúvidas, creio, de que a filosofia de Heráclito é expressão de um sentimento de deriva; um sentimento que parece ser uma reação típica à dissolução das antigas formas tribais de vida social. Na Europa moderna, as ideias historicistas foram ressuscitadas durante a revolução industrial e em especial através do impacto das revoluções políticas na América e em França[14]. Parece mais do que mera coincidência que Hegel, que adotou grande parte do pensamento de Heráclito e o transmitiu a todos os movimentos historicistas modernos, tenha sido um porta-voz da reação contra a Revolução francesa.

3.

A teoria platónica das Formas ou Ideias

I

Platão viveu num período de guerras e de discórdia política que foi, tanto quanto sabemos, ainda mais agitado do que aquele que perturbara Heráclito. Na sua juventude, a derrocada da vida tribal dos gregos conduzira a um período de tirania em Atenas, sua cidade natal, e mais tarde ao estabelecimento de uma democracia que tentou proteger-se ciosamente contra qualquer tentativa de reintrodução de uma tirania ou de uma oligarquia, ou seja, um governo das principais famílias aristocráticas[1]. Durante a sua juventude, a Atenas democrática esteve envolvida numa guerra de morte contra Esparta, a principal cidade-Estado do Peloponeso, que preservara muitas das leis e costumes da antiga aristocracia tribal. A guerra do Peloponeso durou 28 anos, com uma interrupção. (No capítulo 10, em que o pano de fundo histórico é analisado com mais pormenor, mostrar-se-á que a guerra não acabou com a queda de Atenas em 404 a.C., como às vezes se afirma[2].) Platão nasceu durante a guerra e tinha perto de 24 anos quando ela acabou. A guerra trouxe epidemias terríveis e, no seu último ano, a fome, a queda da cidade de Atenas, a guerra civil e um reino de terror, normalmente designado por governo dos Trinta Tiranos; estes eram dirigidos por dois tios de Platão, que perderam ambos a vida na tentativa vã de defenderem o seu regime contra os democratas. O restabelecimento da democracia e da paz não representou um descanso para Platão. O seu querido mestre Sócrates, que mais tarde ele tornou o principal orador da maioria dos seus diálogos, foi julgado e executado. O próprio Platão, ao que parece, também correu perigo; juntamente com outros companheiros de Sócrates, deixou Atenas. Mais tarde, por ocasião da sua primeira visita à Sicília, Platão viu-se envolvido nas intrigas políticas tecidas na corte de Dionísio, *o Velho*, tirano de Siracusa, e mesmo depois do seu regresso a Atenas e da fundação da Academia Platão continuou, juntamente com alguns dos seus alunos, a tomar parte ativa e, em última análise, fatal nas conspirações e revoluções[3] de que era feita a política de Siracusa.

Este breve esboço dos acontecimentos políticos pode ajudar a explicar porque encontramos na obra de Platão, como na de Heráclito, indícios de que ele sofreu desesperadamente com a instabilidade política e a insegurança do seu tempo. Como Heráclito, Platão era de sangue real; a tradição, pelo menos, sustenta que a família do seu pai fazia remontar a sua linhagem a Codro, o último dos reis tribais da Ática[4]. Platão tinha muito orgulho na família da mãe, a qual – como explica nos seus diálogos – (no *Cármides* e no *Timeu*) estava ligada à de Sólon, o legislador de Atenas. Os seus tios Crítias e Cármides, chefes dos Trinta Tiranos, também pertenciam à família da mãe. Com tal tradição familiar era de esperar que Platão se interessasse profundamente pelos assuntos públicos; e, de facto, a maior parte da sua obra corresponde a esta expectativa. Ele próprio relata (na *Sétima Carta*, se for autêntica) que[5] «desde o princípio ansiava fortemente pela atividade política», mas as experiências emocionantes da juventude tinham-no assustado. «Vendo como tudo oscilava e mudava sem finalidade, sentia-me estonteado e desesperado.» Desse sentimento de que a sociedade, e na verdade «tudo», estava em mutação, nasceu, creio, o impulso fundamental da sua filosofia, como da filosofia de Heráclito; e Platão reduziu a sua experiência social, exatamente como o fizera o seu antecessor historicista, a uma lei da evolução histórica. Segundo esta lei, que discutiremos mais amplamente no próximo capítulo, *toda a mudança social é corrupção ou decadência ou degeneração.*

Esta lei histórica fundamental faz parte, no entender de Platão, de uma lei cósmica – de uma lei que se aplica a todas as coisas criadas ou geradas. Todas as coisas em devir, todas as coisas geradas, estão destinadas decompor-se. Platão, como Heráclito, achava que as forças em ação na História são forças cósmicas. É quase certo, todavia, que Platão acreditava que esta lei da degeneração não era toda a história. Encontrámos em Heráclito uma tendência para imaginar as leis da evolução como leis cíclicas; são concebidas à imagem da lei que determina a sucessão cíclica das estações. Do mesmo modo, podemos encontrar nalgumas obras de Platão a alusão a um Grande Ano (cuja extensão parece ser de 36 000 anos normais), com um período de melhoria ou gestação, presumivelmente correspondente à primavera e ao verão, e um período de degenerescência e decadência, correspondente ao outono e ao inverno. Segundo um dos diálogos de Platão (o *Político*), a uma Idade de Ouro, a era de Cronos – uma era em que o próprio Cronos governa o mundo e em que os homens brotam da terra – sucede a nossa própria era, a era de Zeus, uma era em que o mundo é abandonado pelos deuses e deixado aos seus próprios recursos e que, por isso, é cada vez mais corrompida. E na história do *Político* há também a sugestão de que, após ter sido atingido o ponto mais baixo da completa corrupção, o deus de novo tomará conta do leme da nave cósmica e as coisas começarão a melhorar.

Não sabemos até que ponto Platão acreditava na história do *Político*. Ele tornou bastante claro que não acreditava que tudo o que lá estava fosse literalmente verdadeiro. Por outro lado, restam poucas dúvidas de que imaginava a história humana num contexto cósmico; de que acreditava que a sua própria era fosse de profunda depravação – possivelmente a mais profunda que se possa alcançar – e que todo o anterior período histórico tivesse sido governado por uma tendência intrínseca para a decadência, tendência essa partilhada tanto pela evolução histórica como pela do cosmos([6]). Se acreditava ou não também que esta tendência deve necessariamente chegar ao fim logo que se tenha atingido o ponto de extrema depravação, parece-me incerto. Mas acreditava certamente que nos é possível, por um esforço humano, ou melhor, sobre-humano, contrariar a fatal tendência da História e pôr fim ao processo de decadência.

II

Por grandes que sejam as semelhanças entre Platão e Heráclito, deparamo-nos aqui com uma diferença importante. Platão acreditava que a lei do destino universal, a lei da decadência, pode ser quebrada pela vontade moral do homem, sustentada pelo poder da razão humana.

Não é totalmente claro como conciliava Platão esta opinião com a sua crença na lei do destino. Mas há alguns indicações que podem esclarecer a questão.

Platão acreditava que a lei da degeneração implicava a degeneração moral. A degeneração política, pelo menos, depende sobretudo, no seu entender, da degeneração moral (e da falta de conhecimento); e a degeneração moral, por sua vez, deve-se principalmente à degeneração racial. É esta a maneira como se manifesta no campo dos assuntos humanos a lei cósmica geral da degeneração.

É portanto compreensível que o grande ponto de viragem cósmico possa coincidir com um ponto de viragem no campo dos assuntos humanos – o campo moral e intelectual – e que possa, por conseguinte, parecer-nos como resultante de um esforço moral e intelectual humano. Platão pode muito bem ter acreditado que, assim como a lei geral da decadência se manifestou na decadência moral que levou à decadência política, também o advento do ponto de viragem cósmico se manifestaria na vinda de um grande legislador cujos poderes de raciocínio e vontade moral são capazes de pôr termo a esse período de decadência política. Parece provável que a profecia, em o *Político*, do regresso da Idade de Ouro, de um novo milénio, seja a expressão de uma tal crença na forma de mito. Seja como for, ele acreditava certamente em ambas as coisas – numa tendência histórica geral de degenerescência e na possibilidade que temos de suster o curso da corrupção no campo político pela paragem de toda a mudança política. É este, portanto, o objetivo que visa atingir[7]. Tenta concretizá-lo pelo estabelecimento de um Estado livre de todos os males dos outros Estados porque não degenera, porque não muda. O Estado que esteja livre do mal da mudança e da corrupção é o melhor, o Estado perfeito. É o Estado da Idade de Ouro que não conheceu alteração. É o *Estado parado*.

III

Ao acreditar num Estado assim, que não muda, Platão afasta-se radicalmente dos princípios do historicismo que encontrámos em Heráclito. Mas por importante que seja esta diferença, dá lugar a outros pontos de similitude entre Platão e Heráclito. Heráclito, apesar da ousadia do seu pensamento, parece ter recuado perante a ideia de substituir o cosmos pelo caos. Parece ter-se consolado, dissemos, da perda de um mundo estável pela ideia de que a mudança é regida por uma lei imutável. Esta tendência para recuar perante as consequências últimas do historicismo é característica de muitos historicistas.

Em Platão, essa tendência torna-se dominante. (Estava, aqui, sob a influência da filosofia de Parménides, o grande crítico de Heráclito.) Heráclito generalizara a sua experiência da mutabilidade social alargndo-a ao mundo de «todas as coisas» e Platão, já o indiquei, fez o mesmo. Mas Platão também alargou a sua crença num Estado perfeito imutável ao reino de «todas as coisas». Acreditava que a toda a espécie de coisa vulgar ou em decadência corresponde também uma coisa perfeita que não se decompõe. Esta crença em coisas perfeitas e imutáveis, geralmente chamada Teoria das Formas ou Ideias[8], tornou-se a doutrina central da sua filosofia.

A crença de Platão em que nos é possível quebrar a férrea lei do destino, e evitar a decadência pela suspensão de toda a mudança, mostra que as suas tendências historicistas têm limites bem definidos. Um historicismo intransigente e completamente desenvolvido hesitaria em admitir que o homem, faça o que fizer, possa alterar as leis do destino histórico mesmo depois de as ter descoberto. Sustentaria que não pode ir contra elas, visto que todos os seus planos e ações são meios pelos quais as leis inexoráveis da evolução realizam o seu destino histórico; tal como Édipo encontrou o seu destino *por causa* da profecia, e das medidas tomadas pelo pai para o evitar, e não apesar delas. Para obter uma melhor compreensão desta atitude absolutamente historicista, e analisar a tendência oposta intrínseca à crença de Platão na sua capacidade de influenciar o destino, irei comparar o historicismo tal como o encontramos em Platão com uma abordagem diametralmente oposta, que também se encontra em Platão, que se pode designar por *atitude de engenharia social*[9].

IV

O engenheiro social não se interroga sobre tendências históricas ou sobre o destino do homem. Acredita que o homem é senhor do seu próprio destino e que, de acordo com os nossos objetivos, podemos influenciar ou mudar a história do homem exatamente como mudámos a face da Terra. Não acredita que estes fins nos sejam impostos pelos nossos antecedentes históricos ou pelas tendências da história, antes que são escolhidos, ou mesmo criados por nós, tal como criamos novos pensamentos ou novas obras de arte ou novas casas ou nova maquinaria. Em contraste com o historicista, que acredita que só é possível uma ação política inteligente se o curso futuro da História estiver previamente determinado, o engenheiro social acredita que uma base científica para a política seria algo muito diferente; consistiria na informação factual necessária para a construção ou alteração das instituições sociais, de acordo com os nossos desejos e objetivos. Uma tal ciência teria de nos dizer que passos havíamos de dar caso desejássemos, por exemplo, evitar depressões, ou, pelo contrário, provocar depressões; ou se quisermos tornar mais igual a distribuição da riqueza, ou menos igual. Por outras palavras, o engenheiro social concebe como base científica da política uma espécie de *tecnologia social* (Platão, como veremos, compara-a ao fundamento científico da medicina), ao contrário do historicista, que a entende como a ciência das tendências imutáveis da história.

Daquilo que disse sobre a atitude do engenheiro social não se deve inferir que não há diferenças importantes no campo dos engenheiros sociais. Pelo contrário, a diferença entre aquilo a que chamo «engenharia social parcelar» e «engenharia social utópica» é um dos temas principais deste livro. (Cf. em especial o capítulo 9, onde darei as minhas razões para advogar a primeira e rejeitar a segunda.) Mas por agora o que me preocupa é apenas a oposição entre historicismo e engenharia social. Esta oposição pode revelar-se ainda mais claramente se considerarmos as atitudes assumidas pelo historicista e pelo engenheiro social em relação às *instituições sociais*, isto é, coisas como uma companhia de seguros, ou uma força policial ou um governo ou uma mercearia.

O historicista tende a olhar as instituições sociais principalmente da perspetiva da sua história, isto é, da sua origem, do seu

A TEORIA PLATÓNICA DAS FORMAS OU IDEIAS | 45

desenvolvimento e do seu significado presente e futuro. Pode tal-vez insistir que a sua origem se deve a determinado plano ou desígnio e à prossecução de determinados fins, humanos ou divinos; ou pode asseverar que não visam servir quaisquer fins claramente concebidos, antes são a expressão imediata de certos instintos e paixões; ou talvez sustente que em tempos serviram como meios para certos fins, mas perderam entretanto esse caráter. O engenheiro social e tecnologista, por seu lado, dificilmente mostrará muito interesse na origem das instituições ou nas intenções originais dos seus fundadores (embora não haja razão para que não deva reconhecer o facto de «apenas uma minoria das instituições sociais ser conscientemente planeada, enquanto a vasta maioria delas se limitou a 'crescer', como resultado não programado da ação humana»([10])). Colocará antes o problema da seguinte maneira. Se os nossos fins forem tais e tais, está esta instituição bem concebida e organizada para os servir? Podemos considerar, a título de exemplo, a instituição dos seguros. O engenheiro social e tecnologista não se preocupará muito com a questão de saber se os seguros nasceram como negócio com fins lucrativos; ou se a sua missão histórica é servir o bem comum. Mas poderá criticar certas instituições de seguros, mostrando, talvez, como aumentar os seus lucros ou, o que é coisa muito diferente, como aumentar o benefício que proporcionam ao público; e sugerirá maneiras de as tornar mais eficientes para servir um ou outro fim. Outra instituição social que podemos considerar é, por exemplo, a força policial. Alguns historicistas descrevê-la-ão talvez como um instrumento para a proteção da liberdade e da segurança, outros como um instrumento de domínio e opressão de classe. O engenheiro social ou tecnologista, no entanto, talvez sugira medidas que a tornem um instrumento adequado à proteção da liberdade e da segurança, mas pode também criar medidas que façam dela uma arma poderosa de domínio de classe. (No seu papel de cidadão que prossegue determinados fins em que acredita poderá exigir que sejam adotados esses fins, e as medidas apropriadas. Mas como tecnologista distinguirá cuidadosamente a questão dos fins, e da sua escolha, das questões respeitantes aos factos, isto é, aos efeitos sociais de qualquer das medidas que possam ser tomadas.([11]))

Falando em termos mais gerais, podemos dizer que o engenheiro ou tecnologista aborda as instituições racionalmente como meios para servir certos fins e como tecnologista vai julgá-las totalmente em função da sua adequação, eficiência, simplicidade, etc. O historicista, por outro lado, procuraria antes descobrir a origem e o destino dessas instituições, para avaliar o «verdadeiro papel» desempenhado por elas na evolução da história – avaliando-as, por exemplo, como «queridas por Deus» ou «queridas pelo Destino» ou «servindo importantes tendências históricas», etc. Tudo isto não significa que o engenheiro ou tecnologista acredite necessariamente que as instituições são meios para certos fins, ou instrumentos; pode muito bem estar ciente do facto de que, em muitos aspetos importantes, são muito diferentes de instrumentos mecânicos ou máquinas. Não esquecerá, por exemplo, que elas «crescem» de um modo que é semelhante (embora de nenhum modo igual) ao crescimento dos organismos e que este facto é de grande importância para a engenharia social. Não perfilha necessariamente uma filosofia «instrumentalista» das instituições sociais. (Ninguém dirá, por exemplo, que uma laranja é um instrumento, ou um meio para um fim; mas a verdade é que olhamos muitas vezes as laranjas como *meios para um fim*, se desejamos comê-la ou, talvez, ganhar a vida a vendê-las.)

As duas atitudes, historicismo e engenharia social, ocorrem por vezes em combinações típicas. O seu exemplo mais antigo e provavelmente mais influente é a filosofia social e política de Platão. Combina, por assim dizer, alguns elementos tecnológicos bastante óbvios em primeiro plano com um pano de fundo dominado por uma exibição abundante de características tipicamente historicistas. Esta combinação é ilustrativa de um número considerável de filósofos sociais e políticos que produziram o que mais tarde se designou por sistemas utópicos. Todos estes sistemas recomendam alguma forma de engenharia social, dado que exigem a adoção de certos meios institucionais, embora nem sempre muito realistas, para alcançar os seus fins. Mas quando passamos à consideração destes fins acabamos muitas vezes por descobrir que são determinados pelo historicismo. Os objetivos políticos de Platão, em especial, dependem em considerável medida das suas doutrinas historicistas. Primeiro, é seu objetivo escapar ao movimento heraclitiano, manifestado na revolução social e na decadência histórica. Em segundo lugar, acredita que isto se pode conseguir pelo estabelecimento de um Estado tão perfeito que não participa desta tendência geral de evolução histórica. Terceiro, acredita que o *modelo ou original* do seu Estado perfeito se pode encontrar num passado remoto, numa Idade de Ouro que existiu no dealbar da História; pois se o mundo degenera com o tempo, então quanto mais longe recuemos no passado maior perfeição encontraremos. O Estado perfeito é uma coisa parecida com um primeiro antepassado, o progenitor, dos Estados posteriores, os quais são, por assim dizer, a descendência degenerada deste Estado perfeito, ou melhor ou «ideal»[12]; um Estado ideal que não é um mero fantasma, nem um sonho, nem uma «ideia na nossa cabeça» mas é, em vista da sua estabilidade, mais real do que todas aquelas sociedades em devir que se arriscam a desaparecer a qualquer momento.

Assim, mesmo o objetivo político de Platão, o melhor Estado, depende em larga medida do seu historicismo; e o que é verdade da sua filosofia do Estado pode ser aplicado, como já se indicou, à sua filosofia geral de «todas as coisas», à sua *Teoria das Formas ou Ideias*.

V

As coisas em devir, as coisas que degeneram e decaem (como o Estado), são a descendência, os filhos, por assim dizer, de coisas perfeitas. E, como as crianças, são cópias dos seus progenitores originais. O pai ou original de uma coisa em transformação é o que Platão chama a sua «Forma» ou o seu «Padrão» ou a sua «Ideia». Como antes, temos de insistir que a Forma ou Ideia, apesar do seu nome, não é uma «ideia na nossa cabeça»; não é um fantasma nem um sonho, mas uma coisa real. É mesmo mais real do que todas as coisas vulgares que estão em transformação e que, apesar de uma solidez aparente, estão condenadas à degenerescência; pois a Forma ou Ideia é uma coisa perfeita e que não perece.

As Formas ou Ideias não devem ser pensadas como coisas que vivam, como coisas perecíveis, no espaço e no tempo. Estão fora do espaço e também fora do tempo (porque são eternas). Mas estão em contacto com o espaço e o tempo; pois dado que são progenitoras ou modelos das coisas que são geradas e que se desenvolvem e degeneram no espaço e no tempo, têm de ter estado em contacto com o espaço, no princípio do tempo. Visto que não estão connosco nos nossos espaço e tempo, não podem ser percebidas pelos nossos sentidos como as coisas comuns cambiantes que interagem com os nossos sentidos e que por isso são designadas «coisas sensíveis». Estas coisas sensíveis, que são cópias ou filhas de um mesmo modelo ou original, não só se parecem com este original, a Forma ou Ideia delas, mas também umas com as outras, como acontece a filhos da mesma família; e tal como as crianças são chamadas pelo nome do pai, assim também as coisas sensíveis recebem o nome das suas Formas ou Ideias; «Todas são chamadas segundo o nome daquelas», como diz Aristóteles([13]).

Assim como uma criança pode admirar o seu pai, vendo nele um ideal, um modelo incomparável, uma personificação divina das suas próprias aspirações; a personificação da perfeição, da sabedoria, da estabilidade, da glória e da virtude; o poder que o criou antes de o seu mundo ter começado; que o preserva e sustenta agora; e em «virtude» de quem ele existe; assim considera Platão as Formas ou Ideias. A Ideia platónica é o original e a origem da coisa; é a justificação da coisa, a razão da sua existência – o princípio estável, o sustentáculo em «virtude» do qual ela existe. É a virtude da coisa, o seu ideal, a sua perfeição.

A comparação entre a Forma ou Ideia de um tipo de coisas sensíveis e o pai de uma família de crianças é desenvolvida por Platão no *Timeu*, um dos seus últimos diálogos. Está em concordância estreita([14]) com muitos dos seus textos iniciais, os quais elucida de modo considerável. Mas Platão vai além do seu primitivo ensinamento quando, no *Timeu*, representa o contacto da Forma ou Ideia com o mundo do espaço e do tempo por uma extensão da comparação. Descreve o espaço «abstrato» em que se movem as coisas sensíveis (originariamente, o espaço ou intervalo entre Céu e Terra) como um recetáculo e compara-o com a mãe das coisas, na qual as coisas sensíveis foram criadas no princípio dos tempos pelas Formas que se estampam ou imprimem no espaço puro e assim dão à sua prole o seu feitio. «Temos de conceber», escreve Platão, «três espécies de coisas: primeiro, as que estão sujeitas a geração; em segundo lugar, aquelas em que a geração ocorre; e em terceiro lugar o modelo a cuja imagem e semelhança as coisas geradas nascem. E podemos comparar o princípio recetor a uma mãe, o modelo a um pai e o produto de ambos a uma criança.» E continua, primeiro, com uma descrição mais completa dos modelos – os pais, as imutáveis Formas ou Ideias: «Há, primeiro, a Forma imutável que é não criada e indestrutível, (...) invisível e impercetível para qualquer sentido e que só pode ser contemplada pelo puro pensamento.» A cada uma destas Formas ou Ideias corresponde a sua descendência ou raça de coisas sensíveis, «outra espécie de coisas, que ostentam o nome da sua Forma e se lhe assemelham, mas percetíveis aos sentidos, criadas, sempre em movimento, geradas num lugar e logo desvanecidas desse lugar e apreendidas por uma opinião baseada na perceção». E o espaço abstrato, que é comparado com uma mãe, é assim descrito: «Há uma terceira espécie, que é o espaço, e é eterno e não pode ser destruído e proporciona um lar a todas as coisas geradas (...)»(^{15}).

Pode contribuir para a compreensão da teoria platónica das Formas ou Ideias a sua comparação com certas crenças religiosas gregas. Como em muitas religiões primitivas, pelo menos alguns dos deuses gregos não passam da idealização de antepassados e heróis tribais – personificações da «virtude» ou «perfeição» da tribo. Assim, algumas tribos e famílias consideravam-se descendentes de um ou outro dos deuses. (Consta que a própria família de Platão se dizia descendente do deus Posídon.(^{16})) Basta considerar que esses deuses eram imortais ou eternos, e perfeitos – enquanto os homens comuns estão envolvidos no fluxo de todas as coisas e sujeitos à degenerescência (que é de facto o destino final de todos os indivíduos humanos) – para perceber que estes deuses têm com os homens comuns a mesma relação que as Formas ou Ideias têm com as coisas sensíveis de que são suas cópias (^{17}) (ou o seu estado perfeito com os vários estados agora existentes). Há no entanto uma diferença importante entre a mitologia grega e a teoria platónica das Formas ou Ideias. Enquanto os gregos veneravam muitos deuses como antepassados de várias tribos ou famílias, a Teoria das Ideias exige que haja apenas uma Forma ou Ideia do homem(^{18}); pois é uma das doutrinas centrais da Teoria das Formas que há só uma Forma para cada «raça» ou «espécie» de coisas. A singularidade da Forma, que corresponde à singularidade do seu progenitor, é um elemento necessário da teoria para que esta desempenhe uma das suas funções mais importantes, concretamente a de explicar a similitude das coisas sensíveis, ao propor que as coisas semelhantes são cópias ou impressões de *uma* Forma. Assim, se houvesse duas Formas iguais ou similares, a sua similitude obrigar-nos-ia a concluir que ambas eram cópias de uma terceira, original, que por conseguinte se revelaria a única forma verdadeira e singular. Ora, como Platão diz no *Timeu*: «A parecença ficaria assim explicada, mais precisamente, não como semelhança entre duas coisas, mas sim por referência a essa coisa superior que é o seu protótipo.»[19] Na *República*, que é anterior ao *Timeu*, Platão explicara ainda mais claramente o que queria dizer, usando como exemplo o «leito essencial», ou seja, a Forma ou Ideia de um leito. «Deus (...) fez um leito essencial e apenas um; não fez dois ou mais e nunca os fará (...). Porque (...) mesmo que Deus fizesse dois, e mais nenhum, um outro viria a lume, ou seja, a Forma manifestada por aqueles dois; isto, e não os dois, seria então o leito essencial.»[20]

Esta argumentação mostra que as Forma ou Ideias fornecem a Platão não só uma origem ou ponto de partida para todos os desenvolvimentos no tempo e no espaço (e especialmente para a história humana), mas também uma explicação das semelhanças entre as coisas sensíveis da mesma espécie. Se as coisas são similares devido a determinada virtude ou propriedade, a brancura, a dureza ou a bondade, por exemplo, então esta virtude ou propriedade tem de ser única e a mesma em todas elas; de outro modo, não as tornaria semelhantes. Segundo Platão, todas participam de uma Forma ou Ideia de brancura, se forem brancas; de dureza, se forem duras. Participam delas no sentido em que os filhos participam das posses ou dotes dos pais; exatamente como as muitas reproduções de uma gravura, que são todas impressões de uma chapa e por conseguinte semelhantes umas às outras, podem participar da beleza do original.

O facto de esta teoria se destinar a explicar as semelhanças entre coisas sensíveis não parece à primeira vista ter qualquer relação com o historicismo. Mas tem; e como nos diz Aristóteles, foi justamente esta relação que induziu Platão a desenvolver a Teoria das Ideias. Tentarei traçar um esboço deste desenvolvimento usando a explicação de Aristóteles juntamente com algumas indicações dos próprios escritos de Platão.

Se todas as coisas estão em fluxo permanente, então é impossível dizer seja o que for de definitivo sobre elas. Não podemos ter verdadeiro conhecimento delas, mas sim, no melhor dos casos, «opiniões» vagas e enganadoras. Este ponto, como sabemos por Platão e Aristóteles[21], preocupou muitos seguidores de Heráclito. Parménides, um dos antecessores de Platão que muito

A TEORIA PLATÓNICA DAS FORMAS OU IDEIAS | 51

o influenciou, ensinara que o conhecimento puro da razão, por oposição à enganadora opinião da experiência, só podia ter por objeto um mundo imutável, e que o puro conhecimento da razão revelava um mundo assim. Mas a realidade imutável e indivisa que Parménides pensava ter descoberto por trás do mundo das coisas perecíveis([22]) não tinha qualquer relação com este mundo em que vivemos e morremos. Era, portanto, inteiramente incapaz de o explicar.

Era isto que não satisfazia Platão. Por muito que detestasse e desprezasse o mundo empírico da mutação, no fundo tinha por ele um profundo interesse. Queria desvendar o segredo da sua decadência, das suas violentas mudanças, e da sua infelicidade. Esperava descobrir os meios da sua salvação. Causara-lhe grande impressão a doutrina de Parménides de um mundo imutável, real, sólido e perfeito por trás deste mundo fantasmagórico em que penava; mas esta conceção não resolvia os seus problemas enquanto se mantivesse sem relação com o mundo das coisas sensíveis. Ele procurava conhecimento, não opiniões; o puro conhecimento racional de um mundo que não muda; mas, ao mesmo tempo, conhecimento que pudesse ser usado para investigar este mundo mutável e, em especial, esta sociedade mutável; a mudança política com as suas estranhas leis históricas. Platão visava descobrir o segredo do conhecimento supremo da política, da arte de governar os homens.

Mas uma ciência exata da política parecia tão impossível como qualquer conhecimento exato de um mundo em fluxo; não havia objetos fixos no campo político. Como podiam ser discutidas quaisquer questões políticas quando o significado de palavras como «governo» ou «Estado» ou «cidade» mudava a cada nova fase da evolução histórica? No seu período heraclitiano, a teoria política deve ter parecido a Platão tão fugidia, flutuante e insondável quanto a prática da política.

Diz-nos Aristóteles que, nesta situação, Platão recebeu de Sócrates uma sugestão importantíssima. Sócrates interessava-se por questões éticas; era um reformador ético, um moralista que assediava gente de toda a espécie, obrigando-os a pensar, a explicar e a prestar contas dos princípios que regiam as suas ações. Fazia-lhes perguntas e não se contentava facilmente com as respostas que lhe davam. A resposta típica que recebia – que agimos de certa maneira porque é «sábio» agir assim ou talvez «eficaz» ou «justo» ou «piedoso», etc. – só o instava a continuar a questioná-las, perguntando *o que* era a sabedoria, ou a eficiência ou a justiça ou a piedade. Por outras palavras, era levado a inquirir sobre a «virtude» de uma coisa. Discutia assim, por exemplo, a sabedoria manifestada em diversas artes ou ofícios, de modo a averiguar o que têm em comum todas estas várias e mutáveis formas «sábias» de comportamento e, assim, descobrir o que é realmente a sabedoria, ou o que quer realmente dizer «sabedoria», ou (usando a fórmula de Aristóteles) qual é a sua *essência*. «Era natural», diz Aristóteles, «que Sócrates procurasse a essência»[23], isto é, a virtude ou razão de ser de uma coisa, o verdadeiro, o imutável ou essencial significado dos termos. «Neste aspeto, tornou-se o primeiro a levantar o problema das definições universais.»

Estas tentativas de Sócrates para discutir termos éticos como «justiça» ou «modéstia» ou «piedade» já foram comparadas, com razão, às modernas discussões sobre a Liberdade (em Mill[24], por exemplo), ou sobre a Autoridade ou sobre o indivíduo e a Sociedade (em Catlin, por exemplo). Não é preciso presumir que Sócrates, na sua busca do significado imutável ou essencial destes termos, os personalizou ou tratou como coisas. O relato de Aristóteles pelo menos sugere que não o fez e que foi Platão quem transformou o método socrático de busca do significado ou da essência num método para determinar a verdadeira natureza, a Forma ou Ideia de uma coisa. Platão reteve «as doutrinas heraclitianas de que todas as coisas sensíveis estão em transformação e que não há conhecimento sobre elas», mas encontrou no método de Sócrates uma saída para estas dificuldades. Embora «não pudesse haver definição de quaisquer coisas sensíveis, visto estarem sempre a mudar», podia haver definições e conhecimento verdadeiro de coisas de outra espécie – das virtudes das coisas sensíveis. «Se o conhecimento ou o pensamento hão de ter um objeto, terá de haver algumas entidades diferentes, imutáveis, à parte as que são sensíveis», diz Aristóteles[25], e acrescenta a respeito de Platão que «às coisas dessoutra espécie chamou-lhes, então, Formas ou Ideias e as coisas sensíveis, para ele, eram distintas delas e delas recebiam o nome. E as muitas coisas que têm o mesmo nome que determinada Forma ou Ideia existem por participarem dela».

Esta versão de Aristóteles corresponde de perto aos argumentos de Platão apresentados no *Timeu* [26] e mostra que o principal problema de Platão era encontrar um método científico para lidar

A TEORIA PLATÓNICA DAS FORMAS OU IDEIAS | 53

com as coisas sensíveis. Queria alcançar um conhecimento puramente racional e não apenas uma opinião; e dado que não era possível obter um conhecimento puro das coisas sensíveis, como já se referiu, insistia em procurar pelo menos um conhecimento puro que de certo modo estivesse relacionado com as coisas sensíveis e lhes fosse aplicável. O conhecimento das Formas ou Ideias satisfazia esta exigência, visto que a Forma tinha relação com as respetivas coisas sensíveis, como um pai com os filhos menores. A Forma era o representante responsável das coisas sensíveis e podia, por isso, ser consultada sobre as questões importantes referentes ao mundo do devir.

A nosso ver, a teoria das Formas ou Ideias tem pelo menos três funções diferentes na filosofia de Platão. (1) É um aparelho metodológico crucial, pois torna possível um conhecimento científico puro e um conhecimento que poderia até ser aplicado ao mundo das coisas mutáveis, do qual não podemos obter imediatamente qualquer conhecimento, apenas opinião. Assim, torna-se possível inquirir sobre os problemas de uma sociedade em mutação e edificar uma ciência política. (2) Fornece uma pista para uma *teoria da mudança* urgentemente necessária, e da decadência, para uma teoria da geração e da degeneração, uma chave para a História. (3) No domínio social, abre caminho a uma certa espécie de engenharia social; e permite forjar instrumentos para deter a mudança social ao sugerir a conceção de um «melhor dos Estados» que se assemelha tão estreitamente à Forma ou Ideia de Estado que não pode degradar-se.

O problema (2), a teoria da mudança e da história, será objeto dos dois capítulos seguintes, 4 e 5, em que se trata a sociologia descritiva de Platão, isto é, a sua descrição e explicação do mundo social em mudança em que vivia. O problema (3), a paragem da mudança social, será objeto dos capítulos 6 a 9, que tratam o programa político de Platão. O problema (1), o da metodologia de Platão, já foi brevemente esboçado neste capítulo, com a ajuda de Aristóteles e da sua descrição da história da teoria de Platão. Desejo agora acrescentar a esta discussão umas quantas observações.

VI

Uso a expressão *essencialismo metodológico* para caracterizar o ponto de vista, mantido por Platão e muitos dos seus seguidores, de que é tarefa do puro conhecimento ou «ciência» descobrir e descrever a verdadeira natureza das coisas, ou seja, a sua realidade oculta ou essência. Era convicção peculiar de Platão que a essência das coisas sensíveis se pode encontrar noutras coisas mais verdadeiras – nos seus progenitores ou Formas. Muitos dos posteriores essencialistas metodológicos, como por exemplo Aristóteles, não o seguiram totalmente nisto; mas todos concordaram com ele em definir a tarefa do conhecimento puro como a descoberta da natureza oculta ou Forma ou essência das coisas. Todos esses essencialistas metodológicos também concordaram com Platão em sustentar que estas essências podem ser descobertas e descortinadas com a ajuda da intuição intelectual; que cada essência tem um nome que lhe é próprio, o nome segundo o qual são designadas as coisas sensíveis; e que podem ser descritas por palavras. E todos chamaram «definição» à descrição da essência de uma coisa. Segundo o essencialismo metodológico, pode haver três maneiras de conhecer uma coisa: «Quero dizer que podemos conhecer a sua realidade imutável ou essência; e que podemos conhecer a definição da essência; e que podemos conhecer o seu nome. Assim, podemos formular duas questões a respeito de qualquer coisa real (...). Uma pessoa pode dar o nome e perguntar a definição, ou pode dar a definição e perguntar o nome.» Para exemplificar este método Platão usa a essência de «par» (por oposição a «ímpar»): «Um número (...) pode ser uma coisa capaz de divisão em partes iguais. Se for assim divisível, o número é chamado 'par', e a definição do nome 'par' é 'número divisível em partes iguais'.» (...) E quando nos dão um nome e nos perguntam a definição ou nos dão a definição e nos perguntam o nome, falamos, em ambos os casos, de uma mesma essência, quer lhe chamemos ora 'par' ora 'número divisível em partes iguais'.» Depois deste exemplo, Platão aplica este método a uma «prova» relativa à verdadeira natureza da alma, sobre a qual voltaremos a ouvir falar mais adiante[27].

O essencialismo metodológico, isto é, a teoria de que o objetivo da ciência é revelar essências e descrevê-las por meio de definições, pode ser mais bem compreendido quando contrastado com o seu oposto, o *nominalismo metodológico*. Em vez de visar descobrir o que uma coisa realmente é, e definir a sua verdadeira natureza, o nominalismo metodológico pretende descrever como uma coisa se comporta em diversas circunstâncias e, em especial, se há regularidades no seu comportamento. Por outras palavras, o nominalismo metodológico vê como objetivo da ciência a descrição das coisas e acontecimentos da nossa experiência e a «explicação» desses acontecimentos, isto é, a sua descrição com a ajuda de leis universais[28]. E vê na nossa linguagem, e em especial nas regras que distinguem frases e inferências corretamente construídas de um mero amontoado de palavras, o grande instrumento da descrição científica[29]. Considera as palavras ferramentas secundárias para esta tarefa, mais do que nomes de essências. O nominalista metodológico nunca pensará que perguntas como «*O que é a energia?*» ou «*O que é o movimento?*» ou «*O que é o átomo?*» sejam perguntas importantes para a física; mas dará importância a perguntas como: «Como se pode usar a energia do sol?» ou «Como se move um planeta?» ou «Em que condições um átomo irradia luz?» E aos filósofos que lhe dizem que antes de ter respondido à pergunta «que é» ele não pode esperar dar respostas exatas a qualquer das perguntas de «como é», responderá, se responder, que prefere de longe o modesto grau de exatidão que pode alcançar pelos seus métodos à trapalhada pretensiosa que eles conseguiram com os deles.

Como indica o nosso exemplo, o nominalismo metodológico está hoje bastante aceite e generalizado nas ciências naturais. Os problemas das ciências sociais, por outro lado, ainda são tratados na maioria com métodos essencialistas. Esta é, na minha opinião, uma das principais razões do seu atraso. Muitos já notaram esta situação[30] mas julgam-na de modo diferente. Acreditam que a diferença de método é necessária e que reflete uma diferença «essencial» entre as «naturezas» destes dois campos de investigação.

Os argumentos geralmente apresentados em favor desta perspetiva sublinham a importância da mudança na sociedade e exibem outros traços de historicismo. O físico, reza um argumento típico, lida com objetos como a energia ou os átomos que, embora mudando, retêm um certo grau de constância. Pode descrever as mudanças que essas entidades relativamente imutáveis encontram e não tem de construir ou detetar essências ou Formas ou quaisquer outras entidades imutáveis de modo a obter alguma coisa permanente sobre a qual possa fazer afirmações definitivas. O cientista social, todavia, está numa situação muito diferente. Todo o campo dos seus interesses muda constantemente. Não há entidades permanentes no domínio social, onde tudo está sob a influência do devir histórico. Como podemos, por exemplo, estudar o governo? Como podemos identificá-lo na diversidade das instituições governamentais, encontradas em diferentes Estados em diferentes períodos históricos, sem presumirmos que têm algo de *essencial* em comum? Chamamos governo a uma instituição quando pensamos que é essencialmente um governo, ou seja, quando corresponde à nossa intuição do que é um governo, intuição essa que podemos formular numa definição. O mesmo se aplicaria a outras entidades sociológicas, como «civilização». Temos de captar a sua essência, conclui o argumento historicista, e plasmá-la na forma de uma definição.

Estes argumentos modernos são, a meu ver, muito parecidos com aqueles referidos acima e que, segundo Aristóteles, conduziram Platão à sua doutrina das Formas ou Ideias. A única diferença é que Platão (que não aceitava a teoria atómica e nada sabia sobre energia) aplicou também a sua doutrina ao domínio da física e, assim, ao mundo como um todo. Temos aqui uma indicação do facto de que, nas ciências sociais, a discussão dos métodos de Platão ainda hoje pode ser atual.

Antes de passar à sociologia de Platão e ao uso que fez nesse campo do seu essencialismo metodológico, desejo tornar bem claro que estou a limitar a minha análise de Platão ao seu historicismo e ao seu «melhor dos Estados». Tenho por conseguinte de prevenir o leitor de que não deve esperar uma representação de toda a filosofia de Platão ou aquilo a que se poderia chamar um tratamento «justo e equitativo» do platonismo. A minha atitude para com o historicismo é de franca hostilidade, baseada na minha convicção de que o historicismo é fútil e até pior do que isso. A minha análise dos aspetos historicistas do platonismo é, portanto, muito crítica. Embora admire muita coisa na filosofia de Platão, muito além das partes que creio serem socráticas, a tarefa que escolhi não é acrescentar-me aos incontáveis tributos prestados ao seu génio. Estou decidido, isso sim, a destruir aquilo que considero maligno nesta filosofia. É a tendência totalitária da filosofia política de Platão que vou tentar analisar e criticar[31].

A SOCIOLOGIA DESCRITIVA
DE PLATÃO

4.

Mudança e repouso

Platão foi um dos primeiros cientistas sociais e, sem dúvida, de longe o mais influente. No sentido em que o termo «sociologia» era entendido por Comte, Mill e Spencer, foi um sociólogo; quer dizer, aplicou com êxito o seu método idealista à análise da vida social do homem e das leis do seu desenvolvimento, bem como às leis e condições da sua estabilidade. A despeito da grande influência de Platão, esta faceta dos seus ensinamentos tem sido pouco notada. Isto parece dever-se a dois fatores. Primeiro que tudo, muita da sociologia de Platão é apresentada por ele em tão íntima ligação com as suas exigências éticas e políticas que os elementos descritivos têm passado em grande parte despercebidos. Em segundo lugar, muitas das suas reflexões foram de tal maneira dadas por adquiridas que pura e simplesmente foram absorvidas de modo inconsciente e, portanto, acriticamente. Foi principalmente desta maneira que as suas teorias sociológicas se tornaram tão influentes.

A sociologia de Platão é uma mescla engenhosa de especulação com observação perspicaz dos factos. O quadro da sua especulação é, claro, a teoria das Formas e da transformação e da decadência universais, da geração e da degeneração. Mas sobre estes alicerces idealistas Platão constrói uma teoria da sociedade espantosamente realista, tão capaz de explicar as principais tendências do desenvolvimento histórico das cidades-Estado da Grécia como as forças sociais e políticas que operavam no seu tempo.

I

Já se traçou o cenário especulativo ou metafísico da teoria da mudança social de Platão. É o mundo de Formas ou Ideias imutáveis, do qual resulta o mundo das coisas que mudam no tempo e no espaço. As Formas ou Ideias não só são imutáveis, indestrutíveis e incorruptíveis como também perfeitas, verdadeiras, reais e boas; na verdade, na *República* o «bem» é definido uma vez como «tudo aquilo que preserva»([1]) e o «mal» como «tudo o que destrói ou corrompe». As Formas ou Ideias perfeitas e boas são anteriores às cópias, as coisas sensíveis, e são uma espécie de progenitores ou pontos de partida([2]) de todas as mudanças no mundo do devir. Esta perspetiva é usada para avaliar a tendência geral e a direção principal de todas as mudanças no mundo das coisas sensíveis. Pois se o ponto de partida de toda a mudança é perfeito e bom, então a mudança só pode ser um movimento que afasta do que é perfeito e bom; encaminha-se forçosamente para a imperfeição e o mal, para a corrupção.

Esta teoria pode ser desenvolvida em pormenor. Quanto mais uma coisa sensível se parecer com a sua Forma ou Ideia, tanto menos corruptível há de ser, dado que as Formas são elas próprias incorruptíveis. Mas as coisas sensíveis ou geradas não são cópias perfeitas; na verdade, nenhuma cópia pode ser perfeita visto que é apenas uma imitação da verdadeira realidade, só aparência e ilusão, não a verdade. Por conseguinte, nenhuma coisa sensível (exceto talvez as mais excelentes) se assemelha com suficiente fidelidade à sua Forma para ser imutável. «A imutabilidade absoluta e eterna só é atributo das coisas mais divinas e os corpos não pertencem a esta ordem»([3]), diz Platão. Uma coisa sensível, ou gerada – tal como um corpo físico ou uma alma humana –, se for uma boa cópia pode mudar só muito pouco ao princípio, e a primeira mudança ou movimento – o movimento da alma – é ainda «divina» (ao contrário das mudanças secundárias ou terciárias). Mas cada mudança, por pequena que seja, tem de a tornar diferente e assim menos perfeita, ao reduzir a sua semelhança com a respetiva Forma. Deste modo, a coisa torna-se mais mutável a cada mudança – e mais corruptível –, posto que cada vez se torna mais distante da sua Forma que é a «causa da sua imobilidade e de estar em repouso», como diz Aristóteles, que parafraseia a doutrina de Platão da seguinte forma: «As coisas são geradas pela sua participação na Forma e degeneram pela perda da Forma». Este processo de degeneração, lento ao princípio e depois mais rápido – esta lei do declínio e queda – é descrita de modo impressionante por Platão nas *Leis*, o último dos seus grandes diálogos. O passo trata principalmente do destino da alma humana, mas Platão deixa claro que se aplica a todas as coisas que «participam de alma», o que quer dizer todas as coisas vivas. «Todas as coisas que participam de alma mudam», escreve ele, «(...) e enquanto mudam são conduzidas pela ordem e lei do destino. Quanto mais pequena a mudança no seu caráter, menos significativo o declínio inicial no seu estatuto. Mas quando a mudança aumenta, e com ela a iniquidade, então caem – até ao fundo do abismo e daquilo que é conhecido pelas regiões infernais.» (Na continuação deste passo Platão refere a possibilidade de uma «alma dotada de uma dose excecionalmente alta de virtude poder, por força da sua própria vontade (...), se estiver em comunhão com a virtude divina, tornar-se sumamente virtuosa e mudar-se para uma região exaltada». O problema da alma excecional que se pode salvar a si própria – e a outras talvez – da lei geral do destino será discutido no capítulo 8). Antes, nas *Leis*, resumiu a sua doutrina da mudança: «Qualquer mudança que seja, exceto a mudança de uma coisa má, é o mais grave de todos os perigos traiçoeiros que ameaçam todas as coisas – seja uma mudança de estação, ou do vento ou da dieta do corpo, ou do caráter da alma.» E acrescenta, para dar mais ênfase: «Esta afirmação aplica-se a tudo, com a única exceção, como ainda agora disse, de alguma coisa má.» Em suma, Platão ensina que *a mudança é má e o repouso divino.*

Vemos agora como a teoria platónica das Formas ou Ideias implica uma certa tendência no desenvolvimento do mundo em devir. Leva à lei de que a corruptibilidade de todas as coisas desse mundo há de aumentar continuamente. Não é tanto uma lei rígida de uma corrupção universalmente crescente, mas a lei de uma corruptibilidade crescente; ou seja, o perigo ou probabilidade da corrupção aumenta, mas não ficam excluídos desenvolvimentos excecionais na direção oposta. Assim, é possível, como indicam as últimas citações, que uma alma muito boa possa desafiar a mudança e a degeneração. E que uma coisa muito má, por exemplo uma cidade muito má, possa ser melhorada se a mudarmos. (Para que tal melhoramento tenha qualquer valor teríamos de tentar torná-lo permanente, isto é, sustar qualquer nova mudança.)

A história da origem das espécies de Platão, no *Timeu*, está totalmente de acordo com esta teoria geral. Segundo esta história, o homem, no topo da escala dos animais, é gerado pelos deuses; as outras espécies procedem dele por um processo de corrupção e degeneração. Primeiro, certos homens – os cobardes e os vilões – degeneram em mulheres. Aqueles a quem falta juízo degeneram passo a passo em animais das espécies inferiores. Os pássaros, diz-nos, surgiram por via da transformação de pessoas inofensivas mas demasiado complacentes que confiavam demais nos seus sentidos; «os animais terrestres procederam de homens que não tinham interesse na filosofia»; e os peixes, incluindo os moluscos, «degeneraram dos mais insensatos, estúpidos e (...) indignos» de todos os homens[4].

É óbvio que esta teoria pode ser aplicada à sociedade humana e à sua história. Explica depois a lei, pessimista, do desenvolvimento de Hesíodo[5], a lei da decadência histórica. A crer na versão de Aristóteles (resumida no capítulo anterior) a filosofia das Formas ou Ideias foi assim introduzida a fim de responder a uma exigência metodológica, a exigência de um conhecimento puro ou racional que é impossível no caso de coisas sensíveis em transformação. Vemos agora que a teoria faz mais do que isso. Além de ir ao encontro dessas exigências metodológicas, faculta uma *teoria da mudança*. Explica a direção geral do movimento de todas as coisas sensíveis e, por conseguinte, a tendência histórica para degenerar que demonstram o homem e a sociedade humana. (E faz mais; como veremos no capítulo 6, a teoria das Formas determina também a tendência das exigências políticas de Platão e até os meios para a sua realização.) Se é verdade, como penso, que tanto a filosofia de Platão como a de Heráclito decorrem da sua experiência social, em especial da experiência da guerra de classes e do sentimento abjeto de que o seu mundo social se estava a desfazer, podemos então perceber por que motivo a teoria das Formas viria a desempenhar um papel tão importante na filosofia de Platão quando ele descobriu que servia para explicar a tendência para a degeneração. Deve tê-la acolhido de braços abertos como solução para tão desconcertante enigma. Enquanto Heráclito fora incapaz de proferir uma condenação ética explícita da tendência da evolução política, Platão encontrou, na sua teoria das Formas, a base teórica de um juízo pessimista, no espírito de Hesíodo.

MUDANÇA E REPOUSO | 63

Mas a grandeza de Platão como sociólogo não está nas suas especulações gerais e abstratas sobre a lei da decadência social. Antes, consiste na riqueza e detalhe das suas observações e na espantosa perspicácia da sua intuição sociológica. Viu coisas que nunca antes tinham sido vistas e que só foram descobertas outra vez nos nossos dias. Posso dar como exemplo a sua teoria dos começos primitivos da sociedade, do patriarcado tribal e, em geral, a sua tentativa de definir os períodos típicos da evolução da vida social. Outro exemplo é o historicismo sociológico e económico de Platão, a sua ênfase no *pano de fundo económico* da vida política e da evolução histórica; uma teoria que Marx recuperou com o nome de «materialismo histórico». Um terceiro exemplo é a interessantíssima lei platónica das revoluções políticas, segundo a qual todas as revoluções pressupõem um classe dirigente (ou «elite») desunida, uma lei que está na base da sua análise dos meios de travar a mudança política e criar um equilíbrio social e que foi recentemente redescoberta pelos teóricos do totalitarismo, em especial por Pareto.

Procederei agora a uma discussão mais detalhada destes pontos, em especial o terceiro, a teoria da revolução e do equilíbrio.

II

Os diálogos em que Platão discute estas questões são, por ordem cronológica, a *República*, um diálogo de uma data muito posterior intitulado *Político*, e as *Leis*, a mais longa e tardia das suas obras. Apesar de algumas diferenças menores, há uma grande concordância entre estes diálogos, que nalguns aspetos são paralelos e noutros complementares. As *Leis*([6]), por exemplo, apresentam a história do declínio e queda da sociedade humana na forma de uma narrativa da pré-história grega que se funde sem qualquer quebra de continuidade com a história; enquanto os passos paralelos da *República* dão, de forma mais abstrata, um esboço sistemático do desenvolvimento do governo; o *Político*, ainda mais abstrato, dá uma classificação lógica dos tipos de governo, com umas quantas alusões apenas a acontecimentos históricos. De igual modo, as *Leis* formulam muito claramente o aspeto historicista da investigação. «Qual é o arquétipo ou origem do Estado?», pergunta ali Platão, ligando esta questão a outra: «Não será a melhor maneira de procurar uma resposta a esta pergunta (...) a de contemplar o crescimento dos Estados enquanto vão evoluindo para o bem ou para o mal?» Mas entre as doutrinas sociológicas, a única diferença de relevo parece dever-se a uma pura dificuldade especulativa que parece ter preocupado Platão. Pressupondo, como ponto de partida desta evolução, um Estado perfeito e portanto incorruptível, achava difícil explicar a primeira mudança, a Queda do Homem, digamos, que tudo desencadeia[7]. Falar-se-á no próximo capítulo da tentativa de Platão para resolver este problema; mas primeiro traçarei um quadro geral da sua teoria da evolução social.

Segundo a *República*, a forma de sociedade original ou primitiva e ao mesmo tempo aquela que mais se aproxima da Forma ou Ideia de um Estado, do «melhor dos Estados», é o reinado dos mais sábios e mais divinais dos homens. Esta cidade-estado ideal está tão perto da perfeição que é difícil compreender como pode alguma vez mudar. Não obstante, ela muda; e com a mudança entra em cena a discórdia de Heráclito, a força motriz de todo o movimento. Segundo Platão, o conflito interno, a guerra de classes, fomentada pelo interesse próprio e especialmente o interesse próprio material ou económico, é a principal força da «dinâmica social». A fórmula marxiana «a história de todas as sociedades até agora existentes é a história da luta de classes»[8] assenta quase tão bem ao historicismo de Platão como ao de Marx. Os quatro períodos mais salientes ou «marcos na história da degeneração política» e, ao mesmo tempo, «as mais importantes (...) variedades de Estado existentes»[9] são descritas por Platão pela ordem seguinte. Logo a seguir ao Estado perfeito vem a «timarquia» ou «timocracia», o governo dos nobres que procuram honra e fama; em segundo lugar, a oligarquia, o governo das famílias ricas; «a seguir nesta ordem, nasce a democracia», o governo da liberdade que é a falta de lei; e por fim vem «a tirania (...), a quarta e última doença da cidade»[10].

Como se pode concluir desta última observação, Platão vê a história, que para ele é uma história de decadência social, como se fosse a história de uma doença: o doente é a sociedade; e, como veremos mais tarde, o estadista deveria ser um médico (e vice-versa) – um curandeiro, um salvador. Tal como a descrição do curso típico de uma doença nem sempre é aplicável a cada doente individual, também a teoria histórica platónica da decadência

MUDANÇA E REPOUSO | 65

social não tem a pretensão de ser aplicável à evolução de cada cidade em particular. Mas pretende descrever o curso original da evolução que gerou as principais formas de decadência constitucional e também o curso típico da mudança social[11]. Vemos que Platão visava estabelecer um sistema de períodos históricos, governados por uma lei da evolução; por outras palavras, visava uma teoria historicista da sociedade. Esta tentativa foi recuperada por Rousseau e posta em voga por Comte e Mill, por Hegel e Marx; mas tendo em conta os dados históricos então conhecidos, o sistema de períodos históricos de Platão era tão bom como o de qualquer destes historicistas modernos. (A principal diferença consiste na avaliação do curso seguido pela história. Enquanto o aristocrata Platão condenava a evolução que descreveu, estes autores modernos aplaudiam-na, pois acreditavam na lei do progresso histórico.)

Antes de abordar em pormenor o Estado perfeito de Platão, traçarei um breve esboço da sua análise do papel desempenhado pelos motivos económicos e a luta de classes no processo de transição entre as quatro formas decadentes de Estado. A primeira forma em que o Estado perfeito degenera, a timocracia, o governo dos nobres ambiciosos, é por ele considerada semelhante ao próprio Estado perfeito em quase todos os aspetos. Importa notar que Platão identifica explicitamente este melhor e mais antigo entre os Estados existentes com a constituição dórica de Esparta e Creta e que estas duas aristocracias tribais representavam de facto as formas de vida política mais antigas na Grécia. Grande parte da excelente descrição que Platão faz das suas instituições é dada em alguns excertos da sua descrição do melhor ou perfeito Estado, ao qual tanto se parece a timocracia. (Mercê da sua doutrina da semelhança entre Esparta e o Estado perfeito, Platão tornou-se um dos mais bem-sucedidos propagadores daquilo a que eu gostaria de chamar «o Grande Mito de Esparta» – o mito, perene e influente, da supremacia da Constituição e do modo de vida espartanos.)

A principal diferença entre o melhor dos Estados ou Estado ideal e a timocracia é que esta contém um elemento de instabilidade; a classe dirigente patriarcal antes unida está agora dividida e é esta desunião que leva ao passo seguinte, a sua degeneração em oligarquia. A desunião é trazida pela ambição. «Primeiro», diz Platão, falando do jovem timocrata, «ouve a mãe a queixar-se de que o seu marido não é um dos governantes...»([12]). Assim, torna-se ambicioso e anseia por distinções. Mas as tendências sociais da competição e da aquisição é que são decisivas para produzir a mudança seguinte. «Temos de descrever», diz Platão, «como a timocracia se transforma em oligarquia (...). Mesmo um cego não pode deixar de ver como muda (...). É o cofre do tesouro que arruína esta constituição. Eles [os timocratas] começam por criar oportunidades de ostentação e de gastar dinheiro e com este intuito distorcem as leis e eles e as mulheres desobedecem-lhes (...); e tentam rivalizar nisso uns com os outros.» Nasce assim o primeiro conflito de classes: entre a virtude e o dinheiro, ou entre os velhos costumes da simplicidade feudal e os novos modos da riqueza. A transição para a oligarquia consuma-se quando os ricos estabelecem leis que «desqualificam para o serviço público todos os que não atingem o montante estipulado. Esta mudança é imposta pela força das armas, se não bastarem as ameaças e a chantagem (...)».

Com a implantação da oligarquia atinge-se um estado de guerra civil potencial entre os oligarcas e as classes mais pobres: «tal como um corpo doente (…) às vezes está em luta com ele próprio (…) assim está esta cidade doente. Adoece e guerreia-se a si própria ao mínimo pretexto, sempre que um ou outro dos partidos consegue obter apoio de fora, um de uma cidade oligárquica, outro de uma democracia. E não explode às vezes em guerra civil este Estado doente, mesmo sem qualquer ajuda externa?»([13]) Esta guerra civil gera a democracia: «A democracia nasce (…) quando a vitória pertence aos pobres, matando alguns (…) banindo outros e partilhando com os restantes os direitos de cidadania e os cargos públicos, em condições de igualdade (...)».

O retrato que Platão traça da democracia é uma paródia explícita mas intensamente hostil e injusta da vida política de Atenas e do credo democrático que Péricles formulou de um modo nunca superado, cerca de três anos antes de Platão ter nascido. (O programa de Péricles é discutido no capítulo 10, *infra*([14]).) A descrição feita por Platão é um texto brilhante de propaganda política e podemos avaliar o mal que deve ter feito se considerarmos, por exemplo, que um homem como James Adam, um excelente académico e que organizou de uma edição clássica da *República*, não consegue resistir à retórica da diatribe de Platão contra a sua cidade natal. «A descrição que Platão faz da génese do homem

MUDANÇA E REPOUSO | 67

democrático», escreve Adam([15]), «é um dos mais régios e magníficos textos de toda a história da literatura, antiga e moderna». E quando ele, Adam, continua: «a descrição do homem democrático como o camaleão da sociedade humana *retrata-o para todo o sempre*», percebemos claramente que Platão conseguiu pelo menos virar este homem contra a democracia e podemos imaginar os danos que a sua escrita venenosa causou quando foi apresentada, sem contraditório, a inteligências inferiores...

Parece que, muitas vezes, quando o estilo de Platão, para usar uma expressão de Adam([16]), se torna «uma maré-cheia de pensamentos e imagens e palavras de grande elevação», é porque se vê na necessidade premente de ter um manto que cubra os trapos e farrapos da sua argumentação, ou até, como no caso presente, a completa ausência de argumentos racionais. Em seu lugar, usa a invetiva, identificando autonomia com a ausência de lei, liberdade com licença, e igualdade perante a lei com desordem. Os democratas são descritos como perdulários e mesquinhos, insolentes, sem lei e despudorados, como animais ferozes e terríveis, como gente que satisfaz todos os caprichos, e vive somente para o prazer e para consumar desejos desnecessários e vis. («Enchem a pança como animais», era a expressão de Heráclito.) São acusados de considerar «a reverência uma insensatez (...); à temperança chamam cobardia (...); à moderação e ordem nos gastos chamam maldade e boçalidade»([17]), etc. «E há mais trivialidades do género», diz Platão, quando a torrente afrontosa da sua retórica começa a afrouxar, «o mestre teme e lisonjeia os seus alunos (...), os velhos são condescendentes com os jovens (...) para evitar que os tomem por azedos ou despóticos». (É Platão, o Mestre da Academia, quem põe estas palavras na boca de Sócrates, esquecendo que este nunca fora professor e que mesmo já velho nunca parecera azedo ou despótico. Sempre gostara, não de «ser condescendente» com os mais novos, mas de os tratar, como fez com o jovem Platão, como seus companheiros e amigos. Temos razões para crer que o próprio Platão estava menos disposto a «ser condescendente» e a discutir em pé de igualdade com os seus alunos.) «Mas o auge desta abundância de liberdade (...) é atingido», continua Platão, «quando os escravos, machos ou fêmeas, que foram comprados no mercado, são em tudo tão livres como aqueles de quem são propriedade (...). E qual é o efeito cumulativo de tudo isto? Que os corações dos cidadãos amolecem de tal maneira que se irritam à contemplação de uma coisa como a escravatura e não toleram que alguém sofra a sua presença (...) de modo que não podem ter nenhum senhor acima deles.» Aqui, ao fim e ao cabo, Platão presta homenagem à sua cidade natal, embora o faça inconscientemente. Ficará para sempre como um dos grandes triunfos da democracia ateniense que tratasse com humanidade os seus escravos e que a despeito da propaganda desumana de filósofos como o próprio Platão e Aristóteles tenha estado muito perto, como ele testemunha, de abolir a escravatura[18].

De muito maior mérito, embora também ela inspirada pelo ódio, é a descrição que Platão faz da tirania e especialmente da transição para ela. Ele insiste que descreve coisas a que assistiu[19]; alude, sem dúvida, às suas experiências na corte de Dionísio, *o Velho*, tirano de Siracusa. A transição da democracia para a tirania, diz Platão, é mais facilmente efetuada por um chefe popular que saiba como explorar o antagonismo de classe entre ricos e pobres no seio do Estado democrático e que consiga criar uma guarda pessoal ou o seu exército privado. O povo que o aclamou ao princípio como paladino da liberdade depressa é escravizado; e obrigado a combater por ele em «guerra após guerra, que ele terá de provocar (...) porque tem de fazer o povo sentir a necessidade de um general»[20]. Com a tirania atinge-se a mais abjeta forma de Estado.

No *Político* podemos encontrar uma panorâmica muito semelhante das várias formas de governo. Platão discute ali «a origem do tirano e rei, de oligarquias e aristocracias, e das democracias»[21]. Vemos uma vez mais que as várias formas de governo existentes são explicadas como cópias desvalorizadas do verdadeiro modelo ou Forma do Estado, do Estado perfeito, o padrão de todas as imitações, que se diz ter existido nos tempos remotos de Cronos, pai de Zeus. Há aqui uma diferença, pois Platão distingue seis tipos de Estados envilecidos; mas esta diferença não é importante, especialmente se nos lembrarmos que Platão diz na *República*[22] que os quatro tipos examinados não são exaustivos e que existem alguns estádios intermédios. Platão chega aos seis tipos do *Político* distinguindo primeiro entre três formas de governo, o governo de um, o de uns poucos e o de muitos. Cada um deles subdivide-se por sua vez em dois tipos, dos quais um é comparativamente bom e o outro mau, consoante imitam ou não «o único verdadeiro original» copiando e preservando as suas vetustas leis[23]. Desta forma se distinguem três formas conservadoras e legítimas e três totalmente depravadas e sem lei: monarquia, aristocracia e uma forma conservadora de democracia são, por ordem de mérito, as imitações legítimas. Mas a democracia evolui para a sua forma sem lei e continua a deteriorar-se, passando pela oligarquia, o governo sem lei de uns poucos, até chegar ao governo desregrado de um só, a tirania, que, como Platão disse na *República*, é o pior de todos.

Que a tirania, o pior dos Estados, não seja forçosamente o fim da evolução é indicado num passo das *Leis* que em parte repete e em parte[24] está relacionado com a história do *Político*. «Deem-me um Estado governado por um jovem tirano», exclama aqui Platão, «(...) que tenha a boa fortuna de ser contemporâneo de um bom legislador e de se encontrar com ele por um feliz acaso. Que mais poderia um deus fazer por uma cidade que queira tornar feliz? A tirania, o pior dos Estados, pode ser desta maneira reformada. (Isto concorda com a observação nas *Leis*, acima citada, de que toda a mudança é má, «exceto a mudança de uma coisa má». Não restam muitas dúvidas de que Platão, quando fala do grande legislador e do jovem tirano, devia estar a pensar em si próprio e nas suas várias experiências com jovens tiranos, e em especial nas suas tentativas de reformar a tirania exercida sobre Siracusa por Dionísio, *o Jovem*. Estas experiências malfadadas serão discutidas mais tarde.)

Um dos principais objetivos da análise feita por Platão da evolução política é determinar a força motriz de toda a mudança histórica. A panorâmica histórica das *Leis* é empreendida explicitamente com este fim em vista: «Não nasceram durante este tempo milhares incontáveis de cidades (...) e não têm todas elas estado sujeitas a todo o tipo de governo? (...) Vamos, se pudermos, descobrir a causa de tanta mudança. Espero que possamos assim desvendar o mistério tanto do nascimento das constituições como também das suas alterações.»[25] Em resultado destas indagações descobre a lei sociológica de que a desunião interna, a guerra de classes fomentada pelo antagonismo dos interesses económicos de cada uma delas, é a força motriz de todas as revoluções políticas. Mas a formulação que Platão faz desta lei fundamental vai ainda mais longe. Insiste que só a sedição interna no seio da própria classe dirigente pode enfraquecê-la a ponto de ser possível derrubar o seu domínio. «As mudanças em qualquer constituição nascem, sem exceção, no seio da própria classe dirigente e só quando esta classe se torna na sede da desunião»([26]) é a fórmula que usa na *República* ; e nas *Leis* diz (referindo-se possivelmente a este passo da *República*): «Como pode um reino, ou qualquer outra forma de governo, ser alguma vez destruído por alguém que não sejam os próprios governantes? Já nos esquecemos do que dissemos antes, ao tratar este assunto, como ainda há pouco?» Esta lei sociológica, juntamente com a observação de que os interesses económicos são a causa mais provável da desunião, é a chave da história para Platão. Mas é mais do que isso. É também a chave da sua análise das condições necessárias para o estabelecimento de um equilíbrio político, ou seja, para parar a mudança política. Ele presume que estas condições estavam reunidas no Estado melhor ou perfeito dos tempos antigos.

III

A descrição feita por Platão do Estado perfeito ou melhor tem sido normalmente interpretada como o programa utópico de um progressista. Apesar das suas reiteradas asserções, na *República*, no *Timeu*, no *Crítias*, de que está a descrever um passado longínquo, e apesar dos passos paralelos nas *Leis* cuja intenção histórica é manifesta, parte-se amiúde do princípio de que a sua intenção era dar-nos uma descrição velada do futuro. Mas penso que Platão queria dizer o que afirmou e que muitas características do seu Estado melhor, em particular as descritas nos Livros II a IV da *República*, pretendem ser históricas (como os seus relatos da sociedade primitiva no *Político* e nas *Leis*) ([27]) ou talvez pré-históricas. Isto pode não se aplicar a todas as características do melhor Estado. No que se refere, por exemplo, ao reinado dos filósofos (descrito nos Livros V a VII da *República*) o próprio Platão indica que pode ser apenas uma característica do mundo intemporal das Formas ou Ideias, ou da «Cidade do Céu». Estes elementos não-históricos da sua descrição serão discutidos mais tarde, juntamente com as exigências ético-políticas de Platão. Tem de se admitir, é claro, que na sua descrição das antigas ou primitivas constituições ele não pretendia apresentar um relato historicamente exato. Sabia certamente que não tinha informações suficientes para conseguir uma coisa destas. Creio, no entanto, que tentou seriamente

MUDANÇA E REPOUSO | 71

reconstituir as antigas formas tribais de vida social o melhor que podia. Não há razão para duvidar disto, em especial porque a tentativa foi, em muitos dos seus pormenores, muito bem-sucedida. Dificilmente podia ser de outra maneira, dado que Platão chegou ao seu retrato através de uma descrição idealizada das antigas aristocracias tribais de Creta e Esparta. Com a sua intuição sociológica perspicaz, ele percebera que estas formas não só eram velhas como estavam petrificadas, paradas; eram relíquias de uma forma ainda mais antiga. E concluiu que esta forma ainda mais velha fora muito mais estável, e mais seguramente parada. Foi este Estado antigo, e por conseguinte muito bom e estável, que ele tentou reconstituir de tal modo que se tornasse claro como se mantivera livre da desunião; como fora evitada a guerra de classes e como a influência dos interesses económicos havia sido reduzida ao mínimo e totalmente mantida sob controlo. São estes os principais problemas da reconstrução platónica do melhor Estado.

Como resolve Platão o problema de evitar a guerra de classes? Se tivesse sido um progressista podia ter descoberto a ideia de uma sociedade igualitária e sem classes; pois como podemos ver, por exemplo, na sua própria paródia da democracia ateniense, em Atenas havia fortes tendências igualitárias em ação. Mas o seu propósito não era construir um Estado que poderia vir a existir, mas um Estado que tinha existido – o pai do Estado espartano, que não era decerto uma sociedade sem classes. Era um Estado esclavagista e, por isso, o Estado melhor de Platão baseia-se na mais rígida distinção de classes. É um Estado de castas. O problema de evitar a luta de classes é resolvido, não pela abolição das classes, mas pela atribuição à classe governante de uma superioridade tal que não pode ser contestada. Como em Esparta, só à classe governante é permitido andar armada, só ela tem direitos políticos ou quaisquer outros e só ela recebe educação, isto é, formação especializada na arte de manter subjugado o seu rebanho humano, o seu gado humano. (De facto, tão avassaladora superioridade perturba um bocadinho Platão; ele teme que os seus membros «possam desgastar as ovelhas» em vez de simplesmente as tosquiarem e «agir como lobos em vez de cães»[28]). Este problema é considerado mais adiante neste capítulo.) Enquanto a classe governante se mantiver unida não pode haver contestação da sua autoridade nem, consequentemente, guerra de classes.

A SOCIOLOGIA DESCRITIVA DE PLATÃO

Platão distingue três classes no seu Estado melhor, os guardiões, os seus auxiliares armados ou guerreiros e a classe trabalhadora. Mas na realidade há apenas duas castas, a casta militar – os governantes armados e instruídos – e os governados, sem armas e sem instrução, as ovelhas humanas, pois os guardiões não são uma casta separada, mas apenas velhos e sábios guerreiros que foram promovidos das fileiras dos auxiliares. Que Platão divida a sua casta governante em duas classes, os guardiões e os auxiliares, sem elaborar subdivisões semelhantes na classe trabalhadora, deve-se em grande parte a estar apenas interessado nos governantes. Os trabalhadores, comerciantes, etc., não lhe interessam de todo, pois não passam de gado humano cuja única função é prover às necessidades materiais da classe governante. Platão chega mesmo ao ponto de proibir aos seus governantes legislarem para a gente desta classe e para os seus problemas mesquinhos([29]). É por isto que a nossa informação sobre as classes mais baixas é tão escassa. Mas o silêncio de Platão não é totalmente ininterrupto. «Não haverá trabalhadores», pergunta uma vez, «que não possuam uma centelha de inteligência e sejam indignos de ser admitidos no seio da comunidade, mas têm corpos fortes para trabalhos pesados?» Visto que esta observação maldosa tem servido de pretexto para o comentário tranquilizador de que Platão não admitia escravos na sua cidade, quero aqui notar que esta opinião está equivocada. É verdade que Platão em parte alguma discute explicitamente o estatuto dos escravos no seu Estado melhor e também é verdade que diz que é melhor evitar o *nome* de escravo e que deveríamos *chamar* aos trabalhadores «apoiantes» ou até «empregados». Mas isto é feito por motivos propagandísticos. Em parte alguma se encontra a mais leve sugestão de que a instituição da escravatura deva ser abolida ou mitigada. Pelo contrário, Platão só tem desdém pelos democratas atenienses de «coração sensível» que apoiaram o movimento abolicionista. E torna esta opinião bastante explícita, por exemplo, na sua descrição da timocracia, o segundo melhor Estado, aquele que sucede diretamente ao melhor. Diz ali do homem timocrata: «Tenderá a tratar com crueldade os escravos, pois não os depreza tanto como desprezaria um homem bem educado». Mas visto que apenas na melhor cidade se pode encontrar uma educação superior à da timocracia, somos levados a concluir que há escravos na melhor cidade de Platão e que, não sendo tratados com crueldade, não deixam de ser devidamente desprezados.

MUDANÇA E REPOUSO | 73

No seu desprezo convicto por eles, Platão não entra em detalhes neste ponto. Esta conclusão é totalmente corroborada pelo facto de um passo da *República* que critica a prática corrente entre os gregos de escravizarem outros gregos acabar por apoiar explicitamente a escravização dos bárbaros e recomendar mesmo aos «nossos cidadãos» – isto é, os da melhor cidade – que «façam aos bárbaros o mesmo que os gregos agora fazem aos gregos». E é ainda corroborada pelo conteúdo das *Leis* e pela atitude absolutamente desumana que ali é adotada em relação aos escravos.

Visto que apenas a classe governante tem poder político, incluindo o poder de manter o gado humano dentro de tais baias que o impeçam de se tornar um perigo, todo o problema da preservação do Estado fica reduzido à questão de manter a unidade interna da classe dominante. Como há de ser preservada esta unidade dos governantes? Pela formação e outras influências psicológicas mas, fora isso, principalmente pela eliminação dos interesses económicos que podem levar à desunião. Esta abstinência económica é alcançada e controlada pela introdução do comunismo, isto é, pela abolição da propriedade privada, especialmente dos metais preciosos. (A posse de metais preciosos era interdita em Esparta.) Este comunismo está confinado à classe governante, a única que tem de ser mantida livre de desunião; as querelas entre os governados não são dignas de consideração. Visto que toda a propriedade é propriedade comum, tem de haver também a posse comum de mulheres e crianças. Nenhum membro da classe governante deverá poder identificar os seus filhos ou os seus pais. A família deve ser destruída, ou melhor, alargada até abranger toda a classe guerreira. De outro modo, as lealdades familiares poderiam tornar-se uma fonte de desunião; assim, «cada qual deverá olhar todos como se pertencessem a uma só família»([30]). (Esta sugestão não era tão nova nem tão revolucionária como possa parecer. É preciso lembrarmo-nos das restrições espartanas à privacidade da vida familiar, como a proibição das refeições em privado, constantemente referida por Platão como a instituição das «refeições comuns».) Mesmo a posse comum de mulheres e crianças, todavia, não basta só por si para proteger a classe governante de todos os perigos económicos. É tão importante evitar a prosperidade como a pobreza. Ambas ameaçam a unidade: a pobreza, porque leva as pessoas a adotar medidas desesperadas para satisfazer as suas necessidades; a prosperidade, porque a maior parte da mudança nasce da abundância, da acumulação de riqueza que torna possíveis experiências perigosas. Só um sistema comunista que não tem lugar nem para grande carência nem para grande riqueza pode reduzir ao mínimo os interesses económicos e garantir a unidade da classe dirigente.

Assim, pode fazer-se decorrer da lei da mudança sociológica fundamental de Platão o comunismo da casta governante da sua melhor cidade; é uma condição necessária da estabilidade política que é a característica fundamental dela. Mas apesar de ser uma condição importante não é condição suficiente. Para que a classe governante se possa sentir realmente unida, que se sinta como uma tribo, isto é, como uma grande família, é tão necessária a pressão externa como os laços entre os membros dessa classe. Esta pressão pode conseguir-se acentuando e alargando o fosso entre governantes e governados. Quanto mais forte for o sentimento de que os governados são uma raça diferente e absolutamente inferior, mais forte será o sentimento de unidade entre os governantes. Chegamos assim ao princípio fundamental, anunciado depois de alguma hesitação, de que não pode haver misturas entre as classes[31]. «Qualquer interferência ou passagem de uma classe para outra», diz Platão, «é um grande crime contra a cidade e pode ser denunciado, com razão, como a mais baixa das vilanias.» Mas uma tão rígida divisão de classes exige uma justificação e qualquer tentativa de a justificar só pode proceder da alegação de que os governantes são superiores aos governados. Assim, Platão tenta justificar a sua divisão de classes pela tripla alegação de que os governantes são amplamente superiores em três aspetos – na raça, na instrução e na escala de valores. As avaliações morais de Platão, que são, é claro, idênticas às dos governantes do seu melhor Estado, serão discutidas nos capítulos 6 a 8; posso, portanto, limitar-me aqui a descrever algumas das suas ideias a respeito da origem, da educação e da instrução da sua classe governante. (Antes de proceder a esta descrição desejo manifestar a minha convicção de que a superioridade pessoal, seja racial, intelectual, moral ou educativa, nunca pode servir de fundamento à reivindicação de prerrogativas políticas, mesmo que tal superioridade pudesse ser apurada. As pessoas dos países civilizados reconhecem hoje, na sua maioria, que a superioridade racial é um mito; mas mesmo que fosse um facto assente não deveria criar direitos políticos especiais, embora pudesse criar especiais responsabilidades morais para as pessoas

MUDANÇA E REPOUSO | 75

superiores. O mesmo se deveria exigir aos que são intelectual e moral e educativamente superiores; e não posso deixar de sentir que as alegações em contrário de alguns intelectuais e moralistas apenas mostram o pouco êxito da instrução que tiveram, visto que não foi capaz de os tornar conscientes das suas limitações e do seu farisaísmo.)

IV

Quem quiser perceber as opiniões de Platão sobre a origem, a educação e instrução da classe governante não pode perder de vista os dois principais pontos da nossa análise. Temos de ter presente, em primeiro lugar, que Platão está a reconstruir uma cidade do passado, embora esteja ligada ao presente de tal maneira que alguns dos seus traços ainda são discerníveis em Estados existentes como, por exemplo, Esparta. E em segundo lugar, que ele está a reconstruir a sua cidade tendo em vista as condições da sua estabilidade e que procura as garantias dessa estabilidade apenas no seio da própria classe governante, mais especialmente na sua unidade e força.

No que respeita à origem da classe governante, pode referir-se que Platão fala no *Político* de um tempo, anterior até ao do seu melhor Estado, em que «o próprio Deus era o pastor dos homens, governando-os exatamente como o homem (...) ainda reina sobre os animais. Não havia (...) propriedade das mulheres e crianças»[32]. Isto não é apenas a metáfora do bom pastor; à luz do que Platão diz nas *Leis*, tem de ser interpretado mais literalmente do que isso. Pois ali se nos diz que esta sociedade primitiva, que é ainda anterior à primeira e melhor cidade, é uma sociedade de pastores nómadas das montanhas governada por um patriarca: «O governo nasceu», diz aí Platão, falando do período anterior ao primeiro colonato, «(...) como regência do mais velho, que herdava a sua autoridade do pai ou da mãe; todos os outros o seguiam como um bando de pássaros, formando deste modo uma única horda regida pela autoridade patriarcal e régia cujo reinado é o mais justo entre todos.» Estas tribos nómadas, diz-nos ele, instalaram-se nas cidades do Peloponeso, especialmente em Esparta, com o nome de «Dórios». Não é explicado de modo muito claro como isto aconteceu, mas percebemos a relutância de Platão, pois

76 | A SOCIOLOGIA DESCRITIVA DE PLATÃO

o que é sugerido é que este «colonato» foi de facto uma violenta subjugação. Esta, tanto quanto sabemos, é a verdadeira história da instalação dos Dórios no Peloponeso. Temos assim todas as razões para acreditar que Platão pretendia que a sua história fosse uma descrição séria de acontecimentos pré-históricos; não só uma descrição da origem da raça dominante dórica, mas também da origem do gado humano, ou seja, dos habitante originários. Num passo paralelo da *República* Platão dá-nos uma descrição mitológica, mas no entanto muito precisa, da própria conquista, quando trata da origem dos «nascidos da Terra», a classe dirigente da melhor cidade. (O Mito dos Nascidos da Terra será abordado de outro ponto de vista no capítulo 8.) A sua marcha vitoriosa sobre a cidade, previamente fundada por mercadores e operários, é descrita do seguinte modo: «Depois de termos armado e preparado os nascidos da Terra, façamo-los agora avançar, sob o comando dos seus guardiões, até chegarem à cidade. Deixemo-los depois olhar em volta, à procura do melhor lugar para acamparem – o ponto mais apropriado para manter em respeito os habitantes, caso alguém mostre falta de vontade de obedecer à lei, e para resistir aos inimigos exteriores que podem lançar-se como lobos sobre o rebanho.» Este relato breve, mas triunfal, da subjugação de uma população sedentária por uma horda guerreira invasora (que no *Político* é identificada com os pastores nómadas das montanhas do período anterior ao assentamento) deve ter-se presente quando interpretamos a reiterada insistência de Platão que os bons governantes, sejam deuses ou semideuses ou guardiões, são pastores de homens patriarcais e que a verdadeira arte política, a arte de governar, é uma espécie de pastorícia, isto é, a arte de gerir e manter em respeito o gado humano. E é a esta luz que devemos considerar as suas descrições da criação e instrução dos «auxiliares que servem os governantes como cães pastores dos pastores do Estado».

A criação e a educação dos auxiliares, e por conseguinte da classe dirigente do melhor Estado de Platão, é, tal como o facto de andarem armados, um símbolo e portanto uma prerrogativa de classe[33]. E a criação e a instrução não são símbolos ocos, mas sim, como as armas, instrumentos do domínio de classe e necessários para assegurar estabilidade deste governo. Platão trata-os exclusivamente desta perspetiva, ou seja, como instrumentos políticos poderosos, como meios úteis para pastorear o gado humano e para unir a classe governante.

MUDANÇA E REPOUSO

É importante, para este fim, que a raça dominante se sinta uma raça dominante superior. «A raça dos guardiões deve manter-se pura»([34]), diz Platão (em defesa do infanticídio) ao desenvolver o argumento racial de que criamos os animais com grande cuidado enquanto negligenciamos a nossa própria raça, um argumento muito repetido desde então. (O infanticídio não era uma instituição ateniense; Platão, ao ver que era praticado em Esparta por razões de eugenia, concluiu que devia ser prática antiga e portanto boa.) Exige que os mesmos princípios que são aplicados pelo criador experiente aos cães, cavalos ou pássaros sejam aplicados também na reprodução da raça dominante. «Não vos parece que se não fossem assim criados a raça dos vossos pássaros ou cães depressa degeneraria?», aduz Platão, e tira a conclusão de que «os mesmos princípios se aplicam à raça dos homens». As qualidades raciais que se exige a um guardião ou um auxiliar são, mais concretamente, as mesmas que se pede a um cão pastor. «Os nossos atletas guerreiros (...) devem ser vigilantes como cães de guarda», exige Platão, e pergunta: «Decerto não há diferença, no que se refere à capacidade natural para montar guarda, entre um jovem galante e um cão de guarda bem treinado?» No seu entusiasmo e admiração pelo cão, Platão chega ao ponto de discernir nele uma «genuína natureza filosófica»; «pois não é o amor de aprender idêntico à atitude filosófica?»

A principal dificuldade que aflige Platão é a de que guardiões e auxiliares devem ser dotados de um caráter simultaneamente bravio e meigo. É evidente que têm de ser criados para ser bravios, visto que devem «enfrentar qualquer perigo com um espírito destemido e indomável». No entanto, «se a sua natureza há de ser essa, como evitar que sejam violentos uns contra os outros ou contra o resto dos cidadãos?»([35]) Seria, de facto, monstruoso que os pastores tivessem cães (...) que atacassem as ovelhas, portando-se como lobos em vez de cães». É um problema importante do ponto de vista do equilíbrio político, ou melhor, da estabilidade do Estado, pois Platão não quer recorrer a um equilíbrio de forças das diversas classes, visto que seria instável. Está fora de questão o controlo da classe dominante, dos seus poderes arbitrários e da sua ferocidade, por meio da força oposta dos governados, pois a superioridade da classe dominante deve permanecer inquestionada. A única forma admissível de controlo da classe dominante deve ser portanto o autodomínio. Tal como a classe governante

78 | A SOCIOLOGIA DESCRITIVA DE PLATÃO

deve praticar a abstinência económica, isto é, abster-se de uma excessiva exploração económica dos governados, deve ser capaz também de abster-se de uma excessiva ferocidade nas suas relações com os governados. Mas isto só pode ser conseguido se a ferocidade da sua natureza for compensada pela sua doçura. Platão considera que este problema é sério, pois «a natureza bravia é o exato oposto da natureza doce». O seu orador, Sócrates, confessa-se perplexo, até que se lembra outra vez do cão. «Os cães bem criados são por natureza de grande ternura para com os seus amigos e precisamente o oposto para com estranhos», diz ele. Fica assim provado «que o caráter que tentamos incutir aos nossos guardiões não é contrário à natureza». Está assim estabelecido o objetivo da criação da raça dominante e demonstrado que é possível alcançá-lo. Foi deduzido de uma análise das condições necessárias para manter a estabilidade do Estado.

O objetivo educativo de Platão é exatamente o mesmo. É o objetivo puramente político de estabilizar o Estado pela fusão de elementos de ferocidade e doçura no caráter dos governantes. As duas disciplinas que eram ensinadas às crianças das classes altas gregas, ginástica e música (esta última, no mais amplo sentido do termo, incluindo todos os estudos literários), são correlativas para Platão dos dois elementos do caráter, a ferocidade e a doçura. «Não tendes observado», pergunta Platão([36]), «como o caráter é afetado pelo ensino exclusivo da ginástica sem a música e como é afetado pelo contrário? (...) A exclusiva preocupação com a ginástica produz homens que são mais ferozes do que deviam ser, enquanto uma análoga preocupação com a música os torna brandos demais (...). Mas nós sustentamos que os nossos guardiões devem combinar ambas estas naturezas (...). Por isso digo que algum deus deve ter dado ao homem estas duas artes, a música e a ginástica; e o seu propósito não é tanto servir a alma e o corpo respetivamente, mas antes afinar devidamente as duas cordas principais», isto é, harmonizar estes dois elementos da alma, a doçura e a ferocidade. «São estas as linhas gerais do nosso sistema de educação e treino», é como Platão conclui a sua análise.

Embora Platão identifique o elemento bondoso da alma com a sua disposição filosófica e apesar de a filosofia ir desempenhar um papel tão dominante em capítulos posteriores da *República*, nem por isso favorece de todo o elemento bondoso da alma ou da educação musical, isto é, literária. A imparcialidade no equilíbrio dos dois elementos é tanto mais notável quanto o leva a impor as mais severas restrições à educação literária em comparação com o que era habitual, à época, em Atenas. Isto é só uma parte, claro, da sua tendência geral para preferir os costumes de Esparta aos de Atenas. (Creta, o seu outro modelo, era ainda mais antimusical do que Esparta[37].) Os princípios políticos platónicos no que se refere à educação literária baseiam-se numa comparação simples. Esparta, para ele, tratava o seu gado humano com uma dureza um tudo nada excessiva; isto é sintomático ou mesmo a confissão de um sentimento de fraqueza[38], e por conseguinte um sintoma da incipiente degeneração da classe dominante. Atenas, por outro lado, era de um liberalismo absolutamente excessivo e laxista no seu tratamento dos escravos. Platão tomava isto como prova de que Esparta insistia demasiado na ginástica e Atenas, claro, muitíssimo demais na música. Esta simples avaliação permitia-lhe reconstruir facilmente aquilo que na sua opinião devia ter sido a verdadeira medida ou a verdadeira combinação dos dois elementos na educação do melhor Estado e estabelecer os princípios da sua política educativa. Vista da perspetiva de Atenas, não é nada menos do que a exigência de que seja estrangulada toda a educação literária[39] pela fiel observância do exemplo de Esparta, com o seu estrito controlo estatal de todas as questões literárias. Não só a poesia como também a música no sentido habitual do termo devem ser controladas por uma censura rígida e ambas inteiramente dedicadas ao reforço da estabilidade do Estado por uma maior sensibilização dos jovens à disciplina de classe[40], mais dispostos, assim, a servir os respetivos interesses. Platão chega a esquecer que é função da música tornar os jovens mais doces, pois reclama formas de música que sejam de molde a torná-los mais corajosos, ou seja, mais ferozes. (Tendo em conta que Platão era ateniense, os seus argumentos a respeito da música propriamente dita parecem-me quase incríveis na sua ignorância supersticiosa, especialmente em comparação com uma crítica contemporânea mais esclarecida[41]. Mas ainda hoje tem muitos músicos do seu lado, possivelmente porque se sentem lisonjeados pela alta opinião que ele tinha da importância da música, isto é, da sua força política. O mesmo é verdade para os educadores e ainda mais para os filósofos, dado que Platão exige que sejam eles a governar; exigência que será discutida no capítulo 8.)

O princípio político que determina a educação da alma, a preservação da estabilidade do Estado, determina também a do corpo. O objetivo é simplesmente o de Esparta. Enquanto o cidadão ateniense era educado para ter uma versatilidade geral, Platão exige que a classe governante seja treinada como uma classe de guerreiros profissionais, prontos a combater contra os inimigos de fora ou de dentro do Estado. As crianças de ambos os sexos, é-nos dito duas vezes, «devem ser levadas a cavalo até às proximidades da guerra e, na condição de que se o possa fazer com segurança, devem ser trazidas ao campo de batalha e obrigadas a provar o sangue; tal como se faz com os cães ainda jovens»[42]. As palavras de um escritor moderno, que caracteriza a educação totalitária contemporânea como «uma forma de mobilização intensificada e contínua», assentam muito bem, sem dúvida, a todo o sistema platónico de educação.

Isto é um esboço da teoria de Platão sobre o Estado melhor ou mais antigo, sobre a cidade que trata o seu gado humano exatamente como um pastor sábio mas endurecido trata as suas ovelhas; sem demasiada crueldade, mas com o devido desprezo (...). Como análise tanto das instituições sociais de Esparta como das condições da sua estabilidade ou instabilidade e como tentativa de reconstrução de formas mais rígidas e primitivas de vida tribal, esta descrição é sem dúvida excelente. (Só o aspeto descritivo é tratado neste capítulo. Os aspetos éticos serão tratados mais tarde.) Creio que boa parte dos textos de Platão que têm sido considerados mera especulação mitológica ou utópica pode ser interpretada deste modo como descrição e análise sociológicas. Se virmos, por exemplo, o seu mito das hostes guerreiras triunfantes que subjugam uma população sedentária, temos de admitir que do ponto de vista da sociologia descritiva é muito bem conseguido. De facto, poderia até reivindicar a sua qualidade de antecipação de uma interessante (embora talvez generalizadora em excesso) teoria moderna da origem do Estado segundo a qual o poder político centralizado e organizado nasce geralmente de uma conquista deste género[43]. Talvez haja nos textos de Platão mais descrições desta espécie do que atualmente podemos calcular.

V

Em suma. Numa tentativa para compreender e interpretar o mundo social em transformação que viveu, Platão foi levado a desenvolver em grande detalhe uma sociologia historicista sistemática. Imaginou os Estados existentes como cópias decadentes de uma Forma ou Ideia imutável. Tentou reconstituir essa Forma ou Ideia de um Estado, ou pelo menos descrever uma sociedade que se lhe parecesse o mais possível. A par de tradições antigas usou como material para a sua reconstituição os resultados da sua análise das instituições sociais de Esparta e Creta – as mais antigas formas de vida social que conseguiu encontrar na Grécia –, nas quais reconheceu formas anquilosadas de sociedades tribais ainda mais antigas. Mas para usar esse material de modo apropriado precisava de um critério para distinguir entre os traços bons ou originais ou antigos das instituições existentes e os seus sintomas de decadência. Encontrou esse critério na sua lei das revoluções políticas, segundo a qual a desunião nas classes dirigentes e a sua preocupação com as questões económicas estão na origem de toda a mudança social. O seu melhor Estado devia assim ser reconstruído de tal maneira que eliminasse todos os germes e elementos de desunião e decadência o mais radicalmente possível; o mesmo é dizer que devia ser construído a partir do Estado espartano, tendo em vista as condições necessárias à unidade inquebrantável da classe dominante, garantida pela sua abstinência económica, a sua criação e a sua preparação.

Ao interpretar as sociedades existentes como cópias decadentes de um Estado ideal, Platão conferiu às opiniões um tanto grosseiras de Hesíodo sobre a história humana um pano de fundo teórico e ao mesmo tempo um manancial de aplicações práticas. Desenvolveu uma teoria historicista notavelmente realista que encontrou a causa da mudança social na desunião de Heráclito e na luta de classes, em que reconheceu as forças dinamizadoras e corruptoras da história. Aplicou esses princípios historicistas à história da Decadência e Queda das cidades-estado gregas e, em especial, à crítica da democracia, que descreveu como efeminada e degenerada. E podemos acrescentar que, mais tarde, nas *Leis*([44]), aplicou-as também a uma história da Decadência e Queda do Império Persa, dando assim início a uma longa série de dramatizações das histórias de impérios e civilizações. (A famigerada *Decadência do Ocidente* de O. Spengler é talvez a pior, mas não a última([45]) entre elas.) Tudo isto, creio, pode ser interpretado como uma tentativa, e deveras impresionante, para explicar, e racionalizar, a sua experiência da rutura da sociedade tribal; uma experiência idêntica à que levara Heráclito a desenvolver a primeira filosofia da mudança.

Mas a nossa análise da sociologia descritiva de Platão ainda está incompleta. As suas histórias de Decadência e Queda, e com elas quase todas as histórias posteriores, apresentam pelo menos duas características que ainda não discutimos. Ele concebeu essas sociedades em declínio como uma espécie de organismo e o seu declínio como um processo semelhante ao envelhecimento. E acreditava que o declínio é bem merecido, no sentido de que a decadência moral, a queda e declínio da alma, anda a par da do corpo social. Tudo isto desempenha um papel importante na teoria platónica sobre a primeira mudança – na História do Número e da Queda do Homem. Esta teoria, e a sua ligação com a doutrina das Formas ou Ideias, será discutida no próximo capítulo.

5.

Natureza e convenção

Platão não foi o primeiro a abordar os fenómenos sociais num espírito de indagação científica. Os princípios da ciência social remontam pelo menos à geração de Protágoras, o primeiro dos grandes pensadores que se intitularam «sofistas». Caracterizam-se pela perceção de que é preciso distinguir dois elementos diferentes no meio ambiente do homem – o seu meio ambiente natural e o seu meio ambiente social. É uma distinção difícil de fazer e captar, como se pode inferir do facto de ainda hoje não a termos claramente estabelecida nas nossas mentes. Desde o tempo de Protágoras que é questionada. A maioria de nós parece ter uma forte inclinação para aceitar as particularidades do nosso meio social como se fossem «naturais».

Uma das características da atitude mágica da sociedade tribal primitiva ou «fechada» é a ideia de que vive num círculo encantado[1] de tabus imutáveis, de leis e costumes tidos por tão inevitáveis como o nascer do sol, ou o ciclo das estações, ou semelhantes regularidades óbvias da natureza. E é só depois de esta «sociedade fechada» mágica ter de facto ruído que se pode desenvolver uma compreensão teórica da diferença entre «natureza» e «sociedade».

I

Uma análise desta evolução requer, creio, a compreensão clara de uma distinção importante. É a distinção entre *(a) leis*

84 | A SOCIOLOGIA DESCRITIVA DE PLATÃO

naturais, ou leis da natureza, tais como as leis que descrevem os movimentos do sol, da lua e dos planetas, a sucessão das estações, etc., ou a lei da gravidade ou, digamos, as leis da termodinâmica e, por outro lado, as *(b) leis normativas*, ou normas, ou proibições e mandamentos, isto é, as leis que regulam o que é proibido ou exigem certas formas de conduta; exemplo destas são os Dez Mandamentos ou as normas legais que regulam a eleição dos deputados ou as leis que integram a Contituição ateniense.

Visto que a discussão destes assuntos é amiúde viciada pela tendência para esbater esta distinção, podemos acrescentar algumas palavras mais sobre o assunto. Uma lei no sentido *(a)* – uma lei natural – descreve uma regularidade estrita, invariável, que se verifica de facto na natureza (neste caso, a lei é uma afirmação verdadeira) ou não (caso em que é falsa). Caso não saibamos se uma lei da natureza é verdadeira ou falsa e se queremos chamar a atenção para a nossa incerteza, muitas vezes chamamos-lhe uma «hipótese». Uma lei da natureza é inalterável; não tem exceções. Porque se nos convencermos de que ocorreu algo que a contradiz, não diremos então que há uma exceção, ou uma alteração da lei, mas sim que a nossa hipótese foi refutada, visto que afinal a suposta regularidade invariável não se verificou, ou, por outras palavras, a suposta lei da natureza não era uma verdadeira lei da natureza, mas uma afirmação falsa. Dado que as leis da natureza são inalteráveis não podem ser quebradas nem feitas cumprir. Estão além do controlo humano, embora possam ser usadas por nós para efeitos técnicos e embora possamos ver-nos em apuros por não as conhecermos ou as ignorarmos.

Tudo isto é muito diferente quando nos voltamos para as leis do tipo *(b)*, isto é, as leis normativas. Um lei normativa, seja agora uma disposição legal ou um mandamento moral, pode ser feita cumprir pelo homem. É, também, alterável. Pode talvez ser descrita como boa ou má, certa ou errada, aceitável ou inaceitável, mas só em sentido metafórico se pode dizer «verdadeira» ou «falsa», visto que não descreve um facto mas dita instruções para o nosso comportamento. Se tem alguma razão de ser ou significado, então pode ser quebrada; se não pode ser quebrada, então é supérflua e sem significado. «Não gastes mais dinheiro do que o que tens» é uma lei normativa significativa; pode ter um significado moral ou legal e é tanto mais necessária quanto mais frequentemente se a quebra. «Não tires mais dinheiro da carteira do

NATUREZA E CONVENÇÃO | 85

que lá havia» pode ser também considerada, pela maneira como é formulada, uma lei normativa; mas ninguém consideraria seriamente tal regra como parte significativa de um sistema moral ou legal, visto que não pode ser quebrada. Se uma lei normativa significativa é observada, é sempre devido ao controlo humano – a ações e decisões humanas. Normalmente, por causa da decisão de instituir sanções – para punir ou refrear aqueles que quebram a lei.

Partilho com muitos pensadores, e especialmente com muitos cientistas sociais, a convicção de que a distinção entre leis no sentido *(a)*, isto é, afirmações que descrevem regularidades da natureza, e leis em sentido *(b)*, isto é, normas como proibições ou mandamentos, é fundamental e que estas duas espécies de leis pouco têm em comum além do nome. Mas esta opinião não é de modo algum geralmente aceite; pelo contrário, muitos pensadores creem que há normas – proibições ou mandamentos – que são «naturais» no sentido de que são estabelecidas de acordo com leis naturais na aceção *(a)*. Dizem, por exemplo, que certas normas legais estão de acordo com a natureza humana e, por conseguinte, com leis naturais psicológicas no sentido *(a)*, enquanto outras normas legais podem ser contrárias à natureza humana; e acrescentam que aquelas normas que estão demonstradamente de acordo com a natureza humana não são na realidade muito diferentes das leis naturais na aceção *(a)*. Outros dizem que as leis naturais no sentido *(a)* são realmente muito parecidas com as leis normativas visto que são ditadas pela vontade ou decisão do Criador do Universo – uma opinião que, sem dúvida, está por trás do uso da palavra «lei», originariamente normativa, para leis da espécie *(a)*. Todas estas opiniões podem ser dignas de discussão. Mas para discuti-las é necessário primeiro distinguir entre leis no sentido *(a)* e leis no sentido *(b)* e não obscurecer a questão com má terminologia. Assim, reservaremos a expressão «leis naturais» exclusivamente para leis do tipo *(a)* e recusar-nos-emos a aplicar este termo a quaisquer normas que se afirma serem, num ou noutro sentido, «naturais». A confusão é de todo desnecessária, visto que é fácil falar de «direitos ou obrigações naturais» ou de «normas naturais» se quisermos realçar o carácter «natural» de leis do tipo *(b)*.

II

Creio que para compreendermos a sociologia de Platão é necessário considerar como pode ter-se desenvolvido a distinção entre leis naturais e normativas. Examinarei em primeiro lugar o que parece ter sido o ponto de partida e o último passo deste desenvolvimento e depois o que aparentemente foram três passos intermédios, os quais desempenham todos um papel na teoria de Platão. O ponto de partida pode ser descrito como um *monismo ingénuo*. Pode considerar-se característico da «sociedade fechada». O último passo, que descrevo como *dualismo crítico* (ou convencionalismo crítico) é característico da «sociedade aberta». O facto de ainda haver muita gente que tenta evitar dar este passo pode ser interpretado como uma indicação de que ainda estamos no meio da transição da sociedade fechada para a aberta. (Para tudo isto, cf. o capítulo 10.)

O ponto de partida a que chamei «monismo ingénuo» é o estádio em que a distinção entre leis naturais e normativas ainda não está feita. As experiências desagradáveis são o meio pelo qual o homem aprende a adaptar-se ao seu meio ambiente. Não se faz distinção entre as sanções impostas por outros homens, se se quebra um tabu normativo, e as experiências desagradáveis que se sofre no meio ambiente natural. No âmbito deste estádio podemos ainda distinguir duas possibilidades. Uma pode ser descrita como *naturalismo ingénuo*. Nesta fase, as regularidades, sejam naturais ou convencionais, são sentidas como estando além de qualquer possibilidade de alteração. Mas estou convencido de que este estádio é apenas uma possibilidade abstrata que provavelmente nunca existiu na realidade. Mais importante é o estádio que podemos designar como *convencionalismo ingénuo* – um estádio em que tanto as regularidades naturais como as normativas são vividas como expressão das decisões de deuses ou demónios semelhantes aos homens e dependentes delas. Assim, o ciclo das estações, ou as particularidades dos movimentos do sol, da lua e dos planetas, podem ser interpretados como obedecendo às «leis», ou «decretos» ou «decisões» que «governam o céu e a terra» e que foram ditados e «pronunciados no princípio pelo criador-deus» ([2]). É compreensível que os que pensam desta maneira acreditem que até as leis naturais estão abertas a modificações, em determinadas condições excecionais; que, com a ajuda de práticas mágicas, o

NATUREZA E CONVENÇÃO | 87

homem pode às vezes influenciá-las; e que as regularidades naturais são mantidas por meio de sanções, como se fossem normativas. Este ponto é bem ilustrado pelo dito de Heráclito: «O sol não
sairá da medida da sua senda; ou então as deusas do Destino, as
aias da Justiça, saberão onde encontrá-lo.»

O colapso do tribalismo mágico está intimamente ligado à
perceção de que os tabus diferem de tribo para tribo, que são
impostos e feitos obedecer pelo homem e que podem ser quebra-
dos sem repercussões desagradáveis desde que se consiga fugir
às sanções impostas pelos nossos semelhantes. Esta perceção é
intensificada quando se observa que as leis são alteradas e feitas
por legisladores humanos. Estou a pensar não só em legisladores como Sólon, mas também nas leis que foram feitas e impostas
pela gente comum das cidades democráticas. Estas experiências
podem conduzir à diferenciação consciente entre as leis normativas impostas pelo homem, baseadas em decisões ou convenções,
e as regularidades naturais que estão para lá dos seus poderes.
Quando esta diferenciação é claramente compreendida, então
podemos descrever a posição alcançada como um *dualismo crítico*,
ou um convencionalismo crítico. Na evolução da filosofia grega,
este dualismo de factos e normas anuncia-se em termos de uma
oposição entre natureza e convenção[3].

Apesar de esta conclusão ter sido deduzida há muito pelo
sofista Protágoras, um contemporâneo mais velho de Sócrates,
ainda é tão mal compreendida que parece necessário explicá-la
com algum pormenor. Em primeiro lugar, não devemos pensar
que o dualismo crítico implique uma teoria da origem histórica
das normas. Não tem nada a ver com a asserção historicamente
insustentável de que as normas começaram por ser conscientemente feitas ou introduzidas pelo homem, em vez de este ter
simplesmente descoberto que existiam (quando quer que fosse
que ele tenha descoberto qualquer coisa deste género). Não tem
nada a ver, portanto, com a asserção de que as normas tiveram
origem no homem e não em Deus, nem subestima a importância das leis normativas. Por último, ainda menos tem a ver com
a asserção de que as normas, visto serem convencionais, isto é,
feitas pelo homem, são por isso «meramente arbitrárias». O dualismo crítico assevera apenas que as normas e as leis normativas
podem ser feitas e alteradas pelo homem, mais especialmente pela
decisão ou convenção de as observar ou de as alterar e que, por

conseguinte, o homem é moralmente responsável por elas; não talvez pelas normas que ele descobre que existem na sociedade quando começa a refletir sobre elas, mas pelas normas que está preparado para tolerar logo que tenha descoberto que pode fazer algo para mudá-las. As normas são feitas pelo homem no sentido de que não devemos culpar ninguém por elas senão nós mesmos: nem a natureza nem Deus. É responsabilidade nossa melhorá-las o mais que pudermos, se verificamos que são criticáveis. Esta última observação implica que ao descrever as normas como convencionais, não quero dizer que tenham de ser arbitrárias ou que um conjunto de leis normativas vale tanto como qualquer outro. Ao dizer que alguns sistemas de leis podem ser melhorados, que algumas leis podem ser melhores do que outras, indico antes que podemos comparar as leis normativas existentes (ou as instituições sociais) com algumas normas-padrão que decidimos que são dignas de ser realizadas. Mas até esses padrões são da nossa lavra, no sentido de que a nossa decisão em seu favor nos pertence e que só nós devemos arcar com a responsabilidade pela sua adoção. Os padrões não existem na natureza. A natureza é feita de factos e regularidades e, em si mesma, não é moral ou imoral. Somos nós que impomos os nossos padrões à natureza e que desta maneira introduzimos a moral no mundo natural[4], apesar de sermos parte deste mundo. Somos produtos da natureza, mas a natureza fez-nos simultaneamente com o nosso poder de alterar o mundo, de prever e planear o futuro e de tomar decisões de longo alcance pelas quais somos moralmente responsáveis. A responsabilidade, as decisões, no entanto, só connosco entram no mundo da natureza.

III

Para se compreender esta atitude é importante perceber que estas decisões nunca podem resultar dos factos (ou de declarações de factos) emboram digam respeito a factos. A decisão, por exemplo, de nos opormos à escravatura não depende do facto de todos os homens nascerem livres e iguais e que nenhum homem nasce agrilhoado. Pois mesmo que todos nascessem livres, alguns homens podiam talvez tentar pôr outros a ferros e até poderiam acreditar que deviam pô-los a ferros. Inversamente, mesmo que os homens nascessem acorrentados, muitos de nós poderiam exigir a remoção dessas grilhetas. Ou, para falar com mais precisão, se considerarmos que um facto é alterável – tal como o facto de que muita gente sofre de doenças –, então podemos sempre adotar diferentes atitudes em relação a esse facto: mais especialmente, podemos decidir tentar alterá-lo; ou podemos decidir resistir a qualquer tentativa do género; ou podemos decidir nada fazer.

Deste modo, todas as decisões morais dizem respeito a este ou àquele facto, especialmente a algum facto da vida social, e todos os factos (alteráveis) da vida social podem dar lugar a muitas decisões diferentes. O que mostra que as decisões nunca podem resultar destes factos ou de uma descrição deles.

Mas também não podem resultar de outra classe de factos; refiro-me às regularidades naturais que descrevemos com a ajuda das leis naturais. É perfeitamente verdadeiro que as nossas decisões têm de ser compatíveis com as leis naturais (incluindo as da fisiologia ou da psicologia humanas) para serem concretizadas; porque se contrariarem essas leis, então simplesmente não podem ser executadas. A decisão de que todos devem trabalhar mais e comer menos, por exemplo, não pode ser executada para além de determinado ponto por motivos fisiológicos, ou seja, porque para lá de determinado limite seria incompatível com certas leis naturais da fisiologia. Do mesmo modo, a decisão de que todos deveriam trabalhar menos e comer mais também não pode ser posta em prática para além de determinado ponto, por várias razões, incluindo as leis naturais da economia. (Como veremos mais adiante na secção iv deste capítulo, também há leis naturais nas ciências sociais; chamar-lhes-emos «leis sociológicas».)

Assim, determinadas decisões podem ser eliminadas pela impossibilidade de as executar porque contradizem determinadas leis naturais (ou «factos inalteráveis»). Mas isto não significa, é claro, que se possa deduzir logicamente qualquer decisão desses «factos inalteráveis». Pelo contrário, a situação é a seguinte: perante qualquer facto, seja alterável ou inalterável, podemos adotar várias decisões – tais como alterá-lo; protegê-lo daqueles que o querem alterar; não interferir, etc. Mas se o facto em questão for inalterável – quer porque seja impossível tendo em conta as leis da natureza existentes ou porque, por qualquer razão, seja muito difícil para aqueles que querem alterá-lo – então qualquer decisão de o alterar será simplesmente impraticável; na verdade,

90 | A SOCIOLOGIA DESCRITIVA DE PLATÃO

qualquer decisão a respeito deste facto não terá sentido nem significado.

O dualismo crítico põe assim em realce a impossibilidade de reduzir as decisões ou normas aos factos; pode, por conseguinte, ser descrito como um *dualismo de factos e decisões*. Mas este dualismo parece suscetível de contestação. As decisões *são* factos, pode dizer-se. Se decidimos adotar determinada norma, então a tomada dessa decisão é em si mesma um facto psicológico ou sociológico e seria absurdo dizer que nada há de comum entre estes e outros factos. Dado que não pode haver dúvidas de que as nossas decisões sobre normas, isto é, as normas que adotamos, dependem claramente de certos factos psicológicos, tais como a influência da nossa educação, parece absurdo postular um dualismo de factos e decisões, ou dizer que as decisões não podem resultar de factos. Pode-se responder a esta objeção salientando que podemos falar de «decisão» em dois sentidos diferentes. Podemos referir-nos a determinada decisão que tenha sido proposta, ou considerada ou alcançada ou que tenha sido tomada; ou, em alternativa, podemos falar do ato de decidir e chamar a isto «decisão». Só neste segundo sentido podemos dizer que a «decisão» é um facto. A situação é análoga à de várias outras expressões. Num certo sentido, podemos falar de determinada resolução que foi submetida a um qualquer conselho e noutro sentido podemos chamar ao ato de a tomar pelo conselho a resolução do conselho. De igual modo, podemos falar, por um lado, de uma proposta ou sugestão que nos é apresentada e, por outro, do ato de propôr ou sugerir qualquer coisa a que também se pode chamar «proposta» ou «sugestão». É bem conhecida no campo das afirmações descritivas uma ambiguidade semelhante. Consideremos a afirmação «Napoleão morreu em Santa Helena». Será útil distinguir esta afirmação do facto que descreve, e a que podemos chamar o facto primário, a saber, o facto de Napoleão ter morrido em Santa Helena. Ora bem: um historiador, a que podemos chamar Senhor A, ao escrever a biografia de Napoleão pode fazer a afirmação referida. Ao fazê-lo, está a descrever aquilo a que chamámos o facto primário. Mas há também um facto secundário, que é totalmente diferente do primário, nomeadamente o facto de que ele fez esta afirmação; e outro historiador, o Senhor B, ao escrever a biografia do Senhor A pode descrever este segundo facto do seguinte modo: «O Senhor A afirmou que Napoleão

NATUREZA E CONVENÇÃO

morreu em Santa Helena.» Acontece que este facto secundário descrito deste modo é por sua vez uma descrição. Mas é uma descrição numa aceção da palavra que devemos distinguir da aceção em que dissemos que a afirmação «Napoleão morreu em Santa Helena» era uma descrição. Fazer uma descrição ou uma afirmação é um facto sociológico ou psicológico. Mas *a descrição que se faz deve ser distinguida do facto de ter sido feita.* Não pode sequer resultar deste facto, pois isso quereria dizer que seria válido poder deduzir «Napoleão morreu em Santa Helena» de «O Senhor A afirmou que Napoleão morreu em Santa Helena», o que obviamente não podemos fazer.

No campo das decisões, a situação é análoga. A tomada de uma decisão, a adoção de uma norma ou de um critério, é um facto. Mas a norma ou critério que se adotou não é um facto. Que as pessoas na sua maioria concordem com a norma «Não roubarás» é um facto sociológico. Mas a norma «Não roubarás» não é um facto e nunca poderá ser inferida de frases que descrevam factos. Isto ver-se-á com a máxima nitidez se nos lembrarmos de que há sempre várias decisões possíveis – até opostas entre si – em relação a determinado facto relevante. Assim, por exemplo, perante o facto sociológico de que as pessoas na sua maioria adotam a norma «Não roubarás», continua a ser possível decidir adotar a norma ou opôr-se à sua adoção; é possível encorajar aqueles que adotaram a norma ou desencorajá-los e persuadi-los a adotar outra. Em suma, é impossível inferir uma frase que declara uma norma ou uma decisão ou, digamos, uma proposta política, de uma frase que declara um facto; isto é apenas outra maneira de dizer que é impossível inferir normas ou decisões *ou propostas* de factos[5].

A afirmação de que as normas são obra do homem (obra do homem não no sentido de que tenham sido conscientemente traçadas, mas no sentido de que os homens as podem julgar e alterar – isto é, no sentido de que a responsabilidade por elas é inteiramente nossa) tem sido muitas vezes mal entendida. Quase todos os malentendidos podem ser atribuídos a uma incompreensão fundamental, nomeadamente à crença de que «convenção» implica «arbitrariedade»; que se somos livres de escolher qualquer sistema de normas que nos agrade, então qualquer sistema é tão bom como outro. Há que reconhecer, é certo, que a noção de que as normas são convencionais ou artificiais indica que envolvem um certo elemento de arbitrariedade, isto é, que pode haver diferentes sistemas de normas entre os quais não há muito por onde escolher (facto que foi devidamente sublinhado por Protágoras). Mas artificialidade não implica necessariamente arbitrariedade total. Os cálculos matemáticos, por exemplo, ou as sinfonias ou as peças de teatro, são altamente artificiais e no entanto não significa que um cálculo, ou uma sinfonia ou uma peça de teatro seja tão bom como outro. O homem criou novos mundos – de linguagem, de música, de poesia, de ciência – e o mais importante de todos eles é o mundo das exigências morais, pela igualdade, pela liberdade e pela ajuda aos mais fracos[6]. Quando comparo o campo da moral com o campo da música ou da matemática, não pretendo dar a entender que estas semelhanças vão muito longe. Há, muito especialmente, uma grande diferença entre as decisões morais e as decisões que se tomam no campo da arte. Muitas decisões morais envolvem a vida ou a morte de outros homens. As decisões no campo da arte são muito menos urgentes e importantes. É portanto muito enganador dizer que um homem decide contra ou a favor da escravatura como pode decidir contra ou a favor de certas obras de música ou literatura ou que as decisões morais são apenas questões de gosto. Nem são apenas decisões sobre como tornar o mundo mais belo ou sobre outros luxos deste género. São decisões de muito maior urgência. (Sobre tudo isto, cf. também o capítulo 9.) A nossa comparação destina-se apenas a mostrar que a noção de que as decisões morais dependem de nós não implica que sejam inteiramente arbitrárias.

A noção de que as normas são obra do homem é também contestada, por estranho que pareça, por alguns que veem nesta atitude um ataque à religião. Há que reconhecer, é claro, que esta noção é um ataque a certas formas de religião, nomeadamente à religião da autoridade cega, à magia e ao tabuísmo. Mas não penso que se oponha de modo algum a uma religião assente na noção da responsabilidade pessoal e da liberdade de consciência. Estou a pensar especialmente, é claro, no cristianismo, pelo menos tal como é interpretado em países democráticos; aquele cristianismo que, contra todos os tabuísmos, prega que «Já ouvistes o que diziam os dos tempos antigos (...). Mas em verdade vos digo (...)», opondo em todos os casos a voz da consciência à mera obediência formal e ao cumprimento da lei.

NATUREZA E CONVENÇÃO | 93

Não estou preparado para admitir que pensar que as leis éticas são, neste sentido, obra do homem, seja incompatível com a noção religiosa de que nos são dadas por Deus. Historicamente, toda a ética começa com a religião, mas não estou agora a tratar de questões históricas. Não pergunto quem foi o primeiro legislador ético. Sustento apenas que somos nós, e só nós, quem é responsável por adotar ou rejeitar algumas leis morais que nos são sugeridas; somos nós quem tem de distinguir entre os verdadeiros e os falsos profetas. Tem-se atribuído a toda a espécie de normas uma origem divina. Se aceitarmos a ética «cristã» da igualdade e da tolerância apenas com base na sua pretensão de que assenta na autoridade divina, então estamos a edificar sobre uma base bem fraca, pois por demasiadas vezes se tem alegado que a desigualdade é querida por Deus e que não devemos ser tolerantes com os descrentes. Se, todavia, aceitarmos a ética cristã, não porque se nos ordena que o façamos, mas por causa da nossa convicção de que é a decisão correta a tomar, então somos nós quem decidiu. A minha insistência em que somos nós a tomar as decisões e a arcar com a responsabilidade não deve ser vista como implicando que não podemos, ou não devemos, ser ajudados pela fé e inspirados pela tradição ou por grandes exemplos. Nem implica que a criação de decisões morais seja um processo meramente «natural», ou seja, da ordem dos processos físico-químicos. Na verdade, Protágoras, o primeiro dualista crítico, ensinou que a natureza não conhece normas e que a introdução de normas se deve ao homem e é o mais importante dos feitos humanos. Defendia, assim, que as «instituições e convenções foram o que elevou o homem acima dos brutos», na expressão de Burnet([7]). Mas a despeito da sua insistência em que é o homem quem cria as leis, que o homem é a medida de todas as coisas, acreditava que o homem apenas podia alcançar a criação das normas com ajuda sobrenatural. As normas, ensinava ele, são sobrepostas pelo homem ao estado de coisas original ou natural, mas com a ajuda de Zeus. É por ordem de Zeus que Hermes confere ao homem a compreensão da justiça e da honra e distribui este dom igualmente a todos os homens. A maneira como a primeira afirmação clara do dualismo crítico dá lugar a uma interpretação religiosa do nosso sentido da responsabilidade mostra que o dualismo crítico pouco se opõe à atitude religiosa. Pode encontrar-se, creio, semelhante abordagem no Sócrates da História (ver capítulo 10), que se sentiu com-

94 | A SOCIOLOGIA DESCRITIVA DE PLATÃO

pelido tanto pela sua consciência como pelas suas crenças religiosas a questionar toda a autoridade e que quis descobrir normas em cuja justiça pudesse confiar. A doutrina da autonomia da ética é independente do problema da religião, mas compatível com qualquer religião que respeite a consciência individual, se não lhe for mesmo talvez necessária.

IV

Estamos conversados sobre o dualismo de factos e decisões, ou a doutrina da autonomia da ética, advogada primeiro por Protágoras e Sócrates[8]. É indispensável, creio eu, para uma compreensão razoável do nosso meio ambiente social. Mas isto não significa, bem entendido, que todas as «leis sociais», isto é, todas as regularidades da nossa vida social, sejam normativas e impostas pelo homem. Pelo contrário, também há leis naturais importantes da vida social. Para estas, a designação de *leis sociológicas* parece apropriada. É justamente o facto de na vida social encontrarmos os dois tipos de leis, naturais e normativas, que torna tão importante distingui-las claramente.

Ao falar de leis sociológicas ou leis naturais da vida social, não estou tanto a pensar nas alegadas leis da evolução pelas quais se interessam historicistas como Platão, embora se houvesse quaisquer regularidades da evolução histórica desse tipo a sua formulação cairia certamente na categoria das leis sociológicas. Nem estou tanto a pensar nas leis da «natureza humana», isto é, nas regularidades psicológicas e sócio-psicológicas do comportamento humano. Tenho antes em mente leis como as que são formuladas pelas teorias económicas modernas, como por exemplo a teoria do comércio internacional ou a teoria do ciclo de comércio. Estas e outras importantes leis sociológicas estão ligadas ao funcionamento das *instituições sociais*. (Cf. capítulos 3 e 9.) Estas leis desempenham na nossa vida social um papel correspondente ao que desempenha na engenharia mecânica, digamos, o princípio da alavanca. Pois as instituições, como as alavancas, são necessárias se quisermos conseguir alguma coisa que esteja para além do poder dos nossos músculos. À semelhança das máquinas, as instituições multiplicam a nossa força, para o bem e para o mal. À semelhança das máquinas, requerem a supervisão inteligente

NATUREZA E CONVENÇÃO 95

de alguém que perceba o seu modo de funcionamento e, mais que tudo, o seu propósito, visto que não podemos construí-las de maneira a que funcionem totalmente sozinhas. Além disso, a sua construção exige algum conhecimento das regularidades sociais que impõem limitações ao que podem conseguir as instituições[9]. (Estas limitações são análogas, em certa medida, à lei da conservação da energia, por exemplo, o que equivale a dizer que não é possível construir uma máquina de movimento perpétuo.) Mas, fundamentalmente, as instituições são sempre criadas pelo estabelecimento da observância de certas normas, concebidas com determinado objetivo em mente. Isto é especialmente válido para as instituições criadas conscientemente; mas mesmo aquelas – a grande maioria – que surgem como resultado não planeado das ações humanas (cf. capítulo 14) são resultado indireto de ações que têm um propósito qualquer e o seu funcionamento depende em larga medida da observância de normas. (Mesmo os motores mecânicos são feitos, pode dizer-se, não só de ferro, mas da combinação do ferro com certas normas, isto é, pela transformação de coisas físicas, mas de acordo com regras normativas, concretamente o seu projeto ou desenho.) Nas instituições, as leis normativas e as sociológicas, isto é, naturais, estão estreitamente entrelaçadas e é impossível, por isso, compreender o funcionamento daquelas se não se for capaz de distinguir entre umas e outras. (Estas observações destinam-se a sugerir certos problemas, mais do que a dar soluções. Mais especialmente, a mencionada analogia entre instituições e máquinas não deve ser interpretada como se propusesse a teoria de que as instituições *são* máquinas – nalgum sentido essencialista. É claro que não são máquinas. E embora aqui se apresente a tese de que se pode obter resultados úteis e interessantes se nos perguntarmos se uma instituição tem de facto algum propósito e que propósitos pode servir, não se afirma que toda e qualquer instituição tenha um propósito definido – o seu propósito essencial, por assim dizer.

V

Como indicado antes, há muitos passos intermédios na evolução de um monismo ingénuo, ou mágico, para um dualismo crítico que faça a distinção clara entre normas e leis naturais.

As posições intermédias nascem, na sua maioria, do erro de pensar que se uma norma é convencional ou artificial, deve ser totalmente arbitrária. Para compreender a posição de Platão, que combina elementos de todas elas, é necessário examinar as três posições intermédias mais importantes. São elas (1) o naturalismo biológico, (2) o positivismo ético ou jurídico e (3) o naturalismo psicológico ou espiritual. É interessante que cada uma destas posições tenha sido usada para defender perspetivas éticas que se opõem radicalmente entre si; mais especificamente, para defender o culto do poder e para defender os direitos dos fracos.

(1) O naturalismo biológico, ou mais precisamente a forma biológica do naturalismo ético, é a teoria que sustenta que apesar de as leis morais e as leis dos Estados serem arbitrárias, há algumas leis da natureza eternas e imutáveis das quais podemos deduzir essas leis. O naturalista biológico poderá argumentar que os hábitos alimentares, isto é, o número de refeições e o tipo de comida ingerida, são exemplo da arbitrariedade das convenções; no entanto, há sem dúvida certas leis naturais nesta matéria. Por exemplo, um homem morrerá se ingerir comida de menos ou de mais. Parece, assim, que tal como há realidades por trás das aparências, também por trás das nossas convenções arbitrárias há algumas leis naturais imutáveis, e em especial as leis da biologia.

O naturalismo biológico tem sido usado não só para defender o igualitarismo mas também para defender a doutrina anti-igualitária do governo dos fortes. Um dos primeiros a apresentarem este naturalismo foi o poeta Píndaro, que o usou em apoio da teoria de que devem mandar os fortes. Sustentou ele([10]) que é uma lei, válida para toda a natureza, que o mais forte faz do mais fraco aquilo que lhe aprouver. Assim, as leis que protegem os fracos não só são arbitrárias como também distorções artificiais da verdadeira lei natural de que o forte deve ser livre e o fraco seu escravo. Esta opinião é bastante discutida por Platão; é atacada no *Górgias*, um diálogo ainda muito influenciado por Sócrates; na *República*, é posta na boca de Trasímaco e identificada com o individualismo ético (ver o capítulo seguinte); nas *Leis*, Platão é menos hostil à opinião de Píndaro, mas ainda a contrasta com o governo dos mais sábios, o qual, diz, é um melhor princípio e igualmente concorde com a natureza (ver também a citação mais adiante neste capítulo).

NATUREZA E CONVENÇÃO | 97

O primeiro a defender uma versão humanitarista ou igualitarista do naturalismo biológico foi o sofista Antífon. A ele se deve também a identificação da natureza com a verdade e da convenção com a opinião (ou «opinião enganadora»([11])). Antífon é um naturalista radical. Acredita que a maior parte das normas não são meramente arbitrárias, mas diretamente contrárias à natureza. As normas, diz ele, são impostas de fora, enquanto as regras da natureza são inevitáveis. É desvantajoso e até perigoso quebrar as normas impostas pelos homens se a quebra for observada por aqueles que as impõem; mas não lhes está associada nenhuma necessidade interior e ninguém deve envergonhar-se de as quebrar; a vergonha e o castigo são apenas sanções arbitrariamente impostas de fora. Antífon baseia nesta crítica da moral convencional uma ética utilitária. «Das ações aqui mencionadas, muitas encontraríamos que são contrárias à natureza. Pois implicam mais sofrimento onde deveria haver menos e menos prazer onde deveria haver mais e danos onde era desnecessário»([12]). Ao mesmo tempo, ensinava a necessidade do autocontrolo. Formulava assim o seu igualitarismo: «Reverenciamos e adoramos os de berço nobre; mas não os de baixa origem. São hábitos bárbaros. Pois em questão de dotes naturais estamos todos em pé de igualdade, em todos os pontos, quer sejamos agora gregos ou bárbaros (...). Todos respiramos o ar pelas nossas bocas e narinas.»

Semelhante igualitarismo foi proclamado pelo sofista Hípias, que Platão representa dirigindo-se assim ao seu auditório: «Meus senhores, acredito que todos somos parentes e amigos e concidadãos; se não pelas leis convencionais, ao menos pela natureza. Pois pela natureza a parecença é uma expressão do parentesco; mas a lei convencional, tirana da humanidade, compele-nos a fazer muita coisa que vai contra a natureza.»([13]) Este espírito estava ligado ao movimento ateniense contra a escravatura (mencionado no capítulo 4) a que Eurípides deu expressão: «Só o nome cobre de vergonha o escravo que pode ser excelente sob todos os aspetos e verdadeiramente igual ao homem nascido livre.» Noutro passo, diz: «A lei natural do homem é a igualdade.» E Alcidamas, discípulo de Górgias e contemporâneo de Platão, escreveu: «Deus criou todos os homens livres; nenhum homem é escravo por natureza.» Ideias semelhantes são também manifestadas por Licofronte, outro membro da escola de Górgias: «O esplendor do nascimento nobre é imaginário e as suas prerrogativas baseiam-se numa simples palavra.»

Em reação a este grande movimento humanitário – o movimento da «Grande Geração», como lhe chamarei mais adiante (capítulo 10) – Platão e o seu discípulo Aristóteles avançaram a teoria da desigualdade biológica e moral do homem. Gregos e bárbaros são desiguais por natureza; a oposição entre eles corresponde à que existe entre os senhores naturais e os escravos naturais. A desigualdade natural dos homens é uma das razões para que vivam em comum, pois os seus dons naturais são complementares. A vida social começa com a desigualdade natural e tem de continuar a assentar nesse alicerce. Adiante discutirei estas doutrinas em mais pormenor. De momento, podem servir para mostrar como o naturalismo biológico pode ser usado para sustentar as doutrinas éticas mais divergentes. À luz da nossa análise prévia da impossibilidade de basear as normas em factos, este resultado não é inesperado.

Tais considerações, no entanto, talvez não sejam suficientes para derrotar uma teoria tão popular como é o naturalismo biológico. Proponho, por conseguinte, duas críticas mais diretas. Primeiro, tem de se admitir que determinadas formas de comportamento podem ser descritas como mais «naturais» do que outras: por exemplo, andar nu ou comer apenas alimentos crus; e há quem pense que isto basta para justificar a sua escolha. Mas, neste sentido, não é decerto natural que nos interessemos pela arte, ou pela ciência, ou sequer por argumentações em favor do naturalismo. A escolha da conformidade com a «natureza» como critério supremo leva, em última análise, a consequências que muito poucos estarão preparados para enfrentar; não conduz a uma forma mais natural de civilização, mas à bestialidade([14]). A segunda crítica é mais importante. O naturalista biológico presume que pode deduzir as suas normas da leis naturais que determinam as condições de saúde, etc., se não acredita ingenuamente que não precisamos de adotar quaisquer normas, mas apenas de viver simplesmente de acordo com as «leis da natureza». Esquece-se de que está a fazer uma escolha, a tomar uma decisão; de que é possível que outras pessoas estimem certas coisas mais do que a sua saúde (por exemplo, os muitos que arriscaram conscientemente a sua vida pela investigação médica). E está portanto enganado se acredita que não tomou uma decisão ou que deduziu as suas normas de leis biológicas.

NATUREZA E CONVENÇÃO 99

(2) O positivismo ético partilha com a forma biológica do naturalismo ético a convicção de que devemos tentar reduzir as normas aos factos. Mas os factos são neste caso factos sociológicos, em concreto as normas efetivamente existentes. O positivismo sustenta que não há outras normas senão as que realmente foram estabelecidas (ou «postuladas») e que têm portanto uma existência positiva. Quaisquer outros critérios são considerados imaginações irreais. As leis existentes são o único critério possível da bondade: o que existe é bom. (A razão da força.) «Segundo algumas formas desta teoria, é um grave equívoco acreditar que o indivíduo pode julgar as normas da sociedade; pelo contrário, é a sociedade que proporciona o código pelo qual há de ser julgado o indivíduo.

Em termos de facto histórico, o positivismo tem sido normalmente conservador, ou mesmo autoritário; e tem muitas vezes invocado a autoridade de Deus. Os seus argumentos assentam, creio, na alegada arbitrariedade das normas. Temos de crer nas normas existentes, alegam, porque não podemos por nós próprios encontrar normas melhores. Em resposta a isto, poder-se-ia perguntar: então, e esta norma «Temos de crer» etc.? Se é apenas uma norma existente, então não conta como argumento a favor destas normas; mas se é um apelo à nossa perspicácia, então admite que podemos, afinal, descobrir normas por nós próprios. E se nos é dito que aceitemos cegamente certas normas porque não as podemos julgar, então também não podemos ajuizar se as pretensões da autoridade se justificam ou se não estamos a seguir um falso profeta. E se se sustentar que não há falsos profetas porque as leis são de qualquer maneira arbitrárias, de modo que a questão principal é ter umas leis quaisquer, então podemos perguntar-nos porque será tão importante ter quaisquer leis; pois se não há mais nenhum critério, porque não havemos de optar então por não ter leis de todo? (Estas observações podem talvez indicar as razões por que acredito que os princípios autoritários ou conservadores são normalmente expressão de um niilismo ético: o mesmo é dizer, de um extremo ceticismo moral, da desconfiança no homem e nas suas possibilidades.)

Enquanto a teoria dos direitos naturais tem sido muitas vezes usada, ao longo da história, em apoio das ideias humanitárias e igualitárias, a escola positivista esteve habitualmente no campo oposto. Mas isto não passa, em grande parte, de um acaso. Como se mostrou, o naturalismo ético pode ser usado com intenções muito diversas. (Foi usado recentemente para confundir tudo ao publicitar certos direitos e obrigações alegadamente «naturais» como «leis naturais».) Em sentido inverso, há também positivistas humanitários e progressistas. Pois se todas as normas são arbitrárias, porque não ser tolerante? É uma tentativa típica para justificar uma atitude humanitária numa linha positivista.

(3) O naturalismo psicológico ou espiritual é, de certa maneira, uma combinação dos dois pontos de vista anteriores e o melhor modo de o explicar é através de um argumento contra a unilateralidade destas opiniões. O positivismo ético tem razão, diz esta argumentação, quando realça o caráter convencional de todas as normas, isto é, o seu caráter de produto do homem e da sociedade humana; mas ignora que são, portanto, expressão da natureza psicológica e espiritual do homem e da natureza da sociedade humana. O naturalista biológico tem razão em presumir que há certos fins ou objetivos naturais dos quais podemos deduzir normas naturais; mas esquece-se que os nossos objetivos naturais não são necessariamente objetivos como a saúde, o prazer ou a comida, o abrigo ou a reprodução. A natureza humana é tal que o homem, ou pelo menos alguns homens, nem só de pão vivem: almejam objetivos mais elevados, objetivos espirituais. Podemos assim deduzir os verdadeiros objetivos naturais do homem da sua verdadeira natureza própria, que é espiritual e social. Mais, podemos deduzir as normas naturais da vida dos seus objetivos naturais.

Esta posição plausível foi formulada em primeiro lugar, creio, por Platão, que neste ponto estava sob a influência da doutrina socrática da alma, isto é, do ensinamento de Sócrates de que o espírito importa mais do que a carne[15]. A atração que exerce sobre os nossos sentimentos é sem dúvida muito mais forte do que a das duas outras posições. Pode, todavia, ser combinada, como elas, com qualquer decisão ética; tanto com uma atitude humanitária como com o culto do poder. Pois podemos decidir, por exemplo, tratar todos os homens como partícipes desta natureza humana espiritual ou podemos insistir, como Heráclito, que na sua maioria «enchem a pança como animais», e são portanto de uma natureza inferior, e que apenas uns quantos eleitos são dignos da comunidade espiritual dos homens. Assim, o naturalismo

NATUREZA E CONVENÇÃO 101

espiritual foi muito usado, e em especial por Platão, para justificar as prerrogativas naturais dos «nobres», ou «eleitos» ou «sábios» ou do «chefe natural». (A atitude de Platão é discutida nos capítulos seguintes.) Por outro lado, foi usado pela ética humanitária cristã, e por outras[16], por Paine e por Kant, por exemplo, para reivindicar o reconhecimento dos «direitos naturais» de cada indivíduo humano. É evidente que o naturalismo espiritual pode ser usado para defender qualquer noma «positiva», ou seja, existente. Pois pode sempre argumentar-se que estas normas não vigorariam se não exprimissem alguns traços da natureza humana. Desta maneira, o naturalismo espiritual pode, em questões práticas, ser uno com o positivismo, a despeito da sua tradicional oposição. Na verdade, esta forma de naturalismo é tão ampla e tão vaga que pode ser usada para defender seja o que for. Não há nada que tenha acontecido ao homem que se possa alegar que não é «natural»; pois se não estivesse na sua natureza, como lhe poderia ter acontecido?

Passando em revista esta análise breve, podemos talvez discernir duas principais tendências que barram o caminho à adoção do dualismo crítico. A primeira é a tendência geral para o monismo[17], quer dizer, para a redução das normas aos factos. A segunda é mais profunda e possivelmente está por trás da primeira. Baseia-se no nosso medo de reconhecer perante nós próprios que a responsabilidade pelas nossas decisões éticas é inteiramente nossa e não pode ser transferida para mais ninguém; nem para Deus, nem para a natureza, nem para a sociedade, nem para a história. Todas estas teorias éticas procuram encontrar alguém, ou talvez algum argumento, que nos alivie desse fardo[18]. Mas não podemos alijar esta responsabilidade. Seja qual for a autoridade que aceitemos, somos nós quem a aceita. Estaremos a enganarmo-nos se não admitirmos este ponto simples.

VI

Voltamos agora para uma análise mais detalhada do naturalismo de Platão e da sua relação com o historicismo. É claro que Platão não usa o termo natureza sempre no mesmo sentido. O significado mais importante que lhe dá é, a meu ver, praticamente idêntico ao que dá ao termo «essência». Este modo de usar o termo «natureza» ainda subsiste entre os essencialistas nos nossos dias; continuam a falar, por exemplo, da natureza da matemática ou da natureza da inferência indutiva ou da «natureza da felicidade e do infelicidade»[19]. Quando é usada deste modo por Platão, «natureza» quer dizer quase o mesmo que «Forma» ou «Ideia», pois a Forma ou Ideia de uma coisa, como se mostrou acima, é também a sua essência. A principal diferença entre naturezas e Formas ou Ideias parece ser a seguinte: a Forma ou Ideia de uma coisa sensível não está, como vimos, nessa coisa, mas separada dela, é o seu antepassado, o seu progenitor; mas esta Forma, ou pai, transmite algo às coisas sensíveis que são a sua descendência ou raça, concretamente a sua natureza. Esta «natureza» é, assim, a qualidade inata ou original de uma coisa e, nessa medida, a sua essência intrínseca. É a potência ou disposição original de uma coisa e determina as propriedades que são a base da sua parecença com a sua Forma ou Ideia, ou da sua participação inata nela.

«Natural» é, por conseguinte, o que numa coisa é inato ou original ou divino, enquanto «artificial» é o que depois foi alterado pelo homem, ou acrescentado ou imposto por ele, por meio de uma compulsão externa. Platão insiste muitas vezes que todos os produtos da «arte» humana no seu melhor são apenas cópias de coisas sensíveis «naturais». Mas dado que estas são, por sua vez, meras cópias de Formas ou Ideias divinas, os produtos da arte são apenas cópias de cópias, duplamente afastadas da realidade e portanto menos boas, menos reais e menos verdadeiras até[20] do que as coisas (naturais) em devir. Por aqui vemos que Platão concorda com Antífon[21] pelo menos num ponto, concretamente em presumir que a oposição entre natureza e convenção ou arte corresponde à que existe entre verdade e falsidade, entre realidade e aparência, entre coisas primárias ou originais e coisas secundárias ou fabricadas pelo homem, e à dos objetos de conhecimento racional e os da opinião enganadora. É uma oposição que corresponde também, segundo Platão, à que existe entre «o fruto do trabalho divino» ou «os produtos da arte divima» e «o que o homem faz deles, isto é, os produtos da arte humana»[22]. Todas estas coisas cujo valor intrínseco ele deseja realçar, Platão afirma que são naturais, por oposição a artificiais. Assim, insiste, nas *Leis*, que a alma deve ser considerada antes de todas as coisas materiais e que portanto se deve dizer que existe por natureza: «Quase toda a gente (...) desconhece o poder da alma e especialmente da

NATUREZA E CONVENÇÃO | 103

sua origem. Não sabem que está entre as primeiras coisas e antes de todos os corpos (...). Ao usar a palavra «natureza» queremos designar as coisas que foram criadas em primeiro lugar, mas se chegarmos à conclusão de que a alma é anterior às outras coisas (e não, talvez, o fogo ou o ar), (...) pode asseverar-se então que a alma, mais do que tudo, existe por natureza, no mais verdadeiro sentido do termo»[23]. (Platão reafirma aqui a sua velha teoria de que a alma tem um parentesco mais próximo com as Formas ou Ideias do que o corpo, uma teoria que é também a base da sua doutrina da imortalidade da alma.)

Mas Platão não se limita a ensinar que a alma é anterior às outras coisas e, por conseguinte, existe «por natureza»; frequentemente usa o termo «natureza», quando aplicado ao homem, como nome de poderes espirituais ou dons ou talentos naturais, de tal modo que podemos dizer que a «natureza» de um homem é praticamente o mesmo que a sua «alma», é o princípio divino pelo qual participa da Forma ou Ideia, da progenitura divina da sua raça. E o termo «raça», de igual modo, é muitas vezes usado num sentido muito semelhante. Visto que uma «raça» está unida pela sua descendência de um mesmo progenitor, também tem de estar unida por uma natureza comum. Assim, os termos «raça» e «natureza» são amiúde usados por Platão como sinónimos, como, por exemplo, quando fala da «raça dos filósofos» e daqueles que têm «naturezas filosóficas», de forma que ambos os termos são parentes próximos dos termos «essência» e «alma».

A teoria da «natureza» de Platão proporciona uma outra abordagem à sua metodologia historicista. Dado que a tarefa da ciência em geral é, ao que parece, examinar a verdadeira natureza dos seus objetos, é tarefa de uma ciência social ou política examinar a natureza da sociedade humana e do Estado. Mas a natureza de qualquer coisa, segundo Platão, é a sua origem ou, pelo menos, é determinada pela sua origem. Assim, o método de qualquer ciência será a investigação da origem das coisas (das suas «causas»). Este princípio, quando aplicado à ciência da sociedade ou da política, conduz à exigência de ter de se examinar a origem da sociedade ou do Estado. A história, portanto, não é estudada por si, mas porque serve como método das ciências sociais. É esta a metodologia historicista.

Qual a natureza da sociedade humana, do Estado? Segundo os métodos historicistas, esta questão fundamental da sociolo-

104 | A SOCIOLOGIA DESCRITIVA DE PLATÃO

gia deve ser reformulada da seguinte maneira: qual é a origem da sociedade e do Estado? A resposta dada por Platão na *República*, bem como nas *Leis*([24]), é concordante com a posição acima descrita como naturalismo espiritual. A origem da sociedade é uma convenção, *um contrato social*. Mas não é apenas isso; é, antes, uma convenção natural, isto é, uma convenção que se baseia na natureza humana e, mais precisamente, na natureza social do homem.

A natureza social do homem tem a sua origem na *imperfeição do indivíduo humano*. Contradizendo Sócrates([25]), Platão diz-nos que o indivíduo humano não pode ser autossuficiente, devido às limitações intrínsecas à condição humana. Embora Platão insista que há muitos graus diferentes de perfeição humana, verifica-se que mesmo os muito raros homens comparativamente perfeitos dependem ainda de outros (que são menos perfeitos); quanto mais não seja para que executem o trabalho sujo, o trabalho manual([26]). Deste modo, mesmo «as naturezas raras e incomuns» que se aproximam da perfeição dependem da sociedade, do Estado. Só podem alcançar a perfeição por intermédio do Estado e no Estado; o Estado perfeito tem de proporcionar-lhes o «*habitat* social» apropriado, sem o qual se tornarão forçosamente corruptos e degenerados. O Estado tem portanto de ser colocado acima de qualquer indivíduo, pois só o Estado pode ser autossuficiente («*autark*»), perfeito e capaz de tornar boa a necessária imperfeição do indivíduo.

A sociedade e o indivíduo são, assim, interdependentes. Cada um deve a existência ao outro. A sociedade deve a sua existência à natureza humana, e em particular à falta de autossuficiência; e o indivíduo deve a sua existência à sociedade, dado que não é autossuficiente. Mas nesta relação de interdependência a superioridade do Estado sobre o indivíduo manifesta-se de várias maneiras; no facto, por exemplo, de a semente da decadência e da desunião de um Estado perfeito não surgir no Estado propriamente dito mas nos indivíduos; tem a sua raiz na imperfeição da alma humana, da natureza humana, ou mais precisamente no facto de a raça dos homens tender a degenerar. Vou já voltar a esta questão da origem da decadência política e da sua dependência da degeneração da natureza humana, mas quero primeiro fazer alguns comentários sobre certas características da sociologia de Platão, especialmente sobre a sua versão da teoria do contrato

NATUREZA E CONVENÇÃO | 105

social e sobre a sua visão do Estado como supraindivíduo, isto é, a sua versão da teoria biológica ou orgânica do Estado.

Não é certo se foi Protágoras quem primeiro propôs a teoria de que as leis têm origem num contrato social ou se o primeiro foi Licofronte (cuja teoria será discutida no próximo capítulo) Em qualquer caso, a ideia tem uma relação muito próxima com o contratualismo de Protágoras. O facto de Platão combinar conscientemente várias ideias convencionalistas, e até uma versão da teoria do contrato, com o seu naturalismo, é em si mesmo uma indicação de que o contratualismo na sua forma original não sustentava que as leis eram inteiramente arbitrárias; e as observações de Platão sobre Protágoras confirmam-no[27]. Até que ponto Platão estava ciente da presença de um elemento contratualista na sua versão do naturalismo pode ver-se num passo das *Leis*. Numa lista que Platão ali apresenta dos vários princípios em que pode ser baseada a autoridade política refere o naturalismo biológico de Píndaro (ver acima), ou seja, «o princípio de que os mais fortes devem governar e os mais fracos ser governados», que descreve como um princípio «concorde com a natureza, como o poeta tebano Píndaro uma vez declarou». Platão contrasta este princípio com um outro que ele recomenda, mostrando que combina contratualismo com naturalismo: «Mas há também (...) uma alegação que é o maior princípio de todos, nomeadamente que os sábios é que devem dirigir e governar e os ignorantes seguir, e isto, ó Píndaro, que és o mais sábio dos poetas, certamente não é contrário à natureza, mas concorde com a natureza; pois o que exige não é a compulsão exterior, mas a soberania verdadeiramente natural da lei que assenta num mútuo consentimento»[28].

Na *República* encontramos elementos da teoria do contrato convencional, combinada de modo semelhante com elementos de naturalismo (e utilitarismo). «A cidade nasce», ouvimos aqui, «porque não somos autossuficientes (...) ou há qualquer outra origem do nosso estabelecimento em cidades? (...) Os homens juntam num só estabelecimento (...) muitos ajudantes porque precisam de muitas coisas (...). E quando partilham esses bens uns com os outros, dando um e tomando outro, não espera cada qual prosseguir o seu interesse?»[29] Assim, os habitantes juntam-se para que cada qual possa prosseguir o seu interesse, o que é um elemento da teoria do contrato. Mas por trás disto está o facto de não serem autossuficientes, um facto da natureza humana, o que é um elemento do naturalismo. E este elemento é ainda mais desenvolvido. «Por natureza, não há dois de nós exatamente iguais. Cada qual tem a sua natureza peculiar, sendo uns mais adequados a determinado tipo de trabalho e outros a um outro (...) Será melhor que um homem haja de trabalhar em muitos ofícios ou apenas deva trabalhar num só? (...) Com certeza que se produzirá mais e melhor e mais facilmente se cada homem trabalhar numa só ocupação, conforme os seus dotes naturais.»

Introduz-se assim o princípio económico da divisão do trabalho (lembrando-nos da afinidade entre o historicismo de Platão e a interpretação materialista da história). Mas este princípio baseia-se aqui num elemento de naturalismo biológico, concretamente, na desigualdade natural dos homens. A princípio, a ideia é introduzida discretamente e, por assim dizer, inocentemente. Mas veremos no próximo capítulo que tem consequências de vasto alcance. Na verdade, verifica-se que a única divisão do trabalho realmente importante é a que existe entre governantes e governados, alegadamente baseada na desigualdade natural entre senhores e escravos, entre sábios e ignorantes.

Já vimos que existe na posição de Platão um forte elemento de contratualismo, bem como de naturalismo biológico; uma observação que não é surpreendente se considerarmos que essa posição é, em termos gerais, a do naturalismo espiritual, que, devido à sua indefinição, facilmente consente todas essas combinações. Esta versão espiritual do naturalismo tem talvez a sua melhor formulação nas *Leis*. «Dizem os homens», declara Platão, «que as maiores e mais belas coisas são naturais (...) e as coisas inferiores artificiais.» Até aqui ele concorda, mas depois ataca os materialistas que dizem «que fogo e água, e terra e ar, todos existem por natureza (...) e que todas as leis normativas são absolutamente não naturais e artificiais e baseadas em superstições que não são verdadeiras.» Contra esta opinião, ele mostra, primeiro, que não são os corpos nem os elementos, mas a alma o que realmente 'existe por natureza'([30]) (citei anteriormente este passo), e daqui conclui que a ordem e a lei também existem por natureza, pois brotam da alma: «Se a alma precede o corpo, então as coisas que dependem da alma (isto é, as questões espirituais) «precedem também aquelas que dependem do corpo (...). E a alma comanda e dirige todas as coisas.» Isto fornece o pano de fundo teórico da doutrina de que «leis e instituições com propósito existem por

NATUREZA E CONVENÇÃO | 107

natureza e não por nada inferior à natureza, visto que nascem da razão e do verdadeiro pensamento». Isto é uma clara afirmação do naturalismo espiritual e combina-se também com crenças positivistas de tipo conservador: «Uma legislação refletida e prudente encontrará uma ajuda muito poderosa porque as leis permanecerão imutáveis logo que tenham sido reduzidas a escrito.»

De tudo isto pode ver-se que os argumentos deduzidos do naturalismo espiritual de Platão são incapazes de ajudar a responder a qualquer questão que possa surgir a respeito do caráter «justo» ou «natural» de qualquer lei específica. O naturalismo espiritual é demasiado vago para ser aplicado a qualquer problema prático. Pouco pode fazer além de fornecer alguns argumentos gerais em favor do conservadorismo. Na prática, tudo é deixado à sabedoria do grande legislador (um filósofo semelhante a um deus, cujo retrato, especialmente nas *Leis*, é sem dúvida um autorretrato; veja-se também o capítulo 8). Ao contrário do seu naturalismo espiritual, no entanto, a teoria platónica da interdependência da sociedade e do indivíduo apresenta resultados mais concretos e o mesmo faz o seu naturalismo biológico anti-igualitário.

VII

Já se indicou que dada a sua autossuficiência o Estado ideal é visto por Platão como o indivíduo perfeito e o cidadão individual como uma cópia imperfeita do Estado. Este ponto de vista, que faz do Estado uma espécie de superorganismo ou Leviatão, introduz no Ocidente a chamada teoria orgânica ou biológica do Estado. O princípio desta teoria será criticado mais adiante[31]. Quero aqui chamar primeiro a atenção para o facto de Platão não defender esta teoria e que mal a formula explicitamente. Mas é sugerida com suficiente clareza; na realidade, a analogia fundamental entre Estado e indivíduo humano é uma das constantes da *República*. Vale a pena referir, neste aspeto, que essa analogia serve mais para aprofundar a análise do indivíduo do que a do Estado. Pode talvez defender-se a opinião de que Platão (talvez sob a influência de Alcmeon) propõe não tanto uma teoria biológica do Estado quanto uma teoria política do homem individual[32]. Este ponto de vista, creio, está em total concordância com a sua doutrina de que o indivíduo é inferior ao Estado e uma espécie de

108   A SOCIOLOGIA DESCRITIVA DE PLATÃO

cópia imperfeita dele. No próprio lugar em que Platão introduz a sua analogia fundamental, ela é usada desta maneira, o mesmo é dizer como método de explicar e elucidar o indivíduo. A cidade, diz-se, é maior do que o indivíduo e portanto mais fácil de examinar. Platão apresenta isto como razão para sugerir que «devíamos começar a nossa indagação (quer dizer, sobre a natureza da justiça) «na cidade e continuá-la depois no indivíduo, sempre com atenção aos pontos de semelhança (...). Não poderemos esperar, deste modo, discernir mais facilmente aquilo que procuramos?»

Pela maneira como a introduz, podemos ver que Platão (e talvez os seus leitores) dá por adquirida a sua analogia fundamental. Isto pode ser um sintoma de nostalgia, do anseio por um Estado unido e harmonioso, um Estado «orgânico»: de uma sociedade de um tipo mais primitivo. (Ver capítulo 10.) A cidade-estado, diz, deveria manter-se pequena e só crescer enquanto o seu alargamento não puser em perigo a sua unidade. Pela sua própria natureza, toda a cidade deveria ser uma só e não muitas[33]. Platão realça assim a «unicidade» ou individualidade da sua cidade. Mas também destaca a «multiplicidade» do homem individual. Na sua análise da alma individual, e da sua divisão em três partes, razão, energia e instintos animais, correspondentes às três classes do seu Estado, guardiões, guerreiros e trabalhadores (os quais continuam a «encher a pança como animais», como dissera Heráclito), Platão chega ao ponto de opor estas partes umas às outras, como se fossem «pessoas distintas e hostis»[34]. «É-nos assim dito», afirma Grote, «que embora o homem seja aparentemente Uno, é na realidade Muitos (...) enquanto a Comunidade perfeita que é aparentemente Muitas é na realidade Una.» É evidente que isto corresponde ao caráter Ideal do Estado do qual o indivíduo é uma espécie de cópia imperfeita. Esta ênfase na unicidade e na completude – em especial do Estado e talvez do mundo – pode ser descrita como «holismo». O holismo de Platão, parece-me, está estreitamente relacionado com o coletivismo tribal referido em capítulos anteriores. Platão ansiava pela unidade perdida da vida tribal. Uma vida de mudança, no meio de uma revolução social, parecia-lhe irreal. Só um todo estável, o coletivo permanente, é real, não os indivíduos transitórios. É «natural» para o indivíduo ser subserviente para com o todo, que não é um mero conjunto de indivíduos, mas sim uma unidade «natural» de ordem superior.

NATUREZA E CONVENÇÃO | 109

Platão dá muitas descrições sociológicas excelentes deste modo de vida social «natural», isto é, tribal e coletivista: «A lei», escreve ele na *República*, «destina-se a promover o bem-estar do Estado como um todo, encaixando os indivíduos numa unidade, por meio da persuasão ou da força. Faz que todos partilhem qualquer benefício que cada qual possa contribuir para a comunidade. E é na realidade a lei que cria para o Estado homens com a disposição correta; não com o propósito de os deixar à solta, de modo a que cada um possa seguir o seu caminho, mas para usá-los a todos para agregar a unidade da cidade.» ([35]) Que neste holismo existe um esteticismo emocional, um anseio pela beleza, pode ver-se, por exemplo, numa observação das *Leis*: «Cada artista (...) executa a parte em nome do todo e não o todo em nome da parte.» No mesmo lugar encontramos também uma formulação verdadeiramente clássica do holismo político: «És criado em nome do todo e não o todo em teu nome.» Dentro deste todo, os diferentes indivíduos, e os grupos de indivíduos, com as suas desigualdades naturais, devem prestar os seus serviços específicos e muito desiguais.

Tudo isto indicaria que a teoria de Platão era uma forma de teoria do Estado orgânica mesmo que ele nunca tivesse falado do Estado como um organismo. Mas visto que o fez, não podem restar dúvidas de que ele tem de ser descrito como um expoente, ou melhor, um dos originadores desta teoria. A sua versão desta teoria pode ser caracterizada como personalista ou psicológica, visto que não descreve o Estado em termos gerais como um qualquer organismo, mas como análogo ao indivíduo humano, e mais especificamente à alma humana. Em particular, a doença do Estado, a dissolução da sua unidade, corresponde à doença da alma humana, da natureza humana. Na verdade, a doença do Estado não só está relacionada com a corrupção da natureza humana como é diretamente produzida por ela, em especial dos membros da classe dirigente. Cada um dos estádios típicos da degeneração do Estado é provocado por um estádio correspondente da degeneração da alma humana, da natureza humana, da raça humana. E visto que esta degeneração moral é interpretada como resultante da degeneração racial, podemos dizer que o elemento biológico no naturalismo de Platão se revela, afinal, como tendo a parte mais importante no fundamento do historicismo. Pois a história da queda do primeiro, ou perfeito, Estado não é mais do que a história da degeneração biológica da raça dos homens.

VIII

Referiu-se no último capítulo que o problema do início da mudança e da decadência é uma das principais dificuldades da teoria historicista da sociedade de Platão. Não é concebível que a primeira, a cidade-estado natural e perfeita, contenha em si o germe da dissolução, «pois uma cidade que contenha em si o germe da dissolução é por essa mesma razão imperfeita»[36]. Platão tenta ultrapassar essa dificuldade atribuindo a culpa à sua lei evolucionista da degeneração, universalmente válida, biológica e talvez mesmo cosmológica, e não à constituição da primeira ou perfeita cidade[131]: «Tudo o que foi gerado tem de decompor--se.» Mas esta teoria geral não proporciona uma solução completamente satisfatória, pois não explica porque é que um Estado suficientemente perfeito não pode escapar à lei da decadência. E, de facto, Platão insinua que a decadência histórica podia ter sido evitada[37], assim tivessem sido filósofos de formação os governantes do primeiro e perfeito Estado. Mas não foram. Não tinham preparação em matemática e em dialética (como ele exigia que deviam ter os governantes da sua cidade celestial) e para evitar a degeneração teriam precisado de estar iniciados nos superiores mistérios da eugenia, da ciência de «manter pura a raça dos guardiões» e evitar a mistura dos metais nobres das suas veias com os vis metais dos trabalhadores. Mas esses mistérios superiores são difíceis de revelar. Platão distingue nitidamente, nos domínios da matemática, da acústica e da astronomia, entre a mera opinião (enganadora) maculada pela experiência, e que não pode alcançar a exatidão, e está absolutamente num nível mais baixo, e o puro conhecimento racional, livre da experiência sensível e exato. Distinção que aplica também à eugenia. Uma arte da criação meramente empírica não pode ser precisa, isto é, não consegue manter a raça perfeitamente pura. Isto explica a queda da cidade original que é tão boa, ou seja, tão semelhante à sua Forma ou Ideia, que «uma cidade assim constituída dificilmente pode ser abalada». «Mas é assim», continua Platão, «que se dissolve», e seguidamente procede à explanação da sua teoria da criação, do Número e da Queda do Homem.

Todas as plantas e animais, diz-nos ele, devem ser criados segundo períodos de tempo definidos se se quiser evitar a esterilidade e a degeneração. Os governantes do melhor Estado terão

NATUREZA E CONVENÇÃO | 111

à sua disposição algum conhecimento sobre estes períodos, que estão ligados à duração da vida da raça, e aplicá-los-ão à criação da raça superior. Não será, no entanto, um conhecimento racional, apenas empírico. Será um «*cálculo sustentado (ou baseado) numa perceção*» (cf. a próxima citação). Mas como acabamos de ver, perceção e experiência nunca podem ser exatas e fiáveis, dado que os seus objetos não são as Formas ou Ideias puras, mas o mundo das coisas em devir, e dado que os guardiões não dispõem de um melhor tipo de conhecimento, a raça não pode ser mantida pura e a degeneração racial insinuar-se-á. Platão explica a questão assim: «No que se refere à vossa própria raça» (isto é, a raça dos homens, por contraposição aos animais), «os governantes da cidade que formámos para esse fim podem ser suficientemente sábios, mas dado que usam cálculos baseados na perceção não acertarão, por acaso, na maneira de ter boa descendência ou então nenhuma.» Na falta de um método puramente racional([38]), vão enganar-se e um dia gerarão filhos de modo errado». Logo a seguir, Platão dá entender, misteriosamente, que agora há uma maneira de evitar isto através da descoberta de uma ciência puramente racional e matemática que possui no «Número Platónico» (um número que determina o Período Verdadeiro da raça humana) a chave da lei que comanda a eugenia superior. Mas dado que os guardiães dos tempos antigos desconheciam o misticismo numérico dos pitagóricos e, com ele, esta chave do superior conhecimento da procriação, o Estado perfeito, natural em todos os outros aspetos, não pode fugir à decadência. Depois de revelar parcialmente o segredo do seu Número misterioso, Platão continua: «Este (…) número é senhor de um melhor ou pior nascimento e sempre que estes vossos guardiões – que desconhecem estas matérias – unem noivo e noiva da maneira errada([39]), os seus filhos não terão nem boas naturezas nem boa sorte. Mesmo os melhores dentre eles (…) revelar-se-ão indignos quando sucederem ao poder dos seus pais e logo que se tornarem guardiões deixarão de nos ouvir» – isto é, em questões de ensino de música e de ginástica e, como realça especialmente Platão, na supervisão da criação. «Donde serão nomeados governantes que não serão totalmente capazes da sua tarefa de guardiões, nomeadamente para vigiar e testar os metais da raça (que são tanto as raças de Hesíodo como as vossas), ouro e prata e bronze e ferro. E assim o ferro misturar-se-á com a prata e o bronze com o ouro e desta mistura nascerá a Variação

112 | A SOCIOLOGIA DESCRITIVA DE PLATÃO

e uma absurda Irregularidade e sempre que nascerem gerarão Conflito e Hostilidade. E é assim que devemos descrever a ancestralidade e o nascimento da Dissensão, sempre que esta surgir.» É esta a história de Platão acerca do Número e da Queda do Homem. É a base da sua sociologia historicista, especialmente da sua lei fundamental das revoluções sociais dicutida no último capítulo([40]). Pois a degeneração racial explica as origens da desunião na classe dirigente e, com ela, a origem de toda a evolução histórica. A desunião interna da natureza humana, o cisma da alma, leva ao cisma da classe dirigente. E, como em Heráclito, a guerra, a guerra de classes, é pai e promotor de toda a mudança e da história do homem, que mais não é do que a história do colapso da sociedade. Vemos que o historicismo espiritual de Platão assenta numa base, não espiritual, mas biológica; assenta numa espécie de metabiologia([41]) da raça dos homens. Platão foi não só um naturalista que propunha uma teoria biológica do Estado, mas também o primeiro a apresentar uma teoria biológica e racial da dinâmica social, da história política. «O Número Platónico», diz Adam,([42]) «é assim a moldura em que a 'Filosofia da História' de Platão se enquadra.»

É apropriado, creio, concluir este breve esboço da sociologia descritiva de Platão com uma súmula e uma avaliação.

Platão consegue dar-nos uma reconstituição espantosamente verdadeira – embora, é claro, um tanto idealizada – de uma primitiva sociedade grega, tribal e coletivista, semelhante à de Esparta. A análise das forças, em especial das forças económicas, que ameaçam a estabilidade de tal sociedade permite-lhe descrever a política geral bem como as instituições sociais necessárias para a suster. E dá-nos, além disso, uma reconstituição racional da evolução económica e histórica das cidades-estado gregas.

Estes feitos são diminuídos pelo seu ódio à sociedade em que vivia e pelo seu amor romântico pelo velho modo de vida social tribal. É esta atitude que o leva a formular uma lei da evolução histórica insustentável, a lei da degeneração ou decadência universais. E a mesma atitude é também responsável pelos elementos irracionais, fantasistas e românticos da sua análise, em tudo o mais excelente. Por outro lado, foram justamente o seu interesse pessoal e a sua parcialidade que aguçaram a sua visão e tornaram assim possíveis as suas realizações. A sua teoria historicista, deduziu-a da sua doutrina filosófica fantasista de que o mundo mutável

NATUREZA E CONVENÇÃO | 113

e visível é apenas a cópia decadente de um mundo imutável e invisível. Mas esta tentativa engenhosa de combinar um pessimismo historicista com um otimismo ontológico conduz a dificuldades, quando desenvolvida. Estas dificuldades obrigaram-no a adotar um naturalismo biológico, que o leva (juntamente com o «psicologismo»[43]), isto é, a teoria de que a sociedade depende da «natureza humana» dos seus membros) ao misticismo e à superstição, culminando numa teoria matemática pseudorracional da criação. Puseram mesmo em perigo a impressionante unidade do seu edifício teórico.

IX

Voltando a examinar este edifício, podemos considerar brevemente a sua planta[44]. Esta planta, concebida por um grande arquiteto, exibe o dualismo filosófico fundamental do pensamento de Platão. No terreno da lógica, ele manifesta-se na oposição entre o universal e o particular. No terreno da especulação matemática, manifesta-se na oposição entre o Uno e os Muitos. No terreno da epistemologia, é a oposição entre o conhecimento racional baseado no pensamento puro e a opinião baseada em experiências específicas. No terreno da ontologia, é a oposição entre a realidade, única, original, invariável e verdadeira, e as aparências múltiplas, variáveis e enganadoras. Entre puro ser e devir, ou, mais precisamente, mudança. No terreno da cosmologia, é a oposição entre aquilo que gera e aquilo que é gerado e que obrigatoriamente decai. Na ética, é a oposição entre o bom, isto é, o que preserva, e o mau, isto é, o que corrompe. Na política, é a oposição entre um coletivo, o Estado, que pode atingir a perfeição e a autarcia, e a grande massa do povo – os muitos indivíduos, os homens específicos, que devem permanecer imperfeitos e dependentes e cuja particularidade tem de ser suprimida em nome da unidade do Estado (ver capítulo seguinte). E toda esta filosofia dualista, creio, nasceu de um desejo imperioso de explicar o contraste entre a visão de uma sociedade ideal e o odioso estado real de coisas no terreno social – o contraste entre uma sociedade estável e uma sociedade em processo de revolução.

O PROGRAMA POLÍTICO
DE PLATÃO

6.

Justiça Totalitária

A análise da sociologia de Platão torna fácil apresentar o seu programa político. As suas exigências fundamentais podem exprimir-se numa ou noutra de duas fórmulas, a primeira das quais corresponde à sua teoria idealista da mudança e a segunda ao seu naturalismo. A fórmula idealista é: *Detenham qualquer mudança política!* A mudança é má, o repouso divino[1]. Toda a mudança pode ser detida desde que o Estado seja uma cópia exata do seu original, ou seja, da Forma ou Ideia da cidade. À pergunta de como é isso praticável, podemos responder com a fórmula naturalística: *Regresso à natureza!* Regresso ao estado original dos nossos antepassados, ao Estado primitivo fundado de acordo com a natureza humana e por conseguinte estável; regresso à patriarquia tribal do tempo anterior à Queda, ao domínio natural da classe dos poucos sábios sobre a multidão dos ignorantes.

Acredito que quase todos os elementos do programa político de Platão podem ser inferidos destas exigências. Por sua vez, estas baseiam-se no seu historicismo. E têm de ser conjugadas com as suas doutrinas sociológicas a respeito das condições de estabilidade do domínio de classe. Os elementos principais que tenho em mente são:

(a) Uma rigorosa divisão das classes, isto é, a classe dirigente constituída pelos pastores e pelos cães de guarda deve estar estritamente separada do gado humano.

O PROGRAMA POLÍTICO DE PLATÃO

(b) A identificação do destino do Estado com o da classe dirigente, o exclusivo interesse por esta classe e pela sua unidade e, subservientes a essa unidade, regras rígidas para a criação e educação desta classse e a rigorosa supervisão e coletivização dos interesses dos seus membros.

Destes elementos principais podem deduzir-se outros, por exemplo os seguintes:

(c) A classe dirigente tem o monopólio de coisas como o treino e as virtudes militares e o direito a usar armas e a receber qualquer tipo de instrução, mas fica excluída de qualquer participação em atividades económicas e especialmente de ganhar dinheiro.

(d) Tem de existir uma censura de todas as atividades intelectuais da classe dirigente e uma propaganda contínua visando moldar e unificar as suas mentes. Deve ser evitada ou reprimida qualquer inovação na educação, na legislação e na religião.

(e) O Estado deve ser autossuficiente. Deve visar a autarcia económica, pois de outro mundo os governantes estariam na dependência dos mercadores ou de se tornarem eles próprios mercadores. A primeira destas alternativas minaria o seu poder, a segunda a sua unidade e a estabilidade do Estado.

Creio que este programa pode ser classificado, a justo título, como totalitário. E é certamente fundado numa sociologia historicista.

Mas será tudo? Não haverá outros aspetos no programa de Platão, elementos que não sejam totalitários nem fundados no historicismo? E a aspiração fervorosa de Platão à Beleza e ao Bem, ou o seu amor da Sabedoria e da Verdade? E a sua exigência de que os sábios, os filósofos, devam mandar? E as suas esperanças de fazer dos cidadãos do seu Estado homens virtuosos, bem como felizes? E a sua exigência de que o Estado deva assentar na Justiça? Mesmo os autores que criticam Platão acreditam que a sua doutrina política, a despeito de certas parecenças, se distingue claramente do totalitarismo moderno por causa destes seus objetivos, a felicidade dos cidadãos e o reinado da justiça. Crossman, por

JUSTIÇA TOTALITÁRIA 119

exemplo, cuja atitude crítica pode ser avaliada pela sua observação de que «a filosofia de Platão é o ataque mais selvático e profundo às ideias liberais que a história conhece»([2]), parece ainda acreditar que o plano de Platão é «a construção de um Estado perfeito em que todos os cidadãos sejam realmente felizes». Outro exemplo é Joad, que discute detalhadamente as similitudes entre o programa de Platão e o fascismo, mas afirma que têm diferenças fundamentais, visto que no melhor Estado de Platão «o homem comum (...) alcança a felicidade que corresponde à sua natureza», e dado que este Estado é construído sobre as ideias de «um bem absoluto e de uma justiça absoluta».

Apesar destes argumentos, estou convencido de que o programa político de Platão, longe de ser moralmente superior ao totalitarismo, é-lhe fundamentalmente idêntico. Creio que as objeções contra esta opinião se baseiam num preconceito antigo e profundamente enraizado em favor da idealização de Platão. O muito que Crossman fez para salientar e destruir esta tendência pode ver-se nesta afirmação: «Antes da Grande Guerra (...) Platão (...) raramente foi condenado sem rodeios como um reacionário, resolutamente oposto a todo e qualquer princípio do credo liberal. Foi, pelo contrário, exaltado a uma posição mais alta (...) afastado da vida prática, a sonhar com uma Cidade de Deus transcendente»([3]). O próprio Crossman, todavia, não está livre desta tendência que tão claramente denuncia. É interessante que esta tendência tenha podido persistir por tanto tempo, a despeito do facto de Grote e Gomperz terem chamado a atenção para o caráter reacionário de muitas doutrinas da *República* e das *Leis*. Mas nem eles viram todas as implicações dessas doutrinas; nunca duvidaram de que Platão fosse, fundamentalmente, um humanitário. E as suas críticas adversas foram ignoradas ou interpretadas como incapacidade de compreender e apreciar Platão, que era considerado pelos cristãos como um «cristão antes de Cristo», e um revolucionário pelos revolucionários. Este género de fé absoluta em Platão ainda predomina, sem dúvida, e Field, por exemplo, acha necessário prevenir os seus leitores de que «nada entenderemos de Platão se o considerarmos um pensador revolucionário». Isto é, evidentemente, muito verdadeiro; e seria claramente vão se a tendência para fazer de Platão um pensador revolucionário, ou pelo menos progressista, não estivesse bastante espalhada. Mas o próprio Field tem o mesmo género de fé em Platão; pois quando diz depois que Platão estava «em forte oposição às novas e subversivas tendências do seu tempo», está a aceitar com excessiva facilidade o testemunho de Platão sobre as características subversivas dessas novas tendências. Os inimigos da liberdade sempre acusaram os seus defensores de subversão. E têm conseguido quase sempre convencer os ingénuos e os bem-intencionados.

A idealização do grande idealista impregna não só as interpretações dos textos de Platão como também as suas traduções. Certas observações drásticas de Platão que não se ajustam à ideia que o tradutor tem do que deveria dizer um humanitário são amiúde suavizadas ou mal entendidas. Esta tendência começa pela tradução do próprio título da chamada «República» de Platão. O que primeiro nos vem à cabeça ao ouvir este título é que o autor deve ser um liberal, se não mesmo um revolucionário. Mas o título «República» é, muito simplesmente, a forma da versão latina de uma palavra grega que não tem qualquer conotação deste género e cuja correta tradução seria «A Constituição» ou «A Cidade-Estado» ou «O Estado». A tradução tradicional por «República» tem contribuído sem dúvida para a convicção generalizada de que Platão não podia ter sido um reacionário.

Tendo em conta o que Platão diz sobre a Bondade e a Justiça e as outras Ideias mencionadas, a minha tese de que as suas reivindicações políticas são puramente totalitárias e anti-humanitárias precisa de ser justificada. Para proceder a esta justificação irei, nos próximos quatro capítulos, interromper a análise do historicismo e concentrar-me no exame crítico das Ideias éticas já referidas e do papel que têm nas reivindicações políticas de Platão. Neste capítulo irei examinar a ideia de Justiça; nos três capítulos seguintes, a doutrina de que os mais sábios e melhores devem governar, e as Ideias de Verdade, Sabedoria, Bondade e Beleza.

I

Que queremos realmente dizer quando falamos de «Justiça»? Não penso que perguntas deste género sejam particularmente importantes ou que seja possível dar-lhes uma resposta definitiva, dado que muitos termos como este são sempre usados em vários sentidos. No entanto, penso que para a maioria de nós, especialmente para aqueles cujo ponto de vista é humanitário,

JUSTIÇA TOTALITÁRIA | 121

justiça quer dizer uma coisa deste tipo: (a) uma distribuição igual do fardo da cidadania, isto é, das limitações da liberdade necessárias na vida social; ([4]) (b) igualdade de tratamento dos cidadãos perante a lei, desde que, é claro, (c) as leis não manifestem favor ou desfavor em relação a cidadãos individuais ou grupos ou classes; (d) imparcialidade dos tribunais; e (e) uma participação igual nos benefícios (e não só no fardo) que a pertença ao Estado possam proporcionar aos seus cidadãos. Se Platão tivesse querido significar por «justiça» qualquer coisa deste género, então a minha alegação de que o seu programa é puramente totalitário estaria certamente errada e teriam razão todos aqueles que acreditam que a posição política de Platão assentava numa base humanitária. Mas o facto é que ele entendia por «justiça» algo completamente diferente.

Que queria dizer Platão por «justiça»? Sustento que na *República* ele usou o termo «justo» como sinónimo de «aquilo que é no interesse do melhor Estado». E o que é no interesse do melhor Estado? Deter qualquer mudança, pela manutenção de uma divisão de classes rígida e do domínio de classe. Se a minha interpretação estiver correta, então teremos de dizer que a exigência de justiça de Platão põe o seu programa político ao nível do totalitarismo; e teremos de concluir que nos devemos precaver contra o perigo de nos deixarmos impressionar por meras palavras.

A justiça é o tema principal da *República*; com efeito, «Sobre a Justiça» é o seu subtítulo tradicional. Na sua indagação sobre a natureza da justiça, Platão serve-se do método referido([5]) no capítulo anterior; começa por procurar no Estado esta Ideia e depois tenta aplicar os resultados ao indivíduo. Não se pode dizer que a pergunta de Platão «Que é a Justiça?» depressa encontre uma resposta, pois só lhe é dada no Livro Quarto. As considerações que a ela conduzem serão mais completamente analisadas mais adiante neste capítulo. Suncitamente, são as seguintes.

A cidade é fundada na natureza humana, nas suas necessidades e nas suas limitações([6]). «Afirmámos e, como se lembrarão, repetimos uma e outra vez que na nossa cidade cada homem deverá fazer apenas um trabalho; designadamente, aquele ao qual a sua natureza mais se adequa naturalmente.» Platão conclui daqui que cada um se deve ocupar apenas do que lhe diz respeito; que o carpinteiro se deve confinar à carpintaria, o sapateiro a fazer sapatos. Não faz muito mal, no entanto, se dois trabalhadores trocarem os seus lugares naturais. «Se acaso, todavia, alguém que é por natureza um trabalhador (ou membro da classe que ganha dinheiro) (...) chega a introduzir-se na classe guerreira, ou um guerreiro na classe dos guardiões, sem ser digno dela (...), então este tipo de mudança e de conspiração furtiva significaria a derrocada da cidade.» Deste argumento, que está estreitamente relacionado com o princípio de que o porte de arma deve ser uma prerrogativa de classe, tira Platão a sua conclusão final de que qualquer mudança ou mistura nas três classes tem de ser uma injustiça e que o contrário, portanto, é justiça. «Quando cada classe da cidade se ocupa do que lhe diz respeito, tanto a classe que ganha dinheiro como os auxiliares e os guardiões, isto será então justiça.» Esta conclusão é reafirmada e sumarizada um pouco mais tarde: «A cidade é justa (...) se cada uma das suas três classes se entregar ao seu trabalho próprio.» Mas esta afirmação significa que Platão identifica justiça com o princípio do domínio de classe e do privilégio de classe. Pois o princípio de que cada classe deve entregar-se aos seus assuntos próprios significa, breve e contudentemente, que *o Estado é justo se o governante governa, se o trabalhador trabalha e se o escravo*[7] *labuta.*

Ver-se-á que o conceito de justiça de Platão é fundamentalmente diferente daquele que normalmente temos, tal como já analisado. Platão considera «justo» o privilégio de classe, enquanto é costume nós chamarmos justiça precisamente à ausência de tais privilégios. Mas a diferença vai mais longe. Entendemos por justiça algum tipo de igualdade no tratamento dos indivíduos, enquanto para Platão a justiça não é uma relação entre *indivíduos*, mas uma propriedade de *todo o Estado*, baseada na relação entre as suas classes. O Estado é justo se for saudável, forte, unido – estável.

II

Mas teria Platão talvez razão? Significará «justiça» talvez o que ele diz? Não tenciono discutir essa questão. Se alguém mantiver que «justiça» significa o governo incontestado de uma classe, então direi simplesmente que sou todo a favor da injustiça. Por outras palavras, creio que nada depende de palavras e tudo das nossas reivindicações práticas ou das propostas de enquadramento da política que decidamos adotar. Por trás da definição de justiça

JUSTIÇA TOTALITÁRIA | 123

de Platão está, fundamentalmente, a sua reivindicação de um governo de classe totalitário e a sua decisão de contribuir para o levar à prática.

Mas não teria ele razão num sentido diferente? Não corresponderia talvez a sua ideia de justiça ao modo grego de usar a palavra? Não quereriam os gregos talvez dizer por «justiça» qualquer coisa holística, como a «saúde do Estado», e não será absolutamente desleal e anti-histórico esperar de Platão uma antecipação da nossa moderna noção de justiça como igualdade dos cidadãos perante a lei? Esta questão, na verdade, já teve resposta afirmativa e já se afirmou que a noção holística de «justiça social» de Platão é característica da visão tradicional grega, do «génio grego», que «não era, como o romano, especificamente legal», antes «especificamente metafísico»[8]. Mas esta tese é insustentável. Pelo contrário, o modo grego de usar a palavra «justiça» até era surpreendemente semelhante ao nosso uso individualístico e igualitário.

Para o demonstrar, posso referir-me em primeiro lugar ao próprio Platão que, no seu diálogo *Górgias* (que é anterior à *República*), fala da opinião de que «justiça é igualdade» como uma opinião partilhada pela grande massa do povo e que está de acordo não só com a «convenção», mas com «a própria natureza». Posso ainda citar Aristóteles, outro opositor do igualitarismo, que, sob a influência do naturalismo de Platão, elaborou, entre outra coisas, a teoria de que alguns homens nasceram para ser escravos por natureza[9]. Ninguém podia estar menos interessado em disseminar uma interpretação igualitarista e individualista do termo «justiça». Mas ao falar do juiz, que ele descreve como «a personificação daquilo que é justo», Aristóteles diz que a tarefa do juiz é «restaurar a igualdade». Diz-nos que «todos os homens pensam que a justiça é uma espécie de igualdade», uma igualdade que, designadamente, «pertence às pessoas». Pensa mesmo (mas aqui não tem razão) que a palavra grega para «justiça» deve derivar de uma raiz que significa «divisão por igual». (A opinião de que «justiça» significa uma espécie de «igualdade na divisão dos despojos e das honras entre os cidadãos» concorda com a opinião de Platão nas *Leis*, onde se distinguem duas espécies de igualdade na distribuição de despojos e honras – a igualdade «numérica» ou «aritmética» e a igualdade «proporcional», a segunda das quais leva em conta o grau em que as pessoas em questão possuem virtude, berço e riqueza – e onde se diz que esta igualdade proporcional constitui a «justiça política».) E quando Aristóteles discute os princípios da democracia, afirma que «a justiça democrática é a aplicação do princípio da igualdade aritmética (em contraste com a igualdade proporcional)». Isto não é decerto a mera impressão pessoal que ele tem do significado da justiça, nem talvez apenas uma descrição do modo como a palavra foi usada, depois de Platão, sob a influência do *Górgias* e das *Leis*; é, sim, a expressão de um uso universal, antigo e também popular da palavra «justiça».

Em vista destes elementos, temos de dizer, creio, que a interpretação holística e anti-igualitária da Justiça na *República* foi uma inovação e que Platão tentou apresentar o seu governo totalitário de classe como «justo», enquanto para as pessoas em geral «justiça» quer dizer exatamente o contrário.

Este resultado é surpreendente e suscita algumas questões. Porque é que Platão afirma, na *República*, que justiça significa desigualdade, quando se entende em geral que significa igualdade? A única resposta provável, para mim, parece ser que pretendia fazer propaganda do seu Estado totalitário persuadindo as pessoas de que esse era o Estado «justo». Mas valia-lhe a pena fazer essa tentativa, considerando que aquilo que importa não são as palavras, mas o que queremos dizer com elas? Claro que valia a pena; como pode ver-se pelo facto de ter tido êxito completo em convencer os seus leitores, até aos nossos dias, de que advogava candidamente a justiça, isto é, aquela justiça pela qual lutavam. E é um facto que assim semeou dúvida e confusão entre os igualitaristas e individualistas que, sob a influência da sua autoridade, começaram a perguntar a si próprios se a ideia de justiça dele não era mais verdadeira e melhor do que a deles. Dado que a palavra «justiça» simboliza para nós um objetivo de tamanha importância, e dado que tantos estão preparados para sofrer tudo por ela, e fazer tudo o que estiver em seu poder para a sua realização, o alistamento dessas forças humanitárias, ou, pelo menos, a paralisação do igualitarismo, era certamente um objetivo digno de ser perseguido por um crente no totalitarismo. Mas teria Platão consciência de que a justiça significava tanto para os homens? Tinha, já que escreve na *República*: «Pois não é verdade que quando um homem comete uma injustiça (...) a sua coragem se recusa a ser despertada? (...) Mas quando acredita que foi vítima de uma injustiça não explodem imediatamente o seu vigor e a sua cólera? E não é igualmente verdade que quando combate do lado daquilo

JUSTIÇA TOTALITÁRIA | 125

que crê justo, é capaz de suportar a fome e o frio e toda a espécie de sofrimento? E não resiste até vencer, persistindo nesse estado de exaltação até ter alcançado o seu objetivo ou perecer?»[10]

Lendo isto, não podemos duvidar de que Platão conhecia o poder da fé e, sobretudo, da fé na justiça. Nem podemos duvidar de que a *República* se destina a perverter esta fé e substituí-la por uma fé diretamente oposta. E à luz das provas disponíveis parece-me que o mais provável é que Platão soubesse muito bem o que estava a fazer. O igualitarismo era o seu grande inimigo e estava apostado em destruí-lo; na sincera convicção, decerto, de que era um grande mal e um grande perigo. Mas o seu ataque ao igualitarismo não era um ataque leal. Platão não ousou defrontar abertamente o inimigo.

Apresento a seguir as provas que sustentam esta afirmação.

III

A *República* é provavelmente a monografia mais exaustiva jamais escrita sobre a justiça. Examina uma grande variedade de opiniões sobre a justiça e fá-lo de uma maneira que leva a crer que Platão não omitiu qualquer das mais importantes teorias que conhecia. Platão indica claramente[11] que por causa dos seus esforços vãos para a encontrar entre as opiniões correntes, é necessário encetar nova busca. No seu exame e discussão das teorias correntes não menciona, todavia, a opinião de que a justiça seja a igualdade perante a lei («*isonomia*»). Só há duas explicações possíveis para esta omissão. Ou lhe passou despercebida a teoria igualitária[12] ou evitou-a propositadamente. A primeira possibilidade parece muito pouco provável, tendo em conta o cuidado com que foi composta a *República* e a necessidade de Platão de analisar as teorias dos seus opositores se queria apresentar a sua convincentemente. Mas esta possibilidade parece ainda mais improvável se considerarmos a ampla popularidade da teoria igualitária. Não precisamos, no entanto, de recorrer apenas a argumentos de probabilidade, visto que se pode facilmente demonstrar que Platão, quando escreveu a *República*, não só estava familiarizado com a teoria igualitária como tinha perfeita consciência da sua importância. Como já referido neste capítulo (na secção II) e como será mostrado em pormenor mais adiante (na secção VIII), o igualitarismo desempenhou um papel considerável no *Górgias*, diálogo anterior, onde é mesmo defendido; e apesar do facto de os méritos ou deméritos do igualitarismo não serem seriamente discutidos em qualquer parte da *República*, Platão não mudou de opinião a respeito da sua influência, pois a própria *República* testemunha a sua popularidade. Ali se lhe alude como uma convicção democrática muito popular, mas tratada sempre com escárnio, e tudo o que ouvimos a seu respeito são umas quantas ironias e alfinetadas[13], bem condizentes com o seu ataque virulento à democracia ateniense e num lugar onde a justiça não é o tema em discussão. A possibilidade de a teoria igualitária da justiça passar despercebida a Platão fica assim posta de parte, bem como a possibilidade de que julgasse desnecessário discutir uma teoria influente diametralmente oposta à sua. O facto de o seu silêncio na *República* apenas ser quebrado por algumas observações jocosas (pelos vistos, achou-as boas demais para as suprimir[14]) só pode ser explicado como uma recusa consciente de a discutir. Por tudo isto, não vejo como é que o método de Platão de tentar convencer os seus leitores de que todas as teorias importantes foram examinadas se pode conciliar com os padrões da honestidade intelectual, embora devamos acrescentar que esta fraqueza se deve sem dúvida à sua completa devoção a uma causa em cuja bondade acreditava convictamente.

Para apreciar completamente as implicações do silêncio quase total de Platão sobre esta questão, devemos primeiro perceber claramente que o movimento igualitário como Platão o conhecia representava tudo o que ele detestava e que a própria teoria dele, na *República* e em todas as obras posteriores, foi em larga medida uma réplica ao poderoso desafio do novo igualitarismo e do novo humanitarismo. Para o demonstrar, vou discutir os princípios mais importantes do movimento humanitarista e compará-los com os princípios correspondentes do totalitarismo platónico.

A teoria humanitária da justiça faz três exigências ou propostas principais, designadamente, (*a*) o princípio igualitário propriamente dito, isto é, a proposta de eliminar os privilégios «naturais», (*b*) o princípio geral do individualismo e (*c*) o princípio de que a principal tarefa e finalidade do Estado deve ser a de proteger a liberdade dos seus cidadãos. A cada uma destas exigências ou propostas corresponde diretamente um princípio oposto do platonismo, designadamente, (*a'*) o princípio do privilégio natural, (*b¹*) o princípio geral do holismo ou coletivismo e (*c¹*) o princípio de que a tarefa e finalidade do indivíduo deve ser manter, e reforçar, a estabilidade do Estado – discutirei estes três pontos por ordem, dedicando a cada um deles uma das secções IV, V e VI deste capítulo.

IV

O igualitarismo propriamente dito é a exigência de que os cidadãos do Estado sejam tratados imparcialmente. É a exigência de que nascimento, parentesco ou fortuna não devam influenciar aqueles que aplicam a lei aos cidadãos. Por outras palavras, não reconhece quaisquer privilégios «naturais», embora determinados privilégios possam ser conferidos pelos cidadãos àqueles em quem confiam.

O princípio igualitário havia sido admiravelmente formulado por Péricles uns anos antes do nascimento de Platão, numa oração que foi preservada por Tucídides[15]. Será citada mais extensamente no capítulo 10, mas podem ser dadas aqui duas das suas frases: «As nossas leis», disse Péricles, «oferecem a todos uma justiça igual nas suas disputas privadas, mas não ignoramos os direitos da excelência. Quando um cidadão se distingue, é então preferido para o serviço público, não por uma questão de privilégio, mas como prémio pelo seu mérito e a pobreza não é uma barreira (...)». Estas frases exprimem alguns dos principais objetivos do grande movimento igualitário que, como já vimos, nem sequer se coibiu de atacar a escravatura. Na própria geração de Péricles, este movimento foi representado por Eurípides, Antífon e Hípias, todos eles citados no capítulo anterior, e também por Heródoto[16]. Na geração de Platão, foi representado por Alcidamas e Licofronte, ambos citados acima; Antístenes, que fora um dos amigos mais chegados de Sócrates, foi outro dos seus apoiantes.

O princípio da justiça de Platão era, claro, diametralmente oposto a tudo isto. Exigia privilégios naturais para os líderes naturais. Mas como contestava ele o princípio igualitário? E como estabelecia as suas próprias exigências?

Devem estar lembrados do último capítulo que algumas das mais conhecidas formulações das exigências igualitárias foram redigidas na linguagem imponente, mas questionável, dos «direitos naturais» e que alguns dos seus representantes apontaram como argumento a favor destas exigências a igualdade «natural», isto é, biológica, do homem. Vimos que este argumento é irrelevante; que os homens são iguais nalguns aspetos importantes, mas desiguais noutros; e que as exigências normativas não podem ser deduzidas deste ou de qualquer outro facto. É interessante, portanto, notar que o argumento naturalista não foi usado por todos os igualitaristas e que Péricles, por exemplo, nem sequer aludiu a ele[17].

Platão depressa descobriu que o naturalismo era um ponto fraco da doutrina igualitarista e tirou a máxima vantagem desta fraqueza. Exerce alguma atração sentimental sobre os homens dizer-lhes que são iguais. Mas esta atração é pequena comparada com a que exerce uma propaganda que lhes diga que são superiores aos outros e que os outros lhes são inferiores. Sereis naturalmente iguais aos vossos servos, aos vossos escravos, aos trabalhadores manuais que são pouco melhores do que animais? A própria pergunta é ridícula! Platão parece ter sido o primeiro a perceber as possibilidades desta reação e a opor a esta pretensão à igualdade natural o desdém, o escárnio e o ridículo. Isto explica a sua ânsia de imputar o argumento naturalista mesmo aos seus opositores que não se serviam dele; no *Menexeno*, uma paródia da oração de Péricles, insiste por conseguinte em associar a pretensão da igualdade das leis à da igualdade natural. «A base da nossa constituição é a igualdade de nascimento», diz, ironicamente: «Somos todos irmãos e todos somos filhos da mesma mãe; (...) e a igualdade natural do nascimento induz-nos a lutar pela igualdade perante a lei.»[18]

Mais tarde, nas *Leis*, Platão resume a sua réplica ao igualitarismo na fórmula: «O tratamento igual de desiguais gera forçosamente injustiça»;[19] e esta foi desenvolvida por Aristóteles na fórmula «Igualdade para os iguais, desigualdade para os desiguais». Esta fórmula indica o que pode ser definido como a objeção comum ao igualitarismo; a objeção de que a igualdade seria excelente acaso os homens fossem todos iguais, mas é manifestamente impossível, visto que não são iguais e visto que não podem ser tornados iguais. Esta objeção aparentemente muito realista é, de facto, irrealista ao máximo, pois os privilégios políticos nunca foram fundados em diferenças de caráter naturais. E, com efeito, Platão não parece ter tido muita confiança nesta objeção ao escre-

JUSTIÇA TOTALITÁRIA 129

ver a *República*, pois apenas a usa numa das suas ironias sobre a democracia, quando diz que «distribui igualdade imparcialmente a iguais e desiguais»[20]. Fora esta observação, em vez de argumentar contra o igualitarismo prefere ignorá-lo.

Em suma, pode dizer-se que Platão nunca subestimou o significado da teoria igualitarista, defendida como era por um homem como Péricles, mas que, na *República*, não a tratou de todo; atacou-a, mas não frontal e abertamente.

Mas como tentou ele fundamentar o seu próprio anti-igualitarismo, o seu princípio do privilégio natural? Na *República*, avançou três argumentos diferentes, embora dois deles mal mereçam esse nome. O primeiro[21] é a surpreendente afirmação de que, visto que as outras três virtudes do Estado já foram examinadas, a quarta que resta, a de «se ocupar dos seus assuntos», deve ser a «justiça». Custa-me a crer que isto possa ter sido usado como argumento, mas deve ter sido, pois o principal orador de Platão, «Sócrates», o introduz pela pergunta «Sabem como chego a esta conclusão?» O segundo argumento é mais interessante, pois consiste numa tentativa de mostrar que o seu anti-igualitarismo pode ser deduzido da opinião vulgar (isto é, igualitária) de que justiça é imparcialidade. Cito o passo na totalidade. Observando que os governantes da cidade serão também os seus juízes, «Sócrates» diz[22]: «E não terá a sua jurisdição como fim que nenhum homem haja de tomar aquilo que pertença a outrem nem ser privado daquilo que lhe pertence?» – «Sim», é a resposta de «Glaucon», o interlocutor, «essa será a sua intenção.» – «Porque isso seria justo?» – «Sim» – «De modo que será geralmente entendido que a justiça é conservar e disfrutar o que nos pertence e é nosso.» Fica assim estabelecido que o princípio de uma justa jurisdição é «conservar e desfrutar o que é de cada qual», de acordo com as nossas ideias vulgares de justiça. Aqui termina o segundo argumento, abrindo caminho ao terceiro (que será analisado abaixo), o qual leva à conclusão de que justiça é conservar a condição própria de cada um (ou ocupar-se dos assuntos de cada um), que é a condição (ou o assunto) *da classe ou casta de cada um.*

O único propósito do segundo argumento é convencer o leitor de que a «justiça», no sentido vulgar da palavra, requer que cada um mantenha a sua condição própria, já que devemos sempre conservar aquilo que é nosso. O mesmo é dizer que Platão deseja levar os seus leitores à seguinte inferência: «É justo conser-

130 | O PROGRAMA POLÍTICO DE PLATÃO

var e desfrutar daquilo que nos pertence. A minha condição (ou os meus assuntos) pertence-me. É portanto justo, para mim, manter-me no meu lugar (ou ocupar-me dos meus assuntos). Isto é um argumento tão sólido como: «É justo conservar e desfrutar do que é nosso. Este plano para roubar o teu dinheiro é meu. Assim, é justo, para mim, manter o meu plano e pô-lo em prática, ou seja, roubar o teu dinheiro.» É óbvio que a inferência que Platão nos quer fazer tirar não é senão um jogo grosseiro com o significado da expressão «o que é nosso». (Pois o problema está em saber se a justiça exige que tudo aquilo que em certo sentido é «nosso», por exemplo, a «nossa» classe, deva ser tratado não só como posse nossa, mas como nossa posse inalienável. Mas o próprio Platão não acredita em tal princípio, pois tornaria claramente impossível a transição para o comunismo. E quanto a manter os nossos próprios filhos?) Este jogo de palavras é a maneira que Platão tem de estabelecer aquilo a que Adam chama «um ponto de contacto entre a sua própria teoria da Justiça e (...) o sentido popular da palavra». É assim que o maior filósofo de todos os tempos tenta convencer-nos de que descobriu a verdadeira natureza da justiça.

O terceiro e último argumento aduzido por Platão é muito mais sério. É um apelo ao princípio do holismo ou coletivismo e está ligado ao princípio de que a finalidade do indivíduo é manter a estabilidade do Estado. Será portanto discutido, nesta análise, abaixo, nas secções V e VI.

Mas antes de avançar para estes pontos, desejo chamar a atenção para o «prefácio» que Platão coloca antes da descrição da «descoberta» que estamos a examinar aqui. Tem de ser considerado à luz das observações até aqui feitas. Visto a esta luz, esse «longo prefácio» – é assim que o próprio Platão o descreve – aparece como uma tentativa engenhosa de preparar o leitor para a «descoberta da justiça», fazendo-o acreditar que está em curso uma argumentação quando, na realidade, apenas se lhe depara uma panóplia de recursos dramáticos destinados a embotar-lhe as faculdades críticas.

Tendo descoberto que a sabedoria é a virtude própria dos guardiões e a coragem a que é própria dos auxiliares, «Sócrates» anuncia a sua intenção de fazer um último esforço para descobrir a justiça. «Restam duas coisas»[23], diz, «que teremos de descobrir na cidade: a temperança e, finalmente, aquela outra coisa que é o principal objetivo de todas as nossas indagações, a justiça.»

JUSTIÇA TOTALITÁRIA | 131

– «Exatamente», diz Glaucon. Sócrates sugere agora que se esqueça a temperança. Mas Glaucon protesta e Sócrates cede, dizendo que «seria errado» (ou «enganador») recusar. Esta pequena disputa prepara o leitor para a reintrodução da justiça, sugere-lhe que Sócrates possui forma de a «descobrir» e dá-lhe a garantia de que Glaucon fiscaliza cuidadosamente a honestidade intelectual de Platão na condução do argumento que ele próprio, leitor, escusa por conseguinte de fiscalizar([24]).

Sócrates procede então a discutir a temperança, que descobre ser a única virtude própria dos trabalhadores. (Diga-se, de passagem, que a questão muito debatida de se a «justiça» de Platão se distingue da sua «temperança» pode ser facilmente respondida. Justiça significa *manter-se no seu lugar*; temperança *saber qual o seu lugar* – ou seja, mais precisamente, estar satisfeito com ele. Que outra virtude podia ser apropriada para os trabalhadores que enchem a pança como animais?) Descoberta a temperança, Sócrates pergunta: «E qual é o supremo princípio? Será obviamente a justiça.» – «Obviamente», responde Glaucon.

«Ora bem, meu caro Glaucon», diz Sócrates, «devemos, como caçadores, cercar o seu esconderijo e manter apertada vigilância e não a deixar escapar e fugir, pois certamente a justiça deve estar perto deste sítio. É melhor estares atento e revistar o lugar. E se fores o primeiro a avistá-la, dá-me um grito!» Glaucon não pode, claro, como o leitor, fazer nada disto e roga a Sócrates que tome a dianteira. «Então junta as tuas orações às minhas», diz Sócrates, «e segue-me.» Mas até Sócrates acha o terreno «difícil de atravessar, dado que está coberto de folhagem, é escuro e difícil de explorar (...) Mas», acrescenta, «temos de seguir em frente». E em vez de protestar «Seguir em frente com quê? Com a nossa exploração, isto é, com o nosso argumento? Mas nem sequer começámos. Não há nem ponta de sentido no que dissestes até agora», Glaucon, e o leitor com ele, responde humildemente: «Sim, temos de seguir em frente.» Sócrates informa agora que «teve dela um vislumbre» (nós não) e fica empolgado. «Hurra! Hurra!», grita, «Glaucon! Parece haver uma pista! Penso agora que a presa não nos escapará» – «São boas notícias», responde Glaucon. «Palavra de honra», diz Sócrates, «fizemos figura de parvos. Aquela que procurávamos ao longe tem jazido aos nossos pés o tempo todo! E nunca a vimos!» Sócrates continua por um bom bocado com exclamações e sucessivas asserções deste tipo, interrompido por Glaucon, que dá voz aos sentimentos do leitor e pergunta a Sócrates o que encontrou afinal. Mas quando Sócrates apenas diz que «temos estado a falar disto todo este tempo sem nos darmos conta de que estávamos na verdade a descrevê-lo!», Glaucon dá expressão à impaciência do leitor e diz: «Este prefácio está a ficar um pouco longo; lembra--te que quero ouvir de que se trata.»E só então procede Platão a propôr os dois «argumentos» que esbocei.

A última observação de Glaucon pode ser tomada como uma indicação de que Platão tinha consciência do que estava a fazer no seu «longo prefácio». Só posso interpretá-lo como uma tentativa – que se revelou muito bem-sucedida – para adormecer as faculdades críticas do leitor e, por meio de uma panóplia de fogos de artifício verbais, desviar a sua atenção da pobreza intelectual desta magistral peça de diálogo. É-se tentado a acreditar que Platão conhecia a sua fraqueza e como ocultá-la.

V

O problema do individualismo e do coletivismo está estreitamente relacionado com o da igualdade e da desigualdade. Antes de passar a discuti-lo, parecem-me necessárias algumas observações terminológicas.

O termo «individualismo» pode ser usado (segundo o *Oxford Dictionary*) de duas diferentes maneiras: (*a*) por oposição a coletivismo, e (*b*) por oposição a altruísmo. Não há outra palavra para exprimir o primeiro sentido, mas há vários sinónimos para o segundo, por exemplo «egoísmo» ou «misantropia». É por isso que no que se segue usarei o termo «individualismo» *exclusivamente* no sentido (*a*), usando termos como «egoísmo» quando se trate do sentido (*b*). Pode ser útil um pequeno quadro:

(*a*) *Individualismo* opõe-se a (*a'*) *Coletivismo*.
(*b*) *Egoísmo* opõe-se a   (*b'*) *Altruísmo*.

Ora bem, estes quatro termos descrevem certas atitudes, ou exigências, ou decisões, ou propostas, para códigos de leis normativas. Embora necessariamente vagos, podem, creio eu, ser facilmente ilustrados com exemplos e assim ser usados com suficiente

JUSTIÇA TOTALITÁRIA | 133

precisão para o nosso atual propósito. Comecemos pelo coletivismo[25], dado que esta atitude já nos é familiar da nossa discussão do holismo de Platão. A sua exigência de que o indivíduo deve estar subordinado aos interesses do conjunto, seja este o universo, a cidade, a tribo, a raça ou qualquer outro corpo coletivo, foi ilustrada no capítulo precedente por uns quantos passos. Para citar de novo um deles, mas mais extensamente[26]: «A parte existe em nome do todo, mas o todo não existe em nome da parte (...). Sois criados para bem do todo e não o todo para o vosso bem.» Esta citação não só ilustra o holismo e o coletivismo, mas veicula também um apelo emocional intenso, de que Platão tinha consciência (como se pode ver do preâmbulo do passo). O apelo dirige-se a vários sentimentos, por exemplo, o anseio de pertencer a um grupo ou tribo; e um dos fatores que contém é o apelo moral pelo altruísmo e contra o ou egoísmo. Platão sugere que quem não for capaz de sacrificar o seu interesse pelo bem do todo é um egoísta.

Basta um relance ao nosso pequeno quadro para ver que não é assim. O coletivismo não se opõe a egoísmo nem é idêntico a altruísmo ou abnegação. O egoísmo coletivo ou de grupo, como por exemplo o egoísmo de classe, é muito comum (Platão sabia-o[27] muito bem) e isto mostra com suficiente clareza que o coletivismo propriamente dito não se opõe a egoísmo. Por outro lado, um anticolectivista, isto é, um individualista, pode ao mesmo tempo ser um altruísta; pode estar pronto a fazer sacrifícios para ajudar outros indivíduos. Um dos melhores exemplos desta atitude é talvez Dickens. Seria difícil dizer o que é mais forte, se o seu intenso ódio ao egoísmo ou o seu interesse apaixonado pelos indivíduos com todas as suas fraquezas humanas; e esta atitude combina-se com sua antipatia não só pelo que hoje designamos por corpos coletivos ou coletivos[28], mas até por um altruísmo sinceramente dedicado, mas que tenha por objeto grupos anónimos e não indivíduos concretos. (Lembro ao leitor a Sr.ª Jellyby de *Bleak House*, «uma senhora dedicada a deveres públicos».) Estes exemplos explicam suficientemente, creio eu, o significado dos nossos quatro termos; e mostram que qualquer dos termos do nosso quadro pode ser combinado com qualquer dos termos que figuram do outro lado (o que dá quatro combinações possíveis).

É pois interessante que, para Platão, e para a maioria dos platónicos, um individualismo altruísta (como por exemplo o de Dickens) não possa existir. Segundo Platão, a única alternativa ao

134   O PROGRAMA POLÍTICO DE PLATÃO

coletivismo é o egoísmo; ele identifica simplesmente todo o altruísmo com coletivismo e todo o individualismo com egoísmo. Isto não é uma questão de terminologia, de meras palavras, pois em lugar de quatro possibilidades, Platão reconhece apenas duas. Isto criou uma confusão considerável na especulação sobre questões éticas, confusão essa que persiste até aos nossos dias.

A identificação que Platão faz entre individualismo e egoísmo faculta-lhe um argumento poderoso para a sua defesa do coletivismo, bem como para seu ataque ao individualismo. Em defesa do coletivismo, pode apelar ao nosso sentimento humanitário de abnegação; no seu ataque, pode rotular todos os individualistas de egoístas, incapazes de se dedicarem a qualquer outra coisa que não seja eles próprios. Este ataque, embora dirigido por Platão contra o individualismo no nosso sentido, isto é, contra os direitos dos indivíduos humanos, atinge apenas, é claro, um alvo muito diferente, o egoísmo. Mas esta diferença é constantemente ignorada por Platão e pela maioria dos platónicos.

Porque atacou Platão o individualismo? Penso que ele sabia muito bem o que estava a fazer quando apontou a sua artilharia a esta posição, pois o individualismo, talvez mais do que o igualitarismo, era um bastião da defesa do novo credo humanitário. A emancipação do indivíduo fora de facto a grande revolução espiritual que levara à derrocada do tribalismo e à ascensão da democracia. A prodigiosa intuição sociológica de Platão manifesta-se na maneira como invariavelmente reconheceu o inimigo sempre que se deparou com ele.

O individualismo fazia parte da velha ideia intuitiva de justiça. Que a justiça não é, como queria Platão, a saúde e harmonia do Estado, antes uma certa maneira de tratar os indivíduos, é realçado por Aristóteles, como estarão recordados, quando diz que «a justiça é uma coisa que diz respeito às pessoas»[29]. Este elemento individualista fora realçado pela geração de Péricles. O próprio Péricles tornou claro que as leis devem garantir justiça igual «para todos nas suas querelas privadas»; mas foi mais longe. «Não nos sentimos chamados», disse, «a recriminar o nosso vizinho porque ele decidiu seguir o seu próprio caminho.» (Compare-se isto com a observação[30] de Platão de que o Estado não produz homens com «o propósito de os deixar à solta, para seguir cada um o seu próprio caminho (...)».) Péricles insiste que este individualismo deve estar ligado ao altruísmo: «Somos ensinados (...) a

JUSTIÇA TOTALITÁRIA | 135

nunca esquecer que devemos proteger os ofendidos»; e o seu discurso culmina com uma descrição do jovem ateniense que cresce «rumo a uma versatilidade feliz e à autossuficiência».

Este individualismo, unido ao altruísmo, tornou-se a base da nossa civilização ocidental. É a doutrina central do cristianismo («ama o teu próximo», dizem as Escrituras, não «ama a tua tribo»); e é o cerne de todas as doutrinas éticas que nasceram da nossa civilização e a estimularam. É também, por exemplo, a doutrina prática central de Kant («reconhecer sempre que os indivíduos humanos são fins e nunca os usar como simples meios para os nossos fins»). Nenhum outro pensamento foi tão poderoso no desenvolvimento moral do homem.

Platão tinha razão quando via esta doutrina como inimiga do seu Estado de castas; e detestava-a mais do que qualquer outra das doutrinas «subversivas» do seu tempo. Para mostrar isto ainda mais claramente, citarei dois passos das *Leis*([31]), cuja hostilidade verdadeiramente assombrosa para com o indivíduo é, penso eu, insuficientemente apreciada. O primeiro é famoso como referência à *República*, cuja «comunidade de mulheres e crianças e propriedade» discute. Platão descreve aqui a constituição da *República* como «a mais alta forma de Estado». Neste Estado superior, diz-nos, «há propriedade comum de mulheres, crianças e todos os bens móveis, e fez-se todo o possível para erradicar da nossa vida, e em toda a parte, e de todas as maneiras, tudo o que seja privado e individual. Na medida em que pode ser feito, mesmo as coisas que a própria natureza fez privadas e individuais se tornaram de algum modo propriedade comum de todos. Os nossos próprios olhos e ouvidos e mãos parecem ver, ouvir e agir como se pertencessem, não a cada um de nós, mas à comunidade. Todos os homens são moldados para ser unânimes no mais alto grau em conferir louvor e censura, e até regozijar-se e lamentar-se com as mesmas coisas e ao mesmo tempo. Todas as leis são aperfeiçoadas para unificar ao máximo a cidade.» Platão prossegue, dizendo que «nenhum homem pode encontrar melhor critério da mais alta excelência de um Estado do que os princípios que acabámos de expor». E qualifica tal Estado como «divino» e como o «modelo» ou «padrão» ou «original» do Estado, isto é, a sua Forma ou Ideia. É esta a visão do próprio Platão da *República*, manifestada numa época em que abandonara qualquer esperança de concretizar o seu ideal político em todo o seu esplendor.

136   O PROGRAMA POLÍTICO DE PLATÃO

O segundo passo, também das *Leis*, é, se possível, ainda mais desassombrado. Deve sublinhar-se que o passo trata primacialmente das expedições militares e da disciplina militar, mas Platão não deixa dúvidas de que estes mesmos princípios militaristas devem ser seguidos, não só na guerra, mas também «na paz e desde a mais tenra idade». Como outros totalitários militaristas e admiradores de Esparta, Platão defende que os requisitos essenciais da disciplina militar têm de estar em primeiro lugar, mesmo na paz, e que devem comandar a vida de todos os cidadãos, pois não só os cidadãos de corpo inteiro (que são todos soldados) e as crianças, mas até os próprios animais devem passar toda a vida num estado de permanente e total mobilização([32]). «O maior princípio de todos», escreve, «é que ninguém, seja homem ou mulher, deve alguma vez estar sem um chefe. Nem deve a mente de ninguém ser acostumada a deixar que faça seja o que for por sua própria iniciativa, nem por zelo nem sequer a brincar. Mas na guerra ou em plena paz – há de pôr os olhos no chefe e segui-lo fielmente. Por exemplo, há de levantar-se, ou mexer-se, ou lavar-se, ou tomar as suas refeições([33]) (...) apenas se lhe for dito que o faça (...). Numa palavra, tem de educar a sua alma, por um longo hábito, a nunca sonhar em agir independentemente e tornar-se totalmente incapaz disso. Deste modo, todos passarão a vida em total comunidade. Não há, nem haverá jamais, qualquer lei que seja superior a esta, ou melhor ou mais eficaz para assegurar a salvação e a vitória na guerra. *E em tempo de paz e desde a mais tenra infância* deveria ser fomentado – este hábito de comandar outros e de ser comandado por outros. E qualquer vestígio de anarquia deveria ser absolutamente erradicado *de toda a vida de todos os homens* e até dos animais selvagens que estão sujeitos ao homem.»

São palavras fortes. Nunca um homem foi tão sincero na sua hostilidade ao indivíduo. E este ódio está profundamente enraizado no dualismo fundamental da filosofia de Platão; detestava o indivíduo e a sua liberdade, tal como detestava a variedade das experiências singulares, a variedade do mundo em mudança das coisas sensíveis. No terreno da política, o indivíduo é para Platão a própria Encarnação do Mal.

Esta atitude, anti-humanitária e anticristã como é, tem sido sistematicamente idealizada. Tem sido interpretada como humanitária, desinteressada, altruísta e cristã. E. B. England, por exemplo, chama([34]) ao primeiro destes passos das *Leis* «uma denúncia

JUSTIÇA TOTALITÁRIA | 137

vigorosa do egoísmo». Barker usa palavras semelhantes ao discutir a teoria da justiça de Platão. Diz que o objetivo de Platão era «substituir o egoísmo e a discórdia civil pela harmonia» e que «a velha harmonia dos interesses do Estado e do indivíduo (...) é assim restaurada nos ensinamentos de Platão; mas restaurada num plano novo e superior, porque foi elevada a um sentido consciente de harmonia». Afirmações como estas e muitas mais do mesmo jaez podem ser explicadas se nos lembrarmos que Platão identifica individualismo com egoísmo, pois todos estes platónicos acreditam que o anti-individualismo é o mesmo que abnegação. Isto ilustra a minha asserção de que esta identificação teve um efeito de peça de propaganda anti-humanitária bem-sucedida e que tem desorientado a especulação sobre questões éticas até aos nossos dias. Mas temos também de perceber que todos aqueles que, enganados por esta identificação e por palavras sonoras, exaltam a reputação de Platão como mestre de moral e proclamam ao mundo que a sua ética é a abordagem mais próxima do cristianismo antes de Cristo, estão a preparar o caminho para o totalitarismo e em especial para uma interpretação totalitária e anticristã do cristianismo. E isto é uma coisa perigosa, pois já houve tempos em que o cristianismo foi dominado por ideias totalitárias. Já houve uma Inquisição e pode voltar, sob outras formas.

Talvez valha a pena, portanto, referir mais algumas razões pelas quais muita gente cândida se tem convencido da humanidade das intenções de Platão. Uma delas é que Platão, ao preparar o terreno para as suas doutrinas coletivistas, normalmente começa por citar uma máxima ou provérbio (que parece ser de origem pitagórica): «Os amigos têm em comum tudo aquilo que possuem»[35]. Isto é, sem dúvida, um sentimento desinteressado, nobre e excelente. Quem poderia suspeitar que um argumento que parte de uma premissa tão louvável havia de chegar a uma conclusão totalmente anti-humanitária? Outro ponto importante é que nos diálogos de Platão se exprimem muitos sentimentos genuinamente humanitaristas, em especial nos diálogos escritos antes da *República*, quando ele ainda estava sob a influência de Sócrates. Refiro-me especialmente à doutrina de Sócrates, no *Górgias*, de que é pior cometer uma injustiça do que sofrê-la. Esta doutrina é claramente não só altruísta como individualista, pois numa teoria coletivista da justiça como a da *República* a injustiça é um ato contra o Estado e não contra um homem em parti-

138 | O PROGRAMA POLÍTICO DE PLATÃO

cular, e embora um homem possa cometer um ato de injustiça, só o coletivo sofrerá com ele. Mas no *Górgias* não encontramos nada deste género. A teoria da justiça é perfeitamente normal e os exemplos de injustiça dados por «Sócrates» (que tinha aqui, provavelmente, uma boa parte do verdadeiro Sócrates) são coisas tais como socar um homem nas orelhas, injuriá-lo ou matá-lo. O ensinamento de Sócrates de que é melhor sofrer tais ações do que cometê-las é de facto muito parecido com o ensinamento cristão e a sua doutrina da justiça ajusta-se excelentemente ao espírito de Péricles. (No capítulo 10 tentar-se-á interpretar isto.)

Ora, a *República* desenvolve uma nova doutrina da justiça que não é apenas incompatível com tal individualismo, é-lhe absolutamente hostil. Mas o leitor pode facilmente acreditar que Platão continua agarrado à doutrina do *Górgias*. Pois na *República* Platão alude com frequência à doutrina de que é melhor sofrer do que cometer injustiças, apesar de isto simplesmente não fazer qualquer sentido do ponto de vista da teoria coletivista da justiça que esta obra propõe. Na *República*, além disso, ouvimos os opositores de «Sócrates» dar voz à doutrina contrária, de que é bom e agradável infligir injustiças e é mau sofrê-las. Qualquer humanitarista sentirá repulsa, sem dúvida, ante tal cinismo e quando Platão formula os seus objetivos pela boca de Sócrates, «Temo estar a cometer um pecado se consentir que se diga mal da justiça na minha presença sem fazer tudo o que puder para a defender»[36], qualquer leitor confiante ficará convencido das boas intenções de Platão e pronto a segui-lo até onde ele for.

O efeito desta profissão de fé de Platão é muito reforçado pelo facto de anteceder, e ser contrastada com elas, as tiradas cínicas e egoístas[37] de Trasímaco, retratado como um aventureiro político da pior espécie. Ao mesmo tempo, o leitor é levado a identificar o individualismo com as opiniões de Trasímaco e a pensar que Platão, no combate que lhe move, está a lutar contra todas as tendências subversivas e niilistas do seu tempo. Mas não devemos deixar-nos levar pelo medo de um papão como Trasímaco (há grande semelhança entre o seu retrato e o papão coletivista moderno do «bolchevismo») e aceitar outra forma de barbarismo mais real e mais perigosa, por ser menos óbvia. Mas Platão substitui a doutrina de Trasímaco da razão da força do indivíduo pela doutrina igualmente bárbara de que a razão está em tudo o que promove a estabilidade e o poder do Estado.

JUSTIÇA TOTALITÁRIA

139

Em suma. Por causa do seu coletivismo radical, Platão não está sequer interessado nos problemas a que os homens normalmente chamam os problemas da justiça, isto é, a ponderação imparcial das exigências contraditórias dos indivíduos. Nem está interessado em ajustar as exigências individuais às do Estado. Pois o indivíduo é absolutamente inferior. «Legislo com vista ao que é melhor para o Estado», diz Platão, «(...) pois coloco justamente os interesses do indivíduo num nível inferior de valia»[38]. Só o preocupa o todo coletivo como tal e a justiça, para ele, não é mais do que a saúde, unidade e estabilidade do corpo coletivo.

VI

Vimos, até aqui, que a ética humanitarista exige uma interpretação igualitária e individualista da justiça, mas ainda não esboçámos a visão humanitarista do Estado propriamente dita. Por outro lado, já vimos que a teoria platónica do Estado é totalitária; mas ainda não explicámos a aplicação desta teoria à ética individual. Ambas as tarefas vão ser agora realizadas, a segunda delas em primeiro lugar. E começarei por analisar o terceiro dos argumentos de Platão na sua «descoberta» da justiça, um argumento que até aqui só foi muito vagamente esboçado. Aqui está o terceiro argumento de Platão[39]:

«Vede agora se concordais comigo», diz Sócrates. «Pensais que prejudicaria muito uma cidade se um carpinteiro começasse a fazer sapatos e um sapateiro a carpinteirar?» – «Nem por isso.» – «Mas deveria alguém que é por natureza um trabalhador ou membro da classe que ganha dinheiro (...) conseguir entrar na classe guerreira; ou deveria um guerreiro entrar para a classe dos guardiões sem ser digno disso; este tipo de mudança e conspiração furtiva significaria então a perdição da cidade?» – «Sem qualquer dúvida o significaria.» – «Temos três classes na nossa cidade e presumo que tal conspiração ou mudança de uma classe para outra é um grande crime contra a cidade e pode com razão ser denunciado como máxima perversidade?» – «Certamente.» – «Mas declararíeis decerto que essa máxima perversidade para com a nossa própria cidade é uma injustiça?» – «Certamente.» – «Então, é isto a injustiça. E, inversamente, havemos de dizer que quando cada uma das classes da cidade se ocupa dos assuntos que lhe competem, tanto a classe dos que ganham dinheiro como as dos auxiliares e dos guardiões, será isto a justiça.»

Ora, se olharmos para este argumento, encontramos (a) o pressuposto sociológico de que qualquer relaxamento do rígido sistema de castas leva necessariamente à perdição da cidade; (b) a constante reiteração do argumento único de que o que prejudica a cidade é uma injustiça; e (c) a inferência de que a justiça é o contrário. Podemos aceitar aqui a premissa sociológica (a), visto que o ideal de Platão é sustar a mudança social e porque considera «dano» tudo o que possa levar a mudanças; e provavelmente é bem verdade que a mudança social só pode ser sustada por um sistema de castas rígido. E podemos ainda aceitar a inferência (c), que o oposto da injustiça é a justiça. Tem mais interesse, no entanto, (b); basta um relance ao argumento de Platão para mostrar que toda a linha do seu pensamento é dominada pela seguinte questão: prejudica isto a cidade? Causa muito ou pouco dano? Reitera constantemente que aquilo que ameaça prejudicar a cidade é moralmente perverso e injusto.

Vemos aqui que Platão reconhece um só critério último, o interesse do Estado. Tudo o que o favorece é bom e virtuoso e justo, tudo o que o ameaça é mau, pernicioso e injusto. As ações que o servem são morais, as que o põem em perigo, imorais. Por outras palavras, o código moral de Platão é estritamente utilitário; é um código de utilitarismo coletivista ou político. O critério da moralidade é o interesse do Estado. A moral não é mais do que higiene política.

É esta a teoria coletivista, tribal, totalitária da moralidade: «Bom é aquilo que é no interesse do meu grupo, ou da minha tribo, ou do meu Estado.» É fácil ver o que esta moralidade implicava nas relações internacionais: que o próprio Estado tem sempre razão em tudo o que faça desde que seja forte; que o Estado tem o direito não só de violentar os seus cidadãos, desde que isso conduza ao aumento da sua força, mas também o de atacar outros Estados, na condição de que o faça sem se enfraquecer. (Esta conclusão, o reconhecimento explícito da amoralidade do Estado e consequentemente a defesa do niilismo moral nas relações internacionais, foi tirada por Hegel.)

Do ponto de vista de uma ética totalitária, do ponto de vista da utilidade coletiva, a teoria da justiça de Platão é perfeitamente correta. Manter-se no seu lugar é uma virtude. É a virtude civil que corresponde exatamente à virtude militar da disciplina. E esta virtude desempenha exatamente o papel que a «justiça» desempenha no sistema de virtudes de Platão. Pois as peças da engrenagem do grande mecanismo do Estado podem mostrar «virtude» de duas maneiras. Primeiro, têm de estar em condições de desempenhar a sua tarefa, através do seu tamanho, feitio, força, etc.; e em segundo lugar cada qual deve ser encaixada no lugar que lhe pertence e ali manter-se. O primeiro tipo de virtudes, condições adequadas a determinada tarefa, conduzirá a uma diferenciação de acordo com a tarefa específica da peça. Certas peças da engrenagem apenas serão virtuosas, isto é, ajustar-se-ão se forem grandes; outras, se forem fortes, e outras ainda se forem macias. Mas a virtude de se manter no seu lugar é comum a todas elas e será ao mesmo tempo uma virtude do conjunto: o de se ajustarem apropriadamente em conjunto – de estarem em harmonia. A esta virtude universal dá Platão o nome de «justiça». O procedimento é perfeitamente coerente e justifica-se totalmente do ponto de vista da moralidade totalitária. Se o indivíduo não passa de uma peça da engrenagem, então a ética não é mais do que o estudo de como o encaixar no todo.

Desejo tornar claro que acredito na sinceridade do totalitarismo de Platão. A sua exigência do domínio incontestado de uma classe sobre as restantes era inflexível, mas o seu ideal não era o da máxima exploração das classes trabalhadoras pela classe superior, era a estabilidade do conjunto. No entanto, a razão que dá para a necessidade de manter a exploração dentro de certos limites é, mais uma vez, puramente utilitarista. É o interesse de estabilizar o domínio de classe. Tentassem os guardiões exigir demais, argumenta ele, e acabariam por ficar sem nada. «Se não estiverem satisfeitos com uma vida de estabilidade e segurança (...) e forem tentados, pelo seu poder, a apropriar-se em seu próprio benefício de toda a riqueza da cidade, então certamente estarão destinados a descobrir como eram sábias as palavras de Hesíodo quando disse: 'a metade é mais do que o todo'»[40]. Mas temos de perceber que mesmo esta tendência para restingir a exploração dos privilégios de classe é um ingrediente comum do totalitarismo. O totalitarismo não é simplesmente amoral. É a moralidade de uma sociedade fechada – do grupo, da tribo; não é egoísmo individual, mas é um egoísmo coletivo.

142   O PROGRAMA POLÍTICO DE PLATÃO

Tendo em conta que o terceiro argumento de Platão é linear e coerente, pode perguntar-se para que precisava ele do «longo prefácio», bem como dos dois argumentos que o antecedem? Porquê todo este desconforto? (Os platónicos responderão com certeza que este desconforto só existe na minha imaginação. Talvez seja. Mas o caráter irracional destes passos é difícil de ignorar e explicar.) A resposta a esta questão é, a meu ver, que o mecanismo coletivo de Platão dificilmente teria atraído os seus leitores se lhes tivesse sido apresentado em toda a sua aridez e falta de sentido. Platão estava inquieto porque conhecia e temia o poder e a atração moral das forças que tentava vencer. Não ousou desafiá-las, mas tentou chamá-las para a sua caussa, para os seus próprios fins. Nunca saberemos se nos escritos de Platão estamos perante uma tentativa cínica e consciente de empregar os sentimentos morais do novo humanitarismo para os seus próprios fins ou se estamos perante uma tentativa trágica de persuadir a sua própria consciência dos males do individualismo. A minha impressão é que se trata do segundo caso e que este conflito interior é o principal segredo do fascínio de Platão. Penso que calaram no mais fundo da alma de Platão as novas ideias e especialmente as do grande individualista Sócrates e o seu martírio. E penso que ele lutou contra esta influência, tanto nele próprio como nos outros, com todas as forças da sua inteligência ímpar, embora nem sempre abertamente. Isto explica também porque é que de vez em quando, no meio de todo o seu totalitarismo, encontramos algumas ideias humanitárias. E explica porque foi possível que houvesse filósofos a apresentar Platão como um humanitário.

Um forte argumento em apoio desta interpretação é a maneira como Platão tratou, ou maltratou, a teoria humanitária e racional do Estado, uma teoria que fora desenvolvida pela primeira vez na sua geração.

Para uma apresentação clara desta teoria deve usar-se *a linguagem das exigências políticas ou das propostas políticas* (cf. capítulo 5, III); ou seja, não devemos tentar responder à pergunta essencialista: o que é o Estado, qual a sua verdadeira natureza, qual o seu real significado? Nem devemos tentar responder à questão historicista: como nasceu o Estado e qual a origem da obrigação política? Devemos, antes, formular a nossa pergunta desta maneira: que exigimos de um Estado? Que nos propomos considerar como objetivo legítimo da atividade do Estado? E para descobrir quais

JUSTIÇA TOTALITÁRIA | 143

as nossas exigências políticas fundamentais, podemos perguntar: porque preferimos viver num Estado bem ordenado a viver sem Estado, isto é, na anarquia? Esta é a maneira racional de formular a pergunta. É uma pergunta a que o tecnólogo deve tentar responder antes de poder proceder à construção ou reconstrução de qualquer instituição política. Pois só se souber o que quer pode decidir se determinada instituição é ou não adaptada à sua função.

Ora, se formularmos a pergunta deste modo, a resposta do humanitarista será: o que eu exijo do Estado é proteção; não só para mim, mas também para os outros. Exijo proteção para a minha própria liberdade e para a dos outros. Não desejo viver à mercê de quem quer que tenha punhos fortes ou armas maiores. Por outras palavras, desejo ser protegido da agressão de outros homens. Quero que seja reconhecida a diferença entre agressão e defesa e que a minha defesa seja apoiada pelo poder organizado do Estado. (É a defesa do *status quo*, e o princípio proposto consiste no seguinte – que o *status quo* não seja alterado por meios violentos, mas apenas nos termos da lei, por compromisso ou arbitragem, exceto onde não haja procedimento legal para a sua revisão.) Estou perfeitamente disposto a ver a minha liberdade de ação limitada em certa medida pelo Estado, desde que possa obter a proteção da liberdade que conservo, pois sei que são necessárias algumas limitações à minha liberdade; por exemplo, tenho de abdicar da minha «liberdade» de atacar se quero que o Estado apoie a defesa contra qualquer ataque. Mas exijo que não se perca de vista o propósito fundamental do Estado; quer dizer, a proteção da liberdade que não prejudica outros cidadãos. Assim, exijo que o Estado limite a liberdade dos cidadãos tão igualmente quanto possível e não mais do necessário para conseguir igual limitação da liberdade.

Será uma coisa deste género o que exigirá o humanitarista, o igualitarista, o individualista. É uma exigência que permite ao tecnólogo social abordar racionalmente os problemas políticos, isto é, do ponto de vista de um objetivo razoavelmente claro e definido.

Têm sido levantadas muitas objeções à afirmação de que um objetivo como este pode ser formulado de um modo suficientemente claro e definido. Houve quem dissesse que uma vez que se reconheça que a liberdade tem de ser limitada, todo o princípio da liberdade é posto em causa e a questão de quais limitações são necessárias e quais são gratuitas não pode ser resolvida racionalmente, apenas por força da autoridade. Mas esta objeção deve-se a uma confusão. Mistura a questão fundamental daquilo que queremos do Estado com certas dificuldades tecnológicas para a concretização dos nossos objetivos. É decerto difícil determinar exatamente qual o grau de liberdade que pode ser deixado aos cidadãos sem fazer perigar a liberdade cuja salvaguarda é missão do Estado. Mas que é possível algo como uma determinação aproximada desse grau prova-o a experiência, isto é, a existência de Estados democráticos. Na realidade, este processo de determinação aproximada é uma das principais tarefas da legislação nos Estados democráticos. É um processo difícil, mas as suas dificuldades não são de tal monta que nos obriguem a mudar as nossas exigências fundamentais. Estas são, dito muito sucintamente, que o Estado deva ser considerado uma sociedade para a prevenção do crime, ou seja, da agressão. E toda a objeção de que é difícil saber onde acaba a liberdade e começa o crime tem a sua resposta, em princípio, na famosa história do rufia que protestava que, sendo um cidadão livre, podia mover o seu punho na direção que lhe aprouvesse, ao que o juiz replicou: «A liberdade de movimentos dos seus punhos é limitada pela posição do nariz do seu vizinho.»

A visão do Estado que tracei aqui pode ser designada por «protecionismo». O termo «protecionismo» tem sido usado muitas vezes para descrever tendências que se opõem à liberdade. Assim, o economista chama protecionismo à política de proteção de certos interesses industriais contra a concorrência; e o moralista significa com ele a exigência de que os funcionários do Estado devem exercer uma tutela moral sobre a população. Embora a teoria política a que chamo protecionismo não tenha nenhuma relação com qualquer destas tendências, e embora seja fundamentalmente uma teoria liberal, nada tem a ver com *a política de estrita não-intervenção* (muitas vezes, mas não muito corretamente, dita *«laissez faire»*). Liberalismo e intervenção do Estado não se opõem. Pelo contrário, é claramente impossível qualquer espécie de liberdade a não ser que seja garantida pelo Estado[41]. É necessário algum controlo do Estado na educação, por exemplo, para proteger os jovens de um abandono que os tornaria incapazes de defender a sua liberdade, e o Estado deverá assegurar que

JUSTIÇA TOTALITÁRIA 145

todos os equipamentos educativos estejam à disposição de todos. Mas um controlo estatal excessivo em matéria de educação é um perigo fatal para a liberdade, dado que conduz forçosamente à doutrinação. Como já se referiu, a questão importante e difícil das limitações à liberdade não pode ser resolvida por meio de uma fórmula pré-fabricada. E o facto de haver sempre casos-limite deve ser bem-vindo, pois sem o estímulo de problemas políticos e de disputas políticas deste género, a disposição dos cidadãos para lutar pela sua liberdade depressa desapareceria e, com ela, a sua liberdade. (Visto a esta luz, o alegado choque entre liberdade e segurança, isto é, uma segurança garantida pelo Estado, revela-se uma quimera. Pois não há liberdade se não for assegurada pelo Estado; e, inversamente, só um Estado controlado por cidadãos livres pode realmente proporcionar-lhes uma liberdade razoável.)

Expressa desta maneira, a teoria protecionista do Estado está livre de quaisquer elementos de historicismo ou essencialismo. Não diz que o Estado nasceu de uma associação de indivíduos com um propósito protecionista ou que algum Estado na história alguma vez foi conscientemente governado segundo este propósito. E nada diz sobre a natureza essencial do Estado ou sobre um direito natural à liberdade. Nem diz nada sobre o modo como funcionam os Estados na prática. Formula a *exigência* ou, mais precisamente, a *proposta* política de que se adotem determinadas políticas. Suspeito, no entanto, que muitos contratualistas que indicaram como origem do Estado uma associação para a proteção dos seus membros pretendiam exprimir exatamente esta exigência, embora o tenham feito numa linguagem desajeitada e enganadora – a linguagem do historicismo. Uma forma igualmente enganadora de exprimir esta exigência é asseverar que a função do Estado é essencialmente a de proteger os seus membros; ou que o Estado se define por ser uma associação de proteção mútua. Todas estas teorias têm de ser traduzidas, se assim se pode dizer, para a linguagem das exigências ou propostas de ação política antes de poderem ser discutidas a sério. Caso contrário, são inevitáveis as discussões sem fim de carácter meramente verbal.

Pode dar-se um exemplo de uma tal tradução. Aristóteles[42] apresentou uma crítica do que chamo protecionismo, depois repetida por Burke, e por muitos platónicos modernos. Esta crítica afirma que o protecionismo adota uma visão demasiado mesquinha das tarefas do Estado, o qual deve (usando as palavras de

Burke) «ser olhado com outra reverência porque não é uma parceria apenas para as coisas subordinadas à grosseira existência animal, que são de natureza temporária e efémera». Por outras palavras, o Estado é tido por algo de mais elevado ou nobre do que uma associação com fins racionais; é um objeto de adoração. Tem tarefas mais nobres do que a proteção dos seres humanos e dos seus direitos. Tem tarefas morais. «Cuidar da virtude é assunto de um Estado verdadeiramente digno desse nome», diz Aristóteles. Se tentarmos traduzir esta crítica para a linguagem das exigências políticas chegamos à conclusão de que estes críticos do protecionismo querem duas coisas. Primeiro, desejam fazer do Estado um objeto de adoração. Do nosso ponto de vista, nada a dizer deste desejo. É um problema religioso; e os adoradores do Estado devem resolver por si próprios como conciliar esse credo com as suas outras crenças religiosas, por exemplo com o Primeiro Mandamento. A segunda exigência é política. Na prática, esta exigência significaria simplesmente que os funcionários do Estado se deveriam preocupar com a moralidade dos cidadãos e que deveriam usar o seu poder, não tanto para a proteção da liberdade dos seus cidadãos, como para o controlo da sua vida moral. Por outras palavras, é a reivindicação de que o domínio da legalidade, isto é, das normas impostas pelo Estado, deveria ser ampliado à custa do domínio da moralidade propriamente dita, ou seja, das normas impostas, não pelo Estado, mas pelas nossas próprias decisões morais — pela nossa consciência. Esta exigência ou proposta pode ser racionalmente discutida e pode alegar-se contra ela que aqueles que fazem tais exigências aparentemente não veem que isto seria o fim da responsabilidade moral do indivíduo e que isto em vez de melhorar a moralidade a destruiria. Substituiria a responsabilidade pessoal por tabus tribais e pela irresponsabilidade totalitária do indivíduo. Contra toda esta atitude o individualista tem de manter que a moralidade dos Estados (se acaso existe) tende a ser consideravelmente mais baixa do que a do cidadão comum, de modo que é muito mais desejável que a moralidade do Estado seja controlada pelos cidadãos do que o contrário. Do que precisamos, e o que queremos, é moralizar a política e não politizar a moral.

Deve referir-se que, do ponto de vista protecionista, os Estados democráticos que existem, embora longe de serem perfeitos, representam um feito muito considerável de boa engenharia

JUSTIÇA TOTALITÁRIA | 147

social. Muitas formas de crime, de ataque aos direitos dos indivíduos humanos por outros indivíduos, foram quase suprimidos ou muito consideravelmente reduzidos e os tribunais ministram justiça com bastante êxito em difíceis conflitos de interesses. Há muita gente que julga que a extensão destes métodos[43] ao crime internacional e aos conflitos internacionais não passa de um sonho utópico; mas não passou muito tempo desde que a instituição de um orgão executivo eficaz para manter a paz civil parecia utópico aos que estavam sujeitos às ameaças de criminosos em países onde hoje se mantém com bastante êxito a paz civil. E penso que os problemas de engenharia do controlo do crime internacional não são realmente tão difíceis a partir do momento em que forem enfrentados de modo racional e frontal. Se a questão for apresentada com clareza, não será difícil levar as pessoas a concordarem que as instituições protetoras são necessárias tanto à escala regional como mundial. Os adoradores do Estado que continuem a adorá-lo, mas exija-se que os tecnólogos institucionais sejam autorizados não só a aperfeiçoar a sua máquina interna, mas também a criar uma organização para a prevenção do crime internacional.

VII

Voltando agora à história destes movimentos, parece que a teoria protecionista do Estado foi apresentada em primeiro lugar pelo sofista Licofronte, um discípulo de Górgias. Já se referiu que ele foi (como Alcidamas, outro discípulo de Górgias) um dos primeiros a atacarem a teoria dos privilégios naturais. Quem regista que ele defendeu a teoria a que chamo «protecionismo» é Aristóteles, que fala dele de uma maneira que faz parecer muito provável que tenha sido ele o criador dela. Pela mesma fonte ficamos a saber que a formulou com uma clareza que os seus sucessores quase nunca não alcançaram.

Diz-nos Aristóteles que Licofronte considerava a lei do Estado um «pacto pelo qual os homens asseguram a justiça uns aos outros» (e que não tem o poder de os tornar justos ou bons). Diz-nos ainda[44] que Licofronte olhava o Estado como um instrumento para a proteção dos seus cidadãos contra atos de injustiça (e para lhes permitir relações pacíficas, em especial trocas), exigindo que o Estado fosse uma «associação cooperativa para a prevenção do crime». É interessante que não haja no relato de Aristóteles qualquer indicação de que Licofronte exprimisse a sua teoria numa forma historicista, isto é, como uma teoria referente à origem histórica do Estado num contrato social. Pelo contrário, resulta claramente do contexto de Aristóteles que a teoria de Licofronte se preocupava unicamente com o fim do Estado; pois Aristóteles argumenta que Licofronte não percebeu que o fim essencial do Estado é tornar os seus cidadãos virtuosos. Isto indica que Licofronte interpretou este fim racionalmente, de um ponto de vista tecnológico, adotando as reivindicações do igualitarismo, do individualismo e do protecionismo.

Desta forma, a teoria de Licofronte está completamente a salvo das objeções a que está exposta a teoria historicista tradicional do contrato social. Diz-se muitas vezes, por exemplo Barker([45]), que a teoria do contrato «foi refutada ponto por ponto pelos pensadores modernos». Talvez seja, mas um exame dos pontos a que se refere Barker mostrará que não refutam certamente a teoria de Licofronte, em quem Barker vê (e neste ponto tendo a concordar com ele) o provável fundador da mais antiga forma de uma teoria que tem sido designada por teoria do contrato. Os pontos de Barker podem ser enumerados da seguinte forma: (a) historicamente, nunca houve um contrato, (b) o Estado nunca foi historicamente instituído; (c) as leis não são convencionais, emanam, isso sim, da tradição, de uma força superior, talvez do instinto, etc.; são costumes, antes de se tornarem códigos; (d) a força das leis não está nas sanções, no poder protetor do Estado que as impõe, mas na disposição do indivíduo para lhes obedecer, isto é, na vontade moral individual.

Vê-se logo que as objeções (a), (b) e (c), que em si mesmas são reconhecidamente bastante corretas (embora tenha havido alguns contratos), só dizem respeito à teoria na sua forma historicista e são irrelevantes para a versão de Licofronte. Não precisamos, por conseguinte, de as levar sequer em conta. A objeção (d), no entanto, merece consideração mais atenta. Que pode significar-se com ela? A teoria atacada sublinha mais do que qualquer outra a «vontade», ou melhor, a decisão individual; na verdade, a palavra «contrato» sugere um acordo de «livre vontade»; sugere ainda, talvez mais do que qualquer outra teoria, que a força das leis reside na disposição do indivíduo para as aceitar e lhes obedecer. Como pode, então, (d) ser uma objeção à teoria do contrato?

JUSTIÇA TOTALITÁRIA | 149

A única explicação parece ser a de que Barker não pensa que o contrato emane da «vontade moral» do indivíduo, mas de uma vontade egoísta; e esta interpretação é a mais provável visto estar em consonância com as críticas de Platão. Mas não é preciso ser--se egoísta para se ser protecionista. Proteção não tem necessariamente de querer dizer autoproteção; muita gente faz seguros de vida com o fim de proteger outrem, e não a si mesmo, e da mesma maneira podem exigir a proteção do Estado principalmente para os outros e, em menor grau (ou de nenhuma forma), para si próprios. A ideia fundamental do protecionismo é proteger os fracos de serem intimidados pelos fortes. Esta exigência tem sido feita não só pelos fracos, mas também muitas vezes pelos fortes. Sugerir que se trata de uma exigência egoísta ou imoral é, no mínimo, enganador.

O protecionismo de Licofronte é imune, penso, a todas estas objeções. É a expressão mais fiel do movimento humanitarista e igualitarista da era de Péricles. E no entanto foi-nos roubado. Foi transmitido de geração em geração apenas de forma distorcida; como teoria historicista da origem do Estado num contrato social; ou como teoria essencialista que proclama que a verdadeira natureza do Estado é a de uma convenção; e como teoria do egoísmo, baseada no pressuposto da natureza fundamentalmente imoral do homem. Tudo isto se deve à influência avassaladora da autoridade de Platão.

VIII

Não pode haver muitas dúvidas de que Platão conhecia bem a teoria de Licofronte, pois foi (muito provavelmente) seu contemporâneo, mais novo. E, com efeito, esta teoria pode ser facilmente identificada com a que é mencionada no *Górgias*, primeiro, e, mais tarde, na *República*. (Nem num sítio nem noutro Platão menciona o autor, procedimento adotado muitas vezes por ele quando o seu opositor estava vivo.) No *Górgias* a teoria é exposta por Cálicles, um niilista ético como o Trasímaco da *República*. Na *República*, quem a expõe é Glaucon. Em nenhum dos casos o orador se identifica com a teoria que apresenta.

Os dois passos são em muitos aspetos paralelos. Ambos apresentam a teoria sob a forma historicista, isto é, como uma teoria da origem da «justiça». Ambos a apresentam como se as suas premissas lógicas fossem necessariamente egoístas e até niilistas: ou seja, como se a visão protecionista do Estado só fosse defendida por aqueles que gostam de perpetrar injustiças mas são demasiado fracos para o fazer e *por conseguinte* exigem que os fortes também não o possam fazer; uma apresentação que não é decerto justa, visto que a única premissa necessária da teoria é a exigência de que o crime, ou a injustiça, devem ser reprimidos.

Até aqui, os dois passos, no *Górgias* e na *República*, correm em paralelo, um paralelismo que tem sido muitas vezes notado. Mas há uma tremenda diferença entre os dois e que, tanto quanto sei, tem passado despercebida aos comentadores. E que é esta: no *Górgias*, a teoria é apresentada por Cálicles como uma teoria a que este se opõe, e dado que ele também se opõe a Sócrates, a teoria protecionista implicitamente não é atacada mas defendida por Platão. E, com efeito, uma observação mais atenta mostra que Sócrates defende vários aspetos dela contra o niilista Cálicles. Mas na *República*, a mesma teoria é apresentada por Glaucon como um desenvolvimento das opiniões de Trasímaco, isto é, do niilista que toma aqui o lugar de Cálicles. Por outras palavras, a teoria é apresentada como niilista e Sócrates como o herói que vitoriosamente destrói esta diabólica doutrina do egoísmo.

Assim, os passos em que a maioria dos comentadores encontra uma semelhança entre as tendências do *Górgias* e da *República* revelam, de facto, uma completa mudança de frente. Apesar da apresentação hostil de Cálicles, a tendência do *Górgias* é favorável ao protecionismo, mas a *República* é violentamente contra ele.

Eis um extrato do discurso de Cálicles no *Górgias*([46]): «As leis são feitas pela grande massa do povo que é constituída principalmente pelos homens fracos. E são eles que fazem as leis (...) para se proteger a si e aos seus interesses. Dissuadem assim os fortes (...) e todos quantos possam levar a melhor sobre os seus vizinhos de o fazerem; (...) e chamam «injustiça» à tentativa de um homem para levar a melhor sobre os seus vizinhos; e tendo consciência da sua inferioridade, já se dão por muito satisfeitos, como é natural, se obtiverem a igualdade.» Olhando para esta descrição e eliminando o que se deve à hostilidade e escárnio manifestos de Cálicles, encontramos todos os elementos da teoria de Licofronte: igualitarismo, individualismo e proteção contra a injustiça. Mesmo a referência aos «fortes» e aos «fracos» que

JUSTIÇA TOTALITÁRIA | 151

têm consciência da sua inferioridade se ajusta muito bem, na verdade, ao ponto de vista protecionista, descontado o elemento de caricatura. Não é nada improvável que a doutrina de Licofronte levantasse explicitamente a questão de que o Estado deva proteger os fracos, exigência que é, sem dúvida, tudo menos ignóbil. (A esperança de que esta exigência se cumprirá um dia exprime-se no ensinamento cristão: «Os mansos herdarão a Terra.»)

Cálicles, por ele, não gosta do protecionismo; é a favor dos direitos «naturais» dos mais fortes. É muito significativo que Sócrates, na sua argumentação contra Cálicles, venha em socorro do protecionismo, pois associa-o à sua própria tese central – que é melhor sofrer injustiças do que perpetrá-las. Diz, por exemplo[47]: «Não é a maioria, como há pouco dizias, da opinião que justiça é igualdade? E também que é mais vergonhoso infligir injustiças do que sofrê-las?» E mais tarde: «(...) a própria natureza, e não só a convenção, afirma que infligir uma injustiça é mais vergonhoso do que sofrê-la e que a justiça é a igualdade.» (A despeito das suas tendências individualísticas, igualitaristas e protecionistas, o *Górgias* também apresenta algumas tendências fortemente antidemocráticas. A explicação pode ser que Platão quando escreveu o *Górgias* ainda não tinha desenvolvido as suas teorias totalitárias; embora as suas simpatias já fossem antidemocráticas, ainda estava sob a influência de Sócrates. Não consigo perceber como é que alguém pode pensar que o *Górgias* e a *República* podem ser simultaneamente uma expressão verdadeira das opiniões de Sócrates.)

Vejamos agora a *República*, em que Glaucon apresenta o protecionismo como uma versão mais estrita, mas eticamente inalterada, do niilismo de Trasímaco. «O meu tema», diz Glaucon[48], «é a origem da justiça e que espécie de coisa ela é realmente. Para alguns, é por natureza uma excelente coisa infligir injustiças aos outros e uma coisa má sofrê-las. Mas sustentam que a maldade de sofrer injustiças supera em muito o gosto de as infligir. De modo que por uns tempos os homens infligirão injustiças uns aos outros e, claro, sofrê-las-ão, e terão uma boa amostra de ambas as coisas. Mas no fim de contas, aqueles que não são suficientemente fortes para as repelir, ou de se comprazer em infligi-las, decidem que é mais vantajoso para eles estabelecerem entre si um contrato que lhes assegura mutuamente que ninguém há de infligir injustiças nem sofrê-las. Foi assim que as leis foram estabelecidas (...). E é esta a natureza e a origem da justiça, segundo essa teoria.»

No que se refere ao conteúdo racional, esta é claramente a mesma teoria e a maneira como é representada também se parece, em todos os pormenores[49], com o discurso de Cálicles no *Górgias*. E no entanto Platão efetuou uma mudança completa de posição. A teoria protecionista já não é defendida contra a alegação de que se baseia num egoísmo cínico, antes pelo contrário. Os nossos sentimentos humanitários, a nossa indignação moral, já despertados pelo niilismo de Trasímaco, são utilizados para nos tornar inimigos do protecionismo. Platão faz agora parecer anti-humanitária a teoria cujo caráter humanitário fora indicado no *Górgias*, e até como produto da doutrina repulsiva e muito inconvincente de que a injustiça é uma coisa muito boa – para os que a conseguem praticar. E não hesita em insistir neste ponto. Numa extensa continuação do passo citado, Glaucon desenvolve em muito pormenor os pressupostos ou premissas alegadamente necessários ao protecionismo. Entre eles refere, por exemplo, a opinião de que infligir injustiças é «a melhor de todas as coisas»[50], que a justiça só é estabelecida porque muitos homens são fracos demais para cometer crimes e que para o cidadão individual uma vida de crime seria a mais proveitosa. E Sócrates, isto é, Platão, avaliza explicitamente[51] a autenticidade da interpretação que Glaucon faz da teoria apresentada. Platão parece ter conseguido com este método convencer a maioria dos seus leitores, e pelo menos todos os platónicos, de que a teoria protecionista aqui desenvolvida é idêntica ao egoísmo implacável e cínico de Trasímaco[52]; e, o que é mais importante, de que todas as formas de individualismo vão dar ao mesmo, ou seja, ao egoísmo. Mas não convenceu apenas os seus admiradores; conseguiu até convencer os seus opositores e em especial os proponentes da teoria do contrato. Estes, de Carníades[53] a Hobbes, não só adotaram a sua fatal apresentação historicista mas também as garantias de Platão de que a base da teoria deles era um niilismo ético.

Ora, devemos perceber que é na elaboração desta base alegadamente egoísta que consiste todo o argumento de Platão contra o protecionismo: e considerando o espaço que esta elaboração ocupa, podemos presumir sem risco que não foi a sua reserva que o inibiu de adiantar qualquer argumento melhor, mas sim o facto de que o não tinha. Assim, o protecionismo tinha de ser afastado por um apelo aos nossos sentimentos morais – como uma afronta à ideia de justiça e aos nossos sentimentos de decência.

JUSTIÇA TOTALITÁRIA

É este o método que Platão usa para lidar com uma teoria que não só era um rival perigoso da sua própria doutrina, mas também representativa de um novo credo humanitarista e individualista, isto é, o arqui-inimigo de tudo aquilo que era caro a Platão. É um método hábil; prova-o o seu êxito assombroso. Mas eu não seria justo se não reconhecesse com franqueza que o método de Platão me parece desonesto. Pois a teoria que ele ataca não precisa de qualquer pressuposto mais imoral do que o de a injustiça ser perversa, isto é, deve ser evitada e controlada. E Platão sabia muito bem que a teoria não se baseava no egoísmo, pois no *Górgias* apresentara-a como não sendo igual à teoria niilista da qual é «deduzida» na *República*, mas como oposta a ela.

Em suma, podemos dizer que a teoria platónica da justiça, tal como é apresentada na *República* e em obras posteriores, é uma tentativa consciente de levar a melhor sobre as tendências igualitaristas, individualistas e protecionistas do seu tempo, e restabelecer as exigências do tribalismo por meio do desenvolvimento de uma teoria moral totalitária. Ao mesmo tempo, a nova moralidade humanitária impressionava-o vivamente; mas em vez de combater o igualitarismo com argumentos, evitou sequer discuti-lo. E alistou com êxito os sentimentos humanitários, cuja força tão bem conhecia, na causa de um domínio de classe totalitário de uma raça de senhores naturalmente superior.

Estas prerrogativas de classe, sustentava, são necessárias à manutenção da estabilidade do Estado. Constituem, por conseguinte, a essência da justiça. Em última análise, esta alegação baseia-se no argumento de que a justiça é útil ao poder, saúde e estabilidade do Estado, um argumento que é por demais semelhante à definição totalitária moderna: justo é tudo aquilo que é útil ao poder da minha nação, da minha classe ou do meu partido.

Mas isto ainda não é tudo. Pela sua ênfase na prerrogativa de classe, a teoria da justiça de Platão põe no centro da teoria política a questão: «Quem deve governar?» A sua resposta é que devem governar os mais sábios, e os melhores. Não vem esta excelente resposta modificar o carácter da sua teoria?

7.

O princípio da liderança

Os sábios devem mandar e governar, e os ignorantes devem segui-los.

PLATÃO

Algumas objeções([1]) à nossa interpretação do programa político de Platão obrigaram-nos a uma indagação sobre o papel desempenhado nesse programa por ideias morais como Justiça, Bondade, Beleza, Sabedoria, Verdade e Felicidade. O presente capítulo e os dois que se seguem prosseguirão com essa análise e a seguir ocupar-nos-á o papel desempenhado pela noção de sabedoria na filosofia política de Platão.

Vimos que a ideia que Platão tem da justiça exige, fundamentalmente, que os governantes naturais governem e que os escravos naturais sejam escravizados. Faz parte da exigência historicista que o Estado, para impedir qualquer mudança, deva ser uma cópia da sua Ideia, ou da sua verdadeira «natureza». Esta teoria da justiça indica muito claramente que Platão via como problema fundamental da política a pergunta: *Quem deve governar o Estado?*

I

É minha convicção que ao exprimir o problema da política na forma de «Quem deve governar?» ou «Quem há de ter a supremacia?», etc., Platão criou uma confusão duradoura na filosofia política. É na verdade análoga à confusão que ele criou no campo da filosofia moral pela sua identificação, discutida no último capítulo, entre coletivismo e altruísmo. É óbvio que uma vez formulada a questão «Quem deve governar?» é difícil evitar uma resposta do género «os melhores» ou «os mais sábios» ou «os que nasceram para governar» ou «aquele que domine a arte de governar» (ou, talvez, «A Vontade Geral» ou «A Raça Superior» ou «Os Trabalhadores da Indústria» ou «O Povo»). Mas essa resposta, por muito convincente que pareça – pois quem advogaria o governo «dos piores» ou «do maior palerma» ou «dos que nasceram para escravos»? –, não serve de muito, como tentarei mostrar.

Em primeiro lugar, uma tal resposta pode persuadir-nos de que ficou resolvido um problema fundamental da teoria política. Mas basta abordarmos a teoria política doutro ângulo para descobrir que, longe de ter resolvido quaisquer problemas fundamentais, nos limitámos a ignorá-los ao supor que a pergunta «Quem deve governar?» é fundamental. Pois mesmo aqueles que partilham o pressuposto de Platão admitem que os governantes políticos nem sempre são suficientemente «bons» ou «sábios» (não precisamos de nos preocupar com o significado exato destes termos) e que não é de todo fácil arranjar um governo em cuja bondade e sabedoria possamos confiar incondicionalmente. Se admitirmos isto, então temos de perguntar se o pensamento político não deve enfrentar desde o princípio a possibilidade de um mau governo; se não nos devemos preparar para os piores líderes e rezar para que tudo corra bem. Mas isto conduz a uma nova abordagem do problema da política, pois obriga-nos a substituir a pergunta *Quem deve governar?* por uma nova[2]: *Como podemos organizar as instituições políticas de modo a que os governantes maus ou incompetentes possam ser impedidos de fazer muitos estragos?*

Aqueles que acreditam que a pergunta mais antiga é fundamental supõem tacitamente que o poder político «essencialmente» não tem restrições. Presumem que alguém detém o poder – seja uma pessoa singular ou coletiva, como uma classe. E presumem que quem detém o poder pode fazer praticamente o que quiser e, em particular, que pode reforçar esse poder e assim aproximá-lo ainda mais de um poder ilimitado ou sem freio. Presumem que o poder político é, essencialmente, soberano. Partindo do princípio

O PRINCÍPIO DA LIDERANÇA | 157

de que assim é, então, de facto, a única pergunta importante que resta é: «Quem há de ser soberano?».

Chamarei a esta presunção *teoria da soberania (sem limites)*, não usando esta expressão para designar qualquer das várias teorias da soberania, propostas em especial por escritores como Bodin, Rousseau ou Hegel, mas a presunção mais geral de que o poder político praticamente não tem limites ou para a exigência de que deva ser assim, juntamente com a implicação de que a principal questão que resta é a de pôr esse poder nas melhores mãos. Esta teoria da soberania é tacitamente presumida na abordagem de Platão e tem desempenhado o seu papel desde então. Também é implicitamente presumida, por exemplo, pelos escritores modernos que acreditam que o principal problema é: Quem deve mandar? Os capitalistas ou os trabalhadores?

Sem entrar numa crítica pormenorizada, quero assinalar que há sérias objeções à aceitação precipitada e implícita desta teoria. Sejam quais forem os méritos especulativos que ela pareça ter, é certamente uma pressuposição muito irrealista. Nunca houve poder político que não tivesse limites e enquanto os homens continuarem a ser humanos (enquanto não se tiver materializado o «Admirável Mundo Novo») não pode haver um poder político absoluto e irrestrito. Enquanto nenhum homem puder acumular nas suas mãos força física suficiente para dominar todos os outros, continuará a ter de depender dos seus ajudantes. Mesmo o mais poderoso tirano depende da sua polícia secreta, dos seus sicários e dos seus carrascos. Esta dependência significa que o seu poder, por maior que possa ser, não é irrestrito e que ele tem de fazer concessões, jogando com uns grupos contra outros, e que só pode exercer o seu domínio utilizando-os e contemporizando. Isto mostra que mesmo os casos extremos de soberania nunca são casos de soberania pura. Nunca há casos em que a vontade ou o interesse de um homem (ou, se tal existisse, a vontade ou interesse de um grupo) possa alcançar os seus objetivos diretamente, sem desistir de alguns deles para arregimentar forças que não pode vencer. E num número esmagador de casos, as limitações do poder político vão muito mais longe.

Realcei estes pontos empíricos, não porque deseje usá-los como argumento, mas apenas para evitar objeções. A minha tese é a de que todas as teorias de soberania omitem enfrentar uma questão mais fundamental – a questão, designadamente, de saber se não deveríamos envidar esforços para que haja um controlo institucional dos governantes contrabalançando os seus poderes com outros poderes. Esta *teoria de pesos e contrapesos* faz jus pelo menos a uma cuidadosa consideração. As únicas objeções a esta pretensão, tanto quanto percebo, são (*a*) que um tal controlo é *praticamente* impossível, ou (*b*) que é *essencialmente* inconcebível, dado que o poder político é essencialmente soberano[3]. Ambas as objeções dogmáticas são, a meu ver, refutadas pelos factos e com elas caem por terra outras opiniões influentes (por exemplo, a teoria de que a única alternativa à ditadura de uma classe é a de outra classe).

Para levantar a questão do controlo institucional dos governantes não precisamos de mais do que presumir que os governos nem sempre são bons ou sábios. Mas já que falei de factos históricos, acho que devo confessar que me sinto tentado a ir um poucochinho além desta presunção. Inclino-me a pensar que os governantes raramente têm sido acima da média, moral ou intelectualmente, e estiveram muitas vezes abaixo dela. E parece-me razoável adotar, na política, o princípio de nos prepararmos para o pior o melhor que podemos, embora devamos, é claro, ao mesmo tempo tentar conseguir o melhor. Parece-me uma loucura basear todos os nossos esforços políticos na ténue esperança de que conseguiremos obter governantes excelentes ou sequer competentes. Por muito fortes que sejam as minhas convicções nesta matéria, devo insistir, no entanto, que a minha crítica da teoria da soberania não depende destas opiniões mais pessoais.

À parte estas opiniões pessoais, e à parte os argumentos empíricos acima referidos contra a teoria geral da soberania, há também um tipo de argumento racional que pode ser usado para mostrar a incoerência de qualquer das diferentes formas da teoria da soberania. Mais precisamente, podemos dar ao argumento formas diversas, mas análogas, para combater a teoria de que o governo deve ser entregue aos mais sábios ou, por outro lado, as teorias de que deve ser entregue aos melhores ou à lei ou à maioria, etc. Uma forma específica deste argumento lógico é dirigida contra uma visão demasiado ingénua do liberalismo, da democracia e do princípio de que a maioria deve governar. E é um tanto semelhante ao bem conhecido *«paradoxo da liberdade»* que foi usado em primeiro lugar, e com êxito, por Platão. Na sua crítica da democracia, e na sua história da ascensão do tirano, Platão

O PRINCÍPIO DA LIDERANÇA | 159

levanta implicitamente a seguinte questão: e se a vontade do povo for a de que não deve ele próprio governar, mas sim, em lugar disso, um tirano? O homem livre, sugere Platão, pode exercer a sua liberdade absoluta desafiando, primeiro, as leis, e por fim desafiando a própria liberdade e clamando por um tirano[4]. Isto é mais do que uma possibilidade remota; já aconteceu várias vezes e sempre que aconteceu colocou numa posição intelectual sem saída todos aqueles democratas que adotam, como base última do seu credo político, o princípio do governo da maioria ou uma forma semelhante do princípio da soberania. Por um lado, o princípio que adotaram exige que apenas se oponham ao que não for o governo da maioria e, portanto, à nova tirania; por outro, o mesmo princípio exige que aceitem qualquer decisão a que chegue a maioria, e portanto o governo do novo tirano. A incoerência da sua teoria paralisa forçosamente as suas ações[5]. Os democratas como nós que exigem um controlo institucional dos governantes pelos governados e especialmente o direito de despedir o governo por votação maioritária têm, por conseguinte, de basear as suas exigências em fundamentos mais sólidos do que uma teoria da soberania que se contradiz a si própria. (Mostrar-se-á na próxima secção deste capítulo que isto é possível.)

Platão, já o vimos, esteve perto de descobrir os paradoxos da liberdade e da democracia. Mas o que Platão e os seus seguidores não perceberam foi que todas as outras formas da teoria da soberania dão lugar a incoerências análogas. *Todas as teorias da soberania são paradoxais.* Podemos, por exemplo, ter escolhido como governante «o mais sábio» ou «o melhor». Mas «o mais sábio», na sua sabedoria, pode descobrir que deve governar, não ele, mas «o melhor» e «o melhor», na sua bondade, pode talvez resolver que deve governar «a maioria». É importante notar que até a forma da teoria da soberania que exige a «Realeza da Lei» está sujeita às mesmas objeções. Isto mesmo, de resto, cedo foi percebido, como atesta a observação[6] de Heráclito: «A lei pode exigir, também, que se obedeça à vontade de Um Homem.»

Para resumir esta breve crítica pode afirmar-se, creio eu, que a teoria da soberania está numa posição de fraqueza, tanto empírica como logicamente. O mínimo que se pode exigir é que não seja adotada sem uma ponderação cuidadosa de outras possibilidades.

II

E na verdade não é difícil mostrar que se pode desenvolver uma teoria do controlo democrático que esteja livre do paradoxo da soberania. A teoria que tenho em mente é uma que não proceda, por assim dizer, de uma doutrina da bondade ou da justiça intrínsecas do governo da maioria, antes da baixeza do tirano ou, mais precisamente, que se baseie na decisão, ou na adoção da proposta, de evitar e resistir à tirania.

Pois podemos distinguir dois tipos principais de governo. O primeiro consiste nos governos de que nos podemos livrar sem derramamento de sangue – através de eleições, por exemplo; ou seja, as instituições sociais proporcionam meios pelos quais os governantes podem ser destituídos pelos governados e as tradições sociais([7]) garantem que estas instituições não serão facilmente destruídas por quem esteja no poder. O segundo tipo é o dos governos de que os governados não se podem livrar a não ser por uma revolução bem-sucedida – isto é, na maioria dos casos, nunca. Proponho o termo «democracia» como rótulo abreviado para um governo do primeiro tipo e o termo «tirania», ou «ditadura», para o segundo. Creio que isto corresponde de muito perto ao entendimento tradicional. Mas desejo tornar claro que nenhuma parte da minha argumentação depende da escolha destes rótulos e se alguém inverter este entendimento (como hoje em dia é frequente fazer-se), então direi simplesmente que sou a favor do que ele chame «tirania» e opor-me-ei ao que chame «democracia» e rejeitarei como irrelevante qualquer tentativa para descobrir o que «democracia» «realmente» ou «essencialmente» significa, traduzindo o termo, por exemplo, por «governo do povo». (Pois embora «o povo» possa influenciar as ações dos seus governantes pela ameaça da destituição, nunca governa ele próprio em qualquer sentido concreto, prático.)

Se usarmos os dois rótulos como indiquei podemos então descrever agora, como princípio de uma política democrática, a proposta de criar, desenvolver e proteger instituições políticas que evitem a tirania. Este princípio não implica que alguma vez possamos desenvolver instituições desta espécie que sejam infalíveis ou sem defeitos ou que garantam que as políticas adotadas por um governo democrático serão justas ou boas ou sábias – ou sequer necessariamente melhores ou mais sábias do que as políti-

O PRINCÍPIO DA LIDERANÇA   161

cas adotadas por um tirano benevolente. (Dado que não se faz tais afirmações, evita-se o paradoxo da democracia.) O que, todavia, se pode dizer, que está implícito na adoção do princípio democrático, é a convicção de que mesmo a aceitação de uma política má numa democracia (desde que se possa trabalhar para uma mudança pacífica) é preferível à submissão à tirania, por mais sábia ou benevolente que seja. Vista a esta luz, a teoria da democracia não se baseia no princípio de que a maioria deve governar; deve antes considerar-se que os vários métodos igualitários de controlo, como as eleições e governo representativo, não são mais do que métodos comprovados e, perante a desconfiança tradicional da tirania que está disseminada, salvaguardas institucionais razoavelmente eficazes contra a tirania, sempre abertas a aperfeiçoamento e proporcionando até os métodos para o seu próprio melhoramento.

Quem aceita o princípio da democracia neste sentido não está portanto obrigado a olhar para o resultado de um voto democrático como expressão autorizada do que está certo. Embora aceite uma decisão da maioria, a bem do funcionamento das instituições democráticas, sentir-se-á livre de a combater por meios democráticos e trabalhar pela sua revisão. E se chegar a ver o dia em que o voto maioritário destrua as instituições democráticas, essa triste experiência dir-lhe-á apenas que não existe nenhum sistema infalível de evitar a tirania. Mas não tem de enfraquecer a sua determinação em lutar contra a tirania nem mostrará que a sua teoria é inconsistente.

III

Voltando a Platão, verificamos que com a sua ênfase no problema de «quem deve governar» ele presumiu implicitamente a teoria geral da soberania. A questão de um controlo institucional dos governantes, e de um equilíbrio institucional dos seus poderes, é assim eliminada sem chegar a ser sequer suscitada. O interesse é deslocado das instituições para questões de pessoal e o problema mais urgente passa a ser o de escolher os líderes naturais e prepará-los para a liderança.

Em vista deste facto, há quem pense que na teoria de Platão o bem do Estado é, em última análise, uma questão ética e espiritual, dependente de pessoas e da responsabilidade pessoal em vez de o ser da construção de instituições impessoais. Creio que esta visão do platonismo é superficial. *Todas as políticas de longo prazo são institucionais*. Ninguém pode fugir a isto, nem mesmo Platão. O princípio da liderança não substitui os problemas institucionais por problemas de pessoal, limita-se a criar novos problemas institucionais. Como veremos, onera até as instituições com uma tarefa que está além do que se pode razoavelmente exigir a uma mera instituição, concretamente *a tarefa de selecionar os futuros líderes*. Seria portanto um erro pensar que a oposição entre a teoria dos contrapesos e a teoria da soberania corresponde à que existe entre institucionalismo e personalismo. O princípio da liderança de Platão está muito longe do personalismo puro, visto que envolve o funcionamento de instituições e, na verdade, pode dizer-se que um personalismo puro é impossível. Mas deve dizer-se que um institucionalismo puro é também impossível. Não só a construção de instituições envolve decisões pessoais importantes, como o funcionamento das instituições democráticas, mesmo das melhores (como os pesos e contrapesos democráticos), dependerá sempre em grau considerável das pessoas envolvidas. As instituições são como fortalezas. Têm de ser bem concebidas *e* bem guarnecidas.

A distinção entre o elemento pessoal e institucional numa situação social é um ponto que passa muitas vezes despercebido aos críticos da democracia. Na sua maioria, estão insatisfeitos com as instituições democráticas porque acham que estas não previnem necessariamente que um Estado ou uma política fiquem aquém de padrões morais ou de certas exigências políticas que podem ser tão urgentes como admiráveis. Mas estes críticos enganam-se no alvo dos seus ataques; não percebem o que se pode esperar que façam as instituições democráticas e qual seria a alternativa às instituições democráticas. A democracia (usando o termo no sentido proposto acima) proporciona um quadro institucional para a reforma das instituições políticas. Torna possível a reforma das instituições sem o uso da violência e, por conseguinte, o uso da razão na conceção de novas instituições e no ajuste das antigas. Não fornece a razão. A questão do critério intelectual e moral dos seus cidadãos é em larga medida um problema pessoal. (A noção de que este problema pode ser enfrentado, à vez, por um controlo eugénico e educativo é, creio, errónea; dou abaixo algu-

O PRINCÍPIO DA LIDERANÇA | 163

mas das razões para esta minha convicção.) É bastante errado culpar a democracia pelas deficiências políticas de um Estado democrático. Deveríamos antes culpar-nos a nós próprios, isto é, os cidadãos do Estado democrático. Num Estado não-democrático a única maneira de realizar reformas razoáveis é derrubar o governo pela violência e introduzir um quadro democrático. Aqueles que criticam a democracia numa qualquer base «moral» não fazem a distinção entre problemas pessoais e institucionais. Melhorar as coisas é connosco. As instituições democráticas não podem corrigir-se a si próprias. O problema de as melhorar é sempre um problema das *pessoas* e não das instituições. Mas se queremos melhorias temos de esclarecer bem que *instituições* queremos melhorar.

Há uma outra distinção no campo dos problemas políticos que corresponde à que existe entre pessoas e instituições. É a que existe entre os problemas da época e os problemas do futuro. Enquanto os problemas da época são em larga medida pessoais, a construção do futuro tem necessariamente de ser institucional. Se o problema político for abordado a partir da pergunta «Quem deve governar?» e se o princípio da liderança de Platão for adotado – isto é, o princípio de que devem governar os melhores –, então o problema do futuro tem de assumir a forma de conceber instituições para a seleção dos futuros líderes.

Este é um dos principais problemas na teoria da educação de Platão. Ao abordá-lo não hesito em dizer que Platão corrompeu e confundiu totalmente a teoria e a prática da educação ao ligá-la à sua teoria da liderança. O dano causado é, se possível, ainda maior do que aquele infligido à ética pela identificação de coletivismo com altruísmo e à teoria política pela introdução do princípio da soberania. A presunção de Platão de que a missão da educação (ou mais precisamente, das instituições educativas) deve ser a seleção dos futuros líderes e a sua preparação para a liderança ainda é, em grande parte, dada por adquirida. Ao onerar estas instituições com uma tarefa que está necessariamente além do alcance de qualquer instituição, Platão é em parte responsável pelo seu estado deplorável. Mas antes de entrar numa discussão geral da sua visão da educação desejo desenvolver, com mais pormenor, a sua teoria da liderança, a liderança dos sábios.

164 | O PROGRAMA POLÍTICO DE PLATÃO

IV

Penso que o mais provável é que esta teoria de Platão deva alguns dos seus elementos à influência de Sócrates. Um dos princípios de Sócrates era, creio, o seu intelectualismo moral. Entendo por isto (a) a sua identificação de bondade e sabedoria, a sua teoria de que ninguém age contra o seu melhor discernimento e que a falta de conhecimento é responsável por todos os erros morais; (b) a sua teoria de que a excelência moral pode ser ensinada e que não requer quaisquer especiais faculdades morais além da inteligência humana universal.

Sócrates era um moralista e um entusiasta. Era o tipo de homem que criticaria as deficiências de qualquer forma de governo (e, na verdade, tal crítica seria necessária e útil para qualquer governo, embora apenas seja possível numa democracia), mas reconhecia a necessidade de ser leal às leis do Estado. Dá-se o caso que passou a maior parte da sua vida sob uma forma de governo democrática, e como bom democrata achou que era seu dever denunciar a incompetência e a vacuidade de alguns dos líderes democráticos da época. Ao mesmo tempo, opunha-se a todas as formas de tirania e se considerarmos o seu corajoso comportamento sob os Trinta Tiranos, então não temos razões para supor que a sua crítica dos líderes democráticos fosse inspirada por qualquer espécie de sentimentos antidemocráticos(8). Não é improvável que exigisse (como Platão) que governassem os melhores, o que, para ele, queria dizer os mais sábios ou aqueles que soubessem algo de justiça. Mas temos de nos lembrar que por «justiça» ele entendia justiça igualitária (como indicam os passos do *Górgias* citados no capítulo anterior) e que não só era um igualitarista, mas também um individualista – talvez o maior apóstolo de todos os tempos de uma ética individualista. E devemos perceber que, se exigia que governassem os mais sábios, acentuava claramente que não queria dizer os homens instruídos; na verdade, era cético em relação a toda a instrução profissional, fosse a dos filósofos do passado ou dos homens instruídos da sua própria geração, os sofistas. A sabedoria a que se referia era de outra espécie. Era simplesmente a conscencialização: quão pouco sei! Aqueles que não sabiam isto, ensinava ele, não sabiam nada de nada. (Este é o verdadeiro espírito científico. Algumas pessoas ainda pensam, como pensava Platão quando se estabelecera como sábio pitagórico eru-

O PRINCÍPIO DA LIDERANÇA | 165

dito([9]), que a atitude agnóstica de Sócrates só pode ser explicada
pela falta de êxito da ciência do seu tempo. Mas isto só mostra que
não percebem este espírito e que ainda estão imbuídos da atitude
mágica pré-socrática em relação à ciência e ao cientista, que consideram não passar de um feiticeiro mais ou menos engrandecido
como sábio, instruído, iniciado. Avaliam-no pelos conhecimentos
que possui, em vez de, como Sócrates, tomar como medida do seu
nível científico e da sua honestidade intelectual a sua consciência
do que não sabe.)

É importante perceber que este intelectualismo socrático é
decididamente igualitarista. Sócrates acreditava que toda a gente
podia ser ensinada; no *Menon* vêmo-lo a ensinar a um jovem
escravo uma versão([10]) do que agora se chama teorema de Pitágoras, para tentar provar que qualquer escravo sem educação tem a
capacidade de perceber mesmo matérias abstratas. E o seu intelectualismo é também antiautoritário. Segundo Sócrates, uma
técnica, a retórica, por exemplo, pode talvez ser ensinada dogmaticamente por um especialista; mas o verdadeiro conhecimento,
a sabedoria e também a virtude, só podem ser ensinadas por um
método que ele descreve como uma forma de parto. Os que estejam desejosos de aprender podem ser ajudados a libertar-se do
seu preconceito; podem assim aprender a autocrítica e que a verdade não se alcança facilmente. Mas podem também aprender a
pensar pela sua cabeça e a confiar, criticamente, nas suas decisões
e nas suas intuições. Perante tais ensinamentos fica claro quanto
a exigência socrática (se alguma vez a manifestou) de que governem os melhores, isto é, os intelectualmente honestos, difere da
exigência autoritária de que governem os mais instruídos ou da
exigência aristocrática de que governem os melhores, isto é, os
mais nobres. (A crença de Sócrates de que mesmo a coragem é
sabedoria pode ser interpretada, a meu ver, como uma crítica
direta da doutrina aristocrática do herói de nascimento nobre.)

Mas este intelectualismo moral de Sócrates é uma espada de
dois gumes. Tem o seu aspeto igualitarista e democrático, que
depois foi desenvolvido por Antístenes. Mas tem também um
aspeto que pode dar origem a tendências extremamente antidemocráticas. A sua insistência na necessidade de esclarecimento,
de educação, pode facilmente ser mal interpretada como uma
exigência de *autoritarismo*. Isto está ligado à questão que parece
ter causado grande perplexidade em Sócrates: que os que não

têm suficiente educação e os que não são suficientemente sábios para conhecer as suas deficiências são justamente aqueles com maior necessidade de educação. A disposição para aprender é por si só prova de sabedoria, na verdade toda a sabedoria de que Sócrates se gabava; pois aquele que está desejoso de aprender sabe o pouco que sabe. Mas os que não têm instrução parecem assim necessitados de uma autoridade que os desperte, pois não se pode esperar que sejam capazes de autocrítica. Mas este único elemento de autoritarismo é maravilhosamente contrabalançado nos ensinamentos de Sócrates pela sua ênfase em que a autoridade não pode exigir mais do que isso. A marca do verdadeiro mestre é a autocrítica que falta aos que não têm instrução. «Qualquer autoridade que eu possa ter baseia-se apenas no meu conhecimento do pouco que sei.»: esta é a maneira como Sócrates poderia ter justificado a sua missão de acordar as pessoas do seu sono dogmático. Acreditava que a sua missão educativa era também uma missão política. Achava que a maneira de melhorar a vida política da cidade era ensinar autocrítica aos cidadãos. Neste sentido, afirmava que era «o único político do seu tempo» [11], por oposição aos que lisonjeiam o povo em vez de promover os seus verdadeiros interesses.

A identificação que Sócrates fazia entre a sua atividade educativa e política poderia facilmente ser distorcida no sentido da exigência platónica e aristotélica de que o Estado deve tomar conta da vida moral dos seus cidadãos. E pode facilmente ser usada como prova perigosamente convincente de que todo o controlo democrático é pérfido. Pois como podem os que têm por missão instruir ser julgados pelos que não têm instrução? Como podem os melhores ser controlados pelos menos bons? Mas este argumento, claro, é inteiramente não socrático. Pressupõe a autoridade de homens sábios e instruídos e vai muito além da modesta ideia socrática de que a autoridade do mestre assenta apenas na consciência das suas próprias limitações. A autoridade estatal nestas matérias tende a realizar, de facto, exatamente o contrário do que visava Sócrates. Tende a produzir uma autossatisfação dogmática e uma complacência intelectual generalizada, em vez de insatisfação crítica e desejo de aperfeiçoamento. Não penso que seja desnecessário sublinhar este perigo, que raras vezes é claramente percebido. Mesmo um autor como Crossman, que, quanto a mim, entendeu o verdadeiro espírito socrático, concorda [12]

O PRINCÍPIO DA LIDERANÇA | 167

com Platão no que designa por terceira crítica de Platão a Atenas: «*A educação, que devia ser uma das mais importantes responsabilidades do Estado,* foi deixada ao capricho individual (...). Aqui estava outra vez uma tarefa que só devia ser confiada a homens de comprovada probidade. O futuro de qualquer Estado depende das gerações mais jovens e é portanto uma loucura deixar que as mentes das crianças sejam moldadas pelo gosto individual e pela força das circunstâncias. Fora igualmente desastrosa a política de *laissez faire* do Estado em relação aos professores e mestres-escola e aos mestres sofistas»[13]. Mas a política de *laissez faire* do Estado ateniense, verberada por Crossman e Platão, teve o inestimável resultado de autorizar certos mestres sofistas a ensinar, e em especial o maior de entre eles, Sócrates. E quando esta política foi mais tarde abandonada, o resultado foi a morte de Sócrates. Isto devia constituir um aviso de que o controlo pelo Estado nestas matérias é perigoso e que o clamor pelos homens «de comprovada probidade» pode facilmente conduzir à supressão dos melhores. (A recente supressão de Bertrand Russell é disso exemplo.) Mas no que se refere aos princípios básicos temos aqui um exemplo do preconceito profundamente enraizado de que a única alternativa ao *laissez faire* é a completa responsabilidade do Estado. Acredito certamente que é responsabilidade do Estado certificar-se de que os seus cidadãos recebam uma educação que lhes permita participar na vida da comunidade e aproveitar essa oportunidade para desenvolver os seus especiais interesses e dons; e que o Estado tem certamente também de garantir (como Crossman sublinha, com razão) que a falta de «capacidade individual para pagar» não deve privar ninguém de prosseguir estudos superiores. Isto, no meu entender, faz parte das funções protetoras do Estado. Todavia, dizer que «o futuro do Estado depende das jovens gerações e que é portanto uma loucura deixar que as mentes das crianças sejam moldadas pelo gosto individual» parece-me que escancara a porta ao totalitarismo. O interesse do Estado não pode ser invocado de ânimo leve para defender medidas que podem pôr em perigo a mais preciosa de todas as formas de liberdade, a liberdade intelectual. E embora eu não advogue o *«laissez faire* em relação a professores e mestres-escola»*, acho que esta política é infinitamente superior a uma política oficial que dê às autoridades do Estado todos os poderes para moldar mentes e para controlar o ensino da ciência, dando assim à dúbia autoridade do especialista o apoio

168 O PROGRAMA POLÍTICO DE PLATÃO

da autoridade do Estado, arruinando a ciência pela prática costumeira de a ensinar como uma doutrina oficial e destruindo o espírito científico de indagação – o espírito da busca da verdade, por oposição à crença na posse dela.

Tentei mostrar que o intelectualismo de Sócrates era igualitário e individualista e que o elemento de autoritarismo que envolvia era reduzido ao mínimo pela modéstia intelectual de Sócrates e pela sua atitude científica. O intelectualismo de Platão é muito diferente deste. O «Sócrates» platónico da *República*[14] é a encarnação de um autoritarismo absoluto. (Até as suas observações autodepreciativas não se baseiam na consciência das suas limitações, são antes uma forma irónica de afirmar a sua superioridade.) O seu objetivo didático não é o de suscitar a autocrítica e o pensamento crítico em geral. É, antes, a doutrinação – a moldagem das mentes e das almas que (para repetir uma citação das *Leis*[15]) devem «tornar-se, por um longo hábito, totalmente incapazes de fazer seja o que for independentemente». E a grande ideia igualitária e libertadora de Sócrates de que é possível argumentar com um escravo e que há um laço intelectual entre homem e homem, um meio de entendimento universal, que é a «razão», esta ideia é substituída pela exigência de um monopólio da educação pela classe dirigente, combinado com a mais estrita censura, mesmo para os debates orais.

Sócrates sublinhara que não era sábio, que não tinha verdade, mas era um investigador, um pesquisador, um amante da verdade. Isto, explicava, é o que se exprime pela palavra «filósofo», ou seja, o amante da sabedoria e o que a procura, por oposição a «sofista», isto é, o sábio profissional. Se alguma vez defendeu que os homens de Estado deviam ser filósofos só podia querer dizer que, tendo sobre os seus ombros uma responsabilidade excessiva, deveriam ser pesquisadores da verdade e estar cientes das suas limitações.

Como transformou Platão esta doutrina? À primeira vista poderá parecer que não a alterou de todo, ao exigir que a soberania do Estado devia ser empossada nos filósofos; em especial, porque, como Sócrates, definia os filósofos como amantes da verdade. Mas a mudança efetuada por Platão é de facto tremenda. O seu filósofo já não é o modesto pesquisador, é o orgulhoso detentor da verdade. Versado na dialética, é capaz de intuições intelectuais, isto é, de ver as Formas ou Ideias eternas, celestiais,

O PRINCÍPIO DA LIDERANÇA | 169

e de as comunicar. Colocado muito acima dos homens comuns, é «divinal, se não mesmo (...) divino»([16]), tanto na sua sabedoria como no seu poder. O filósofo ideal de Platão está próximo da omnisciência e da omnipotência. É o Filósofo-Rei. É difícil, creio, conceber um contraste maior do que aquele que existe entre os ideais socrático e platónico do filósofo. É o contraste entre dois mundos – o mundo de um individualista modesto, racional, e o de um semideus totalitário.

A exigência de Platão de que quem deve governar é o homem sábio – o possuidor da verdade, o «filósofo totalmente qualificado»([17]) – levanta, é claro, o problema de selecionar e educar os governantes. Numa teoria puramente personalista (por oposição a uma teoria institucional), este problema poderia ser resolvido pela simples declaração de que o governante sábio, na sua sabedoria, será suficientemente sábio para escolher o melhor homem para lhe suceder. Isto não é, todavia, uma abordagem muito satisfatória do problema. Demasiadas coisas dependeriam de circunstâncias incontroláveis; um acidente pode destruir a estabilidade futura do Estado. Mas a tentativa de controlar as circunstâncias, de prever o que se poderá passar e de tomar as devidas providências, deve conduzir aqui, como em toda a parte, ao abandono de uma solução puramente personalista e à sua substituição por uma solução institucional. A tentativa de planear o futuro, como já se afirmou, tem sempre de conduzir ao institucionalismo.

V

A instituição que, segundo Platão, tem de cuidar dos futuros líderes pode ser descrita como o departamento de educação do Estado. De um ponto de vista puramente político, é, de longe, a instituição mais importante na sociedade de Platão. Possui as chaves do poder. Esta razão bastaria para tornar claro que pelo menos os escalões mais altos do ensino deverão ser controlados pelo Estado. Mas há outras razões para tal. A mais importante é que só «ao especialista e (...) ao homem de comprovada probidade», como diz Crossman, que na opinião de Platão são apenas os sábios mais preparados, isto é, os próprios governantes, pode ser confiada a iniciação final dos futuros sábios nos mistérios supremos da sabedoria. Isto aplica-se, acima de tudo, à dialética, ou seja, à arte da intuição intelectual, de visualizar os originais divinos, as Formas ou Ideias, de desvendar o Grande Mistério por trás do mundo quotidiano de aparências do homem comum.

Quais são as exigências institucionais de Platão quanto à forma superior de educação? São notáveis. Exige que só aqueles que ultrapassaram a flor da vida devem ser admitidos. «Quando a sua força física começa a faltar e quando estão para lá da idade dos deveres públicos e militares, então, e só então, se lhes deve permitir entrar à sua vontade no campo sagrado (...)»[18], ou seja, o campo dos mais altos estudos dialéticos. A razão de Platão para esta regra espantosa é suficientemente clara. Teme o poder do pensamento. «Todas as grandes coisas são perigosas»[19] é a observação com que introduz a confissão de que tem medo do efeito que o pensamento filosófico possa ter em cérebros que não estejam ainda à beira de velhice. (Põe tudo isto na boca de Sócrates, que morreu em defesa do seu direito a discutir livremente com os jovens.) Mas é isto exatamente o que deveríamos esperar se nos lembrarmos que o objetivo fundamental de Platão é impedir a mudança política. Na juventude, os membros da classe alta devem combater. Quando são velhos de mais para pensar com independência, devem tornar-se estudantes dogmáticos a imbuir de sabedoria e autoridade para se tornarem eles próprios sábios e transmitirem a sua sabedoria, a doutrina do coletivismo e do autoritarismo, às futuras gerações.

É interessante que num passo posterior e mais elaborado que tenta retratar os governantes nas suas cores mais brilhantes, Platão modifique a sua sugestão. Admite agora[20] que os futuros sábios comecem os seus estudos preparatórios em dialética aos trinta anos, sublinhando, claro, «a necessidade de muita cautela» e os perigos da «insubordinação (...) que corrompe tantos dialéticos»; e reclama que «aqueles a quem possa ser concedido o uso de argumentos devem possuir naturezas disciplinadas e equilibradas». Esta alteração ajuda certamente a abrilhantar o quadro. Mas a tendência fundamental é a mesma. Pois na continuação deste passo ouvimos que os futuros líderes não devem ser iniciados nos estudos filosóficos superiores – na visão dialética da essência do Bem – antes de chegarem, depois de muitas provas e tentações, os cinquenta anos de idade.

É isto que a *República* ensina. Parece que o diálogo *Parménides*[21] contém uma mensagem semelhante, pois Sócrates é ali

O PRINCÍPIO DA LIDERANÇA 171

retratado como um jovem brilhante que, tendo feito com êxito algumas incursões na filosofia pura, se viu metido num grave sarilho quando lhe foi pedido que explicasse os problemas mais subtis da teoria das ideias. O velho Parménides manda-o embora com a admoestação de que precisa de se preparar melhor na arte do pensamento abstrato antes de tornar a aventurar-se no domínio dos estudos filosóficos superiores. Parece que temos aqui (entre outras coisas) a resposta de Platão – «Até um Sócrates foi em tempos jovem de mais para a dialética» – aos discípulos que o perseguiam com o pedido de uma iniciação que ele considerava prematura.

Porque é que Platão não deseja que os seus líderes sejam dotados de originalidade ou inciativa? A resposta, creio, é clara. Detesta a mudança e não quer ver que possam ser necessários quaisquer reajustes. Mas esta explicação para a atitude de Platão não vai suficientemente fundo. Na verdade, o que se nos depara aqui é uma dificuldade fundamental do princípio do líder. A própria noção de selecionar e educar futuros líderes é contraditória em si mesma. O problema pode, talvez, em certa medida ser resolvido no campo da excelência corporal. A iniciativa física e a coragem do corpo talvez não sejam assim tão difíceis de aferir. Mas o segredo da excelência intelectual é o espírito crítico; é a independência intelectual. E isto leva a dificuldades que se podem revelar insuperáveis para qualquer espécie de autoritarismo. O autoritario escolherá em geral aqueles que obedecem, que acreditam, que correspondem à sua influência. Mas ao fazê-lo arrisca-se a escolher medíocres. Pois exclui os que se rebelam, que duvidam, que ousam resistir à sua influência. Uma autoridade nunca pode admitir que os intelectualmente corajosos, ou seja, aqueles que ousam desafiar a sua autoridade, possam ser os da mais valiosa espécie. É claro que as autoridades permanecerão sempre convencidas da sua capacidade para detetar o espírito de iniciativa. Mas o que querem dizer com isto é apenas que captam com rapidez as suas intenções e nunca serão capazes de perceber a diferença. (Aqui podemos talvez penetrar o segredo da sua particular dificuldade em escolher chefes militares capazes. As exigências da disciplina militar aumentam as dificuldades referidas e os métodos de progressão na carreira militar são tais que quem se atreve a pensar por si próprio é normalmente eliminado. No que se refere à iniciativa intelectual, nada é menos verdade do que a

172 | O PROGRAMA POLÍTICO DE PLATÃO

ideia de que aqueles que são bons a obedecer são também bons a comandar[22]. Dificuldades muito semelhantes se manifestam nos partidos políticos: o «Sexta-Feira» do líder partidário raramente é um sucessor capaz.)

Chegamos aqui, a meu ver, a um resultado de alguma importância e que pode ser generalizado. Dificilmente se pode criar instituições para selecionar o excecional. A seleção institucional pode funcionar bastante bem para os fins que Platão tinha em mente, que eram deter qualquer mudança. Mas nunca funcionará bem se lhe pedirmos mais do que isso, pois tenderá sempre a eliminar a iniciativa e a originalidade e, mais em geral, qualidades que sejam originais e inesperadas. Isto não é uma crítica ao institucionalismo. É apenas a reafirmação do que foi dito antes, que devemos preparar-nos sempre para os piores líderes embora devamos tentar sempre, é claro, conseguir os melhores. Mas é uma crítica à tendência para sobrecarregar as instituições, em especial as instituições educativas, com a tarefa impossível de escolher os melhores. Nunca lhes deverá ser encomendada tal tarefa. Esta tendência transforma o nosso sistema educativo numa pista de corrida e os estudos numa corrida de obstáculos. Em vez de se encorajar o estudante a dedicar-se aos seus estudos pelo próprio estudo, em vez de o encorajar a um verdadeiro amor pela matéria que estuda e pela inquirição[23], encoraja-se-lo a estudar a bem da sua carreira pessoal, a adquirir apenas os conhecimentos que lhe sirvam para ultrapassar as barreiras que tem de vencer em prol da sua promoção. Por outras palavras, mesmo no campo da ciência, os nossos métodos de seleção são baseados num apelo a uma forma de ambição pessoal bastante grosseira. (A desconfiança que os colegas nutrem pelo estudante aplicado é uma reação natural a este apelo.) A exigência impossível de uma seleção institucional de líderes intelectuais põe em perigo a própria vida, não só da ciência, mas da inteligência.

Já se disse, com toda a razão, infelizmente, que Platão era o inventor tanto da nossas escolas secundárias como das universidades. Não conheço melhor argumento para uma visão otimista da humanidade, nenhuma melhor prova do seu amor indestrutível pela verdade e pela decência, da sua originalidade e teimosia e saúde, do que o facto de este sistema de educação devastador não a ter arruinado por completo. A despeito da traição de tantos dos seus líderes, há muita gente, tanto velhos como novos,

O PRINCÍPIO DA LIDERANÇA | 173

que é decente e inteligente e dedicada ao seu trabalho. «Penso às vezes em como terá sido o mal feito para que não tenha sido mais claramente percetível», diz Samuel Butler([24]), «e que as mulheres e homens jovens tenham crescido tão sensatos e bons como cresceram, apesar das tentativas quase feitas deliberadamente para deformar e atrofiar o seu crescimento. Alguns certamente sofreram danos, de que padeceram até ao fim da vida; mas houve muitos que pareceram pouco ou nada diminuídos e alguns até quase melhores. A razão parece ter sido que, na maioria das vezes, o instinto natural dos rapazes se rebelou tão absolutamente contra o seu ensino que por mais que os professores fizessem nunca conseguiram que lhes prestassem verdadeiramente atenção.»

Pode referir-se aqui que, na prática, Platão não se revelou um selecionador de líderes políticos de muito êxito. Tenho em mente não tanto o resultado dececionante da sua experiência com Dionísio, *o Jovem*, tirano de Siracusa, mas principalmente a participação da Academia de Platão na bem-sucedida expedição de Dio contra Dionísio. Dio, famoso amigo de Platão, foi apoiado nesta aventura por alguns membros da Academia de Platão. Um deles era Calipo, que se tornou o camarada da sua maior confiança. Depois de Dio se ter feito tirano de Siracusa ordenou que Heráclides, seu aliado (e talvez seu rival) fosse assassinado. Pouco tempo depois foi ele próprio assassinado por Calipo, que usurpou a tirania, a qual perdeu ao fim de treze meses. (Foi, por sua vez, assassinado pelo filósofo sofista Leptines.) Mas este acontecimento não foi o único do género na carreira de Platão como mestre. Clearco, um dos discípulos de Platão (e de Isócrates), fez-se a si próprio tirano de Heráclea depois de se ter apresentado como líder democrático. Foi assassinado por um parente, Chion, outro membro da Academia de Platão. (Não sabemos como teria evoluido Chion, que alguns apresentam como um idealista, posto que cedo foi morto.) Estas e outras experiências de Platão([25]) – que se podia gabar de um total de pelo menos nove tiranos entre antigos discípulos e amigos seus – elucidaram de certa forma as peculiares dificuldades ligadas à seleção de homens que serão investidos de um poder absoluto. É difícil encontrar alguém cujo caráter não seja corrompido por ele. Como diz Lorde Acton – todo o poder corrompe e o poder absoluto corrompe absolutamente.

Em suma, o programa político de Platão era muito mais institucionalista do que personalista; esperava deter a mudança política através do controlo institucional da sucessão na liderança. Esse controlo tinha de ser educativo, baseado numa visão autoritária do ensino – na autoridade do especialista instruído e do «homem de comprovada probidade». Era esta a interpretação que Platão fazia da exigência de Sócrates de que um político responsável devia ser um amante da verdade e da sabedoria em vez de um especialista, e que só era sábio[26] quem soubesse quais as suas limitações.

8.

O Filósofo-rei

E o Estado erigirá monumentos (...) para os comemorar. E ser-lhes-ão oferecidos sacrifícios como a semideuses (...) como homens abençoados pela graça e semelhantes a Deus.

PLATÃO

O contraste entre o credo platónico e o socrático ainda é maior do que até aqui mostrei. Platão, como já disse, seguia Sócrates na sua definição do filósofo. «A quem chamas verdadeiros filósofos? – Àqueles que amam a verdade», lemos na *República*([1]). Mas ele próprio não é muito veraz ao fazer esta afirmação. Não acredita verdadeiramente nela, pois alhures declara sem rodeios que um dos privilégios reais do soberano é usar sem limites a mentira e o engano. «Compete aos governantes da cidade, como a mais ninguém, mentir, enganando tanto os seus inimigos como os seus próprios cidadãos para benefício da cidade e ninguém pode tocar nesse privilégio.»([2])

«Para benefício da cidade», diz Platão. Mais uma vez verificamos que o apelo ao princípio da utilidade coletiva é a consideração ética suprema. A moralidade totalitária sobrepõe-se a tudo, mesmo à definição, à Ideia, de filósofo. Escusado será dizer que, pelo mesmo princípio de conveniência política, os governados devem ser obrigados a dizer a verdade. «Se o governante apanha

176 | O PROGRAMA POLÍTICO DE PLATÃO

qualquer outro numa mentira (...) castigá-lo-á por introduzir na cidade uma prática que fere e põe em perigo a cidade (...)»[3]. Só neste sentido ligeiramente inesperado são os governantes platónicos – os filósofos-reis – amantes da verdade.

I

Platão ilustra esta aplicação do seu princípio da utilidade coletiva ao problema da veracidade com o exemplo do médico. É um exemplo bem escolhido, dado que Platão gosta de conceber a sua missão política como a de curandeiro ou salvador do corpo doente da sociedade. À parte isto, o papel que atribui à medicina esclarece, de certa forma, o caráter totalitário da cidade de Platão, onde o interesse do Estado domina a vida dos cidadãos, do acasalamento dos pais até ao túmulo. Platão interpreta a medicina como uma forma de política ou, na sua própria formulação, «considera Esculápio, o deus da medicina, um político»[4]. A arte médica, explica, não deve ter por missão o prolongamento da vida, mas sim o interesse do Estado. «Em todas as comunidades devidamente governadas o Estado atribui a cada homem a sua tarefa específica. Cada um tem de executar a que lhe cabe e ninguém tem tempo para passar a vida a ficar doente e a curar-se.» Assim, o médico «não tem o direito de cuidar de um homem que não pode desempenhar as suas tarefas normais, pois esse homem é inútil a si próprio e ao Estado.» A isto acrescentava a consideração de que um homem assim podia ter «filhos que provavelmente serão tão doentes como ele» e que também se tornarão um fardo para o Estado. (Na sua velhice, a despeito do seu acrescido ódio ao individualismo, Platão refere-se à medicina num tom mais pessoal. Queixa-se do médico que trata os pacientes como se fossem escravos, mesmo os cidadãos livres, «dando ordens como um tirano cuja vontade é lei e correndo para o paciente-escravo seguinte»[5], e pede mais delicadeza e paciência nos tratamentos médicos, pelo menos para os que não são escravos.) Quanto ao uso de mentiras e enganos, Platão defende que «só são úteis como remédio»[6]; mas o governante do Estado, insiste Platão, não deve comportar-se como aqueles «médicos vulgares» que não têm coragem para ministrar remédios fortes. O filósofo-rei, amante da verdade como filósofo, deve, como rei, ser «mais corajoso», visto que

O FILÓSOFO-REI 177

tem de estar decidido «a ministrar muitas mentiras e enganos» – para bem dos governados, apressa-se Platão a acrescentar. O que quer dizer, como já sabemos, e a referência à medicina nos diz aqui, «para bem do Estado». (Kant observou uma vez, num espírito muito diferente, que a frase «A verdade é a melhor política» podia realmente ser questionável, enquanto a frase «A veracidade é melhor do que a política» não tinha discussão.» [7])

Que espécie de mentiras tem Platão em mente quando exorta os seus governantes a usar remédios fortes? Crossman sublinha, com razão, que Platão se refere à «propaganda, a técnica de controlar o comportamento do (...) grosso da maioria governada» [8]. Platão estava, decerto, a pensar nestas em primeiro lugar, mas quando Crossman sugere que as mentiras da propaganda se destinavam apenas ao consumo dos governados, enquanto os governantes deviam ser uma *intelligentsia* totalmente esclarecida, aí não posso concordar. Penso, antes, que a rutura de Platão com seja o que for parecido com o intelectualismo de Sócrates é mais óbvia do que nunca no ponto em que por duas vezes exprime a sua esperança de que até os *próprios governantes*, pelo menos depois de algumas gerações, pudessem ser induzidos a acreditar na maior das mentiras da sua propaganda; refiro-me ao seu racismo, ao seu Mito do Sangue e da Terra, conhecido como o Mito dos Metais no Homem e dos Nascidos da Terra. Vemos aqui os princípios utilitários e totalitários de Platão sobreporem-se a tudo, até ao privilégio de os governantes saberem, e exigirem que lhes seja dita, a verdade. O motivo de Platão para desejar que os próprios governantes acreditem na mentira da propaganda é a sua esperança de que aumente o seu efeito benéfico, isto é, se reforce o domínio da raça superior e, ao fim e ao cabo, se suspenda toda a mudança política.

II

Platão introduz o seu Mito do Sangue e da Terra admitindo sem rodeios que é uma fraude. «Ora bem», diz o Sócrates da *República*, «poderíamos nós talvez fabricar umas dessas mentiras convenientes, que aliás ainda há pouco referimos? Com a ajuda de uma só mentira pretensiosa podemos, com sorte, chegar a persuadir os próprios governantes – mas, em qualquer caso, o resto da cidade» [9]. É interessante notar o uso do termo «persuadir».

178 | O PROGRAMA POLÍTICO DE PLATÃO

Persuadir alguém a acreditar numa mentira significa, mais precisamente, enganá-lo ou burlá-lo; e estaria mais em sintonia com o franco cinismo do passo traduzi-la por «podemos, com sorte, chegar a ludibriar os próprios governantes». Mas Platão usa muitas vezes o termo «persuasão» e a sua ocorrência aqui esclarece, de certa forma, outros passos. Pode ser tomada como um aviso de que em passos similares pode estar a pensar em mentiras propagandísticas, mais especialmente onde advoga que o homem de Estado deve governar «tanto por meio da persuasão como da força»[10].

Depois de anunciar a sua «mentira pretensiosa», Platão, em vez de proceder diretamente à narração do seu Mito, elabora primeiro um longo prefácio, em certa medida semelhante ao longo prefácio que precede a sua descoberta da justiça; uma indicação, penso eu, do seu incómodo. Parece que não esperava que a proposta que se segue encontrasse grande acolhimento junto dos seus leitores. O Mito propriamente dito introduz duas ideias. A primeira é a de reforçar a defesa da mãe-pátria; é a ideia de que os guerreiros da sua cidade são autóctones, «nascidos da terra do seu país» e prontos a defender a terra deles, que é a sua mãe. Esta velha e bem conhecida ideia não é certamente a razão da hesitação de Platão (embora a linguagem do diálogo habilmente o sugira). A segunda ideia, no entanto, «o resto da história», é o mito do racismo: «Deus (...) pôs ouro naqueles que são capazes de governar, prata no auxiliares, e ferro e cobre nos camponeses e nas outras classes produtivas»[11]. Estes metais são hereditários, são características rácicas. Neste passo, em que Platão introduz pela primeira vez, hesitantemente, o seu racismo, admite a possibilidade de as crianças poderem nascer com uma mistura de outro metal que não o dos pais; e tem de reconhecer-se que anuncia aqui a seguinte regra: se numa das classes mais baixas «nascem crianças com uma mistura de ouro e prata, serão (...) nomeados guardiões e (...) auxiliares». Mas esta concessão é rescindida em passos posteriores da *República* (e também nas *Leis*), especialmente na história da Queda do Homem e do Número[12], em parte já citada no capítulo 5, acima. Aprendemos neste passo que *qualquer* mistura de um dos metais baixos deve ser excluída das classes mais altas. A possibilidade de misturas, e das correspondentes mudanças de estatuto, significa apenas, por conseguinte, que as crianças de nascimento nobre mas degeneradas podem ser empurradas para baixo, e não que qualquer um nascido de baixa condição possa ser puxado para cima. A maneira como qualquer mistura de metais tem de levar à destruição é descrita na conclusão da história da Queda do Homem: «O ferro misturar-se-á com a prata e o bronze com o ouro e desta mistura nascerão a variação e uma absurda irregularidade; e sempre que nascerem gerarão conflito e hostilidade. E é assim que devemos descrever a ancestralidade e o nascimento da Dissensão, onde quer que surja»[13]. É a esta luz que temos de considerar que o mito dos Nascidos da Terra conclui com a cínica fabricação da profecia de um oráculo fictício «de que perecerá a cidade que for guardada pelo ferro e pelo cobre»[14]. A relutância de Platão em propor logo o seu racismo na sua forma mais radical indica, suponho, que sabia o quanto se lhe opunham as tendências democráticas e humanitárias do seu tempo.

Considerando o reconhecimento franco, por Platão, de que o seu Mito do Sangue e da Terra é uma mentira propagandística, então a atitude dos comentadores para com o Mito é um tanto intrigante. Adam, por exemplo, escreve: «Sem ele, o presente esboço de Estado seria incompleto. Requer-se alguma garantia da permanência da cidade (...); e nada poderia estar mais em consonância com *o espírito moral e religioso predominante* da educação (...) em Platão do que a ideia de que essa garantia haja de ser encontrada *mais na fé do que na razão.*»[15]. Concordo (embora não seja bem isto que Adam queria dizer) que nada está mais em consonância com a moralidade totalitária de Platão do que a sua defesa das mentiras propagandísticas. Mas não percebo muito bem como é que um comentador religioso e idealista pode declarar, implicitamente, que a religião e a fé estão ao nível de uma mentira oportunista. Na realidade, o comentário de Adam é reminiscente do contratualismo de Hobbes, da opinião de que os dogmas da religião, embora não sejam verdadeiros, são um artefacto político muito conveniente e indispensável. E esta consideração mostra-nos que Platão, afinal, era muito mais contratualista do que podíamos pensar. Nem sequer hesita em estabelecer uma fé religiosa «por convenção» (temos de lhe dar mérito pela franqueza em reconhecer que não passa de uma invenção), enquanto o reputado contratualista Protágoras ao menos acreditava que as leis, que somos nós a fazer, são feitas com a ajuda da inspiração divina. É difícil perceber porque é que os comentadores de Platão[16] que o elogiam por lutar contra o contratualismo subversivo dos sofistas e por estabelecer um naturalismo espiritual em

180 O PROGRAMA POLÍTICO DE PLATÃO

última análise baseado na religião, não o censuram por tornar um contrato, ou antes, uma invenção, a base fundamental da religião. Com efeito, a atitude de Platão para com a religião, tal como se revela na sua «inspirada mentira», é praticamente idêntica à de Crítias, o seu querido tio, o brilhante líder dos Trinta Tiranos que estabeleceu em Atenas um inglório regime sanguinário depois da guerra do Peloponeso. Crítias, um poeta, foi o primeiro a glorificar as mentiras propagandísticas, cuja invenção descreveu em versos voluntariosos que elogiavam o homem sábio e astuto que fabricou a religião para «persuadir» o povo, isto é, a submetê-lo pelo medo([17]).

> «Veio então, parece, aquele homem sábio e astuto,
> O primeiro inventor do temor dos deuses...
> Forjou um conto, a mais sedutora doutrina,
> Escondendo a verdade sob véus de mentirosa lenda.
> Falou da morada de horríveis deuses,
> Revolteando, lá no alto, nas suas cúpulas, onde o trovão ruge
> E o raio cega os olhos em terríveis relâmpagos...
> Envolveu os homens em laços de medo;
> Rodeou-os de deuses em moradas claras,
> Enfeitiçou-os com os seus sortilégios, e assombrou-os –
> E a anarquia tornou-se lei e ordem.»

Para Crítias a religião não passa da mentira pretensiosa de um grande e arguto homem de Estado. A visão de Platão é impressionantemente semelhante, tanto na introdução do Mito na *República* (em que admite, com franqueza brutal, que o Mito é uma mentira) como nas *Leis*, onde diz que a implantação dos ritos e dos deuses é «matéria para um grande pensador»([18]). – Mas será isto toda a verdade sobre a atitude religiosa de Platão? Não passaria ele de um oportunista neste domínio e o espírito muito diferente das suas obras mais antigas era meramente socrático?

É claro que não há maneira de decidir esta questão com certeza, embora me pareça, intuitivamente, que por vezes se exprime um sentimento religioso mais genuíno mesmo nas suas obras mais tardias. Mas estou convencido de que sempre que Platão considera as questões religiosas na sua relação com a política, o seu oportunismo político varre tudo o resto. Assim, nas *Leis*, Platão exige o mais severo dos castigos mesmo para a gente mais honesta e honorável([19]) se as suas opiniões a respeito dos deuses se desviarem das do Estado. As suas almas devem ser tratadas por um Conselho Noturno de inquisidores([20]) e se não se retratarem, ou repetirem o crime, a acusação de impiedade significa a morte. Esquecera-se que Sócrates fora vítima dessa mesma acusação? Que estas exigências eram inspiradas, não pelo interesse na fé religiosa como tal, mas principalmente pelo interesse do Estado, é o que indica a doutrina religiosa central de Platão. Os deuses, ensina ele nas *Leis*, punem severamente os que tomam o partido errado no conflito entre o bem e o mal, conflito que é explicado como a oposição entre o coletivismo e o individualismo([21]). E os deuses, insiste, interessam-se ativamente pelos homens, não são meros espectadores. É impossível apaziguá-los. Nem orações nem sacrifícios os podem demover do castigo([22]). O interesse político por trás deste ensinamento é claro e é tornado ainda mais claro pela exigência de Platão de que o Estado deve reprimir quaisquer dúvidas sobre qualquer parte deste dogma político-religioso e em especial sobre a doutrina de que os deuses nunca se abstêm do castigo.

O oportunismo de Platão e a sua teoria das mentiras tornam difícil, é claro, interpretar o que diz. Até que ponto acreditava ele na sua teoria da justiça? Até que ponto acreditava na verdade das doutrinas religiosas que pregava? Seria ele próprio, talvez, um ateu, embora exigisse o castigo de outros (menos) ateus? Embora não possamos responder a qualquer destas perguntas de forma definitiva, é difícil, creio, e metodologicamente errado, não conceder a Platão pelo menos o benefício da dúvida. E, penso eu, dificilmente se pode questionar em especial a sinceridade básica da sua crença na necessidade urgente de travar toda a mudança. (Voltarei ao assunto no capítulo 10.) Por outro lado, não podemos duvidar de que Platão submete o amor à verdade de Sócrates ao princípio mais essencial de que o domínio da raça dominante deve ser reforçado.

É interessante notar, no entanto, que a teoria da verdade de Platão é ligeiramente menos radical do que a sua teoria da justiça. A justiça é definida na prática, já o vimos, como aquilo que serve o interesse do seu Estado totalitário. Teria sido possível, é claro, definir o conceito de verdade da mesma maneira utilitária ou pragmática. O Mito é verdadeiro, podia ter dito Platão, visto que qualquer coisa que sirva o interesse do meu Estado deve ser crida

O PROGRAMA POLÍTICO DE PLATÃO

e por conseguinte tem de ser declarada «verdadeira»; e não deve haver outro critério da verdade. Em teoria, um passo análogo foi efetivamente dado pelos sucessores pragmáticos de Hegel; na prática, foi dado pelo próprio Hegel e pelos seus sucessores racistas. Mas Platão retinha o suficiente do espírito de Sócrates para admitir candidamente que estava a mentir. O passo dado pela escola de Hegel nunca poderia ter ocorrido, penso, a qualquer companheiro de Sócrates[23].

III

Está tudo dito sobre o papel que a Ideia de Verdade desempenha no melhor Estado de Platão. Mas além da Verdade e da Justiça ainda temos de considerar outras Ideias, como a Bondade, a Beleza e a Felicidade, se queremos eliminar as objeções, feitas no capítulo 6, contra a nossa interpretação do programa político de Platão como puramente totalitário e baseado no historicismo. Há uma abordagem à discussão destas Ideias, e também à da Sabedoria, que foi em parte discutida no capítulo anterior, e que consiste em considerar o resultado um tanto negativo a que chegámos na nossa discussão da Ideia de Verdade. Pois este resultado levanta um novo problema: porque exige Platão que os filósofos devam ser reis ou os reis-filósofos quando define o filósofo como um amante da verdade, insistindo, por outro lado, que o rei deve ser «mais corajoso» e recorrer à mentira?

A única resposta a esta pergunta é, claro, que Platão tem em mente, de facto, uma coisa um tanto diferente quando usa o termo «filósofo». E, com efeito, vimos no último capítulo que o seu filósofo não é alguém dedicado que procura a sabedoria, mas sim o orgulhoso possuidor dela. É um homem instruído, um sábio. O que Platão exige, por conseguinte, é o governo da *instrução* – a *sofocracia*, se assim lhe podemos chamar. Para perceber esta exigência temos de tentar encontrar o género de funções que tornam desejável que o governante de Platão deva ser um possuidor de conhecimentos, «um filósofo totalmente qualificado», como diz Platão. As funções a considerar podem ser divididas em dois grupos principais, designadamente, as ligadas à *fundação* do Estado e as ligadas à sua *preservação*.

IV

A primeira e mais importante função do filósofo-rei é a de fundador e legislador da cidade. Percebe-se porque precisa Platão de um filósofo para esta tarefa. Se o Estado há de ser estável tem de ser então uma verdadeira cópia da Forma ou Ideia do Estado. Mas só um filósofo que seja completamente proficiente na mais alta das ciências, na dialética, é capaz de ver, e de copiar, o Original celeste. Este ponto recebe grande ênfase na parte da *República* em que Platão desenvolve a sua argumentação a favor da soberania dos filósofos[24]. Os filósofos «adoram ver a verdade» e um verdadeiro amante adora ver a totalidade, não apenas as partes. Assim, não ama, como as pessoas comuns, as coisas sensíveis e os seus «belos sons, e belas cores e formas», mas «quer ver, e admirar, a verdadeira natureza da beleza» – a Forma ou Ideia de Beleza. *Desta maneira, Platão dá ao termo filósofo um novo sentido,* o de amante e visionário do mundo divino das Formas ou Ideias. Como tal, o filósofo é o homem que pode tornar-se fundador de uma cidade virtuosa[25]. «O filósofo que comunga com o divino» pode ser «avassalado pela necessidade de realizar (...) a sua visão celestial», da cidade ideal e dos seus cidadãos ideais. É como um desenhador ou um pintor que tem «por modelo o divino». Só os verdadeiros filósofos podem «esboçar o plano da cidade», pois só eles são capazes de ver o original e de o copiar «deixando o seu olhar passear-se de um lado para o outro, do modelo para o retrato e outra vez do retrato para o modelo».

Como «pintor de constituições»[26], o filósofo tem de ser ajudado pela luz da bondade e da sabedoria. Acrescentarei algumas observações a respeito destas duas ideias e da sua importância para o filósofo nas suas funções como fundador da cidade.

A *Ideia do Bem* é em Platão a mais alta na hierarquia das Formas. É o sol do mundo divino das Formas ou Ideias, que não só lança luz sobre todos os seus outros membros como é a fonte da sua existência[27]. É também a fonte ou causa de todo o conhecimento e toda a verdade[28]. O poder de ver, de apreciar, de conhecer o Bem é portanto indispensável[29] ao dialético. Visto que é o sol e fonte de luz no mundo das Formas, torna possível ao filósofo-pintor distinguir os seus objetos. A sua função é portanto da maior importância para o fundador da cidade. Mas esta informação puramente formal é tudo o que obtemos. A Ideia do Bem de Platão em lugar algum desempenha um papel ético ou político mais direto; nunca ouvimos quais atos são bons, ou produzem o bem, à parte o bem conhecido código moral coletivista cujos preceitos são introduzidos sem recurso à Ideia de Bem. Referências a que o objetivo é o Bem, de que é desejado por todos os homens[30], não enriquecem muito a nossa informação. Este formalismo oco é ainda mais marcado no *Filebo*, onde o Bem é identificado[31] com a Ideia de «medida» ou «média». E quando leio a informação de que Platão, na sua famosa lição «Sobre o Bem», desapontou um público ignorante ao definir o Bem como «a classe do determinado concebido como unidade», é para o público que vai a minha simpatia. Na *República*, Platão diz francamente[32] que não é capaz de explicar o que quer dizer por «o Bem». A única sugestão prática que alguma vez nos dá é a mencionada no princípio do capítulo 4 – de que o bem é tudo o que conserva e o mal tudo o que leva à corrupção e à degeneração. («Bem» não parece ser aqui, no entanto, a Ideia de Bem, antes uma propriedade das coisas que as faz parecer-se com as ideias.) Bem é, por conseguinte, um estado de coisas imutável, parado; é o estado das coisas em repouso.

Isto não parece levar-nos muito para além do totalitarismo político de Platão e a análise da *Ideia de Sabedoria* de Platão leva a resultados igualmente dececionantes. Sabedoria, como vimos, não significa para Platão a perceção socrática das nossas próprias limitações; nem significa o que muitos de nós esperaríamos, um interesse caloroso pelos assuntos humanos e da humanidade e uma compreensão útil deles. Os sábios de Platão, altamente preocupados com os problemas de um mundo superior, «não têm tempo para se debruçar sobre os assuntos dos homens (...); observam e atêm-se ao ordenado e ao temperado». É o tipo apropriado de educação que torna um homem sábio: «As naturezas filosóficas são amantes daquela espécie de aprendizagem que lhes revela uma realidade que existe para sempre e não está sujeita à geração e à degeneração». Não parece que o tratamento da sabedoria por Platão nos possa transportar para além do ideal de travar a mudança.

V

Embora a análise das funções do fundador da cidade não tenha revelado quaisquer elementos éticos novos na doutrina de Platão, mostrou que há uma razão definida para que o fundador da cidade tenha de ser um filósofo. Mas isto não justifica totalmente a exigência da permanente soberania do filósofo. Só explica porque tem o filósofo de ser o primeiro legislador, mas não porque é necessário como governante permanente, em especial porque nenhum dos governantes posteriores deve introduzir qualquer mudança. Para uma completa justificação da exigência de que os filósofos devam governar temos, por conseguinte, de proceder à análise das tarefas ligadas à preservação da cidade.

Sabemos pelas teorias sociológicas de Platão que o Estado, uma vez estabelecido, se manterá estável enquanto não houver qualquer falha na unidade da raça dominante. A educação dessa classe, portanto, é a grande função preservadora do soberano e uma função que tem de perdurar enquanto o Estado existir. Até que ponto justifica isto que o filósofo deva governar? Para responder a esta questão, distingamos outra vez, dentro desta função, entre duas atividades diferentes: a supervisão da educação e a supervisão da criação eugénica.

Porque há de ser o diretor de educação um filósofo? Porque não é suficiente, logo que estejam instalados o Estado e o seu sistema educativo, pôr à cabeça deles um general experiente, um rei-soldado? A resposta de que o sistema educativo tem de fornecer, não só soldados, mas também filósofos e por conseguinte precisa tanto de filósofos como de soldados como supervisores, é obviamente insatisfatória, pois se não fossem necessários filósofos como supervisores da educação e como governantes permanentes, não haveria necessidade de que o sistema educativo os continuasse a produzir. Os requisitos do sistema educativo por si só não podem justificar a necessidade de filósofos no Estado de Platão, nem o postulado de que os governantes devem ser filósofos. Seria diferente, claro, se a educação de Platão tivesse um objetivo individualista, à parte a sua finalidade de servir os interesses do Estado, como por exemplo o fim de desenvolver as faculdades filosóficas por si próprias. Mas quando vemos, como no capítulo precedente, o medo que Platão tinha de permitir tudo o que se assemelhasse a um pensamento independente[33], e quando vemos agora que o supremo objetivo teórico desta educação filosófica era apenas um «conhecimento da Ideia de Bem», incapaz de dar uma explicação eloquente desta Ideia, começamos a perceber que não pode ser esta a explicação. E esta impressão é reforçada se nos lembrarmos do capítulo 4, onde vimos que Platão também exigia restrições na educação «musical» ateniense. A grande importância dada por Platão à educação filosófica dos governantes tem de explicar-se por outras razões – razões que têm de ser puramente políticas.

A principal razão que vejo é a necessidade de aumentar ao máximo a autoridade dos governantes. Se a educação dos auxiliares funcionar devidamente, haverá bons soldados mais do que suficientes. Faculdades militares excecionais podem, por isso, ser insuficientes para estabelecer um autoridade inquestionável e inquestionada. Esta tem de se basear em pretensões superiores. Platão baseia-a na posse de poderes sobrenaturais, místicos, que desenvolve nos seus chefes. Não são como outros homens. Pertencem a outro mundo, comunicam com o divino. Assim, o filósofo-rei parece ser, em parte, um sacerdote-rei tribal, instituição que mencionámos a propósito de Heráclito. (A instituição dos sacerdotes-reis tribais ou curandeiros ou feiticeiros parece ter influenciado também a velha seita pitagórica, com os seus tabus tribais surpreendentemente ingénuos. Ao que parece, foram abandonados na sua maioria antes de Platão. Mas permaneceu a pretensão dos pitagóricos a uma base sobrenatural da sua autoridade.) Assim, a educação filosófica de Platão tem uma clara função política. *Marca os governantes e estabelece uma barreira entre governantes e governados.* (Isto continuou a ser uma função principal do ensino «superior» que perdurou até aos nossos dias.) A sabedoria platónica é adquirida em grande parte com o fim de estabelecer o domínio de uma classe política permanente. Pode ser descrita como «medicamento» político, dando poderes místicos aos seus possuidores, os curandeiros[34].

Mas não pode ser esta toda a resposta à nossa pergunta sobre as funções do filósofo no Estado. Significa, antes, que a pergunta de porque é preciso um filósofo apenas foi deslocada e que teríamos agora de fazer idêntica pergunta sobre as funções políticas práticas do feiticeiro ou do curandeiro. Platão teve com certeza algum objetivo determinado quando congeminou a sua formação filosófica especializada. Temos de procurar a função perma-

O FILÓSOFO-REI

nente do governante, análoga à função temporária do legislador. A única esperança de descobrir tal função parece estar no campo da criação da raça dominante.

VI

A melhor maneira de descobrir porque é necessário um filósofo como governante permanente é fazer a seguinte pergunta: que acontece, segundo Platão, a um Estado que não seja permanentemente governado por um filósofo? Platão deu uma resposta clara a esta pergunta. Se os guardiões do Estado, mesmo de um Estado muito perfeito, desconhecem a tradição pitagórica e o Número platónico, a raça dos guardiões, e com ela o Estado, degeneram necessariamente.

O racismo assume assim no programa político de Platão um papel mais central do que poderíamos esperar à primeira vista. Tal como o Número racial ou nupcial de Platão fornece o contexto da sua sociologia descritiva, «o cenário em que a Filosofia da História de Platão se insere» (como diz Adam), também fornece o cenário da exigência política de Platão da soberania dos filósofos. Depois do que já se disse no capítulo 4 sobre pastores e criadores de gado como pano de fundo do Estado de Platão, talvez não estejamos impreparados de todo para descobrir que o seu *rei* é um rei criador. Mas, para alguns, poderá ser surpreendente que o seu *filósofo* se revele um criador filosófico. A necessidade de uma criação científica, matemático-dialética e filosófica não é o menor dos argumentos por trás da sua pretensão de que a soberania pertença aos filósofos.

Já se mostrou no capítulo 4 como é realçado e elaborado nas partes iniciais da *República* o problema de obter uma raça pura de cães de guarda humanos. Mas até aqui ainda não deparámos com qualquer razão plausível para que só um filósofo verdadeiro e totalmente qualificado haja de ser um criador político competente e bem-sucedido. E, no entanto, como sabe qualquer criador de cães, de cavalos ou de pássaros, uma criação racional é impossível sem um padrão, um objetivo que o guie nos seus esforços, um ideal de que ele possa tentar aproximar-se por métodos de acasalamento e seleção. Sem esse critério nunca poderia decidir que exemplar é «suficientemente bom», nunca poderia falar de

188 | O PROGRAMA POLÍTICO DE PLATÃO

«boa descendência» e «má descendência». Mas este critério corresponde exatamente à Ideia platónica da raça que pretende criar.

Tal como só o verdadeiro filósofo, o dialético, pode ver, segundo Platão, o original divino da cidade, só ele também é capaz de ver esse outro divino original – a Forma ou Ideia de Homem. Só ele é capaz de copiar esse modelo, de o convocar do Céu para a Terra[35], e de o realizar aqui. A Ideia de Homem é uma Ideia régia. Não representa, como alguns pensaram, o que é comum a todos os homens. Não é o conceito universal «homem». É antes o original divino do homem, um super-homem imutável; é um supergrego e um supersenhor. O filósofo tem de tentar realizar na Terra o que Platão descreve como a raça dos «mais constantes, os mais viris e, dentro dos limites do possível, os mais belamente formados dos homens (...) de nobre nascimento e de caráter assombroso»[36]. Há de ser uma raça de homens e mulheres que são «como deuses, se não divinos (...) esculpidos numa beleza perfeita»[37] – uma raça senhorial, destinada por natureza à realeza e ao senhorio.

Vemos que as duas funções fundamentais do filósofo-rei são análogas: tem de copiar o divino original da cidade e tem de copiar o divino original do homem. É o único habilitado, e impelido, «a realizar, quer no indivíduo, quer na cidade, a sua visão celestial»[38].

Podemos compreender agora porque Platão deixa cair a sua primeira insinuação de que é preciso nos seus líderes mais do que mera excelência no mesmo ponto em que pela primeira vez sustenta que os princípios da criação de animais devem aplicar-se à raça dos homens. Somos mais cuidadosos, diz, na criação de animais. «Se não os criásseis assim, não acham que os vossos pássaros ou os vossos cães depressa degenerariam?» Ao inferir disto que o homem deve ser criado com os mesmos cuidados, «Sócrates» exclama: «Deus do céu! (...) Que excelência extraordinária teremos de exigir dos nossos governantes se os mesmos princípios se aplicarem à raça dos homens!»[39] Esta exclamação é significativa; é uma das primeiras sugestões de que os governantes podem constituir uma classe de «extraordinária excelência» com um estatuto e uma preparação próprios; e assim nos prepara para a exigência de que sejam filósofos. Mas o passo é ainda mais significativo na medida em que conduz diretamente à exigência de Platão de que tem de ser dever dos governantes, como médicos

O FILÓSOFO-REI | 189

da raça humana, ministrar mentiras e enganos. As mentira são necessárias, assevera Platão, «para a manada atingir a mais alta perfeição»; pois isto requer «arranjos que devem ser mantidos em segredo de todos menos dos governantes, se quisermos manter a manada dos guardiões realmente livre da desunião». É mesmo neste contexto, aliás, que é feito o apelo (citado acima) aos governantes para que sejam mais corajosos na administração de mentiras como remédios; prepara o leitor para a próxima exigência, considerada de particular importância por Platão. Ele decreta([40]) que os governantes devem fabricar, com o propósito de acasalar os jovens auxiliares, «um engenhoso sistema de sorteio, de modo a que as pessoas que ficarem dececionadas (...) possam queixar--se da sua má sorte e não dos governantes», que devem, secretamente, manipular o sorteio. E imediatamente após este conselho desprezível de fuga à assunção de responsabilidades (ao pô-lo na boca de Sócrates, Platão difama o seu grande mestre), «Sócrates» faz uma sugestão([41]) que cedo é retomada e desenvolvida por Glaucon e que doravante designaremos por Édito de Glaucon. Refiro-me à lei brutal([42]) que impõe a toda a gente, de ambos os sexos, o dever de se submeter, enquanto durar uma guerra, aos desejos do valente: «Enquanto a guerra durar (...) ninguém lhe pode dizer 'Não'. Assim, se um soldado deseja sexualmente quem quer que seja, homem ou mulher, esta lei torná-lo-á mais desejoso de lidar com o prémio da coragem». O Estado, como cuidadosamente se assinala, obterá assim um duplo benefício – mais heróis, devido a este incentivo, e mais heróis devido ao acrescido número de filhos de heróis. (Este último benefício, que é o mais importante da perspetiva de uma política racial a longo prazo, é posto na boca de «Sócrates».)

VII

Não se requer preparação filosófica especial para este tipo de criação. A criação filosófica, no entanto, desempenha o seu principal papel ao contrariar os perigos da degeneração. De forma a combater esses perigos, é preciso um filósofo totalmente qualificado, isto é, que tenha formação em matemáticas puras (incluindo a geometria dos sólidos), astronomia pura, harmonia pura – e em dialética, que é a mais nobre conquista de todas. Só quem

190 | O PROGRAMA POLÍTICO DE PLATÃO

domine os segredos da eugenia matemática, do Número Platónico, pode devolver ao homem, e preservar para ele, a felicidade
de que gozava antes da Queda[43]. Tudo isto tem de ser tido em
conta quando, depois do anúncio do Édito de Glaucon (e depois
de um interlúdio que trata da distinção natural entre gregos e
bárbaros, que corresponde, segundo Platão, à que existe entre
senhores e escravos), se enuncia a doutrina que Platão assinala
como sua exigência política central e mais espetacular – a soberania do filósofo-rei. Só esta exigência pode pôr termo a todos
os males da vida social; ao mal que campeia nos Estados, ou seja,
a instabilidade política, assim como à sua causa mais oculta, o mal
que campeia nos membros da raça dos homens, isto é, a *degeneração racial*. É este o passo[44]:

«Bem», diz Sócrates, «estou pronto a mergulhar agora naquele
tópico que antes comparei à maior de todas as ondas. Mas devo
falar, mesmo prevendo que as minhas palavras vão desencadear
sobre mim um dilúvio de riso. Na verdade, vejo-o agora, esta
mesma onda rebentará sobre a minha cabeça num rugido de gargalhadas e difamação (...)». – «Fora com a história!», diz Glaucon. «A menos» diz Sócrates, «a menos que, nas suas cidades, os
filósofos sejam investidos da força dos reis, ou daqueles a quem
hoje chamamos reis, e os oligarcas se tornem filósofos genuína e
totalmente qualificados e a menos que as duas, a força política e
a filosofia, se fundam (enquanto os muitos que seguem hoje em
dia sua natural inclinação por apenas uma delas sejam suprimidos
pela força), a menos que isto aconteça, meu caro Glaucon, não
pode haver descanso e o mal não cessará de campear nas cidades
– nem, creio eu, na raça dos homens.» (Ao que Kant sabiamente
replicou: «Não é nada provável acontecer que os reis sejam filósofos, ou os filósofos reis; nem seria desejável, visto que a posse
do poder invariavelmente deteriora o livre juízo da razão. É indispensável, todavia, que um rei – ou um povo real, isto é, autogo-
vernado – *não suprima* os filósofos mas lhes deixe o direito de se
exprimirem em público.»[45]

Este importante passo platónico tem sido classificado muito
apropriadamente como a chave de toda a sua obra. As suas últimas palavras, «nem, creio eu, na raça dos homens», são, penso,
um aditamento de importância relativamente menor neste lugar.
É necessário, todavia, comentá-las, visto que o hábito de idealizar
Platão tem levado à interpretação[46] de que Platão fala aqui da

O FILÓSOFO-REI

191

«humanidade», alargando o alcance da sua promessa de salvação das cidades à «humanidade no seu conjunto». Em relação a isto, deve dizer-se que a categoria ética de «humanidade» como algo que transcende a diferença entre nações, raças e classes é de todo estranha a Platão. Na verdade, temos até provas suficientes da hostilidade de Platão ao credo igualitário, uma hostilidade visível na sua atitude para com Antístenes[47], um antigo discípulo e amigo de Sócrates. Antístenes também pertenceu à escola de Górgias, como Alcidamas e Licofronte, cujas teorias igualitárias ele parece ter alargado para uma doutrina da irmandade de todos os homens e do império universal dos homens[48]. Platão ataca este credo na *República* equiparando a desigualdade natural entre gregos e bárbaros à de senhores e escravos; e acontece, por sinal, que este ataque é lançado[49] imediatamente antes do passo crucial que estamos a considerar aqui. Por estas e outras razões[50], parece seguro presumir que Platão, quando fala do mal que campeia na raça dos homens, alude a uma teoria com a qual os seus leitores estariam suficientemente familiarizados neste ponto, designadamente a sua teoria de que o bem-estar do Estado depende, em última análise, da «natureza» dos membros individuais da classe dirigente; e que a sua natureza, e a natureza da sua raça, ou descendência, é ameaçada, por sua vez, pelos males de uma educação individualista e, o que é ainda mais importante, pela degeneração racial. A observação de Platão, com a sua clara alusão à oposição entre o divino repouso e o mal da mudança e da decadência, prenuncia a história do Número e da Queda do Homem[51].

É muito apropriado que Platão aluda ao seu racismo neste passo em que enuncia a sua exigência política mais importante. Pois sem o «filósofo genuíno e totalmente qualificado», formado em todas as ciências que são requisitos da eugenia, o Estado está perdido. Na sua história do Número e da Queda do Homem, Platão conta-nos que um dos primeiros e fatais pecados de omissão cometidos pelos guardiões degenerados será a perda do seu interesse pela eugenia, pela vigilância e controlo da pureza da raça: «Donde serão ordenados dirigentes absolutamente inaptos para a sua tarefa de guardiões, designadamente para vigiar, e testar, os metais das raças (que são tanto as raças de Hesíodo como as vossas), o ouro e a prata e o bronze e o ferro»[52].

É o desconhecimento do misterioso Número nupcial que leva a tudo isso. Mas o Número era sem dúvida uma invenção do pró-

192 O PROGRAMA POLÍTICO DE PLATÃO

prio Platão. (Pressupõe a harmonia pura, que por sua vez pressupõe a geometria sólida, uma ciência nova na época em que a *República* foi escrita.) Vemos assim que ninguém a não ser o próprio
Platão conhecia o segredo, e tinha a chave, da verdadeira ciência
do guardião. Mas isto só pode significar uma coisa. O filósofo-rei
é o próprio Platão e a *República* a reivindicação para ele mesmo do
poder de reinar – o poder que pensava ser-lhe devido, ao reunir
em si próprio, como acontecia, tanto os pergaminhos do filósofo
como os de descendente e herdeiro legítimo de Codro, o mártir,
o último dos reis de Atenas, que, segundo Platão, se sacrificara a si
mesmo «para preservar o reino para os seus filhos».

VIII

Chegados a esta conclusão, muitas coisas que de outra maneira
continuariam sem relação aparente passam a estar ligadas e claras.
Dificilmente se pode duvidar, por exemplo, de que a obra de Platão, cheia de alusões como está a problemas e figuras contempo-
râneas, era entendida pelo seu autor, não tanto como um tratado
teórico, mas como um manifesto político conjuntural. «Cometre-
mos a mais grave das injustiças contra Platão», diz A. E. Taylor,
«se esquecermos que a *República* não é uma mera compilação de
discussões teóricas sobre governo (...) mas um projeto a sério de
reformas práticas avançado por um ateniense (...), inflamado,
como Shelley, pela 'paixão de reformar o mundo'»[53]. Isto é verdade, sem dúvida, e poderíamos ter concluído desta consideração
apenas que ao descrever os seus filósofos-reis Platão deve ter pensado em alguns filósofos seus contemporâneos. Mas na época em
que a *República* foi escrita só havia em Atenas três homens notáveis que podiam alegar ser filósofos: Antístenes, Isócrates e o próprio Platão. Se abordarmos a *República* tendo isto presente, vemos
imediatamente que na discussão das características dos filósofos-
-reis há um passo extenso que é claramente indicado por Platão
como contendo alusões pessoais. Começa[54] com uma referência
inconfundível a uma figura conhecida, concretamente Alcibíades,
e acaba a mencionar abertamente um nome (o de Tiages) e com
uma referência de «Sócrates» a si mesmo[55]. A moral da história
é que apenas muito poucos podem ser descritos como verdadei-

O FILÓSOFO-REI 193

ros filósofos elegíveis para o lugar de filósofo-rei. Alcibíades, de berço nobre, que era do tipo certo, desertou da filosofia, apesar dos esforços de Sócrates para o salvar. Abandonada e indefesa, a filosofia foi reinvidicada por candidatos indignos. Finalmente, «resta apenas um punhado de homens dignos de estar associados à filosofia». Do ponto de vista a que chegámos, teríamos de esperar que os «candidatos indignos» sejam Antístenes e Isócrates e a sua escola (e estes são a mesma gente que Platão exige que seja «suprimida pela força», como diz no passo crucial sobre o filósofo-rei). E, de facto, existem algumas provas independentes que corroboram esta expectativa[56]. De igual modo, devemos esperar que o «punhado de homens dignos» inclua Platão e, talvez, alguns dos seus amigos (Dio, possivelmente); e realmente a continuação deste passo deixa poucas dúvidas de que Platão fala aqui de si próprio: «Quem pertence a este pequeno grupo (...) consegue ver a loucura da maioria e a corrupção geral de todos os assuntos públicos. O filósofo (...) é como um homem numa jaula de animais selvagens. Não partilhará a injustiça da maioria, mas a sua força não será suficiente para continuar sozinho o seu combate, rodeado como está por um mundo de selvagens. Seria morto antes de poder fazer fosse o que fosse pela sua cidade ou pelos seus amigos (...). Tendo ponderado todos estes pontos, calar-se-á e confinará os seus esforços à sua própria obra (...)»[57]. O forte ressentimento que se exprime nestas palavras azedas e muito pouco socráticas[58] marca-as claramente como sendo de Platão. Para uma apreciação completa, todavia, desta confissão pessoal, ela deve ser comparada com o seguinte: «Não está conforme à natureza que o navegador hábil haja de pedir aos navegadores sem preparação que aceitem o seu comando; nem que o homem sábio tenha de esperar à porta dos ricos (...). O procedimento verdadeiro e natural é, sim, que os doentes, sejam ricos ou pobres, se apressem a bater à porta do médico. Do mesmo modo, devem aqueles que precisam de ser governados assediar a porta de quem é capaz de governar e nunca um governante há de pedir-lhes que aceitem o seu governo, se ele alguma coisa vale.» Alguém pode deixar de notar neste passo o eco de um imenso orgulho pessoal? Aqui estou eu, diz Platão, o vosso chefe natural, o filósofo-rei que sabe como governar. Se me querem, têm de vir ter comigo e, se insistirem, pode ser que me torne vosso governante. Mas não sou eu que o vou implorar.

194 | O PROGRAMA POLÍTICO DE PLATÃO

Acreditava ele que viriam? À semelhança de muitas grandes obras de literatura, a *República* mostra sinais de que o seu autor teve esperanças exaltantes e extravagantes de êxito[59], em alternância com períodos de desespero. Às vezes, pelo menos, Platão terá esperado que viriam; que o êxito da sua obra, a fama da sua sabedoria, os traria. Mas outras vezes sentiu que só seriam incitados a atacá-lo furiosamente; de que tudo o que atrairia sobre si próprio era «uma cascata de gargalhadas e difamação» – talvez, até, a morte.

Era ambicioso? Ele queria voar muito alto – chegar a parecer-se com um deus. Penso às vezes se parte do entusiasmo por Platão não se deve ao facto de ter dado expressão a muitos sonhos secretos[60]. Mesmo quando argumenta contra a ambição não podemos deixar de sentir que é ela que o inspira. O filósofo, assegura-nos ele[61], não é ambicioso; embora «destinado a reinar, é quem menos anseia por isso». Mas a razão apresentada é – que o seu estatuto é demasiado alto. Aquele que comungou da divindade pode descer das suas alturas até aos mortais, em baixo, em nome do interesse do Estado. Não anseia por isso; mas como governante natural e salvador, está pronto a acudir. Os pobres mortais precisam dele. Sem ele, o Estado forçosamente perecerá, pois só ele conhece o segredo de como preservá-lo – o segredo de travar a degeneração...

Penso que devemos enfrentar o facto de que por trás da soberania do filósofo-rei está a busca do poder. O belo retrato do soberano é um autorretrato. Quando nos tivermos restabelecido do choque desta descoberta poderemos contemplar com novos olhos esse retrato venerando; e se pudermos fortificar-nos com uma pequena dose da ironia de Sócrates podemos deixar de o achar tão aterrador. Podemos começar a discernir as suas feições humanas, demasiado humanas, mesmo. Podemos começar a sentir até alguma pena de Platão, que teve de contentar-se com estabelecer a primeira cátedra, em vez do primeiro reinado, da filosofia; que nunca conseguiu realizar o seu sonho, a Ideia real que criara à sua própria imagem. Fortificados pela nossa dose de ironia, podemos mesmo encontrar, na história de Platão, uma parecença melancólica com a pequena sátira ingénua e inconsciente do platonismo que é a história do *Dachsund Feio*, de Tono, o *grand danois* que forma a sua senhorial Ideia do «Grande Cão» à sua própria imagem (mas que felizmente acaba por descobrir que o Grande Cão é ele mesmo)[62].

Que monumento da pequenez humana é esta ideia do filósofo-rei. Que contraste entre ela e a simplicidade e humanidade de Sócrates, que alertou o estadista contra o perigo de se deixar deslumbrar pelo seu próprio poder, excelência e sabedoria, e que tentou ensinar-lhe o que mais importa – que todos somos seres humanos frágeis. Que declínio deste mundo de ironia, de razão, de veracidade, para o reino platónico do sábio cujos poderes mágicos o elevam muito acima dos homens comuns; embora não a uma altura suficiente para que prescinda do uso da mentira ou para que não pratique o triste comércio de todos os feiticeiros – a venda de feitiços, de feitiços de criação, a troco do poder sobre os seus semelhantes.

9.

Esteticismo, perfecionismo, utopismo

> *«Para começar, tem de ser tudo arrasado. Toda a nossa maldita civilização tem de desaparecer antes de podermos trazer alguma decência a este mundo.»*
>
> «Mourlan», em *Les Thibault*, de MARTIN DU GARD

Há uma certa abordagem da política intrínseca ao programa de Platão que, a meu ver, é extremamente perigosa. A sua análise é de grande importância prática do ponto de vista de uma engenharia social racional. A abordagem platónica que tenho em mente pode ser descrita como *engenharia utópica*, por oposição a uma outra espécie de engenharia social que considero a única racional e que pode ser designada pelo nome de *engenharia parcelar*. A abordagem utópica é tanto mais perigosa quanto pode parecer a alternativa óbvia a um historicismo absoluto – uma abordagem radicalmente historicista que implica que não podemos alterar o curso da história; ao mesmo tempo, parece ser um complemento necessário de um historicismo menos radical, como o de Platão, que permite a interferência humana.

A abordagem utópica pode ser descrita da seguinte forma. Toda ação racional tem de ter um certo objetivo. É racional na exata medida em que persegue o seu fim conscientemente e consistentemente e determina os seus meios de acordo com esse fim. Escolher o objetivo é, portanto, a primeira coisa que temos a fazer se quisermos agir racionalmente; e temos de ter o cuidado de determinar os nossos fins reais ou últimos, dos quais devemos distinguir claramente os fins intermédios ou parciais, que na verdade são apenas meios, ou passos no caminho para o fim último. Se ignorarmos esta distinção, deixaremos também de perguntar se estes fins parciais têm alguma probabilidade de promover o fim último e, por conseguinte, não agiremos racionalmente. Estes princípios, quando aplicados ao domínio da atividade política, exigem que tenhamos de determinar o nosso fim político último, ou o Estado Ideal, antes de tomar qualquer medida prática. Só quando este fim último tiver sido determinado, pelo menos em traços largos, só quando estivermos na posse de uma coisa parecida com um esquema da sociedade que visamos, só então podemos começar a considerar as melhores maneiras e meios para a sua realização e a delinear um plano prático de ação. São estes os preliminares necessários de qualquer movimento político prático a que se possa chamar racional e em especial da engenharia social.

É esta, em suma, a abordagem metodológica a que chamo engenharia utópica[1]. É convincente e atrativa. De facto, é mesmo o género de abordagem metodológica capaz de atrair todos aqueles indiferentes aos preconceitos historicistas ou que reagem contra eles. Isto só a torna ainda mais perigosa, e tanto mais imperativa a sua crítica.

Antes de proceder à crítica em pormenor da engenharia utópica, desejo traçar o esboço de uma outra abordagem da engenharia social, designadamente, a da engenharia parcelar. É uma abordagem que julgo metodologicamente sólida. O político que adotar este método pode ou não ter presente na ideia um plano da sociedade, pode ou não ter a esperança de que a humanidade concretize um dia um Estado ideal e alcance a felicidade e a perfeição na Terra. Mas terá consciência de que a perfeição, se for de todo alcançável, está muito distante e que cada geração de homens, e portanto também os vivos, tem um direito; talvez não tanto o direito a que os façam felizes, mas o direito a que não os façam infelizes, sempre que isso puder ser evitado. Tem o direito a receber toda a ajuda possível, se sofrerem. O engenheiro para estes casos, consequentemente, adotará o método de procurar e lutar contra os maiores e mais urgentes males da sociedade, em vez de procurar o maior bem último, e lutar por ele[2]. A diferença

ESTETICISMO, PERFECIONISMO, UTOPISMO 199

está longe de ser apenas verbal. Na verdade, é da maior importância. É a diferença entre um método razoável de melhorar a sorte
do homem e um método que, se for realmente experimentado,
pode levar facilmente a um aumento intolerável do sofrimento
humano. É a diferença entre um método que pode ser aplicado
a qualquer momento e um método cuja defesa pode facilmente
tornar-se um meio de adiar continuamente qualquer ação para
uma data posterior em que as condições sejam mais favoráveis.
E é também a diferença entre o único método de melhorar as
coisas que até hoje tem sido realmente bem-sucedido, em toda a
parte e em qualquer época (incluindo a Rússia, como se verá), e
um método que, em toda a parte onde foi tentado, só tem conduzido ao uso da violência em vez da razão, e se não ao seu próprio
abandono, em qualquer caso ao do plano original.

Em favor do seu método, o engenheiro parcelar pode alegar
que um combate sistemático contra o sofrimento e a injustiça e a
guerra tem mais probabilidade de contar com o apoio da aprovação e concordância de muitas pessoas do que a luta pelo estabelecimento de um qualquer ideal. A existência de males sociais, ou seja,
de condições sociais em que muitos homens estão a sofrer, pode
ser comparativamente bem estabelecida. Os que sofrem podem
ajuizar por si próprios e os outros dificilmente podem negar que
não gostariam de estar no lugar deles. É infinitamente mais difícil
raciocinar sobre uma sociedade ideal. A vida social é tão complicada que poucos homens, ou nenhum, podem avaliar um plano
de engenharia social em grande escala: se é praticável, se resultará
numa verdadeira melhoria, que espécie de sofrimentos implicará
e quais podem ser os meios de o realizar. Em contrapartida, os
planos de engenharia parcelar são comparativamente simples.
São planos para instituições singulares, para seguros de saúde e
desemprego, por exemplo, ou tribunais arbitrais, ou orçamentos
antidepressão([3]), ou reformas educativas. Se correrem mal, o pre-
juízo não é muito grande, nem muito difícil o reajustamento. São
menos arriscados e, por isso mesmo, menos controversos. Mas se é
mais fácil chegar a um acordo razoável sobre os males existentes e
os meios de os combater do que sobre um bem ideal e os meios da
sua realização, então também há mais esperança de que usando
este método casuístico possamos superar a maior dificuldade
prática de qualquer reforma política razoável, designadamente o
uso da razão, em vez da paixão e da violência, na execução do

seu programa. Haverá uma possibilidade de alcançar um compromisso razoável e, assim, de conseguir a melhoria por métodos democráticos. («Compromisso» é uma palavra feia, mas é importante que aprendamos o seu uso apropriado. As *instituições* são inevitavelmente o resultado de um compromisso com as circunstâncias, com os interesses, etc., embora como *pessoas* devamos resistir a influências deste género.)

Em contraponto a isto, a tentativa utópica de realizar um Estado ideal, usando um plano da sociedade como um todo, é de um género que exige o forte governo centralizado de uns poucos e que por conseguinte tem grande probabilidade de levar à ditadura[4]. Considero isto uma crítica da abordagem utópica, pois já tentei demonstrar, no capítulo sobre o Princípio da Liderança, que um governo autoritário é a menos recomendável forma de governo. Alguns pontos que não foram abordados nesse capítulo proporcionam-nos argumentos ainda mais diretos contra a abordagem utópica. Uma das dificuldades que um ditador benévolo enfrenta é descobrir se os efeitos das suas medidas estão de acordo com as suas boas intenções (como Tocqueville percebeu claramente há mais de cem anos[5]) A dificuldade nasce do facto de o autoritarismo desencorajar forçosamente a crítica; por conseguinte, não chegarão facilmente aos ouvidos do ditador benevolente quaisquer queixas sobre as medidas que tomou. Mas sem esse género de controlo dificilmente pode descobrir se as suas medidas alcançam os desejados fins benevolentes. A situação pode revelar-se ainda pior para o engenheiro utópico. A reconstrução da sociedade é uma grande empresa que tem de causar grandes inconvenientes a muitos e por período de tempo considerável. Consequentemente, o engenheiro utópico tem de ser surdo a muitas reclamações; na verdade, será parte da sua função calar as queixas desrazoáveis. (Dirá, como Lenine, «Não se pode fazer omeletes sem partir ovos».) Mas com isso silenciará invariavelmente também muitas críticas razoáveis. Outra dificuldade da engenharia utópica está relacionada com o *problema da sucessão do ditador*. Mencionei no capítulo 7 alguns aspetos deste problema. A engenharia utópica levanta uma dificuldade análoga, mas ainda mais séria do que aquela que enfrenta o tirano benevolente que tenta encontrar um sucessor igualmente benevolente (ver nota 25 do capítulo 7). A própria envergadura de tal empresa utópica torna improvável que seja realizada durante a vida de um enge-

ESTETICISMO, PERFECIONISMO, UTOPISMO | 201

nheiro social, ou de um grupo de engenheiros. E se os sucessores não perseguirem o mesmo ideal, então todos os sofrimentos do povo em nome desse ideal podem ter sido em vão. Uma generalização deste argumento leva a novas críticas da abordagem utópica. Esta abordagem, é evidente, só pode ter valor prático se partirmos do princípio que o plano original, com alguns ajustamentos talvez, se mantém a base de todo o trabalho até ele ter sido completado. Mas isto levará algum tempo. Será um tempo de revoluções, tanto políticas como espirituais, e de novas experimentações e experiência no campo político. É de esperar, por conseguinte, que mudarão ideias e ideais. O que tinha parecido o Estado ideal às pessoas que criaram o plano pode não o parecer aos seus sucessores. Se se reconhecer que assim é, toda a abordagem cai por terra. O método de começar por estabelecer um objetivo político último e depois começar a caminhar em direção a ele é fútil se admitirmos que o objetivo pode ser consideravelmente alterado durante o processo da sua realização. Pode concluir-se a qualquer momento que os passos tomados até então nos afastam da realização do novo objetivo. E se mudarmos de direção de acordo com o novo objetivo, então expomo-nos outra vez ao mesmo risco. A despeito de todos os sacrifícios já feitos, podemos não chegar a parte alguma. Aqueles que preferem um passo em direção a um ideal distante em vez de um compromisso casuístico deveriam sempre lembrar-se de que se o ideal for muito distante pode mesmo tornar-se difícil dizer se o passo dado foi em direção a ele ou dele nos afasta. Isto é especialmente verdade se o curso tomado proceder em ziguezague ou, no jargão de Hegel, «dialeticamente», ou se não for de todo planeado claramente. (Isto aplica-se à pergunta antiga e um tanto infantil de até que ponto os fins podem justificar os meios. Além de defender que nenhum fim pode alguma vez justificar todos os meios, penso que um fim bastante concreto e realizável pode justificar medidas temporárias que um ideal mais distante nunca poderia([6]).)

Vemos agora que a abordagem utópica só pode ser salva pela crença platónica num ideal absoluto e imutável, juntamente com duas outras condições, designadamente *(a)* que há métodos racionais para determinar de uma vez por todas qual é esse ideal, e *(b)* quais os melhores meios para a sua realização. Só tão ambiciosos pressupostos poderiam impedir-nos de declarar a metodologia utópica absolutamente fútil. Mas até o próprio Platão e os platónicos mais ardorosos admitiriam que *(a)* certamente não é verdade; que não há um método racional de determinar o objetivo último, mas, quando muito, apenas uma espécie de intuição. Na ausência de métodos racionais, qualquer diferença de opinião entre os engenheiros utópicos deve por conseguinte levar ao uso do poder em vez da razão, isto é, à violência. Se chegar a ser feito algum progresso em qualquer direção definida, sê-lo-á apesar do método adotado e não por causa dele. O êxito poder-se-á dever, por exemplo, à excelência dos líderes; mas nunca devemos esquecer que os líderes excelentes não são produto de métodos racionais, apenas da sorte.

É importante compreender corretamente esta crítica. Não estou a criticar o ideal, alegando que um ideal nunca pode ser realizado, que terá de permanecer sempre uma utopia. Não seria uma crítica válida, pois já foram realizadas muitas coisas que em tempos haviam sido consideradas dogmaticamente irrealizáveis, como por exemplo o estabelecimento de instituições para garantir a paz civil, isto é, para a prevenção do crime *no interior* do Estado; e penso que, por exemplo, o estabelecimento de instituições correspondentes para a prevenção do crime internacional, isto é, da agressão armada ou da chantagem, muitas vezes rotuladas de utópicas, não é sequer um problema muito complicado[7]. O que critico com o nome de engenharia utópica recomenda a reconstrução da sociedade no seu todo, ou seja, mudanças muito amplas cujas consequências práticas são difíceis de calcular dadas as nossas experiências limitadas. Pretende planear racionalmente para toda a sociedade, embora não tenhamos nem de longe o conhecimento factual que seria necessário para concretizar essa ambiciosa promessa. Não podemos possuir esse conhecimento, dado que a nossa experiência prática nesse tipo de planeamento é insuficiente e o conhecimento dos factos tem de se basear na experiência. Atualmente, o conhecimento sociológico necessário para uma engenharia em larga escala é simplesmente inexistente.

Perante esta crítica, é provável que o engenheiro utópico admita a necessidade de experiência prática e de uma tecnologia social baseada em experiências práticas. Mas argumentará que nunca saberemos mais sobre estas questões se recuarmos perante a realização das experiências sociais, as únicas que nos podem fornecer a experiência prática necessária. E poderá acrescentar que

ESTETICISMO, PERFECIONISMO, UTOPISMO

a engenharia utópica não é mais do que a aplicação do método experimental à sociedade. As experiências não podem ser levadas a cabo sem implicar amplas mudanças. Têm de ser numa vasta escala devido ao caráter peculiar da sociedade moderna, com as suas grandes massas de gente. Uma experiência de socialismo, por exemplo, confinada a uma fábrica, ou a uma aldeia, ou mesmo a um distrito, nunca nos daria o género de informação realista que tão urgentemente necessitamos.

Estes argumentos em favor da engenharia utópica exibem um preconceito que é tão amplamente partilhado quanto insustentável, designadamente, o preconceito de que as experiências sociais têm de ser em «vasta escala», que têm de envolver toda a sociedade se hão de ser levadas a cabo em condições realistas. Mas as experiências sociais parcelares podem ser levadas a cabo em condições realistas, no seio da sociedade, a despeito de serem em «pequena escala», ou seja, sem revolucionar toda a sociedade. Na verdade, estamos sempre a fazer experiências deste género. A introdução de um novo seguro, de uma nova espécie de imposto, de uma nova reforma penal, são tudo experiências sociais que têm as suas repercussões por toda a sociedade sem remodelar a sociedade no seu conjunto. Mesmo uma pessoa que abre uma loja nova, ou que reserva um bilhete para o teatro, está a levar a cabo uma espécie de experiência social em pequena escala; e todo o nosso conhecimento das condições sociais se baseia na experiência adquirida com experiências deste tipo. O engenheiro utópico a que nos opomos tem razão quando sublinha que uma experiência de socialismo pouco valor teria se fosse efetuada em condições laboratoriais como, por exemplo, numa aldeia isolada, visto que aquilo que queremos saber é como as coisas correm na sociedade em condições sociais normais. Mas este mesmo exemplo mostra onde está o preconceito do engenheiro utópico. Ele está convencido de que devemos remodelar toda a estrutura da sociedade quando fazemos experiências com ela; e por conseguinte, só pode conceber uma experiência mais *modesta* se for igualmente uma remodelação de toda a estrutura de uma *pequena* sociedade. Mas o género de experiência com que mais podemos aprender é a alteração de uma instituição social de cada vez. Pois só assim podemos aprender como inserir cada instituição no quadro de outras instituições e como as ajustar de modo a que funcionem de acordo com as nossas intenções. E só assim podemos cometer erros, e

204 | O PROGRAMA POLÍTICO DE PLATÃO

aprender com os nossos erros, sem nos arriscarmos a repercussões de uma gravidade tal que ponha em perigo a vontade de futuras reformas. Além disso, o método utópico leva necessariamente a um apego dogmático perigoso ao plano pelo qual já se fizeram sacrifícios incontáveis. Criaram-se necessariamente interesses poderosos dependentes do êxito da experiência. Nada disto contribui para a racionalidade, ou para o valor científico da experiência. Mas o método parcelar permite experiências repetidas e reajustamentos contínuos. Na verdade, pode levar à feliz situação em que os políticos comecem a ter cuidado com os seus próprios erros em vez de tentarem arranjar desculpas e provar que tinham razão. Isto – e não o planeamento utópico ou a profecia histórica – é que significaria a introdução do método científico na política, visto que todo o segredo do método científico está na disposição para aprender com os erros[8].

Estas opiniões podem ser corroboradas, creio eu, pela comparação entre a engenharia social e, por exemplo, a engenharia mecânica. O engenheiro utópico alegará com certeza que os engenheiros mecânicos até fazem algumas vezes esquemas completos de maquinaria muito complexa e que esses esquemas podem abranger e planear antecipadamente não só determinado tipo de maquinaria, mas até toda a fábrica que a há de produzir. A minha resposta seria que o engenheiro mecânico pode fazer tudo isto porque tem à sua disposição experiência suficiente, isto é, teorias desenvolvidas por tentativa e erro. Mas isto significa que pode planear porque já cometeu toda a espécie de erros; ou, por outras palavras, porque se apoia na experiência que ganhou pela aplicação de métodos casuísticos. A sua nova maquinaria é resultado de muitos pequenos melhoramentos. Começa normalmente por ter um modelo e só depois de muitos ajustamentos de pormenor às suas várias partes passa para uma fase em que poderá desenhar os seus esquemas finais para a respetiva produção. De igual modo, o plano de produção da sua máquina incorpora muitas experiências, designadamente melhoramentos pontuais feitos noutras fábricas. O método global ou em larga escala só funciona onde o método parcelar nos forneceu primeiro muitas experiências detalhadas e mesmo então só no campo dessas experiências. Poucos fabricantes estariam preparados para se lançar na produção de um novo motor com base apenas num plano, mesmo que tivesse sido desenhado pelo maior dos peritos, sem ter feito primeiro um modelo e o ter «desenvolvido» o mais possível por meio de pequenos ajustamentos.

É talvez útil confrontar esta crítica do Idealismo Platónico na política com a crítica de Marx ao que chama «Utopismo». O que é comum à crítica de Marx e à minha é que ambas exigem mais realismo. Ambos acreditamos que os planos utópicos nunca serão concretizados como foram concebidos porque praticamente nenhuma ação social alguma vez produz o resultado esperado. (Isto, na minha opinião, não invalida a abordagem parcelar, porque aqui podemos aprender, ou melhor, devemos aprender – e mudar de opinião enquanto agimos.) Mas há muitas diferenças. Ao argumentar contra o utopismo, Marx condena com efeito toda a engenharia social – um ponto raramente compreendido. Ele denuncia a fé num planeamento racional das instituições sociais como absolutamente irrealista, visto que a sociedade tem de evoluir de acordo com as leis da história e não segundo os nossos planos racionais. Tudo o que podemos fazer, assevera, é minorar as dores de parto dos processos históricos. Por outras palavras, adota uma atitude radicalmente historicista, oposta a qualquer engenharia social. Mas há um elemento no Utopismo que é particularmente característico da abordagem de Platão e a que Marx não se opõe, embora talvez seja o mais importante dos elementos que eu ataquei como irrealistas. É o alcance do Utopismo, a sua tentativa de lidar com a sociedade como um todo, sem deixar pedra sobre pedra. É a convicção de que temos de chegar à própria raiz do mal social, de que só a completa erradicação do sistema social culpado será suficiente se queremos «trazer alguma decência a este mundo» (como diz Martin du Gard). É, em poucas palavras, um *radicalismo* intransigente. (O leitor notará que estou a usar o termo no seu sentido original e literal – não no sentido agora habitual de «progressismo», mas para caracterizar a atitude de «ir à raiz do problema».) Tanto Platão como Marx sonham com a revolução apocalíptica que vai transfigurar todo o mundo social.

Este alcance, este extremo radicalismo da abordagem platónica (e também do marxismo), está, creio eu, ligado ao seu esteticismo, isto é, ao desejo de construir um mundo que não seja somente um bocadinho melhor e mais racional do que o nosso, mas sim livre de toda a sua fealdade: não uma manta de retalhos desordenada, uma velha roupagem mal remendada, mas um vestido inteiramente novo, um novo mundo realmente belo[9].

Este esteticismo é uma atitude muito compreensível; na verdade, acredito que todos nós sofremos um pouco desses sonhos de perfeição. (Algumas das razões por que é assim emergirão, espero, no próximo capítulo.) Mas este entusiasmo estético só se torna valioso se refreado pela razão, pela noção da responsabilidade e pelo desejo humanitário de ajudar. De outra forma, é um entusiasmo perigoso, sujeito a evoluir para uma forma de neurose ou histeria.

Em parte alguma encontramos este esteticismo expresso mais fortemente do que em Platão. Platão era um artista; e como muitos dos melhores artistas, tentava visualizar um modelo, o «divino original» da sua obra, e «copiá-lo» fielmente. Grande parte das citações dadas no capítulo anterior ilustram este ponto. O que Platão designa por dialética é, no fundo, a intuição intelectual de um mundo de pura beleza. Os seus filósofos habilitados são homens que «viram a verdade do que é belo e justo e bom»[10], e são capazes de a fazer descer do Céu à Terra. A política, para Platão, é a Arte Régia. É uma arte – não no sentido metafórico em que podemos falar da arte de lidar com os homens, ou da arte de conseguir resultados, mas no sentido mais literal da palavra. É uma arte de composição, como a música, a pintura ou a arquitetura. O político de Platão compõe cidades, por mor da beleza.

Mas aqui tenho de protestar. Não aceito que se faça de vidas humanas o meio de satisfazer o desejo de autoexpressão de um artista. Devemos exigir, antes, que seja dado a cada homem, se assim o desejar, o direito a moldar ele próprio a sua vida, até ao ponto em que isso não interfira excessivamente com os outros. Por muito que simpatize com o impulso estético, sugiro que o artista procure outros materiais para se exprimir. A política, sustento eu, deve defender princípios igualitários e individualistas; os sonhos de beleza têm de subordinar-se à necessidade de ajudar os homens em dificuldade e os homens que sofrem injustiças e à necessidade de edificar instituições que sirvam essas finalidades[11].

É interessante observar a estreita relação que existe entre o radicalismo absoluto de Platão, a exigência de medidas de grande alcance, e o seu esteticismo. Os passos seguintes são muito característicos. Falando do «filósofo que está em comunhão com o divino», Platão refere primeiro que será «dominado pela urgência (...) de realizar a sua visão celestial nos indivíduos assim como

ESTETICISMO, PERFECIONISMO, UTOPISMO

na cidade» –, uma cidade que «nunca conhecerá a felicidade a não ser que os seus desenhadores sejam artistas que têm o divino como modelo». Interrogado sobre os pormenores da sua arte de desenhar, o «Sócrates» de Platão dá esta resposta impressionante: «Tomarão para sua tela a cidade e os carateres dos homens e, antes de mais nada, *limparão a sua tela* – o que não é de modo algum tarefa fácil. Mas, sabem, este é justamente o ponto em que diferirão de todos os outros. Não começarão a trabalhar numa cidade nem num indivíduo (nem elaborarão leis) a não ser que lhes seja dada uma tela limpa, ou se eles próprios a tiverem limpado.» ([12])

O tipo de coisa que Platão tem em mente quando fala de limpar telas é explicado pouco depois. «Como pode isso ser feito?», pergunta Glaucon. «Todos os cidadãos com mais de dez anos», responde Sócrates, «têm de ser expulsos da cidade e deportados para um sítio qualquer no interior e devemos tomar conta das crianças que ficam assim livres da influência dos costumes e hábitos dos pais. Têm de ser educados nos modos [da verdadeira filosofia] e de acordo com as leis que descrevemos.» (Os filósofos não devem, claro, contar-se entre os cidadãos: ficam como educadores, tal como, presumivelmente, todos os não-cidadãos que os têm de servir.) No mesmo espírito, diz Platão, no *Político,* dos governantes reais que governem de acordo com a Régia Ciência do Governo: «Quer governem por leis quer sem lei, sobre súbditos aquiescentes ou não; (...) e quer purguem o Estado para bem dele matando ou deportando [ou «banindo»] alguns dos seus cidadãos (...) – desde que procedam de acordo com a ciência e a justiça e preservem (...) o Estado e o tornem melhor do que era, tal forma de governo tem de ser declarada a única que é justa.»

É desta maneira que deve proceder o artista-político. É isto que significa limpar a tela. Tem de erradicar as instituições e tradições existentes. Tem de purificar, purgar, expulsar, banir, e matar. («Liquidar» é o terrível termo moderno para isto.) A declaração de Platão é na verdade uma descrição autêntica da atitude intransigente de todas as formas de radicalismo total – da recusa de qualquer compromisso do esteticista. A opinião de que a sociedade deve ser bela como uma obra de arte leva muito facilmente a medidas violentas. Mas todo este radicalismo e toda esta violência é ao mesmo tempo irrealista e fútil. (Isto foi bem mostrado pelo exemplo da evolução da Rússia. Depois da derrocada económica a que conduzira a limpeza da tela pelo chamado «comunismo de guerra», Lenine introduziu a «Nova Política Económica» [NEP], na realidade uma espécie de engenharia parcelar, embora sem a formulação consciente dos seus princípios ou de uma tecnologia. Começou por restaurar muitos dos aspetos do quadro que haviam sido erradicados à custa de tanto sofrimento humano. Foram reintroduzidos o dinheiro, os mercados, a diferenciação dos rendimentos e a propriedade privada – durante algum tempo até a iniciativa privada na produção – e só depois desta base ter sido restabelecida é que começou um novo período de reformas.([13]))

Para criticar os fundamentos do radicalismo estético de Platão podemos distinguir dois pontos diferentes.

O primeiro é este. O que algumas pessoas têm em mente quando falam do nosso «sistema social» e da necessidade de o substituir por um outro «sistema» é muito parecido com um quadro pintado numa tela que tem de ser apagado antes de se poder pintar um novo. Mas há grandes diferenças. Uma delas é que o pintor e os que colaboram com ele, bem como as instituições que tornam a sua vida possível, os seus sonhos e planos para um mundo melhor e os seus padrões de decência e moralidade, tudo faz parte do sistema social, isto é, da pintura que há de ser apagada. Se realmente limpassem a tela teriam de se destruir a si próprios e aos seus planos utópicos. (E o que se seguiria seria provavelmente não uma bela cópia de um ideal platónico, mas sim o caos.) O artista político clama, como Arquimedes, por um lugar fora do mundo social onde possa assumir uma posição que lhe permita usar uma alavanca para o tirar dos gonzos. Mas esse lugar não existe; e o mundo social tem de continuar a funcionar durante qualquer reconstrução. É esta a simples razão pela qual temos de reformar as instituições pouco a pouco até termos mais experiência na engenharia social.

Isto leva-nos ao segundo, e mais importante, ponto, ao irracionalismo intrínseco ao radicalismo. Em todas as matérias, só podemos aprender por tentativa e erro, fazendo erros e correções. Nunca podemos confiar na inspiração, embora as inspirações possam ser muito valiosas desde que temperadas pela experiência. Por conseguinte, *não é razoável presumir que uma reconstrução completa do nosso mundo social conduziria de imediato a um sistema funcional.* Deveríamos, antes, esperar que, devido à falta de experiência, se cometeriam muitos erros que só poderiam ser eliminados por um longo

ESTETICISMO, PERFECIONISMO, UTOPISMO

e laborioso processo de pequenos ajustamentos; por outras palavras, pelo método racional da engenharia parcelar cuja aplicação advogamos. Mas os que não gostam deste método por ser insuficientemente radical teriam de tornar a apagar a sua sociedade acabada de construir para começar de novo com uma tela limpa, e visto que o novo começo, pelas mesmas razões, também não levaria à perfeição, teriam de repetir este processo sem alguma vez chegar a qualquer lado. Quem reconhece isto e está disposto a adotar o nosso método mais modesto de melhorias casuísticas, mas só depois de uma primeira limpeza radical da tela, dificilmente pode escapar à crítica de que as suas primeiras medidas extensas e violentas terão sido bastante desnecessárias.

Esteticismo e radicalismo levam-nos necessariamente a alijar a razão e a substituí-la pela expectativa desesperada de milagres políticos. Esta atitude irracional que emana da ebriedade com sonhos de um mundo maravilhoso é aquilo a que chamo Romantismo[14]. Pode procurar a sua cidade celestial no passado ou no futuro; pode pregar o «regresso à natureza» ou «a marcha em frente para um mundo de amor e beleza», mas apela sempre às nossas emoções, mais do que à nossa razão. Mesmo com as melhores intenções de realizar o Céu na Terra só consegue fazer dela um inferno – aquele género de inferno que só o homem é capaz de preparar para os seus semelhantes.

O PANO DE FUNDO
DO ATAQUE DE PLATÃO

10.

A sociedade aberta e os seus inimigos

Ele restituir-nos-á à nossa natureza original e curar-
-nos-à e tornar-nos-á felizes e abençoados.

PLATÃO

Ainda falta qualquer coisa à nossa análise. A tese de que o programa político de Platão é puramente totalitário e as objeções a esta tese que foram tratadas no capítulo 6, levaram-nos a examinar o papel desempenhado no seio deste programa por ideias morais como Justiça, Sabedoria, Verdade e Beleza. O resultado deste exame foi sempre o mesmo. Descobrimos que essas ideias desempenham um papel importante, mas não levam Platão além do totalitarismo e do racismo. Falta-nos ainda, todavia, examinar uma dessas ideias: a de Felicidade. Talvez se lembrem de que citámos Crossman a propósito da crença de que o programa político de Platão é fundamentalmente um «plano para a construção de um Estado perfeito em que cada cidadão seja realmente feliz» e que caracterizei esta crença como uma relíquia da tendência para idealizar Platão. Se fosse desafiado a justificar a minha opinião não teria muita dificuldade em apontar que o tratamento platónico da felicidade é exatamente análogo ao seu tratamento da justiça e, especialmente, que se baseia na mesma crença de que a sociedade está «por natureza» dividida em classes ou castas. A verdadeira felicidade[1], insiste Platão, só se alcança pela justiça, ou seja, com cada um a manter-se no seu lugar. O governante tem de encontrar a felicidade no governar, o guerreiro no guerrear, e, devemos concluir, o escravo na sua escravidão. Além disto, Platão diz muitas vezes que aquilo que visa não é a felicidade dos indivíduos nem a de qualquer classe específica do Estado, apenas a felicidade do todo e isto, argumenta, não é mais do que o resultado do reinado de uma justiça que já mostrei ser de caráter totalitário. Que apenas esta justiça pode conduzir à verdadeira felicidade é uma das principais teses da *República*.

Perante tudo isto, parece uma interpretação consistente e dificilmente refutável deste material apresentar Platão como um empenhado político totalitário, malsucedido nas suas iniciativas práticas e imediatas, mas a longo prazo por demais bem--sucedido[2] na sua propaganda a favor da suspensão e derrube de uma civilização que detestava. Mas basta pôr a questão nestes termos contundentes para sentir que há algo muito errado nesta interpretação. Foi, pelo menos, o que senti quando a formulei assim. Senti não tanto, talvez, que fosse falsa, mas que tinha falhas. Comecei, por conseguinte, à procura de provas que refutassem esta interpretação[3]. No entanto, em todos os pontos, exceto um, esta tentativa de refutar a minha interpretação não teve qualquer êxito. O novo material só tornou ainda mais manifesta a identidade entre platonismo e totalitarismo.

O único ponto em que senti que a minha busca de refutação fora bem-sucedida referia-se ao ódio de Platão pela tirania. Havia sempre, é claro, a possibilidade de explicar que nada significava. Teria sido fácil dizer que a sua condenação da tirania era mera propaganda. O totalitarismo professa amiúde o amor pela «verdadeira» liberdade e o elogio da liberdade por Platão, em contraposição à tirania, soa exatamente como este amor proclamado. Não obstante, senti que algumas observações suas sobre a tirania[4], que serão mencionadas mais adiante neste capítulo, eram sinceras. O facto de, é claro, «tirania» significar normalmente, no tempo de Platão, uma forma de governo baseada no apoio das massas permitia alegar que o ódio de Platão à tirania era coerente com a minha interpretação inicial. Mas senti que isto não eliminava a necessidade de modificar a minha interpretação. Mas senti também que a simples ênfase na sinceridade fundamental de Platão estava longe de ser suficiente para concretizar esta modificação. Não havia ênfase que compensasse a impressão geral. Era preciso um novo quadro, que teria de incluir a crença sincera de Platão na sua missão de curandeiro do corpo social, doente, bem como o facto de que percebera com mais clareza do que ninguém antes ou depois dele o que estava a acontecer à sociedade grega. Visto que a tentativa de rejeitar a identidade entre platonismo e totalitarismo não melhorara o quadro, vi-me obrigado finalmente a modificar a minha interpretação do próprio totalitarismo. Por outras palavras, a minha tentativa de compreender Platão por analogia com o totalitarismo moderno levou-me, para minha própria surpresa, a modificar a minha visão do totalitarismo. Não alterou a minha hostilidade, mas levou-me a ver que, em última análise, a força dos movimentos totalitários, tanto velhos como novos, assentava no facto de tentarem dar resposta a uma necessidade muito verdadeira, por mais mal concebido que tivesse sido o intento.

À luz da minha nova interpretação, parece-me que a declaração que Platão faz do seu desejo de tornar felizes o Estado e os seus cidadãos não é mera propaganda. Estou pronto a admitir a sua benevolência fundamental([5]). Admito também que tinha razão, em certa medida, na análise sociológica em que baseava a sua promessa de felicidade. Para ser mais preciso quanto a este ponto: acredito que Platão, com uma profunda argúcia sociológica, verificou que os seus contemporâneos estavam sujeitos a imensa tensão e que esta tensão se devia à revolução social que começara com a ascensão da democracia e do individualismo. Conseguiu descobrir as principais causas da sua infelicidade profundamente enraizada – a mudança social e a discórdia social – e fez o seu melhor para as combater. Não há razão para duvidar de que um dos seus mais poderosos motivos foi reconquistar a felicidade para os cidadãos. Por motivos discutidos mais adiante neste capítulo, estou convencido de que o tratamento médico-político que recomendou, a suspensão da mudança e o regresso ao tribalismo, era totalmente errado. Mas a recomendação, embora não praticável como terapia, atesta a capacidade de diagnóstico de Platão. Mostra que ele sabia o que estava mal, que percebia a pressão, a infelicidade, em que labutavam as pessoas, embora tenha errado na sua alegação fundamental de que se os levasse de volta ao tribalismo minimizaria a tensão e restauraria a felicidade deles.

É minha intenção dar neste capítulo uma panorâmica muito breve do material histórico que me induziu a ter estas opiniões. No último capítulo do livro o leitor encontrará umas quantas

216 | O PANO DE FUNDO DO ATAQUE DE PLATÃO

observações críticas sobre o método adotado, o da interpretação histórica. Basta-me dizer aqui, portanto, que não reivindico caráter científico para este método, visto que os testes de uma interpretação histórica nunca podem ser tão rigorosos como os de uma hipótese vulgar. A interpretação é principalmente um *ponto de vista*, cujo valor assenta na sua fecundidade, no seu poder de elucidar o material histórico, de nos levar a encontrar novos materiais e de nos ajudar a racionalizá-los e unificá-los. O que vou dizer aqui não tem, por conseguinte, a pretensão de ser uma asserção dogmática, por muito ousadamente que talvez possa por vezes exprimir as minhas opiniões.

I

A nossa civilização ocidental tem origem nos Gregos. Foram, ao que parece, os primeiros a dar o passo do tribalismo para o humanitarismo. Consideremos o que isto significa.

A primitiva sociedade tribal grega assemelha-se, em muitos aspetos, à de povos como os polinésios, os Maoris, por exemplo. Pequenos bandos de guerreiros, que vivem habitualmente em povoamentos fortificados, governados por chefes ou reis tribais ou por famílias aristocráticas, combatiam-se entre si tanto no mar como em terra. Havia, é claro, muitas diferenças entre os modos de vida grego e polinésio, pois é evidente que não existe uniformidade no tribalismo. Não há um «modo de vida tribal» padronizado. Parece-me, todavia, que podemos encontrar algumas características na maioria destas sociedades tribais, se não em todas. Refiro-me à sua atitude mágica ou irracional em relação aos costumes da vida social e à correspondente rigidez desses costumes.

A atitude mágica em relação aos costumes sociais já tem sido discutida. O seu elemento principal é a falta de distinção entre as regularidades costumeiras ou convencionais da vida social e as regularidades encontradas na «natureza»; e isto anda muitas vezes a par da crença de que ambas são impostas por uma vontade sobrenatural. A rigidez dos costumes sociais é apenas, provavelmente, na maior parte dos casos, um outro aspeto da mesma atitude. (Há algumas razões para crer que este aspeto é ainda mais primitivo e que a crença sobrenatural é uma espécie de racionalização do medo de mudar uma rotina – um medo que encontra-

A SOCIEDADE ABERTA E OS SEUS INIMIGOS | 217

mos nas crianças muito pequenas.) Quando falo da rigidez do tribalismo não quero dizer que não ocorrem mudanças no modo de vida tribal. Quero, sim, dizer que as mudanças comparativamente infrequentes têm um caráter de conversão, ou repulsa, religiosa ou de introdução de novos tabus mágicos. Não se baseiam numa tentativa racional para melhorar as condições sociais. À parte essas mudanças – que são raras –, os tabus regulam rigidamente e dominam todos os aspetos da vida. Não deixam muitas escapatórias. Nessa forma de vida há poucos problemas e nada realmente equivalente a problemas morais. Não quero dizer que um membro de uma tribo não precise de muita coragem e resistência para agir de acordo com os tabus. O que quero dizer é que raramente se verá na posição de duvidar como atuar. O modo correto está sempre determinado, embora haja dificuldades que tenham de ser ultrapassadas para o seguir. É determinado por tabus, por instituições mágicas tribais que nunca podem ser objeto de apreciação crítica. Nem sequer um Heráclito distingue claramente entre as leis institucionais da vida tribal e as leis da natureza; ambas são consideradas como tendo o mesmo caráter mágico. Baseadas na tradição coletiva tribal, as instituições não deixam lugar para a responsabilidade pessoal. Os tabus que estabelecem qualquer forma de responsabilidade de grupo podem ser os precursores daquilo a que chamamos responsabilidade pessoal, mas são fundamentalmente diferentes dela. Não se baseiam num princípio razoável de responsabilidade, antes em ideias mágicas, tais como a ideia de apaziguar as forças do destino.

Sabe-se como muito disto ainda sobrevive. Os nossos próprios modos de vida ainda estão impregnados de tabus; tabus alimentares, tabus de cortesia e muitos outros. E todavia há algumas diferenças importantes. No nosso modo de vida, há, entre as leis do Estado, por um lado, e os tabus que observamos habitualmente, por outro, um campo sempre mais vasto de decisões pessoais, com os seus problemas e responsabilidades. E sabemos da importância deste campo. Há decisões pessoais que podem levar à alteração de tabus e até de leis políticas que já não são tabus. A grande diferença é a possibilidade de reflexão racional sobre estas matérias. A reflexão racional começa, de certa maneira, com Heráclito([6]). Com Alcméon, Phaleas e Hipodamo, com Heródoto e os sofistas, a procura da «melhor constituição» assume, gradualmente, o caráter de um problema que pode ser discutido racionalmente.

E no nosso próprio tempo, muitos de nós tomamos decisões racionais a respeito da desejabilidade ou não de nova legislação e de outras mudanças institucionais, ou seja, decisões baseadas numa estimativa de consequências possíveis e na preferência consciente por algumas delas. Reconhecemos uma responsabilidade pessoal racional.

No que se segue, a sociedade mágica ou tribal ou coletivista será também designada por *sociedade fechada* e a sociedade em que os indivíduos são confrontados com decisões pessoais por *sociedade aberta*.

Uma sociedade fechada, no seu melhor, pode ser comparada, precisamente, a um organismo. Em certa medida, a teoria do Estado dita orgânica ou biológica pode ser-lhe aplicada. Uma sociedade fechada assemelha-se a uma manada ou a uma tribo, pois é uma unidade semiorgânica cujos membros se mantêm unidos por laços semibiológicos – parentesco, vida em comum, partilha de esforços comuns, perigos comuns, alegrias comuns e sofrimento comum. É ainda um grupo concreto de pessoas concretas, ligadas umas às outras não apenas por relações sociais abstratas, como a divisão de trabalho e a troca de bens, mas por relações físicas concretas como o toque, o cheiro e a visão. E embora uma tal sociedade possa ser baseada na escravatura, a presença de escravos não tem de criar um problema fundamentalmente diferente do de animais domesticados. Faltam, assim, os aspetos que tornam impossível aplicar com êxito a teoria orgânica a uma sociedade aberta.

Os aspetos que tenho em mente estão ligados ao facto de, numa sociedade aberta, muitos dos seus membros se esforçarem por ascender socialmente e tomar o lugar de outros membros. Isto pode conduzir, por exemplo, a um fenómeno social tão importante como a luta de classes. Não podemos encontrar num organismo nada de semelhante à luta de classes. As células ou tecidos de um organismo, que às vezes se diz corresponderem aos membros de um Estado, podem talvez competir pelo alimento, mas não há qualquer tendência intrínseca por parte das pernas para se tornarem o cérebro ou de quaisquer outros membros do corpo para se tornarem o ventre. Visto que não há nada no organismo que corresponda a uma das mais importantes características da sociedade aberta, que é a competição por estatuto entre os seus membros, a chamada teoria orgânica do Estado baseia-se numa falsa analogia. A sociedade fechada, por outro lado, pouco conhece destas tendências. As suas instituições, incluindo as castas, são sacrossantas – tabu. A teoria orgânica aqui não assenta tão mal. Não é surpreendente, por conseguinte, descobrir que na sua maioria as tentativas de aplicar a teoria orgânica à nossa sociedade são formas veladas de propaganda do regresso ao tribalismo[7].

Em consequência dessa perda do caráter orgânico, uma sociedade aberta pode tornar-se, gradualmente, naquilo a que gostaria de chamar uma «sociedade abstrata». Pode perder, em grande parte, o caráter de grupo concreto ou real de homens, ou de sistema de tais grupos reais. Este ponto, que tem sido raramente compreendido, pode ser explicado com um exagero. Poderíamos conceber uma sociedade em que os homens praticamente nunca se encontrem cara a cara – em que todos as questões humanas sejam conduzidas por indivíduos isolados que comunicam por cartas datilografadas ou por telegramas e que se deslocam em automóveis fechados. (A inseminação artificial permitiria até a propagação da espécie sem um elemento pessoal.) Uma tal sociedade fictícia poder-se-ia designar por «sociedade totalmente abstrata ou despersonalizada». O que é interessante é que a nossa sociedade moderna se assemelha em muitos dos seus aspetos a uma tal sociedade completamente abstrata. Embora nem sempre nos desloquemos sozinhos em automóveis fechados (e nos encontremos cara a cara com milhares de pessoas que se cruzam connosco na rua), o resultado é quase o mesmo que se o fizéssemos – em regra não estabelecemos qualquer relação pessoal com os outros peões. Da igual modo, a pertença a um sindicato pode não significar mais do que a posse de um cartão de membro e o pagamento de uma quota a um secretário desconhecido. Há muitas pessoas a viver numa sociedade moderna que não têm, ou têm muito poucos contactos pessoais íntimos, que vivem no anonimato e na solidão e, por conseguinte, na infelicidade. Pois embora a sociedade se tenha tornado abstrata, a constituição biológica do homem não mudou muito; os homens têm necessidades sociais que não podem satisfazer numa sociedade abstrata.

Claro que o nosso retrato, mesmo nesta forma, é altamente exagerado. Nunca haverá ou poderá haver uma sociedade totalmente ou sequer predominantemente abstrata – nem uma sociedade completamente ou sequer predominantemente racional.

Os homens ainda formam grupos reais e entabulam contactos sociais reais de toda a espécie e tentam, na medida do possível, satisfazer as suas necessidades emocionais sociais. Mas na sua maioria os grupos sociais de uma sociedade aberta moderna (com exceção de alguns grupos familiares afortunados) são fracos sucedâneos, pois não proporcionam uma vida comum. E muitos deles não têm qualquer função na vida do resto da sociedade.

Há outro aspeto em que o nosso retrato é exagerado, pois não contém, até aqui, qualquer dos ganhos obtidos – só as perdas. Mas também há ganhos. Podem surgir relações pessoais de uma nova espécie que se pode estabelecer livremente em vez de serem determinadas pelos acasos da nascença, e deste modo nasce um novo individualismo. De igual modo, os laços espirituais podem desempenhar um papel importante onde os laços biológicos ou físicos estão enfraquecidos, etc. Seja como for, espero que o nosso exemplo tenha tornado evidente o que se quer dizer por uma sociedade mais abstrata, por oposição a um grupo mais concreto ou real; e que terá tornado claro que as nossas modernas sociedades abertas funcionam em grande parte através de relações abstratas, como a troca ou a cooperação. (É a análise destas relações abstratas que interessa especialmente à nossa teoria social moderna, como a teoria económica. Este ponto não tem sido compreendido por muitos sociólogos, como Durkheim, que nunca abandonaram a crença dogmática de que a sociedade tem de ser analisada em termos de grupos sociais reais.)

À luz do que foi dito, tornar-se-á claro que a transição da sociedade fechada para a aberta pode ser descrita como uma das mais profundas revoluções pelas quais a humanidade passou. Devido ao que designámos por caráter biológico da sociedade fechada, esta transição não pode deixar de ser sentida muito profundamente. Assim, quando dizemos que a nossa civilização ocidental resulta dos Gregos devemos perceber o que isto quer dizer. Quer dizer que os Gregos iniciaram para nós essa grande revolução que parece ainda estar nos seus começos – a transição da sociedade fechada para a sociedade aberta.

II

Esta revolução não foi feita conscientemente, é certo. Pode fazer-se remontar o fim do tribalismo, das sociedades fechadas da Grécia, à época em que o crescimento da população começou a fazer-se sentir entre a classe governante dos proprietários fundiários. Isto significou o fim do tribalismo «orgânico». Pois criou tensões sociais no seio da sociedade fechada da classe dominante. A princípio, pareceu que existia uma certa espécie de solução «orgânica» do problema, a criação de cidades «filhas». (O caráter «orgânico» desta solução era sublinhado pelos procedimentos mágicos que se cumpria no envio dos colonos.) Mas este ritual da colonização apenas adiou a derrocada. Criou mesmo novos pontos de perigo em toda a parte onde levou a contactos culturais e estes, por sua vez, criaram aquilo que era talvez o maior perigo para a sociedade fechada – o comércio e uma nova classe dedicada às trocas e à navegação. Por altura do século VI a.C., esta evolução levara à dissolução parcial dos antigos modos de vida e até a uma série de revoluções e reações políticas. E conduzira não só a tentativas para reter e manter o tribalismo pela força, como em Esparta, mas também àquela grande revolução espiritual, a invenção do debate crítico e, em consequência, de um pensamento livre das obsessões mágicas. Encontramos ao mesmo tempo os primeiros sintomas de uma nova inquietação. *Começou a sentir-se a pressão da civilização.*

Esta pressão, esta inquietação, são consequência do colapso da sociedade fechada. Ainda se a sente nos nossos dias, especialmente em tempos de mudança social. É a pressão criada pelo esforço que a vida numa sociedade aberta e parcialmente abstrata continuamente nos exige – pelo propósito de sermos racionais, de renunciar a algumas, pelo menos, das nossas necessidades sociais emocionais, de tomarmos conta de nós próprios e de aceitarmos responsabilidades. Creio que temos de suportar esta pressão como preço a pagar por cada aumento de conhecimento, de razoabilidade, de cooperação e de ajuda mútua, e consequentemente das nossas hipóteses de sobrevivência, e do tamanho da população. É o preço a pagar por sermos humanos.

Esta pressão está intimamente ligada ao problema das tensões entre as classes que é levantado pela primeira vez pela derrocada da sociedade fechada. A sociedade fechada não conhece este problema. Pelo menos para os seus membros governantes, a escravatura, a casta e o governo de classe são «naturais», no sentido de serem inquestionáveis. Mas com o colapso da sociedade fechada esta certeza desvanece-se e com ela todo sentimento de segurança. A comunidade tribal (e mais tarde a «cidade») é um lugar seguro para o membro da tribo. Rodeado de inimigos e de forças mágicas perigosas e até hostis, vive a comunidade tribal como uma criança a sua família e o seu lar, em que desempenha o seu papel bem definido; um papel que conhece bem e desempenha bem. A derrocada da sociedade fechada, ao levantar, como levanta, os problemas de classe e outros problemas de estatuto social, deve ter tido o mesmo efeito sobre os cidadãos que uma grave querela familiar e o desmantelamento do lar familiar têm muito provavelmente sobre as crianças[8]. Este tipo de pressão foi sentido mais intensamente, é claro, pelas classes privilegiadas, agora que estavam ameaçadas, do que por aqueles que antes tinham sido oprimidos; mas mesmo estes se sentiam inquietos. Também os assustava a derrocada do seu mundo «natural». E embora continuassem a travar o seu combate, muitas vezes tinham relutância em explorar as suas vitórias sobre os inimigos de classe que tinham o apoio da tradição, do *status quo*, de um nível superior de educação e de um sentimento de autoridade natural.

É a esta luz que temos de tentar compreender a história de Esparta, que tentou e conseguiu travar esta evolução, e de Atenas, a principal democracia.

Talvez a mais poderosa causa do colapso da sociedade fechada tenha sido o desenvolvimento do comércio e das comunicações por mar. O contacto íntimo com outras tribos tende a minar o sentimento de necessidade com que são olhadas as instituições tribais; e o comércio, a iniciativa comercial, parece ser das poucas formas sob as quais a iniciativa[9] e a independência individuais se podem afirmar, mesmo numa sociedade em que o tribalismo ainda prevalece. Tanto a navegação marítima como o comércio se tornaram as principais características do imperialismo ateniense tal como se desenvolveu no século V a.C. E o facto é que foram reconhecidas como perigosíssimas evoluções pelos oligarcas, pelos membros das classes privilegiadas, ou anteriormente privilegiadas, de Atenas. Tornou-se claro para eles que o comércio de Atenas, o seu comercialismo monetário, a sua política naval e as suas tendências democráticas faziam parte de um mesmo movimento

A SOCIEDADE ABERTA E OS SEUS INIMIGOS | 223

e que era impossível derrotar a democracia sem ir às raízes do mal e destruir tanto essa política naval como o império. Mas a política naval de Atenas assentava nos seus portos, em especial o Pireu, centro do comércio e bastião do partido democrático, e, estrategicamente, nas muralhas que fortificavam Atenas e, mais tarde, nas Longas Muralhas que a ligavam aos portos de Pireu e Falero. Por conseguinte, verificamos que por mais de um século o império, a frota, o porto e as muralhas foram detestados pelos partidos oligárquicos de Atenas como símbolos da democracia e fontes da sua força, que esperavam destruir um dia.

Encontram-se muitas provas desta evolução na *História da Guerra do Peloponeso* de Tucídides, aliás, a das duas grandes guerras de 431-421 e 419-403 a.C., entre a democracia ateniense e o tribalismo oligárquico esclerosado de Esparta. Ao ler Tucídides nunca devemos esquecer que a sua preferência não ia para Atenas, sua cidade natal. Embora aparentemente não pertencesse à ala extremista dos clubes oligárquicos atenienses que conspiraram com o inimigo durante toda a guerra, era certamente membro do partido oligárquico e não tinha grande amizade pelo povo ateniense, o *demos*, que o tinha exilado, nem pela política imperialista. (Não pretendo apoucar Tucídides, talvez o maior historiador de sempre. Mas por muito que tenha conseguido apurar os factos que regista e por muito sinceros que sejam os seus esforços para ser imparcial, os seus comentários e juízos morais representam uma interpretação, um ponto de vista, e não somos obrigados a concordar com ele.) A minha primeira citação é de um passo que descreve a política de Temístocles em 482 a.C., meio século antes da guerra do Peloponeso: «Temístocles convenceu também os ateniense a concluírem o porto do Pireu (...). Dado que os atenienses tinham agora optado pelo mar, pensou que havia uma grande oportunidade para construir um império. Foi o primeiro que ousou dizer que deviam fazer do mar o seu domínio (...)»([10]). Vinte e cinco anos mais tarde, «os atenienses começaram a construir as suas Longas Muralhas até ao mar, uma para o porto de Falero, outra para o Pireu»([11]). Mas desta vez, vinte e seis anos antes de estalar a guerra do Peloponeso, o partido oligárquico estava totalmente consciente do significado desta evolução. Diz-nos Tucídides que não recuaram sequer perante a traição mais ostensiva. Como às vezes sucede com as oligarquias, o interesse de classe sobrepôs-se ao seu patriotismo. Apareceu-lhes uma oportunidade na forma de uma força expedicionária hostil de Esparta em operações a norte de Atenas e decidiram conspirar com Esparta contra o seu próprio país. Escreve Tucídides: «Alguns atenienses, em privado, entabularam negociações com eles», (isto é, com os espartanos), «*na esperança de que pusessem termo à democracia* e à construção das Longas Muralhas. Mas os outros atenienses (...) suspeitaram dos seus desígnios contra a democracia». Os cidadãos atenienses leais saíram, por conseguinte, ao encontro dos espartanos, mas foram derrotados. Parece todavia que enfraqueceram suficientemente o inimigo para evitar que este juntasse as suas forças aos elementos da quinta-coluna dentro da própria cidade. Alguns meses depois, as Longas Muralhas foram concluídas, o que significou que a democracia tinha a sua segurança garantida enquanto mantivesse a sua superioridade marítima.

Este incidente esclarece-nos quanto à tensão do problema das classes em Atenas, mesmo vinte e seis anos antes da guerra do Peloponeso, durante a qual a situação se tornou muito pior. Esclarece-nos também quanto aos métodos empregues pelo partido oligárquico subversivo e pró-espartano. Tucídides, é preciso notar, só de passagem menciona a traição deles e não os censura, embora alhures se pronuncie veementemente contra a luta de classes e o espírito de facção. Os passos citados a seguir, escritos como reflexão geral sobre a Revolução da Córcira de 427 a.C., são interessantes, primeiro como um excelente retrato da situação de classe, e em segundo lugar como ilustração das palavras severas que Tucídides era capaz de encontrar quando queria descrever tendências análogas do lado dos democratas de Córcira. (Para ajuizar a sua falta de imparcialidade, devemos lembrar-nos de que no princípio da guerra a Córcira fora um dos aliados democráticos de Atenas e que a revolta fora desencadeada pelos oligarcas.) Além disso, o passo é uma excelente expressão do sentimento de um colapso social geral: «Quase todo o mundo helénico», escreve Tucídides, «estava em convulsão. Em todas as cidades os chefes dos partidos democrático e oligárquico tentavam vigorosamente fazer intervir, uns os Atenienses, outros os Lacedemónios (...). O laço do partido era mais forte que o do sangue (...). Os chefes de ambos os lados usavam nomes enganadores, professando um partido a defesa da igualdade constitucional da maioria, outro a sabedoria da nobreza; na realidade, o interesse público era o prémio que queriam conquistar, professando-lhe, é claro,

A SOCIEDADE ABERTA E OS SEUS INIMIGOS | 225

a sua devoção. Usavam todos os meios concebíveis para levar a melhor sobre os outros e cometiam os crimes mais monstruosos (...). Esta revolução deu origem a todas a espécie de perversidades na Hélade (...). Por toda a parte prevalecia uma atitude de pérfido antagonismo. Não havia palavra suficientemente forte, jura suficientemente terrível, para reconciliar os inimigos. Só era forte neles a convicção de que nada era seguro»([12]).

Tem-se a noção do pleno significado da tentativa dos oligarcas atenienses para aceitar a ajuda de Esparta e travar a construção das Longas Muralhas quando percebemos que esta atitude sediciosa não mudara quando Aristóteles escreveu a sua *Política*, mais de um século depois. Fala-nos ali de um juramento oligárquico que, diz Aristóteles, «está agora em voga». É o seguinte: «Prometo ser inimigo do povo e esforçar-me quanto puder por lhe dar maus conselhos!»([13]). É evidente que não podemos entender este período sem nos lembrarmos desta atitude.

Referi acima que o próprio Tucídides era um antidemocrata. Isto torna-se claro quando consideramos a sua descrição do império ateniense e do modo como era detestado pelos vários Estados gregos. O domínio de Atenas sobre o seu império, diz-nos ele, era tido por não passar de uma tirania e todas as tribos gregas o temiam. Ao descrever a opinião pública no momento da eclosão da guerra do Peloponeso é moderadamente crítico de Esparta e muito crítico do imperialismo ateniense. «O sentimento geral dos povos estava fortemente do lado dos Lacedemónios, pois eles proclamavam-se libertadores da Hélade. Cidades e gentes estavam ansiosas por ajudá-los (...) e a indignação geral contra os atenienses era intensa. Uns almejavam ser libertados de Atenas, outros temiam cair sob o seu jugo.»([14]) É muito interessante que este juízo sobre o império ateniense se tenha mais ou menos tornado no juízo oficial da «História», isto é, da maioria dos historiadores. Tal como os filósofos têm dificuldade em se libertar do ponto de vista de Platão, também os historiadores estão amarrados ao de Tucídides. Posso dar como exemplo Meyer (a maior autoridade alemã sobre este período) que se limita a repetir o que diz Tucídides: «As simpatias do mundo ilustre da Grécia estavam (...) de costas voltadas para Atenas.»([15])

Mas estas afirmações são apenas expressões do ponto de vista antidemocrático. Muitos dos factos registados por Tucídides – por exemplo, no passo citado que descreve a atitude dos chefes de

226 | O PANO DE FUNDO DO ATAQUE DE PLATÃO

partido oligárquicos e democráticos – mostram que Esparta era «popular», não entre os povos da Grécia, mas apenas entre os oligarcas; entre os «ilustres», como Meyer muito simpaticamente escreve. Até Meyer reconhece que «as massas de espírito democrático esperavam em muitos lugares a sua vitória»[16], isto é, a vitória de Atenas. E a narrativa de Tucídides contém muitos exemplos que provam a popularidade de Atenas entre os democratas e os oprimidos. Mas a quem interessam as opiniões das massas iletradas? Se Tucídides e os «ilustres» asseveram que Atenas era tirana, então tirana era.

É muito interessante que os mesmos historiadores que louvam Roma pelo seu feito, a fundação de um império universal, condenam Atenas pela sua tentativa de conseguir uma coisa melhor. Que Roma tenha tido êxito onde Atenas falhou não é explicação suficiente para esta atitude. Na verdade não censuram Atenas pelo seu fracasso, pois só a ideia de que a sua tentativa podia ter tido êxito lhes é detestável. Atenas, julgam eles, era uma democracia implacável, um lugar governado pelos iletrados, que odiavam e oprimiam os ilustres, e por eles eram por sua vez odiados. Mas este ponto de vista – o mito da intolerância cultural da democrática Atenas – não faz sentido perante os factos conhecidos e sobretudo perante a espantosa produtividade espiritual de Atenas neste período específico. Até Meyer tem de reconhecer esta produtividade. «O que Atenas produziu nesta década», diz ele com a sua modéstia característica, «está ao nível de uma das mais poderosas décadas da literatura alemã.»[17]. Péricles, o líder democrático da Atenas desse tempo, tinha mais do que razão quando lhe chamou «A escola da Hélade».

Longe de mim defender tudo aquilo que Atenas fez para construir o seu império e não desejo certamente defender os seus ataques gratuitos (se os houve) ou atos de brutalidade, nem esqueço que a democracia ateniense ainda assentava na escravatura[18]. Mas é necessário ver, creio eu, que o exclusivismo e a autossuficiência tribalistas só podiam ser suplantados por uma qualquer forma de imperialismo. E deve dizer-se que algumas medidas imperialistas impostas por Atenas eram bastante liberais. Um exemplo muito interessante foi Atenas ter proposto, em 405 a.C., a um seu aliado, a ilha jónica de Samos, «que doravante os samianos deviam ser atenienses e que ambas as cidades deviam ser um só Estado e que os samianos deveriam organizar como

A SOCIEDADE ABERTA E OS SEUS INIMIGOS | 227

entendessem os seus assuntos internos e manter as suas leis.»([19])
Outro exemplo é o do método ateniense de tributar o seu império. Muito se tem dito sobre estes impostos, ou tributos, que têm
sido descritos – muito injustamente, acho eu – como um modo
descarado e tirânico de explorar as cidades mais pequenas. Em
qualquer tentativa de avaliar o significado desses impostos temos
evidentemente de os comparar com o volume do comércio que
em troca era protegido pela armada ateniense. A informação
necessária é dada por Tucídides, por quem ficamos a saber que os
atenienses impunham aos seus aliados, em 413 a.C., «em vez do
tributo, direitos de 5% sobre todos os bens importados e exporta-
dos por mar e pensavam que isto renderia mais»([20]). Esta medida,
adotada debaixo da intensa pressão da guerra, sai favorecida,
creio, da comparação com os métodos de centralização romanos.
Os atenienses, por este método de taxação, passavam a ter interesse no desenvolvimento do comércio aliado e assim na iniciativa
e independência dos vários membros do seu império. O império ateniense nascera originalmente de uma associação de iguais.
Apesar do predomínio temporário de Atenas, publicamente criticado por alguns dos seus cidadãos (cf. a *Lisístrata* de Aristófanes), parece provável que o seu interesse no desenvolvimento do
comércio teria conduzido, com o tempo, a uma qualquer espécie
de constituição federal. Pelo menos, no seu caso nada conhecemos que se pareça com o método romano de «transferir» o patri-
mónio cultural do império para a cidade dominante, ou seja, o
saque. E diga-se o que se disser da plutocracia, é preferível a um
governo de saqueadores([21]).

Esta visão favorável do imperialismo ateniense pode ser
apoiada pela comparação com os métodos espartanos de tratar os
assuntos internacionais. Estes eram determinados pelo fim último
que dominava a política de Esparta, a sua tentativa de travar qualquer mudança e o regresso ao tribalismo. (Isto é impossível, como
alegarei mais adiante. A inocência uma vez perdida não pode ser
recuperada e uma sociedade fechada que é mantida artificial-
mente, ou um tribalismo cultivado, não pode ser igual ao produto
genuíno.) Os princípios da política espartana eram estes: (1) Proteção do seu tribalismo cristalizado, fechando a porta a todas as
influências estrangeiras que pudessem pôr em perigo a rigidez
dos tabus tribais. – (2) Anti-humanitarismo: fechar a porta, muito
especialmente, a todas as ideologias igualitárias, democráticas e

individualistas. – (3) Autarcia: ser independente do comércio. – (4) Antiuniversalismo ou particularismo: defender a diferenciação entre a sua tribo e as outras; nada de misturas com inferiores. – (5) Domínio: dominar e escravizar os vizinhos. (6) Mas sem se tornar grande demais. «A cidade só deve crescer enquanto o puder fazer sem prejudicar a sua unidade»[22], e especialmente sem correr o risco de introduzir tendências universalistas. – Se compararmos estas seis principais tendências com as do totalitarismo moderno, vemos que fundamentalmente concordam, com exceção da última. Podemos caracterizar a diferença dizendo que o totalitarismo moderno parece ter tendências imperialistas, mas que este imperialismo não tem qualquer elemento de universalismo tolerante e que as ambições mundiais dos totalitários modernos lhes são impostas, por assim dizer, contra sua vontade. Há dois fatores responsáveis por isto. O primeiro é a tendência geral de todas as tiranias para justificar a sua existência pela salvação do Estado (ou do povo) dos seus inimigos – tendência que conduz forçosamente, sempre que se tenha conseguido dominar os velhos inimigos, à criação ou invenção de inimigos novos. O segundo fator é a tentativa de pôr em prática os pontos (2) e (5) do programa totalitário, intimamente relacionados. O humanitarismo, que segundo o ponto (2) deve ser mantido longe, tornou-se tão universal que, para ser eficazmente combatido no interior tem de ser destruído no mundo inteiro. Mas o nosso mundo tornou-se tão pequeno que toda a gente é hoje nosso vizinho, de tal modo que para realizar o ponto (5) toda a gente tem de ser dominada e escravizada. Mas nos tempos antigos ninguém podia parecer mais perigoso para aqueles que adotavam um particularismo como o de Esparta do que o imperialismo ateniense, com a sua tendência intrínseca para evoluir para uma comunidade de cidades gregas e talvez mesmo para um império universal do homem.

Resumindo a análise feita até aqui, podemos dizer que a revolução política e espiritual que começara com o colapso do triblismo grego atingiu o seu apogeu no século V a.C., com a eclosão da guerra do Peloponeso. Tinha-se tornado uma violenta guerra de classes e, ao mesmo tempo, uma guerra entre as duas principais cidades gregas.

III

Mas como podemos explicar que atenienses ilustres como Tucídides tenham estado do lado da reação contra estes novos desenvolvimentos? O interesse de classe, creio eu, é uma explicação insuficiente; pois o que temos de explicar é que, enquanto muitos dos jovens nobres mais ambiciosos se tornaram membros ativos, embora nem sempre de confiança, do partido democrático, alguns dos mais dotados e sensatos resistiram à sua atração. O principal ponto parece ser que embora a sociedade aberta já existisse, embora tivesse, na prática, começado a desenvolver novos valores, novos padrões de vida igualitários, ainda faltava alguma coisa, especialmente para os «ilustres». A nova fé da sociedade aberta, a sua única fé possível, o humanitarismo, estava a começar a impor-se, mas ainda não fora formulada. Por enquanto, não se podia ver muito mais do que a guerra de classes, o medo dos democratas à reação oligárquica e a ameaça de mais evoluções revolucionárias. A reação contra estes desenvolvimentos tinha, portanto, muito do seu lado – a tradição, o apelo à defesa das antigas virtudes e da antiga religião. Estas tendências iam ao encontro dos sentimentos de muitos homens e a sua popularidade originou um movimento ao qual, embora dirigido e usado para os seus fins próprios pelos espartanos e os seus amigos oligarcas, muitos homens de bem devem ter pertencido, mesmo em Atenas. É do lema do movimento, «Regresso ao Estado dos nossos antepassados», ou «Regresso ao velho Estado paternal», que deriva o termo «patriota». Não é muito necessário insistir que as crenças populares entre quem apoiava este movimento «patriótico» foram grosseiramente pervertidas pelos oligarcas, que não recuaram perante entregar a própria cidade ao inimigo, na esperança de ganhar apoio contra os democratas. Tucídides foi um dos chefes representativos deste movimento pelo «Estado paternal»[23], e embora provavelmente não apoiasse os atos de traição dos antidemocratas extremistas, não podia disfarçar as suas simpatias pelo seu objetivo fundamental – travar a mudança social e combater o imperialismo universalista da democracia ateniense e os instrumentos e símbolos do seu poder: a frota, as muralhas e o comércio. (Considerando as doutrinas de Platão sobre o comércio, pode ser interessante notar como era grande o medo que o comércio suscitava. Quando, depois da sua vitória sobre Atenas,

230   O PANO DE FUNDO DO ATAQUE DE PLATÃO

em 430 a.C., o rei espartano Lisandro regressou a casa com um grande saque, os «patriotas» espartanos, isto é, os membros do movimento pelo «Estado paternal», tentaram evitar a importação de ouro, e embora tivesse acabado por ser aceite, a sua posse ficou limitada ao Estado e foi estabelecida a pena capital para qualquer cidadão na posse de metais preciosos. Nas *Leis* de Platão são advogadas medidas semelhantes.([24]))

Embora o movimento «patriótico» fosse em parte expressão do anseio pelo regresso a formas de vida mais estáveis, à religião, à decência, à lei e à ordem, ele próprio estava moralmente podre. A sua antiga fé perdera-se e fora em grande parte substituída por uma exploração hipócrita e cínica dos sentimentos religiosos([25]). Se o niilismo, como o pinta Platão nos seus retratos de Cálicles e Trasímaco, podia encontrar-se nalgum lado era entre os jovens aristocratas «patrióticos», os quais, sempre que lhe foi dada a oportunidade, se tornaram chefes do partido democrático. O expoente mais claro deste niilismo foi talvez o líder oligárquico que ajudou a desferir o golpe de misericórdia a Atenas, o tio de Platão, Crítias, cabecilha dos Trinta Tiranos([26]).

Mas naquela época, na mesma geração a que pertencia Tucídides, nascera uma nova fé na razão, na liberdade e na fraternidade de todos os homens – a nova fé e, segundo creio, a única fé possível, da sociedade aberta.

IV

Gostaria de dar a esta geração que marca um ponto de viragem na história da humanidade o nome de Grande Geração. É a geração que viveu em Atenas imediatamente antes da Guerra do Peloponeso, e durante ela([27]). Houve entre eles grandes conservadores, como Sófocles ou Tucídides. Houve entre eles homens que representam o período de transição; que vacilavam, como Eurípides, ou eram céticos, como Aristófanes. Mas havia também o grande líder da democracia, Péricles, que formulou o princípio da igualdade perante a lei e do individualismo político, e Heródoto, que foi bem recebido e aclamado na cidade de Péricles como autor de uma obra que glorificava esses princípios. Protágoras, um natural de Abdera que se tornou influente em Atenas, e o seu conterrâneo Demócrito têm de ser incluídos também na Grande

A SOCIEDADE ABERTA E OS SEUS INIMIGOS | 231

Geração. Eles formularam a doutrina de que as instituições humanas da linguagem, do costume e da lei não têm o caráter mágico de tabus, antes são obra humana, não natural mas convencional, insistindo ao mesmo tempo que somos responsáveis por elas. Havia ainda a escola de Górgias – Alcidamas, Licofronte e Antístenes, que desenvolveram as teses do antiesclavagismo, de um protecionismo racional e do antinacionalismo, isto é, o credo do império universal dos homens. E houve também Sócrates, talvez o maior de todos, que ensinou a lição de que devemos ter fé na razão humana, mas ao mesmo tempo acautelarmo-nos contra o dogmatismo, que nos devemos manter longe tanto da misologia[28], a desconfiança da teoria e da razão, como da atitude mágica daqueles que idolatram a sabedoria; que ensinou, por outras palavras, que o espírito da ciência é a crítica.

Visto que até agora não disse muito sobre Péricles e nada sobre Demócrito, posso servir-me das palavras deles para ilustrar a nova fé. Demócrito, primeiro: «Não é por medo, mas por um sentimento do que é justo que devemos abster-nos de fazer o mal (...). Mais do que em qualquer outra coisa, a virtude baseia-se no respeito pelos outros homens (...). Cada homem é em si mesmo um pequeno mundo (...). Deveríamos fazer o mais que pudéssemos para ajudar aqueles que foram vítimas de injustiça (...). Ser bom significa não fazer o mal e também não querer fazer o mal (...). São as boas ações, não as palavras, que contam (...). A pobreza de uma democracia é melhor do que a prosperidade que alegadamente acompanha a aristocracia ou a monarquia, tal como a liberdade é melhor do que a escravidão (...). O homem sábio pertence a todos os países, pois o lar de uma grande alma é o mundo inteiro.» A ele se deve também uma observação que é a de um verdadeiro cientista: «Preferia descobrir uma única lei causal do que ser rei da Pérsia!»[29]

Na sua ênfase humanitarista e universalista, alguns destes fragmentos de Demócrito parecem dirigidos contra Platão, embora sejam de uma data anterior. É a mesma impressão que transmite, só que muito mais fortemente, a famosa oração fúnebre de Péricles, proferida pelo menos meio século antes de a *República* ser escrita. Citei duas frases dessa oração no capítulo 6, ao discutir o igualitarismo[30], mas posso citar aqui mais extensamente alguns passos, de modo a dar uma ideia mais clara do seu espírito. «O nosso sistema político não concorre com instituições vigentes noutros lugares. Não copiamos os nossos vizinhos, tentamos sim ser um exemplo. O nosso governo favorece os muitos em vez dos poucos: é por isso que se chama democracia. As leis proporcionam de igual modo justiça igual para todos nas suas querelas privadas, mas não ignoramos os direitos da excelência. Quando um cidadão se distingue, será chamado a servir o Estado, de preferência a outros, não por uma questão de privilégio, mas como recompensa pelo seu mérito e a pobreza não é um óbice (...). A liberdade de que desfrutamos estende-se também à vida quotidiana; não desconfiamos uns dos outros e não recriminamos o nosso semelhante se ele decidir seguir o seu próprio caminho (...). Mas esta liberdade não faz de nós gente sem lei. Aprendemos a respeitar os magistrados e a lei e a nunca esquecer que devemos proteger os que sofrem. E aprendemos também a observar as leis não escritas cuja sanção reside apenas no sentimento universal do que é justo (...).

«As portas da nossa cidade estão abertas de par em par ao mundo; nunca expulsamos um estrangeiro (...). Somos livres de viver exatamente como nos apraz e no entanto estamos sempre prontos a enfrentar qualquer perigo (...). Admiramos a beleza sem nos entregarmos a caprichos e embora tentemos melhorar o nosso intelecto, isto não enfraquece a nossa vontade (...). Não temos vergonha de admitir a nossa pobreza, mas consideramos vergonhoso não fazer qualquer esforço para a evitar. Um cidadão ateniense não negligencia os assuntos públicos enquanto trata dos seus negócios particulares (...). Não consideramos inofensivo mas inútil um homem que não se interessa pelo Estado. E *embora só uns poucos possam originar políticas, todos podemos julgá-las*. Não olhamos para a discussão como um obstáculo à ação política, mas como preliminar indispensável a uma atuação sábia (...). Acreditamos que a felicidade é fruto da liberdade e a liberdade da coragem, mas não recuamos perante os perigos da guerra (...). Em suma, sustento que Atenas é a Escola da Hélade e que cada ateniense cresce desenvolvendo uma feliz versatilidade, uma preparação para quaisquer emergências e autossuficiência.»[31]

Estas palavras não são apenas um elogio de Atenas. Exprimem o verdadeiro espírito da Grande Geração. Formulam o programa de um grande individualista e igualitarista, de um democrata que percebe perfeitamente que a democracia não se pode exaurir no princípio sem significado de que «o povo deve governar», mas sim basear-se na fé, na razão e no humanitarismo. São ao mesmo

A SOCIEDADE ABERTA E OS SEUS INIMIGOS | 233

tempo uma expressão de verdadeiro patriotismo, de justo orgulho numa cidade que fizera sua a tarefa de dar o exemplo; que se tornou a escola não só da Hélade mas, como sabemos, da humanidade, nos milénios passados e nos vindouros.

O discurso de Péricles não é apenas um programa. É também uma defesa e talvez até um ataque. Parece, como já insinuei, um ataque direto a Platão. Não duvido de que era dirigido não só contra o antiquado tribalismo de Esparta, mas também contra o círculo ou «ligação» totalitária local; contra o movimento pelo Estado paternal, a «Sociedade dos Amigos de Lacónia» ateniense (como lhe chamou Gomperz em 1902[32]). O discurso é a mais antiga[33] e, ao mesmo tempo, talvez a mais vigorosa declaração alguma vez proferida contra este tipo de movimento. A sua importância foi sentida por Platão, que caricaturou a oração de Péricles meio século mais tarde nos passos da *República*[34], em que ataca a democracia, bem como na paródia mal disfarçada que é o diálogo intitulado *Menexeno ou a Oração Fúnebre*[35]. Mas os amigos da Lacónia que Péricles atacou retaliaram muito antes de Platão. Cinco ou seis anos apenas depois da oração de Péricles foi publicado um panfleto sobre a *Constituição de Atenas*[36], de autor desconhecido (possivelmente Crítias), designado agora normalmente por o «Velho Oligarca». Este panfleto engenhoso, o mais antigo tratado de teoria política que se conhece, é talvez, ao mesmo tempo, o mais antigo monumento da deserção da humanidade pelos seus líderes intelectuais. É um ataque implacável contra Atenas, escrito decerto por uma das suas melhores mentes. A sua ideia central, uma ideia que se tornou um artigo de fé para Tucídides e Platão, é a estreita ligação entre imperialismo naval e democracia. E tenta mostrar que não pode haver compromisso no conflito entre dois mundos[37], os mundos da democracia e da oligarquia; que só o uso de uma violência implacável, de medidas totais, incluindo a intervenção de aliados do exterior (os Espartanos) pode pôr termo ao domínio iníquo da liberdade. Este panfleto notável tornar-se-ia o primeiro de uma sequência infinita de obras sobre filosofia política que repetiriam mais ou menos, aberta ou disfarçadamente, o mesmo tema, até aos nossos dias. Sem vontade e sem capacidade para ajudar a humanidade na sua senda difícil em direção a um futuro desconhecido que ela tem de criar para si própria, alguns dos «ilustres» tentaram voltar ao passado. Incapazes de liderar um novo caminho, apenas puderam converter-se em líderes da *revolta perene contra a liberdade.* Tornou-se tanto mais necessário para eles afirmar a sua superioridade pelo combate contra a igualdade quanto eram (para usar a terminologia de Sócrates) misantropos e misólogos – incapazes da simples e vulgar generosidade que inspira a fé nos homens e a fé na razão humana e na liberdade. Por severo que pareça este juízo, é justo, creio eu, se for aplicado àqueles líderes intelectuais da revolta contra a liberdade que surgiram depois da Grande Geração e, em especial, depois de Sócrates. Podemos agora tentar vê-los no contexto da nossa interpretação histórica.

A ascensão da própria filosofia pode ser interpretada, penso, como resposta ao colapso da sociedade fechada e das suas crenças mágicas. É uma tentativa de substituir a fé mágica perdida por um credo racional; altera a tradição da transmissão de uma teoria ou um mito fundando uma nova tradição – a tradição de pôr em causa teorias e mitos e de os discutir criticamente[38]. (Um aspeto significativo é que esta tentativa coincida com a difusão das chamadas seitas órficas, cujos membros tentavam substituir o sentimento perdido de unidade por uma nova religião mística.) Os primeiros filósofos, os três grandes jónios e Pitágoras, não tinham provavelmente perfeita consciência do estímulo a que reagiam. Tanto eram representantes de uma revolução social como seus antagonistas inconscientes. O próprio facto de terem fundado escolas, seitas ou ordens, isto é, novas instituições sociais ou grupos bastante concretos com uma vida comum e funções comuns e tendo por modelo, em grande parte, os de uma tribo idealizada, prova que eram reformistas no terreno social e, portanto, que reagiam a certas necessidades sociais. Que tenham reagido a essas necessidades e ao seu próprio sentimento de deriva não imitando Hesíodo na invenção de um mito historicista de destino e decadência[39], mas inventando a tradição da crítica e da discussão e com ela a arte de pensar racionalmente, é um dos factos inexplicáveis das origens da nossa civilização. Mas até esses racionalistas reagiram à perda da unidade do tribalismo de uma maneira essencialmente emocional. O seu raciocínio dá expressão ao seu sentimento de deriva, à tensão de uma evolução que estava a ponto de criar a nossa civilização individualista. Uma das mais antigas expressões dessa tensão remonta a Anaximandro[40], o segundo dos filósofos jónios. A existência individual aparece-lhe como *hubris,* como um ato ímpio de injustiça, como um ato per-

A SOCIEDADE ABERTA E OS SEUS INIMIGOS | 235

verso de usurpação, pelo qual os indivíduos devem pagar e penitenciar-se. O primeiro a tomar consciência dessa revolução social e da luta de classes foi Heráclito. A forma como racionalizou o seu sentimento de deriva desenvolvendo a primeira ideologia antidemocrática e a primeira filosofia historicista da mudança e do destino foi descrita no segundo capítulo deste livro. Heráclito foi o primeiro inimigo consciente da sociedade aberta.

Quase todos estes primeiros pensadores estavam debaixo de uma pressão trágica e desesperada[41]. A única exceção é talvez o monoteísta Xenófanes[42], que carregou corajosamente o seu fardo. Não podemos censurá-los pela sua hostilidade para com as novas evoluções como podemos, até certo ponto, censurar os seus sucessores. A nova fé da sociedade aberta, a fé no homem, numa justiça igualitária e na razão humana, começava talvez a ganhar forma, mas ainda não fora formulada.

V

O maior contributo para esta fé foi dado por Sócrates, que o pagou com a vida. Sócrates não era um dos chefes da democracia ateniense, como Péricles, nem um teórico da sociedade aberta, como Protágoras. Era, pelo contrário, um crítico de Atenas e das suas instituições democráticas e nisto pode ter tido uma parecença superficial com alguns dos líderes da reação contra a sociedade aberta. Mas alguém que critica a democracia e as instituições democráticas não é necessariamente seu inimigo, embora seja provável que tanto os democratas que ele critica como os totalitaristas que esperam beneficiar de qualquer desunião no campo democrático o rotulem como tal. Há uma diferença fundamental entre uma crítica democrática e uma crítica totalitária da democracia. A crítica de Sócrates era democrática e, na verdade, do género que constitui a própria vida da democracia. (Os democratas que não percebem a diferença entre a crítica amistosa e a crítica totalitária da democracia estão eles próprios imbuídos de espírito totalitário. O totalitarismo não pode, é claro, considerar amistosa nenhuma crítica, visto que qualquer crítica a essa autoridade pode pôr em causa o próprio princípio de autoridade.)

Já referi alguns aspetos do ensinamento de Sócrates: o seu intelectualismo, isto é, a sua teoria igualitária da razão humana como meio universal de comunicação; a sua ênfase na honestidade intelectual e na autocrítica; a sua teoria igualitária da justiça e a sua doutrina de que é melhor ser vítima de injustiça do que infligi-la aos outros. Penso que é esta última doutrina a que melhor nos pode ajudar a perceber o núcleo do seu ensinamento, o seu credo individualista, a sua crença no indivíduo humano como fim em si próprio.

A sociedade fechada, e com ela o seu credo de que a tribo é tudo e o indivíduo nada, entrara em colapso. A iniciativa individual e a afirmação de si próprio tinham-se tornado um facto. Fora despertado o interesse no indivíduo humano como indivíduo, e não só como herói tribal e salvador[43]. Mas uma filosofia que fizesse do homem o centro do seu interesse só começou com Protágoras. E a crença de que nada é mais importante na nossa vida do que os homens individuais, o apelo aos homens para se respeitarem uns aos outros e a si próprios parecem dever-se a Sócrates.

Burnet ressalvou[44] que foi Sócrates quem criou a conceção de *alma*, conceção que teria tão grande influência sobre a nossa civilização. Creio que esta opinião tem muito de verdadeiro, embora me pareça que a sua formulação possa ser enganadora, especialmente no uso do termo «alma», pois Sócrates parece ter-se mantido afastado o mais que pôde de teorias metafísicas. O seu apelo era um apelo moral e a sua teoria da individualidade (ou da «alma», se se preferir este termo) é, penso eu, uma doutrina moral e não metafísica. Ele combatia, com a ajuda da sua doutrina, como sempre, a autossatisfação e a complacência. Proclamava que o individualismo não era apenas a dissolução do tribalismo, mas que o indivíduo tinha de mostrar-se digno da sua libertação. Por isso, insistia que o homem não é apenas um pedaço de carne – um corpo. Há no homem além disso uma centelha divina, a razão; e o amor da verdade, da amabilidade, da humanidade, o amor da beleza e da bondade. É isto que faz que a vida de qualquer homem valha a pena. Mas se não sou meramente um «corpo», que sou então? Primeiro, inteligência, respondia Sócrates. É a nossa razão que nos torna humanos; isto faz de nós mais do que um mero feixe de desejos e apetites; é isto que nos torna indivíduos autossuficentes e nos dá direito de afirmar que somos fins em nós próprios. O dito de Sócrates «cuidem das vossas almas» é em grande parte um apelo à honestidade *intelec-*

A SOCIEDADE ABERTA E OS SEUS INIMIGOS | 237

tual, tal como o dito «conhece-te a ti próprio» é usado por ele para nos lembrar as nossas limitações intelectuais.

São estas, insistia Sócrates, as coisas que importam. E o que ele criticava na democracia e nos estadistas democráticos era a sua perceção inadequada destas coisas. Criticava-os, com razão, pela sua falta de honestidade intelectual e pela obsessão com as políticas de poder([45]). Com a sua ênfase no lado humano do problema político, não podia interessar-se muito pela reforma institucional. Interessava-lhe o aspeto imediato, pessoal, da sociedade aberta. Ao considerar-se um político, estava enganado: era um mestre.

Mas se Sócrates era, fundamentalmente, um paladino da sociedade aberta e um amigo da democracia, porque, pode perguntar-se, se misturou com os antidemocratas? Pois sabemos que entre os seus companheiros se contava não só Alcibíades, que durante um tempo se passou para o lado de Esparta, mas também dois dos tios de Platão, Crítias, que depois se tornou o chefe implacável dos Trinta Tiranos, e Cármides, que foi seu lugar-tenente.

Há mais do que uma resposta a esta pergunta. Primeiro, diz-nos Platão que o ataque de Sócrates aos políticos democráticos do seu tempo foi feito em parte com o propósito de denunciar o egoísmo e a sede de poder dos lisonjeadores do povo hipócritas, mais particularmente dos jovens aristocratas que se apresentavam como democratas, mas olhavam o povo como mero instrumento da sua vontade de poder([46]). Esta atividade tornava-o, por um lado, apelativo para alguns, pelo menos, dos inimigos da democracia e, por outro, pô-lo em contacto com aristocratas ambiciosos justamente desse tipo. E aqui entra uma segunda consideração. Sócrates, o moralista e individualista, nunca se limitaria a atacar esses homens. Antes, interessar-se-ia realmente por eles e dificilmente desistiria deles sem fazer uma tentativa a sério para os converter. Há nos diálogos de Platão muitas referências a essas tentativas. Temos razões para acreditar, e esta é uma terceira consideração, que Sócrates, o professor-político, fazia todos os esforços para atrair os jovens e ganhar influência sobre eles, especialmente quando os considerava abertos à conversão e pensava que algum dia pudessem vir a exercer cargos de responsabilidade na sua cidade. O grande exemplo é, claro, Alcibíades, identificado desde a infância como o futuro grande líder do império ateniense. E o brilhantismo, a ambição e a coragem de Crítias faziam dele um dos poucos concorrentes prováveis de Alcibíades. (Colaborou com Alcibíades durante uns tempos, mas depois virou-se contra ele. Não é de todo improvável que essa cooperação temporária se tenha devido à influência de Sócrates.) De tudo o que sabemos sobre as primeiras e posteriores aspirações políticas de Platão podemos concluir que é mais do que provável que as suas relações com Sócrates tenham sido de um tipo semelhante[47]. Embora Sócrates fosse um dos espíritos cimeiros da sociedade aberta, não era um homem de partido. Teria trabalhado em qualquer círculo onde o seu trabalho pudesse beneficiar a sua cidade. Caso se interessasse por um jovem promissor, não seriam as ligações familiares oligárquicas que o deteriam.

Mas estas ligações haviam de lhe causar a morte. Quando se perdeu a grande guerra, Sócrates foi acusado de ter educado os homens que tinham traído a democracia e conspirado com o inimigo para provocar a queda de Atenas.

A história da guerra do Peloponeso e da queda de Atenas, sob a influência da autoridade de Tucídides, ainda é contada muitas vezes de tal maneira que a derrota de Atenas aparece como a prova definitiva das debilidades morais do sistema democrático. Mas esta visão não passa de uma distorção tendenciosa e os factos, que são bem conhecidos, contam uma história muito diferente. A principal responsabilidade pela derrota na guerra recai sobre os oligarcas traidores que conspiraram sistematicamente com Esparta. Entre estes destacaram-se três antigos discípulos de Sócrates: Alcibíades, Crítias e Cármides. Depois da queda de Atenas em 404 a.C., os dois últimos tornaram-se líderes dos Trinta Tiranos, que não passavam de um governo-fantoche sob proteção espartana. A queda de Atenas e a destruição das muralhas são muitas vezes apresentadas como os resultados finais da grande guerra que começara em 431 a.C. Mas há nesta apresentação uma distorção muito importante, pois os democratas continuaram a lutar. Sendo apenas setenta ao princípio, prepararam, sob a chefia de Trasíbulo e Ânito, a libertação de Atenas, onde Crítias, entretanto, matava centenas de cidadãos; durante os oito meses do seu reinado de terror o rol de mortos continha «um número bastante maior de atenienses do que os que tinham sido mortos pelos peloponenses durante os últimos dez anos de guerra»[48]. Mas passados oito meses (em 403 a.C.) Crítias e a guarnição espartana foram atacados e derrotados pelos democratas, que se instalaram no Pireu, e ambos os tios de Platão perderam a vida na batalha. Os seus seguidores oligárquicos mantiveram por algum tempo o seu reino de terror na cidade de Atenas propriamente dita, mas as suas forças encontravam-se num estado de confusão e dissolução. Tendo-se mostrado incapazes de governar, acabaram por ser abandonados pelos seus protetores espartanos, que concluíram um tratado com os democratas. A paz restabeleceu a democracia em Atenas. A forma democrática de governo demonstrara a sua superioridade sob as mais severas provas e mesmo os seus inimigos começaram a pensar que era invencível. (Nove anos mais tarde, depois da batalha de Cnido, os atenienses puderam erigir de novo as suas muralhas. A derrota da democracia transformara-se numa vitória.)

Logo que a democracia restaurada restabeleceu as condições legais normais([49]), foi instaurado um processo contra Sócrates. O seu significado era bem claro. Acusavam-no de ter tido parte na educação dos mais perniciosos inimigos do Estado, Alcibíades, Crítias e Cármides. Uma amnistia para todos os crimes políticos cometidos antes do restabelecimento da democracia criou algumas dificuldades à acusação; esta não podia portanto referir-se abertamente a esses casos notórios. E os acusadores provavelmente não procuravam exatamente castigar Sócrates pelos infelizes acontecimentos políticos do passado que, como bem sabiam, tinham ocorrido contra as suas intenções; o seu objetivo era, antes, impedi-lo de continuar a ensinar, o que, tendo em conta os efeitos, dificilmente podiam deixar de considerar perigoso para o Estado. Por todas estas razões, foi dada à acusação a forma vaga e sem sentido de que Sócrates estava a corromper a juventude, que era ímpio e que tentara introduzir no Estado novas formas religiosas. (As duas últimas acusações exprimiam sem dúvida, embora de forma desajeitada, o sentimento correto de que ele, no campo ético-religioso, era um revolucionário.) Por causa da amnistia, a «juventude corrompida» não podia ser identificada mais precisamente, mas toda a gente sabia, é claro, de quem se estava a falar([50]). Em sua defesa, Sócrates insistiu que não tinha qualquer simpatia pela política dos Trinta e que até arriscara a vida desafiando a tentativa deles para o implicarem num dos seus crimes. E lembrou ao júri que entre os seus amigos mais próximos e os seus mais entusiásticos discípulos havia pelo menos um ardente democrata, Querefonte, que combatera contra os Trinta (e, ao que parece, morrera em combate)([51]).

É hoje normalmente reconhecido que Ânito, o líder democrático que patrocinou a acusação, não pretendia fazer de Sócrates um mártir. O objetivo era exilá-lo. Mas este plano foi frustrado pela recusa de Sócrates em transigir com os seus princípios. Que quisesse morrer ou que gostasse do papel de mártir, não acredito[52]. Lutou simplesmente por aquilo que acreditava estar certo e pela obra da sua vida. Nunca quis minar a democracia. Na verdade, tentara dar-lhe a fé de que precisava. Fora esse o trabalho da sua vida. Estava, pensava ele, seriamente ameaçado. A traição dos seus antigos companheiros fez com que o seu trabalho e ele próprio aparecessem a uma luz que o deve ter perturbado profundamente. Pode até ter agradecido o julgamento como uma oportunidade de provar que a sua lealdade à cidade não tinha limites.

Sócrates explicou a sua atitude com todo o cuidado quando lhe foi dada a oportunidade de fugir. Se a tivesse aproveitado e se tivesse exilado, toda a gente teria pensado que era um opositor à democracia. Por isso ficou e expôs as suas razões. Esta explicação, o seu testamento, pode ler-se no *Críton*, de Platão[53] É simples. Se partir, disse Sócrates, violo as leis do Estado. Tal ato colocar-me-ia em oposição às leis e provaria a minha deslealdade. Seria prejudicial para o Estado. Só se ficar posso pôr acima de qualquer dúvida a minha lealdade ao Estado, com as suas leis democráticas, e provar que nunca fui seu inimigo. Não pode haver melhor prova da minha lealdade do que a minha disposição a morrer por ela.

A morte de Sócrates é a prova definitiva da sua sinceridade. A sua bravura, a sua simplicidade, a sua modéstia, o seu sentido das proporções, o seu humor, nunca lhe faltaram. «Sou o moscardo que Deus atribuiu a esta cidade», diz na sua *Apologia*, «e pelo dia fora e em toda a parte me aferro a vós, irritando-vos e persuadindo-vos e censurando-vos. Não encontrariéis facilmente outro como eu e portanto devo aconselhar-vos a poupar-me (...). Se me atingirdes, como Ânito vos recomenda, e me derdes morte, permanecereis adormecidos pelo resto das vossas vidas a não ser que Deus, na sua solicitude, vos envie outro moscardo como eu»[54]. Mostrou que um homem não só pode morrer pelo destino e pela fama e por outras coisas magníficas do género, mas também pela liberdade do pensamento crítico e por um respeito por si próprio que nada tem a ver com a presunção ou o sentimentalismo.

VI

Sócrates tinha apenas *um* digno sucessor, o seu velho amigo Antístenes, o último da Grande Geração. Platão, o seu discípulo mais dotado, em breve se revelaria o menos fiel. Atraiçoou Sócrates, tal como tinham feito os seus tios. Estes, além de traírem Sócrates, tinham tentado implicá-lo nas suas ações terroristas, mas não conseguiram, dada a sua resistência. Platão tentou implicar Sócrates na sua tentativa grandiosa para construir a teoria da sociedade parada e não teve dificuldade em consegui-lo, pois Sócrates estava morto.

Sei que este juízo parecerá sem dúvida escandalosamente severo, mesmo àqueles que criticam Platão[55]. Mas se tomarmos a *Apologia* e o *Críton* como testamento de Sócrates e se compararmos esses testamentos da sua velhice com o testamento de Platão, as *Leis*, é difícil formular outro juízo. Sócrates fora condenado, mas a sua morte não era desejada pelos instigadores do processo. As *Leis* de Platão remedeiam esta falta de intenção. Ali, ele elabora fria e cuidadosamente a teoria da inquisição. A liberdade de pensamento, a crítica das instituições políticas, o ensino de novas ideias aos jovens, as tentativas para introduzir novas práticas ou mesmo apenas novas opiniões religiosas, são todas proclamadas crimes capitais. No Estado de Platão, Sócrates podia nem sequer ter tido oportunidade de se defender publicamente e teria sido entregue decerto ao Conselho Noturno secreto a fim de se «tratar» a sua alma doente e por fim castigá-lo.

Não posso duvidar de que a traição de Platão foi um facto nem que ter usado Sócrates como orador principal da *República* foi a tentativa mais bem-sucedida para o comprometer. Questão diferente é a de saber se esta tentativa foi consciente.

A fim de perceber Platão temos de imaginar toda a situação do seu tempo. Depois da guerra do Peloponeso, a tensão da civilização fazia-se sentir mais fortemente do que nunca. As velhas esperanças oligárquicas ainda estavam vivas e a derrota de Atenas tendeu ainda mais a encorajá-las. A luta de classes continuou. A tentativa de Crítias para destruir a democracia levando a cabo o programa dos Velhos Oligarcas, no entanto, falhara. Não falhara por falta de determinação. O uso mais implacável da violência não tivera êxito, a despeito de circunstâncias favoráveis, na forma do poderoso apoio da Esparta vitoriosa. Platão achou que era neces-

242 | O PANO DE FUNDO DO ATAQUE DE PLATÃO

sário um programa de reconstrução completa. Os Trinta tinham sido batidos no domínio das políticas de poder, em especial por terem ofendido a noção de justiça dos cidadãos. A derrota fora em grande parte uma derrota moral. A fé da Grande Geração provara a sua força. Os Trinta não tinham nada do género para oferecer; eram niilistas morais. O programa dos Velhos Oligarcas, pensava Platão, não podia ser ressuscitado sem se basear numa outra fé, numa convicção que reafirmasse os velhos valores do tribalismo, opondo-os à fé da sociedade aberta. *O homem tem de aprender que a justiça é desigualdade* e que a tribo, o coletivo, está acima do indivíduo([56]). Mas visto que a fé de Sócrates era demasiado forte para ser desafiada abertamente, Platão foi levado a reinterpretá-la como fé na sua sociedade fechada. Era difícil, mas não era impossível. Pois não tinha Sócrates sido morto pela democracia? Não tinha a democracia perdido qualquer direito a invocá-lo? E não tinha Sócrates sempre criticado tanto a multidão anónima como os seus líderes pela sua falta de sabedoria? Não era assim tão difícil, além disso, reinterpretar Sócrates como tendo recomendado o governo dos «ilustres», os filósofos instruídos. Platão foi muito encorajado a esta interpretação quando descobriu que ela também fazia parte do antigo credo pitagórico e, mais do que tudo, quando encontrou em Arquitas de Tarento um sábio pitagórico que era também um grande estadista de sucesso. Aqui estava, pensou, a solução do enigma. Não tinha o próprio Sócrates encorajado os seus discípulos a participar na política? Não significava isto que queria que os ilustres, os sábios, governassem? Que grande era a diferença entre a crueza da populaça governante de Atenas e a dignidade de um Arquitas! Sócrates, que nunca explicitara a sua solução do problema constitucional, teria decerto em mente o pitagorismo.

Platão pode ter julgado que era possível, desta maneira, ir dando gradualmente um novo significado ao ensinamento do mais influente membro da Grande Geração e persuadir-se de que um opositor cuja força avassaladora ele nunca teria ousado atacar diretamente, era um aliado. É esta, creio, a interpretação mais simples do facto de Platão escolher Sócrates como seu principal orador mesmo depois de se ter afastado tanto dos seus ensinamentos que já não poderia enganar-se a si próprio sobre este desvio([57]). Mas esta não é a história toda. Sabia, creio eu, no fundo da sua alma, que os ensinamentos de Sócrates eram realmente muito diferentes desta apresentação e que estava a atraiçoar Sócrates.

E penso que os esforços contínuos de Platão para fazer Sócrates reinterpretar-se a si próprio são ao mesmo tempo os esforços de Platão para calar a sua própria má consciência. Ao tentar provar uma e outra vez que o seu ensinamento era apenas o desenvolvimento lógico da verdadeira doutrina socrática tentou persuadir--se de que não era um traidor.

Ao ler Platão testemunhamos, parece-me, um conflito interior, uma luta verdadeiramente titânica na sua mente. Mesmo a sua famosa «acentuada reserva, a supressão da sua própria personalidade»([58]), ou antes, a sua tentativa de supressão – pois não é difícil ler nas entrelinhas – é uma expressão dessa luta. E estou convencido de que a influência de Platão se pode explicar em parte pela fascínio deste conflito entre dois mundos na mesma alma, uma luta cujas poderosas repercussões em Platão se podem sentir sob a superfície da sua reserva calculada. Este conflito toca--nos, pois continua a desenrolar-se dentro de nós próprios. Platão foi filho de um tempo que ainda é o nosso. (Não devemos esquecer que, ao fim e ao cabo, só passou um século desde a abolição da escravatura nos Estados Unidos e ainda menos tempo desde a abolição da servidão na Europa Central.) Em parte alguma este conflito interior se revela mais claramente do que na teoria platónica da alma. Que Platão, com o seu anseio pela unidade e pela harmonia, visualizasse a estrutura da alma humana como idêntica à de uma sociedade dividida em classes([59]) mostra bem a dimensão do seu sofrimento.

O maior conflito de Platão surge da profunda impressão que nele causou o exemplo de Sócrates, mas contra o qual lutam, infelizmente com êxito, as suas próprias inclinações oligárquicas. No terreno da argumentação lógica, a luta é conduzida usando o argumento do humanitarismo de Sócrates contra ele próprio. Aquele que parece ser o mais antigo exemplo deste género pode ser encontrado no *Eutífron*([60]). Não vou ser como Eutífron, assegura a si próprio Platão. Nunca me dedicarei a acusar o meu próprio pai, os meus venerados antepassados, de terem pecado contra a lei e a moralidade humanitárias que estão ao nível da piedade comum. Mesmo que tenham ceifado vidas humanas, foi, em todo o caso, as dos seus próprios servos, que não são melhores do que criminosos. E não é tarefa minha julgá-los. Não mostrou Sócrates como é difícil distinguir o bem do mal, o pio do ímpio? E não foi ele próprio acusado de impiedade, por aqueles que se dizem humanitaristas? Outras marcas da luta de Platão podem ser encontradas, creio eu, praticamente em toda a parte onde ele se volta contra as ideias humanitárias, especialmente na *República*. A forma evasiva que usa e o recurso ao escárnio no combate à teoria igualitária da justiça, o seu prefácio hesitante na defesa da mentira, na sua introdução ao racismo e à definição de justiça, já tudo foi referido em capítulos anteriores. Mas a mais clara expressão do conflito talvez possa ser encontrada no *Menexeno*, essa réplica desdenhosa à oração fúnebre de Péricles. Aqui, parece-me, Platão denuncia-se. A despeito da sua tentativa de esconder os seus sentimentos por trás da ironia e do escárnio, não pode deixar de mostrar a profunda impressão que lhe causaram os sentimentos de Péricles. Eis como Platão, maliciosamente, faz o seu «Sócrates» descrever a impressão que lhe causou a oração de Péricles: «Permanece comigo durante mais de três dias um sentimento de exultação; só ao quarto ou quinto dia, e não sem esforço, volto a mim e me dou conta de onde estou.»[61] Quem pode duvidar de que Platão revela aqui quanto o impressionou o credo da sociedade aberta e como foi árdua a luta para voltar a si e perceber onde estava – designadamente, no campo dos seus inimigos.

VII

O argumento mais forte de Platão neste combate foi, creio eu, sincero: de acordo com o credo humanitarista, argumentou, deveríamos estar prontos a ajudar os nossos vizinhos. As pessoas precisam desesperadamente de ajuda, são infelizes, laboram debaixo de muita tensão, um sentimento de deriva. Não há certeza nem segurança[62] na vida, quando tudo está em devir. Estou pronto a ajudá-las. Mas não as posso fazer felizes sem ir à raiz do mal.

E encontrou a raiz do mal. É a «Queda do Homem», o colapso da sociedade fechada. Esta descoberta convenceu-o de que o Velho Oligarca e os seus seguidores tinham fundamentalmente razão em favorecer Esparta contra Atenas e em macaquear o programa espartano para travar a mudança. Mas não tinham ido suficientemente longe. A sua análise não fora levada suficientemente fundo. Não tinham tido consciência, ou tinham-se desinteressado, do facto de que até Esparta mostrava sinais de decadência, a despeito do seu esforço heroico para impedir qualquer mudança;

A SOCIEDADE ABERTA E OS SEUS INIMIGOS | 245

que até Esparta fora tíbia nas suas tentativas para controlar a reprodução de modo a eliminar as causas da Queda, as «variações» e «irregularidades», tanto na quantidade como na qualidade da classe governante[63]. (Platão percebeu que o aumento da população era uma das causas da Queda.) Além disso, na sua superficialidade, o Velho Oligarca e os seus seguidores tinham pensado que com a ajuda de uma tirania, como a dos Trinta, seriam capazes de restaurar os bons velhos tempos. Platão não tinha ilusões. O grande sociólogo via claramente que estas tiranias eram sustentadas pelo espírito revolucionário moderno, que por sua vez estavam a atiçar; que eram obrigadas a fazer concessões aos desejos igualitários do povo; e que na verdade tinham desempenhado um papel importante no colapso do tribalismo. Platão detestava a tirania. Só o ódio pode ver tão nitidamente como ele fez na sua famosa descrição do tirano. Só um genuíno inimigo da tirania podia dizer que os tiranos têm de «fomentar guerra após guerra para fazer o povo sentir a necessidade de um general», de um salvador do perigo extremo. Nem a tirania, insistia Platão, era solução, nem qualquer das oligarquias existentes. Embora seja imperioso manter o povo no seu lugar, a sua supressão não é um fim em si mesmo. O fim deve ser o regresso à natureza, uma limpeza completa da tela.

A diferença entre a teoria platónica, por um lado, e a do Velho Oligarca e dos Trinta, por outro, deve-se à influência da Grande Geração. Individualismo, igualitarismo, fé na razão e amor da liberdade eram sentimentos novos, poderosos e, do ponto de vista dos inimigos da sociedade aberta, perigosos, que deviam ser combatidos. O próprio Platão tinha sentido a sua influência e, no seu íntimo, lutado contra eles. A sua resposta à Grande Geração era um esforço verdadeiramente grandioso. Era um esforço para fechar a porta que fora aberta e para fazer parar a sociedade lançando sobre ela o sortilégio de uma filosofia sedutora, inigualada em profundidade e riqueza. No terreno político não acrescentava grande coisa ao velho programa contra o qual Péricles em tempos argumentara[64]. Mas descobriu, talvez inconscientemente, o grande segredo da revolta contra a liberdade, formulada no nosso próprio tempo por Pareto[65]; «*Tirar partido dos sentimentos em vez de desperdiçar as nossas energias em esforços fúteis para os destruir.*» Em vez de mostrar a sua hostilidade à razão, encantou os intelectuais com o seu brilhantismo, lisonjeando-os e entusiasmando-os com a sua exigência de que os ilustres deviam governar. Embora argumentasse contra a justiça, convenceu todos os homens de bem que era seu advogado. Nem mesmo a ele próprio confessava totalmente que estava a combater a liberdade de pensamento pela qual Sócrates morrera, e fazendo de Sócrates o seu campeão persuadiu os outros de que lutava por ela. Platão tornou-se assim, inconscientemente, precursor dos muitos propagandistas que, muitas vezes de boa-fé, desenvolveram a técnica de apelar aos sentimentos morais e humanitários para fins anti-humanitários e imorais. E alcançou o efeito um tanto surpreendente de convencer até grandes humanitaristas da imoralidade e egoísmo do seu credo[66]. Não duvido de que conseguiu convencer-se a si próprio. Transfigurou o seu ódio à iniciativa individual e o seu desejo de travar qualquer mudança em amor da justiça e da temperança, de um Estado celestial em que toda a gente estaria satisfeita e feliz e no qual a crueza da ganância do dinheiro[67] seria substituída pelas leis da generosidade e da amizade. Este sonho de unidade e beleza e perfeição, este esteticismo e holismo e coletivismo, é também tanto produto como sintoma do espírito de grupo perdido do tribalismo[68]. É expressão dos sentimentos dos que sofrem do esforço da civilização e um apelo ardoroso a esses sentimentos. (Faz parte dessa tensão que nos estejamos a tornar cada vez mais penosamente conscientes das grandes imperfeições da nossa vida, da imperfeição tanto pessoal como institucional, do sofrimento evitável, do desperdício e da miséria desnecessária; e, ao mesmo tempo, que não nos é impossível fazer qualquer coisa para o remediar, mas que essas melhorias serão tão difíceis de alcançar quanto importantes. Esta consciência aumenta a tensão da responsabilidade pessoal, de carregar a cruz de ser humano.)

VIII

Sócrates recusa-se a transigir com a sua integridade pessoal. Platão, com toda a sua inflexível limpeza da tela, foi conduzido por um caminho em que transigiu com a sua integridade a cada passo que deu. Viu-se forçado a combater a liberdade de pensamento e a busca da verdade. Foi levado a defender a mentira, os milagres políticos, a superstição dos tabus, a supressão da verdade e, por fim, a violência mais brutal. A despeito dos avisos de Sócrates contra a misantropia e a misologia, foi levado a desconfiar do homem e a temer a discussão. A despeito do seu próprio ódio à tirania, foi levado a procurar a ajuda de um tirano e a defender as medidas mais tirânicas. Pela lógica interna do seu propósito anti--humanitarista, a lógica interna do poder, foi levado, sem se aperceber, ao mesmo ponto a que em tempos haviam sido conduzidos os Trinta e ao qual chegou o seu amigo Dio e outros dos seus muitos discípulos tiranos[69]. Não conseguiu travar a mudança social. (Só muito mais tarde, na Idade Média, ela foi detida pelo sortilégio mágico do essencialismo platónico-aristotélico.) Em vez disso, conseguiu prender-se, pelo seu próprio sortilégio, a poderes que antes tinha odiado.

A lição que devíamos assim aprender com Platão é exatamente o oposto da que nos tenta ensinar. É uma lição que não deve ser esquecida. Por muito excelente que fosse o diagnóstico sociológico de Platão, a sua própria evolução prova que a terapia que recomendou é pior do que o mal que tentou combater. Travar a mudança social não é remédio; não pode trazer-nos a felicidade. Nunca podemos regressar à alegada inocência e beleza da sociedade fechada[70]. O nosso sonho do Céu não pode ser realizado na Terra. Depois de começarmos a recorrer à nossa razão e a usar os nossos poderes críticos, depois de sentirmos o apelo das responsabilidades pessoais e, com ele, a responsabilidade de ajudar a avançar o conhecimento, já não podemos regressar a um estado de submissão incondicional à magia tribal. Para aqueles que provaram os frutos da árvore do conhecimento, o paraíso está perdido. Quanto mais tentamos regressar à idade heroica do tribalismo, mais seguramente chegamos à Inquisição, à Polícia Secreta e a um gangsterismo romanticizado. Começando pela supressão da razão e da verdade, temos de acabar na mais brutal e violenta destruição de tudo o que é humano.[71] Não há retorno a um estado de natureza harmonioso. *Se voltarmos para trás, temos de ir até ao fim – temos de regressar à animalidade.*

É uma questão que temos de encarar, por muito difícil que nos seja fazê-lo. Se sonharmos com um regresso à infância, se formos tentados a depender dos outros e assim ser felizes, se recuarmos perante a tarefa de carregar a nossa cruz, a cruz da nossa humanidade, da razão, da responsabilidade, se perdermos a coragem e nos assustar o esforço, então temos de nos fortificar com uma clara compreensão da decisão simples que temos perante nós. Podemos voltar à animalidade. Mas se desejamos permanecer humanos, só há um caminho, o caminho para a sociedade aberta. Devemos seguir em frente rumo ao desconhecido, ao incerto, ao inseguro, usando quanta razão tenhamos para planear o melhor que nos seja possível um futuro de segurança *e* liberdade.

ADENDA

I

PLATÃO E A GEOMETRIA (1957)

Na segunda edição deste livro, fiz um longo aditamento à nota 9 do capítulo 6 (pp. 359 a 368). A hipótese histórica avançada nessa nota foi depois ampliada no meu trabalho «The Nature of Philosophical Problems and Their Roots in Science» (*British Journal for the Philosophy of Science*, 3, 1952, pp. 124 ss.; agora incluído também no meu *Conjecturas e Refutações*). Pode ser repetida do modo seguinte: (1) a descoberta da irracionalidade da raiz quadrada de dois que levou ao colapso do programa pitagórico de redução da geometria e da cosmologia (e presumivelmente de todo o conhecimento) à aritmética produziu uma crise nas matemáticas gregas; (2) Os *Elementos* de Euclides não são um manual de geometria, antes a tentativa final da Escola Platónica para resolver esta crise pela reconstrução de todas as matemáticas e da cosmologia *sobre uma base geométrica*, de modo a lidar sistematicamente e não de forma *ad hoc* com o problema da irracionalidade, invertendo assim o programa pitagórico de aritmetização; (3) foi Platão o primeiro a conceber o programa depois executado por Euclides: foi Platão quem primeiro reconheceu a necessidade de uma reconstrução, quem escolheu a geometria como nova base e o método geométrico de proporção como novo método; quem desenvolveu o programa para uma *geometrização das matemáticas*, incluindo aritmética, astronomia e cosmologia e quem se tornou o fundador do retrato geométrico do mundo e por conseguinte também o fundador da ciência moderna – da ciência de Copérnico, Galileu, Kepler e Newton.

Sugeri que a famosa inscrição sobre o pórtico da Academia de Platão (p. 360, (2)) aludia a este programa de geometrização. (Que se destinava a anunciar *uma inversão do programa pitagórico* parece provável, tendo em conta Arquitas, fragmento A, Diels-Kranz.)

A meio da página 362 sugeri «que Platão foi *um dos primeiros a desenvolverem um método especificamente geométrico* com vista a resgatar o que pudesse ser resgatado (...) do colapso do pitagorismo» e descrevi esta sugestão como «uma hipótese histórica altamente incerta». Já não penso que a hipótese seja assim tão incerta. Pelo contrário, acho agora que uma releitura de Platão, Aristóteles, Euclides e Proclo à luz desta hipótese produziria todos os elementos de prova que se poderia desejar. Além dos elementos de confirmação referidos no parágrafo citado, desejo acrescentar agora que já o *Górgias* (451a/b e c; 453e) toma a discussão de «ímpar» e «par» como característica da aritmética, identificando assim claramente a aritmética com a teoria pitagórica do número, enquanto caracteriza o geómetra como o homem que adota o método das proporções (465b/c). Além disso, nesse passo do *Górgias* (506a), Platão fala não só da igualdade geométrica (cf. nota 48 do capítulo 8) mas afirma implicitamente o princípio que mais tarde desenvolveria completamente no *Timeu*: que a ordem cósmica é uma *ordem geométrica*. Diga-se de passagem que o *Górgias* também prova que a palavra «*alogos*» não estava associada no pensamento de Platão aos números irracionais, visto que em 465a diz que mesmo uma técnica, ou arte, não deve ser *alogos*, o que se aplicaria *a fortiori* a uma ciência como a geometria. Penso que podemos simplesmente traduzir «*alogos*» por «alógico». (Cf. também *Górgias*, 496a/b e 522e.) O ponto é importante para a interpretação do título do livro perdido de Demócrito, mencionado antes na p. 327.

O meu trabalho sobre «The Nature of Philosophical Problems» (ver acima) contém mais algumas sugestões a respeito da *geometrização da aritmética* da cosmologia em geral por Platão (a sua inversão do programa pitagórico) e da sua teoria das formas.

Acrescentado em 1961

Desde que esta adenda foi publicada pela primeira vez, em 1957, na terceira edição deste livro, descobri, quase por acaso,

ADENDA | 253

alguma corroboração interessante da hipótese histórica formulada acima, no primeiro parágrafo, em (2). É um passo dos comentários de Proclo ao Livro I dos *Elementos* de Euclides (ed. Friedlein, 1973, Prologus ii, p. 71, 2-5) no qual se torna claro que existia uma tradição segundo a qual os elementos de Euclides eram uma cosmologia platónica, um tratamento dos problemas do *Timeu*.

II

A DATAÇÃO DO *TEETETO* (1961)

Referee-se na nota 50, (6), do capítulo 8, que «o *Teeteto* é talvez (ao contrário do que normalmente se julga) anterior à *República*». Esta sugestão foi-me feita pelo falecido Dr. Robert Eisler numa conversa que tivemos não muito antes de ele morrer em 1949. Mas como nada me disse acerca da sua conjetura além de que se baseava em parte no *Teeteto* 174e, *seq.* – o passo crucial cuja datação pós-*República* não me parecia encaixar na minha teoria – achei que não havia prova suficiente disso e que era demasiado *ad hoc* para justificar que eu publicamente fizesse pesar sobre Eisler a responsabilidade por ela.

No entanto, descobri desde então alguns argumentos em favor de uma datação mais antiga do *Teeteto* e quero portanto reconhecer aqui a sugestão inicial de Eisler.

Desde que Eva Sachs (cf. *Socrates*, **5**, 1917, 531 *seq.*) estabeleceu que o proémio do *Teeteto*, tal como o conhecemos, foi escrito depois de 369, a conjetura de um núcleo socrático e de uma datação anterior implica uma outra – a de uma edição anterior perdida, revista por Platão depois da morte de Teeteto. Esta última conjetura foi avançada independentemente por vários estudiosos, mesmo antes da descoberta de um papiro (ed. por Diels, *Berlin*, *Klassikerhefte*, **2**, 1905) que contém parte de um *Comentário ao Teeteto* e se refere a duas edições distintas.

(1) Certos passos de Aristóteles parecem aludir ao *Teeteto*: ajustam-se perfeitamente ao texto do *Teeteto* e, ao mesmo tempo, afirmam que as ideias ali manifestadas pertencem a Sócrates e

254 | A SOCIEDADE ABERTA E OS SEUS INIMIGOS

não a Platão. Os passos que tenho em mente são a atribuição a Sócrates da invenção da *indução* (*Metafísica*, 1078b17-33; cf. 987b1 e 1086b3) que é, penso eu, uma alusão à *maiêutica* de Sócrates (longamente desenvolvida no *Teeteto*), o seu método de ajudar o aluno a perceber a verdadeira essência de uma coisa purgando-lhe a mente dos falsos preconceitos, e ainda a atribuição a Sócrates de uma atitude tão vigorosamente expressa uma e outra vez no *Teeteto*: «Sócrates costumava fazer perguntas e não dar-lhes resposta; pois costumava confessar que não as sabia» (*Soph. El.*, 183b7). (Estes passos são discutidos, num diferente contexto, na minha conferência «On the Sources of Knowledge and Ignorance, Proceedings of the British Academy», **46**, 1960 (ver em especial p. 50) que também foi publicada separadamente pela Oxford University Press e agora faz parte do meu *Conjecturas e Refutações*.)

(2) O *Teeteto* tem um final surpreendentemente inconclusivo, mesmo que se tenha chegado à conclusão de que foi planeado e preparado assim quase desde o princípio. (Na verdade, como tentativa de resolver o problema do conhecimento, como aparentemente pretende, este belo diálogo é um completo fracasso.) Mas sabe-se que finais de uma natureza de igual modo inconclusiva são característicos de alguns dos primeiros diálogos.

(3) «Conhece-te a ti próprio» é interpretado, como na *Apologia*, como «Conhece que pouco conheces». No seu discurso final, Sócrates diz: «Depois disto Teeteto (...) serás menos severo e mais amável com os teus colegas, pois terás a sabedoria de não pensar que sabes o que não sabes. A minha arte [da *maiêutica*] tem limites quanto ao que pode alcançar; nem eu conheço nenhuma das coisas que são conhecidas por outros (...)».

(4) Que a nossa seja uma segunda edição, revista por Platão, parece provável, especialmente considerando que a Introdução ao diálogo (de 142a até ao fim de 143c), que poderia muito bem ter sido acrescentada como homenagem a um grande homem, na realidade contradiz um passo que pode ter sobrevivido à revisão de uma versão anterior deste diálogo; refiro-me à parte final que, como alguns dos outros diálogos, alude ao julgamento de Sócrates como iminente. A contradição consiste no facto de Euclides, que aparece como uma das personagens na Introdução e que narra como o diálogo veio a ser escrito, nos dizer (142c/d), 143a) que foi por várias vezes a Atenas (de Megara, supõe-se), servindo-se sempre dessas oportunidades para conferir as suas notas com

ADENDA | 255

Sócrates e fazer aqui e ali *correções*. Isto é contado de uma maneira que deixa bastante claro que o próprio diálogo deve ter tido lugar durante vários meses, *pelo menos*, antes do julgamento e morte de Sócrates, mas isto não condiz com o fim do diálogo. (Nunca vi qualquer referência a este ponto, mas não consigo imaginar que não tenha sido discutido por algum platónico.) Até pode ser que a referência a «correções», em 143a, e também a muito discutida descrição do «novo estilo» em 143b-c (ver por exemplo o *Plato* de C. Ritter, vol. I, 1910, pp. 220 ss.) tenha sido introduzida para explicar alguns desvios da edição revista em relação à edição original. (Isto tornaria possível situar a edição revista depois mesmo do *Sofista*.)

III

RESPOSTA A UM CRÍTICO (1961)

Pediram-me que dissesse alguma coisa em resposta aos críticos deste volume. Mas antes de o fazer, gostaria de agradecer outra vez àqueles cuja crítica me ajudou a melhorar o livro de várias maneiras.

Dos outros – daqueles de que tive conhecimento – sinto alguma relutância em dizer muito. Ao atacar Platão, percebo agora, ofendi e feri muitos platónicos e lamento-o. Mesmo assim, surpreendeu-me a violência de algumas das reações.

Penso que na sua maioria os defensores de Platão negaram factos que, parece-me, não podem ser negados seriamente. Isto é verdadeiro mesmo para o melhor deles: o Professor Ronald B. Levinson, no seu livro monumental (645 páginas de letra apertada) *In Defence of Plato*.

Ao tentar responder ao Professor Levinson tenho pela frente duas tarefas de importância muito desigual. Tratarei primeiro (na secção A) da tarefa menos importante – defender-me de várias acusações – de modo a que a mais importante – responder à defesa de Platão pelo Professor Levinson (na secção B) – não seja por demais obscurecida pela minha defesa pessoal.

A

O retrato que o Professor Levinson traça de mim fez-me duvidar da veracidade do meu próprio retrato de Platão: pois se é possível inferir do livro de um autor vivo uma imagem tão distorcida da sua doutrina e intenções, que esperança pode haver de produzir algo que se pareça com um retrato verdadeiro de um autor nascido há quase vinte e quatro séculos?

No entanto, como posso defender-me de ser identificado com o pretenso original do retrato traçado pelo Professor Levinson? Tudo o que posso fazer é mostrar pelo menos como algumas das más traduções, mal-entendidos e distorções de Platão de que me acusa o Professor Levinson na verdade não existem. E mesmo isto só o posso fazer analisando duas ou três amostras representativas, tomadas ao acaso de entre centenas: parece haver mais acusações dessas do que páginas tem o livro. Assim, tudo o que posso fazer é provar que pelo menos algumas das mais violentas acusações que me faz não têm fundamento.

Gostaria de o fazer sem levantar qualquer contra-acusação de citações incorretas, etc. Mas como isso se revelou impossível, desejo deixar bem claro que vejo agora que o Professor Levinson, como outros platónicos, deve ter achado o meu livro não só exasperante como quase sacrílego. E dado que sou aquele por quem chegou a ofensa, não tenho de me queixar por ser amargamente recriminado.

Examinemos então alguns dos passos relevantes.

Escreve de mim o Professor Levinson (p. 273, nota 72): «Como a respeito de outros que desaprova, também aqui, no que se refere a Crítias, Popper denegriu o seu retrato recorrendo ao exagero. Pois os versos citados apresentam a religião como, apesar de uma invenção, dirigida ao bem geral da sociedade e não ao próprio proveito egoísta do seu astuto inventor».

Ora, se isto quer dizer algo, tem de significar que eu afirmei, ou pelo menos insinuei, nos passos citados pelo Professor Levinson (isto é, pp. 179 e 140 de A, que correspondem às pp. 196-197 e pp. 151-152 de E([1])) que os versos de Crítias que citei apresentam a religião, não apenas como uma invenção, mas uma invenção «destinada (...) ao próprio proveito egoísta do seu astuto inventor».

Nego ter afirmado, ou sequer insinuado, seja o que for do género. Pelo contrário, tive o cuidado de assinalar que «o bem

ADENDA 257

geral da sociedade» é uma das preocupações dominantes de Platão e que a sua atitude nesta matéria «é praticamente idêntica à de Crítias». A base da minha crítica é claramente enunciada no princípio do capítulo 8 (segundo parágrafo) onde escrevo: «'Em benefício da cidade', diz Platão. Uma vez mais verificamos que o apelo ao princípio da utilidade coletiva é a suprema consideração ética.»

Afirmo é que este princípio moral que postula «o bem geral da sociedade» como objetivo moral não é suficiente como base da ética; que, por exemplo, leva a mentir – «para o bem geral da sociedade» ou «em benefício da cidade». Por outras palavras, tento mostrar que o coletivismo ético é perverso e que corrompe. Mas em parte alguma interpreto os versos de Crítias no sentido alegado pelo Professor Levinson. Estaria tentado a perguntar «Quem denigre o caráter de quem recorrendo ao exagero?», não fosse o facto de que reconheço que a severidade do meu ataque foi uma provocação que desculpa as acusações do Professor Levinson. Mas não as torna verdadeiras.

Um segundo exemplo é o seguinte. O Professor Levinson escreve (pp. 354 *seq.*): «Uma das afirmações mais extravagantes de Popper é a de que Platão tenha visto como 'circunstância favorável' a presença em Atenas de soldados espartanos, chamados a ajudar os Trinta na manutenção do poder e do seu regime iníquo e não tenha sentido nenhuma outra emoção que não fosse o aplauso perante a ideia de Atenas sob o jugo de Esparta. Teria estado pronto, somos levados a supor, a convocá-los outra vez, se a sua presença o pudesse ajudar a realizar a sua revolução neo-oligárquica. Não há nenhum texto que Popper possa citar em apoio desta acusação. Nasce somente do seu retrato de Platão como terceira cabeça do monstro de duas cabeças que ele criou, chamado «o Velho Oligarca e Crítias». É culpa por associação, o mais acabado exemplo da técnica da caça às bruxas.»

Para isto, a minha resposta é: se esta é uma das minhas «mais extravagantes afirmarções», então não devo ter feito nenhuma afirmação extravagante. Pois esta afirmação nunca a fiz nem se ajusta ao retrato que tenho de Platão e que tentei – sem grande êxito, ao que parece – transmitir.

Creio, de facto, que Platão foi levado pela sua desconfiança do homem comum, e pelo seu coletivismo ético, a aprovar a violência, mas pura e simplesmente nunca fiz qualquer afirmação sobre

Platão que se assemelhe, ainda que vagamente, àquela que o Professor Levinson, um tanto extravagantemente, aqui me atribui. Não há portanto qualquer texto que o Professor Levinson possa cita em abono da sua acusação de que eu tenha feito tal afirmaçao: nasce apenas do seu retrato de Popper como terceira cabeça do monstro de duas cabeças de Otto Neurath e J. A. Lauwerys que o Professor Levinson criou – e quanto à «culpa por associação», não posso senão referir-me à p. 441 do Professor Levinson. É aí que é «ajudado a responder a esta questão» – a questão «da causa que predispõe e leva Popper a entregar-se cronicamente a estas imaginações sinistras» – associar-me a um «compatriota mais velho de Popper, o versátil e já falecido filósofo e sociólogo Otto Neurath». (Na realidade, nem Neurath nem eu tínhamos qualquer simpatia pela filosofia do outro, como se depreende com clareza mais do que suficiente dos textos de um e outro. Neurath, por exemplo, defendeu Hegel e atacou tanto o kantismo como o meu próprio elogio de Kant. Tomei conhecimento pela primeira vez do ataque de Neurath a Platão quando li a referência que lhe faz o Professor Levinson no seu livro e ainda hoje não vi os trabalhos relevantes de Neurath.)

Mas para regressar à minha alegada «afirmação extravagante», o que eu de facto disse (pp. 241-242) sobre os sentimentos de Platão é quase o oposto do que o Professor Levinson (p. 354) relata. Não sugeri, de todo, que Platão visse como «circunstância favorável» a presença em Atenas de soldados espartanos, ou que «não tenha sentido nenhuma outra emoção que não fosse o aplauso perante a ideia de Atenas sob o jugo de Esparta». O que tentei transmitir, e o que disse, foi que os Trinta Tiranos tinham fracassado, «a despeito de circunstâncias favoráveis, na forma de um poderoso apoio da vitoriosa Esparta» e sugeri que Platão viu no fracasso moral dos Trinta – como também eu vejo – a causa desse fracasso. Escrevi: «Platão achava que era necessária uma reconstrução completa do programa. Os Trinta tinham sido batidos no domínio das políticas de poder em grande parte porque tinham ofendido a noção de justiça dos cidadãos. A derrota fora em grande parte uma derrota moral.»

É isto tudo o que digo aqui acerca dos sentimentos de Platão. (Digo duas vezes «Platão achava».) Sugiro que o fracasso dos Trinta induziu uma conversão moral parcial em Platão – embora não fosse suficientemente longe. Não há aqui qualquer sugestão dos sentimentos que o Professor Levinson me faz atribuir a Platão e nunca me passaria pela cabeça que alguém pudesse fazer esta leitura do meu texto. É certo que atribuo a Platão alguma simpatia pelos Trinta Tiranos e em especial pelos seus objetivos pró-espartanos. Mas isto é completamente diferente das «afirmações extravagantes» que o Professor Levinson me atribui. Só posso dizer que, de facto, sugeri que ele admirava o seu tio Crítias, líder dos Trinta. Sugeri, de facto, que simpatizava com alguns dos objetivos e pontos de vista de Crítias. Mas também disse que ele considerava a oligarquia dos Trinta um fracasso moral e que isto o levara a reconstruir a sua moralidade coletivista.

Observar-se-á que a minha resposta a duas das acusações do Professor Levinson me tomou quase tanto espaço como as próprias acusações. É inevitável. E tenho de me confinar por conseguinte a dois exemplos mais (entre centenas), ambos relacionados com a minha alegada má tradução de textos de Platão.

A primeira é a alegação pelo Professor Levinson de que eu pioro, ou exagero, o texto de Platão. «Popper, no entanto, como anteriormente, emprega na sua tradução a desfavorável palavra 'deportar' em vez de 'mandar embora'», escreve o Professor Levinson na p. 349, nota 244. Mas isto é pura e simplesmente um engano – um engano do Professor Levinson. Se ele olhar outra vez para o passo verá que uso a palavra «deportar» onde ele usa, na sua tradução – ou antes, na de Fowler –, a palavra «banir». (o excerto deste passo em que Fowler usa a expressão «mandar embora» não ocorre pura simplesmente na minha citação, onde é substituída por pontos suspensivos.)

Em resultado deste engano verifica-se afinal que, neste contexto, a observação do Professor Levinson «como anteriormente» é altamente apropriada. Pois antes do passo que acabamos de discutir ele escreve de mim (p. 348, nota 243): «Popper reforça a sua interpretação [p. 176 E = p. 162 A] do passo platónico [*Rep.* 540e/541a] por meio de ligeiras inexatidões na tradução, tendentes a dar uma impressão de maior escárnio e violência na atitude de Platão. Assim, traduz 'mandar embora' (*apopempō*) por 'expulsar e deportar' (...)». Ora, antes de mais nada, aqui está mais um dos lapsos do Professor Levinson (o que faz dois em duas notas de rodapé consecutivas), pois Platão não usa aqui a palavra «*apopempō*», mas sim a palavra «*ekpempō*». Isto não faz decerto muita

diferença, mas «*ekpempō*» tem pelo menos o «*ex*» de «*expulsar*» e um
dos significados que o dicionário dá à palavra é «afastar» e outro
«mandar embora em desgraça» (ou «mandar embora com a ideia
colateral de desgraça» como tem a minha edição, a de Liddell e
Scott.) A palavra é uma forma um tanto mais forte de «*pempō*»
– «despedir», «despachar» – a qual, se usada em ligação com
Hades («mandar para o Hades»), «significa vulgarmente mandar
um homem vivo para o Hades», isto é, matá-lo». (Estou a citar
Liddell e Scott. Hoje em dia, algumas pessoas até poderiam dizer
«vulgarmente» – «despachá-lo». É muito próximo o significado
pretendido quando Fedro nos diz no *Banquete* de Platão 179c –
um passo a que se refere o Professor Levinson na p. 348 – que os
deuses, redimindo e honrando Aquiles pela sua bravura e a sua
amizade por Pátroclo, «o mandaram para as Ilhas dos Bem-aventurados» – enquanto Homero o enviou para o Hades.) Parece
óbvio que nenhuma das traduções «expulsar» ou «deportar» está
aqui sujeita a críticas assentes em critérios académicos. Sujeito a
crítica está, isso sim, o Professor Levinson quando me cita como
tendo escrito «expulsar e deportar», pois não uso as palavras
desta maneira. (Teria tido razão, pelo menos tecnicamente, se me
tivesse citado «tem de ser expulso (...) e deportado», os pontos
suspensivos fazem aqui alguma diferença, pois escrever «expulsar
e deportar» *poderia* ser uma tentativa de exagerar, «reforçando»
uma expressão com a outra. Assim, esta ligeira inexatidão tende
a reforçar a minha alegada malfeitoria – o meu alegado reforço
da minha interpretação deste passo platónico por ligeiras inexatidões na minha tradução.)

Mas de qualquer maneira o caso não leva a nada. Pois tome-
-se o passo na tradução de Shorey (Shorey é aceite pelo Professor
Levinson, com razão, como uma autoridade na matéria.) «Todos
os habitantes com mais de dez anos de idade», traduz Shorey,
«serão mandados para os campos por eles [os «filósofos» que
se tornaram «senhores do Estado»] e eles tomarão a seu cargo
as crianças, apartando-as das maneiras e hábitos dos seus pais,
e educá-las-ão nos seus próprios costumes e leis, que serão tal
como os descrevemos.» Ora, não diz isto exatamente o que eu
disse (embora talvez não tão claramente como o fiz em p. 176E
= 162A)? Pois quem pode acreditar que «mandar embora» «todos
os habitantes com mais de dez anos de idade» possa ser senão
uma violenta expulsão e deportação? Partiriam eles simples e

ADENDA 261

mansamente, deixando as crianças para trás, quando «mandados embora», se não fossem ameaçados e forçados pelos «filósofos» que se tornaram «senhores do Estado? (A sugestão do Professor Levinson, p. 349, de que eram mandados para as «suas (...) casas de campo, fora da cidade propriamente dita» apoia-se, o que é bastante irónico, numa referência ao *Banquete* 179e e às «Ilhas dos Bem-aventurados, o lugar para onde Aquiles foi enviado pelos deuses – ou mais precisamente pela flecha de Apolo ou de Páris. *Górgias* 526c teria sido uma referência mais apropriada.)

Em tudo isto há uma importante questão de princípio. Refiro--me ao princípio de que *uma tradução literal é coisa que não existe*, que todas as traduções são interpretações e que temos sempre de levar em conta o contexto e até passos paralelos.

Que os passos com os quais (p. 207) associei o que acabo de citar podem ser assim associados é confirmado pelas notas do próprio Shorey: ele refere-se, em especial, ao passo a que chamei passo da «limpeza de tela» e ao passo de «matar-e-banir» do *Político*, 283c-e. «Quer aconteça que reinem pelas leis ou sem lei, sobre súbditos aquiescentes ou não (...) e quer purguem o Estado para o seu bem, matando e deportando [ou, como traduz o Professor Levinson, com Fowler, «matando e banindo»; ver acima] alguns dos seus habitantes (...) esta forma de governo deve ser declarada a única que é justa.» (Ver o meu texto, p. 207)

O Professor Levinson cita (p. 349) parte deste passo mais extensamente do que eu. *Omite, todavia, a parte que citei como seu começo*, «Quer aconteça que reinem pela lei ou sem leis, sobre súbditos aquiescentes ou não». O ponto é interessante, porque se ajusta à tentativa do Professor Levinson para fazer o passo de matar e banir aparecer a uma luz quase inocente. Logo a seguir a citar este passo, escreve o Professor Levinson: «Uma interpretação justa do princípio afirmado [Não vejo aqui afirmado qualquer «princípio», a não ser o de que tudo é permitido desde que seja feito *em benefício do Estado*.] requer pelo menos uma breve indicação do padrão geral do diálogo.» No curso desta «breve indicação» dos objetivos e tendências de Platão, ouvimos – sem qualquer citação direta de Platão – que outros critérios tradicionais e correntemente aceites, tais como se o governo é exercido (...) *sobre súbditos aquiescentes ou não, ou de acordo ou não com a lei*, são rejeitados como irrelevantes ou não-essenciais». Ver-se-á que as palavras do passo do Professor Levinson que ponho aqui em itálico são uma quase citação do começo (não citado pelo Professor Levinson) da minha própria citação do passo matar-e-banir de Platão. No entanto, este começo aparece agora a uma luz bastante inofensiva: os governantes já não são instados a matar e banir «com ou sem lei», como eu indiquei. E os leitores do Professor Levinson ficam com a impressão de que esta questão é aqui desvalorizada como meramente marginal – como *«irrelevante»* para o problema em análise.

Mas os leitores de Platão, e mesmo os participantes no diálogo, ficam com uma impressão muito diferente. Mesmo o «jovem Sócrates», que interveio logo antes (antes do começo do passo tal como o citei) com a única exclamação de «Excelente!», fica chocado com a ausência de lei da matança proposta, pois imediatamente depois da enunciação do princípio matar-e-banir (talvez seja realmente um «princípio», afinal) diz, na tradução de Fowler (o itálico é meu, claro): «Tudo o mais que haveis dito parece razoável, mas que o governo [e medidas tão duras, também, é o que está implícito] *deva ser levado a cabo sem leis* é difícil de dizer.»

Penso que esta observação prova que o começo da minha citação – pelas leis ou *sem lei* – é realmente entendido por Platão como fazendo parte do seu princípio de matar-e-banir, que eu tive razão em começar a citação onde o fiz e que o Professor Levinson está pura simplesmente enganado quando sugere que «com ou sem lei» se destina meramente a significar que esta é uma questão aqui «rejeitada como irrelevante» para a essência do problema em discussão.

Ao interpretar o passo matar-e-banir, o Professor Levinson está, evidentemente, claramente muito perturbado; no entanto, no fim da sua tentativa rebuscada de defender Platão comparando as suas práticas com as nossas chega à seguinte conclusão sobre o passo: «Visto neste contexto, o estadista de Platão, com a sua aparente disposição para matar, banir ou escravizar onde nós prescreveríamos ou a penitenciária, num extremo, ou os serviços sociais psiquiátricos, no outro, perde muito da sua coloração sanguinária.»

Não duvido que o Professor Levinson seja um verdadeiro humanitário – um democrata e um liberal. Mas não é perturbador ver que um verdadeiro humanitário, no seu desejo de defender Platão, possa ser levado a comparar desta maneira as nossas práticas penais, por muitos defeitos que lhes reconheçamos, e os

ADENDA | 263

nossos serviços sociais não menos defeituosos, com o assassínio e o banimento (e a redução à escravatura) dos cidadãos, confessadamente à margem da lei, pelo «verdadeiro estadista» – um homem bom e sábio – «em benefício da cidade»? Não será isto um exemplo assustador do sortilégio de Platão sobre muitos dos seus leitores e do perigo do platonismo?

Há disto em demasia – à mistura com acusações contra um Popper em grande parte imaginário – para que eu possa tratar tudo. Mas quero dizer que considero o livro do Professor Levinson não só uma tentativa muito sincera de defender Platão como também uma tentativa para ver Platão a uma nova luz. E embora tenha encontrado apenas um passo – e bastante pouco importante – que me levou a pensar que, *neste lugar*, interpretei o texto de Platão (embora não o seu significado) um tanto demasiado livremente, não quero criar a impressão de que o livro do Professor Levinson não é uma obra muito boa e interessante – especialmente se esquecermos por completo as dezenas de lugares em que «Popper» é citado, ou (como mostrei) ligeiramente mal citado e muitas vezes radicalmente mal entendido.

Mas mais importante do que estas questões pessoais é estoutra: até que ponto é bem-sucedida a defesa de Platão pelo Professor Levinson?

B

Uma coisa que aprendi é que perante qualquer novo ataque ao meu livro por um defensor de Platão o melhor é não fazer caso das questões pequenas e procurar respostas aos seguintes cinco pontos cardeais:

(1) Como é rebatida a minha afirmação de que a *República* e as *Leis* condenam o Sócrates da *Apologia* (como se salienta no capítulo 10, segundo parágrafo da secção vi)? Como se explica em nota (nota 55 do capítulo 10), esta afirmação foi na realidade feita por Grote e apoiada por Taylor. Se estiver correta – e penso que está – então fundamenta também a minha afirmação referida no ponto seguinte (2).

(2) Como é rebatida a minha afirmação de que a atitude antiliberal e anti-humanitária de Platão não pode ser explicada pelo

264 | A SOCIEDADE ABERTA E OS SEUS INIMIGOS

alegado facto de que não conhecia melhores ideias ou que era, para a época, *comparativamente* liberal e humanitário?

(3) Como é rebatida a minha afirmação de que Platão (no passo da limpeza da tela da *República* e no passo de matar-e-banir do *Político*, por exemplo) encorajava os seus governantes a usar de uma violência implacável «em benefício do Estado»?

(4) Como é rebatida a minha afirmação de que Platão estabeleceu para os seus filósofos-reis o dever e o privilégio de usar a mentira e o engano em benefício da cidade, especialmente em relação à reprodução racial, e que foi um dos pais fundadores do racismo?

(5) Que é dito em resposta à minha citação do passo das *Leis* usado como epígrafe de «O Sortilégio de Platão» na p. 23 (e, como anunciado no princípio das Notas, na p. 281, «discutido com algum pormenor nas notas 33 e 34 do capítulo 6»)?

Digo muitas vezes aos meus alunos que aquilo que afirmo de Platão é – necessariamente – apenas uma interpretação e que não me surpreenderia que Platão (se alguma vez me cruzasse com a sua sombra) me dissesse, e estabelecesse, de modo a convencer--me, que é um mal-entendido, mas acrescento normalmente que não seria tarefa fácil para ele explicar uma série de coisas que disse.

Terá o Professor Levinson, em representação de Platão, sido bem-sucedido nesta tarefa, em relação a qualquer dos cinco pontos acima referidos?

Não me parece.

(1') Quanto ao primeiro ponto, peço a quem tiver dúvidas que leia cuidadosamente o texto do último discurso proferido pelo Estrangeiro Ateniense no Livro X das *Leis* (de 907d até, digamos, 909d). A legislação ali discutida tem a ver com o tipo de crime de que foi acusado Sócrates. A minha tese é que, embora Sócrates tivesse uma saída (a maior parte dos críticos pensa, considerando os indícios da *Apologia*, que provavelmente podia ter escapado à morte se estivesse disposto a aceitar o banimento), as *Leis* de Platão não contêm uma tal provisão. Vou citar um passo da tradução de Bury (que parece ser aceitável para Levinson) deste mesmo longo discurso. Após classificar os seus «criminosos» (isto é, os culpados de «impiedade» ou da «doença do ateísmo»: a tradução é de Bury; cf. 908c), o Estrangeiro Ateniense discute primeiro «aqueles que, embora descreiam absolutamente da existência dos deuses, possuem por natureza um carácter justo (...) e (...) são

ADENDA 265

incapazes de ser induzidos a cometer ações injustas» (908b-c): isto é quase um retrato – inconsciente, já se vê – de Sócrates, à parte o facto importante de ele não parecer ter sido um ateu, embora acusado de impiedade e heterodoxia.) Sobre estes, diz Platão:

«(...) esses criminosos (...) sendo destituídos de más disposições e caráter serão postos pelo juiz, de acordo com a lei, num reformatório por um período de não menos de cinco anos, durante cujo tempo nenhum dos outros cidadãos terá relações com eles, salvo aqueles que tomam parte nas assembleias noturnas, que lhes farão companhia [eu teria traduzido «cuidarão deles»] ministrando à salvação da sua alma pela admoestação (...)». Assim, os «bons» entre os homens ímpios apanham um mínimo de cinco anos de prisão em regime de isolamento, apenas aliviado pela «atenção» às suas almas doentes por parte dos membros da Conselho Noturno». «(...) e quando o período do seu encarceramento tiver expirado, qualquer deles que pareça reabilitado passará a conviver com os reabilitados, mas se assim não for e se tornar a ser condenado com a mesma acusação será punido com a morte.»

Nada tenho a acrescentar.

(2') O segundo ponto é talvez o mais importante do ponto de vista do Professor Levinson: uma das suas principais alegações é a de que estou enganado na minha afirmação de que havia humanitários – melhores do que Platão – entre aqueles a que chamei a «Grande Geração».

Afirma, em particular, que o meu retrato de Sócrates como um homem muito diferente de Platão neste aspeto é bastante fictício.

Ora bem, dediquei uma nota de pé de página muito extensa (nota 56 do capítulo 10), de facto um autêntico ensaio, a este problema – o *Problema Socrático* – e não vejo qualquer razão para mudar a minha opinião sobre este assunto. Mas desejo aqui dizer que recebi apoio nesta minha conjetura histórica sobre o *Problema Socrático* por parte de um estudioso de Platão tão eminente como é Richard Robinson. Apoio que é tanto mais significativo quanto Robinson me recrimina severamente (e talvez justamente) o tom do meu ataque a Platão. Ninguém que leia a sua recensão do meu livro (*Philosophical Review*, **60**, 1951) poderá acusá-lo de parcialidade indevida a meu favor; e o Professor Levinson cita-o aprovadoramente (p. 20) por falar do meu «furor por culpar»

Platão. Mas embora o Professor Levinson (numa nota de rodapé na p. 20) se refira a que Richard Robinson «mistura elogios e críticas na sua extensa recensão da *Sociedade Aberta*» e embora (numa outra nota, na p. 61) se refira justamente a Robinson como uma autoridade «no desenvolvimento da lógica de Platão dos seus princípios socráticos através do seu período médio», o Professor Levinson nunca informa os seus leitores de que Robinson não só concorda com as minhas principais acusações contra Platão mas também, mais especialmente, com a minha solução conjetural do *Problema Socrático*. (Diga-se de passagem que Robinson também concorda que a minha citação mencionada aqui no ponto (5) está correta; ver abaixo.)

Visto que Robinson, como ouvimos, «mistura elogios e críticas», alguns dos seus leitores (na ânsia de encontrarem confirmação do seu «furor por» me «culpar») podem não ter reparado no elogio contido na surpreendente última frase do seguinte passo da sua recensão, bem vigorosa (p. 494):

«O Dr. Popper sustenta que Platão perverteu o ensinamento de Sócrates (...). Para ele, Platão é uma força muito nociva na política enquanto Sócrates é uma força muito benéfica. Sócrates morreu pelo direito de falar livremente aos jovens. Mas na *República* Platão fá-lo adotar uma atitude de condescendência e desconfiança para com eles. Sócrates morreu pela verdade e pela liberdade de expressão. Mas na *República* «Sócrates» advoga a mentira. Sócrates era modesto intelectualmente. Mas na *República* é um dogmático. Sócrates era um individualista. Mas na *República* é um coletivista radical. E assim por diante.

«Em que se baseia o Dr. Popper para a sua visão do verdadeiro Sócrates? Exclusivamente no próprio Platão dos primeiros diálogos e essencialmente da *Apologia*. Assim, o anjo da luz com quem ele contrasta o demónio Platão é conhecido por nós apenas pelo relato do próprio demónio! É absurdo?

«Não é absurdo, na minha opinião, mas sim inteiramente correto.»

Este passo mostra que pelo menos um estudioso, reconhecido pelo Professor Levinson como sendo uma autoridade em Platão, achou que a minha visão do *Problema Socrático* não é absurda.

Mas mesmo que a minha solução conjetural do *Problema Socrático* se revelasse errónea, sobram muitos outras provas em abono da existência de tendências humanitárias neste período.

ADENDA 267

No que se refere ao discurso de Hípias, que encontramos no *Protágoras* de Platão, 337e (ver acima pp. 97-98; por uma vez, o Professor Levinson parece não objetar à minha tradução; ver a sua p. 144), o Professor Levinson escreve (p. 147): «Devemos começar por partir do princípio que Platão está aqui a refletir fielmente um sentimento de Hípias bem conhecido.» Até aqui o Professor Levinson e eu concordamos. Mas discordamos totalmente sobre a relevância do discurso de Hípias. Sobre isto, tenho hoje opiniões ainda mais fortes do que as que exprimi no texto deste volume. (Diga-se de passagem que não penso ter alguma vez dito que existia alguma prova de que Hípias fosse um opositor da escravatura; o que eu disse foi que «este espírito estava ligado ao movimento ateniense contra a escravatura»; assim, a argumentação rebuscada do Professor Levinson para demonstrar que não há justificação para eu «o incluir [a Hípias] entre os opositores da escravatura» não tem sentido.)

Vejo agora o discurso de Hípias como um manifesto – talvez o primeiro – de uma fé humanitária que inspirou as ideias do Iluminismo e da Revolução Francesa: que todos os homens são irmãos e que a lei e o costume convencionais, obra do homem, são o que os divide e fonte de muita infelicidade evitável; de modo que não é impossível aos homens melhorar as coisas pela mudança das leis – pela reforma legal. Estas ideias também inspiraram Kant. E Schiller fala da lei convencional como «a moda» que severamente (*«streng»*) – Beethoven diz «insolentemente» (*«frech»*) – divide a humanidade.

Quanto à escravatura, a minha principal tese é a de que a *República* evidencia a existência em Atenas de tendências que podem ser descritas como oposição à escravatura. Assim, diz o «Sócrates» da *República* (563b) num discurso em que satiriza a democracia ateniense (citei-o no capítulo 4, ii, p. 68; mas estou a usar aqui a tradução de Shorey): «E o apogeu da liberdade popular (...) é atingido numa cidade em que os escravos comprados, machos ou fêmeas, não são menos livres do que os donos que pagaram por eles.»

Shorey tem umas quantas referências cruzadas a este passo (ver nota abaixo), mas este fala por si. Levinson diz deste passo, alhures (p. 176): «Deixem-nos contribuir com o passo recém--citado para ajudar a preencher o modesto inventário dos pecados sociais de Platão» e na página seguinte refere-se-lhe quando fala

268 | A SOCIEDADE ABERTA E OS SEUS INIMIGOS

de «outro exemplo da *hauteur* platónica». Mas isto não responde à minha tese de que, tomado em conjunto com um segundo passo da *República* citado no meu texto (p. 68), este primeiro passo fornece provas de um movimento antiesclavagista. No segundo passo (que em Platão vem imediatamente após um desenvolvimento do primeiro, aqui citado no fim do parágrafo precedente) lê-se, na tradução de Shorey (*República* 563d; o passo anterior era *República* 563b): «E sabem que a soma total de todos estes elementos (...) é tornar as almas dos cidadãos tão sensíveis que se irritam à mínima sugestão de servidão [eu traduzi «escravatura»] e não a tolerarão?»

Como lida o Professor Levinson com esta prova? Primeiro, separando os dois passos: o primeiro, só o discute na p. 176, muito depois de ter desfeito (na p. 153) a minha alegada prova sobre um movimento antiesclavagista. O segundo é despachado na p. 153 como uma má tradução grotesca da minha parte, pois escreve: «Mas é tudo um engano. Embora Platão use a palavra *douleia* (escravatura ou servidão) é *só uma alusão figurada* [itálico meu] à escravatura no sentido usual.»

Isto pode parecer plausível quando o passo é separado do que lhe antecede imediatamente (apenas mencionado pelo Professor Levinson mais de vinte páginas depois, onde o explica pela *hauteur* platónica); mas no seu contexto – em relação com o lamento de Platão sobre o comportamento licencioso dos escravos (e dos animais) – não pode haver quaisquer dúvidas de que, além do significado que o Professor Levinson corretamente atribui ao passo, ele também tem um segundo significado que toma «*douleia*» bastante à letra; pois diz, e quer dizer, que cidadãos livres democráticos não podem tolerar a escravatura sob qualquer forma – não só se não sujeitam a qualquer sugestão de servidão (nem sequer às leis, como Platão diz a seguir), como se tornaram de coração tão terno que não conseguem suportar «nem a mais ligeira sugestão de servidão» – como a escravidão de «escravos comprados, machos ou fêmeas».

O Professor Levinson (na p. 153, após discutir o segundo passo de Platão) pergunta: «à luz desta prova (...) que se pode, então, dizer com justiça que permanece de pé na tese de Popper (...)? A resposta mais simples é 'Nada', se as palavras forem tomadas em qualquer coisa que se pareça com o seu sentido literal.» No entanto, a sua própria tese assenta em considerar «*douleia*», num contexto que se refere claramente à escravatura, não no sentido literal, mas «apenas como uma alusão figurada», como ele próprio diz poucas linhas antes([2]).

E, no entanto, diz do «erro» grotesco que eu cometi ao traduzir literalmente *douleia*: «Esta leitura errónea deu frutos no prefácio da peça de Sherwood Anderson *Barefoot in Athens* (...), em que o desprevenido dramaturgo, seguindo Popper» (o Professor Levinson afirma na p. 24 que «a versão andersoniana de Platão revela claramente uma leitura fiel e dócil de Popper», mas não apresenta qualquer prova desta estranha acusação), «passa a alusão, por sua vez, aos seus leitores e declara sem hesitação (...) como se falasse com base na própria autoridade de Platão, que os atenienses (...) «advogavam a manumissão de todos os escravos' (...)».

Ora, esta observação de Maxwell (e *não* Sherwood) Anderson pode muito bem ser um exagero. Mas onde é que eu disse algo parecido? E qual o valor de uma alegação cujo autor, em sua defesa, tem de exagerar de tal modo as opiniões do seu opositor, ou de denegri-lo associando-o à (alegada) culpa de um qualquer leitor «dócil»? (Ver também o índice remissivo deste volume, em «escravatura».)

(3') A minha alegação de que Platão encorajou os seus governantes a usar de uma violência implacável e sem lei, embora combatida pelo Professor Levinson, em parte alguma é realmente negada por ele, como se verá na sua discussão do passo «matar-e-banir» do *Político* referido nesta Adenda perto do fim da secção A. Tudo o que nega é que alguns passos da *República* – os passos da limpeza da tela – sejam semelhantes, como tanto Shorey e eu pensamos. À parte isto, tenta obter algum conforto e apoio moral dalgumas das nossas práticas violentas modernas – um conforto que, temo, será diminuído se reler o passo do *Político*, incluindo o seu começo, citado por mim, mas primeiro omitido pelo Professor Levinson e mais adiante desvalorizado como irrelevante.

(4') Quanto ao racismo de Platão, e à sua injunção aos seus governantes para usar a mentira e o engano em benefício do Estado, desejo lembrar aos meus leitores, antes de entrar em qualquer discussão com o Professor Levinson, o dito de Kant (ver p. 177) de que embora seja duvidoso que «a *verdade* é a melhor política», não se discute que «*a verdade é melhor do que a política*».

O Professor Levinson escreve (p. 434, referindo-se às minhas pp. 146 ss. E = pp. 136 ss. A e especialmente a pp. 159 E = pp. 148 A) bastante lealmente: «Primeiro que tudo, temos de concordar que o uso da mentira em certas circunstâncias é *advogado* [itálico meu] na *República* para efeitos de governo (...)». Isto, no fim de contas, é o meu ponto principal. Não se deve permitir que nenhuma tentativa de o minimizar ou de diminuir o seu significado – e nenhum contra-ataque aos meus alegados exageros – obscureça esta confissão.

No mesmo ponto, o Professor Levinson também admite que «não pode haver dúvida de que se exigiria algum uso da persuasiva arte da oratória para fazer os auxiliares 'culparem a sorte e não os governantes' ao serem informados [ver a minha p. 159 E = p. 148 A] de que a sorte da lotaria deteminou os seus casamentos, quando na realidade são arquitetados pelos governantes por motivos eugénicos».

Este era o meu segundo ponto principal.

O Professor Levinson continua (pp. 434 *seq.*; itálico meu): «Neste caso temos o único sancionamento por Platão de uma mentira prática declarada(³), a ser dita, com certeza, por motivos benevolentes (e Platão apenas sanciona que seja proferida com tais propósitos), mas uma mentira e nada mais. Nós, como Popper, achamos esta política repugnante. Esta mentira, portanto, e *quaisquer outras como ela* que *a permissão bastante genérica* de Platão pudesse justificar, constitui a única base, se alguma existe, para a acusação de Popper de que Platão propõe que se use 'propaganda mentirosa' na sua cidade.»

Não é isto o bastante? Suponhamos que eu estivesse enganado nos meus outros pontos (o que, é claro, eu nego); não desculpa isto, pelo menos, a minha suspeita de que Platão não teria tido escrúpulos em fazer maior uso da sua «permissão bastante genérica» do «uso da mentira» – especialmente considerando que ele de facto «*advogou*» o «uso da mentira» como reconhece o Professor Levinson?

Além do mais, mentir é aqui usado em relação à «eugenia», ou mais precisamente, com *a reprodução da raça superior* – a raça dos guardiões.

Ao defender Platão da minha acusação de que ele era racista, o Professor Levinson tenta compará-lo favoravelmente com alguns «infames» racistas totalitários modernos cujos nomes tentei man-

ADENDA 271

ter fora do meu livro. (E continuarei a fazê-lo.) Diz deles (p. 541; itálico meu) que o «programa de reprodução» se destinava antes de mais a *preservar a pureza da raça superior*, um objetivo que nos esforçámos já por mostrar que Platão não partilhava.» Não? Estaria talvez mal traduzida a minha citação de uma das principais discussões eugenistas da *República* (460c)? Escrevi eu (pp. 52 E = p. 52 A; estou a introduzir aqui novo itálico):

«'*A raça dos guardiões tem de ser mantida pura*', diz Platão (em defesa do infanticídio) ao desenvolver o argumento racista de que criamos os animais com grande cuidado enquanto negligenciamos a nossa própria raça, argumento que tem sido muito repetido desde então.»

Estará errada a minha tradução? Ou a minha afirmação de que este tem sido sempre, desde Platão, o principal argumento dos racistas e criadores da raça superior? Ou não são os guardiões os senhores da melhor cidade de Platão?

Quanto à minha tradução, Shorey tem uma versão um pouco diferente; vou citar também da sua tradução (o itálico é meu) a frase precedente (referente ao infanticídio): «(...) a prole dos inferiores, e quaisquer outros do outro tipo que nasçam defeituosos, devem [os governantes] eliminá-los apropriadamente em segredo, de modo que ninguém saiba o que foi feito deles. 'É essa a condição', disse ele, '*para preservar a pureza da estirpe dos guardiões*.'»

Reparar-se-á que a última frase de Shorey é ligeiramente mais fraca do que a minha. Mas a diferença é insignificante e não afeta a minha tese. Seja como for, mantenho a minha tradução. «Em qualquer caso deve ser preservada a pureza da reprodução dos guardiões» ou «Se em qualquer caso [como concordamos] a pureza da reprodução dos guardiões deve ser preservada'» seriam traduções que, para usar algumas das próprias palavras de Shorey, evidenciam precisamente o mesmo significado que a minha tradução no corpo do livro (p. 52 E = p. 52 A) e aqui repetida.

Não consigo ver, por conseguinte, qual a diferença entre a formulação do Professor Levinson daquele «infame (...) programa de reprodução» dos totalitários e a formulação por Platão dos seus próprios fins de criação. Alguma diferença menor que possa existir é irrelevante para a questão central.

Quanto ao problema de saber se Platão admitia – muito excecionalmente – uma mistura das suas raças (que seria a consequência de promover um membro da raça inferior), as opiniões

272 A SOCIEDADE ABERTA E OS SEUS INIMIGOS

podem diferir. Continuo a acreditar que o que eu disse é verdade. Mas não consigo ver que faça qualquer diferença que fossem permitidas exceções. (Mesmo os totalitários modernos a que alude o Professor Levinson permitiam exceções.)

(5') Fui repetida e violentamente atacado por citar – ou, melhor, distorcer – um passo das *Leis* que tomei para uma das duas epígrafes de «O sortilégio de Platão» (o outro passo contrastante é da oração fúnebre de Péricles). Estas epígrafes foram impressas pelo meu editor americano na badana da edição americana: as edições inglesas não têm essa publicidade. Como é habitual em matéria de capas, não fui consultado sobre elas pelos editores. (Mas não tenho certamente qualquer objeção à decisão dos meus editores americanos: porque não haviam de imprimir as minhas epígrafes – ou qualquer outra coisa que eu tenha escrito no livro – nas suas capas?)

A minha tradução e a minha interpretação deste passo foram declaradas corretas por Richard Robinson, como já referi; mas houve quem chegasse a perguntar-me se não tinha tentado conscientemente ocultar a identidade do passo, para tornar impossível aos meus leitores conferir o texto! E isto apesar de eu me ter esforçado mais, creio, do que a maior parte dos autores para tornar possível aos meus leitores conferirem qualquer dos passos citados ou referidos. Assim, tenho a referência das minhas epígrafes no princípio das minhas notas – embora seja algo insólito dar referências das nossas epígrafes.

A principal acusação que me fazem por usar este passo é que não digo, ou não realço suficientemente, que se refere a questões militares. Mas aqui tenho em meu favor o testemunho do próprio Professor Levinson, que escreve (p. 531, nota de pé de página; itálico meu):

«Popper, ao citar este passo no seu texto, p. 136, *realça precisamente* a sua referência a questões militares.»

Fica assim respondida esta acusação. No entanto, o Professor Levinson continua: «(...) mas [Popper] protesta ao mesmo tempo que Platão entende que os mesmos 'princípios militaristas' se devem observar tanto na paz como na guerra e que hão de ser aplicados a todas as áreas da existência pacífica e não apenas ao programa de treino militar. E depois cita o passo com más traduções perversas e equívocas que tendem a obscurecer a sua referência militar (...)», e assim por diante.

ADENDA | 273

Ora, a primeira acusação aqui é a de que eu «protesto ao mesmo tempo» que Platão entende que estes princípios militaristas se devem observar tanto na paz como na guerra. Foi de facto o que fiz – citando Platão: é Platão quem o diz. Devia tê-lo ocultado? Platão diz, na tradução de Bury, que o Professor Levinson aprova, (embora eu prefira a minha: pergunto aos meus leitores se há alguma diferença de *significado* entre elas, independentemente da diferença de clareza; ver p. 109 E = p. 102 A): «(...) nem deve ninguém, seja no trabalho, seja no divertimento, ganhar o hábito mental de agir sozinho e por sua própria iniciativa, mas sim *viver sempre*, na guerra ou *na paz*, com os olhos constantemente postos no seu comandante (...)» (*Leis*, Loeb Library, vol. ii, p. 447; itálico meu).

E mais adiante (p. 479):

«Esta tarefa de governar outrem, e de ser governado por outrem, tem de ser praticada na paz desde a mais tenra infância (...)»

Quanto a traduções erradas, só posso dizer que não há praticamente diferença entre a minha tradução e a de Bury – exceto que eu parti as frases muito longas de Platão que, tal como estão, não são muito fáceis de seguir. O Professor Levinson diz (p. 531) que eu fiz «um uso grande e ilegítimo» deste passo e continua: «A sua distorcida aplicação jornalística de um excerto de Platão na sobrecapa do livro» [a publicidade dos editores; ver acima] «e na folha de rosto da Parte I do seu livro será dissecada na nossa nota, onde também publicamos o passo completo.»

A dissecação nessa nota da minha «distorcida aplicação jornalística», à parte algumas alegadas «correções» da minha tradução, que não aceito, consiste principalmente na mesma acusação – a de que publiquei o passo na sobrecapa e noutros lugares importantes. Pois o Professor Levinson escreve (p. 532; itálico meu):

«Esta pequena deslealdade é inteiramente eclipsada, no entanto, pelo que Popper fez com este passo alhures. Na folha de rosto da Parte I do seu livro e também na sobrecapa» [quem é injusto com quem?] «*publica* um excerto dela cuidadosamente escolhido e além disso publica, como se fosse a própria antítese dela, uma frase tirada da oração fúnebre de Péricles (...) *Isto é pôr em paralelo um ideal político e um regulamento militar proposto.* Popper, todavia, não só não informou o leitor desta seleção da sua referência militar como também, empregando as mesmas traduções erradas, eliminou todas as partes do passo que revelariam esse facto.»

274 | A SOCIEDADE ABERTA E OS SEUS INIMIGOS

A minha resposta a isto é muito simples. (*a*) Não há traduções erradas. (*b*) Tentei mostrar detalhadamente que o passo, a despeito da sua referência militar, formula, como o passo de Péricles (que, diga-se de passagem, também tem alguma referência militar, embora menor) *um ideal político* – isto é, o ideal político de Platão.

Não vi qualquer razão válida para alterar a minha convicção de que tenho razão em manter que este passo – como muitos passos semelhantes nas *Leis* – formula o ideal político de Platão. Mas seja ou não correta esta minha convicção, apresentei certamente razões ponderosas para ela (razões que o Professor Levinson não consegue invalidar). E visto que assim fiz, e visto que o Professor Levinson não questiona de todo o facto de que creio que o fiz, não constitui uma «deslealdade» nem «pequena» nem grande que eu tente apresentar o passo como aquilo que acredito que é: a descrição pelo próprio Platão do seu ideal político – do seu Estado ideal totalitário e militarista.

Quanto às minhas traduções equivocadas, limitar-me-ei àquela que o Professor Levinson considera suficientemente importante para a discutir no seu texto (e não na sua nota de pé de página). Escreve ele, na p. 533:

«Uma outra objeção refere-se ao uso por Popper da palavra «líder». Platão usa '*archōn*', a mesma palavra que emprega para funcionários do Estado e para comandantes militares. É claramente este segundo sentido, ou de diretor de competições de atletismo, que ele tem em mente.»

Como é evidente, nada tenho a que responder. (Devia eu talvez ter traduzido a palavra por 'diretor'?) Qualquer pessoa que consulte um dicionário de grego pode verificar que «*archōn*», no seu sentido mais básico, se traduz em inglês com propriedade e exatidão pela palavra «leader» (ou em latim por «*dux*» ou em italiano por «*il duce*»). A palavra é descrita por Liddell e Scott como particípio do verbo «*archō*», cujo significado fundamental, segundo estas autoridades, é o de «ser o primeiro», quer «em termos de tempo», quer «em termos de lugar ou situação». Neste segundo sentido os primeiros significados que lhe são dados são: «*chefiar, reinar, governar, comandar, ser chefe ou comandante*». Assim, em «*archōn*» encontramos «um governante, comandante, capitão; também, no que se refere a Atenas, *os principais magistrados de Atenas*, em número de nove». Isto devia bastar para mostrar que «líder» não é uma tradução errada, desde que se ajuste ao texto. Que se ajusta pode ver-se na própria versão de Bury, na qual, como estarão lembrados, o passo é traduzido da seguinte forma: «mas há de viver sempre, tanto na guerra como na paz, com os seus olhos constantemente postos no seu *comandante* e *seguindo o seu comando*». Na verdade, «líder» ajusta-se ao texto até bem demais: é a horripilante justeza da palavra que suscita o protesto do Professor Levinson. Dado que é incapaz de ver Platão como advogado de uma liderança totalitária, acha que têm de ser as minhas «perversas traduções distorcidas» (p. 531) que devem ser acusadas pelas associações horripilantes que estes passos evocam.

O que assevero é que o texto de Platão, e o pensamento de Platão, é que são horripilantes. A mim, como ao Professor Levinson, choca-me a palavra «líder» e tudo o que está conotado com a palavra. No entanto, estas conotações não podem ser minimizadas se desejarmos compreender as terríveis implicações do Estado ideal platónico. Foram estas que tentei pôr em evidência, o melhor que pude.

É perfeitamente verdade que nos meus comentários sublinhei o facto de que, embora o passo se refira a expedições militares, Platão não deixa margem para dúvidas de que os seus princípios são de aplicação a toda a vida dos seus soldados-cidadãos. Não é resposta dizer que um cidadão grego era, e tinha de ser, um soldado; pois isto é tão verdade, pelo menos, para Péricles e a época da sua oração fúnebre (pelos soldados caídos em combate) como para Platão e a época das suas *Leis*.

Era este o ponto que as minhas epígrafes se destinavam a destacar tão claramente quanto possível. Isto tornou necessário extrair uma cláusula deste passo complicado, omitindo por conseguinte (como se indica pela inserção de reticências) algumas daquelas referências a questões militares que teriam obscurecido o meu ponto principal: refiro-me ao facto de o passo ser de aplicação geral, à guerra e à paz, e que muitos platónicos a tresleram e não a perceberam, devido à sua extensão e à sua formulação obscura e por causa da ânsia de idealizar Platão. É este o ponto em que a questão está. No entanto, sou acusado neste contexto pelo Professor Levinson (p. 532) de usar «táticas» que «tornam necessário conferir até ao mais ínfimo pormenor todas as citações que Popper faz do texto platónico», para «revelar até que ponto Popper se desviou do caminho da objetividade e da lealdade».

Confrontado com tais acusações e alegações, e lançadas suspeitas sobre mim, não posso deixar de tentar defender-me. Mas tenho consciência de que ninguém deve ser juiz em causa própria. É por essa razão que desejo citar aqui o que diz Richard Robinson (na p. 491 de *The Philosophical Review*, **60**) sobre este passo platónico e sobre a minha tradução dele. É preciso lembrar que Robinson está a «misturar elogios com críticas» na sua recensão do meu livro e que parte das críticas consiste na afirmação de que as minhas traduções de Platão enfermam de parcialidade. No entanto, escreve:

«Embora enfermem de parcialidade não devem certamente ser desprezadas. Chamam a atenção para aspetos importantes e reais do pensamento de Platão em que normalmente não se repara. Em especial, no trecho decisivo do Dr. Popper, o horrível passo das *Leis* 942 a respeito de nunca agirmos por nós próprios, está bem traduzido. (Pode alegar-se que Platão tinha a intenção de que isto só se aplicasse à vida militar dos cidadãos, e é verdade que o passo começa como uma prescrição de disciplina militar; mas ao chegar ao fim Platão está claramente a desejar que se estenda a toda a vida; cf. 'a anarquia tem de ser extirpada de toda a vida de todos os homens'» [*Leis*, 942d 1].

Acho que nada preciso de acrescentar à declaração de Robinson.

Em suma, não posso de maneira alguma tentar responder nem a uma fração das acusações que o Professor Levinson me fez. Tentei responder apenas a umas quantas, tendo presente, o melhor que pude, que mais importante do que o problema de quem é injusto com quem é saber se as minhas afirmações sobre Platão foram ou não refutadas. Tentei apresentar razões para a minha convicção de que não foram refutadas. Mas, repito, ninguém deve ser juiz em causa própria. Devo deixar a decisão aos meus leitores.

Não desejo, todavia, concluir esta longa discussão sem reafirmar o que penso sobre a dimensão avassaladora da obra intelectual de Platão. A minha opinião de que ele foi o maior de todos os filósofos não mudou. Mesmo a sua filosofia moral e política, como feito intelectual, não tem paralelo, por muito moralmente repugnante, e até horripilante, que a considere. Quanto à sua cosmologia física, mudei de opinião entre a primeira e a segunda edição deste livro (mais precisamente, entre a primeira edição inglesa e a primeira edição americana); e tentei dar as razões porque considero hoje que ele é o fundador da teoria geométrica do mundo, uma teoria cuja importância tem aumentado continuamente através dos tempos. Seria presunção elogiar os seus poderes literários. O que os meus críticos mostraram foi, creio eu, que a grandeza de Platão torna ainda mais importante combater a sua filosofia moral e política e prevenir aqueles que possam cair sob o seu sortilégio mágico.

IV (1965)

Na nota 31 do capítulo 3 mencionei algumas obras que me pareciam antecipar as minhas opiniões sobre a política de Platão. Depois de escrever essa nota li o grande ataque de Diana Spearman contra apaziguadores e ditadores, *Modern Dictatorship*, escrito em 1939. O seu capítulo «The Theory of Autocracy» contém uma das mais profundas e penetrantes, e ao mesmo tempo mais breves, análises da teoria política de Platão que já vi.

NOTAS

Observações gerais: o texto do livro é autossuficiente e pode ser lido sem estas Notas. No entanto, encontrar-se-á aqui uma quantidade considerável de material que provavelmente interessa aos leitores do livro, bem como algumas referências e controvérsias que podem não ser de interesse geral. Os leitores que desejem consultar as notas por causa deste material podem ter vantagem em ler primeiro o texto do respetivo capítulo sem interrupção e ler depois as Notas.

Quero pedir desculpa pelo número talvez excessivo de referências que foram incluídas, para benefício daqueles leitores que têm um especial interesse numa ou noutra questão lateral a que se faz alusão (como a preocupação de Platão com o racismo ou o Problema Socrático). Sabendo que a situação de guerra me tornaria impossível rever as provas decidi fazer remissão, não para as páginas mas para os números das notas, como por exemplo: «cf. texto da nota 24 do capítulo 3», etc. A guerra também restringiu o uso das bibliotecas, tornando-me impossível obter uns quantos livros, alguns recentes e outros não, que em circunstâncias normais teriam sido consultados.

(*) Notas que usam material que não tinha à minha disposição quando escrevi o manuscrito da primeira edição deste livro (e outras notas que desejo identificar como acrescentadas ao livro depois de 1943) são postas entre asteriscos; todavia, nem todos os novos aditamentos às notas foram assinalados deste modo.*

NOTA DA INTRODUÇÃO

Quanto ao lema de Kant, ver nota 41 do capítulo 24, e o texto. As expressões *«sociedade aberta»* e *«sociedade fechada»* foram usadas pela primeira vez, que eu saiba, por Henri Bergson, em *Two Sources of Morality and Religion* (Ed. Inglesa, 1935 [*As Duas Fontes da Moral e da Religião*, edição original francesa de 1932]). Apesar de uma diferença considerável entre a maneira como Bergson utiliza estes termos e a minha (devida a uma abordagem fundamentalmente diferente de quase todos os problemas de filosofia) também há entre elas uma certa semelhança, que desejo reconhecer. (Cf. a caracterização por Bergson da sociedade fechada, *op. cit.*, p. 229, como «a sociedade humana acabada de sair das mãos da natureza».) A principal diferença, todavia, é esta. No meu uso destes termos indico, por assim dizer, uma *distinção racionalista*; a sociedade fechada caracteriza-se pela crença em tabus mágicos, enquanto a sociedade aberta é aquela em que os homens aprenderam a ser em certa medida críticos dos tabus e a basear as suas decisões na autoridade da sua própria inteligência (após debate). Bergson, por seu lado, tem em mente uma espécie de *distinção religiosa*. Isto explica que possa olhar para a sociedade aberta como produto de uma intuição mística, enquanto eu sugiro (nos capítulos 10 e 24) que o misticismo pode ser interpretado como expressão da aspiração à unidade perdida da sociedade fechada e, por conseguinte, como reação contra o racionalismo da sociedade aberta. Na maneira como a expressão «A Sociedade Aberta» é usada por mim no capítulo 10 pode ver-se alguma semelhança com a expressão de Graham Wallas «A Grande Sociedade»; mas a minha expressão pode abranger também uma «sociedade pequena», por assim dizer, como a da Atenas de Péricles, embora possa ser concebível que uma «Grande Sociedade» possa ser atrasada e, portanto, fechada. Há também, talvez, uma semelhança entre a minha «sociedade aberta» e o termo usado por Walter Lippmann como título do seu livro admirável *The Good Society* (1937). Ver também a nota 59 (2) do capítulo 10 e as notas 29, 32 e 58 do capítulo 24, e texto.

NOTAS DO CAPÍTULO 1

Quanto à epígrafe de Péricles, veja-se a nota 31 do capítulo 10 e o texto. A epígrafe de Platão é discutida com algum pormenor nas notas 33 e 34 do capítulo 6 e no texto.

([1]) Uso o termo «coletivismo» apenas para a doutrina que salienta o significado de algum coletivo ou grupo, «o Estado», por exemplo (ou um certo Estado; ou uma Nação; ou uma classe), em relação ao do indivíduo. O problema do coletivismo *versus* individualismo é explicado mais detalhadamente no capítulo 6, abaixo; ver em especial as notas 26 a 28 desse capítulo e texto. – Quanto a «tribalismo», cf. capítulo 10 e em especial a nota 38 desse capítulo (lista dos tabus tribais de Pitágoras).

([2]) Isto significa que a interpretação não fornece qualquer informação empírica, como mostro no meu *A Lógica da Descoberta Científica*.

([3]) Um dos aspetos que as doutrinas do povo eleito, da raça eleita ou da classe eleita têm em comum é que nasceram, e se tornaram importantes, como reações contra um qualquer tipo de opressão. A doutrina do povo escolhido tornou-se importante aquando da fundação da igreja judaica, isto é, durante o cativeiro babilónico; a teoria da superioridade da raça ariana do conde Gobineau foi uma reação do aristocrata emigrado à afirmação de que a Revolução Francesa conseguira expulsar os senhores teutónicos. A vitória do proletariado profetizada por Marx foi a sua resposta a um dos mais sinistros períodos de opressão e exploração da história moderna. Comparar com estas matérias o capítulo 10, especialmente a nota 39, e o capítulo 17, especialmente as notas 13-15, e texto.

* Uma das mais breves e melhores súmulas do credo historicista pode ler-se no panfleto radicalmente historicista que é citado mais extensamente no fim da nota 12 do capítulo 9, intitulado *Christians in the Class Struggle*, de Gilbert Cope, com Prefácio do bispo de Bradford. (Publicação «Magnificat» n.º 1, publicada pelo Conselho do Clero e Ministros pela Propriedade Comum, 1942, 28, Maypole Lane, Birmingham 14.) Aqui se lê, a pp. 5-6: «Todos estes pontos de vista têm em comum uma certa qualidade de 'ine-

vitabilidade mais liberdade'. A evolução biológica, a sucessão de conflitos de classe, a ação do Espírito Santo – as três se caracterizam por um movimento definido em direção a determinado fim. Este movimento pode ser impedido ou defletido durante algum tempo pela ação humana deliberada, mas a sua crescente inércia não pode ser dissipada e embora o estádio final só vagamente se vislumbre (...)» é «possível saber o suficiente sobre o processo para o ajudar a progredir ou atrasar o seu curso inevitável. Por outras palavras, as leis naturais daquilo que observamos ser 'o progresso' são suficientemente (...) compreendidas pelos homens para que possam esforçar-se para (...) ou (...) o deter ou desviar a sua corrente principal – esforços que podem por algum tempo parecer bem-sucedidos, mas que de facto estão desde logo fadados ao fracasso.»*

([4]) Hegel disse, na sua *Lógica*, que preservara os ensinamentos de Heráclito. Disse também que devia tudo a Platão. *Talvez valha a pena mencionar que Ferdinand von Lassalle, um dos fundadores do movimento social-democrata alemão (e, como Marx, um hegeliano) escreveu dois volumes sobre Heráclito.*

NOTAS DO CAPÍTULO 2

([1]) A questão «De que é feito o mundo?» é aceite mais ou menos geralmente como o problema fundamental dos primeiros filósofos jónios. Se partirmos do princípio de que viam o mundo como um edifício, a questão da planta do mundo seria complementar à questão do seu material de construção. E, de facto, dizem-nos que Tales não só se interessava pela matéria de que era feito o mundo, mas também pela astronomia e pela geografia descritivas e que Anaximandro foi o primeiro a desenhar uma planta, isto é, um mapa da Terra. Encontrar-se-ão mais algumas observações sobre a escola jónica no capítulo 10; cf. notas 38-40 desse capítulo, em especial a nota 39.

* Segundo R. Eisler, *Weltenmantel und Himmelszelt*, p. 693, pode atribuir-se a origem do sentimento do destino de Platão («moira») ao misticismo astral oriental que diviniza tempo, espaço e destino. Segundo o mesmo autor (*Revue de Synthèse Historique*, 41, app., p. 16 *seq.*), o pai de Hesíodo era natural da Ásia

NOTAS | 283

Menor e as fontes das suas ideias da Idade de Ouro e dos metais no homem são orientais. (Cf. a respeito desta questão o estudo póstumo de Eisler sobre Platão, a sair em breve, Oxford, 1950.) Eisler também mostra (*Jesus Basileus*, vol. II, 618 *seq.*) que a ideia do mundo como uma totalidade de coisas («cosmos») remonta à teoria política babilónica. A ideia do mundo como edifício (uma casa ou tenda) é tratado no seu *Weltenmantel.* *

(^{2}) Ver Diels, *Die Vorsokratiker*, 5.ª edição, 1934 (abreviado aqui para «D5»), fragmento 124; cf. também D5, vol. II, p. 423, linhas 21 e seguintes (A negação interpolada parece-me tão pouco fundamentada metodologicamente como a tentativa por certos autores de desacreditar por completo o fragmento; fora isso, sigo a emenda de Rüstow.) Quanto às duas outras citações deste parágrafo, ver Platão, *Crátilo*, 401d, 402a/b.

A minha interpretação dos ensinamentos de Heráclito é talvez diferente da que hoje é comummente adotada, a de Burnet, por exemplo. Quem possa duvidar se é minimamente sustentável é remetido para as minhas notas, em especial esta nota e as notas 6, 7 e 11 deste capítulo, nas quais trato a filosofia natural de Heráclito, tendo confinado o meu texto à apresentação do aspeto historicista dos ensinamentos de Heráclito e a sua filosofia social. Remeto-os também para os elementos dos capítulos 4 a 9 e, em especial, do capítulo 10, à luz dos quais a filosofia de Heráclito, tal como a vejo, parece uma reação à revolução social que ele testemunhou. Cf. também as notas 39 e 59 desse capítulo (e o texto) e a crítica geral dos métodos de Burnet e Taylor na nota 56.

Como indicado no texto, sustento (com muitos outros, como, por exemplo, Zeller e Grote) que a doutrina central de Heráclito é a doutrina do movimento universal. Pelo contrário, Burnet defende que este «não é o ponto central do sistema» de Heráclito (cf. *Early Greek Philosophy*, 2.ª edição, 163). Mas um exame atento dos seus argumentos (158 e seguintes) deixa-me muito pouco convencido de que a descoberta fundamental de Heráclito seja a doutrina metafísica abstrata «de que a sabedoria não é o conhecimento de muitas coisas, mas sim a perceção da unidade subjacente dos opostos em confronto», como diz Burnet. A unidade dos opostos é certamente uma parte importante do que ensina Heráclito, mas pode ser deduzida (na medida em que se pode deduzir tais coisas, cf. nota 11 deste capítulo e o texto correspon-

284 | A SOCIEDADE ABERTA E OS SEUS INIMIGOS

dente) da mais concreta e intuitivamente compreensível teoria da mudança e o mesmo se pode dizer da doutrina do fogo de Heráclito (cf. a nota 7 deste capítulo).

Aqueles que sugerem, como Burnet, que a doutrina do movimento universal não era nova, mas antecipada pelos antigos jónios, são, acho, testemunhas inconscientes da originalidade de Heráclito, pois 2400 anos depois não conseguem perceber o seu ponto principal. Não veem a diferença entre um fluxo ou circulação *no interior* de um vaso ou de um edifício ou um quadro cósmico, ou seja *no interior de uma totalidade de coisas* (parte da teoria de Heráclito pode de facto ser compreendida desta maneira, mas só a parte que não é muito original; ver *infra*), e um movimento universal que tudo abrange, mesmo o vaso, o próprio quadro (cf. Luciano em D5 I, p. 190) e que é descrito pela negação de Heráclito da existência de qualquer coisa fixa que seja. (De certa maneira, Anaximandro dera um primeiro passo ao dissolver a estrutura, mas ainda havia um longo caminho a percorrer daqui até à teoria do movimento universal. Cf. também a nota 15 (4) do capítulo 3.)

A doutrina do devir universal obriga Heráclito a procurar uma explicação para a *aparente estabilidade* das coisas neste mundo e de outras regularidades típicas. Esta tentativa leva-o a desenvolver teorias subsidiárias, especialmente a sua doutrina do fogo (cf. nota 7 deste capítulo) e a das leis naturais (cf. nota 6). É nesta explicação da aparente estabilidade do mundo que ele faz muito uso das teorias dos seus antecessores ao desenvolver a sua teoria da rarefação e da condensação, juntamente com a sua teoria da revolução dos céus, numa teoria geral da circulação da matéria e da periodicidade. Mas esta parte dos seus ensinamentos, estou convencido, não é central, mas secundária. É, por assim dizer, apologética, pois tenta conciliar a doutrina do devir, nova e revolucionária, com a experiência comum e também com os ensinamentos dos seus antecessores. Creio, portanto, que ele não é um materialista mecânico e nada ensina que se pareça com a conservação e a circulação da matéria e da energia; esta perspetiva parece-me excluída pela sua atitude mágica em relação às leis, bem como pela sua teoria da unidade dos opostos, que põe em evidência o seu misticismo.

A minha asserção de que o devir universal é a teoria central de Heráclito é, penso, corroborada por Platão. A esmagadora maioria das suas referências explícitas a Heráclito (*Crátilo*, 401d,

NOTAS   285

402a/b, 411, 437 e seguintes, 440; *Teeteto*, 153c/d, 160d, 177c, 179d e seguinte, 182a e seguintes, 183a e seguintes, cf. também *O Banquete*, 207d, *Filebo*, 43a; cf. também a *Metafísica* de Aristóteles, 987a33, 1010a13, 1078b13) testemunham a tremenda impressão que a sua doutrina central causou nos pensadores daquele período. Estes testemunhos claros e diretos são muito mais fortes do que o passo, sem dúvida importante, que não menciona sequer o nome de Heráclito (*Sofista*, 242d e seguintes, já citado, a propósito de Heráclito, por Ueberweg e Zeller), em que Burnet tenta basear a sua interpretação. (A sua outra testemunha, Filon de Alexandria, pouco conta contra as provas de Platão e Aristóteles.) Mas mesmo este passo concorda completamente com a nossa interpretação. (Em relação ao juízo um tanto hesitante que Burnet faz do valor deste passo, cf. nota 56(7) do capítulo 10.) A descoberta por Heráclito de que o mundo não é a totalidade das *coisas,* mas sim dos acontecimentos ou *factos,* não é de todo trivial; isto pode talvez ser avaliado pelo facto de Wittgenstein julgar necessário reafirmá-la muito recentemente: «O mundo é a totalidade dos factos, *não das coisas.*» (Cf. *Tractatus Logico-Philosophicus*, 1921/22, frase 1.1; itálico meu.)

Em suma. Considero que a doutrina do devir universal é fundamental e emerge do domínio das experiências sociais de Heráclito. Todas as suas outras teorias são subsidiárias desta. Considero a doutrina do fogo (cf. *Metafísica* de Aristóteles, 984a7, 1067a2; também 989a2, 996a9, 1001a15; *Física*, 205a3) a sua doutrina central no campo da filosofia natural; é uma tentativa de conciliar a doutrina do devir com a nossa experiência das coisas estáveis, uma ligação com as anteriores teorias da circulação e conduz a uma teoria das leis. Quanto à doutrina da unidade dos opostos, considero-a um tanto menos central e mais abstrata, precursora de uma espécie de teoria lógica ou metodológica (e como tal inspirou Aristóteles a formular a sua lei da contradição) e também ligada ao seu misticismo.

(3) W. Nestle, *Die Vorsokratiker* (1905), 35.

(4) De modo a facilitar a identificação dos fragmentos citados, dou os números da edição de Bywater, adotada por Burnet, na sua tradução inglesa dos fragmentos, *Early Greek Philosophy*) e também os números da 5.ª edição de Diels.

Dos oito passos citados neste parágrafo, (1) e (2) são dos fragmentos B 114 (Bywater e Burnet), D5 121 (= Diels, 5.ª edição). Os outros são dos fragmentos: (3) B 111, D5 29; cf. a *República* de Platão, 586a/b...(4): B111, D5 104... (5): B112, D5 39 (cf. D5, vol. I, p. 65, Bias, 1)...(6): B 5, D5 17...(7) B 110, D5 33...(8) B 100, D5 44.

(5) Os três passos citados neste parágrafo são dos fragmentos: (1) e (2): cf. B 41, D5 91; para (1) cf. também a nota 2 deste capítulo. (3): D5 74.

(6) Os dois passos são B 21, D5 31, e B 22 e D5 90.

(7) Sobre as «medidas» (ou leis ou períodos) de Heráclito, ver B 20, 21, 23, 29; D5 30,31,94. (D 31 conjuga «medida» e «lei» (*logos*).)

Os cinco passos citados mais adiante neste parágrafo são dos fragmentos: (1) D5, vol.1, p. 141, linha 10 (cf. *Diog. Laert.*, IX, 7.)... (2): B 29, D5 94 (cf. nota 2 do capítulo 5)... (3): B 34, D5 100... (4): B 20, D5 30... (5): B 26, D5 66.

(1) A ideia de lei é *correlativa* com a de mudança ou devir, visto que só leis ou regularidades no seio da mudança podem explicar a aparente estabilidade do mundo. As regularidades mais típicas no seio do mundo em mudança conhecidas do homem são os períodos naturais: o dia, o mês lunar, e o ano (as estações). A teoria da lei de Heráclito é, parece-me, o passo lógico intermédio entre a visão comparativamente moderna das «leis causais» (sustentadas por Leucipo e especialmente por Demócrito) e os tenebrosos poderes do destino de Anaximandro. As leis de Heráclito são ainda «mágicas», isto é, ele ainda não distinguiu entre regularidades causais abstratas e leis, como os tabus, impostas por meio de sanções (com isto, cf. capítulo 5, nota 2). Parece que a sua teoria do destino estava ligada a uma teoria de um «Grande Ano» ou um «Grande Ciclo» de 18000 ou 36000 anos normais. (Cf., por exemplo, J. Adams na sua edição de *The Republic of Plato*, vol. II, 303.) Não penso certamente que esta teoria seja uma indicação de que Heráclito não acreditava realmente num devir universal, mas apenas em várias circulações que restabeleceriam sempre a estabilidade da estrutura, mas acho possível que tivesse dificuldades em conceber uma lei da mudança e até do destino a não ser que

envolvesse uma certa dose de periodicidade. (Cf. também nota 6 do capítulo 3.)

(2) O fogo desempenha um papel central na filosofia da natureza de Heráclito. (Aqui pode haver influência persa.) A chama é o símbolo óbvio de um devir ou *processo que em muitos aspetos parece uma coisa*. Explica assim a experiência de coisas estáveis e concilia esta experiência com a doutrina do devir. Esta ideia pode ser facilmente alargada aos corpos vivos, que são como chamas, só que ardendo mais lentamente. Heráclito ensina que *todas* as coisas estão em movimento, *todas* são como o fogo; só que esse devir tem diferentes «medidas» ou leis do movimento. A «taça» ou «tina» em que o fogo arde estará num movimento muito mais lento do que o fogo, mas estará ainda assim em movimento. Muda, tem o seu destino e as suas leis, tem de ser queimada pelo fogo e consumida mesmo que leve mais tempo até ter cumprido o seu destino. Assim, «na sua progressão o fogo julgará e condenará tudo» (B 26, D5 66).

Em conformidade, o fogo é o símbolo e a explicação do aparente repouso das coisas a despeito do seu verdadeiro estado de devir. Mas é também o símbolo da transmutação da matéria de um estádio (combustível) para outro. Proporciona assim a ligação entre a teoria intuitiva da natureza de Heráclito e as teorias da rarefação e da condensação, etc., dos seus antecessores. Mas o deflagrar da chama ou o seu esmorecer, consoante a medida de combustível proporcionado, é também um exemplo da lei. Se isto se combina com alguma forma de periodicidade, então pode servir para explicar as regularidades dos períodos naturais, tais como os dias ou os anos. (Esta linha de pensamento torna improvável que Burnet tenha razão em descrer dos relatos tradicionais da crença de Heráclito numa conflagração periódica que estava provavelmente ligada com o seu Grande Ano; cf. Aristóteles, *Física*, 205a3 com D5 66.)

([8]) Os treze passos citados neste parágrafo são dos fragmento: (1): B 10, D5 123... (2): B11, D5 93... (3): B 16, D5 40... (4): B 94, D5 73... (5): B 95, D5 89... com (4) e (5) cf. a *República* de Platão, 476c e ss. E 520c... (6): B6, D5 19... (7): B3, D5 34... (8): B 19, D5 41... (9): B 92, D5 2... (10): B 91a, D5 113... (11): B 59, D5 10.... (12): B 65, D5 32... (13): B 28, D5 64.

(⁹) Mais consistente do que a maioria dos historicistas morais, Heráclito é também um positivista ético e jurídico (quanto a este termo, cf. capítulo 5): «Para os deuses, todas as coisas são equitativas, justas e certas; os homens, no entanto, tomaram algumas coisas como erradas e outras como certas.» (D5 102, B 61; ver passo (8) na nota 11.) Que ele foi o primeiro positivista jurídico é atestado por Platão (*Teeteto*, 177c/d). Sobre positivismo moral e jurídico em geral, cf. capítulo 5 (texto das notas 14-18) e capítulo 22.

(¹⁰) Os dois passos citados neste parágrafo são: (1): B44, D5 53... (2): B 62, D5 80.

(¹¹) Os nove passoss citados neste parágrafo são: (1): B 39, D5 126... (2): B 104, D5 111... (3): B 78, D5 88... (4): B 45, D5 51... (5): D5 8... (6): B 69, D5 60... (7): B 50, D5 59... (8): B 61, D5 102 (cf. nota 9)... (9): B 57, D5 58. (Cf. Aristóteles, *Física*, 185b20.)

O devir ou mudança tem de ser a transição de um estádio ou propriedade ou posição para outra. Na medida em que o devir pressupõe algo que muda, este algo tem de permanecer identicamente o mesmo, embora assuma um estádio, propriedade ou posição opostos. Isto liga a teoria do devir à da unidade dos opostos (cf. Aristóteles, *Metafísica*, 1005b25, 1024a24 e 34, 1062a32, 1063a25), assim como à doutrina da unidade de todas as coisas; todas são apenas diferentes fases ou aparências de uma mesma coisa que muda (do fogo).

Que «a senda que leva para cima» e «a senda que leva para baixo» tenham sido originalmente concebidas como um vulgar caminho que primeiro sobe a montanha e mais tarde a desce outra vez (ou talvez: que sobe do ponto de vista do homem que está em baixo e desce do ponto de vista do homem que está em cima), ou que esta metáfora só mais tarde tenha sido aplicada aos processos de circulação, à senda que sobe da terra através da água (talvez combustível líquido numa taça?) para o fogo e desce outra vez do fogo através da água (chuva?) para a terra; ou que o caminho de Heráclito para cima e para baixo tenha sido aplicado por ele originalmente a este processo de circulação da matéria, nada disto pode, é claro, ser decidido. (Mas penso que a primeira alternativa é a mais provável, tendo em vista as muitas ideias semelhantes nos fragmentos de Heráclito: cf. o texto.)

NOTAS

(^{12}) Os quatro passos são: (1): B 102, D5 24... (2): B 101, D5 25 (uma versão mais aproximada que preserva mais ou menos o trocadilho de Heráclito é: «Uma maior morte ganha um maior destino». Cf. também as *Leis* de Platão, 903 d/e; comparar com *República* 617 d/e)... (3): B 111, D5 29 (parte da continuação é citada acima; ver passo (3) na nota 4)... (4): B 113, D5 49.

(^{13}) Parece muito provável (cf. *Gesch. d. Altertums* de Meyer, espec. vol. I) que ensinamentos tão característicos como os do povo eleito tenham tido origem neste período, que produziu várias outras religiões de salvação além da judaica.

(^{14}) Comte, que desenvolveu em França uma filosofia historicista não muito diferente da versão prussiana de Hegel, tentou, como Hegel, deter a maré revolucionária. (Cf. F. A. von Hayek, *The Counter-Revolution of Science*, «Economica» N.S. vol. VIII, 1941, pp. 119 e ss., 281 e ss.) Quanto ao interesse de Lassalle por Heráclito, ver nota 4 do capítulo 1. – É interessante notar, a este respeito, o paralelismo entre a história das ideias historicistas e evolucionistas. Tiveram origem na Grécia com o semi-heraclitiano Empédocles (para a versão de Platão, ver nota 1 do capítulo 11) e foram recuperadas, tanto em Inglaterra como em França, na época da Revolução Francesa.

NOTAS DO CAPÍTULO 3

(^{1}) Com esta explicação do termo oligarquia, cf. também o fim das notas 44 e 57 do capítulo 8.

(^{2}) Cf. especialmente a nota 48 do capítulo 10.

(^{3}) Cf. o fim do capítulo 7, esp. nota 25, e capítulo 10, esp. nota 69.

(^{4}) Cf. *Diogenes Laert.*, III, 1. – No que respeita às ligações familiares de Platão e em especial à alegada descendência de Codro pelo lado da sua família paterna, «e até do próprio deus Posídon», ver G. Grote, *Plato and other Companions of Socrates* (ed. 1875), vol. I, 114. (ver, no entanto, a observação semelhante sobre a família

290   A SOCIEDADE ABERTA E OS SEUS INIMIGOS

de Crítias, ou seja, sobre o lado da família materna de Platão, em
E. Meyer, *Geschichte des Altertums*, vol. V, 1922, p.66.) Platão diz de
Codro no *Banquete* (208d): «Supondes que Alceste (...) ou Aquiles (...) ou o vosso próprio Codro teriam procurado a morte – *para
salvar o reino para os seus filhos* – se não tivessem esperado ganhar
a imortal memória da sua virtude que é realmente aquela em que
os temos?». Platão louva a família de Crítias (ou seja, a família da
sua mãe) no início do *Cármides* (157e e ss.) e no final do *Timeu*
(20e), em que faz remontar a família ao governante (*archön*) de
Atenas Drópides, o amigo de Sólon.

([5]) As duas citações autobiográficas que se seguem neste
parágrafo são da *Sétima Carta* (325). A autoria de Platão das *Cartas*
tem sido questionada por alguns académicos eminentes (talvez
sem suficiente fundamento; considero muito convincente o tratamento que Field deu a este problema; cf. nota 57 do capítulo
10; por outro lado, mesmo a *Sétima Carta* me parece um bocado
suspeita – repete muito do que conhecemos da *Apologia* e diz mais
do que aquilo que a ocasião requer). Tomei portanto o cuidado
de basear a minha interpretação do platonismo principalmente
nalguns dos diálogos mais famosos; é, no entanto, concordante
em geral com as *Cartas*. Para conveniência do leitor, posso dar
aqui uma lista dos diálogos platónicos que são frequentemente
mencionados no texto, pela ordem que é provavelmente a sua
ordem cronológica; cf. nota 56 (8) do capítulo 10. *Críton – Apologia de Sócrates – Eutífron; Protágoras – Ménon – Górgias; Crátilo – Menexeno – Fédon; República; Parménides – Teeteto; Sofista – Político – Filebo;
Timeu – Crítias; Leis.*

([6]) (1) Que as evoluções *históricas* possam ter um caráter
cíclico em lado algum é muito claramente afirmado por Platão.
Mas alude-se-lhe, no entanto, em pelo menos quatro diálogos,
nomeadamente no *Fédon*, na *República*, no *Político* e nas *Leis*. Em
todos estes lugares a teoria de Platão pode possivelmente aludir
ao Grande Ano de Heráclito (cf. nota 6 do capítulo 2). Pode ser,
no entanto, que a alusão não seja diretamente a Heráclito, antes
a Empédocles, cuja teoria (cf. também Aristóteles, *Met.*, 1000a25
e ss.) Platão considerava meramente uma versão mais «suave»
da teoria heraclitiana da unidade de todo o devir. Exprime-o
num passo famoso do *Sofista* (242e ss..). Segundo este excerto,

e segundo Aristóteles (*De Gen. Corr.*, B, 6., 334a6), há um ciclo histórico que abrange um período em que domina o amor e um período em que domina a discórdia de Heráclito; e Aristóteles diz-nos que, segundo Empédocles, o período atual é «agora um período em que reina a Discórdia, como antes era o do Amor». Esta insistência em que o movimento do nosso próprio período cósmico é uma espécie de discórdia, e portanto mau, está em estreita concordância tanto com as teorias de Platão como com as suas experiências.

A duração do Grande Ano é provavelmente o período de tempo após o qual todos os corpos celestiais regressam às mesmas posições relativas em que se encontravam no momento a partir do qual se calcula o período. (Isto faria que fosse o menor múltiplo comum do período dos «sete planetas».)

(2) O passo de *Fédon* mencionado em (1) alude primeiro à teoria de Heráclito de que a mudança é a passagem de um estado para o estado oposto, ou de um oposto para o outro: «aquilo que se torna menos foi antes maior (...)» (70e/71a). Enuncia depois uma lei cíclica da evolução: «Não é verdade que há dois processos em permanente ação, dum extremo para o seu oposto e depois ao contrário (...)?» (*loc. cit.*). E um pouco mais adiante (72a/b) o argumento é assim apresentado: «Se a desenvolvimento se desse apenas em linha reta e não houvesse compensação ou ciclo na natureza (...) então, no fim, todas as coisas tomariam as mesmas propriedades (...) e não haveria mais desenvolvimento.» Parece que a tendência geral do *Fédon* é mais otimista (e mostra mais fé no homem e na razão humana) do que a dos diálogos posteriores, mas não há referências diretas ao desenvolvimento histórico do homem.

(3) Essas referências são feitas, todavia, na *República*, onde encontramos, nos livros VIII e IX, uma descrição intrincada da decadência histórica aqui tratada no capítulo 4. Esta descrição é introduzida pela História da Queda do Homem e do Número, que será aqui discutida em mais detalhe nos capítulos 5 e 8. J. Adam, na sua edição de *The Republic of Plato* (1902, 1921), chama muito justamente a esta história «o contexto em que é enquadrada a «Filosofia da História» de Platão» (vol. II, 210). Esta história não contém qualquer declaração explícita sobre o caráter cíclico da história, mas contém umas quantas insinuações bastante misteriosas que, na interpretação interessante mas incerta de Aristóteles

292 A SOCIEDADE ABERTA E OS SEUS INIMIGOS

(e Adam), são possivelmente alusões ao Grande Ano heraclitiano, ou seja, ao desenvolvimento cíclico. (Cf. nota 6 do capítulo 2, e Adam, *op. cit.*, vol. II, 303; as observações sobre Empédocles ali feitas, 303 ss., precisam de ser corrigidas; ver (1) nesta nota, acima.)

(4) Há, além disso, o mito do *Político* (268e-274c). Segundo este mito, o próprio Deus conduz o mundo durante metade do grande período mundial. Quando o larga, o mundo que até aí se movia para diante começa então a andar para trás. Temos assim dois meios períodos ou dois meios ciclos no ciclo completo, um movimento em frente, guiado por Deus, que é o período bom, sem guerra nem discórdia, e o movimento para trás, quando Deus abandona o mundo, que é um período de cada vez maior desorganização e conflito. É, claro, o período em que vivemos. As coisas acabarão por ficar tão mal que Deus tomará de novo o leme e inverterá o movimento, para salvar o mundo da destruição absoluta.

Este mito apresenta grandes parecenças com o mito de Empédocles mencionado acima em (1) e também provavelmente com o Grande Ano de Heráclito. – Adam (*op. cit.*, vol. II, 296 e ss.) também destaca as semelhanças com a história de Hesíodo. *Um dos pontos que aludem a Hesíodo é a referência à idade de Ouro de Cronos; e é importante notar que os homens desta era nasceram na Terra. Isto estabelece um ponto de contacto com o Mito dos Nascidos na Terra e dos metais no homem, que tem o seu papel na *República* (414b e ss. e 546 e seg.); este papel é discutido adiante no capítulo 8. O Mito dos Nascidos na Terra também é referido no *Banquete* (191b); a referência é possivelmente à pretensão popular de que os Atenienses são «como gafanhotos» – autóctones (cf. notas 32 (1) e do capítulo 4 e 11(2) do capítulo 8.

* No entanto, quando mais adiante, no *Político* (302b e ss.), são ordenadas as seis formas de governo imperfeito conforme o seu grau de imperfeição, já não se encontra qualquer indicação de uma teoria cíclica da história. Vê-se, antes, que as seis formas, todas elas cópias degeneradas do Estado perfeito ou melhor (*Político*, 293d/e; 297c; 303c), aparecem todas como passos no processo de degeneração; isto é, tanto aqui como na *República*, Platão limita-se, quando se trata de problemas históricos mais concretos, à parte do ciclo que leva à decadência.

* (5) São aplicáveis às *Leis* observações análogas. No Livro III, 676b/c-677b, onde Platão se dedica a uma análise mais porme-

NOTAS 293

norizada do princípio de um dos ciclos, esboça-se uma espécie de teoria cíclica; e em 678e e 679c, onde este princípio se revela uma Idade de Ouro, de modo que a continuação da história se torna uma história de deterioração. – Pode referir-se que a doutrina de Platão de que os planetas são deuses, juntamente com a doutrina de que os deuses influenciam as vidas humanas (e com a sua crença de que há forças cósmicas em ação na história), desempenhou um papel importante nas especulações astrológicas dos neoplatónicos. Todas estas três doutrinas se podem encontrar nas *Leis* (vejam-se, por exemplo, 821b-d e 899b; 899d-905d; 677a e *seq.*). É preciso ter em conta que a astrologia partilha com o historicismo a crença num destino predeterminado que se pode predizer; e partilha com algumas importantes versões do historicismo (especialmente o platonismo e o marxismo) a crença de que, não obstante a possibilidade de predizer o futuro, temos alguma influência nele, em especial se soubermos realmente o que está para vir.*

(6) Salvo estas alusões escassas, praticamente nada indica que Platão tenha levado a sério o lado ascendente ou progressivo do ciclo. Mas há muitas observações, sem falar na elaborada descrição da *República* e na que se citou em (5), que mostram que acreditava muito seriamente no seu movimento descendente, na decadência da história. Temos de considerar, em especial, o *Timeu* e as *Leis*.

(7) No *Timeu* (42b *et seq.*, 90e e ss. e em especial 91d *et seq.*; cf. também *Fedro*, 248d e *seq.*), Platão descreve aquilo a que se pode chamar a origem das espécies por degeneração (cf. texto da nota 4 do capítulo 4 e nota 11 do capítulo 11): Os homens degeneram em mulheres e depois em animais inferiores.

(8) No Livro III das *Leis* (cf. também o Livro IV, 713a e ss.; ver, no entanto, a breve alusão a um ciclo referida acima) temos uma teoria bastante complexa da decadência histórica, em muitos aspetos idêntica à da *República*. Ver também o próximo capítulo, especialmente as notas 3, 6, 7, 27, 31 e 44.

([7]) Em *Plato and his Contemporaries* (1930), p. 91, G. C. Field exprime uma opinião semelhante sobre os objetivos políticos de Platão: «O objetivo principal da filosofia de Platão pode ser considerado uma tentativa de restabelecer padrões de pensamento e de conduta para uma civilização que parecia à beira da dissolução.» Ver também nota 3 do capítulo 6, e texto.

(⁸) Sigo a maioria das autores de referência mais antigos e muitos dos contemporâneos (por exemplo, G. C. Field, F. M. Cornford, A. K. Rogers) ao acreditar, contra John Burnet e A. E. Taylor, que a teoria das Formas ou Ideias é quase inteiramente de Platão e não de Sócrates, embora Platão a ponha na boca de Sócrates como seu orador principal. Embora os diálogos de Platão sejam a nossa única fonte de primeira ordem em relação aos ensinamentos de Sócrates, é possível, creio, distinguir neles entre o que é «socrático», ou seja, historicamente exato, e o que é «platónico» no personagem «Sócrates» de Platão. O chamado *Problema Socrático* é discutido nos capítulos 6, 7, 8 e 10; cf. especialmente a nota 56 do capítulo 10.

(⁹) A expressão «engenharia social» parece ter sido usada pela primeira por Roscoe Pound, na sua *Introduction to the Philosophy of Law* (1922, p. 99;* Bryan Magee diz-me agora que Webbs a usou quase de certeza antes de 1922 *). Usa o termo no sentido «parcelar». É usado noutro sentido por M. Eastman, *Marxism: is it Science?* (1940). Li o livro de Eastman depois de estar escrito o texto do meu próprio livro; o meu uso da expressão «engenharia social» é feito, por conseguinte, sem qualquer intenção de aludir à terminologia de Eastman. Tanto quanto me é dado a perceber, ele advoga a abordagem que eu critico no capítulo 9 sob a designação de «engenharia social utópica»; cf. nota 1 desse capítulo. – Ver também nota 18 (3) do capítulo 5. Podemos descrever como primeiro engenheiro social o urbanista Hipódamo de Mileto. (Cf. Aristóteles, *Política* 1276b22, e R. Eisler, *Jesus Basileus*, II, p. 754.)

A expressão «tecnologia social» foi-me sugerida por C. G. F. Simkin. – Desejo esclarecer que ao discutir problemas de método, a minha ênfase é ganhar experiência institucional prática. Cf. capítulo 9, especialmente o texto da nota 8 desse capítulo. Para uma análise mais pormenorizada dos problemas de método relacionados com a engenharia social e a tecnologia social ver o meu *The Poverty of Historicism* (2.ª edição, 1960), parte III.

(¹⁰) O passo citado é do meu *The Poverty of Historicism*, p. 65. Os «resultados não planeados das ações humanas» são discutidos mais amplamente abaixo, no capítulo 14, ver especialmente a nota 11 e texto.

NOTAS   295

(^{11}) Acredito num dualismo de factos e decisões ou exigências (ou de «ser» e «dever»): por outras palavras, acredito na impossibilidade de reduzir as decisões ou exigências a factos, embora possam, claro, ser tratadas como factos. Dir-se-á mais sobre este ponto nos capítulos 5 (texto das notas 4-5), 22 e 24.

(^{12}) Nos próximos três capítulos fornece-se mais elementos em apoio desta teoria do que Platão entende por melhor Estado; posso remeter, entretanto, para *Político*, 293d/e; 297c; *Leis*, 713b/c, 739d/e; *Timeu*, 22d e ss., especialmente 25e e 26d.

(^{13}) Cf. o famoso relato de Aristóteles, em parte citado mais adiante neste capítulo (ver especialmente a nota 25 deste capítulo e texto).

(^{14}) É mostrado em *Plato*, de Grote, vol. III, nota *u* nas pp. 267 e *seq.*

(^{15}) As citações são do *Timeu*, 50c/d e 51e-52b. O símile que descreve as Formas ou Ideias como pais e o Espaço como mãe das coisas sensíveis é importante e tem ligações de longo alcance. Cf. também as notas 17 e 19 deste capítulo e a nota 59 do capítulo 10.

(1) Assemelha-se ao *mito do caos* de Hesíodo, o abismo escancarado (espaço; recetáculo) que corresponde à mãe, e o Deus Eros, que corresponde ao pai ou às Ideias. O Caos é a origem e a questão da explicação causal (caos = causa) permanece durante muito tempo uma questão de origem (*archê*) ou nascimento ou geração.

(2) A mãe, ou espaço, corresponde ao indefinido ou sem limites de Anaximandro e dos pitagóricos. A Ideia, que é masculina, corresponde ao definido (ou limitado) dos pitagóricos. Pois o definido, por oposição ao ilimitado, o masculino, por oposição a feminino, a luz, por oposição à treva, e o bem, por oposição ao mal, todos pertencem ao mesmo lado da *tabela dos opostos pitagórica*. (Cf. a *Metafísica* de Aristóteles, 986a22 e *seq.*) Podemos esperar portanto que as Ideias apareçam associadas à luz e à bondade. (Cf. o fim da nota 32 do capítulo 8.)

(3) As Ideias são fronteiras ou limites, são definidas, por oposição ao Espaço indefinido, e gravam-se ou imprimem-se como

carimbos (cf. nota 17 (2) deste capítulo), ou melhor, como moldes, no Espaço (que é não só espaço como, ao mesmo tempo, a matéria informe de Anaximandro – matéria sem propriedade), gerando assim as coisas sensíveis. *J. D. Mabbott teve a amabilidade de me chamar a atenção para o facto de as Formas ou Ideias, segundo Platão, não se gravarem por si próprias no Espaço, antes são nele gravadas ou impressas pelo Demiurgo. Como salienta Aristóteles (na *Metafísica*, 1080a2), podem já encontrar-se no *Fédon* (100d) vestígios da teoria de que as Formas são «causas tanto do ser como da geração (ou transformação).»*

(4) Em consequência do ato de geração, o Espaço, ou seja, o recetáculo começa a laborar, de modo que todas as coisas são postas em movimento, num fluxo heraclitiano ou empedocliano que é realmente universal na medida em que o movimento ou fluxo se estende à própria estrutura, ou seja, ao próprio espaço (ilimitado). (Para a última versão heraclitiana do recetáculo, cf. *Crátilo*, 412d.)

(5) Esta descrição também é reminiscente da «Via da Opinião Enganadora» de Parménides, em que o mundo da experiência e do movimento é criado pela mistura de dois opostos, a luz (ou calor ou fogo) e a treva (ou frio ou terra). É claro que as Formas ou Ideias de Platão corresponderiam ao primeiro e o espaço, ou o que não tem limites, ao segundo; especialmente se considerarmos que o espaço puro de Platão é parente próximo da matéria indeterminada.

(6) A oposição entre determinado e indeterminado parece também corresponder, especialmente depois da descoberta decisiva da irracionalidade da raiz quadrada de 2, à oposição entre o racional e o irracional. Mas dado que Parménides identifica o racional com o ser, isto levaria a uma interpretação do espaço ou do irracional como não-ser. Por outras palavras, a tabela dos opostos pitagórica tem de ser alargada para abarcar a racionalidade, por oposição a irracionalidade, e o ser, por oposição ao não-ser. (Isto concorda com a *Metafísica*, 1004b27, onde Aristóteles diz que «todos os contrários são redutíveis a ser e não-ser»; 1072a31, onde um lado da tabela – o do ser – é descrito como objeto do pensamento (racional); e 1093b13, onde os poderes de certos números – presumivelmente em oposição às suas raízes – são adicionados a este lado. Isto explicaria ainda a observação de Aristóteles na *Metafísica*, 986b27; e talvez não fosse necessário presumir, como

NOTAS 297

faz F. M. Cornford no seu excelente artigo «As duas vias de Parménides», *Class. Quart.*, XVII, 1933, p. 108, que Parménides, fr. 8, 53/54, «foi mal interpretado por Aristóteles e Teofrasto»; pois se alargarmos assim a tabela de opostos, a interpretação muito convincente que Cornford faz do passo crucial do fr. 8 torna-se compatível com a observação de Aristóteles.)

(7) Cornford explicou (*op. cit.*, 100) que há três «vias» em Parménides, a Via da Verdade, a Via do Não-Ser e a via do Parecer (ou, se assim lhe posso chanar, da opinião enganadora). Mostra (101) que correspondem às três regiões discutidas na *República*, o mundo perfeitamente real e racional das Ideias, o perfeitamente irreal, e o mundo da opinião (baseado na perceção das coisas em devir). Também mostrou (102) que no *Sofista*, Platão modifica a sua posição. A isto podem ser acrescentados alguns comentários do ponto de vista dos passos do *Timeu* a que esta nota está apensa.

(8) A principal diferença entre as Formas ou Ideias da *República* e as do *Timeu* está em que no primeiro, as Formas (e Deus também; cf. *República*, 380d) estão petrificadas, por assim dizer, enquanto no segundo são divinizadas. No primeiro têm uma muito maior parecença do que no segundo com o Uno de Parménides (cf. a nota de Adam à *República*, 380d28, 31). Este desenvolvimento leva às *Leis*, onde as Ideias são em grande parte substituídas por almas. A diferença decisiva é que as Ideias se tornam cada vez mais pontos de partida do movimento e causas da geração, ou, na fórmula do *Timeu*, pais das coisas em movimento. O maior contraste está talvez entre o *Fédon*, 79e: «A alma é infinitamente mais como o imutável; mesmo a mais estúpida das pessoas não o negaria» (cf. também a *República*, 585c, 609b *seq.*), e as *Leis*, 895e/896a) (cf. *Fedro*, 245c ss.): «Qual a definição daquilo que se chama 'alma'? Podemos imaginar outra definição que (...) 'o movimento que se move a si próprio'?» A transição entre estas duas posições é, talvez, proporcionada pelo *Sofista* (que introduz a Forma ou Ideia do próprio movimento) e pelo *Timeu*, 35a, que descreve as Formas «divinas e imutáveis» e os corpos mutáveis e corruptíveis. Isto parece explicar porque se diz nas *Leis* (cf. 894d/e) que o movimento da alma é «*o primeiro em origem e poder*» e porque a alma é descrita (966e) como «a mais antiga e divina de todas as coisas cujo movimento é uma fonte incessante de verdadeira existência». (Visto que, segundo Platão, *todas as coisas vivas* têm alma, pode sustentar-se que ele admitia a presença nas coisas de

298 A SOCIEDADE ABERTA E OS SEUS INIMIGOS

um princípio formal, pelo menos em parte; um ponto de vista que está muito próximo do aristotelismo, especialmente em presença da crença primitiva e muito espalhada de que todas as coisas têm vida.) (Cf. também a nota 7 do capítulo 4.)

(9) É neste desenvolvimento do pensamento de Platão, um desenvolvimento cuja força motriz é a de explicar o mundo do movimento com a ajuda das Ideias, ou seja, tornar pelo menos compreensível a rutura entre o mundo da razão e o da opinião, mesmo que esta não possa ser transposta, que o *Sofista* parece desempenhar um papel decisivo. À parte dar lugar, como refere Cornford (*op. cit.*, 102), à pluralidade de Ideias, apresenta-as, numa argumentação contra a própria posição anterior de Platão (248a e ss.), *(a)* como causas ativas, que podem interagir, por exemplo, com a mente, *(b)* como imutáveis, apesar disso, embora haja agora uma ideia de movimento de que todas as coisas moventes participam e que nunca descansa, *(c)* como capazes de se misturarem umas com as outras. Introduz ainda o «não-ser», identificado no *Timeu* com o Espaço (cf. Cornford, *Plato's Theory of Knowledge*, 1935, nota a 247), e assim torna possível que as Ideias se misturem com ele (cf. também *Filolau*, fr. 2, 3, 5 Diels[5]) e produzam o mundo do devir com a sua característica posição intermédia entre o ser das Ideias e o não-ser do Espaço ou matéria.

(10) Em última análise, pretendo defender a alegação que faço no texto de que as Ideias não só estão fora do espaço como também fora do tempo, embora estejam em contacto com o mundo no princípio dos tempos. Isto torna mais fácil compreender, creio eu, como agem sem estar em movimento; pois todo o movimento ou fluxo está no espaço e no tempo. Platão, creio eu, parte do princípio de que o tempo tem um princípio. Penso que esta é a interpretação mais direta das *Leis*, 721c: «a raça do homem nasceu gémea do tempo», considerando os muitos indícios de que Platão acreditava que o homem fora criado como uma das primeiras criaturas. (Neste ponto, discordo ligeiramente de Cornford, *Plato's Cosmology*, 1937, p. 145 e pp. 26 ss.)

(11) Em suma, as Ideias são anteriores e melhores do que as suas cópias mutáveis e decadentes e não estão elas próprias em devir. (Ver também a nota 3 do capítulo 4).

([16]) Cf. a nota 4 deste capítulo.

NOTAS 299

(^{17}) (1) O papel dos deuses no *Timeu* é semelhante àquele que é descrito no texto. Tal como as ideias exterminam as coisas, assim também os deuses formam os *corpos* dos homens. Só a *alma* humana é criada pelo próprio Demiurgo, que também cria o mundo e os deuses. (Para outra alusão de que os deuses são patriarcas, ver *Leis*, 713c/d.) Os homens, os fracos, filhos degenerados dos deuses, estão sujeitos então a nova degeneração; cf. a nota 6 (7) deste capítulo e 37-41 do capítulo 5.

(2) Num passo interessante das *Leis* (681b; cf. também a nota 32 (1, a) do capítulo 4) encontramos outra alusão ao paralelismo entre a relação *ideia-coisas* e a relação *pais-filhos*. Neste passo, a origem da lei é explicada pela influência da tradição e mais especialmente pela transmissão de uma ordem rígida dos pais para os filhos; e é feita a seguinte observação: «E eles (os pais) assegurar-se-iam de incutir nos seus filhos e nos filhos dos seus filhos a sua própria mentalidade.»

(^{18}) Cf. a nota 49, especialmente (3), do capítulo 8.

(^{19}) Cf. *Timeu*, 31a. O termo, que traduzi livremente por «coisa superior que é o seu protótipo», é uma expressão frequentemente usada por Aristóteles com o sentido de «termo genérico» ou «universal». Significa uma «coisa que é geral» ou «que ultrapassa» ou «abrange»; e suspeito que originariamente significa «abrangendo» ou «cobrindo» no sentido em que um molde abrange ou cobre aquilo que molda.

(^{20}) Cf. *República*, 597c. Ver também 596a (e a segunda nota de Adam a 596a5): «Pois temos o hábito, como se lembrarão, de postular uma Forma ou Ideia – uma por cada grupo de muitas coisas específicas às quais aplicamos o mesmo nome.»

(^{21}) Há inúmeros passos em Platão; refiro-me apenas ao *Fédon* (por exemplo 79a), à *República*, 544a, ao *Teeteto* (152d/e), ao *Timeu* (28b/c, 29c/d, 51d *seq.*). Aristóteles menciona-o na *Metafísica*, 987a32; 999a25-999b10; 1010a6-15; 1078b15; ver também notas 23 e 25 deste capítulo.

(^{22}) Parménides ensinava, como diz Burnet (*Early Greek Philosophy*^{2}, 208), que «aquilo que é (...) é finito, esférico, imóvel,

300 | A SOCIEDADE ABERTA E OS SEUS INIMIGOS

corpóreo», ou seja, que o mundo é um globo perfeito, um todo sem quaisquer partes e que «não há nada para além dele». Estou a citar Burnet porque (*a*) a sua descrição é excelente e (*b*) destrói a sua própria interpretação (*E.G.P.*, 208-11) do que Parménides chama a «opinião dos mortais» (ou a Via da Opinião Enganadora). Pois Burnet descarta ali todas as interpretações de Aristóteles, Teofrasto, Simplício, Gomperz e Meyer como «anacronismos» ou «anacronismos palpáveis», etc. Ora, a interpretação descartada por Burnet é praticamente a mesma que aquela aqui proposta no texto; concretamente, que Parménides acreditava num mundo de realidade por trás deste mundo de aparência. Esse dualismo, que permitiria à descrição do mundo das aparências feita por Parménides arrogar-se pelo menos algum tipo de adequação, é descartado por Burnet como irremediavelmente anacrónico. Sugiro, todavia, que se Parménides acreditasse somente no seu mundo imóvel e não acreditasse de todo no mundo em mutação, então estaria realmente doido (como insinua Empédocles). Mas na realidade já em Xenófanes, fragmento 23-6, se confrontado com o fragmento 34 (em especial «mas todos podem ter as suas altas opiniões»), há indicação de um dualismo semelhante, de modo que dificilmente podemos falar de anacronismo. – Como é indicado na nota 15 (6-7), sigo a interpretação que Cornford faz de Parménides. (Ver também a nota 41 do capítulo 10.)

(²³) Cf. *Metafísica* de Aristóteles, 1078b23; a citação seguinte é: *op. cit.*, 1078b19.

(²⁴) Esta valiosa comparação deve-se a G. C. Field, *Plato and his Contemporaries*, 211.

(²⁵) A citação anterior é de Aristóteles, *Metafísica*, 1078b15; a seguinte, de *op. cit.* 987b7.

(²⁶) Na análise feita por Aristóteles (em *Metafísica*, 987a30- -b18) dos argumentos que conduziram à teoria das Ideias (cf. também a nota 56 (6) do capítulo 10) podemos distinguir os seguintes passos: (*a*) O devir de Heráclito, (*b*) a impossibilidade de um verdadeiro conhecimento das coisas em devir, (*c*) a influência das essências éticas de Sócrates, (*d*) as ideias como objeto do verdadeiro conhecimento, (*e*) a influência dos pitagóricos, (*f*) as «mate-

NOTAS | 301

máticas» como objetos intermédios . – (não mencionei (*e*) e (*f*) no texto, em vez dos quais mencionei (*g*) a influência de Parménides.)

Talvez valha a pena mostrar como estes passos podem ser identificados na própria obra de Platão, onde expõe a sua teoria, especialmente no *Fédon* e na *República*, no *Teeteto* e no *Sofista*, e no *Timeu*.

(1) No *Fédon* encontramos indicações de todos estes pontos até (*e*) inclusive. Em 65a-66a evidenciam-se os passos (*d*) e (*c*), com alusão a (*b*). Em 70e aparece a teoria de Heráclito, passo (*a*), combinado com um elemento de pitagorismo (*e*). Isto leva a 74a e ss. e a uma declaração do passo (*d*). 99-100 é uma abordagem a (*d*) através de (*c*), etc. Para (*a*) a (*d*) cf. também *Crátilo*, 439c e ss.

Na *República* é especialmente o Livro VI, claro, que corresponde mais estreitamente à descrição de Aristóteles. (*a*) No princípio do Livro VI, 485a/b (cf. 527a/b), é referido o devir de Heráclito (e posto em contraste com o mundo imutável das Formas). Platão fala aqui de «uma realidade que existe para todo o sempre e *está isenta de geração e degeneração*». (Cf. notas 2 (2) e 3 do capítulo 4 e a nota 33 do capítulo 8 e o texto.) Os passos (*b*), (*d*) e especialmente (*f*) desempenham um papel bastante óbvio no famoso Símile da Linha (*Rep.*, 509c-511e; cf. as notas de Adam e o seu apêndice I ao Livro VII); a influência ética de Sócrates, isto é, o passo (*c*) é referido em toda a *República*. Tem um papel importante no Símile da Linha e em especial imediatamente antes dele, isto é, em 508b/c e ss., onde o papel do bem é realçado; ver em particular 508b/c: «Isto é o que mantenho a respeito da descendência do bem. O que o bem concebeu à sua semelhança é, no mundo inteligível, o que está relacionado com a razão (e os seus objetos)) da mesma maneira que, no mundo visível» aquilo que procede do sol «está relacionado com com a vista (e os seus objetos).» O passo (*e*) está implícito em (*f*) mas mais amplamente desenvolvido no Livro VII, no seu famoso *Curriculum* (cf. especialmente 523a-527c), que se baseia em grande parte no Símile da Linha do Livro VI.

(2) No *Teeteto*, (*a*) e (*b*) são tratados extensamente; (*c*) é mencionado em 174b e 175c. No *Sofista*, todos os passos, incluindo (*g*), são mencionados, ficando apenas de fora (*e*) e (*f*); ver especialmente 247a (passo (*c*)); 249c (passo (*b*); 253d/e (passo (*d*)); No *Filebo*, encontramos indicações de todos os passos exceto talvez (*f*); os passos (*a*) a (*d*) são especialmente destacados em 59a-c.

302   A SOCIEDADE ABERTA E OS SEUS INIMIGOS

(3) No *Timeu*, todos os passos referidos por Aristóteles são indicados, com a possível exceção de (*c*), a que se alude apenas indiretamente na recapitulação introdutória do conteúdo da *República* e em 29d. O passo (*e*) é referido, por assim dizer, ao longo de todo o texto, dado que «Timeu» é um filósofo «ocidental» e muito influenciado pelo pitagorismo. Os outros passos ocorrem duas vezes de uma forma quase completamente paralela ao relato de Aristóteles; primeiro, brevemente, em 28a-29d e mais tarde, de maneira mais detalhada, em 48e-55c. Imediatamente depois (*a*), isto é, uma descrição heraclitiana (49a e ss.; cf. Cornford, *Plato's Cosmology*, 178) do mundo em devir, é apresentado (51c-e) o argumento (*b*) de que se tivermos razão em distinguir entre a razão (ou verdadeiro conhecimento) e a mera opinião, temos de admitir a existência de Formas imutáveis; estas são introduzidas a seguir (em 51f e *seq.*) de acordo com o passo (*d*). Depois volta o devir heraclitiano (como espaço a laborar), mas desta vez é *explicado*, como consequência do ato de geração). E como passo seguinte aparece (*f*), em 53c. (Suponho que as «linhas e planos e sólidos» mencionados por Aristóteles na *Metafísica*, 992b13, remetam para 53 ss.)

(4) Parece que este paralelismo entre o *Timeu* e o relato de Aristóteles não tem sido devidamente realçado até agora; pelo menos não é usado por G. C. Field na sua excelente e convincente análise do relato de Aristóteles (*Plato and his Contemporaries*, 202 ss.). Mas teria reforçado os argumentos de Field (argumentos que, todavia, pouco carecem de reforço visto que são praticamente definitivos) contra as opiniões de Burnet e Taylor de que a Teoria das Ideias é socrática (cf. nota 56 do capítulo 10). Pois em *Timeu*, Platão não põe esta teoria na boca de Sócrates, facto que segundo os princípios de Burnet e Taylor deveria provar que não era uma teoria de Sócrates. (Evitam esta inferência alegando que «Timeu» é um pitagórico e que desenvolve, não a filosofia de Platão, mas a sua própria. Mas Aristóteles conheceu Platão pessoalmente durante vinte anos e devia estar em condições de ajuizar estas questões; e escreveu a sua *Metafísica* numa época em que os membros da Academia podiam ter contestado a sua apresentação do platonismo.)

(5) Burnet escreve, em *Greek Philosophy*, 1, 155 (cf. também p. xliv da sua edição do *Fédon*, 1911), «a teoria das formas no sentido em que é sustentada no *Fédon* e na *República* está totalmente

NOTAS

ausente daqueles que podemos razoavelmente considerar os mais caracteristicamente platónicos dos seus diálogos, aqueles, nomeadamente, em que Sócrates já não é o orador principal. Nesse sentido, nunca é sequer mencionada em nenhum diálogo posterior ao *Parménides* (...) com a única exceção do *Timeu* (51c), em que o orador é um pitagórico.» Mas se é sustentada no *Timeu* no sentido em que é mantida na *República*, então certamente é assim sustentada no *Sofista*, 257d/e; e no *Político*, 269c/d; 286a; 297b/c e c/d; 301a e e; 302e; e 303b; e no *Filebo*, 15a e *seq.* e 59a-d; e nas *Leis*, 713b, 739d/e, 962c e *seq.*, 963 e ss. e, mais importante, 965c (cf. *Filebo*, 16d), 965d e 996a; ver também a nota seguinte. (Burnet acredita na autenticidade das *Cartas*, especialmente a *Sétima*; mas a Teoria das Ideias é sustentada ali em 342a e ss.; ver também nota 56 (5,d) do capítulo 10.)

(27) Cf. *Leis*, 895d-e. Não concordo com a nota de England (na sua edição das *Leis*, vol. II, 472) de que «a palavra 'essência' não nos vai ajudar». É verdade que se significássemos com «essência» alguma parte sensível importante da coisa sensível (que poderia talvez ser purificada e produzida por uma qualquer destilação), então «essência» seria enganadora. Mas a palavra «essencial» é amplamente usada de uma maneira que corresponde muito bem àquilo que queremos exprimir aqui; algo que se opõe ao aspeto empírico mutável ou acidental ou não importante da coisa, quer seja concebido como habitando essa coisa ou um mundo metafísico de Ideias.

Estou a usar o termo «essencialismo» por oposição a «nominalismo», de modo a evitar, e substituir, o termo tradicional enganador de «realismo», sempre que é oposto (não a «idealismo» mas) a «nominalismo». (Ver também a nota 26 ss. do capítulo 11, e texto, especialmente a nota 38.)

Sobre a aplicação por Platão do seu método essencialista, por exemplo, como referido no texto, à teoria da alma, ver *Leis*, 895e *seq.*, citado na nota 15 (8) deste capítulo e o capítulo 5, especialmente a nota 23. Ver também, por exemplo, *Ménon*, 86d/e e *Banquete*, 199c/d.

(28) Sobre a teoria da explicação causal, cf. o meu *The Logic of Scientific Discovery*, especialmente a secção 12, pp. 59 ss. Ver também a nota 6 do capítulo 25, abaixo.

304 | A SOCIEDADE ABERTA E OS SEUS INIMIGOS

(²⁹) A teoria da linguagem aqui referida é a da Semântica, tal como foi desenvolvida especialmente por A.Tarski e R. Carnap. Cf. Carnap, *Introduction to Semantics*, 1942 e a nota 23 do capítulo 8.

(³⁰) Foi K. Polanyi (em 1925) quem me esclareceu sobre a teoria de que enquanto as ciências físicas se devem basear no nominalismo metodológico, as ciências sociais devem adotar métodos essencialistas («realistas»); ele assinalou, na altura, que talvez se conseguisse uma reforma da metodologia das ciências sociais se se abandonasse esta teoria. – A teoria é defendida, em certa medida, pela maioria dos sociólogos, especialmente por J. S. Mill (por exemplo, *Logic*, VI, cap. VI, 2; ver também as suas formulações historicistas, p. ex. em VI, cap. X, 2, último parágrafo: «O problema fundamental (...) da ciência social é encontrar as leis segundo as quais qualquer estado da sociedade produz o estado que lhe sucede...»), K. Marx (ver abaixo), M. Weber (cf., por exemplo, as suas definições no início de *Metodische Grundlagen der Soziologie*, em *Wirtschaft und Gesellschaft*, I, e em *Ges. Aufsaetze zur Wissenschaftslehre*), G. Simmel, A. Vierkandt, R. M. MacIver, e muitos mais. – A expressão filosófica de todas estas tendências é a «Fenomenologia» de E. Husserl, uma revivescência sistemática do essencialismo metodológico de Platão e Aristóteles. (Ver também capítulo 11, especialmente a nota 44.)

O oposto, a atitude *nominalista* em sociologia, apenas pode ser desenvolvida, penso, como uma teoria tecnológica das *instituições* sociais.

Neste contexto, posso referir como segui o rasto do historicismo até Platão e Heráclito. Ao analisar o historicismo descobri que este precisa daquilo a que chamo agora essencialismo metodológico; ou seja, vi que os argumentos típicos em favor do essencialismo estão ligados ao historicismo (cf. o meu *The Poverty of Historicism*). Isto levou-me a considerar a história do essencialismo. Impressionou-me o paralelismo entre o relato de Aristóteles e a análise que eu originalmente fizera sem qualquer referência ao platonismo. Deste modo, lembrei-me do papel que tanto Platão como Heráclito tiveram nesta história.

(³¹) *Plato To-day* (1937), de R. H. S. Crossman, foi o primeiro livro (salvo o *Plato*, de G. Grote) onde encontrei uma interpreta-

NOTAS | 305

ção política de Platão que é em parte semelhante à minha. Ver também as notas 2-3 do capítulo 6 e texto. *Desde então verifiquei que vários autores exprimiram opiniões semelhantes sobre Platão. C. M. Bowra (*Ancient Greek Literature*, 1933) é talvez o primeiro; a sua crítica breve mas conscienciosa de Platão (pp. 186-90) é tão justa como penetrante. Os outros são W. Fite (*The Platonic Legend*, 1934); B. Farrington (*Science and Politics in the Ancient World*, 1939); A. D. Winspear (*The Genesis of Plato's Thought*, 1940); e H. Kelsen (*Platonic Justice*, 1933; agora em *What is Justice?*, 1957 e *Platonic Love*, em *The American Imago*, vol.3, 1942).*

NOTAS DO CAPÍTULO 4

(^{1}) Cf. *República*, 608e. Ver também a nota 2 (2) deste capítulo.

(^{2}) Nas *Leis*, a alma – «a mais antiga e divina de todas as coisas em movimento» (966e) – é descrita como «ponto de partida de todo o movimento» (895b). (1) Aristóteles contrasta a teoria de Platão com a sua, segundo a qual o que é «bom» não é o ponto de partida, antes o fim ou objetivo da mudança, visto que «bom» *significa* aquilo que se almeja – *a causa final da mudança*. Diz, portanto, dos platónicos, ou seja, «daqueles que acreditam em Formas», que eles concordam com Empédocles (falam «da mesma maneira» que Empédocles) na medida em que «não falam como se alguma coisa acontecesse *em nome destas*» (isto é, das coisas que são «boas») «mas como se todo o *movimento partisse delas*». E salienta que «bom» significa portanto para os platónicos, não «uma causa *qua* bom», ou seja, um objetivo, mas aquilo que «é apenas incidentalmente um bem». Cf. *Metafísica*, 988a35 e b8 ss. e 1075a, 34/35. Esta crítica soa como se Aristóteles tivesse perfilhado em dado momento opiniões semelhantes às de Espêusipo, que é de resto o que pensa Zeller; ver nota 11 do capítulo 11.

(2) No que se refere ao *movimento para a corrupção*, mencionado neste parágrafo do texto, e ao seu significado geral na filosofia platónica, temos de ter presente a oposição geral entre o mundo das coisas imutáveis ou Ideias, e o mundo das coisas sensíveis em devir. Platão exprime com frequência esta oposição como sendo entre o mundo das coisas imutáveis e o mundo das coisas

306 A SOCIEDADE ABERTA E OS SEUS INIMIGOS

corruptíveis, ou entre coisas *que não são geradas e aquelas* que são geradas e estão condenadas a *degenerar*, etc.; ver, por exemplo, *República*, 485a/b, citado na nota 26 (1) do capítulo 3 e no texto da nota 33 do capítulo 8; *República*, 506d-e; 527a/b; e *República*, 546a, citado no texto da nota 37 do capítulo 5: «Todas as coisas que foram geradas devem degenerar» (ou decair). Que este problema da *geração e corrupção* do mundo das coisas em devir era parte importante da tradição da Escola Platónica é indicado pelo facto de Aristóteles dedicar a esta questão um tratado separado. Outra indicação interessante é a maneira como Aristóteles falou sobre estas questões na introdução à sua *Política*, contida na *Ética a Nicómaco* (1181b/15): «Tentaremos (...) descobrir o que *preserva* ou *corrompe* as cidades...». Este passo é significativo não só como formulação geral do que Aristóteles considerava o principal problema da sua *Política*, mas também pela sua impressionante similitude com um passo importante das *Leis*, veja-se por exemplo 676a e 676b/c, citados *infra* no texto das notas 6 e 25 deste capítulo. (Ver também notas 1, 3 e 24/25 deste capítulo; ver nota 32 do capítulo 8 e o passo das *Leis* citado na nota 59 do capítulo 8.)

(³) Esta citação é do *Político*, 269d. (Ver também a nota 23 deste capítulo.) Para a hierarquia dos movimentos, ver *Leis*, 893c-895b. Para a teoria de que as coisas perfeitas («naturezas» divinas; cf. capítulo seguinte) apenas podem tornar-se menos perfeitas quando mudam, ver especialmente *República*, 380e-381c – em muitos aspetos (note-se os exemplos em 380e) um passo paralelo a *Leis*, 797d. As citações de Aristóteles são da *Metafísica*, 988b3 e de *De Gen. et Corr.* [*Da Geração e da Corrupção*] 335b14. As últimas quatro citações deste parágrafo são de Platão, em *Leis*, 904 *seq.* e 797d. Ver também a nota 24 deste capítulo e texto. (É possível interpretar a observação sobre os objetos malignos como mais uma alusão a uma evolução cíclica, como se discutiu na nota 6 do capítulo 2, isto é, uma alusão à crença de que a tendência da evolução se há de inverter e as coisas têm de começar a melhorar logo que o mundo chegue ao ponto mais baixo de malignidade.

* Visto que a minha interpretação da teoria platónica da mudança e dos passos das *Leis* tem sido questionada, desejo acrescentar mais algumas observações, especialmente sobre dois passos (1) *Leis*, 904c, *seq.* e (2) 797d.

NOTAS 307

(1) O passo *Leis* 904c, «o menos significativo é o declínio inicial no nível da sua posição» pode ser traduzido mais literalmente por «o menos significativo é o movimento inicial *descendente* no nível da sua posição». Parece-me certo, no contexto, que «*descendente* no nível da sua posição» é o que se pretende dizer e não «*quanto ao* nível da sua posição», como claramente também seria uma tradução possível. (As minhas razões são não apenas o contexto dramático, de 904a para baixo, mas também muito especialmente a série «*kata...kata...katō*» que, num passo que vai ganhando embalagem, deve influenciar o significado de, pelo menos, o segundo «*kata*». – No respeitante à palavra que traduzo por *nível*, admito que *possa* significar não só «plano» como também «superfície»; e a palavra que traduzo por «posição» *pode* significar «espaço»; no entanto, a tradução de Bury, «quanto mais pequena a mudança de caráter, menor é o movimento sobre a superfície no espaço» não me parece querer dizer grande coisa neste contexto.)

(2) A continuação deste passo (*Leis*, 798) é muito característica. Requer que «o legislador engendre por todos os meios ao seu alcance ('a bem ou a mal', como bem traduz Bury) um método que assegure ao seu Estado que a alma inteira de cada um dos seus cidadãos resista, pela reverência e pelo medo, a qualquer mudança de qualquer das coisas que desde sempre estão estabelecidas». (Platão inclui, explicitamente, coisas que outros legisladores consideram «meras questões lúdicas» – tais como, por exemplo, mudanças nas brincadeiras das crianças.)

(3) Em geral, o principal fundamento para a minha interpretação da teoria platónica da mudança – à parte muitos passos menores referidos nas várias notas deste capítulo e do anterior – encontra-se, claro, nos passos históricos ou evolucionistos de *todos* os diálogos que contêm tais passos, especialmente a *República* (o declínio e queda do Estado da sua Idade perfeita ou de Ouro nos Livros VIII e IX), o *Político* (a teoria da Idade de Ouro e seu declínio), as *Leis* (a história da patriarcado primitivo e da conquista dórica e a história do declínio e queda do império persa), o *Timeu* (a história da evolução por degeneração, que ocorre duas vezes, e a história da Idade de Ouro de Atenas, que é continuada no *Crítias*).

A isto deve acrescentar-se as frequentes referências de Platão a Hesíodo e o facto indiscutível de que a mente sintética de Platão não estava menos empenhada do que a de Empédocles (cujo período de conflito é o que vigora *agora*; cf. Aristóteles, *De Gen. et Corr.*, 334a, b) em conceber os assuntos humanos num contexto cósmico (*Político*, *Timeu*).

(4) Por último, posso talvez referir-me a considerações psicológicas de caráter geral. Por um lado, o medo da inovação (ilustrado por muitos passos das *Leis*, por exemplo 758c/d) e, por outro, a idealização do passado (tal como encontramos em Hesíodo ou na história do paraíso perdido) são fenómenos frequentes e impressionantes. Talvez não seja muito rebuscado associar este último, ou até ambos, à idealização da nossa infância – da nossa casa, dos nossos pais, e ao desejo nostálgico de voltar a esses tempos iniciais da nossa vida, à nossa origem. Há muitos passos em Platão em que ele dá por adquirido que o estado de coisas original, ou a natureza original, é um estado de bem-aventurança. Basta-me referir o discurso de Aristófanes no *Banquete*; dá-se ali por adquirido que o anseio e o sofrimento da paixão amorosa é suficientemente explicado se se mostrar que resulta desta nostalgia e, de igual modo, que os sentimentos de prazer sexual podem ser explicados como tratando-se da satisfação de uma nostalgia. Assim fala Platão de Eros (*Banquete*, 193d): «Restituir-nos-á à nossa natureza original (ver também 191d) e curar-nos-á e far-nos-á felizes e abençoados». O mesmo pensamento subjaz a muitas observações como esta do *Filebo* (16c): «Os homens de antanho (…) eram melhores do que nós agora somos, e (…) viviam mais perto dos deuses (...)». Tudo isto indica a visão de que o nosso estado infeliz e não abençoado é consequência do desenvolvimento que nos torna diferentes da nossa natureza original, a nossa Ideia, e indica além disso que a evolução é de um estado de bondade e bem-aventurança para um estado em que a bondade e a bem-aventurança se estão a perder; mas isto significa que o desenvolvimento é de corrupção crescente. A teoria platónica da *anamnesis* – a teoria de que todo o conhecimento é reconhecimento ou lembrança do conhecimento que tínhamos no nosso passado pré-natal faz parte da mesma visão; no passado está não só o que é bom, nobre, e belo, mas também toda a sabedoria. Mesmo a antiga mudança ou movimento é melhor do que o movimento secundário; pois nas *Leis* (895b) se diz que a alma é «*o ponto de partida* de todo o movimento, o primeiro a surgir nas coisas em repouso (…) o mais antigo e potente movimento» e (966c) «a mais antiga e divina de todas as coisas» (Cf. nota 15(8) do capítulo 3)

NOTAS   309

Como se assinalou antes (cf. especialmente nota 6 do capítulo 3), a doutrina de uma tendência histórica e cósmica para a decadência parece estar combinada, em Platão, com a doutrina de um ciclo histórico e cósmico. (O período de decadência é, provavelmente, uma parte deste ciclo.)*

(⁴) Cf. *Timeu*, 91d-92b/c. Ver também nota 6 (7) do capítulo 3 e nota 11 do capítulo 11.

(⁵) Ver o princípio do capítulo 2, acima, e a nota 6 (1) do capítulo 3. Não é mero acaso que Platão mencione a história dos «metais» de Hesíodo quando fala da sua própria teoria da decadência histórica (*Rep.*, 546e/547a, em especial as notas 39 e 40 do capítulo 5); deseja claramente indicar como a sua teoria se ajusta bem à de Hesíodo, e a explica.

(⁶) A parte histórica das *Leis* está nos Livros III e IV (ver nota 6 (5) e (8) do capítulo 3). As duas citações do texto são do princípio desta parte, ou seja *Leis*, 676a. Para os passos paralelos mencionados, ver *República*, 369b, ss. («O nascimento de uma cidade...») e 545d («Como será mudada a nossa cidade...»).

Diz-se muitas vezes que as *Leis* (e o *Político*) são menos hostis para com a democracia do que a *República* e temos de admitir que o tom geral de Platão é de facto menos hostil (isto deve-se talvez à crescente força intrínseca da democracia; ver capítulo 10 e o princípio do capítulo 11). Mas a única concessão prática à democracia nas *Leis* é que os funcionários políticos devem ser eleitos, pelos membros da classe dirigente (isto é, militar); e dado que todas as alterações importantes das leis do Estado são de qualquer modo proibidas (cf., por exemplo, as citações da nota 3 deste capítulo), isto não significa grande coisa. A tendência fundamental continua a ser pró-espartana e esta tendência era compatível, como se pode ver na *Política* de Aristóteles, 11, 6, 17 (1265b), com uma chamada constituição «mista». Na verdade, nas *Leis*, Platão, é – quando muito – ainda mais hostil ao espírito da democracia, isto é, à ideia de liberdade do indivíduo, do que na *República*; cf. especialmente o texto das notas 32 e 33 do capítulo 6 (isto é, *Leis*, 739c e ss. e 942a, *seq.*) e das notas 19-22 do capítulo 8 (isto é, *Leis*, 903c-909a). – Ver também a nota seguinte.

(⁷) Parece provável que tenha sido em grande parte esta dificuldade para explicar a primeira mudança (ou a Queda do Homem) que levou Platão a transformar a sua teoria das Ideias, como se refere na nota 15 (8) do capítulo 3; ou seja, transformar as Ideias em causas e poderes ativos, capazes de se misturarem com algumas das outras Ideias (cf. *Sofista*, 252e e ss.) e de rejeitar as restantes (*Sofista*, 223c) e assim transformá-las numa coisa parecida com deuses, por oposição à *República*, que (cf. 380d) petrifica até os deuses em seres parmenidianos que não se movem nem são movidos. Um ponto de viragem importante é, ao que parece, o *Sofista*, 248e-249c (note-se especialmente que, aqui, a Ideia de movimento não está em repouso). A transformação parece resolver ao mesmo tempo a dificuldade do chamado «terceiro homem»; pois se as Formas são, como no *Timeu*, pais, então não é necessário um «terceiro homem» para explicar a sua semelhança com a sua descendência.

Quanto à relação da *República* com o *Político* e as *Leis*, penso que a tentativa de Platão nestes dois últimos diálogos para fazer retroceder a origem da sociedade humana para cada vez mais longe no tempo está do mesmo modo ligada à dificuldade intrínseca ao problema da primeira mudança. Que é difícil conceber que uma mudança se dê numa cidade perfeita é claramente afirmado na *República*, 546a; a tentativa de Platão na *República* para o resolver será discutida no próximo capítulo (cf. texto das notas 37-40 do capítulo 5). No *Político*, Platão adota a teoria de uma catástrofe cósmica que conduz à mudança do semicírculo (empedocliano) do amor ao presente período, o semicírculo da discórdia. Esta ideia parece ter sido abandonada no *Timeu*, para ser substituída por uma teoria (mantida nas *Leis*) de catástrofes mais limitadas, como as cheias, que podem destruir civilizações, mas pelos vistos não alteram o curso do universo. (É possível que esta solução do problema tenha sido sugerida a Platão pelo facto de em 373-372 a.C. a antiga cidade de Helice ter sido destruída por um terramoto e uma cheia.) A forma mais antiga de sociedade, que na *República* está apenas à distância de um só passo do ainda existente Estado espartano, é remetida para um passado mais e mais distante. Embora Platão continue a crer que esse primeiro estabelecimento deve ser a melhor das cidades, agora discute sociedades que ainda lhe são anteriores, isto é, sociedades nómadas, «pastores das montanhas». (Cf. especialmente a nota 32 deste capítulo).

NOTAS 311

(^{8}) A citação é do *Manifesto Comunista* de Marx-Engels; cf. *A Handbook of Marxism* (organizado por E. Burns, 1935), 22.

(^{9}) A citação é dos comentários de Adam sobre o Livro VIII da *República*; ver a sua edição, vol. II, 198, nota a 544a3.

(^{10}) Cf. *República*, 544c.

(^{11}) (1) Em contraste com a minha asserção de que Platão, como muitos sociólogos modernos a partir de Comte, tenta esboçar os estádios típicos da evolução social, a maior parte dos críticos toma a história de Platão como mera representação um tanto dramática de uma classificação puramente lógica das constituições. Mas isto não só contradiz Platão (cf. a nota de Adam a *República*, 544c19, *op. cit.*, vol. II, 199), como vai também contra todo o espírito da lógica de Platão, segundo a qual a essência de uma coisa deve ser compreendida pela sua natureza original, isto é, pela sua origem histórica. E não devemos esquecer que ele usa a mesma palavra, «genus», para significar uma classe em sentido lógico, e uma raça em sentido biológico. O «genus» lógico é ainda idêntico à «raça», no sentido de «descendência do mesmo pai». (Com isto, cf. notas 15-20 do capítulo 3 e texto, bem como as notas 23-24 do capítulo 5, e texto, onde se discute a equação *natureza = origem = raça*.) Por conseguinte, há todas as razões para tomar o que Platão diz à letra; pois mesmo que Adam tivesse razão quando diz (*loc. cit.*) que Platão pretende dar uma «ordem lógica», esta ordem seria ao mesmo tempo para ele a de uma evolução histórica típica. A observação de Adam (*loc. cit.*) de que essa ordem «é determinada primacialmente por considerações psicológicas e não históricas» vira-se, creio, contra ele. Pois ele próprio assinala (por exemplo, *op. cit.*, vol II, 195, nota a 543a ss.) que Platão «mantém sempre (...) a analogia entre a Alma e a Cidade». Segundo a teoria política da alma de Platão (que discutiremos no próximo capítulo), a história psicológica tem de correr a par da história social, e a alegada oposição entre considerações psicológicas e históricas desaparece, tornando-se mais um argumento a favor da nossa interpretação.

(2) Poderia dar-se exatamente a mesma resposta se alguém quisesse argumentar que a ordem platónica da constituição não é fundamentalmente histórica, mas ética; pois a ordem ética

312 | A SOCIEDADE ABERTA E OS SEUS INIMIGOS

(e a estética também) é, na filosofia de Platão, indestrinçável da ordem histórica. Em relação a isto pode observar-se que esta visão historicista fornece a Platão um base teórica para o eudemonismo de Sócrates, isto é, para a teoria de que bem e felicidade são idênticos. Esta teoria é desenvolvida na *República* (cf. especialmente 580b), na forma da doutrina de que bondade e felicidade, maldade e infelicidade são proporcionais; e assim devem ser, se o grau da bondade, como da felicidade, de um homem há de ser medido pelo grau em que se parece com a nossa ditosa natureza original – a ideia perfeita de homem. (O facto de a teoria de Platão conduzir, neste ponto, à justificação teórica de uma doutrina socrática aparentemente paradoxal pode muito bem ter ajudado Platão a convencer-se de que estava apenas a expor o verdadeiro credo de Sócrates; ver texto das notas 56-57 do capítulo 10.)

(3) Rousseau retoma a classificação platónica das instituições (*Contrato Social*, Livro II, cap. VII, Livro III, cap. III ss., cf. também cap. X). Parece, no entanto, que não foi diretamente influenciado por Platão quando recuperou a Ideia platónica de uma sociedade primitiva (cf., no entanto, as notas 1 do cap. 6 e 14 do cap. 9); mas um produto direto do Renascimento platónico em Itália foi a muito influente *Arcadia*, de Sanazzaro, ao recuperar a ideia de Platão de uma ditosa sociedade primitiva de pastores montanheses gregos (dórios). (Para esta ideia de Platão, cf. texto da nota 32 deste capítulo.) Assim, o *Romantismo* (cf. também o capítulo 9) é sem dúvida historicamente um descendente do platonismo.

(4) Até que ponto o historicismo moderno de Comte e Mill, e de Hegel e Marx é influenciado pelo historicismo deísta da *Nova Ciência* de Giambattista Vico (1725), é muito difícil de dizer: o próprio Vico foi indubitavelmente influenciado por Platão, bem como pelo *De Civitate Dei* [*A Cidade de Deus*] de Santo Agostinho e pelos *Discorsi [sopra la prima deca di Tito Livio, 1513-1522]*, de Maquiavel. Como Platão (cf. cap. 5), Vico identificava a «natureza» das coisas com a sua «origem» (cf. *Opere*, segunda edição de Ferrari, 1852-4, vol. V, p. 99); e acreditava que todas as nações têm de atravessar o mesmo curso de evolução, segundo uma lei universal. As suas «nações» (como as de Hegel) podem assim ser consideradas um dos elos entre as «Cidades» de Platão e as «Civilizações» de Toynbee.

NOTAS

313

(^{12}) Cf. *República*, 549c/d, as citações seguintes são *op. cit.* 550d-e e, depois, *op. cit.*, 551a/b.

(^{13}) Cf. *op. cit.* 556e. (Este passo deve ser comparado com Tucídides, III, 82-4, citado no capítulo 10, texto da nota 12.) A citação seguinte é de *op. cit.*, 557a.

(^{14}) Para o programa democrático de Péricles, ver texto nota 31, capítulo 10, nota 17 do capítulo 6 e nota 34 do capítulo 10.

(^{15}) Adam, na sua edição de *The Republic of Plato*, vol. II, 240, nota a 559d22. (O itálico na segunda citação é meu.) Adam reconhece que «o retrato é sem dúvida um tanto exagerado»; mas deixa poucas dúvidas de que pensa que, fundamentalmente, é verdadeiro para «todos os tempos».

(^{16}) Adam, *loc. cit.*

(^{17}) Esta citação é da *República*, 560d (para esta citação e para a seguinte, cf. a tradução de Lindsay); é significativo que Platão apele aqui à instituição da propriedade privada, severamente atacada noutras partes da *República*, como se fosse um princípio de justiça incontestado. Parece que quando a propriedade comprada é um escravo já se justifica a invocação do direito legal do comprador.

Outra acusação à democracia é a de que «espezinha» o princípio educativo de que «ninguém pode vir a ser um homem bom se os seus primeiros anos não foram dedicados a jogos nobres». (*Rep.*, 558b; ver a tradução de Lindsay; cf. nota 68 do capítulo 10.) Ver também os ataques ao igualitarismo citados na nota 14 do capítulo 6.

* Para a atitude de Sócrates em relação aos seus jovens companheiros, ver a maioria dos primeiros diálogos, mas também o *Fédon*, onde se descreve «a maneira agradável, amável e respeitosa como [Sócrates] ouvia as críticas do jovem». Para a atitude contrastante de Platão, ver texto das notas 19-21 do capítulo 7; ver também as excelentes lições de H. Cherniss, *The Riddle of the Early Academy* (1945), especialmente pp. 70 e 79 (sobre *Parménides* 135c-s) e cf. notas 18-21 do capítulo 7 e o texto.*

314   A SOCIEDADE ABERTA E OS SEUS INIMIGOS

([18]) A escravatura (ver nota precedente) e o movimento anti-esclavagista ateniense serão mais amplamente discutidos nos capítulos 5 (nota 13 e texto), 10 e 11; ver também a nota 29 do presente capítulo. Como Platão, Aristóteles (na *Política*, por exemplo, 1313b11, 1319b20; e na sua *Constituição de Atenas*, 59, 5) testemunha a liberalidade de Atenas em relação aos escravos; e assim também o Pseudo-Xenofonte (cf. a sua *Const. de At.*, I, 10 *seq.*)

([19]) Cf. *República*, 577a, *seq.*; ver as notas de Adam a 577a5 e b12 (*op. cit.*, vol. II, 332 *seq.*). Ver também a Adenda III (Resposta a um crítico), especialmente pp. 255 *seq.*

([20]) *República*, 566e; cf. nota 63 do capítulo 10.

([21]) Cf. *Político*, 301c/d. Embora Platão distinga seis tipos de Estados envilecidos, não introduz quaisquer termos novos; os nomes «monarquia» (ou «reino») e «aristocracia» são usados na *República* (445d) a respeito do próprio Estado melhor e não das formas relativamente melhores dos Estados envilecidos, como no *Político*.

([22]) Cf. *República*, 544d.

([23]) Cf. *Político*, 297c/d: «Se o governo a que me referi é o único verdadeiro e original, então os outros» (que são «meras cópias deste»; cf. 297b/c) «devem usar as suas leis e escrevê-las; é a única maneira em que podem ser preservados» (Cf. nota 3 deste capítulo e a nota 18 do capítulo 7.) «E qualquer violação das leis devia ser punida com a morte e os mais severos castigos; e isto é muito justo e bom, embora, claro, apenas uma segunda melhor escolha.» (Sobre a origem das leis, cf. nota 32 (1, a) deste capítulo e a nota 17 (2) do capítulo 3.) E em 300e/301a e *seq.* lemos: «O modo de estas formas inferiores de governo mais se aproximarem do verdadeiro governo (…) é seguirem estas leis e costumes escritos (…). Quando os ricos governam e imitam a verdadeira Forma, chama-se então ao governo aristocracia; e quando não respeitam as (antigas) leis, oligarquia», etc. Importa notar que o critério da classificação não é o da legalidade ou ilegalidade em abstrato mas o da preservação das antigas instituições do Estado original ou perfeito. (Isto contrasta com a *Política*, 192a, de Aristó-

NOTAS | 315

teles, em que a principal distinção é se «a *lei* é suprema» ou não, ou se o é, por exemplo, a *multidão*.)

(²⁴) O passo das *Leis*, 709e-714a, contém várias alusões ao *Político*, como por exemplo 710d-e, que introduz, seguindo Heródoto III, 80-82, o *número de governantes* como princípio de classificação; a enumeração das formas de governo em 712c e d; e 713b e ss., isto é, o mito do Estado perfeito do tempo de Cronos, «dos quais os melhores dos nossos atuais Estados são imitações». Perante estas alusões, tenho poucas dúvidas de que Platão entendia a sua teoria da adequação da tirania às experiências utópicas como uma espécie de continuação da história do *Político* (e também, assim, da *República*). – As citações deste parágrafo são das *Leis*, 709e e 710c/d; «a observação das *Leis* citada acima» é 797d, citada no texto da nota 3, neste capítulo. (Concordo com a nota de E. B. England a este passo na sua edição de *The Laws of Plato*, 1921, vol. II, 258, de que o princípio de Platão é o de que «*a mudança é prejudicial* para o poder (...) seja do que for», e portanto também para o poder do mal; mas não concordo com ele «que a mudança *do* mau», para o bom, por exemplo, seja demasiado evidente para ser referida como exceção; *não* é evidente do ponto de vista da doutrina de Platão da natureza perniciosa da mudança. Ver também a nota seguinte.)

(²⁵) Cf. *Leis*, 676b/c (cf. 676a citado no texto da nota 6). A despeito da doutrina de Platão de que «a mudança é prejudicial» (cf. o fim da nota precedente), E. B. England interpreta estes passos sobre mudança e revolução atribuindo-lhes um sentido otimista ou progressista. Sugere que o objetivo da indagação de Platão é aquilo «a que poderíamos chamar 'o segredo da vitalidade política'» (Cf. *op. cit.* vol. I, 344.) E interpreta este passo sobre a busca da verdadeira causa da mudança (prejudicial) como tratando-se de uma busca «da causa e natureza da *verdadeira evolução* do Estado, ou seja do seu *progresso para a perfeição*». (O itálico é dele; cf. vol. I, 345.) Esta interpretação não pode estar correta, pois o passo em questão é uma introdução à história do declínio político; mas mostra quanto a tendência para idealizar Platão e o apresentar como um progressista cega mesmo um tão excelente crítico para aquilo que ele próprio verificou, nomeadamente que Platão acreditava que a mudança era nociva.

316 | A SOCIEDADE ABERTA E OS SEUS INIMIGOS

(²⁶) Cf. *República*, 545d (ver também o passo paralelo 465b). A citação seguinte é das *Leis*, 683e. (Adam, na sua edição da *República*, vol. II,203, nota a 545d21, refere-se a este passo das *Leis*.) England, na sua edição das *Leis*, 360 *seq.*, nota a 683e5, menciona *República*, 609a, mas não 545d nem 465b, e supõe que a referência é «a uma discussão *anterior* ou registada num diálogo perdido». Não vejo porque não havia Platão de estar a aludir à *República* usando a ficção de que alguns dos seus tópicos já haviam sido discutidos pelos presentes interlocutores. Como diz Cornford, no grupo dos últimos diálogos de Platão «não há qualquer motivo para manter a ilusão de que as conversas realmente aconteceram»; e também tem razão quando diz que Platão «não era escravo das suas próprias ficções». (Cf. Cornford, *Plato's Cosmology*, pp. 5 e 4.) A lei das revoluções de Platão foi redescoberta, sem referência a Platão, por V. Pareto; cf. o seu *Tratado de Sociologia Geral* (*Treatise on General Sociology*, §§ 2054, 2057, 2058. (No fim do § 2055, também há uma teoria sobre a paragem da história.) Rousseau também redescobriu esta lei (*Contrato Social*, Livro III, cap. X.)

(²⁷) (1) Talvez valha a pena observar que os traços intencionalmente não históricos do melhor Estado, especialmente o governo dos filósofos, não são mencionados por Platão no sumário que encabeça o *Timeu* e que no Livro VIII da *República* ele presume que os governantes do melhor Estado não são versados no misticismo númérico dos pitagóricos; cf. *República* 546c/d, onde se diz que os governantes desconhecem estas matérias. (Cf. também a observação de *Rep.* 543d/544a, segundo a qual o melhor Estado do Livro VIII ainda pode ser superado, nomeadamente, como diz Adam, pela cidade dos Livros V-VII – a cidade ideal dos céus.)

No seu livro *Plato's Cosmology*, pp. 6 e ss., Cornford reconstitui os contornos e conteúdos da trilogia inacabada de Platão, *Timeu* – *Crítias*. – *Hermocrates*, e mostra a relação que têm com as partes históricas das *Leis* (Livro III). Esta reconstituição é, na minha opinião, um valiosa corroboração da minha teoria de que a visão do mundo de Platão era fundamentalmente histórica e que o seu interesse em «como era gerado» (e como degenera) está ligado à sua teoria das Ideias e, até, de facto, é a sua base. Mas se realmente assim é, não há então qualquer razão para presumirmos que os últimos livros da *República* «partiram da questão de como ela» (isto é, a cidade) «podia realizar-se no *futuro* e esquematizaram

NOTAS 317

o seu possível declínio através das formas inferiores de política»
(Cornford, *op. cit.*, 6; itálico meu); em vez disso, devíamos considerar os Livros VIII e IX da *República*, por causa do seu estreito
paralelismo com o Livro III das Leis, como um esboço histórico
simplificado do verdadeiro declínio da cidade ideal do *passado*
e como explicação da origem dos Estados existentes, análogo à
tarefa mais importante que Platão se atribuíra no *Timeu*, na trilogia inacabada e nas *Leis*.

(2) Em relação à minha observação, mais adiante neste parágrafo, de que Platão «certamente sabia que não tinha os elementos necessários», ver por exemplo *Leis*, 683d e a nota de England
a 683d2.

(3) À minha observação, mais à frente neste mesmo parágrafo,
de que Platão reconheceu nas sociedades de Creta e Esparta formas petrificadas ou *paradas* (e à observação no parágrafo seguinte
de que o melhor Estado de Platão nao é apenas um Estado de
classe mas um *Estado de castas*) pode acrescentar-se o seguinte
(Cf. também a nota 20 deste capítulo e a 24 do capítulo 10.)

Em *Leis*, 797d (na introdução à «afirmação importante», como
lhe chama England, citada no texto da nota 3 deste capítulo),
Platão torna perfeitamente claro que os seus interlocutores estão
cientes do caráter «parado» das suas instituições sociais; Clénias,
o interlocutor cretense, sublinha que está ansioso por ouvir qualquer defesa do caráter arcaico de um Estado. Um pouco adiante
(799a), e no mesmo contexto, é feita uma referência direta ao
método egípcio de parar o desenvolvimento das instituições; o
que é seguramente uma clara indicação de que Platão reconhecia
em Creta e Esparta uma tendência paralela à do Egito, nomeadamente a paragem de qualquer mudança social.

Neste contexto parece importante um passo do *Timeu* (ver
especialmente 24a-b) em que Platão tenta mostrar que (*a*) uma
divisão de classes muito parecida com a da *República* fora estabelecida em Atenas em tempos muito remotos do seu desenvolvimento pré-histórico, e (*b*) estas instituições tinham um parentesco
muito próximo com o sistema de castas do Egito (cujas instituições de casta paradas no tempo ele presume que derivaram das
do seu antigo Estado ateniense). Assim, o próprio Platão reconhece implicitamente que o seu antigo e perfeito Estado ideal da
República é um Estado de castas. É interessante que Crantor, primeiro comentador do *Timeu*, nos diga, duas gerações apenas após

318 | A SOCIEDADE ABERTA E OS SEUS INIMIGOS

Platão, que este fora acusado de abandonar a tradição ateniense e de se ter tornado um discípulo dos egípcios. (Cf. Gomperz, *Greek Thinkers*, ed. alemã, II, 476.) Crantor alude talvez a *Busiris*, 8, de Isócrates, citado na nota 3 do capítulo 13.

Quanto ao problema das castas na *República*, ver ainda as notas 31 e 32 (I, d) deste capítulo, a nota 40 do capítulo 6 e as notas 11-14 do capítulo 8. A. E. Taylor, *Plato: The Man and His Work*, p. 269 e *seq.*, rejeita veementemente a opinião de que Platão era favorável a um Estado de castas.

([28]) Cf *República*, 416a. O problema é tratado em mais detalhe neste capítulo, texto da nota 35. (Para o problema das castas, mencionado no parágrafo seguinte, ver notas 27 (3) e 31 deste capítulo.)

([29]) Quanto ao conselho de Platão contra legislar para o povo comum com as suas «baixas querelas de feira», etc., ver *República*, 425b-427a/b; especialmente 425d-e e 427a. Estes passos, bem entendido, atacam a democracia ateniense e toda a legislação «avulsa» no sentido do capítulo 9. *Que isto é assim, também o percebe Cornford, *The Republic of Plato* (1941), pois escreve, numa nota ao passo de Platão em que ele recomenda a engenharia utópica (é da *República* 500d *seq.*, a recomendação da «limpeza da estrutura» e do radicalismo romântico; cf, nota 12 do capítulo 9 e texto): «Compare-se com a sátira dos remendos avulsos de reforma em 425e (...)». Cornford não parece apreciar as reformas avulsas e parece preferir os métodos de Platão, mas a sua interpretação das intenções de Platão e a minha parecem coincidir. *As quatro citações que se seguem mais abaixo neste parágrafo são da *República*, 317d/e, 463a-b («apoiantes» e «chefes»), 549a e 471b/c. Adam comenta (*op. cit.*, vol. I, 97, nota a 371e32): «Platão não admite o trabalho escravo na sua cidade, a não ser, talvez, na pessoa dos bárbaros.» Concordo que Platão, na *República* (469b-470c), é contra a escravização dos prisioneiros de guerra gregos, mas depois (em 471b-c) encoraja a escravização dos bárbaros pelos gregos e em especial pelos cidadãos da sua cidade melhor. (Esta parece ser também a opinião de Tarn; cf. nota 13(2) do capítulo 15.) E Platão atacou violentamente o movimento ateniense contra a escravatura e insistiu nos direitos legais do proprietário quando a propriedade fosse um escravo (cf. texto das notas 17 e 18 deste capítulo). Como

NOTAS   319

também mostra a terceira das citações (da *Rep.*, 548e/549a) no parágrafo a que está apensa esta nota, não aboliu a escravatura na sua cidade melhor. (Ver também *Rep.*, 590c/d), em que defende a exigência de que todos os boçais e ordinários deveriam ser escravos do homem melhor.) A. E. Taylor está portanto enganado quando, por duas vezes, assevera (no seu *Plato*, 1908 e 1914, pp. 197 e 118) que Platão indica «que não há uma classe de escravos na comunidade». Para opiniões semelhantes em *Plato: The Man and His Work* (1926) de Taylor, cf. fim da nota 27 deste capítulo.

O tratamento dado por Platão à escravatura no *Político* lança muita luz, acho eu, sobre a sua atitude na *República*. Pois também aqui não fala muito sobre escravos, embora assuma claramente que há escravos no seu Estado. (Veja-se a sua observação característica, 289b/c, de que «toda a propriedade de animais domesticados, exceto os escravos» já foi tratada, e a observação igualmente característica, 309a, de que a verdadeira arte de reinar «faz escravos daqueles que chafurdam na ignorância e numa submissão abjeta». A razão pela qual Platão não diz muito sobre os escravos resulta claramente de 289c, ss., especialmente 289d/e. Para ele não existe grande diferença entre «escravos e outros servos», tais como trabalhadores, artesões, mercadores (isto é, todas as pessoas «utilitárias» que ganham dinheiro, cf. nota 4 do capítulo 11); os escravos distinguem-se dos outros meramente como «servos adquiridos por compra». Por outras palavras, ele está tão acima da gente de baixa extração que quase não vale a pena preocupar-se com diferenças tão subtis. Tudo isto é muito parecido com a *República*, apenas um pouco mais explícito. (Ver também a nota 57(2) do capítulo 8.)

Para o tratamento da escravatura por Platão nas *Leis*, ver especialmente G. R. Morrow, «Plato and Greek Slavery» (*Mind*, N.S., vol. 48, 186-201; ver também p. 402), um artigo que dá uma perspetiva excelente e crítica sobre o assunto e chega a uma conclusão muito justa, embora o autor, na minha opinião, ainda seja um tudo nada parcial em favor de Platão. (O artigo talvez não sublinhe suficientemente o facto de que no tempo de Platão estava em curso já avançado um movimento antiesclavagista; cf. nota 13 do capítulo 5.)

([30]) Esta citação é do sumário da *República* que Platão inclui no *Timeu* (18c/d). – Com a observação a respeito da pouca novi-

320 | A SOCIEDADE ABERTA E OS SEUS INIMIGOS

dade da comunidade sugerida de mulheres e crianças, compare--se a edição de *The Republic of Plato* de Adam, vol. I, p. 292 (nota a 457b e ss.) e p. 308 (nota a 463c17), bem como as pp. 345-55, esp. 354; com o elemento pitagórico do comunismo de Platão, cf. *op. cit.*, p. 199, nota a 416d22. (Quanto aos metais preciosos, ver nota 24 do capítulo 10. Quanto às refeições em comum, ver nota 34 do capítulo 6; e quanto ao princípio comunista em Platão e nos seus sucessores, nota 29 (2) do capítulo 5 e os passos ali mencionados.)

([31]) O passo citado é da *República*, 434b/c. Platão hesita por muito tempo em reclamar um Estado de castas. Isto está muito à parte do «longo prefácio» ao passo em questão (que será discutido no capítulo 6; cf. notas 24 e 40 desse capítulo); pois quando pela primeira vez fala nestes assuntos, em 415a, ss., fala como se a ascensão das classes mais baixas para as mais altas fosse permissível, desde que nas classes mais baixas «as crianças nascessem com uma mescla de ouro e prata» (415c), isto é, sangue e virtude das classes mais altas. Mas em 434b-d, e ainda mais claramente em 547a, esta permissão é, de facto, retirada; e em 547a qualquer mistura é declarada uma impureza que há de ser fatal para o Estado. Ver também o texto das notas 11-14 do capítulo 8 (e a nota 27(3) do presente capítulo.)

([32]) Cf. o *Político*, 271e. Os passos das *Leis* sobre os pastores nómadas primitivos e os seus patriarcas são 677e-680e. O passo citado é *Leis*, 680e. O passo citado a seguir é do Mito dos Nascidos da Terra, *República*, 415d/e. A citação que encerra o parágrafo é da *República*, 440d. – Pode ser necessário acrescentar alguns comentários a certas observações do parágrafo a que pertence esta nota.

(1) Diz-se no texto que não é muito bem explicado como se procedeu à «colonização». Tanto nas *Leis* como na *República* começamos por ouvir falar (ver *(a)* e *(c)* abaixo) de uma espécie de acordo ou contrato social (quanto ao contrato social, cf. nota 29 do capítulo 5 e notas 43-54 do capítulo 6, e texto) e mais tarde (ver *(b)* e *(c)* abaixo) de uma subjugação pela força.

(a) Nas *Leis*, as várias tribos de pastores montanheses estabelecem-se nas planícies depois de se terem unido para formar bandos guerreiros maiores, a cujas leis se chega por acordo ou contrato, feito por árbitros investidos de poderes reais (681b e c/d;

NOTAS 321

quanto à origem das leis descrita em 681b, cf. nota 17 (2) do capítulo 3). Mas Platão torna-se agora evasivo. Em vez de descrever como esses bandos se instalaram na Grécia e como foram fundadas as cidades gregas, Platão passa para a história da fundação de Troia narrada por Homero e para a guerra de Troia. Dali, diz Platão, regressaram os aqueus com o nome de dórios e «o resto da história (...) é parte da história lacedemónica» (682e), «pois chegámos à instalação da Lacedemónia» (682e/683a). Até aqui nada ouvimos sobre o modo da colonização e segue-se logo uma outra digressão (o próprio Platão fala do «tortuoso caminho do argumento») até finalmente obtermos (em 683c/d) a «sugestão» referida no texto; ver *(b)*.

(b) A afirmação no texto de que há a sugestão de que a «colonização» dória do Peloponeso foi de facto uma subjugação violenta refere-se às *Leis* (683c/d), onde Platão introduz aquelas que são de facto as suas primeiras observações sobre Esparta. Diz que começa no tempo em que todo o Peloponeso foi «praticamente subjugado» pelos dórios. No *Menexeno* (cuja autenticidade dificilmente pode ser posta em dúvida; cf. nota 35 do capítulo 10) há em 245c uma alusão ao facto de os habitantes do Peloponeso serem «imigrantes de fora» (como diz Grote: cf. o seu *Plato*, III, p. 5).

(c) Na *República* (369b) a cidade é fundada por operários tendo em vista as vantagens da divisão do trabalho e da cooperação, de acordo com a teoria do contrato.

(d) Mas depois (em *Rep.*, 415d/e; ver a citação no texto deste parágrafo) temos a descrição da invasão triunfante de uma classe guerreira de origem um tanto misteriosa – os «nascidos da terra». O passo decisivo desta descrição afirma que os nascidos da terra têm de olhar em volta para encontrar o lugar para acampar mais adequado (literalmente) «para manter sumetidos os que estão lá», isto é, para manter submetidos os que já viviam na cidade, isto é, *para manter submetidos os habitantes.*

(e) No *Político* (217a, *seq.*) estes «nascidos da terra» são identificados como os mais antigos pastores montanheses primitivos do período anterior à colonização. Cf. também a alusão aos gafanhotos autóctones no *Banquete*, 19b; cf. nota 6 (4) do capítulo 3 e 11 (2) do capítulo 8.

(f) Em suma, parece que Platão tinha uma ideia bastante clara sobre a conquista dória mas preferiu, por razões óbvias, envolvê-la

322 | A SOCIEDADE ABERTA E OS SEUS INIMIGOS

em mistério. Parece também que existia a tradição de as hordas invasoras serem de ascendência nómada.

(2) Com a observação mais à frente no texto deste parágrafo a respeito da «ênfase contínua» de Platão em que *governar é pastorear*, cf., por exemplo, os seguintes passos: *República*, 343b, onde a ideia é introduzida; 345c *seq.*, onde, na forma do símile do bom pastor, se torna um dos principais tópicos da indagação; 375a-376b, 404a, 440d, 451b-e, 459a-460c e 466c-d (citado na nota 30 do capítulo 5), em que os auxiliares são comparados a cães pastores e onde a sua criação e educação são discutidas em conformidade; 416a, ss., onde é introduzido o problema dos lobos dentro e fora do Estado; cf. ainda o *Político*, onde a ideia é prosseguida ao longo de muitas páginas, em especial 261d-276d. Em relação às *Leis*, posso referir o passo (694e) em que Platão, a respeito de Ciro, diz que tinha adquirido para os seus filhos «gado e ovelhas e muitas manadas de homens e outros animais». (Cf. também *Leis*, 735, e *Teeteto*, 174d.)

(3) Com tudo isto, cf. também A. J. Toynbee, *A Study of History*, espec. vol III, pp. 32 (n. 1), onde é citado A. H. Lybyer, *The Government of the Ottoman Empire*, etc., 33 (n. 2), 50-100; ver muito especialmente a sua observação sobre os invasores nómadas (p. 22) que «lidam com (...) os homens» e sobre os «cães de guarda humanos» de Platão (p. 94, n. 2). As brilhantes ideias de Toynbee foram um grande estímulo para mim e encorajaram-me muitas observações suas que acho que corroboram as minhas interpretações e que valorizo tanto mais quanto os meus pressupostos fundamentais e os de Toynbee parecem estar em desacordo. Devo também a Toynbee várias expressões usadas no meu texto, especialmente «gado humano», «manada humana» e «cão de guarda humano».

A Study of History, de Toynbee é, do meu ponto de vista, um modelo do que designo por historicismo. Não preciso de dizer muito mais para expressar o meu desacordo de fundo com ele; alguns pontos concretos deste desacordo serão discutidos em vários lugares (cf. notas 43 e 45 (2) deste capítulo, notas 7 e 8 do capítulo 10 e capítulo 24; também, a minha crítica de Toynbee no capítulo 24 e em *The Poverty of Historicism*, p. 110 e ss.). Mas contém ideias interessantes e estimulantes em abundância. Em relação a Platão, Toynbee destaca alguns pontos em que estou disposto a acompanhá-lo, especialmente o de que o melhor Estado de Platão é inspirado pelas revoluções sociais e pelo seu desejo de deter toda a mudança e de que se trata de uma espécie de

NOTAS 323

Esparta parada (que ela própria já estava parada). A despeito destes pontos de concordância, mesmo na interpretação de Platão há um desacordo fundamental entre as opiniões de Toynbee e as minhas. Toynbee considera o melhor Estado de Platão uma Utopia (reacionária) típica, enquanto eu a interpreto, na sua maior parte, em relação com o que considero a teoria geral da mudança de Platão, como uma tentativa de reconstrução de uma forma primitiva de sociedade. Penso também que Toynbee não concordaria com a minha interpretação da história que Platão faz do período anterior à colonização, e da própria colonização, esboçada nesta nota e no texto; pois Toynbee diz (*op. cit.*, vol. III, 80) que «a sociedade espartana não era de origem nómada». Toynbee sublinha veementemente (*op. cit.*, III, 50 ss.) o caráter peculiar da sociedade espartana, cuja evolução, diz ele, foi parada mercê de um esforço sobre-humano para manter subjugado o seu «gado humano». Mas penso que esta ênfase na situação peculiar de Esparta torna difícil perceber as semelhanças entre as instituições de Esparta e de Creta que tanto impressionavam Platão. (*Rep.*, 544c; *Leis*, 683a). Estas, creio, apenas podem ser explicadas como formas cristalizadas de instituições tribais muito antigas, que devem ser bastante anteriores ao esforço dos espartanos na segunda guerra messénia (*circa* 650-629 a.C.; cf. Toynbee, *op. cit.*, III, 53). Dado que as condições de sobrevivência eram tão diferentes naquelas duas localidades, a sua semelhança é um forte argumento em favor de que ambas fossem primitivas e contra uma explicação assente num fator que apenas afeta uma delas.

* Quanto aos problemas da colonização dórica, ver também R. Eisler em *Caucasia*, vol V, 1928, especialmente p. 113, nota 84, onde o termo «helenos» é traduzido por «colonos» e «gregos» por «pastoreadores» – isto é, criadores de gado ou nómadas. O mesmo autor mostrou (*Orphisch-Dionisische Mysteriengedanken*, 1925, p. 58, nota 2) que a ideia do Deus Pastor é de origem órfica. São mencionados no mesmo lugar os cães pastores de Deus (*Domini Canes*).*

([33]) O facto de no Estado de Platão a educação ser uma prerrogativa de classe tem sido esquecido por alguns teóricos da educação entusiastas que atribuem a Platão a ideia de tornar a educação independente dos recursos financeiros; não veem que o mal está na prerrogativa social em si própria e que é relativamente pouco importante que essa prerrogativa se baseie na posse

324 | A SOCIEDADE ABERTA E OS SEUS INIMIGOS

de dinheiro ou em qualquer outro critério usado para determinar a pertença à classe governante. Cf. notas 12 e 13 do capítulo 7 e texto. No que respeita ao porte de arma, ver também *Leis*, 753b.

([34]) Cf. *República*, 460c. (Ver também a nota 31 deste capítulo.) No respeitante à recomendação do infanticídio por Platão, ver Adam. *op. cit.*, vol. I, p. 299, nota a 460c18, e pp. 357 e ss. Embora Adam insista, com razão, que Platão era a favor do infanticídio e rejeite como «irrelevantes» todas as tentativas «para absolver Platão da sua aprovação» de tão medonha prática, tenta desculpá-lo realçando «que essa prática era corrente em grande parte da Grécia antiga». Mas não era assim em Atenas. Platão prefere sempre, todavia, o barbarismo e o racismo da antiga Esparta ao esclarecimento da Atenas de Péricles e tem de ser responsabilizado por essa escolha. Para uma hipótese de explicação desta prática espartana, ver nota 7 do capítulo 10 (e texto); ver também as referências dadas ali.

As últimas citações deste parágrafo em favor da aplicação ao homem dos princípios da criação de animais são da *República*, 459b (cf. nota 39 do capítulo 8, e texto); as da analogia entre cães e guerreiros, etc., da *República*, 404a, 375a, 376a/b e 376b. Ver também a nota 40 (2) do capítulo 5 e a nota seguinte aqui.

([35]) As duas citações antes do número da nota são ambas da *República*, 375b. A citação logo a seguir é de 416a (cf. nota 28 deste capítulo); as restantes são de 375c-e. O problema de fundir «naturezas» opostas (ou até Formas; cf. notas 18-20 e 40 (2) do capítulo 5 e texto e nota 39 do capítulo 8) é um dos tópicos favoritos de Platão. (No *Político*, 283e *seq.* e, mais tarde, em Aristóteles confunde-se com a doutrina do meio termo.)

([36]) As citações são da *República*, 410c, 410d, 410e, 411e/412a e 412b.

([37]) Nas *Leis* (680b, ss.) o próprio Platão trata Creta com alguma ironia por causa da sua bárbara ignorância da literatura. Esta ignorância estende-se mesmo a Homero, que o interlocutor cretense não conhece e de quem ele diz: «os poetas estrangeiros são muito pouco lidos pelos cretenses». («Mas são lidos em Esparta», intervém o interlocutor espartano.) Sobre a preferência de

NOTAS   325

Platão pelos costumes espartanos, ver também a nota 34 do capítulo 6 e o texto correspondente à nota 30 do presente capítulo.

([38]) Para a opinião de Platão sobre o tratamento espartano do gado humano, ver nota 29 deste capítulo, *República*, 548e/549a, onde o homem timocrático é comparado com o irmão de Platão, Glaucon: «Seria mais duro» (do que Glaucon) «e menos musical»; a continuação deste passo é citada no texto da nota 29. – Tucídides relata (IV, 80) o morticínio traiçoeiro de 2000 helotas; os melhores dentre eles foram escolhidos para morrer pela promessa da liberdade. É quase certo que Platão conheceu bem Tucídides e podemos ter a certeza de que além disso tinha fontes de informação mais diretas.

Para as opiniões de Platão sobre o tratamento brando que Atenas dava aos escravos, ver nota 18 deste capítulo.

([39]) Tendo em conta a tendência antiateniense e portanto antiliterária da *República*, é um bocado difícil explicar por que motivo tantos especialistas em educação são tão entusiásticos a respeito das teorias educativas de Platão. Só consigo descortinar três explicações plausíveis. Ou não percebem a *República*, a despeito da sua mais do que manifesta hostilidade para com a educação literária ateniense então existente; ou sentem-se pura e simplesmente lisonjeados pela ênfase retórica de Platão sobre o poder político da educação, como acontece a tantos filósofos e até a alguns músicos (ver texto da nota 41); ou ambas as coisas.

Também é difícil perceber como é que amantes da arte e da literatura gregas se podem sentir incentivados por Platão, que – especialmente no Livro Xda *República* – lançou um violentíssimo ataque contra todos os poetas e trágicos e especialmente contra Homero (e até Hesíodo). Ver *República*, 600a, onde Homero é posto abaixo do nível de um bom técnico ou mecânico (que seria em geral desprezado por Platão como banal e depravado; cf. *Rep.*, 495e e 590c, e nota 4 do capítulo 11), *República*, 600c, onde Homero é classificado abaixo dos sofistas Protágoras e Pródico (ver também Gomperz, *Greek Thinkers*, ed. alemã, II, 401) e *República*, 605a/b, onde os poetas são proibidos sem rodeios de entrar em qualquer cidade bem governada.

Estas claras expressões da atitude de Platão são, todavia, ignoradas pelos comentadores, os quais, por outro lado, se concen-

326 | A SOCIEDADE ABERTA E OS SEUS INIMIGOS

tram em observações como a que Platão faz ao preparar o seu ataque a Homero («(...) embora o amor e a admiração por Homero quase não me permitam dizer o que tenho de dizer», *Rep.* 595b). Adam comenta isto (nota a 595b11) dizendo que «Platão fala com sinceridade», mas eu penso que a observação de Platão apenas ilustra um método adotado bastante geralmente na *República*, nomeadamente o de fazer algumas concessões aos sentimentos do leitor (cf. capítulo 10, especialmente o texto da nota 65) antes de fazer o ataque principal às ideias humanitárias.

([40]) Quanto à censura rígida que visava a disciplina de classe, ver *República*, 377e, ss., e especialmente 378c: «Aqueles que hão de ser os guardiões da nossa cidade deveriam considerar como o mais pernicioso dos crimes querelarem facilmente uns com os outros.» É interessante que Platão não declare logo este princípio político quando introduz a sua teoria de censura em 376e, ss., mas comece por falar apenas de verdade, beleza, etc. A censura torna-se um pouco mais apertada em 595a, ss., especialmente em 605a/b (ver a nota precedente e as notas 18-22 do capítulo 7 e texto). Quanto ao papel da censura nas *Leis*, ver 801c/d. – Ver também o texto da nota seguinte.

Quanto ao esquecimento, por Platão, do seu princípio (*Rep.*, 410c-412b, ver nota 36 deste capítulo) de que a música tem de reforçar no homem o elemento gentil por oposição ao lado feroz, ver especialmente 399a *seq.*, onde se pedem modalidades de música que não tornem os homens brandos mas sejam «próprias para homens que são guerreiros». Cf. também a nota seguinte, (2). – Deve ficar claro que Platão não «esqueceu» um princípio *previamente* anunciado, mas apenas o princípio ao qual o seu discurso vai acabar por conduzir.

([41]) (1) Quanto à atitude de Platão em relação à música, especialmente à música propriamente dita, ver, por exemplo, *República*, 397b, ss., 398e, ss., 400a, ss., 410b, 424b, *seq.*, 546d: *Leis*, 657e, ss., 673a, 700b, ss., 798d, ss., 801d, ss., 802b, ss., 816c. A sua atitude é, fundamentalmente, a de que temos de «ter cuidado com mudar para uma nova modalidade de música; isto põe tudo em perigo» dado que «qualquer mudança no estilo de música leva sempre a uma mudança nas instituições mais importantes de todo o Estado. Assim o diz Dámon e acredito nele» (*Rep.*, 424c.) Platão, como

NOTAS 327

de costume, segue o exemplo espartano. Adam (*op. cit.*, vol I, p. 216, nota a 424c20; itálico meu; cf. também as suas referências) diz que «a ligação entre as mudanças musicais e políticas (...) era universalmente reconhecida em toda a Grécia e *particularmente em Esparta*, onde (...) confiscaram a lira a Timóteo por este lhe ter acrescentado quatro novas cordas». Não pode duvidar-se de que o procedimento de Esparta inspirou Platão; mas que fosse universalmente reconhecido em toda a Grécia e especialmente na Atenas de Péricles é altamente improvável. (Cf. (2) desta nota.)

(2) No texto, qualifiquei a atitude de Platão para com a música (cf. especialmente *Rep.*, 398e, ss.) de supersticiosa e retrógrada em comparação com «uma crítica contemporânea mais esclarecida». A crítica que tinha em mente é a do escritor anónimo, provavelmente um músico do século V a.C. (ou dos princípios do IV a.C.), autor de um discurso (possivelmente uma oração olímpica) que é hoje conhecido como a décima terceira peça de Grenfell e Hunt, *The Hibeh Papyri*, 1906, pp. 45 ss. Parece possível que o escritor seja um dos «vários músicos que criticam Sócrates» (isto é, o «Sócrates» da *República* de Platão) mencionados por Aristóteles (no passo igualmente supersticioso da sua *Política*, 1342b, onde repete a maioria dos argumentos de Platão); mas a crítica do autor anónimo vai muito mais longe do que Aristóteles indica. Platão (e Aristóteles) acreditavam que certas formas musicais, as formas«desleixadas» iónicas e lídias, por exemplo, tornavam as pessoas moles e efeminadas, enquanto outras, especialmente a forma dória, as faziam corajosas. Este ponto de vista é atacado pelo autor anónimo. «Dizem eles», escreve, «que algumas formas de música produzem homens temperados e outras, justos; outras, ainda, heróis, e outras, cobardes.» Denuncia brilhantemente a patetice desta opinião salientando que algumas das tribos gregas mais belicosas usam formas musicais que têm a reputação de produzir cobardes, enquanto certos cantores profissionais (de ópera) cantam habitualmente no modo «heroico» sem alguma vez darem mostras de se tornar heróis. Esta crítica podia ser dirigida a Dámon, muitas vezes citado por Platão como autoridade na matéria, um amigo de Péricles (que era suficientemente liberal para tolerar uma atitude pró-espartana no campo da crítica de arte). Mas pode facilmente ter sido dirigida ao próprio Platão. Quanto a Dámon, ver Diels[5]; para uma hipótese a respeito do autor anónimo, ver *ibid.*, vol. II, p. 334, nota.

328　　A SOCIEDADE ABERTA E OS SEUS INIMIGOS

(3) Perante o facto de que estou a atacar uma atitude «reacionária» acerca da música, posso talvez referir que o meu ataque de modo algum é inspirado por uma simpatia pessoal pelo «progresso» na música. Na verdade, acontece que gosto de música antiga (quanto mais antiga melhor) e detesto intensamente a música moderna (especialmente a maioria das obras compostas desde o dia em que Wagner começou a escrever música). Sou absolutamente contra o «futurismo», seja no campo da arte ou da moral (cf. capítulo 22 e a nota 19 do capítulo 25). Mas também sou contra a imposição aos outros dos gostos e desgostos de cada qual e contra a censura nestas matérias. Podemos amar ou odiar, especialmente em questões de arte, sem ser a favor de medidas legais para a supressão do que odiamos ou a canonização do que amamos.

([42]) Cf. *República*, 537a e 466e-467e.

A caracterização da educação totalitária moderna deve-se a A. Kolnai, *The War against the West* (1938), p. 318.

([43]) A notável teoria de Platão de que o Estado, isto é, um poder político centralizado e organizado, nasce da conquista (a subjugação de uma população agrícola sedentária por nómadas ou caçadores), tanto quanto sei foi redescoberta em primeiro lugar (se descontarmos algumas observações de Maquiavel) por Hume, na sua crítica da versão histórica da teoria do contrato social (cf. a sua obra *Essays, Moral, Political and Literary*, vol. II, 1752, ensaio XII, *Of the Original Contract*): – «Quase todos os governos que presentemente existem ou dos quais resta algum registo na história», escreve Hume, «foram originalmente fundados ou na usurpação ou na conquista, ou em ambas (...)». E destaca que «para um homem ardiloso e audaz (...) é muitas vezes fácil (...) em certos casos pelo emprego da violência, noutros de falsos pretextos, estabelecer o seu domínio sobre um povo cem vezes mais numeroso do que os seus partidários (...). Por artes como estas, muitos governos foram estabelecidos; e não é mais do que isto o *contrato original* de que se podem gabar.» A teoria foi a seguir ressuscitada por Renan, em *Qu'est-ce qu'une nation?* (1882), e por Nietzsche na sua *Genealogia da Moral* (1887), veja-se a terceira edição alemã, de 1894, p. 98. Este último escreve sobre a origem do «Estado» (sem referência a Hume): «Uma qualquer horda de bestas loiras, uma raça superior conquistadora dotada de uma organização guerreira (...) assenta pesadamente as suas garras aterradoras sobre uma população que lhe é talvez vastamente superior – em número (...). É desta maneira que nasce o Estado na Terra; penso que está morto o sentimentalismo que o deixa originar num 'contrato'.» Esta teoria agrada a Nietzsche porque ele gosta dessas bestas loiras. Mas também foi mais recentemente apresentada por F. Oppenheimer (*The State*, trad. Gitterman, 1914, p. 68), por um marxista, K. Kautsky, (no seu livro sobre *The Materialist Interpretation of History*) e por W. C. MacLeod (*The Origin and History of Politics*, 1931). Penso que muito provavelmente alguma coisa do género do que descrevem Platão, Hume e Nietzsche aconteceu em muitos casos, se não em todos. Falo apenas de «Estados» no sentido de um poder político organizado e mesmo centralizado.

Posso referir que Toynbee tem uma teoria muito diferente. Mas antes de a discutir desejo primeiro tornar claro que do ponto de vista anti-historicista a questão não tem grande importância. É talvez interessante em si mesmo considerar como surgiram os «Estados», mas não tem qualquer relevância para a sociologia dos Estados como eu a entendo, isto é, quanto à tecnologia política (ver capítulos 3, 9 e 25).

A teoria de Toynbee não se confina aos «Estados» no sentido de poder político centralizado e organizado. Discute, antes, a «origem das *civilizações*». Mas aqui começa a dificuldade; pois algumas das suas «civilizações» são Estados (como aqui se os descreve), outras são grupos ou sequências de Estados e outras ainda são sociedades, como a dos Esquimós, que não são Estados. E se é questionável que os «Estados» nasçam de acordo com um único esquema, mais duvidoso ainda deve ser quando contemplamos uma classe de fenómenos sociais tão diversos como os primitivos Estados egípcio ou mesopotâmico e as suas instituições e técnica, por um lado, e o modo de vida esquimó, por outro.

Mas podemos concentrar-nos na descrição que Toynbee faz (*A Study of History*, vol. I, pp. 305 ss.) da origem das «civilizações» egípcia e mesopotâmica. A sua teoria é a de que o desafio de um meio ambiente difícil e selvático suscita a resposta de chefes engenhosos e empreendedores; eles conduzem os seus seguidores para os vales, que começam a cultivar, e fundam os Estados. Esta teoria (hegeliana e bergsoniana) do génio criativo como líder cultural e político parece-me deveras romântica. Se considerarmos o caso do Egito, então temos de procurar, antes de mais nada, a origem do sistema de castas. Este, creio, é muito provavelmente o resultado de conquistas, exatamente como na Índia, onde cada nova vaga de invasores sobrepôs uma nova casta às castas mais antigas. Mas há outros argumentos. O próprio Toynbee inclina-se para uma teoria que provavelmente está correta, nomeadamente, a de que a criação de animais e especialmente a sua domesticação é um estádio mais adiantado e mais difícil de desenvolvimento do que a mera agricultura e que este passo mais avançado é dado pelos nómadas da estepe. Mas no Egito encontramos tanto a agricultura como a criação de animais e o mesmo se verifica na maioria dos primeiros «Estados» (embora não em todos os americanos, segundo percebo). Isto parece ser um sinal de que estes Estados contêm um elemento nómada e parece muito natural arriscar a hipótese de que este elemento se deve a invasores nómadas que impõem o seu domínio, um domínio de casta, à população agrícola original. Esta teoria está em desacordo com a asserção de Toynbee (*op. cit.*, III, 23 *seq.*) de que os Estados de criação nómada normalmente desaparecem muito depressa. Mas o facto de muitos dos primeiros Estados de castas se dedicarem à criação de animais tem de ter alguma explicação.

A ideia de que nómadas ou caçadores constituiram a classe alta original é corroborada pela vetusta e ainda viva tradição das classes altas segundo a qual a guerra, a caça e os cavalos são os símbolos das classes ociosas; uma tradição que esteve na base da ética e da política de Aristóteles e que ainda sobrevive, como Veblen (*The Theory of the Leisure Class*) e Toynbee mostraram; e a este indício podemos talvez acrescentar a crença do criador de animais na raça e em especial na superioridade racial das classes altas. Esta última crença, tão vincada nos Estados de castas, e em Platão e Aristóteles, é considerada por Toynbee como «um dos (...) pecados da nossa (...) era moderna» e «algo alheio ao génio helénico» (*op. cit.*, III, 93). Mas embora muitos gregos possam ter evoluído para além do racismo, parece provável que as teorias de Platão e Aristóteles se baseiam em velhas tradições, tendo em vista especialmente o facto de que as ideias rácicas desempenhavam um papel tão grande em Esparta.

[44] Cf. *Leis*, 694a– 698a.

NOTAS | 331

(45) (1) Na minha opinião, *O Declínio do Ocidente*, de Spengler, não deve ser levado a sério. Mas é um sintoma. É a teoria de alguém que acredita numa classe alta que enfrenta a derrota. Como Platão, Spengler tenta mostrar que a culpa é «do mundo», com a sua lei geral de decadência e morte. E, como Platão, reclama (na sua continuação, *Prussianismo e Socialismo*) uma nova ordem, uma tentativa desesperada para sustar as forças da história, uma regeneração da classe governante prussiana pela adoção de uma forma de «socialismo» ou de comunismo e da abstinência económica. – No repeitante a Spengler, concordo em larga medida com L. Nelson, que publicou a sua crítica sob um longo título irónico cujo início pode ser assim traduzido: «Feitiçaria: Sendo uma Iniciação nos Segredos da Arte de Ler a Sina de Oswald Spengler e uma Muito Evidente Prova da Verdade Irrefutável das Suas Profecias», etc. Penso que se trata de uma justa caracterização de Spengler. Nelson, posso acrescentar, foi um dos primeiros a opôr-se àquilo a que chamo historicismo (seguindo aqui Kant na sua crítica de Herder, cf. capítulo 12, nota 56).

(2) A minha observação de que o *Declínio e Queda* de Spengler não é o último exemplar do género pretende aludir especialmente a Toynbee. A obra de Toynbee é de tal maneira superior à de Spengler que hesito em referi-los no mesmo fôlego; mas a superioridade de Toynbee deve-se principalmente à sua riqueza de ideias e aos seus superiores conhecimentos (que se manifestam no facto de, ao contrário de Spengler, não tratar ao mesmo tempo de tudo e mais alguma coisa). Mas o objetivo e o método da investigação são semelhantes. São muito decididamente historicistas. (Cf. a minha crítica de Toynbee em *The Poverty of Historicism*, p. 110 e ss.). E são, fundamentalmente, hegelianos (embora não me pareça que Toynbee tenha consciência disso). O seu «critério do crescimento das civilizações» como «progresso rumo à autodeterminação» mostra-o com suficiente clareza; não é difícil reconhecer a lei do progresso em direção à «autoconsciência» e à «liberdade» de Hegel. (O hegelianismo de Toynbee parece vir-lhe, de alguma maneira, através de Bradley, como se pode ver, por exemplo, pelas suas observações sobre as relações, *op. cit.*, III, p. 223: «O próprio conceito de 'relações' entre 'coisas' ou 'seres' implica uma «contradição lógica (...). Como se pode transcender esta contradição?» (Não posso entrar aqui numa discussão sobre o problema das relações. Mas posso afirmar dogmaticamente que

todos os problemas referentes a relações podem ser reduzidos por certos métodos simples da lógica moderna a problemas referentes a propriedades ou classes; por outras palavras, *não existem dificuldades filosóficas especiais relativamente a relações.* O método mencionado deve-se a N. Wiener e K. Kuratowsky; ver Quine, *A System of Logistic,* 1934, pp. 16 ss.). Embora não acredite que classificar uma obra como pertencente a determinada escola seja necessariamente desqualificá-la, no caso do historicismo hegeliano penso que é assim, com razões que serão discutidas no segundo volume desta obra.

No que diz respeito ao historicismo de Toynbee desejo deixar bem claro que duvido muitíssimo que as civilizações nasçam, cresçam, entrem em colapso e morram. Sou obrigado a realçar este ponto porque eu próprio uso alguns dos termos de Toynbee, na medida em que falo de «colapso» e de «paragem» das sociedades. Mas desejo esclarecer que o meu uso do termo «colapso» se refere, não a todas as espécies de civilização, mas a um tipo específico de fenómeno – à *sensação* de perplexidade ligada à dissolução da «sociedade fechada» mágica ou tribal. Assim, não acredito, como acredita Toynbee, que a sociedade grega tenha sofrido «o seu colapso» no período da guerra do Peloponeso, e identifico muito mais cedo os sintomas do colapso descrito por Toynbee. (Cf. as notas 6 e 8 do capítulo 10 e o texto.) No que respeita às sociedades «paradas», aplico a expressão exclusivamente quer a uma sociedade que se aferra às suas formas mágicas, fechando-se sobre si própria, pela força, contra a influência de uma sociedade aberta, quer a uma sociedade que tenta *regressar à sua jaula tribal.*

Além de que não penso que a nossa civilização ocidental seja apenas mais um membro de uma espécie. Penso que há muitas sociedades fechadas que podem sofrer todo o tipo de destinos; mas uma «sociedade aberta» só pode, suponho, seguir em frente ou ser detida e obrigada a regressar à jaula, ou seja, às feras. (Cf. também o capítulo 10, especialmente a última nota.)

(3) Quanto às histórias de Declínio e Queda, posso referir que quase todas elas estão sob a influência da observação de Heráclito – «Enchem a pança como animais» – e da teoria de Platão sobre os baixos instintos animais. Quero dizer que todas elas tentam mostrar que o declínio se deve à adoção (pela classe dirigente) desses padrões «inferiores» que alegadamente são próprios das classes trabalhadoras. Por outras palavras, e para pôr a questão

NOTAS | 333

cruamente mas sem rodeios, a teoria consiste em que as civilizações, como os impérios persa e romano, declinam por excesso de comida. (Cf. nota 19 do capítulo 10.)

NOTAS DO CAPÍTULO 5

(¹) O «círculo encantado» é uma citação de Burnet, *Greek Philosophy*, I, 106, onde são tratados problemas semelhantes. Não concordo com Burnet, no entanto, que «nos dias da antiguidade a regularidade da vida humana era muito mais claramente apreendida do que o curso sereno da natureza». Isto pressupõe o estabelecimento de uma diferenciação que é característica, julgo, de um período posterior, isto é, do período da dissolução do «círculo encantado da lei e do costume». Além disso, os períodos naturais (as estações, etc., cf. a nota 6 do capítulo 2 e o *Epínomis* de Platão (?), 978d, ss.) devem ter sido apreendidos nos dias mais antigos. – Quanto à distinção entre leis naturais e normativas, ver especialmente a nota 18 (2) deste capítulo.

(²) * Cf. R. Eisler, *The Royal Art of Astrology*. Eisler diz que as particularidades do movimento dos planetas eram interpretadas na Babilónia pelos «escritores de tábuas que compilaram a biblioteca de Assurbanipal» (*op. cit.*, 288), «segundo os ditames das 'leis' ou 'decisões' que governam 'Céu e Terra' (*pirishtē shamē u irsiti*) promulgadas pelo deus criador no princípio dos tempos» (*ibid.*, 232 *seq.*). E assinala (*ibid.*, 288) que a ideia de «leis universais» (da natureza) teve origem neste «conceito (...) mitológico (...) de 'decretos do céu e da terra' (...)»*

Para o passo de Heráclito, cf. D5, B 29 e nota 7 (2) do capítulo 2; também a nota 6 desse capítulo e texto. Ver ainda Burnet, *loc. cit.*, que dá uma interpretação diferente; para ele, «quando o curso regular da natureza começou a ser observado, não se conseguiu achar melhor nome para isso do que Direito ou Justiça (...) que designava exatamente o costume invariável que guiava a vida humana.» Não creio que o termo começasse por ter um significado social e depois tenha sido alargado, mas sim que tanto as regularidades sociais como as naturais (a «ordem») eram originariamente indiferenciadas e interpretadas como mágicas.

(³) Esta oposição exprime-se às vezes como oposição entre «natureza» e «lei» (ou «norma» ou «convenção»), às vezes como oposição entre «natureza» e «postulação» ou «promulgação» (a saber, de leis normativas) e outras vezes como oposição entre «natureza» e «arte», ou entre «natural» e «artificial».

Diz-se muitas vezes (com base na autoridade de *Diogenes Laertius*, II, 16 e 4; *Doxogr.*, 564b) que a antítese entre natureza e convenção se deve a Arquelau, de quem se diz que foi o mestre de Sócrates. Mas penso que nas *Leis*, 690b, Platão torna suficientemente claro que considera ter sido «o poeta tebano Píndaro» quem introduziu esta antítese (cf. notas 10 e 28 deste capítulo). Além dos fragmentos de Píndaro (citados por Platão; ver também Heródoto, III, 38) e algumas observações de Heródoto (*loc. cit.*), uma das fontes mais antigas que se conservam são os fragmentos do sofista Antífon de *Verdade* (ver notas 11 e 12 deste capítulo). Segundo o *Protágoras* de Platão, o sofista Hípias teria sido pioneiro nesta matéria (ver nota 13 deste capítulo). Mas o tratamento mais influente do problema entre os antigos parece ter sido o do próprio Protágoras, embora ele tenha podido talvez usar uma terminologia diferente. (Pode referir-se que Demócrito tratou esta antítese, que aplicou também a «instituições» sociais como a linguagem e o mesmo fez Platão no *Crátilo*, por exemplo 364e.)

(⁴) Pode encontrar-se um ponto de vista muito semelhante em «A Free Man's Worship» de Russell (em *Mysticism and Logic*) e no último capítulo de *Man on His Nature*, de Sherrington.

(⁵) (1) Os positivistas retorquirão, é claro, que a razão pela qual as normas não podem ser deduzidas de proposições factuais é que as normas nada significam; mas isto apenas mostra que eles (como o *Tractatus* de Wittgenstein) definem arbitrariamente «significado», de tal maneira que só as proposições factuais são «significativas» (ver também o meu *The Logic of Scientific Discovery*, pp. 35 ss. e 51 *seq.*) Os seguidores do «psicologismo», por outro lado, tentarão explicar os imperativos como expressão das emoções, as normas como hábitos e os critérios como pontos de vista. Mas embora o hábito de não roubar seja certamente um facto, é necessário, como se explica no texto, distinguir este facto da norma correspondente. – Sobre a questão da lógica das normas, concordo em absoluto com a maior parte das opiniões manifestadas por K. Menger no seu livro *Moral, Wille und Weltgestaltung*, 1935. É um dos primeiros, creio, a desenvolverem os fundamentos de uma *lógica das normas*. Permita-se-me exprimir aqui a opinião de que a relutância em admitir que as normas são algo importante e irredutível é uma das muitas fontes das fraquezas intelectuais, e outras, dos círculos «progressistas» nos tempos que correm.

(2) No respeitante à minha afirmação de que é impossível inferir uma frase que declara uma norma ou decisão de uma frase que declara um facto, pode acrescentar-se o seguinte: ao analisar as relações entre frases e factos estamos a mover-nos no campo de investigação lógica a que A. Tarski chama *Semântica* (cf. nota 29 do capítulo 3 e nota 23 do capítulo 8). Um dos conceitos fundamentais da semântica é o de *verdade*. Como Tarski mostra, é possível (no seio daquilo a que Carnap chama sistema semântico) inferir uma declaração descritiva como «Napoleão morreu em Santa Helena» da afirmação «O senhor A disse que Napoleão morreu em Santa Helena» conjugada com a declaração suplementar de que o que o sr. A disse era *verdadeiro*. (E se usarmos o termo «facto» num sentido de tal modo amplo que não só falamos sobre o facto descrito por uma frase, mas também sobre o *facto de esta frase ser verdadeira*, então podíamos mesmo dizer que é possível inferir «Napoleão morreu em Santa Helena» dos dois «factos», que o sr. A o disse e falou verdade.) Ora bem, não há razão para não proceder exatamente de maneira análoga no domínio das normas. Poderíamos então introduzir, em correspondência ao conceito de verdade, o conceito de *validade ou correção* de uma norma. Isto significaria que certa norma *N* poderia ser inferida (numa espécie de semântica das normas) de uma frase que declarasse que *N* é válido ou correto, ou, por outras palavras, a norma ou mandamento «Não roubarás» seria considerada equivalente à asserção «A norma 'Não roubarás' é válida ou correta». (E, de novo, se usarmos o termo 'facto' num sentido tão lato que falamos do *facto de a norma ser válida ou correta*, então até podíamos inferir normas de factos. Isto, no entanto, não invalida a correção das nossas considerações no texto que se referem somente à impossibilidade de inferir normas de factos psicológicos, sociológicos ou similares, ou seja não-semânticos.)

* (3) Na minha primeira abordagem destes problemas, falei de normas ou decisões, mas nunca de *propostas*. A proposta de, em vez disso, falar de «propostas» deve-se a L. J. Russell, veja-se o seu

336 | A SOCIEDADE ABERTA E OS SEUS INIMIGOS

trabalho «Propositions and Proposals», na *Library of the Tenth International Congress of Philosophy* (Amsterdão, 11-18 de agosto, 1948), vol. I, *Proceedings of the Congress*. Neste trabalho importante distinguem-se as declarações de factos, ou «proposições», de sugestões para a adoção de uma linha de conduta (de uma certa política, ou de certas normas, ou de certos objetivos ou fins), e a estes últimos dá-se o nome de «propostas». A grande vantagem desta terminologia é que, como toda a gente sabe, uma proposta pode ser *discutida*, enquanto nem sempre é tão claro que se possa, e em que sentido, discutir uma decisão ou uma norma; assim, ao falarmos de «normas» ou «decisões», arriscamo-nos a apoiar aqueles que dizem que estas coisas estão fora de discussão (ou acima dela, como poderão dizer alguns teólogos dogmáticos ou alguns metafisicos, ou – igualmente sem sentido – abaixo dela, como alguns positivistas poderão dizer).

Adotando a terminologia de Russell, poderíamos dizer que uma proposição pode ser *asseverada* ou *declarada* (ou uma hipótese *aceite*), enquanto uma proposta é *adotada*, e há que distinguir o *facto da sua adoção* da *proposta* que foi adotada.

A nossa tese dualística torna-se então a tese de que *as propostas não são redutíveis a factos* (ou a declarações de factos ou a proposições) *embora sejam relativas a factos.**

(⁶) Cf. também a última nota (71) do capítulo 10.

Embora a minha própria posição, creio eu, seja indicada com suficiente clareza no texto, talvez possa formular sucintamente aquilo que me parecem ser os mais importantes princípios da ética humanitária e igualitária.

(1) Tolerância para com todos os que não são intolerantes e que não propagam a intolerância. (Quanto a esta exceção, cf. o que se diz nas notas 4 e 6 do capítulo 7.) Isto implica, especialmente, que as decisões morais dos outros devem ser tratadas com respeito, enquanto tais decisões não entrem em conflito com os princípios da tolerância.

(2) O reconhecimento de que toda urgência moral tem por base a urgência do sofrimento ou da dor. Sugiro, por esta razão, a substituição da fórmula utilitarista «Visar a máxima felicidade do maior número», ou, sucintamente, «Maximizar a felicidade», pela fórmula «O mínimo de sofrimento evitável para todos», ou, sucintamente, «Minimizar o sofrimento». Uma fórmula tão simples

NOTAS   337

pode, julgo, tornar-se um dos princípios fundamentais (embora, reconheço, não o único) das políticas públicas. (O princípio «Maximizar a felicidade», em contrapartida, parece apto a produzir uma ditadura benevolente.) Devemos perceber que de um ponto de vista moral, sofrimento e felicidade não podem ser tratados como simétricos; isto é, a promoção da felicidade é em qualquer caso muito menos urgente do que prestar ajuda àqueles que sofrem e a tentativa de impedir sofrimento. (Esta última tarefa tem pouco a ver com «questões de gosto», a primeira muito.) Cf. também a nota 2 do capítulo 9.

(3) O combate à tirania, ou, por outras palavras, a tentativa de salvaguardar os outros princípios pelos meios institucionais de uma legislação em vez de o fazer pelo recurso à benevolência das pessoas que estão no poder. (Cf. a secção 11 do capítulo 7.)

(⁷) Cf. Burnet, *Greek Philosophy*, I, 117. – A doutrina de Protágoras referida neste parágrafo surge no diálogo de Platão *Protágoras*, 322a ss.; cf. também *Teeteto*, esp. 172b (ver também a nota 27 deste capítulo).

A diferença entre o platonismo e o protagorianismo pode ser expressa brevemente da seguinte forma:

(Platonismo) Há no mundo uma ordem «natural» intrínseca de justiça, isto é, a ordem original ou primeira em que a natureza foi criada. Assim, o passado é bom e qualquer evolução que leve a novas normas é má.

(Protagorianismo) O homem é o ser moral deste mundo. A natureza não é moral nem imoral. Por conseguinte, também é possível ao homem melhorar as coisas. – Não é improvável que Protágoras tenha sido influenciado por Xenófanes, um dos primeiros a darem expressão à atitude da sociedade aberta e a criticar o pessimismo histórico de Hesíodo: «No princípio, os deuses não mostraram ao homem tudo aquilo que lhe faltava, mas com o correr do tempo poderá procurar o melhor e encontrá-lo.» (Cf. Diels⁵, 18.) Parece que o sobrinho e sucessor de Platão, Espêusipo, regressou a esta visão progressista (cf. Aristóteles, *Metafísica*, 1072b30 e nota 11 do capítulo 11) e que a Academia, com ele, adotou uma atitude mais liberal também no terreno da política.

No que se refere à relação da doutrina de Protágoras com os dogmas da religião, pode observar-se que ele acreditava que Deus opera através do homem. Não vejo que esta posição possa

338 | A SOCIEDADE ABERTA E OS SEUS INIMIGOS

estar em contradição com a do cristianismo. Compare-se-lhe, por exemplo, a declaração de K. Barth (*Credo*, 1936, p. 188): «A Bíblia é um documento *humano*» (isto é, o homem é instrumento de Deus).

(8) A defesa que Sócrates faz da autonomia da ética (estreitamente relacionada com a sua insistência em que os problemas da natureza não importam) exprime-se especialmente na sua doutrina da autossuficiência ou autarcia do indivíduo «virtuoso». Ver-se-á mais adiante como esta teoria contrasta com as opiniões de Platão sobre o indivíduo; cf. em especial as notas 25, deste capítulo, e 36 do próximo e texto. (Cf. também a nota 56 do capítulo 10.)

(9) Não podemos, por exemplo, construir instituições que funcionem independentemente de como são «operadas». Com estes problemas, cf. capítulo 7 (texto das notas 7-8, 22-23) e especialmente capítulo 9.)

(10) Para a discussão do naturalismo de Píndaro por Platão, ver esp. *Górgias*, 484b, 488b; *Leis*, 690b (citado mais abaixo neste capítulo, cf. nota 28), 714e/715a; cf. também 890a/b. (Ver também a nota de Adam à *Rep.*, 359c20.)

(11) Antífon usa o termo que, em relação a Parménides e Platão, traduzi acima por «opinião enganadora» (cf. nota 15 do capítulo 3) e, da mesma maneira, contrapõe-o a «verdade». Cf. também a tradução de Barker em *Greek Political Theory, I – Plato and His Predecessors* (1918), 83.

(12) Ver Antífon, *Verdade*; cf. Barker, *op. cit.*, 83-5. Ver também a nota seguinte (2).

(13) Hípias é citado no *Protágoras* de Platão, 337e. Para as quatro citações seguintes, cf. (1) Eurípides, *Íon*, 854 ss. e (2) o seu *As Fenícias*, 538; cf. também Gomperz, *Greek Thinkers* (edição alemã, I, 325) e Barker, *op. cit.*, 75; cf. também o violento ataque de Platão a Eurípides em *República*, 568a-d. Além disso, (3) Alcidamas em *Schol. to Aristotle's Rhet.*, I, 13, 1373b18. (4) Licofronte nos *Fragm.* de Aristóteles, 91 (Rose); cf. também o Pseudo-Plutarco *De Nobil.*,

NOTAS 339

18.2). Para o movimento ateniense contra a escravatura, cf. texto da nota 18 do capítulo 4 e nota 29 (com mais referências) do mesmo capítulo; também a nota 18 do capítulo 10 e a Adenda III (Resposta a um crítico).

(1) Vale a pena notar que os platónicos, na sua maioria, mostram pouca simpatia por este movimento igualitarista. Barker, por exemplo, discute-o sob o título «Iconoclasmo Geral», cf. *op. cit.*, 75. (Ver também a segunda citação do *Plato* de Field citada no texto da nota 3, capítulo 6) Esta falta de simpatia deve-se, sem dúvida, à influência de Platão.

(2) Quanto ao anti-igualitarismo de Platão e Aristóteles mencionado no texto, parágrafo seguinte, cf. também especialmente a nota 49 (e texto) do capítulo 8 e as notas 3 e 4 (e texto) do capítulo 11.

Este anti-igualitarismo e os seus efeitos devastadores foram claramente descritos por W. W. Tarn no seu excelente trabalho «Alexander the Great and the Unity of Mankind» (*Proc. of the British Acad.*, XIX, 1933, pp. 123 ss.). Tarn reconhece que no século V a.C. houve porventura um movimento em direção a «qualquer coisa de melhor do que a rígida divisão entre gregos e bárbaros; mas», diz ele, «não teve importância para a história *porque qualquer coisa deste tipo era estrangulada pelas filosofias idealistas.* Platão e Aristóteles não deixaram dúvidas quanto à sua opinião. Platão disse que todos os bárbaros eram inimigos por natureza; era apropriado fazer-lhes guerra, mesmo a ponto de os (...) reduzir à escravatura. Aristóteles dizia que todos os bárbaros eram escravos por natureza (...)» (p. 124, itálico meu). Concordo plenamente com a avaliação que Tarn faz da influência anti-humanitarista perniciosa dos filósofos idealistas, ou seja, Platão e Aristóteles. Também concordo com a ênfase que Tarn dá ao enorme significado do igualitarismo, da ideia da unidade da humanidade (cf. *op. cit.*, p. 147). O principal ponto em que não posso concordar totalmente com Tarn é na avaliação que faz do movimento igualitarista do século V a.C. e dos primeiros cínicos. Pode ter ou não razão em sustentar que a influência histórica destes movimentos foi pequena em comparação com a de Alexandre. Mas acredito que lhe bastava ter levado mais longe o paralelismo entre o movimento cosmopolita e antiesclavagista para ter tido estes movimentos em maior consideração. O paralelismo entre as relações *gregos-bárbaros* e *homens livres-escravos* é mostrado com bastante clareza por Tarn no passo aqui citado;

e se considerarmos a força inquestionável do movimento contra a escravatura (ver esp. nota 18 do capítulo 4), as observações dispersas contra a discriminação entre gregos e bárbaros ganham muito em significado. Cf. também Aristóteles, *Política*, III, 5, 7 (1278a); IV (VI), 4, 16 (1319b); e III, 2, 2 (1275b). Ver também a nota 48 do capítulo 8, e a referência a E. Badian no fim dessa nota.

([14]) Quanto ao tema «regresso aos animais», cf. capítulo 10, nota 71 e texto.

([15]) Para a doutrina da alma de Sócrates, ver texto da nota 44 do capítulo 10

([16]) A expressão «direito natural» em sentido igualitarista chegou a Roma através dos estoicos (tem de considerar-se a influência de Antístenes; cf. nota 48 do capítulo 8) e foi popularizada pelo direito romano (cf. *Institutiones*, II, 1, 2; I, 2,2). É usada também por Tomás de Aquino (*Summa*, II, 91, 2). O uso desorientador do termo «lei natural» em vez de «direito natural» pelos tomistas modernos é de lamentar, bem como a pouca ênfase que dão ao igualitarismo.

([17]) A tendência monista que primeiro levou à tentativa de interpretar as normas como naturais tem levado recentemente à tentativa contrária, ou seja, interpretar as normas como convencionais. Este tipo (físico) de *convencionalismo* foi baseado, por Poincaré, no reconhecimento do caráter verbal ou convencional das definições. Poincaré, e mais recentemente Eddington, assinalam que definimos as entidades naturais pelas leis a que obedecem. Daqui tira-se a conclusão de que estas leis, isto é, as leis da natureza, são definições, isto é, convenções verbais. Cf. a carta de Eddington em *Nature*, 148 (1941), 141: «Os elementos» (da teoria da física) «(...) só podem ser definidos (...) pelas leis a que obedecem; de modo que damos por nós a correr atrás da nossa própria cauda num sistema puramente formal.» – Pode encontrar-se uma análise e uma crítica desta forma de convencionalismo no meu *The Logic of Scientific Discovery*, especialmente a pp. 78 ss.

([18]) (1) A esperança de arranjar algum argumento ou teoria para partilhar as nossas responsabilidades é, julgo eu, uma das motivações básicas da ética «científica». A ética «científica» é, na sua absoluta esterilidade, um dos mais espantosos fenómenos sociais. Que visa? Dizer-nos o que devemos fazer, isto é, construir um código de normas sobre uma base científica, de modo que nos baste consultar o respetivo índice quando nos defrontarmos com uma decisão moral difícil? Isto seria claramente absurdo; mesmo sem considerar que pudesse ser conseguido, destruiria qualquer responsabilidade pessoal e, portanto, qualquer ética. Ou facultaria critérios científicos da verdade ou falsidade dos juízos morais, isto é, de juízos que envolvem termos como «bom» ou «mau»? Mas é manifesto que os *juízos* morais são absolutamente irrelevantes. Só um fautor de escândalos tem interesse em julgar pessoas ou as suas ações; «não julgarás» parece a alguns de nós uma das leis fundamentais, e muito pouco pouco apreciada, da ética humanitária. (Podemos ter de desarmar e encarcerar um criminoso para o impedir de repetir os seus crimes, mas um excesso de juízos morais e especialmente de indignação moral é sempre um sinal de hipocrisia e farisaísmo.) Assim, uma ética do juízo moral seria não só irrelevante como realmente um exercício imoral. A suprema importância dos problemas morais assenta, é claro, no facto de podermos agir com uma presciência inteligente e podemos perguntar-nos quais deveriam ser os nossos objetivos, isto é, como deveríamos agir.

Quase todos os filósofos morais que trataram o problema de como deveríamos agir (com a possível exceção de Kant) tentaram responder-lhe por referência ou à «natureza humana» (como até Kant fez, quando se referiu à razão humana) ou à natureza «do bem». O primeiro destes caminhos não leva a parte nenhuma, dado que todas as ações que nos são possíveis assentam na «natureza humana», de modo que o problema da ética também podia ser posto perguntando quais elementos da natureza humana devo aprovar e desenvolver e quais suprimir ou controlar. Mas o segundo caminho também não leva a parte nenhuma, pois dada uma análise «do bem» na forma de uma frase como «O bem é isto e aquilo» («isto ou aquilo é bom»), teríamos sempre de perguntar: E então? Porque hei de preocupar-me com isso? Só se a palavra «bem» for usada num sentido ético, isto é, só se for usada para significar «aquilo que deveria fazer» poderia eu inferir da informação «x é bom» a conclusão de que devo fazer x. Por outras palavras, para a palavra «bom» ter qualquer significado ético, tem de ser definida como «aquilo que deveria fazer». Mas se for assim definida, então todo o seu significado se esgota na frase que a define e pode ser substituída em todos os contextos por essa frase, ou seja, o termo «bem» nada contribui de substantivo para resolver o nosso problema. (Cf. também a nota 49 (3) do capítulo 11.)

Todas as discussões sobre a definição do bem, ou sobre a possibilidade de o definir, são por conseguinte bastante inúteis. Apenas mostram até que ponto a ética «científica» está afastada dos problemas prementes da vida moral. E indicam assim que a ética «científica» é uma forma de fuga, e fuga às realidades da vida moral, isto é, às nossas responsabilidades morais. (Em vista destas considerações, não é de admirar que o nascimento da ética «científica», na forma de naturalismo ético, coincida no tempo com aquilo a que se pode chamar a descoberta da responsabilidade pessoal. Cf. o que é dito no capítulo, texto das notas 27-38 e 55-7, sobre a sociedade aberta e a Grande Geração.)

(2) Pode ser apropriado neste contexto referir uma forma específica de fuga à responsabilidade aqui discutida, tal como se manifestou especialmente no positivismo jurídico da escola hegeliana, assim como por um naturalismo espiritual que lhe está estreitamente aliado. Que o problema ainda é significativo pode ver-se no facto de um autor tão excelente como Catlin permanecer neste ponto importante dependente de Hegel; e a minha análise assumirá a forma de uma crítica dos argumentos de Catlin em favor do naturalismo espiritual e contra a distinção entre leis da natureza e leis normativas (cf. G. E. G. Catlin, *A Study of the Principles of Politics*, 1930, pp. 96-99).

Catlin começa por estabelecer uma distinção clara entre leis da natureza e «leis (...) feitas por legisladores humanos» e admite que, à primeira vista, a expressão «direito natural», quando aplicada a normas, «se mostra manifestamente não científica, visto que parece não fazer a distinção entre a lei humana que requer coerção e as leis físicas que não podem ser violadas». Mas tenta mostrar que apenas *parece* ser assim e que a «nossa crítica» desta maneira de usar a expressão «direito natural» foi «por demais apressada». E faz então uma declaração clara de naturalismo espiritual, isto é, a distinção entre «lei sã», que é «concorde com a natureza» e outras leis: «A lei sã envolve, assim, uma formulação das tendências humanas, ou, em suma, é uma cópia da lei 'natural' que a ciência política revelará. Neste sentido, a lei sã é enfaticamente uma lei que há de ser encontrada e não fabricada. É uma cópia da lei social natural» (isto é, daquilo a que chamo «leis sociológicas»; cf. texto da nota 8 deste capítulo). E conclui insistindo que, na medida em que o sistema legal se torna mais racional, as suas regras «deixam de assumir o caráter de injunções arbitrárias e tornam-se meras deduções extraídas de leis sociais primárias» (isto é, daquilo a que eu chamaria «leis sociológicas»).

(3) Trata-se de uma afirmação muito forte de naturalismo espiritual. A sua crítica é tanto mais importante quanto Catlin combina a sua doutrina com uma teoria da «engenharia social» que talvez possa à primeira vista parecer semelhante à que se advoga aqui (cf. texto da nota 9 do capítulo 3 e texto das notas 1-3 e 8-11 do capítulo 9). Antes de a discutir quero explicar que considero o ponto de vista de Catlin muito dependente do positivismo de Hegel. Esta explicação é necessária porque Catlin usa o seu naturalismo para distinguir entre lei «sã» e outras leis; por outras palavras, usa-a para distinguir entre lei «justa» e lei «injusta» e esta distinção não parece certamente positivismo, isto é, o reconhecimento da lei existente como único critério da justiça. A despeito de tudo isto, julgo que as posições de Catlin estão muito próximas do positivismo; julgo que ele crê que só a lei «sã» pode ser eficaz e, nessa medida, «existente» exatamente no sentido de Hegel. Pois Catlin diz que sempre que o nosso código legal não é «são», isto é, não está de acordo com as leis da natureza humana, então «o nosso estatuto não passa de um papel». Esta afirmação é do mais puro positivismo, pois permite-nos deduzir do facto de determinado código não ser apenas «papel», mas aplicado com êxito, que ele é «são», ou, por outras palavras, que toda a legislação que se verifique não ser apenas papel é uma cópia da natureza humana e portanto justa.

(4) Passo agora a uma crítica breve do argumento apresentado por Catlin contra a distinção entre *(a)* leis da natureza que não podem ser quebradas e *(b)* leis normativas, criadas pelo homem, isto é, feitas cumprir por meio de sanções, distinção que ele próprio a princípio torna tão clara. O argumento de Catlin desdobra-se em dois. Mostra (a^1) que as leis da natureza também são, em certo sentido, de origem humana, e que podem, em certo sentido, ser quebradas; e (b^1) que em certo sentido as leis normativas não podem ser quebradas. Começo por (a^1). «As leis naturais do físico», escreve Catlin, «não são factos em bruto, são racionali-

344 | A SOCIEDADE ABERTA E OS SEUS INIMIGOS

zações do mundo físico, sobrepostas pelo homem ou justificadas porque o mundo é intrinsecamente racional e ordeiro.» E prossegue mostrando como as leis naturais «podem ser anuladas» quando «factos novos» nos obrigam a reformular a lei. A minha resposta a este argumento é a seguinte. Uma afirmação entendida como a formulação de uma lei da natureza é certamente feita pelo homem. Somos nós que *fazemos* a hipótese de que existe uma certa regularidade invariável, isto é, descrevemos a suposta regularidade com a ajuda de uma afirmação, a lei natural. No entanto, como cientistas, estamos preparados para aprender com a natureza que nos enganámos; estamos preparados para reformular a lei se novos factos que contradigam a nossa hipótese mostrarem que *a nossa suposta lei não era uma lei, visto que foi quebrada.* Por outras palavras, ao aceitar a sua anulação pela natureza, o cientista mostra que aceita a hipótese só enquanto não tenha sido demonstrada a sua falsidade. O que equivale a dizer que considera que uma lei da natureza é uma regra que não pode ser quebrada, pois aceita que se a sua regra for quebrada isso quer dizer que não formulava uma lei da natureza. Mais: embora a hipótese seja de origem humana, podemos não ser capazes de impedir a demonstração da sua falsidade. Isto mostra que ao criarmos a hipótese não criámos a regularidade que ela pretendia descrever (embora tenhamos efetivamente criado um novo conjunto de problemas e talvez sugerido novas observações e interpretações). (b[1]) «Não é verdade», diz Catlin, «que o criminoso 'viole' a lei quando pratica o ato proibido (...) a lei não diz : 'Não podes», diz 'Não deves, ou sofrerás este castigo'. Como injunção», continua Catlin, «pode ser quebrada, mas como lei, num sentido muito verdadeiro, só é quebrada se o castigo não for infligido (...). Na medida em que a lei é aplicada e as suas sanções executadas (...) aproxima-se das leis da física.» A resposta a isto é simples. Seja qual for o sentido em que falemos de «quebrar» a lei, a lei jurídica *pode* ser quebrada; não há habilidades verbais que alterem isto. Aceitemos a opinião de Catlin de que um criminoso não pode «violar» a lei e que esta apenas é «violada» se o criminoso não receber o castigo prescrito pela lei. Mesmo deste ponto de vista, a lei *pode* ser violada; por exemplo, por funcionários do Estado que se recusam a castigar o criminoso. E mesmo num Estado em que todas as sanções são *de facto* executadas, os funcionários *poderiam*, se quisessem, impedir tal execução e assim «violar» a lei no sentido que entende Catlin.

NOTAS | 345

(Que assim «violariam» também a lei no sentido vulgar, isto é, tornar-se-iam criminosos e que viessem talvez a ser punidos, é uma questão diferente.) Por outras palavras: uma lei normativa é sempre feita cumprir *por homens* e pelas suas sanções e é portanto fundamentalmente diferente de uma hipótese. Legalmente, podemos impôr a supressão do homicídio ou de atos de bondade, da falsidade ou da verdade, da justiça ou da injustiça. Mas não podemos forçar o sol a alterar o seu curso. Não há argumentos que cheguem para colmatar este fosso.

([19]) A «natureza da felicidade e da infelicidade» é referida no *Teeteto*, 175c Para a estreita relação entre «natureza» e «Forma» ou «Ideia», cf. especialmente *República*, 597a-d, onde Platão discute pela primeira vez a Forma ou Ideia de uma cama e depois se refere a ela como «a cama que existe por natureza e que foi feita por Deus» (597b). No mesmo lugar adianta a distinção correspondente entre o «artificial» (ou a coisa «fabricada», que é uma «imitação») e a «verdade». Cf. também a nota de Adam à *República*, 597b10 (com a citação de Burnet que ali é dada) e as suas notas a 476b13, 501b9, 525c15. Além disso, *Teeteto*, 174b (e a nota 1 da p. 85 de *Plato's Theory of Knowledge* de Cornford). Ver também a *Metafísica* de Aristóteles, 1015a14.

([20]) Para o ataque de Platão à arte, ver o último livro da *República* e especialmente os passos em 600a-605b, mencionados na nota 39 do capítulo 4.

([21]) Cf. notas 11, 12 e 13 deste capítulo e texto. A minha tese de que Platão concorda pelo menos em parte com as teorias naturalistas de Antífon (embora não concorde, é claro, com o seu igualitarismo) pode parecer estranha a muitos, especialmente aos leitores de Barker, *op. cit.*. E mais ainda os poderá surpreender ouvir a opinião de que a principal discrepância não era tanto de natureza teórica como de prática moral, e que Antífon, e não Platão, era quem estava moralmente correto, no que se refere pelo menos à questão prática do igualitarismo. (Para a concordância de Platão com o princípio de Antífon de que a natureza está correta e é verdadeira, ver também texto das notas 23 e 28 e nota 30 deste capítulo.)

(²²) Estas citações são do *Sofista*, 266b e 265e. Mas o passo também contém (265c) uma crítica (semelhante à das *Leis*, citada no texto das notas 23 e 30 deste capítulo) daquilo que pode ser descrito como uma interpretação materialista do naturalismo tal como a que sustentava, talvez, Antífon; quero dizer «a convicção (...) de que a natureza (...) gera sem inteligência».

(²³) Cf. *Leis*, 892a e c. Para a doutrina da afinidade entre a alma e as Ideias, ver também a nota 15 (8) do capítulo 3. Para a afinidade das «naturezas» e as «almas», ver a *Metafísica* de Aristóteles, 1015a14, com os passos citados das *Leis* e com 896d/e: «a alma habita todas as coisas que se movem...»

Comparar ainda especialmente os passos seguintes em que «naturezas» e «almas» são usadas de um modo que é obviamente sinónimo: *República*, 485a/b, 485e/486a e d, 486b («natureza»), 486b e d («alma»), 490e/491a (ambas), 491b (ambas) e muitos outros pontos (cf. também a nota de Adam a 370a7). Esta afinidade é diretamente declarada em 490b(10). Para a afinidade entre «natureza» e «alma» e «raça», cf. 501e, onde as expressões «naturezas filosóficas» ou «almas» encontradas em passos análogos são substituídas por «raça de filósofos».

Há também afinidade entre «alma» ou «natureza» e classe social ou casta; ver, por exemplo, *República*, 435b. A ligação entre casta e raça é fundamental, pois desde o princípio (415a) a casta é identificada com raça.

«Natureza» é usada no sentido de «talento» ou «condição da alma» nas *Leis*, 648d, 650b, 655e, 710b, 766a, 875c. A prioridade e superioridade da natureza sobre a arte é afirmada em *Leis*, 889a ss. Para «natural» no sentido de «certo» ou «verdadeiro», ver *Leis*, 686d e 818e, respetivamente.

(²⁴) Cf. os passos citados na nota 32 (1), *(a)* e *(c)* do capítulo 4.

(²⁵) A doutrina socrática da autarcia é mencionada na *República*, 387d/e (cf. *Apologia*, 41c ss. e a nota de Adam a *República*, 387d25). Este é apenas um de uns quantos passos dispersos reminiscentes do ensinamento de Sócrates, mas está em contradição direta com a doutrina central da *República*, tal como é exposta no texto (ver também a nota 36 do capítulo 6 e texto); isto pode ser visto comparando o passo citado com 369c ss. e muitíssimos outros semelhantes.

NOTAS | 347

(²⁶) Cf. por exemplo o passo citado no texto da nota 29 do capítulo 4. Para «naturezas raras e incomuns», cf. *República*, 419a/b e muitos outros passos, por exemplo, *Timeu*, 51e: «a razão é partilhada pelos deuses com muito poucos homens». Para «*habitat* social», ver 491d (cf. também capítulo 23).

Enquanto Platão (e Aristóteles, cf. especialmente a nota 4 do capítulo 11 e texto) insistiram que o trabalho manual era degradante, Sócrates parece ter adotado uma atitude muito diferente. (Cf. Xenofonte, *Memorabilia*, II, 7, 7-10; a história de Xenofonte é em certa medida corroborada pela atitude de Antístenes e Diógenes em relação ao trabalho manual; cf. também nota 56 do capítulo 10.)

(²⁷) Ver especialmente *Teeteto*, 172b (ver também os comentários de Cornford a este passo em *Plato's Theory of Knowledge*). Ver também a nota 7 deste capítulo. Os elementos de convencionalismo no ensinamento de Platão talvez possam explicar por que motivo alguns que ainda conservavam os escritos de Protágoras consideraram a *República* parecida com eles. (Cf. *Diogenes Laertius*, III,37.) Para a teoria do contrato em Licofronte ver notas 43-54 do capítulo 6 (especialmente a nota 46) e texto.

(²⁸) Cf. *Leis*, 690b/c; ver nota 10 deste capítulo. Platão menciona também o naturalismo de Píndaro no *Górgias*, 484b, 488b; *Leis*, 714c, 890a. Para a oposição entre «compulsão externa», por um lado, e (a) «ação livre», (b) «natureza», por outro, cf. também *República*, 603c e *Timeu*, 64d. (Cf. também *Rep.*, 466c-d, citado na nota 30 deste capítulo.)

(²⁹) Cf. *República*, 369b-c. Isto é parte da *teoria do contrato*. A citação seguinte, que é a primeira afirmação do *princípio naturalista* no Estado perfeito, é 370a/b e c. (Quem primeiro menciona o naturalismo na *República* é Glaucon, em 358e ss., mas trata-se, é claro, da doutrina do naturalismo do próprio Platão.)

(1) Para um maior desenvolvimento do princípio naturalístico da divisão de trabalho e o papel desempenhado por este princípio na teoria da justiça de Platão, cf. especialmente texto das notas 6, 23 e 40 do capítulo 6.

(2) Para uma versão moderna radical do princípio naturalístico, ver a fórmula da sociedade comunista de Marx (adotada por

348 | A SOCIEDADE ABERTA E OS SEUS INIMIGOS

Louis Blanc): «De cada um conforme a sua capacidade; a cada qual consoante as suas necessidades!» (Cf. por exemplo *A Handbook of Marxism*, E. Burns, 1935, p. 752 e a nota 8 do capítulo 13; ver também a nota 3 do capítulo 13 e a nota 48 do capítulo 24 e texto.)

Para as raízes históricas deste «princípio do comunismo», ver a máxima de Platão «Os amigos têm em comum todas as coisas que possuem» (ver nota 36 do capítulo 6 e texto; para o comunismo de Platão, ver também as notas 34 do capítulo 6 e 30 do capítulo 4 e texto) e comparar estes passos com os *Actos*: «E todos aqueles que acreditavam estavam juntos e possuíam todas as coisas em comum (...) e repartiam-nas por toda a gente, pois todos tinham necessidade.» (2, 44-45). – Nem havia nenhum entre eles a quem faltasse: pois (...) era feita a distribuição a cada homem conforme precisava». (4, 34-35).

([30]) Ver nota 23 e texto. As citações deste parágrafo são todas das *Leis*: (1) 889 a-d (cf. um passo muito semelhante no *Teeteto*, 172b); (2) 896c-e; (3) 890e/891a.

Para o parágrafo seguinte do texto (isto é, para a minha asserção de que o naturalismo de Platão é incapaz de resolver problemas práticos) o que segue pode servir de ilustração. Muitos naturalistas têm afirmado que homens e mulheres são «por natureza» diferentes, tanto física como espiritualmente, e que deverão por conseguinte preencher funções diferentes na vida social. Platão, todavia, usa o mesmo argumento naturalístico para provar o contrário; pois não é verdade, argumenta, que cães de ambos os sexos são igualmente úteis para guardar como para caçar? «Não concordam», escreve (*Rep.*, 466c-d), «que as mulheres (...) devem participar com os homens na guarda e na caça, como se dá com os cães; (...) e que ao fazê-lo estarão a agir de maneira mais desejável, uma vez que isto não é contrário à natureza, mas concorde com a relação natural dos sexos?» (Ver também texto da nota 28 deste capítulo; para o cão como guardião ideal, cf. capítulo 4, especialmente a nota 32(2) e texto.)

([31]) Para uma breve crítica da teoria biológica do Estado, ver nota 7 do capítulo 10 e texto.*Para a origem oriental da teoria, ver R. Eisler, *Revue de Synthèse Historique*, vol. 41, p. 15*

NOTAS | 349

(³²) Para algumas aplicações da teoria política da alma de Platão, e para as inferências dela extraídas, ver notas 58-9 do capítulo 10 e texto. Para a analogia metodológica fundamental entre cidade e indivíduo, ver especialmente *República*, 368e, 445c, 577c. Para a teoria política do indivíduo humano, ou da fisiologia humana, de Alcméon, cf. nota 13 do capítulo 6.

(³³) Cf. *República*, 423 b e d.

(³⁴) Esta citação bem como a seguinte são de G. Grote, *Plato and the Other Companions of Socrates* (1875), vol. III, 124. – Os principais passos da *República* são 439c, *seq.* (a história de Leôncio), 571c, *seq.* (a parte animalesca contra a parte raciocinante), 588c (o Monstro apocalíptico; cf. a «Besta» que possui um Número Platónico, no *Livro do Apocalipse*, 13, 17 e 18); 603d e 604b (o homem em guerra consigo mesmo). Ver também *Leis*, 689a-b e notas 58-9 do capítulo 10.

(³⁵) Cf. *República*, 519e, *seq.* (cf. também nota 10 do capítulo 8); as duas citações seguintes são ambas das *Leis*, 903c. (Inverti a ordem.) Pode mencionar-se que o «todo» referido nesses dois passos («*pan*» e «*holon*») não é o *Estado* mas sim o *mundo*; não há dúvida, no entanto, que a tendência subjacente a este holismo cosmológico é um holismo político; cf. *Leis*, 903d-e (onde o físico e o artesão são associados ao estadista) e o facto de Platão usar muitas vezes «*holon*» (em especial o plural), tanto para significar «Estado» como «mundo». Além disso, a primeira destas duas citações (na ordem que lhes dei) é uma versão mais curta da *República* 420b-421c; a segunda, da *República* 520b ss. («Criámo-vos por causa do Estado, tanto como por vossa própria causa.») Outros *passos sobre holismo ou coletivismo* são: *República*, 424a, 449e, 462a, *seq.*, *Leis*, 715b, 739c, 875a, *seq.*, 903b, 923b, 942a, *seq.* (Ver também notas 31/32 do capítulo 6.) Para a observação, neste parágrafo, de que Platão falou do Estado como organismo, cf. *República*, 462c e *Leis*, 964e, em que o Estado é até comparado ao *corpo* humano.

(³⁶) Cf. Adam na sua edição da *República*, vol. II, 303; ver também nota 3 do capítulo 4 e texto.

(³⁷) Este ponto é acentuado por Adam, *op. cit.*, nota 546a, b7, e pp. 288 e 307. A citação que se segue neste parágrafo é da *Repú-*

blica, 546a; cf. *República* 485a/b, citado na nota 26 (1) do capítulo 3 e no texto da nota 33 do capítulo 8.

([38]) Este é o principal ponto em que tenho de divergir da interpretação de Adam. Creio que Platão indica que o rei-filósofo dos Livros VI-VII, que se interessa principalmente pelas coisas que não são geradas e não se corrompem (*Rep.*, 485b; ver a última nota e os passos que ali são referidos), obtém graças à sua preparação matemática e dialética o conhecimento do Número Platónico e com ele os meios de deter a degeneração social e, por conseguinte, a decadência do Estado. Ver especialmente texto da nota 39.

As citações que se seguem neste parágrafo são: «manter pura a raça dos guardiões», cf. *República*, 460c e texto da nota 34 do capítulo 4. «Uma cidade assim constituída, etc.», 546a.

A referência à distinção de Platão, no campo da matemática, da acústica e da astronomia, entre *conhecimento racional* e opinião enganadora baseada na *experiência ou perceção* é da *República*, 523a, ss., 525d, ss. (onde se discute o *«cálculo»*, ver especialmente 526a), 527d, ss., 529b, *seq.*, 531a, ss., (até 534 a e 537d); ver também 509d-511e.

([39]) * Já fui acusado de «acrescentar» as palavras «sem um método puramente racional» (que nunca pus entre aspas), mas considerando *Rep.* 523a a 537d, parece-me evidente que a referência de Platão a *«perceção»* implica justamente este contraste.* As citações deste parágrafo são da *Rep.*, 546b, ss. Note-se que ao longo de toda este passo são «*As musas*» que falam pela boca de «Sócrates».

Na minha interpretação da História da Queda e do Número evitei cuidadosamente o problema difícil, não decidido e talvez indecidível, do cálculo do próprio Número. (Talvez seja indecidível porque Platão pode não ter revelado por completo o seu segredo.) Restrinjo a minha interpretação inteiramente aos passos imediatamente anteriores e posteriores ao que descreve o próprio Número; a meu ver, estes passos são suficientemente claros. Apesar disso, a minha interpretação, tanto quanto sei, diverge de anteriores tentativas.

(1) A afirmação crucial em que baseio a minha interpretação é *(A)* a de que os guardiões trabalham por *«cálculo assistido pela perceção»*. A par disto, recorro às afirmações *(B)* de que eles não

NOTAS   351

acertarão acidentalmente (na maneira correta) de obter uma boa
prole», *(C)* de que «*falharão* e gerarão filhos da maneira errada»
e *(D)* de que são «*ignorantes*» de tais matérias» (ou seja, matérias
como o Número).

Quanto a *(A)*, deveria ser claro para qualquer leitor atento de
Platão que tal referência à perceção visa exprimir uma crítica do
método em questão. Esta opinião acerca do passo em consideração (546a, *seq.*) é sustentada pelo facto de seguir tão de perto os
passos 523a-537d (ver o fim da última nota), em que a oposição
entre o conhecimento puramente racional e a opinião baseada
na perceção é um dos temas principais e em que, mais especialmente, o termo «cálculo» é usado num contexto que sublinha a
oposição entre conhecimento racional e experiência, enquanto
é dado ao termo «perceção» (ver também 511c/d) um sentido
técnico definido e depreciativo. (Cf. também, por exemplo, a linguagem de Plutarco na sua discussão desta oposição, na sua *Vida
de Marcelo*, 306.) Sou portanto de opinião, opinião essa reforçada
pelo contexto, especialmente por *(B)*, *(C)* e *(D)*, de que a observação *(A)* de Platão implica que *(a)* «o cálculo baseado na perceção»
é um método deficiente e *(b)* há métodos melhores, nomeadamente os métodos da matemática e da dialética, que geram um
conhecimento racional. O ponto que estou a tentar desenvolver
é, de facto, tão óbvio que nem sequer me incomodaria tanto com
ele não fora o facto de até Adam não ter dado por ele. Na sua nota
a 546a, b7, interpreta «cálculo» como uma referência à tarefa
que cabe aos governantes de determinarem o número de casamentos que devem permitir, e «perceção» como o meio pelo
qual «decidem que casais se devem unir, que crianças devem ser
educadas, etc.». Isto é, Adam toma a observação de Platão como
uma mera descrição e não como polémica contra a fraqueza
do método empírico. Por conseguinte, não relaciona a afirmação *(C)* de que os governantes «se enganarão» nem a observação *(D)* de que desconhecem o facto de usarem métodos empíricos. (A observação *(B)* de que não «acertarão» no método certo
«por acaso» ficaria simplesmente sem tradução se seguíssemos a
sugestão de Adam.

Ao interpretar o nosso passo temos de ter presente que no
Livro VIII, imediatamente antes do passo em questão, Platão volta
à questão da primeira cidade dos Livros II a IV. (Ver as notas de
Adam a 449a ss., e 543a ss.) Mas os guardiões desta cidade não são

matemáticos nem dialéticos. Não têm assim qualquer noção dos métodos puramente racionais a que se dá tanto realce no Livro VII, 525-534. Neste aspeto, o significado das observações sobre a perceção, isto é, sobre a pobreza dos métodos empíricos e sobre a resultante ignorância dos guardiões, é inquestionável.

A afirmação *(B)* de que os governantes não «acertarão acidentalmente no» (modo correto) «de obter uma boa prole, ou então nenhuma», é perfeitamente clara na minha interpretação. Dado que os guardiões apenas têm à sua disposição métodos meramente empíricos, só por um feliz acaso acertariam num método cuja determinação requer métodos matemáticos ou outros métodos racionais. Adam sugere a seguinte tradução (nota a 546a, b7): «nem pelo cálculo em conjunção com a perceção obterão boa descendência» e apenas entre parênteses, acrescenta: «lit. acertarão na obtenção de». Penso que a sua incapacidade de perceber o sentido de «acertarão» resulta de não ter conseguido ver as implicações de *(A)*.

A interpretação aqui sugerida torna *(C)* e *(D)* perfeitamente compreensíveis e a observação de Platão de que o seu Número é «senhor de um melhor ou pior nascimento» ajusta-se-lhe na perfeição. Pode observar-se que Adam não comenta *(D)*, ou seja, a ignorância, embora tal comentário fosse muitíssimo necessário em vista da sua teoria (nota a 546d22) de que «o número não é um número (...) nupcial» e não tem significado técnico eugénico.

Que o significado do Número seja na verdade técnico e eugénico é, a meu ver, claro, se considerarmos que o passo que contém o Número está incluído em passos que contêm referências ao conhecimento eugénico, ou melhor, à falta de conhecimento eugénico. *(A)*, *(B)* e *(C)* ocorrem imediatamente antes do Número, *(D)* imediatamente a seguir, bem como a história da noiva e do noivo e da sua prole degenerada. Além disso, *(C)*, antes do Número, e *(D)*, a seguir ao Número, fazem referência um ao outro; pois (*C*), o «tropeço», tem a ver com uma referência a «gerar da maneira errada» e *(D)*, a «ignorância» tem a ver com uma referência exatamente análoga, a saber, «unir noiva e noivo da maneira errada». (Ver também a nota seguinte.)

O último ponto em que devo defender a minha interpretação é o da minha asserção de que aqueles que *conhecem* o Número obtêm por isso o poder de influenciar «nascimentos melhores ou piores». Isto não decorre, claro, da afirmação de Platão de que o Número tenha em si mesmo esse poder; pois se a interpretação de Adam estiver correta, então o Número regula os nascimentos porque determina um período inalterável depois do qual a degeneração deve começar. Mas eu sustento que as referências de Platão a «perceção», a «tropeço» e a «ignorância» como causa imediata de erros eugénicos não faria sentido se não quisesse dizer que, tivessem eles um conhecimento adequado dos métodos matemáticos e puramente racionais apropriados, os guardiões não se teriam enganado. Mas isto torna inevitável a inferência de que o Número tem um significado *técnico* eugénico e que o seu conhecimento é crucial para suspender a degeneração. (Esta inferência também me parece a única compatível com tudo o que sabemos sobre este tipo de superstição; toda a astrologia, por exemplo, implica o conceito aparentemente um tanto contraditório de que o conhecimento do nosso destino pode ajudar-nos a influenciar esse destino.)

Penso que a rejeição desta explicação do Número como tabu secreto da criação surge da relutância em atribuir a Platão ideias tão grosseiras, por mais claramente que ele as manifeste. Por outras palavras, surge da tendência para idealizar Platão.

(2) Quanto a isto tenho de fazer referência a um artigo de A. E. Taylor, «The Decline and Fall of the State in *Republic,* VIII» (*Mind*, N.S. 48, 1939, pp. 93 ss.) Neste artigo, Taylor ataca Adam (na minha opinião, injustamente) e argumenta contra ele: «É verdade, sem dúvida, que se diz expressamente em 546b que a decadência do Estado ideal começa quando a classe dirigente 'gera filhos fora da estação devida' (...) mas isto não tem de significar, e na minha opinião não significa, que Platão se esteja a preocupar aqui com problemas de higiene reprodutiva. O seu principal pensamento é simples: se, como tudo o que é feito pelo homem, o Estado contém em si as sementes da sua própria dissolução, isto tem de significar, sem dúvida, que mais tarde ou mais cedo as pessoas que detêm o poder supremo serão inferiores às que as precederam» (pp. 25 ss.). Ora, esta interpretação parece-me não só insustentável, tendo em vista as afirmações bastante específicas de Platão, mas também um exemplo típico da tentativa de eliminar dos textos de Platão elementos tão embaraçosos como o racismo e a superstição. Adam começou por negar que o Número tenha importância técnica eugénica e por asseverar que não é um

354 | A SOCIEDADE ABERTA E OS SEUS INIMIGOS

«número nupcial», mas meramente um período cosmológico. Taylor continua, negando agora que Platão esteja de todo interessado aqui em «problemas de higiene reprodutiva». Mas o passo de Platão está recheado de alusões a este problema e o próprio Taylor admite duas páginas antes (p. 23) que «em parte alguma se sugere» que o Número seja «determinante de outra coisa que não os 'melhores ou piores nascimentos'». Além disso, não só o passo em questão mas toda a *República* (e, de igual modo, o *Político*, especialmente 310b, 310e) estão carregados de ênfase nos «problemas de higiene reprodutiva». A teoria de Taylor de que Platão, quando fala da «criatura humana» (ou, como diz Taylor, de uma coisa «de geração humana»), quer dizer *o Estado*, e que Platão pretende aludir ao facto de o Estado ser criação de um legislador humano, não tem, a meu ver, qualquer base no texto de Platão. Todo o passo começa com uma referência às coisas do mundo sensível em devir, às coisas que são geradas e decaem (ver notas 37 e 38 deste capítulo) e, mais especialmente, às coisas vivas, tanto plantas como animais, e aos seus problemas raciais. Além disso, uma coisa «de feitura humana» significaria, quando realçada em tal contexto, uma coisa «artificial» que é inferior porque «duplamente afastada» da realidade». Cf. texto das notas 20-23 deste capítulo e todo o Livro X da *República* até ao fim de 608b.) Platão nunca esperaria que alguém interpretasse a frase «uma coisa de feitura humana» como significando o Estado «natural», perfeito, antes esperaria que pensassem em algo muito inferior (como a poesia, cf. nota 39 do capítulo 4). A frase que Taylor traduz por «coisa de geração humana» é normalmente traduzida simplesmente por «criatura humana», o que elimina todas as dificuldades.

(3) Supondo que a minha interpretação do passo em questão é correta, pode fazer-se uma sugestão destinada a ligar a crença de Platão na importância da degeneração racial com o seu conselho reiterado de que o número de membros da classe dirigente deve ser mantido constante (conselho que mostra que o sociólogo Platão percebia o efeito perturbador do aumento da população). A maneira de pensar de Platão, descrita no fim deste capítulo (cf. texto da nota 45 e nota 37 do capítulo 8), especialmente o modo em que opõe O Único monarca, Os Poucos timocratas aos Muitos que não passam de uma multidão, pode ter-lhe sugerido a convicção de que *um aumento em número é equivalente a um declínio em qualidade*. (Há, de facto, uma sugestão nesta linha em *Leis*,

NOTAS | 355

710d). Se esta hipótese estiver correta, então ele pode facilmente ter concluído que *o crescimento da população é interdependente da degeneração racial, ou mesmo talvez causado por ela*. Visto que o aumento da população foi, com efeito, a causa principal da instabilidade e dissolução das primitivas sociedades tribais gregas (cf. notas 6, 7 e 63 do capítulo 10 e texto), esta hipótese explicaria porque Platão acreditava que a «verdadeira» causa era a degeneração racial (em consonância com as suas teorias da «natureza» e da «mudança»).

([40]) (1) Ou «no momento errado». Adam insiste (nota a 546d23) que não devemos traduzir «no momento errado», mas sim «inoportunamente». Posso comentar que a minha interpretação é bastante independente desta questão; é totalmente compatível com «inoportunamente» ou «erradamente» ou «no momento errado» ou «fora da estação devida». (A frase em causa significa, originariamente, qualquer coisa como «contrário à medida apropriada»; normalmente significa «no momento errado».)

* (2) No que respeita às observações de Platão sobre «mescla» ou «mistura» pode observar-se que Platão parece ter partilhado uma teoria primitiva mas popular da hereditariedade. (Ao que parece ainda subscrita pelos criadores de cavalos), segundo a qual a descendência é uma mistura ou mescla equilibrada dos carateres ou naturezas dos dois pais, e que os seus carateres, naturezas ou «virtudes» (resistência, velocidade, etc., ou, segundo a *República*, o *Político* ou as *Leis*, doçura, ferocidade, audácia, autocontrolo, etc.) se misturam no descendente na proporção do número dos antepassados (avós, bisavós, etc.) que possuíam esses carateres. Por conseguinte, a arte da criação consiste numa fusão ou mistura judiciosa e científica – matemática ou harmoniosa – das naturezas. Ver especialmente o *Político*, onde a arte régia do estadista ou do pastoreio é comparada com a da tecelagem e em que o tecelão real deve combinar a audácia com o autocontrolo. (Ver também a *República*, 375c-e 410c, ss.; *Leis*, 731b e notas 34 *seq.* do capítulo 4, 13 e 39 *seq.* do capítulo 8 e texto.*

([41]) Para a lei das revoluções sociais de Platão, ver especialmente a nota 26 do capítulo 4 e texto.

([42]) O termo «metabiologia» é usado por G. B. Shaw neste sentido, isto é, denotando uma espécie de religião. (Cf. o prefácio de *Back to Methuselah*; ver também nota 66 do capítulo 12.)

356 A SOCIEDADE ABERTA E OS SEUS INIMIGOS

([43]) Cf. a nota de Adam a *República*, 547a 3.

([44]) Para uma crítica daquilo a que chamo «psicologismo» no método da sociologia, cf. o texto a que se refere a nota 19 do capítulo 13 e o capítulo 14, onde se discute o psicologismo metodológico de Mill, ainda em voga.

([45]) Tem-se dito muitas vezes que o pensamento de Platão não pode ser comprimido num «sistema». Assim, a minha tentativa neste parágrafo (e não só neste parágrafo) de mostrar a unidade sistemática do pensamento de Platão, que se baseia obviamente na tabela de opostos pitagórica, vai provavelmente suscitar críticas. Mas creio que essa sistematização é um teste necessário de qualquer interpretação. Aqueles que acreditam não precisar de uma interpretação e que podem «conhecer» um filósofo ou a sua obra, e tomá-lo «como ele era», ou à sua obra «como ela era», estão enganados. Não podem deixar de interpretar tanto o homem como a sua obra; mas dado que não estão conscientes do facto de estar a interpretar (que a sua visão é influenciada pela tradição, temperamento, etc.), a sua interpretação é necessariamente ingénua e acrítica. (Cf. também o capítulo 10 – notas 1-5 e 56 – e capítulo 25.) Uma interpretação crítica, no entanto, tem de assumir a forma de uma construção racional e tem de ser sistemática; tem de tentar reconstruir o pensamento do filósofo como uma edificação consistente. Cf. também o que A. C. Ewing diz de Kant (*A Short Commentary on Kant's Critique of Pure Reason*, 1938, p. 4): «(...) devemos partir do pressuposto de que não é provável que um grande filósofo esteja sempre a contradizer-se e por conseguinte sempre que houver duas interpretações, uma das quais torne Kant coerente e a outra, incoerente, é de preferir a primeira à segunda, se razoavelmente possível.» Isto também se aplica certamente a Platão e mesmo à interpretação em geral. Cf. a nota de Adam a *República*, 547a 3.

NOTAS DO CAPÍTULO 6

([1]) Cf. nota 3 do capítulo 4 e texto, em especial o fim desse parágrafo. Além disso, a nota 2 (2) a esse capítulo. No que se refere à fórmula *Regresso à Natureza*, quero chamar a atenção para o facto de Rousseau ser muito influenciado por Platão. Com efeito, basta um relance ao *Contrato Social* para revelar uma pletora de analogias com os passos platónicos sobre o naturalismo que foram comentados no último capítulo. Cf. especialmente a nota 14 do capítulo 9. Há também uma interessante semelhança entre a *República*, 591a, ss. (e *Górgias*, 472e, ss., onde ocorre uma ideia semelhante num contexto individualista) e a famosa teoria do castigo de Rousseau (e de Hegel). (Barker, *Greek Political Theory*, I, 388 ss., sublinha, com razão, a influência de Platão em Rousseau. Mas não vê o forte elemento de romantismo em Platão; e não é geralmente notado que o romantismo rural que influenciou tanto a França como a Inglaterra de Shakespeare através da *Arcadia* de Sanazzaro tem a sua origem nos pastores dórios de Platão; cf. notas 11 (3) e 32 do capítulo 4 e a nota 14 do capítulo 9.)

(²) Cf. R. H. S. Crossman *Plato To-day* (1937), 132. A citação que se segue é da p. 111. Este livro interessante (como as obras de Grote e C. Gomperz) estimulou-me muito a desenvolver as minhas opiniões bastante pouco ortodoxas sobre Platão e a segui-las até às suas conclusões bastante desagradáveis. Para as citações de C. E. M. Joad, cf. o seu *Guide to the Philosophy of Morals and Politics* (1938), 661 e 660. Posso referir também aqui as observações muito interessantes sobre as opiniões de Platão a respeito da justiça de C. L. Stevenson, no seu artigo «Persuasive Definitions» (*Mind*, N. S., vol. 47, 1938, pp. 331 ss.).

(³) Cf. Crossman, *op. cit.*, 132 *seq.* Ambas as citações que se seguem são: Field, *Plato*, etc., 91; cf. também observações semelhantes em Barker, *Greek Political Theory*, etc. (ver nota 13 do capítulo 5).

A idealização de Platão tem desempenhado um papel considerável nos debates sobre a autenticidade de várias obras transmitidas em seu nome. Muitas delas têm sido rejeitadas por alguns críticos simplesmente por conterem passos que não se ajustam à sua visão idealizada de Platão. Uma expressão bastante ingénua, bem como típica, desta atitude pode encontrar-se na «Nota introdutória» de Davies e Vaughan (cf. a edição «Golden Treasury» da *República*, p. vi): «O senhor Grote, no seu zelo por fazer Platão descer do seu pedestal sobre-humano, talvez esteja excessivamente pronto a atribuir-lhe as composições que têm sido julgadas

358 | A SOCIEDADE ABERTA E OS SEUS INIMIGOS

indignas de um filósofo tão divino.» Parece não ter ocorrido aos autores que o seu juízo sobre Platão deveria depender do que ele escreveu e não vice-versa e que se estas composições são autênticas *e* indignas, Platão não era um filósofo assim tão divino. (Sobre a divindade de Platão, ver também Simplício em *Arist. de coelo,* 32b44, 319a15, etc.)

(⁴) Esta formulação de (*a*) emula uma das de Kant, que define *uma constituição justa* como «uma constituição que logra *a maior liberdade possível dos indivíduos humanos* enquadrando as leis de um modo tal que *a liberdade de cada um possa coexistir com a de todos os outros».* (*Crítica da Razão Pura²,* 373); ver também a sua *Teoria do Direito,* onde diz: «Direito (ou justiça) é a soma total das condições necessárias para que a livre escolha de cada qual possa coexistir com a de todos os demais, de acordo com a lei geral da liberdade». Kant acreditava que era este o fim perseguido por Platão na *República,* do que podemos ver que Kant foi um dos muitos filósofos enganados por Platão ou que o idealizaram atribuindo-lhe as suas próprias ideias humanitárias. Posso observar, a este propósito, que o liberalismo fervoroso de Kant se nota muito pouco nos textos ingleses ou americanos sobre filosofia política (não obstante o *Kant's Principles of Politics,* de Hastie). É por demasiadas vezes considerado um precursor de Hegel; mas uma vez que soube ver no romantismo de Herder e Fichte uma doutrina diametralmente oposta à sua, esta alegação é grosseiramente injusta para com Kant e não pode haver dúvidas de que ele a detestaria. Foi a tremenda influência do hegelianismo que levou a uma ampla aceitação desta tese, a meu ver completamente insustentável.

(⁵) Cf. o texto a que se referem as notas 32/33 do capítulo 5.

(⁶) Cf. o texto a que correspondem as notas 25-29, capítulo 5. As citações do presente parágrafo são (1) *República,* 433a; (2) *República,* 434a/b; (3) *República,* 441d. Com a afirmação de Platão, na primeira citação, «repetimos uma e outra vez», cf. também esp. *República,* 397e, onde a teoria da justiça é cuidadosamente preparada e, claro, *República,* 369b-c, citadas no texto da nota 29, capítulo 5. Ver também notas 23 e 40 do presente capítulo.

NOTAS   359

(⁷) Como se fez notar no capítulo 4 (nota 18 e texto, e nota 29), na *República* Platão não diz muito sobre os escravos, embora o que diz seja suficientemente significativo; mas nas *Leis* dissipa todas as dúvidas quanto à sua atitude (cf. especialmente o artigo de G. R. Morrow em *Mind* referido na nota 29 do capítulo 4).

(⁸) As citações são de Barker, *Greek Political Theory*, I, p. 180. Barker afirma que a «justiça platónica» é «justiça social» e realça, com razão, a sua natureza holística. Menciona (178 *seq.*) a possível crítica de que esta fórmula «não (...) toque a essência do que os homens generalmente entendem por justiça», isto é, «um princípio para lidar com o choque de vontades», ou seja, a justiça como referente a indivíduos. Mas pensa que «tal objeção não é relevante» e que a ideia de Platão «não é um questão de direito», mas sim «uma conceção de moralidade social» (179); e prossegue afirmando que este tratamento da justiça correspondia, de certa maneira, às noções gregas de justiça da época: «Nem estava Platão, ao conceber a justiça desta maneira, muito longe das ideias correntes na Grécia». Nem sequer menciona que existem alguns indícios em contrário, como aqui se discute nas notas ao texto e no texto.

(⁹) Cf. *Górgias*, 488e, ss.; o passo é mais amplamente citado e discutido na secção VIII, abaixo (ver nota 48 deste capítulo e texto). Para a teoria da escravatura de Aristóteles, ver nota 3 do capítulo 11 e texto. As citações de Aristóteles deste parágrafo são (1) e (2) *Ética a Nicómaco*, V, 4, 7 e 8; (3) *Política*, III, 12, 1 (1282b; ver também notas 20 e 30 deste capítulo. O passo contém uma referência a *Ética a Nicom.*); (4) *Ética a Nicom.*, V, 4, 9; (5) *Política*, IV (VI), 2, 1 (1317b). – Na *Ética a Nicómaco*, V, 3, 7 (cf. também *Pol.*, III, 9,1; 1280a), Aristóteles também refere que o significado de «justiça» varia nos Estados democráticos, oligárquicos e aristocráticos, consoante as suas diferentes ideias de «mérito». *(O que aqui se segue foi acrescentado pela primeira vez na edição americana de 1950.)

Para as opiniões de Platão, nas *Leis*, sobre *justiça política* e *igualdade*, veja-se especialmente o passo sobre as duas espécies de igualdade (*Leis*, 757b-d) citado abaixo em (1). Para o facto, referido aqui no texto, de que não são apenas a virtude e o berço, mas também a riqueza o que deve contar na distribuição de honras e

360   A SOCIEDADE ABERTA E OS SEUS INIMIGOS

de despojos (e até a altura e o bom aspeto), ver *Leis,* 744c, citado na nota 20 (1) do presente capítulo, onde são também discutidos outros passos relevantes.

(1) Nas *Leis,* 757b-d, Platão discute «*duas espécies de igualdade*». «Uma delas (...) é a igualdade de medida, peso ou número [isto é, a igualdade numérica ou aritmética], mas a mais verdadeira e melhor igualdade (...) distribui mais aos maiores e menos aos mais pequenos, dando a cada qual a sua devida medida, *de acordo com a sua natureza* (...). Ao outorgar a maior honra àqueles que são superiores em mérito e a menor honra àqueles que são inferiores em virtude e berço, *distribui a cada um o que é apropriado, de acordo com este princípio da proporcionalidade [racional].* E a isto precisamente chamaremos «*justiça política*». E quem quer que funde um Estado deve fazer disto o único fim da sua legislação (...): apenas esta justiça que como dissemos, é a *igualdade natural* e que é distribuída, consoante a situação requeira, a desiguais.» A segunda das duas igualdades que constitui aquilo a que Platão chama aqui «justiça política» (e a que Aristóteles chama «justiça distributiva») e que é descrita por Platão (e Aristóteles) como «*igualdade proporcional*» – a mais verdadeira, a melhor e mais natural igualdade – foi mais tarde chamada «geométrica» (*Górgias,* 508a; ver também 465b/c, e Plutarco, *Moralia,* 719b, *seq.*), por oposição à mais baixa e democrática igualdade «*aritmética*». As observações de (2) podem elucidar esta identificação.

(2) Segundo a tradição (ver *Comm. In Arist. Graeca, pars* XVI, Berlim, 1897, p. 117, 29, e *pars* XVIII, Berlim, 1900, p. 118, 18), uma inscrição sobre a porta da Academia de Platão dizia: «Ninguém sem formação em geometria pode entrar na minha casa!» Suspeito que o significado disto não é simplesmente realçar a importância dos estudos de matemática, mas que quer dizer, isso sim, «A aritmética (isto é, mais precisamente, a teoria pitagórica do número) não basta; têm de saber geometria!» E tentarei esboçar as razões que me fazem crer que esta última frase resume adequadamente um dos mais importantes contributos científicos de Platão. Ver também Adenda, p. 251.

Como se crê agora geralmente, o mais antigo tratamento pitagórico da geometria adotava um método semelhante ao que hoje se chama «aritmetização». A geometria era tratada como parte da teoria dos integrais (ou números «naturais», isto é, números compostos de mónadas ou «unidades indivisíveis»; cf. *República,*

NOTAS | 361

525e) e dos seus «*logoi*», isto é, as suas proporções «racionais». Por exemplo, os triângulos retangulares pitagóricos eram aqueles com lados nessas proporções racionais. (São exemplos: 3:4:5 ou 5:12:13) Uma fórmula geral atribuída a Pitágoras é esta: 2n+1: 2n(n+1): 2n(n+1)+1. Mas esta fórmula, deduzida do «*gnomon*», não era suficientemente geral, como mostra o exemplo 8:15:17. Uma *fórmula geral* da qual se pode obter a pitagórica colocando m = n+1, é esta :m^2-n^2: 2mn: m^2+n^2 (em que m>n). Dado que esta fórmula é uma consequência próxima do chamado «Teorema de Pitágoras» (se conjugado com o tipo de álgebra que parece ter sido conhecido pelos primeiros pitagóricos) e dado que esta fórmula era, aparentemente, não só desconhecida de Pitágoras como mesmo de Platão (o qual, segundo Proclo, propunha uma outra fórmula não geral), parece que o «Teorema de Pitágoras» não era conhecido, na sua forma geral, nem por Pitágoras nem sequer por Platão. (Para uma visão menos radical desta matéria, veja--se T. Heath, *A History of Greek Mathematics*, 1921, vol. 1, pp. 80-2. A fórmula que designo por «geral» é essencialmente a de Eucli- des; pode ser obtida da fórmula desnecessariamente complicada de Heath na p. 82, obtendo primeiro os três lados do triângulo e multiplicando-os por $2m/n$ e substituindo depois no resultado *m* e *n* e *p* e *q*).

A descoberta da irracionalidade da raiz quadrada de dois (a que Platão alude no *Hípias Maior* e no *Menon*; cf. nota 10 do capítulo 8; ver também Aristóteles, *Anal. Priora* 41a26 *seq.*), des- truiu o programa pitagórico de «aritmetização» da geometria e, com ele, a vitalidade da própria Ordem Pitagórica. A tradição de que esta descoberta foi ao princípio mantida em segredo é susten- tada, parece, pelo facto de Platão ainda começar por chamar ao irracional «*arrhētos*», isto é, o segredo, o mistério inominável; cf. o *Hípias Maior*, 303b/c; *República* 546c. (Um termo mais tardio é «o incomensurável»; cf. *Teeteto*, 147c e *Leis*, 820c. O termo «*alogos*» parece ocorrer pela primeira vez em Demócrito, que escreveu dois livros *Sobre Linhas e Átomos* (ou *Corpos Inteiros*) *Ilógicos*, que se perderam; Platão conhecia o termo, como o prova a sua alu- são um tanto desrespeitosa ao título de Demócrito, na *República*, 534d, nas nunca o usou ele próprio como sinónimo de «*arrhētos*». O primeiro uso existente e indubitável neste sentido é em Aristó- teles, *Anal. Post.*, 76b9. Ver também T. Heath, *op. cit.*, vol. I, pp. 84 *seq.*, 156 *seq.* e a minha primeira Adenda na p. 251.)

Parece que o fracasso do programa pitagórico, isto é, do método aritmético de geometria, levou ao desenvolvimento do método axiomático de Euclides, ou seja, de um novo método que, por um lado, se destinava a resgatar da derrocada o que podia ser resgatado (incluindo o método da prova racional) e, por outro, a aceitar a irredutabilidade da geometria à aritmética. Presumindo tudo isto, parece altamente provável que o papel de Platão na transição do velho método pitagórico para o de Euclides foi de excecional importância – de facto, Platão foi um dos primeiros a desenvolverem *um método especificamente geométrico* visando resgatar o que podia ser resgatado e limitar as perdas da derrocada do pitagorismo. Isto tem de ser considerado em grande parte uma hipótese histórica altamente incerta, mas pode encontrar-se alguma confirmação dela em Aristóteles, *Anal. Post.*, 76b9 (mencionado acima), especialmente se este passo for comparado com as *Leis*, 818c, 895e (par e ímpar) e 819e/820a, 820c (incomensurável). Este passo reza: «A aritmética assume o significado de 'ímpar' e 'par', a geometria o de 'irracional' (...)» (ou «incomensurável»; cf. *Anal. Priora.*, 41a26 *seq.*, 50a37. Ver também *Metafísica*, 983a20, 1061b1-3, onde o problema da irracionalidade é tratado como se fosse o *proprium* da geometria, e 1089a, onde, como em *Anal. Post.* 76b40, há uma alusão ao método do «metro quadrado» do *Teeteto*, 147d.) O grande interesse de Platão pelo problema da irracionalidade mostra-se especialmente em dois dos passos mencionados acima, o *Teeteto* 147c-148a, e *Leis*, 819d-822d, onde Platão declara que se envergonha dos gregos por não terem estado atentos ao grande problema das magnitudes incomensuráveis.

Ora, o que eu sugiro é que a «Teoria dos Corpos Primários» (no *Timeu*, 53c a 62c, e mesmo talvez até a 64a; ver também *República*, 528b-d) é parte da resposta de Platão ao desafio. Preserva, por um lado, o caráter atomístico do pitagorismo – as unidades indivisíveis («mónadas») que também têm o seu papel na escola dos atomistas – e introduz, por outro lado, as irracionalidades (das raízes quadradas de dois e de três), cuja entrada no mundo se tinha tornado inevitável. Faz isto tomando dois dos triângulos retangulares ofensivos – o que é metade de um quadrado e integra a raiz quadrada de dois, e aquele que é metade de um triângulo equilátero e integra a raiz quadrada de três – como as unidades de que tudo o mais se compõe. Pode mesmo dizer-se que a doutrina de que estes dois triângulos irracionais são os limites (*peras*; cf.

NOTAS 363

Menon, 75d-76a) ou Formas de todos os corpos físicos elementares é uma das doutrinas físicas centrais do *Timeu*.

Tudo isto sugere que o aviso contra aqueles que não tenham formação geométrica (pode talvez encontrar-se uma alusão a isto no *Timeu*, 54a) poderia ter tido o significado mais intencional mencionado acima e pode ter estado relacionado com a crença de que a geometria é uma coisa de maior importância do que a aritmética. (Cf. *Timeu*, 31c.) E isto, por sua vez, explicaria porque é que a «igualdade proporcional» de Platão, dita por ele uma coisa mais aristocrática do que a democrática igualdade aritmética ou numérica, foi mais tarde identificada com a «igualdade geométrica», referida por Platão no *Górgias*, 508a (cf. nota 48 deste capítulo) e porque é que aritmética e geometria foram associadas respetivamente à democracia e à aristocracia espartana (por exemplo, por Plutarco, *loc. cit.*) – a despeito do facto, depois aparentemente esquecido, de que os pitagóricos tinham uma mentalidade tão aristocrática como o próprio Platão; de que o seu programa destacava a aritmética; e que «geométrico», na sua linguagem, era o nome que se dava a determinada espécie de proporção numérica (isto é, aritmética).

(3) No *Timeu*, Platão precisa, para a constituição dos Corpos Primários, de um Quadrado Elementar e de um Triângulo Equilátero Elementar. Estes dois, por sua vez, compõem-se de duas diferentes espécies de triângulos *subelementares* – o meio quadrado que integra $\sqrt{2}$ e o meio equilátero que integra $\sqrt{3}$, respetivamente. Tem sido muito discutida a razão por que escolhe estes dois retângulos subelementares em vez do próprio Quadrado e do próprio Triângulo Equilátero, bem como a segunda questão – ver abaixo em (4) – porque constrói os seus Quadrados Elementares com quatro meios-quadrados em vez de dois e o Equilátero Elementar com seis meios-equilaterais subelementares em vez de dois. (Ver as primeiras duas das três figuras na página 366.)

Quanto à primeira destas duas questões, parece ter passado em geral despercebido que Platão, com o seu ardente interesse no problema da irracionalidade, não teria introduzido a duas irracionalidades $\sqrt{2}$ e $\sqrt{3}$ (que menciona explicitamente em 54b) *se não estivesse ansioso por introduzir no seu mundo precisamente estas irracionalidades como elementos irredutíveis.* (Cornford, *Plato's Cosmology*, pp. 214 e 231 ss., dá-nos uma longa discussão de ambas as questões, mas a solução comum que oferece para as duas – a sua «hipótese», como lhe chama na p. 234 – parece-me bastante inaceitável; quisesse Platão alcançar uma «gradação» como a que discute Cornford – notem que não há qualquer sugestão em Platão de que exista algo mais pequeno do que aquilo a que Cornford chama «Grau B» – teria sido suficiente dividir em dois os *lados* dos *Quadrados Elementares* e Equilaterais do que Cornford designa por «Grau B», construindo cada um deles a partir de quatro figuras elementares *que não contêm quaisquer irracionalidades*.) Mas se Platão estava ansioso por introduzir no mundo estas irracionalidades, como lados de triângulos subelementares de que tudo o resto se compõe, então deve ter julgado que podia assim resolver um problema; e esse problema, sugiro, era o da «natureza do (comensurável e do) incomensurável» (*Leis*, 820c) Este problema era, claramente, de resolução particularmente difícil com base numa cosmologia que fazia uso de algo como as ideias atomísticas, visto os irracionais não serem múltiplos de qualquer unidade capaz de medir racionais; mas se as medidas das unidades contêm elas próprias lados de «rácios irracionais», então o grande paradoxo poderá estar resolvido, pois podem então medir ambos e a existência de «irracionais» deixaria de ser incompreensível ou «irracional».

Mas Platão sabia que havia mais irracionalidades do que $\sqrt{2}$ e $\sqrt{3}$, pois menciona no *Teeteto* a descoberta de uma sequência infinita de raízes quadradas irracionais (fala também, 148b, de «considerações similares referentes a sólidos», o que não se refere necessariamente a raízes cúbicas, mas poderá referir-se, isso sim, à diagonal cúbica, isto é, a $\sqrt{3}$); e menciona ainda no *Hípias Maior* (303b-c; cf. Heath, *op. cit.*, 304) o facto de que pela soma (ou qualquer outra composição) de irracionais, se podem obter outros números irracionais (mas também números racionais – uma alusão, provavelmente, ao facto de que 2 menos $\sqrt{2}$ é irracional, mas este número mais $\sqrt{2}$ dá, claro, um número racional). Nestas circunstâncias, parece que se Platão queria resolver o problema da irracionalidade por via da introdução dos seus triângulos elementares, deve ter pensado que todos os irracionais (ou pelo menos os seus múltiplos) podem ser compostos pela soma de (*a*) unidades; (*b*) $\sqrt{2}$; (*c*) $\sqrt{3}$; e múltiplos destas. Isto teria sido, evidentemente, um erro, mas temos todas as razões para crer que não existisse à época prova em contrário; e a proposição de que há apenas duas espécies de irracionalidades atómicas – as diagonais dos quadrados e dos

NOTAS 365

cubos – e que todas as outras irracionalidades são comensuráveis com (*a*) a unidade; (*b*) $\sqrt{2}$; (*c*) $\sqrt{3}$ contém algum grau de plausibilidade se considerarmos o caráter relativo das irracionalidades. (Refiro-me ao facto de que podemos dizer com igual justificação que a diagonal de um quadrado que tenha por lado a unidade é irracional, ou que o lado de um quadrado que tenha por diagonal a unidade é irracional. Devemos também recordar que Euclides, no Livro X, def. 2, declara todas as raízes quadradas incomensuráveis «comensuráveis pelos seus quadrados».) Assim, Platão pode muito bem ter acreditado nesta proposição, embora lhe fosse impossível estar na posse de uma prova válida da sua conjetura. (Ao que parece, a prova em contrário foi dada em primeiro lugar por Euclides.) Ora, há sem dúvida referência a uma conjetura não provada no próprio passo do *Timeu* em que Platão se refere à razão para ter escolhido os seus triângulos subelementares, pois escreve (*Timeu*, 53c/d): «todos os triângulos derivam de dois, cada um dos quais tem um ângulo reto (...); destes triângulos, um [o meio quadrado] tem de cada lado metade de um ângulo reto, (...) e lados iguais; o outro [o escaleno] (...) tem lados diferentes. Tomamos estes dois como primeiros princípios (...) segundo uma versão que combina probabilidade [ou conjetura provável] com necessidade [prova]. Princípios ainda mais remotos do que estes, conhecem-nos os céus e os homens que os céus favorecem.» E posteriormente, depois de explicar que existe um número infindável de triângulos escalenos, dos quais há que escolher «os melhores», e depois de explicar que toma como melhor o meio-equilátero, Platão diz (*Timeu*, 54a/b; Cornford teve de emendar o passo para que se ajustasse à sua interpretação: cf. a sua nota 3 à p. 214): «O motivo é uma história muito longa; mas se alguém puser à prova esta questão e provar que tem esta propriedade, o prémio é seu, de muito bom grado.» Platão não diz com clareza que «propriedade» é esta; deve ser uma propriedade matemática (suscetível de prova ou refutação) que justifique que, tendo escolhido o triângulo que integra a $\sqrt{2}$, a escolha do triângulo que integra a $\sqrt{3}$ é «a melhor» e penso que, tendo em conta as considerações precedentes, a propriedade que ele tinha em mente era a racionalidade relativa conjeturada dos outros irracionais, isto é, relativa à unidade e às raízes quadradas de dois e três.

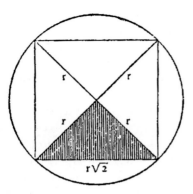

O Quadrado Elementar de Platão, composto de quatro triângulos isósceles retangulares subelementares

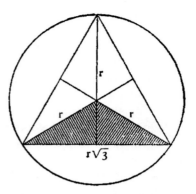

O Equilátero Elementar de Platão, composto de seis triângulos escalenos retangulares subelementares

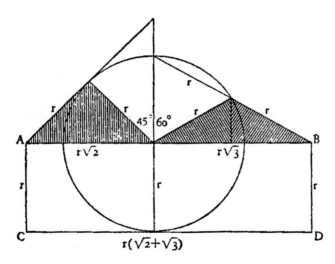

O retângulo ABCD tem uma área que excede a do círculo por menos de 1 ½ por mil

(4) Outra razão para a nossa interpretação, embora eu não encontre qualquer outra prova no texto de Platão, pode talvez emergir da seguinte consideração. Dá-se o facto curioso de a soma de $\sqrt{2}+\sqrt{3}$ ser muito próxima do valor de Π. (Cf. E. Borel, *Space and Time*, 1926, 1960, p. 216: quem me chamou a atenção para

NOTAS 367

este facto, num contexto diferente, foi W. Marinelli.) A diferença, para mais, é de apenas 0,0047, ou seja, menos de 1½ por mil de Π e não era conhecida provavelmente à época qualquer melhor aproximação de Π. Uma espécie de explicação para este facto é que a média aritmética das áreas do hexágono circunscrito e do octógono inscrito é uma boa aproximação da área do círculo. Ora, parece que, por um lado, Bryson trabalhou com as médias dos polígonos circunscrito e inscrito (cf. Heath, *op. cit.*, 224) e sabemos, por outro lado (pelo *Hípias Maior*), que Platão se interessava pela soma dos irracionais e, por conseguinte, deve ter somado $\sqrt{2}$ e $\sqrt{3}$. Há portanto duas maneiras pelas quais Platão pode ter descoberto a equação aproximada $\sqrt{2}+\sqrt{3} \approx \Pi$ e a segunda destas maneiras afigura-se quase inescapável. Parece plausível a hipótese de que Platão conhecia esta equação, mas não conseguia provar se era ou não uma igualdade exata ou apenas uma aproximação.

Mas se assim for, então podemos talvez responder à «segunda pergunta» referida acima em (3), isto é, a questão de saber porque compôs Platão o seu quadrado elementar de quatro triângulos subelementares (meios-quadrados) em vez de dois e o seu equilátero elementar de seis triângulos subelementares (meio-equilaterais) em vez de dois. Se olharmos para as primeiras duas figuras acima, vemos que esta construção realça o centro dos círculos circunscritos e inscritos e, em ambos os casos, os raios do círculo circunscrito. (No caso do equilátero, o raio do círculo inscrito também aparece, mas parece que Platão tinha em mente o círculo circunscrito, visto que na sua descrição do método de composição do equilátero o menciona como a «diagonal»; cf. *Timeu*, 54d/e; cf. também 54b.)

Se desenharmos agora estes dois círculos circunscritos, ou mais precisamente, se inscrevermos o quadrado elementar e o equilátero elementar num círculo com o raio r, verificamos que a soma dos lados destas duas figuras se aproxima de $r\Pi$. Por outras palavras, a construção de Platão sugere uma das mais simples soluções aproximadas da quadratura do círculo, como as nossas três figuras mostram. Perante tudo isto, pode facilmente dar-se o caso de a conjetura de Platão e a sua oferta de «um prémio de muito bom grado», citada acima em (3), envolver não só o problema geral da comensurabilidade das irracionalidades, mas também o problema especial de saber se a soma $\sqrt{2}+\sqrt{3}$ faz a quadratura do círculo.

Tenho de sublinhar, mais uma vez, que desconheço qualquer prova direta que mostre que era isto que Platão tinha em mente, mas se considerarmos as provas indiretas aqui reunidas, então a hipótese talvez não pareça excessivamente improvável; penso que não o é mais do que a hipótese de Cornford, e, se for verdadeira, daria uma melhor explicação dos passos relevantes.

(5) Se tiver algum mérito a nossa tese, desenvolvida na secção (2) desta nota, de que a inscrição de Platão significava «A aritmética não basta; têm de saber geometria!» e a nossa tese de que esta ênfase estava ligada à descoberta da irracionalidade das raízes quadradas de 2 e de 3, então talvez lance alguma luz sobre a Teoria das Ideias e sobre a muito discutida versão de Aristóteles. Explicaria porque, considerando esta descoberta, a ideia dos pitagóricos de que as coisas (formas, contornos) são números e as ideias morais rácios de números, tinha de desaparecer – para ser talvez substituída, como no *Timeu*, pela doutrina de que as formas elementares, ou limites («*peras*»; cf. o passo do *Menon*, 75d-76a, referido acima), ou contornos, ou ideias das coisas, são triângulos. Mas explicaria também porque, uma geração mais tarde, a Academia pôde regressar à doutrina pitagórica. Uma vez passado o choque causado pela descoberta da irracionalidade, os matemáticos começaram a habituar-se à ideia de que *os irracionais têm de ser números*, apesar de tudo, visto que estão nas relações elementares de maior ou de menor com os outros números (racionais). Alcançado este estádio, desapareceram as razões contra o pitagorismo, embora a teoria de que os contornos são números ou rácios de números significava, depois da aceitação dos irracionais, uma coisa muito diferente do que significara antes (um ponto que possivelmente não era totalmente compreendido pelos que haviam aderido à nova teoria). Ver também Adenda I, p. 251.*

([10]) A bem conhecida representação de Témis com os olhos vendados, ou seja, ignorando a posição do queixoso, e segurando uma balança, isto é, como que distribuindo igualdade ou ponderando as reclamações e interesses dos indivíduos em querela, é uma representação simbólica da ideia igualitária de justiça. Esta representação não pode, no entanto, ser usada aqui como argumento em favor da tese de que esta ideia era corrente no tempo de Platão; pois, como amavelmente me informa o Prof. E. H. Gombrich, data do Renascimento e inspira-se num passo de *De Iside et Osiride* de Plutarco, mas não na Grécia clássica. *Por

NOTAS

outro lado, a representação de Dikē com uma balança é clássica (para esta representação, de Timocares, uma geração depois de Platão, ver R. Eisler, *The Royal Art of Astrology*, 1946, pp. 100, 266 e Gravura 5) e remonta, provavelmente, a Hesíodo e à sua identificação da constelação da Virgem com Dikē (considerando a balança vizinha). E tendo em conta as restantes provas aqui apresentadas para mostrar a associação da Justiça ou de Dikē com a igualdade distributiva, a balança significa provavelmente o mesmo que no caso de Témis.*

([11]) *República*, 440c-d. o passo conclui com uma metáfora característica de cão-pastor: «Ou então, até que tenha sido chamado de volta e acalmado, pela voz da sua própria razão, como um cão pelo pastor?» Cf. nota 32 (2) do capítulo 4.

([12]) Platão, com efeito, sugere isto quando por duas vezes apresenta Sócrates com bastantes dúvidas sobre onde haverá de procurar a justiça. (Cf. 368b, ss., 432, ss.)

([13]) Adam (por influência de Platão) esquece obviamente a teoria igualitária na sua nota à *República*, 331e, ss., onde, provavelmente com razão, diz que «a opinião de que a justiça consiste em tratar bem os amigos e mal os inimigos, é um fiel reflexo da moralidade prevalecente na Grécia». Mas engana-se quando acrescenta que era «uma opinião quase universal», pois esquece as suas próprias provas (nota a 561e28) que mostram que a igualdade perante a lei («isonomia») «era a orgulhosa proclamação da democracia». Ver também notas 14 e 17 deste capítulo.

Uma das referências mais antigas (se não a mais antiga) à «isonomia» pode ser encontrada num fragmento que se deve ao médico Alcmeon (princípios do século V a.C., ver Diels[5], capítulo 24, fr. 4); fala da isonomia como condição de saúde e opõe-na a «monarquia» – o domínio de um sobre muitos. Temos aqui uma teoria política do corpo ou, mais precisamente, da fisiologia humana. Cf. também notas 32 do capítulo 5 e 59 do capítulo 10.

([14]) É feita uma referência de passagem à *igualdade* no discurso de Glaucon na *República*, 359c (semelhante ao do *Górgias*, 483c/d; ver também esta nota, abaixo, e a nota 47 deste capítulo); mas a questão não é prosseguida. (Para este passo cf. nota 50 deste capítulo.)

No virulento ataque de Platão à democracia (ver texto das notas 14-18, capítulo 4), ocorrem três referências jocosas ao igualitarismo. A *primeira* é uma observação no sentido de que a democracia «distribui igualdade aos iguais e aos desiguais sem distinção» (558c; cf. a nota de Adam a 558c16; ver também a nota 21 deste capítulo); pretende ser uma crítica irónica. (A igualdade já antes foi associada à democracia, a saber, na descrição da revolução democrática; cf. *Rep.*, 557a, citada no texto da nota 13, capítulo 4.) A *segunda* caracteriza o «homem democrático» como satisfazendo os seus desejos «igualmente», sejam bons ou maus; é por isso designado por «igualitarista» («isonomista»), um trocadilho que alude à noção de «leis iguais para todos» ou «igualdade perante a lei» («isonomia»; cf. notas 13 e 17 deste capítulo). Este jogo de palavras ocorre na *República*, 561e. O caminho estava bem aberto, visto que a palavra «igual» já fora usada três vezes (*Rep.*, 561b e c) para caracterizar uma atitude do homem para quem todos os desejos e caprichos são «iguais». A *terceira* destas chalaças é um apelo à imaginação do leitor, ainda hoje típico deste género de propaganda: «Quase me esquecia de referir o grande papel desempenhado por estas famosas 'leis iguais' e por esta famosa 'liberdade' nas relações entre homens e mulheres (...)» (*Rep.*, 563b).

Além da evidência da importância do igualitarismo aqui referido (e no texto das notas 9-10 deste capítulo), temos de considerar especialmente o testemunho do próprio Platão em (1) *Górgias*, onde escreve (488e/489a; ver também notas 47, 48 e 50 deste capítulo): «Não crê a multidão (isto é, aqui, a maioria do povo) (...) que justiça é igualdade?».

(2) O *Menexeno* (238e-239a; ver nota 13 deste capítulo e o texto). Os passos das *Leis* sobre a igualdade são posteriores à *República* e não podem ser usadas como testemunho da consciência que Platão tinha desta questão quando escrevia a *República*, mas ver texto das notas 9, 20 e 21 deste capítulo.

([15]) O próprio Platão diz, a propósito da *terceira* observação (563b; cf. a última nota): «Deveremos dizer tudo o que nos vem à cabeça?», parecendo que deseja indicar que não vê qualquer razão para suprimir a graçola.

([16]) Creio que a versão da oração de Péricles dada por Tucídides (II, 37 ss.) pode ser considerada praticamente autêntica. Com

NOTAS | 371

toda a probabilidade, ele estava presente quando Péricles falou, e em qualquer caso tê-la-ia reconstituído tão fielmente quanto possível. Há muitas razões para acreditar que naqueles tempos não era nada de extraordinário que alguém aprendesse de cor uma oração alheia (cf. o *Fedro* de Platão) e uma reprodução fiel de um discurso deste género não é de facto tão difícil como se poderá pensar. Platão conhecia a oração, tomando como autêntica a versão de Tucídides ou qualquer outra, que devia ser extremamente semelhante a ela. Cf. também notas 31 e 34/35 do capítulo 10. (Pode ser referido aqui que nos princípios da sua carreira Péricles fizera algumas concessões duvidosas aos instintos tribais populares e ao também popular egoísmo coletivo do povo. Estou a pensar na legislação sobre a cidadania, de 451 a.c. Mas depois reviu a sua atitude em relação a estas questões, provavelmente influenciado por homens como Protágoras.)

(¹⁷) Cf. *Herodóto*, III, 80 e especialmente o elogio da «isonomia», ou seja, a igualdade perante a lei (III, 80, 6); ver também as notas 13 e 14 deste capítulo. Este passo de Heródoto, que também influenciou Platão em outros aspetos (cf. nota 24 do capítulo 4), foi ridicularizado por Platão na *República*, tal como ridiculariza a oração de Péricles; cf. nota 14 do capítulo 4 e 34 do capítulo 10.

(¹⁸) Mesmo o naturalista Aristóteles nem sempre toma como referência esta versão naturalística do igualitarismo; a sua formulação dos princípios da democracia na *Política*, 1317b (cf. nota 9 deste capítulo e texto), por exemplo, é bastante independente dela. Mas talvez ainda seja mais interessante que no *Górgias*, em que a oposição entre natureza e convenção desempenha um papel tão importante, Platão apresente o igualitarismo sem o onerar com a duvidosa teoria da igualdade natural de todos os homens (ver 488e/489a, citado na nota 14 deste capítulo, e 483d, 484a e 508a).

(¹⁹) Cf. *Menexeno*, 238e/2339a. O passo sucede imediatamente a uma clara alusão à oração de Péricles (a saber, à segunda frase citada no texto da nota 17, neste capítulo). – Não parece improvável que a reiteração da expressão «nascimento igual» naquele passo seja uma alusão escarninha ao «baixo» nascimento dos filhos de Péricles e Aspásia, que só por legislação especial de 429 a.C. foram reconhecidos como cidadãos atenienses. (Cf. E.

Meyer, *Gesch. d. Altertums*, vol IV p. 14, nota ao n.º 392, e p. 323, nº 558.)

Tem sido sustentado (até por Grote, cf. o seu *Plato*, III, p. 11) que Platão, no *Menexeno*, «no seu próprio discurso retórico (...) abandonou a veia irónica», isto é, que a parte do meio do *Menexeno*, de onde foi retirada a citação do texto, não pretende ser irónica. Mas perante o passo sobre igualdade citado e o escárnio manifesto com que trata este ponto na *República* (cf. nota 14 deste capítulo), esta opinião parece-me insustentável. E parece-me também impossível duvidar do caráter irónico do passo que antecede imediatamente o que é citado no texto em que Platão diz de Atenas (cf. 238c/d): «Nesse tempo, *bem como no presente* (...) o nosso governo sempre foi uma aristocracia (...); embora às vezes se lhe chame democracia, é realmente uma aristocracia, isto é, o governo dos melhores, com a aprovação dos muitos (...).» Considerando o ódio de Platão à democracia, esta descrição não precisa de mais comentários. *Outro passo indubitavelmente irónico é 245c-d (cf. nota 48 do capítulo 8), em que «Sócrates» louva Atenas pelo seu ódio consistente a estrangeiros e bárbaros. Dado que noutros pontos (na *República*, 562e, *seq.*, citado na nota 48 do capítulo 8), num ataque à democracia – o que quer dizer à democracia ateniense –, Platão escarnece de Atenas pelo seu tratamento liberal dos estrangeiros, o seu elogio no *Menexeno* só pode ser ironia; mais, o liberalismo de Atenas é ridicularizado por um partidário de Esparta. (Os estrangeiros estavam proibidos de residir em Esparta por uma lei de Licurgo; cf. Aristófanes, *As Aves*, 1012). É interessante, a este propósito, que no *Menexeno* (236a; cf. nota 15 (1) do capítulo 10), em que «Sócrates» é um orador que ataca Atenas, Platão diz de «Sócrates» que era discípulo do líder do partido oligárquico, Antífon, *o Orador* (de Ramno; a não confundir com Antífon, *o Sofista*, que era ateniense); considerando, em especial, que «Sócrates» produz uma paródia de um discurso registado por Tucídides, que de facto parece ter sido discípulo de Antífon, a quem muito admirava.* Quanto à autenticidade do *Menexeno*, ver também a nota 35 do capítulo 10.

([20]) *Leis*, 757a; cf. todo o passo, 757a-e, cujas partes principais são citadas acima, na nota 9 (1) deste capítulo.

(1) Para aquilo a que chamo a objeção comum contra o igualitarismo, cf. também *Leis*, 744b, ss., «Seria excelente se toda a

NOTAS 373

gente pudesse (...) ter tudo igualmente, mas dado que é impossível (...)», etc. O passo é especialmente interessante se considerarmos que Platão é muitas vezes descrito como inimigo da plutocracia por muitos escritores que o julgam só pela *República*. Mas neste importante passo das *Leis* (isto é, 744b, ss.) Platão exige que «os cargos públicos e as contribuições, bem como as distribuições, devem ser proporcionais ao valor da riqueza dos cidadãos. E devem depender não só da sua virtude ou da dos seus antepassados ou do tamanho do seu corpo ou do bom aspeto, mas também da sua riqueza ou da sua pobreza. Deste modo, cada homem receberá honrarias ou cargos tão equitativamente quanto possível, isto é, em proporção à sua fortuna, embora segundo um princípio de distribuição desigual.» *A doutrina da distribuição desigual das honrarias e, podemos supor, dos despojos, em proporção à riqueza e à condição física, é provavelmente uma reminiscência da idade heroica da conquista. Os ricos, que estão forte e dispendiosamente armados, e os que são fortes contribuem mais para a vitória do que os outros. (Este princípio era aceite nos tempos homéricos e pode ser encontrado, como R. Eisler me assegura, em quase todos os casos conhecidos de hordas guerreiras de conquista.)* A ideia básica desta atitude, a saber, que é injusto tratar igualmente os desiguais, pode ser encontrada numa observação de passagem logo no *Protágoras*, 337a (ver também *Górgias*, 508a, *seq.*, referido nas notas 9 e 48 deste capítulo), mas Platão não fez grande uso da ideia antes de escrever as *Leis*.

(2) Para o desenvolvimento destas ideias por Aristóteles, cf. esp. a sua *Política*, III, 9, 1, 1280a (ver também 1282b-1284b e 1301b29), onde escreve: «Todos os homens se agarram a uma qualquer espécie de justiça, mas as suas conceções são imperfeitas e não abarcam a Ideia na sua integralidade. Assim, por exemplo, há quem creia (os democratas) que a justiça é igualdade e assim é, embora não igualdade para todos mas apenas para os iguais. Outros pensam (os oligarcas) que é a desigualdade; e assim é, embora não a desigualdade para todos mas apenas para os desiguais.» Ver também *Ética a Nicómaco*, 1131b27, 1158b30, ss.

(3) Contra todo este anti-igualitarismo, sustento, com Kant, que o princípio de toda a moralidade deve ser que nenhum homem se considere mais valioso do que qualquer outra pessoa. E afirmo que este princípio é o único aceitável, considerando a impossibilidade notória de nos julgarmos a nós próprios com

imparcialidade. Custa-me muito, por conseguinte, perceber a seguinte observação de um autor excelente como Catlin (*Principles*, 314): «Há qualquer coisa de profundamente imoral na moralidade de Kant que pretende nivelar toda a gente (...) e que ignora o preceito aristotélico de tratar os iguais como iguais e os desiguais como desiguais. Um homem não tem socialmente os mesmos direitos que qualquer outro (...). Este autor de modo nenhum estaria disposto a negar que (...) há qualquer coisa no 'sangue'.» Pergunto agora: se houvesse alguma coisa no «sangue» ou na desigualdade de talentos, etc., e mesmo que valesse a pena perdermos o nosso tempo a avaliar essas diferenças, e mesmo que pudéssemos aquilatar essas diferenças, porque haveriam de ser tornadas no fundamento de maiores direitos e não apenas de maiores deveres? (Cf. texto das notas 31/32 do capítulo 4). Não consigo descortinar a profunda imoralidade do igualitarismo de Kant. E não consigo descortinar em que baseia Catlin o seu juízo moral, visto que considera que a moral é uma questão de gosto. Porque há de ser o «gosto» de Kant profundamente imoral? (Também é o «gosto» cristão.) A única resposta a esta questão que me ocorre é que Catlin faz o seu juízo a partir do seu ponto de vista positivista (cf. nota 18 (2) do capítulo 5) e que pensa que a exigência cristã e kantiana é imoral porque contradiz as valorações morais positivamente impostas da nossa sociedade contemporânea.

(4) Uma das melhores respostas alguma vez dadas a todos estes anti-igualitaristas deve-se a Rousseau. Digo isto apesar da minha opinião de que o seu romantismo (cf. nota 1 deste capítulo) foi uma das mais perniciosas influências da história da filosofia social. Mas ele foi também um dos poucos escritores verdadeiramente brilhantes neste campo. Cito uma das suas excelentes observações da *Origin of Inequality* (ver por exenplo a edição da Everyman de *Social Contract*, p. 174: o itálico é meu); e desejo chamar a atenção do leitor para a dignidade da formulação da última frase deste passo. «Concebo duas espécies de desigualdade no género humano; uma, a que chamo desigualdade natural ou física, porque é estabelecida pela natureza, consiste numa diferença de idade, de saúde, de força física, e das qualidades da mente ou da alma; e outra, a que se pode chamar desigualdade moral ou política, porque resulta de uma espécie de convenção e é estabelecida, ou pelo menos autorizada, pelo consentimento

NOTAS   375

dos homens. Esta última consiste nos diferentes privilégios de que alguns homens gozam (...) tais como serem mais ricos, mais honrados ou mais poderosos (...). É inútil perguntar qual é a origem da desigualdade natural, porque a resposta à questão está na simples definição da palavra. Além disso, *ainda é mais inútil indagar se existe alguma ligação entre as duas desigualdades*, pois isso seria apenas perguntar, por outras palavras, se aqueles que mandam são necessariamente melhores do que aqueles que obedecem e se a força do corpo ou da mente, ou a sabedoria, ou a virtude, se encontram sempre (...) na proporção do poder ou da riqueza de um homem, *uma questão própria talvez para ser discutida por escravos na presença dos seus senhores, mas altamente imprópria de homens razoáveis e livres em busca da verdade.*»

(^{21}) *República*, 558c; cf. nota 14 deste capítulo (o primeiro passo no ataque à democracia).

(^{22}) *República*, 433b. Adam, que também reconhece que este passo tem o propósito de ser um argumento, tenta reconstituir esse argumento (nota a 433b11), mas confessa que «Platão raramente deixa no seu raciocínio muito que acrescentar mentalmente».

(^{23}) *República*, 433e/434a. – Para uma continuação do passo, cf. texto da nota 40 deste capítulo; para a preparação para ela em partes anteriores da *República*, ver nota 6 deste capítulo. – Adam comenta este passo, a que chamo o «segundo argumento», da seguinte forma (nota a 433e35): «Platão está à procura de um ponto de contacto entre a sua própria visão da justiça e o sentido judicial popular da palavra (...)» (ver o passo citado no parágrafo seguinte do texto.) Adam tenta defender o argumento de Platão contra um crítico (Krohn) que viu, embora talvez não muito claramente, que havia nele algo de errado.

(^{24}) As citações deste parágrafo são da *República*, 430d, ss.

(^{25}) Este dispositivo parece ter tido êxito mesmo em relação a um crítico arguto como Gomperz, que, na sua breve crítica (*Greek Thinkers*, Livro V, II, 10; edição alemã vol. II, pp. 378/379), se esquece de mencionar as fraquezas do argumento; e até diz, em comentário ao dois primeiros livros (V, II, 5; p. 368): «Segue-se uma exposição que poderia ser descrita como um milagre de clareza, precisão e genuíno caráter científico (...)», acrescentando que os interlocutores de Platão, Glaucon e Adimanto, «levados pelo seu ardoroso entusiasmo (...) rejeitam e previnem quaisquer soluções superficiais».

Quanto às minhas observações sobre temperança, no parágrafo seguinte do texto, ver o seguinte passo da «Análise» de Davies e Vaughan (cf. a edição Golden Treasury da *República*, p. xviii; itálico meu): «A essência da temperança é a contenção. A essência da temperança política reside em reconhecer *o direito do orgão governante à lealdade e obediência dos governados.*» Isto pode mostrar que a minha interpretação da ideia platónica de temperança é partilhada por seguidores de Platão (embora se exprima numa terminologia diferente). Posso acrescentar que a «temperança», isto é, estar satisfeito com o lugar que nos cabe, é uma virtude que as três classes partilham, embora seja a única em que os trabalhadores podem participar. Assim, a virtude ao alcance dos trabalhadores ou assalariados é a temperança; as virtudes ao alcance dos auxiliares são a temperança e a coragem, dos guardiões, temperança, coragem e sabedoria.

O «longo prefácio», também citado no próximo parágrafo, é da *República*, 432b, ss.

(26) Cabe aqui um comentário terminológico sobre o termo «coletivismo». Aquilo a que H. G. Wells chama «coletivismo» não tem nada a ver com o que designo por esse nome. Wells é um individualista (no meu sentido da palavra), como é demonstrado especialmente pelo seu *Rights of Man* e pelo seu *Common Sense of War and Peace*, que contêm formulações muito aceitáveis das exigências de um individualismo igualitário. Mas também acredita, com razão, no planeamento racional das instituições políticas com o objetivo de promover a liberdade e o bem-estar dos seres humanos individuais. É a isto que chama «coletivismo»; para descrever aquilo que eu creio que é a mesma coisa que o seu «coletivismo», eu usaria uma expressão como «planeamento institucional racional para a liberdade». Esta expressão pode ser comprida e pouco graciosa, mas evita o perigo de este «coletivismo» poder ser interpretado no sentido anti-individualista em que muitas vezes é usado, não só neste livro.

NOTAS

377

(^{27}) *Leis*, 903c; cf. texto da nota 35, capítulo 5. O «preâmbulo» referido no texto («Mas carece de (...) algumas palavras de conselho que atuem sobre ele como um encantamento» etc.) é de *Leis*, 903b.

(^{28}) Há inúmeros pontos na *República* e nas *Leis* onde Platão lança um aviso contra um egoísmo coletivo desenfreado; cf., por exemplo, *República*, 519e e os passos referidos na nota 41 deste capítulo.
Quanto à identidade que muitas vezes se alega existir entre coletivismo e altruísmo, posso referir, a propósito, a interrogação muito pertinente de Sherrington, que no seu *Man on His Nature* (p. 388) pergunta: «Serão o cardume ou a manada altruísmo?»

(^{29}) Para o desprezo equivocado de Dickens pelo Parlamento, cf. também a nota 23 do capítulo 7.

(^{30}) Aristóteles, *Política*, III, 12, 1 (1282b); cf. também texto das notas 9 e 20 deste capítulo. (Cf. também as observações de Aristóteles na *Política*, III, 9, 3, 1280a, no sentido de que a justiça tem a ver com as pessoas assim como com as coisas.) Com a citação de Péricles mais à frente neste parágrafo, cf. texto das notas 16 deste capítulo e da nota 31 do capítulo 10.

(^{31}) Esta observação é de um passo (*Rep.*, 519e, *seq.*) citado no texto da nota 35 do capítulo 10.

(^{32}) Os passos importantes das *Leis* citados (1) neste capítulo e (2) no próximo:
(1) *Leis*, 739c, ss. Platão refere-se aqui à *República*, e, aparentemente, em especial, *República* 462a ss., 424a e 449e. (Uma lista dos passos sobre o coletivismo e o holismo pode ser encontrada na nota 35 do capítulo 5. Sobre o seu comunismo, ver nota 29 (2) do capítulo 5 e outros pontos ali mencionados.) O passo citado aqui começa, caracteristicamente, com uma citação da máxima pitagórica «Os amigos têm em comum todas as coisas que possuem». Cf. nota 36 e texto; ver também «refeições comuns» mencionadas na nota 34.
(2) *Leis*, 942a, *seq.*; ver a nota seguinte. Ambos estes passos são referidos como anti-individualistas por Gomperz (*op. cit.*, vol. II, 406). Ver também *Leis*, 807d/e.

378 | A SOCIEDADE ABERTA E OS SEUS INIMIGOS

([33]) Cf. nota 42, capítulo 4 e texto. – A citação que se segue neste parágrafo é de *Leis*, 942a, *seq.* (ver a nota precedente).

Não devemos esquecer que a educação militar nas *Leis* (como na *República*) é obrigatória para todos os que estão autorizados ao porte de arma, isto é, para todos os cidadãos – para todos os que têm algo parecido com direitos civis (cf. *Leis*, 753b). Todos os outros são «banáusicos», quando não escravos (cf. *Leis*, 741e e 743d e nota 4 do capítulo 11).

É interessante que Barker, que detesta o militarismo, acredite que Platão nutria opiniões similares (*Greek Political Theory*, 298-301). É verdade que Platão não louvou a guerra e que até falou contra ela. Mas muitos militaristas falaram de paz e praticaram a guerra e o Estado de Platão é governado pela casta militar, isto é, pelos sábios ex-soldados. Esta observação aplica-se às *Leis* (cf. 753b) como à *República*.

([34]) Desempenha um papel considerável em Platão uma legislação severa sobre as refeições – especialmente as «refeições comuns» – e também sobre os hábitos de bebida; cf., por exemplo, a *República*, 416e, 458c, 547d/e, *Leis*, 625e, 633a (onde se diz que as refeições em comum obrigatórias são instituídas com vista à guerra), 762b, 780-783, 806c, *seq.*, 839c, 842b. Platão sublinha sempre a importância das refeições comuns, de acordo com os costumes cretenses e espartanos. É também interessante a preocupação de Crítias, tio de Platão, com estas questões. (Cf. Diels[2], Critias, fr. 33.)

Com a alusão à anarquia dos «animais selvagens», no fim da presente citação, cf. também *República*, 563c.

([35]) Cf. a edição das *Leis* de E. P. England, vol. I, p. 514, nota a 739b8 ss. As citações de Barker são da *op. cit.*, pp. 149 e 148. Pode encontrar-se incontáveis passos semelhantes nos textos da maior parte dos platónicos. Ver todavia a observação de Sherrington (cf. nota 28 deste capítulo) de que dificilmente pode ser correto dizer que um cardume ou uma manada sejam inspirados pelo altruísmo. O instinto de manada e o egoísmo tribal, e o apelo a esses instintos, não devem ser confundidos com o desinteresse.

([36]) Cf. *República*, 424a, 449c; *Fedro*, 279c; *Leis*, 739c; ver nota 32 (1). (Cf. também *Lisístrata*, 207c, e a *Oresteia* de Eurípides, 725.)

NOTAS | 379

Para a possível ligação deste princípio com o primitivo comunismo cristão e marxista, ver nota 29 (2) do capítulo 5.

Quanto à teoria individualista da justiça e da injustiça do *Górgias*, cf. os exemplos dados no *Górgias*, 468b, ss., 508d/e. Estes passos ainda acusam provavelmente a influência de Sócrates (cf. nota 56 do capítulo 10). O individualismo de Sócrates exprime-se com toda a clareza na sua famosa doutrina da autossuficiência do homem bom; uma doutrina que é referida por Platão na *República* (387d/e) apesar de contradizer rotundamente uma das principais teses da obra, a saber, que só o Estado pode ser autossuficiente. (Cf. capítulo 5, nota 25 e o texto a que se referem esta e as seguintes notas.)

(³⁷) *República*, 368b/c.

(³⁸) Cf. especialmente *República*, 344a, ss.

(³⁹) Cf. *Leis*, 923b.

(⁴⁰) *República*, 434a-c. (Cf. também texto da nota 6 e nota 23 deste capítulo e notas 27 (3) e 31 do capítulo 4.)

(⁴¹) *República*, 466b/c. Cf. também *Leis*, 715b/c e muitos outros passos contra o uso incorreto anti-holístico das prerrogativas de classe. Ver também nota 28 deste capítulo e nota 25 (4) do capítulo 7.)

(⁴²) O problema a que se alude aqui é o do «*paradoxo da liberdade*»; cf. nota 4 do capítulo 7. – Para o problema do controlo da educação pelo Estado, ver nota 13 do capítulo 7.

(⁴³) Cf. Aristóteles, *Política*, III, 9, 6 ss. (1280a). Cf. Burke, *French Revolution* (ed. 1815, vol. V, 184; o passo é citado muito a propósito por Jowett nas suas notas ao passo de Aristóteles; veja-se a sua edição da *Política* de Aristóteles, vol. II, 126).

A citação de Aristóteles mais adiante neste parágrafo é *op. cit.*, III, 9, 8 (1280b).

Field, por exemplo, avança uma crítica semelhante (no seu *Plato and His Contemporaries*, 117): «Não cabe dúvida de que a cidade e as suas leis têm um efeito educativo sobre o caráter moral dos seus cidadãos.» No entanto, Green mostrou claramente (nas suas *Lectures on Political Obligation*) que é impossível ao Estado impor por lei a moralidade. Teria concordado certamente com a fórmula: «Queremos moralizar a política, e não politizar a moral.» (ver parte final deste parágrafo no texto.) A opinião de Green é antecipada por Espinosa (*Tract. Theol. Pol.*, capítulo 20): «Aquele que procura regular tudo por lei tem mais probabilidade de encorajar o vício do que de abafá-lo.»

([44]) Considero fundamental a analogia entre paz civil e paz internacional, e entre crime comum e crime internacional, para qualquer tentativa de controlar o crime internacional. Para esta analogia e as suas limitações bem como para a pobreza do método historicista quanto a estes problemas, cf. nota 7 do capítulo 9.

* Entre aqueles que consideram os métodos racionais para o estabelecimento da paz internacional um sonho utópico, pode referir-se H. J. Morgenthau (cf. o seu livro *Scientific Man versus Power Politics*, edição inglesa, 1947). A posição de Morgenthau pode ser resumida como a de um historicista dececionado. Ele percebe que as previsões históricas são impossíveis, mas dado que presume (com os marxistas, por exemplo) que o campo de aplicabilidade da *razão* (ou do método científico) está limitado ao campo da *previsibilidade*, conclui da imprevisibidade dos acontecimentos históricos que a razão é inaplicável ao campo dos assuntos internacionais.

Esta conclusão não é válida, porque a previsão científica e a previsão no sentido de profecia histórica não são a mesma coisa. (Nenhuma das ciências naturais, com praticamente a única exceção da teoria do sistema solar, tenta algo que se assemelhe à profecia histórica.) A tarefa das ciências sociais não é a de predizer «vogas» ou «tendências» de desenvolvimento, nem é esta a tarefa das ciências naturais. «O melhor que as chamadas 'leis sociais' podem fazer é exatamente o mesmo que podem fazer as chamadas 'leis naturais», designadamente, indicar certas 'tendências (...). Que condições se verificarão efetivamente e irão ajudar determinada *tendência* a materializar-se, nem as ciências naturais nem as sociais são capazes de o prever», escreve Morgenthau (pp. 120 ss.; itálico meu). Mas as ciências naturais não tentam prever tendências e só os historicistas acreditam que elas e as ciências sociais têm tais objetivos. Assim, a constatação de que estes objetivos não são realizáveis só desapontará o historicista. «Muitos (...) cientistas políticos, no entanto, alegam poder (...) realmente (...) predizer os acontecimentos sociais com um alto grau de certeza. Na verdade (...) são vítimas de (...) uma ilusão», escreve Morgenthau. Concordo absolutamente; mas isto só mostra que o historicismo deve ser repudiado. Partir do princípio, todavia, de que a repudiação do historicismo significa o repúdio do racionalismo na política revela um preconceito fundamentalmente historicista – o preconceito, designadamente, de que a profecia histórica é a base de qualquer política racional. (Já referi esta opinião como característica do historicismo, no início da capítulo 1.)

Morgenthau ridiculariza todas as tentativas de pôr o poder sob controlo da razão, e suprimir a guerra, como produto de um racionalismo e de um cientismo que, pela sua própria essência, é inaplicável à sociedade. Mas, claramente, prova demasiado. A paz civil foi estabelecida em muitas sociedades, a despeito dessa sede de poder essencial que, segundo a teoria de Morgenthau, o devia evitar. Ele reconhece o facto, sem dúvida, mas não vê que destrói a base teórica das suas teses românticas.*

([45]) A citação é da *Política* de Aristóteles, III, 9, 8, (1280).

(1) Digo no texto «ainda» porque acredito que os passos a que se alude no texto, isto é, *Política*, III, 9, 6 e III, 9, 12, provavelmente representam também as opiniões de Licofronte. As minhas razões para o crer são as seguintes: de III, 9, 6 a III, 9 12, Aristóteles dedica-se à crítica da doutrina a que chamei protecionismo. Em III, 9, 8, citado no texto, atribui diretamente a Licofronte uma formulação concisa e perfeitamente clara desta doutrina. Pelas outras referências de Aristóteles a Licofronte (ver (2) desta nota) é provável que a era de Licofronte tenha sido tal que ele deve ter sido o primeiro, ou pelo menos um dos primeiros, a formular o protecionismo. Parece assim razoável presumir (embora seja tudo menos certo) que o ataque ao protecionismo, isto é, III, 9, 6 a III, 9, 12, é dirigido contra Licofronte e que as várias e equivalentes formulações do protecionismo são todas dele. (Pode referir-se também que Platão descreve o protecionismo como uma «opinião comum», na *Rep.*, 358c.)

As objeções de Aristóteles visam todas mostrar que a teoria protecionista é incapaz de explicar a unidade quer interna quer local do Estado. Ignora, sustenta ele (III, 9, 6), o facto de que o

Estado existe em nome da vida boa que nem escravos nem animais podem partilhar (ou seja, a vida boa do virtuoso proprietário fundiário, pois todos os que ganham a vida com as suas ocupações «banáusicas» estão privados de cidadania). Ignora também a *unidade tribal* do *verdadeiro* Estado que é (III, 9, 12) «a comunidade de bem-estar nas famílias, e uma *agregação de famílias*, em nome de uma vida completa e autossuficiente (...) estabelecida entre homens que vivem no mesmo lugar e *que casam entre si*».

(2) Para o igualitarismo de Licofronte, ver nota 13 do capítulo 5. – Jowett (na *Política* de Aristóteles, II, 126) descreve Licofronte como um «retórico obscuro»; mas Aristóteles não devia pensar o mesmo, visto que nos seus textos que chegaram até nós fala pelo menos seis vezes de Licofronte (em *Pol.*, *Rhet.*, *Fragm.*, *Metaf.*, *Fís.*, *Sof. El.*).

É pouco provável que Licofronte fosse muito mais novo do que Alcidamas, seu colega na escola de Górgias, visto que o seu igualitarismo dificilmente teria atraído tanta atenção se se tivesse tornado conhecido depois de Alcidamas ter sucedido a Górgias na direção da escola. Os interesses epistemológicos de Licofronte (referidos por Aristóteles na *Metafísica*, 1045b9 e na *Física*, 185b27) vêm também a propósito, visto tornarem provável que tenha sido aluno do Górgias da primeira fase, isto é, antes de Górgias se ter confinado exclusivamente à retórica. É claro que qualquer opinião sobre Licofronte *tem* de ser altamente especulativa, pois é escassa a informação que temos.

(⁴⁶) Barker, *Greek Political Theory*, I, p. 160. Para a crítica de Hume da versão histórica da teoria do contrato, ver nota 43 do capítulo 4. Quanto à outra alegação de Barker (p. 161) de que a justiça de Platão, por oposição à da teoria do contrato, não é «qualquer coisa de externo», mas sim interior à alma, devo lembrar ao leitor as frequentes recomendações de Platão de que a justiça se deve alcançar pelas mais severas sanções; recomenda sempre o uso «da persuasão *e da força*» (cf. notas 5, 10 e 18 do capítulo 8). Por outro lado, alguns Estados democráticos modernos mostraram que é possível ser-se liberal e indulgente sem que aumente a criminalidade.

Com a minha observação de que Barker (como eu) vê em Licofronte o originador da teoria do contrato, cf. Barker, *op. cit.*, p. 63: «Protágoras não se antecipou ao sofista Licofronte na fun-

NOTAS

383

dação da doutrina do contrato.» (Cf. com isto o texto da nota 27 do capítulo 5.)

([47]) Cf. *Górgias*, 483b, *seq.*

([48]) Cf. *Górgias*, 488e-489b; ver também 527b.

Pela maneira como Sócrates responde aqui a Cálicles parece possível que o Sócrates histórico (cf. nota 56 do capítulo 10) possa ter contraposto aos argumentos em apoio do naturalismo do tipo de Píndaro o seguinte argumento: se é natural que os mais fortes devam governar, então também é natural que a igualdade governe, pois a multidão, cuja força se manifesta em quem manda, exige a igualdade. Por outras palavras, pode ter mostrado o caráter vazio, ambíguo, da exigência naturalista. E o seu êxito pode ter inspirado Platão a apresentar a sua própria versão de naturalismo.

Não pretendo sustentar aqui que a posterior (508a) observação de Sócrates sobre a «igualdade geométrica» tenha de ser necessariamente interpretada como anti-igualitária, isto é, porque há de significar o mesmo que a «igualdade proporcional» das *Leis*, 744b, ss., e 757a-e (cf. notas 9 e 20 (1) deste capítulo). É isto que Adam sugere na sua segunda nota à *República*, 558c15. Mas talvez a sua sugestão tenha alguma razão, pois a igualdade «geométrica» do *Górgias*, 508a, parece aludir aos problemas pitagóricos (cf. nota 56 (6) do capítulo 10; ver também as observações dessa nota sobre o *Crátilo*) e pode muito bem ser uma alusão às «proporções geométricas».

([49]) *República*, 358e. Glaucon nega a sua autoria em 358c. Ao ler este passo, a atenção do leitor é facilmente distraída pela questão «natureza contra convenção», que desempenha um papel importante neste passo, bem como no discurso de Cálicles no *Górgias*. A principal preocupação de Platão na *República* não é, todavia, derrotar o contratualismo, mas sim denunciar como egoísta a abordagem racional e protecionista. (Que a teoria convencionalista do contrato não era o inimigo principal de Platão vê-se nas notas 27-28 do capítulo 5 e texto.)

([50]) Comparando a apresentação do protecionismo na *República* com a do *Górgias* verifica-se que é de facto a mesma teoria, embora na *República* se dê muito menos ênfase à *igualdade*. Mas até a igualdade é referida, embora só de passagem, a saber, na *República* 359c: «A natureza (...), pela lei convencional, é contrariada e forçada a honrar a igualdade.» Esta observação reforça a semelhança com o discurso de Cálicles. (Ver *Górgias*, esp. 483c/d.) Mas ao contrário do *Górgias*, Platão deixa logo cair a igualdade (ou melhor, nem sequer aborda o assunto) e nunca volta a ela, o que só torna ainda mais óbvio que se esforçava por evitar o problema. Pelo contrário, Platão compraz-se na descrição do egoísmo cínico que apresenta como única fonte de que emana o protecionismo. (Para o silêncio de Platão sobre o igualitarismo, cf. especialmente a nota 14 deste capítulo e texto.) A. E. Taylor, *Plato: The Man and His Work* (1926), p. 268, sustenta que, enquanto Cálicles parte da «natureza», Glaucon parte da «convenção».

(⁵¹) Cf. *República*, 359a. As minhas outras alusões no texto são a 359b, 360d, ss.; ver também 358c. Para a «insistência», cf. 359a-362c e desenvolvimento até 367e. A descrição de Platão das tendência niilistas do protecionismo enche um total de nove páginas da edição da Everyman da *República*, revelador do significado que lhe atribuía Platão. (Há um passo paralelo nas *Leis*, 890a, *seq.*)

(⁵²) Quando Glaucon acaba a sua apresentação, Adelmanto toma o seu lugar (com um desafio muito interessante e muito pertinente a Sócrates para criticar o utilitarismo), mas só depois de Sócrates declarar que acha a apresentação de Glaucon excelente (362d). O discurso de Adelmanto é um aditamento ao de Glaucon e reitera a asserção de que aquilo a que chamo protecionismo resulta do niilismo de Trasímaco (ver especialmente 367a, ss.) Depois de Adelmanto, fala o próprio Sócrates, cheio de admiração por Glaucon e também por Adelmanto porque a crença deles na justiça se mantém inabalada a despeito do facto de *terem apresentado tão excelentemente os argumentos em favor da injustiça*, ou seja, a teoria de que é bom infligir injustiças desde que «não se seja apanhado». Ao realçar a excelência dos argumentos avançados por Glaucon e Adelmanto, «Sócrates» (ou seja, Platão) sugere que estes argumentos são uma apresentação fiel das opiniões em discussão e acaba por expor a sua própria teoria, não para mostrar que a descrição de Glaucon precisa de emenda, mas sim, como sublinha, para mostrar que, ao contrário do que opinam os protecionistas, a justiça é boa e a injustiça má. (Não se deve

NOTAS 385

esquecer – cf. nota 49 deste capítulo – que o ataque de Platão não é dirigido contra a teoria do contrato como tal, mas apenas contra o protecionismo, pois a teoria do contrato é adotada pouco depois (*Rep.*, 369b-c; cf. texto da nota 29 do capítulo 5) pelo próprio Platão, pelo menos em parte; incluindo a teoria de que as pessoas «se aglomeram em povoados» porque «cada qual espera desta maneira promover os seus próprios interesses».)

Deve mencionar-se também que este passo culmina com a impressionante observação de «Sócrates» citada no texto a que se refere a nota 37 deste capítulo. Isto mostra que Platão combate o protecionismo apenas apresentando-o como uma forma de egoísmo imoral e mesmo sacrílega.

Finalmente, para formarmos um juízo sobre o procedimento de Platão não podemos esquecer que Platão gosta de argumentar contra a retórica e a sofisticação e que, ao fim e ao cabo, ele é o homem que com os seus ataques contra os «sofistas» criou as conotações negativas associadas àquela palavra. Creio, por conseguinte, que temos todas as razões para o censurar quando ele próprio faz uso da retórica e do sofisma em vez da argumentação. (Cf. também nota 10 do capítulo 8.)

(⁵³) Podemos considerar Adam e Barker representativos dos platónicos aqui referidos. Adam diz de Glaucon (nota a 358e, ss.) que ele ressuscita a teoria de Trasímaco e diz de Trasímaco (cf. nota a 373a, ss.) que a sua teoria «é a mesma teoria que depois é representada por Glaucon». Barker diz (*op. cit.*, 159) da teoria que designo por «protecionismo», e a que ele chama «pragmatismo», que é «no mesmo espírito de Trasímaco».

(⁵⁴) Que o grande cético Carníades acreditava na apresentação de Platão, pode ver-se em Cícero (*De Republica*, III, 8; 13-23) onde a versão de Glaucon, quase sem alterações, é apresentada como a teoria adotada por Carníades. (Ver também o texto a que correspondem as notas 65 e 66 e a nota 56 do capítulo 10.)

A este propósito, permitam-me exprimir a opinião de que podemos encontrar grande consolo no facto de os anti-humanitaristas acharem sempre necessário apelar aos nossos sentimentos humanitários; e também no facto de que muitas vezes conseguiram convencer-nos da sua sinceridade. Isto mostra que eles têm bem consciência de que estes sentimentos estão bem enraizados na maioria de nós e que os «muitos» desprezados são demasiado bons, demasiado francos e demasiado inocentes e não demasiado maus, e que estão até dispostos a ser acusados pelos seus «melhores», muitas vezes inescrupulosos, de serem egoístas indignos e materialistas que só querem «encher a pança como animais».

NOTAS DO CAPÍTULO 7

A epígrafe deste capítulo é das *Leis*, 690b. (Cf. nota 28 do capítulo 5.)

(¹) Cf. texto das notas 2/3 do capítulo 6.

(²) J. S. Mill exprimiu ideias semelhantes; assim, na sua *Logic* (1ª ed., p. 557 *seq.*) escreve: «Embora as ações dos líderes não sejam de modo algum totalmente determinadas pelos seus interesses egoístas, é como garantia contra esses interesses egoístas que são necessários os limites constitucionais.» De igual modo, em *The Subjection of Women* (p. 251 da edição da Everyman, itálico meu), escreve: «Quem duvida de que haja grande bondade, e grande felicidade, e grande afeto, sob o governo absoluto de um homem bom? Entretanto, *requer-se que sejam adotadas leis e instituições, não por causa dos homens bons, mas dos maus.*» Por muito que concorde com a frase em itálico, parece-me que a concessão contida na primeira parte da frase não era realmente precisa. (Cf. em especial a nota 25 (3) deste capítulo.) Pode encontrar-se uma concessão similar num excelente passo de *Representative Government* (1861; ver especialmente p. 49) onde Mill combate o ideal platónico do filósofo-rei porque, *especialmente se o seu governo for benevolente*, implicará a «abdicação» da vontade e da capacidade do cidadão vulgar para julgar as decisões políticas.

Pode observar-se que esta concessão de J. S. Mill fez parte de uma tentativa para resolver o conflito entre o *Essay on Government* de James Mill e «o famoso ataque de Macaulay» contra ele (como lhe chama J. S. Mill; cf. *Autobiography*, capítulo V, *One Stage Forward*, 1.ª edição, 1873, pp. 157-61; as críticas de Macaulay foram publicadas pela primeira vez na *Edinburgh Review*, março de 1829, junho de 1829 e outubro de 1829). Este conflito desempenhou um grande papel na evolução de J. S. Mill; na verdade, a sua tenta-

NOTAS   387

tiva de o resolver determinou o objetivo último e o caráter da sua
Logic («os principais capítulos do que mais tarde publiquei sobre
a Lógica das Ciências Morais») como ouvimos em *Autobiography.*
A resolução do conflito entre o seu pai e Macaulay que J. S.
Mill propõe é do seguinte modo. Ele diz que o pai tinha razão em
acreditar que a política é uma ciência dedutiva, mas estava enganado em crer que «o seu tipo de dedução (era) o da (...) pura
geometria», enquanto Macaulay tinha razão em acreditar que era
mais do tipo experimental, mas estava enganado ao acreditar que
o seu método era como «o método puramente experimental da
química». A verdadeira solução, segundo J. S. Mill (*Autobiography,*
pp. 159 ss.), era esta: o método apropriado à política é o método
dedutivo da dinâmica – um método que, pensa ele, se caracteriza
pelo resumo dos efeitos, como exemplificado no «princípio da
composição de forças». (Que esta ideia de J. S. Mill sobreviveu
pelo menos até 1937 é demonstrado no meu *The Poverty of Historicism,* p. 63.)
    Não penso que haja muito que se aproveite nesta análise (que,
entre outras coisas, se baseia numa interpretação errada da dinâmica e da química). Mas uma parte parece defensável.
    James Mill tentou, como muitos antes e depois dele, «deduzir
a ciência do governo dos princípios da natureza humana», como
disse Macaulay (na parte final do seu primeiro artigo), e Macaulay
tinha razão, penso, em descrever esta tentativa como «absolutamente impossível». Além disso, o método de Macaulay poderia
talvez ser descrito como mais empírico, na medida em que fazia
uso dos factos históricos para refutar as teorias dogmáticas de
J. Mill. Mas o método que praticou nada tem a ver com o da química nem com o que J. S. Mill julgava ser o método da química
(ou com o método indutivo de Bacon que, irritado com os silogis-
mos de J. Mill, Macaulay louvava). Era simplesmente o método de
rejeitar demonstrações lógicas inválidas num campo em que nada
de interesse pode ser demonstrado logicamente e de discutir teorias e situações possíveis à luz de possibilidades alternativas e das
provas factuais da história. Um dos principais pontos em questão
era que J. Mill acreditava que demonstrara que a monarquia e
a aristocracia produziam necessariamente o reinado do terror –
um ponto facilmente refutado pelos exemplos históricos. Os dois
passos de J. S. Mill citados no princípio desta nota mostram a
influência desta refutação.

Macaulay sempre sublinhou que só queria rejeitar as demonstrações de Mill e não pronunciar-se sobre a verdade ou falsidade das suas alegadas conclusões. Só isto bastaria para ter tornado claro que não tentou praticar o método indutivo que elogiava.

(³) Cf., por exemplo, a observação de E. Meyer (*Gesch. des Altertums*, V, p. 4) de que «o poder é, pela sua própria essência, indivisível».

(⁴) Cf. *República*, 562b-565e. No texto, aludo especialmente a 562c: «Não é verdade que o excesso» (de liberdade) «leva os homens a um tal estado que desejam intensamente uma tirania?» Cf. além disso 563d/e: «E por fim, como muito bem sabeis, nada ligam às leis, escritas ou não escritas, visto que não querem nenhum déspota acima deles. É esta, assim, a origem da tirania.» (Para a primeira parte deste passo, ver a nota 19 do capítulo 4.)

Outras observações de Platão sobre os *paradoxos da liberdade e da democracia* são: *República*, 564a: «É então provável que demasiada liberdade se transforme em nada mais do que demasiada escravidão, tanto no indivíduo como no Estado (...). Daí que seja razoável presumir que a tirania é entronizada pela democracia como nenhuma outra forma de governo. Donde concluo que do que reputo o maior excesso possível de liberdade nasce aquela que é a forma mais dura e selvagem de escravidão.» Ver também *República*, 565c/d: «E não tem o povo comum o hábito de fazer dum homem o seu paladino ou chefe de partido e de exaltar a sua posição e torná-lo grande?» – «É esse o seu hábito.» – «Então parece claro que sempre que nasce uma tirania, esta chefia partidária é a origem de que procede.»

O chamado *paradoxo da liberdade* é o argumento de que a liberdade, no sentido de uma total ausência de restrições, leva forçosamente a uma grande restrição, visto que dá ao brutamontes a liberdade de escravizar os mansos. Esta ideia, numa forma ligeiramente diferente, e com uma tendência muito diferente, é claramente expressa por Platão.

Menos conhecido é o *paradoxo da tolerância*. Uma tolerância ilimitada conduz necessariamente ao desaparecimento da tolerância. Se estendermos uma tolerância ilimitada mesmo aos que são intolerantes, se não estivermos preparados para defender uma sociedade tolerante do assalto dos intolerantes, então os tolerantes serão destruídos e, com eles, a tolerância. – Não sugiro com esta formulação que, por exemplo, devamos reprimir sempre a expressão de filosofias intolerantes; enquanto pudermos contrariá-las com argumentos racionais e controlá-las por meio da opinião pública, a repressão seria certamente muito pouco indicada. Mas deveríamos reservar-nos o *direito* de as reprimir, se necessário pela força, pois pode facilmente suceder que não estejam dispostas a confrontar-nos no terreno da discussão racional, mas comecem por rejeitar qualquer espécie de discussão; podem proibir os seus seguidores de ouvirem qualquer argumentação racional, porque a consideram enganadora, e ensiná-los a responder aos argumentos com os punhos ou as pistolas. Devíamos, por conseguinte, em nome da tolerância, afirmar o direito a não tolerar os intolerantes. Devíamos sustentar que qualquer movimento que pregue a intolerância se coloca fora da lei e devíamos considerar criminosa a incitação à intolerância e à perseguição, da mesma maneira que devíamos considerar criminosa a incitação ao homicídio ou ao rapto ou à reinstituição do tráfico de escravos.

Outro paradoxo menos conhecido é o *paradoxo da democracia*, ou, mais precisamente, o do governo da maioria, isto é, a possibilidade de que a maioria possa decidir que deve governar um tirano. Foi Leonard Nelson (cf. nota 25 (2) deste capítulo), tanto quanto sei, quem primeiro sugeriu que a crítica da democracia por Platão pode ser interpretada da maneira aqui indicada e que o princípio do governo da maioria pode levar a autocontradições. Não penso, no entanto, que Nelson, que, apesar do seu apaixonado humanitarismo e da sua luta fervorosa pela liberdade, adotou boa parte da teoria política de Platão, e especialmente o princípio platónico da liderança, tivesse consciência do facto de que argumentos análogos podem ser esgrimidos contra todas as diferentes formas particulares da teoria da *soberania*.

Todos estes paradoxos podem ser facilmente evitados se as nossas exigências políticas forem formuladas do modo sugerido na secção II deste capítulo ou talvez de outra maneira parecida. Exigimos um governo que governe de acordo com os princípios do igualitarismo e do protecionismo, que tolere todos aqueles dispostos a retribuir, isto é, que sejam tolerantes; que seja controlado pelo público e que seja responsável perante ele. E podemos acrescentar que uma qualquer forma de voto maioritário, em combinação com instituições que mantenham o público informado, é

390 | A SOCIEDADE ABERTA E OS SEUS INIMIGOS

a melhor maneira, embora não seja infalível, de controlar um tal governo. (Não existem meios infalíveis.) Cf. também o capítulo 6, os últimos quatro parágrafos do texto que antecedem a nota 42; o texto da nota 20 do capítulo 17, a nota 7 (4) do capítulo 24 e a nota 6 do presente capítulo.

(5) Pode encontrar-se mais observações sobre este ponto no capítulo 19, mais abaixo.

(6) Cf. passo (7) na nota 4 do capítulo 2.

Pode parecer que as observações seguintes sobre os *paradoxos da liberdade e da democracia* levam a argumentação longe de mais; no entanto, visto que os argumentos discutidos aqui são de carácter um tanto formal, talvez não seja pior torná-los mais estanques mesmo que isto por vezes implique chegar a extremos quase bizantinos. Além disso, a minha experiência de debates deste género leva-me a esperar que os defensores do princípio do chefe, isto é, da soberania do melhor e mais sábio, podem realmente avançar o seguinte contra-argumento: *(a)* se «o mais sábio» decide que deve governar a maioria, então não era realmente sábio. Como consideração adicional, podem apoiar este argumento com a seguinte asserção *(b)*, que um homem sábio nunca estabeleceria um princípio que pudesse levar a contradições, como o do governo da maioria. A minha réplica a *(b)* seria a de que nos bastaria alterar a decisão do homem «sábio» de modo a que ficasse livre de contradições. Poderia, por exemplo, decidir-se por um governo obrigado a governar de acordo com o princípio do igualitarismo e do protecionismo e controlado pelo voto da maioria. Esta decisão do homem sábio abandonaria o princípio da soberania; e como ficaria assim livre de contradições poderia ser tomada por um homem «sábio». Mas isto, é claro, não livraria das *suas* contradições o princípio de que devem governar os sábios. O outro argumento, designadamente *(a)*, é uma questão diferente. Aproxima-se perigosamente de definir de tal maneira a «sabedoria» ou a «bondade» de um político que só é dito «sábio» ou «bom» se estiver determinado a não abdicar do seu poder. E, na verdade, a única teoria da soberania livre de contradições seria a que exije que só deve governar um homem absolutamente determinado a agarrar-se ao seu poder. Aqueles que acreditam no princípio do chefe deveriam enfrentar francamente as consequências lógicas do seu

NOTAS | 391

credo. Se liberto de contradições, isso implica, não o governo do melhor ou mais sábio, mas o governo do homem forte, do homem de poder. (Cf. também a nota 7 do capítulo 24.)

([7]) * Cf. a minha conferência «Towards a Rational Theory of Tradition» (publicada pela primeira vez em *The Rationalist Yearbook*, 1949; agora incluído no meu *Conjecturas e Refutações*), onde tento mostrar que as tradições desempenham uma espécie de papel intermédio e de intermediação entre *pessoas* (e decisões pessoais) e *instituições.**

([8]) Para o comportamento de Sócrates sob os Trinta, ver *Apologia*, 32c. Os Trinta tentaram envolver Sócrates nos seus crimes, mas ele resistiu. Isto teria significado a sua morte se o governo dos Trinta tivesse durado um pouco mais. Cf. também as notas 53 e 56 do capítulo 10.

Quanto à asserção, mais adiante no parágrafo, de que a sabedoria significa conhecer as limitações do nosso conhecimento, ver *Cármides*, 167a, 170a, onde o significado de «conhece-te a ti mesmo» é explicado desta maneira; a *Apologia* (cf. especialmente 23a-b) exibe uma tendência semelhante (de que há ainda um eco no *Timeu*, 72a). Para a importante modificação que se dá no *Filebo* na interpretação do «conhece-te a ti mesmo», ver nota 26 do presente capítulo. (Cf. também nota 15 do capítulo 8.)

([9]) Cf. Platão, *Fédon*, 96-99. O *Fédon* é ainda em parte socrático, creio eu, mas em larga medida platónico. A história da sua evolução filosófica contada pelo Sócrates do *Fédon* tem dado lugar a muita discussão. Não é, estou convencido, uma autêntica autobiografia de Sócrates nem de Platão. Sugiro que é simplesmente *a interpretação de Platão* da evolução de Sócrates. A atitude de Sócrates para com a ciência (uma atitude que combinava o mais agudo interesse na argumentação racional com uma espécie de modesto agnosticismo) era incompreensível para Platão. Tentou explicá-la referindo-se ao atraso da ciência ateniense comparada com o pitagorismo. Platão apresenta assim esta atitude agnóstica como já não se justificando à luz do seu pitagorismo recém-adquirido. (E tenta mostrar o quanto as novas teorias metafísicas da alma teriam agradado ao ardente interesse de Sócrates no indivíduo; cf. notas 44 e 56 do capítulo 10 e nota 58 do capítulo 8.)

(^{10}) É a versão que envolve a raiz quadrada de dois e o problema da irracionalidade, isto é, o próprio problema que precipitou a dissolução do pitagorismo. Ao refutar a aritmetização da geometria fez despontar os métodos específicos dedutivo-geométricos que conhecemos de Euclides. (Cf. nota 9 (2) do capítulo 6.) O uso deste problema no *Menon* pode estar ligado ao facto de haver uma tendência nalgumas partes deste diálogo para «exibir» a familiaridade do autor (não pode ser Sócrates) com os «últimos» progressos e métodos filosóficos.

(^{11}) *Górgias*, 521d., *seq.*

(^{12}) Cf. Crossman, *Plato To-Day*, 118. «Confrontado com estes três erros cardiais da Democracia Ateniense (...)» – Até que ponto Crossman entende verdadeiramente Sócrates pode ver-se em *op. cit.*, 93: «Tudo o que há de bom na nossa cultura ocidental surgiu deste espírito, quer se encontrasse em cientistas, ou sacerdotes, ou políticos, ou homens e mulheres bastante comuns que se recusaram a preferir falsidades políticas à simples verdade (...) em última análise, o seu exemplo é a única força capaz de quebrar a ditadura da força e da ganância (...). Sócrates mostrou que a filosofia não é mais do que a oposição conscienciosa ao preconceito e à sem-razão.»

(^{13}) Cf. Crossman, *op. cit.*, 117 *seq.* (o primeiro grupo de itálicos é meu). Parece que Crossman esqueceu por ora que, no Estado de Platão, a educação é um monopólio de classe. É verdade que na *República* a posse de dinheiro não é a chave de uma educação superior. Mas isto é muito pouco importante. O ponto importante é que só os membros da classe dirigente têm acesso à educação. (Cf. nota 33 do capítulo 4.) Além disso, Platão, pelo menos numa fase mais adiantada da sua vida, era tudo menos um opositor da plutocracia, que muito preferia a uma sociedade sem classes ou igualitária: cf. o passo das *Leis*, 744b, ss., citado na nota 20 (1) do capítulo 6. Para o problema do controlo da educação pelo Estado, cf. também a nota 42 desse capítulo e as notas 39-41, capítulo 4.)

(^{14}) Burnet (*Greek Philosophy*, I, 178) considera que a *República* é puramente socrática (ou até pré-socrática – uma opinião que pode estar mais próxima da verdade; cf. especialmente A. D. Winspear, *The Genesis of Plato's Thought*, 1940). Mas nem sequer tenta seriamente conciliar esta opinião com uma importante declaração de Platão tirada da *Sétima Carta* de Platão (326a, cf. *Greek Philosophers*, I, 218) em cuja autenticidade acredita. Cf. nota 56 (5, d) do capítulo 10.

([15]) *Leis*, 942c, citado mais extensamente no texto da nota 33, capítulo 6.

([16]) *República*, 540c.

([17]) Cf. a citação da *República*, 473c-e, citada no texto da nota 44 do capítulo 8.

([18]) *República*, 498b/c. Cf. as *Leis*, 634d/e, em que Platão louva a lei dória que «proíbe qualquer rapaz novo de questionar quais as leis certas e quais as erradas e os faz a todos proclamar unanimemente que as leis são todas boas». Só um velho pode criticar uma lei, acrescenta o velho escritor; e mesmo esse só o pode fazer se nenhum jovem o puder ouvir. Ver também o texto da nota 21 deste capítulo e as notas 17, 23 e 40 do capítulo 4.

([19]) *República*, 497d.

([20]) *Op. cit.*, 537c. As citações a seguir são de 537d-e 539d. A «continuação deste passo» é 540b-c. Outra observação muito interessante é 536c-d, onde Platão diz que as pessoas escolhidas (no passo precedente) para seguir estudos de dialética são velhas de mais para aprender novas matérias.

([21]) * Cf. H. Cherniss, *The Riddle of the Early Academy*, p. 79; e o *Parménides*, 135c-d.*

O grande democrata Grote comenta vigorosamente este ponto (isto é, os passos mais «positivos» da *República*, 537c-540): «O ditame que proíbe debates dialéticos com a juventude (...) é decididamente antissocrático (...). Corresponde mesmo à acusação de Meleto e Anito na inculpação de Sócrates (...). É idêntico à acusação contra ele de corromper a juventude (...). E quando o (=Platão) encontramos a proibir qualquer discurso desse género a quem tiver menos de trinta anos de idade – observamos a singular coincidência de que foi esta exatamente a proibição que Crítias e Cáricles impuseram de facto ao próprio Sócrates durante o breve reinado dos Trinta Oligarcas em Atenas.» (Grote, *Plato and the Other Companions of Socrates*, ed. 1875, vol. III239.)

(²) A ideia, contestada no texto, de que aqueles que são bons a obedecer serão também bons a comandar, é platónica. Cf. *Leis*, 762e.

Toynbee mostrou de modo admirável quão bem-sucedido pode ser um sistema platónico de educar os governantes – numa sociedade parada; cf. *A Study of History*, III, especialmente 33 ss.; cf. notas 32 (3) e 45 (2) do capítulo 4.

(²³) Pode haver talvez quem pergunte como pode um individualista exigir dedicação a qualquer causa e especialmente a uma causa tão abstrata como a indagação científica. Mas tal pergunta revelaria apenas o velho erro (discutido no anterior capítulo) de identificar individualismo e egoísmo. Um individualista pode ser altruísta e pode dedicar-se não só a ajudar os indivíduos, mas também ao desenvolvimento de meios institucionais para ajudar outras pessoas. (À parte não pensar que a dedicação deva ser *exigida*, mas sim *encorajada*.) Creio que a dedicação a certas instituições, as de um Estado democrático, por exemplo, e até a certas tradições, pode muito bem caber na alçada do individualismo, desde que não se perca de vista os objetivos humanitários dessas instituições. O individualismo não pode ser confundido com um personalismo anti-institucional. É um erro muitas vezes cometido por individualistas. Eles têm razão na sua hostilidade ao coletivismo, mas confundem instituições com coletivos (que pretendem ser fins em si próprios) e tornam-se assim personalistas anti-institucionais; o que os leva até perigosamente perto do princípio do chefe. (Creio que isto explica em parte a atitude hostil de Dickens para com o Parlamento.) Quanto à minha terminologia («individualismo» e «coletivismo») ver texto das notas 26-29 do capítulo 6.

(²⁴) Cf. Samuel Butler, *Erewhon*, p. 135 da edição da Everyman.

(²⁵) Cf. para estes acontecimentos: Meyer, *Gesch. d. Altertums*, V, pp. 522-525 e 488 *seq.*; ver também a nota 69 do capítulo 10.

NOTAS | 395

A Academia ficou tristemente célebre por criar tiranos. Entre os discípulos de Platão estavam Cairon, mais tarde tirano de Pelene; Eurasto e Corisco, tiranos de Skepsis (perto de Atarneus); e Hérmias, mais tarde tirano de Atarneus e de Assos. (Cf. *Athen.*, XI, 508 e Estrabão, XIII, 610. Hérmias, segundo algumas fontes, foi discípulo direto de Platão; de acordo com a chamada «Sexta Carta platónica», cuja autenticidade é questionável, talvez tenha sido apenas um admirador de Platão, pronto a aceitar o seu conselho. Hérmias tornou-se patrono de Aristóteles e do terceiro diretor da Academia, Xenócrates, discípulo de Platão.

Para Perdicas III e as suas relações com o aluno de Platão Eufacos, ver *Athen.*, XI, 508 ss., onde Calipo também é referido como aluno de Platão.

(1) A falta de êxito de Platão como educador não é muito surpreendente se olharmos para os princípios de educação e seleção desenvolvidos no Livro I das *Leis* (de 637d e especialmente 643a: «Deixem-me definir a natureza e significado da educação», até ao fim de 650b). Pois neste longo passo mostra que há um grande instrumento de educação, ou antes, de seleção do homem em quem podemos confiar. É o vinho, a embriaguez, que lhe soltará a língua e nos dará uma ideia de como realmente é. «Que há de mais apropriado do que fazer uso do vinho, primeiro que tudo, para por à prova o caráter de um homem e, em segundo lugar, para o formar? Que há de mais barato e de menos objeccionável?» (649d/e). Não vi até hoje discutido este método da bebida por nenhum dos educadores que glorificam Platão. É estranho, pois o método ainda está muito em uso, especialmente nas universidades, embora talvez já não seja tão barato.

(2) Para sermos justos com o princípio do chefe, no entanto, devemos admitir que outros foram mais afortunados do que Platão na sua escolha. Leonard Nelson (cf. nota 4 deste capítulo), por exemplo, que acreditava neste princípio, parece ter tido o poder singular de tanto atrair como selecionar alguns homens e mulheres que permaneceram leais à sua causa nas circunstâncias mais atribuladas e tentadoras. Mas a deles era uma causa melhor do que a de Platão; era a ideia humanitária da liberdade e da justiça igualitária. *(Alguns dos ensaios de Nelson acabam de ser publicados numa tradução inglesa da Yale University Press, com o título *Socratic Method and Critical Philosophy*, 1949. Inclui um ensaio introdutório muito interessante de Julius Kraft.)*

(3) Esta fraqueza fundamental subsiste na teoria do ditador benevolente, teoria que ainda floresce entre alguns democratas. Estou a pensar na teoria da personalidade dominante cujas intenções são as melhores em relação ao seu povo e em quem se pode confiar. Mesmo que a teoria estivesse correta, mesmo que acreditássemos que um homem pode manter esta atitude sem ser controlado ou refreado, como podemos presumir que detetará um sucessor da mesma rara excelência? (Cf. também notas 3 e 4 do capítulo 9 e a nota 69 do capítulo 10.)

(4) No que respeita ao problema do poder, referido no texto, é interessante comparar o *Górgias* (525e *seq.*) com a *República* (615d, *seq.*). Os dois passos são de um estreito paralelismo. Mas o *Górgias* insiste que os maiores criminosos são *sempre* «homens que procedem da classe que possui o poder»; as pessoas privadas podem ser más, diz-se, mas não incuráveis. Na *República*, omite-se este claro aviso contra a influência corruptora do poder. A maioria dos grandes pecadores continua a ser tiranos; mas, diz-se, «há também algumas pessoas privadas entre eles». (Na *República*, Platão confia no interesse próprio que, acredita ele, impedirá os guardiões de usar mal o seu poder; cf. *Rep.*, 466b/c, citado no texto da nota 41, capítulo 6. Não é muito claro porque há o interesse próprio de ter esse efeito benéfico nos guardiões, mas não nos tiranos.)

(26) * Nos primeiros diálogos (socráticos) (a *Apologia* e o *Cármides*, por exemplo); cf. a nota 8 deste capítulo, a nota 15 do capítulo 8 e a nota 56 (5) do capítulo 10) o ditado «conhece-te a ti mesmo» é interpretado como «sabe o pouco que sabes». O mais tardio diálogo (platónico) *Filebo*, todavia, introduz uma alteração subtil, mas muito importante. Ao princípio (48c/d, *seq.*) o ditado é interpretado aqui, implicitamente, da mesma maneira; pois se diz dos muitos que não se conhecem a si próprios que «reivindicam (...) e mentem, que são sábios.» Mas esta interpretação é agora desenvolvida da seguinte maneira. Platão divide os homens em duas classes, os fracos e os poderosos. A ignorância e insensatez do homem fraco é descrita como risível, enquanto «*a ignorância dos fortes*» é «apropriadamente chamada 'má' e 'detestável' (...)». Mas isto implica a doutrina platónica de que *aquele que tem poder deveria ser sábio e não ignorante* (ou que só quem é sábio deveria ter poder); em contraste com a doutrina socrática original de

que (toda a gente e sobretudo) *quem tem poder deveria ter consciência da sua ignorância.* (Não há, claro, no *Filebo* qualquer sugestão de que a «sabedoria», por sua vez vez, haja de ser interpretada como «consciência das próprias limitações»; pelo contrário, a sabedoria implica aqui um conhecimento aprofundado do ensinamento pitagórico e da Teoria das Formas platónica, tal como desenvolvida no *Sofista.*)*

NOTAS DO CAPÍTULO 8

Com a epígrafe deste capítulo, tomada da *República* 540c-d, cf. nota 37 deste capítulo e nota 12 do capítulo 9, onde a citação do passo é mais extensa.

([1]) *República*, 475e; cf, também, por exemplo, 485, *seq.*, 501c.

([2]) *Op. cit.*, 389b, *seq.*

([3]) *Op. cit.*, 389c/d; cf. também *Leis*, 730b, ss.

([4]) Com esta citação e as três seguintes, cf. *República*, 407e e 406c. Ver também o *Político*, 293a, *seq.*, 295b-296e, etc.

([5]) Cf. *Leis*, 720c. É interessante notar que o passo (718c-722b) serve para introduzir a ideia de que o estadista deverá usar a *persuasão* juntamente com a força (722b); e visto que por «persuasão» das massas Platão entende em grande parte propaganda mentirosa – cf. notas 9 e 10 deste capítulo e a citação da *República*, 414b/c, citada ali no texto – resulta que o pensamento de Platão no nosso passo das *Leis*, não obstante uma doçura nova, continua permeado pelas velhas associações – o político-médico que ministra mentiras. Mais adiante (*Leis*, 857c/d) Platão queixa-se de um tipo oposto de médico, o que fala demasiado de filosofia ao paciente em vez de se concentrar em curá-lo. Parece bastante provável que Platão relate aqui algumas das suas experiências quando adoeceu enquanto escrevia as *Leis*.

([6]) *República*, 389b. – Com as breves citações que se seguem, cf. *República*, 459c.

A SOCIEDADE ABERTA E OS SEUS INIMIGOS

(7) Cf. Kant, *Sobre a Paz Perpétua*, Apêndice (*Werke*, org. Cassirer, 1914, vol. VI, 457.) Cf. a tradução de M. Campbell Smith (1903), pp. 162 ss.

(8) Cf. Crossman, *Plato To-Day* (1937), 130; cf. também as páginas imediatamente precedentes. Parece que Crossman ainda acredita que a propaganda mentirosa era só para consumo dos governados e que Platão tencionava educar os governantes no pleno uso das suas faculdades críticas, pois descubro agora que escreveu (em *The Listener*, vol. 27, p. 750): «Platão acreditava na liberdade de expressão, na livre discussão apenas para uns quantos escolhidos.» Mas o facto é que não acreditava de todo nisso. Tanto na *República* como nas *Leis* (cf. os passos das notas 18-21 do capítulo 7 e o texto) exprime o temor de que alguém que ainda não esteja à beira da velhice possa pensar ou falar livremente e assim fazer perigar a rigidez da doutrina estática e consequentemente a cristalização da sociedade parada. Ver também as duas notas seguintes.

(9) *República*, 414b/c. Em 414d, Platão reafirma a sua esperança em persuadir «os próprios governantes e a classe militar e depois o resto da cidade, da verdade da sua mentira. Parece ter-se arrependido mais tarde da sua franqueza, pois no *Político*, 269b, ss. (ver especialmente 271b; cf. também a nota 6 (4) do capítulo 3), fala como se acreditasse na verdade do mesmo Mito dos Nascidos da Terra que, na *República*, se mostrara relutante (ver nota 11 deste capítulo) em introduzir, mesmo como «mentira» senhorial.

* O que traduzo aqui por «mentira senhorial» é normalmente traduzido por «mentira nobre» ou «nobre falsidade» ou mesmo «ficção animosa».

A tradução literal da palavra «*gennaios*», que traduzo agora por «senhorial», é de «alta condição» ou «ascendência nobre». Assim, «mentira senhorial» é tão literal, pelo menos, como «mentira nobre», mas evita a associação que o termo «mentira nobre» poderia sugerir e que de modo algum é justificada pela situação, a saber, uma mentira pela qual um homem assume para si uma responsabilidade que o põe em perigo – tal como a mentira de Tom Sawyer pela qual assume a culpa de Becky e que o juiz Thatcher (no capítulo XXXV) descreve como «uma mentira nobre, generosa e magnânima». Não há qualquer espécie de razão para que a

NOTAS 399

«mentira senhorial» seja considerada a esta luz; assim, a tradução «mentira nobre» não passa de mais uma tentativa típica para idealizar Platão. – Cornford traduz «um (…) audaz salto inventivo» e argumenta numa nota de pé de página contra a tradução «mentira nobre»; dá-nos passos em que «*gennaios*» significa «numa escala generosa» – e na verdade «grande mentira» ou «grandiosa mentira» seriam traduções inteiramente apropriadas. Mas, ao mesmo tempo, Cornford argumenta contra o uso do termo «mentira»; descreve o mito como «a alegoria inofensiva de Platão» e argumenta contra a ideia de que Platão «admitiria mentiras, na sua maior parte ignóbeis, a que se chamaria agora propaganda». E na seguinte nota de pé de página diz: «Note-se que os próprios Guardiões devem, se possível, aceitar esta alegoria. Não se trata de «propaganda» impingida às massas pelos Governantes.» Mas todas estas tentativas de idealização fracassam. O próprio Platão deixa bem claro que se trata de uma mentira de que todos nos deveríamos envergonhar; veja-se a última citação da nota 11, abaixo. (Na primeira edição deste livro, traduzi por «mentira inspirada», aludindo à sua «alta condição» e sugeri como alternativa «mentira engenhosa». Foi criticada por alguns dos meus amigos platónicos como livre de mais e tendenciosa. Mas o «audaz salto inventivo» de Cornford toma «*gennaios*» exatamente no mesmo sentido.) Ver também as notas 10 e 18 deste capítulo.*

(¹⁰) Cf. *República*, 519e, *seq.*, citado no texto da nota 35 do capítulo 5. Sobre *persuasão e força*, ver também *República*, 366d, discutida nesta nota, abaixo, e os passos referidos nas notas 5 e 18 deste capítulo.

A palavra grega («*peithō*», cuja personificação é uma deusa sedutora, uma acólita de Afrodite) normalmente traduzida por *persuasão*, pode querer dizer *(a)* «persuasão por meios leais» e *(b)* «convencer por meios desonestos», ou seja «fingimento» (ver abaixo, (*D*), ou seja, *República*, 414d) e às vezes significa mesmo «persuasão por meio de presentes», isto é, suborno (ver abaixo, (*D*), ou seja *Rep.*, 390e). Na frase «persuasão e força», especialmente, o termo «persuasão» é muitas vezes interpretado no sentido *(a)* e a frase muitas vezes (e muitas vezes apropriadamente) traduzida por «meios lícitos ou ilícitos» (cf. a tradução por Davies e Vaughan «por meios lícitos ou ilícitos» do passo (*C*), *Rep.*, 365d, citado abaixo). Creio, no entanto, que Platão, ao recomendar

400 | A SOCIEDADE ABERTA E OS SEUS INIMIGOS

«persuasão e força» como instrumentos de técnica política, usa as palavras num sentido mais literal e que está a recomendar o uso da propaganda retórica juntamente com o da violência. (Cf. *Leis*, 661C, 711C, 722b, 753a.)

Os seguintes passos são representativos do uso por Platão do termo «persuasão» no sentido *(b)*, especialmente no que se refere à propaganda política. *(A) Górgias*, 453a a 466a, em especial 454b-455a, *Fedro*, 260b, ss., *Teeteto*, 201a, *Sofista*, 222c, *Político*, 296b, ss., 304c/d, *Filebo*, 58a. Em todos estes passos, a persuasão (a «arte da persuasão», por oposição à «arte de transmitir verdadeiro conhecimento») está associado à retórica, ao fingimento e à propaganda. Na *República*, 364b, *seq.*, especialmente 364e-365d (cf. *Leis*, 909b), merecem atenção. *(B)* Em 364e («persuadem», isto é, levam enganosamente a acreditar, «não só indivíduos mas cidades inteiras»), o termo é usado muito no mesmo sentido que em 414b/c (citado no texto da nota 9 deste capítulo), o passo da «mentira senhorial». *(C)* 365d é interessante porque usa um termo que Lindsay traduz com muita pertinência por «burlar», como uma espécie de paráfrase de «persuadir». (A fim de não sermos apanhados (...) temos os mestres da persuasão à nossa disposição; (...) assim, *pela persuasão e pela força* escaparemos ao castigo. Mas poderá objetar-se que não se pode *burlar ou forçar* os deuses (...)») Além disso, *(D)* na *República*, 390e, *seq.*, o termo «persuasão» é usado no sentido de suborno. (Deve ser um velho uso; supõe-se que o passo é uma citação de Hesíodo. É interessante que Platão, que tantas vezes argumenta contra a ideia de que os homens sejam capazes de «persuadir» ou subornar os deuses, lhe faça uma certa concessão no passo seguinte, 399a/b.) Chegamos a seguir a 414b/c, o passo da «mentira senhorial»; imediatamente depois deste passo, em 414c (cf. também a nota seguinte deste capítulo), «Sócrates» faz a observação cínica *(E)*: «Seria precisa muita persuasão para fazer alguém acreditar nesta história». Por fim, posso mencionar *(F) República*, 511d e 533e, onde Platão fala de persuasão ou crença ou fé (a raiz da palavra grega para «persuasão» é a mesma da nossa «fé») como uma faculdade cognitiva inferior da alma, correspondente à formação da opinião (enganadora) sobre as coisas em devir (cf. nota 21 do capítulo 3 e especialmente o uso de «persuasão» em *Tim.*, 51e) por oposição ao conhecimento racional das Formas imutáveis. Para o problema da persuasão «moral», ver também capítulo 6, especialmente notas

NOTAS

401

52/54 e texto, e capítulo 10, especialmente texto das notas 56 e 65 e nota 69.

(¹¹) *República*, 415a. A seguinte citação é de 415c. (Ver também *Crátilo*, 398a.) Cf. notas 12-14 deste capítulo e texto e notas 27 (3), 29 e 31 do capítulo 4.

(1) Para a minha observação do texto, acima neste parágrafo, a respeito do incómodo de Platão, ver *República*, 414c-d, e a última nota *(E)*: «Seria precisa muita persuasão para fazer alguém acreditar nesta história», diz Sócrates. – «Pareces bastante relutante em contá-la», replica Glaucon. «Compreendereis a minha relutância», diz Sócrates, «quando a tiver contado.» – «Fala sem temor», diz Glaucon. Este diálogo introduz aquilo a que chamo *a primeira ideia do Mito* (apresentado por Platão no *Político* como uma história verdadeira; cf. nota 9 deste capítulo; ver também *Leis*, 740a). Como se refere no texto, Platão sugere que é esta «primeira ideia» que está na origem da sua hesitação, pois Glaucon replica a esta ideia: «Não foi sem razão que tiveste vergonha durante tanto tempo de contar a tua mentira.» Não é feita qualquer observação retórica semelhante depois de Sócrates ter contado «o resto da história», isto é o Mito do Racismo.

* (2) No respeitante aos guerreiros autóctones temos de nos lembrar que a nobreza ateniense afirmava que eram (ao contrário dos dórios) aborígenes do seu país, nascidos da terra «como gafanhotos» (como diz Platão no *Banquete*, 191b; ver também o fim da nota 52 deste capítulo). Foi-me sugerido por um crítico amistoso que o incómodo de Sócrates, e o comentário de Glaucon de que Sócrates tinha razão para estar envergonhado, mencionado aqui em (1), deve ser interpretado como uma alusão irónica de Platão aos atenienses que, a despeito de reivindicarem o seu caráter autóctone, não defenderam o seu país como teriam defendido uma mãe. Mas esta sugestão engenhosa não me parece sustentável. Platão, com a sua preferência por Esparta abertamente assumida, seria o último a acusar os Atenienses de falta de patriotismo, e seria uma acusação injusta, pois na guerra do Peloponeso os democratas atenienses nunca cederam a Esparta (como se mostrará no capítulo 10), enquanto o próprio Crítias, o querido tio de Platão, sim, cedeu, e tornou-se chefe de um governo fantoche sob a proteção dos espartanos. Se Platão queria aludir ironicamente a uma defesa inadequada dos atenienses só poderia estar a referir-se

402 | A SOCIEDADE ABERTA E OS SEUS INIMIGOS

à guerra do Peloponeso e portanto a criticar Crítias – a última pessoa que Platão criticaria desta maneira.

(3) Platão chama ao seu Mito «uma mentira fenícia». A sugestão que pode explicar isto deve-se a R. Eisler. Este assinala que etíopes, gregos (as minas de prata), sudaneses e sírios (Damasco) eram descritos no Oriente como raças de ouro, prata, bronze e ferro, respetivamente, e que esta descrição foi usada no Egito para fins de propaganda política (cf. também Daniel, ii. 31-45) e sugere que a história destas quatro raças foi trazida para a Grécia pelos Fenícios (como seria de esperar) no tempo de Hesíodo e que Platão alude a este facto.*

(^{12}) Este passo é da *República*, 546a, ss.; cf. texto das notas 36-40 do capítulo 5. A miscigenação das classes é claramente proibida em 434c também; cf. notas 27 (3), 31 e 34 do capítulo 4 e nota 40 do capítulo 6.

Este passo das *Leis* (930d-e) contém o princípio de que o filho de um casamento misto herda a casta do progenitor inferior.

(^{13}) *República*, 547a. (Para a teoria da hereditariedade mista ver também o texto da nota 39/40 do capítulo 5, especialmente 40 (2) e das notas 39-43 e 52 deste capítulo.)

(^{14}) *Op. cit.*, 415c.

(^{15}) Cf. a nota de Adam a *República*, 414b, ss., itálico meu. A grande exceção é Grote (*Plato and the Other Companions of Socrates*, Londres, 1875, III, 240), que resume o espírito da *República* e a sua oposição ao da *Apologia*: «Na (...) *Apologia* encontramos Sócrates a confessar a sua própria ignorância (...). Mas a *República* apresenta-o sob um novo aspeto (...). Está ele próprio no trono do Rei Nomos: a autoridade infalível, tanto temporal como espiritual, de quem emana todo o sentimento público e por quem é determinada a ortodoxia (...). Espera agora que toda gente entre na ordem e adquira as opiniões prescritas pela autoridade, *incluindo entre essas opiniões ficções éticas e políticas propositadas* tais como a dos (...) homens nascidos da Terra (...). Nem o Sócrates da *Apologia* nem a sua Dialética negativa teriam direito a existir na República platónica.» (Itálico meu; ver também Grote, *op. cit.*, p. 188.)

Verifica-se que a doutrina de que *a religião é o ópio do povo*, embora não nesta específica formulação, é um dos dogmas de

NOTAS 403

Platão e dos platónicos. (Cf. também a nota 17 e texto e especialmente a nota 18 deste capítulo.) É, ao que parece, uma das doutrinas mais esotéricas da escola, isto é, só pode ser discutida por membros suficientemente idosos (cf. nota 18 do capítulo 7) da classe alta. Mas os que a revelarem serão acusados de ateísmo pelos idealistas.

([16]) Por exemplo, Adam, Barker, Field.

([17]) Cf. Diels, *Vorsokatriker*[5], Fragm. 25 Crítias. (Escolhi cerca de onze linhas características de um total de mais de quarenta.) – Pode observar-se que o passo começa com um esboço do contrato social (que se assemelha, até, em certa medida, ao igualitarismo de Licofronte; cf. nota 45 do capítulo &). Sobre Crítias, cf. especialmente a nota 48 do capítulo 10. Visto que Burnet já sugeriu que os fragmentos poéticos e dramáticos conhecidos sob o nome de Crítias devem ser atribuídos ao avô do líder dos Trinta, deve notar-se que Platão atribui-lhe dotes poéticos no *Cármides*, 157e; e no 162d alude mesmo ao facto de Crítias ser dramaturgo. (Cf. também *Memorabilia* de Xenofonte, I, iv, 18.)

([18]) Cf. *Leis*, 909e. Parece que mais tarde a opinião de Crítias se tornou até parte da tradição da escola de Platão, como indica o seguinte passo da *Metafísica* de Aristóteles (1074b3) que proporciona ao mesmo tempo mais um exemplo do uso do termo «persuasão» por «propaganda» (cf. notas 5 e 10 deste capítulo). «O resto (...) foi acrescentado na forma de mito, com vista à persuasão da multidão e à conveniência (política) legal e geral (...)» Cf. também a tentativa de Platão no *Político*, 271a, *seq.*, de argumentar a favor da verdade de um mito em que certamente não acreditava. (Ver notas 9 e 15 deste capítulo.)

([19]) *Leis*, 908b.

([20]) *Op. cit.*, 909a.

([21]) Para o conflito entre o bem e o mal, ver *op. cit.*, 904-906. Ver especialmente 906a/b (justiça contra injustiça; «justiça» significa aqui, ainda, a justiça coletivista da *República*). Imediatamente antes está 903c, um passo citado acima no texto da nota 35 do

404 | A SOCIEDADE ABERTA E OS SEUS INIMIGOS

capítulo 5 e da nota 27 do capítulo 6. Ver também a nota 32 do presente capítulo.

([22]) *Op. cit.*, 905d-907b.

([23]) O parágrafo a que esta nota está apensa indica a minha adesão a uma teoria «absolutista» da verdade que está de acordo com a ideia vulgar de que *uma afirmação é verdadeira se* (e apenas se) *concorda com os factos* que descreve. Esta teoria da verdade «absoluta» ou da «correspondência» (que remonta a Aristóteles) foi primeiro desenvolvida claramente por A. Tarski (*Der Wahrheitsbegriff in den formalisierten Sprachen*, edição polaca 1933, tradução alemã 1936) e é a base de uma teoria da lógica a que ele chamou Semântica (cf. nota 29 do capítulo 3 e nota 5 (2) do capítulo 5); ver também *Introduction to Semantics*, 1942, de R. Carnap, que desenvolve em pormenor a teoria da verdade. Cito da p. 28: «É de notar especialmente que o conceito de verdade no sentido que se acabou de explicar – podemos chamar-lhe o conceito semântico de verdade – é fundamentalmente diferente de conceitos como 'acreditado', 'verificado', 'altamente confirmado', etc.» – Um ponto de vista semelhante, embora não desenvolvido, pode encontrar-se no meu *Logik der Forschung* (traduzido, 1959, como *The Logic of Scientific Discovery*), secção 84, que foi escrito antes de eu conhecer a Semântica de Tarski, razão por que a minha teoria é apenas rudimentar. Já em 1907 a teoria pragmática da verdade (que resulta do hegelianismo) fora criticada por Bertrand Russell da perspetiva de uma teoria absolutista da verdade; e recentemente ele mostrou a relação entre uma teoria relativista da verdade e o credo fascista. Ver Russell, *Let the People Think*, pp.77, 79.

([24]) Em especial *Rep.*, 474c-502d. A citação seguinte é *Rep.*, 475e.

([25]) Para as sete citações que se seguem neste parágrafo ver: (1) e (2), *República*, 476b; (3), (4) e (5), *op. cit.*, 500d-e; (6) e (7): *op. cit.*, 501a/b; com (7) cf. também o passo paralelo, *op. cit.*, 484c. Ver, além disso, *Sofista*, 253d/e; *Leis*, 964a-966a (esp. 965b/c).

([26]) Cf. *op. cit.*, 501c.

NOTAS | 405

(^{27}) Cf. especialmente *República*, 509a, *seq.* – Ver 509b: «O sol induz as coisas sensíveis a gerarem» (embora não esteja ele próprio envolvido no processo de geração); de igual modo, «pode dizer-se dos objetos de conhecimento racional que não só devem ao Bem poder ser conhecidos, mas a sua realidade e até a sua essência flui dele; embora o Bem não seja ele próprio uma essência, mas transcenda até as essências em dignidade e poder.» (Com 509b, cf. Aristóteles, *De Gen. et Corr.*, 336a 15, 31 e *Fís.*, 194b13.) – Em 510b o Bem é descrito como a origem absoluta (não meramente postulada ou presumida) e em 511b é descrito como «a primeira origem de todas as coisas».

(^{28}) Cf. especialmente *República*, 508b, ss. – Ver 508b/c: «O que o Bem gerou à sua própria imagem» (a saber, a *verdade*) «é o elo, no mundo inteligível, entre a razão e os seus objetos» (isto é, as Ideias) «da mesma maneira que, no mundo visível, aquela coisa (a saber, a *luz* que é descendente do sol) «que é o elo entre a vista e os seus objetos» (isto é, as coisas sensíveis).

(^{29}) Cf. *op. cit.*, 505a; 534b, ss.

(^{30}) Cf. *op. cit.*, 505d.

(^{31}) *Filebo*, 66a.

(^{32}) *República*, 506dd, ss., e 509-511.
A definição do Bem, aqui citada, como «a classe do determinado (ou finito, ou limitado) concebido como unidade» não é, creio, assim tão difícil de perceber e está perfeitamente de acordo com outras observações de Platão. A «classe do determinado» é a classe das Formas ou Ideias, concebidas como princípios masculinos, ou progenitores, por oposição ao espaço fêmea, ilimitado ou indeterminado (cf. nota 15 (2) do capítulo 3). Esta Formas ou primogenitores são, sem dúvida, boas, pois são os originais antigos e imutáveis e cada um deles é uno por oposição às muitas coisas sensíveis que gera. Se concebermos a classe ou raça dos progenitores como muitos, então já não são absolutamente bons; assim, o Bem absoluto pode ser visualizado se as concebermos como unidade, como Uno – como o primogenitor Uno. (Cf. também Aristóteles, *Met.*, 988a 10.)

A Ideia do Bem de Platão é praticamente vazia. Não nos dá qualquer indicação do que é bom, num sentido moral, isto é, do que deveríamos fazer. Como se pode ver especialmente nas notas 27 e 28 deste capítulo, tudo o que ouvimos é que o Bem é o que há de mais alto no reino das Formas ou Ideias, uma espécie de super--Ideia, da qual as Ideias procedem e recebem a sua existência. Tudo o que poderíamos inferir disto seria que o Bem é imutável e anterior ou primário, e portanto antigo (cf. nota 3 do capítulo 4) e Uma Totalidade; e, por conseguinte, que as coisas que não mudam participam dele, ou seja, o bem é o que preserva (cf. notas 2 e 3 do capítulo 4) e o que é antigo, especialmente as antigas leis (cf. nota 23 do capítulo 4, nota 7, parágrafo sobre o platonismo, do capítulo 5, e nota 18 do capítulo 7), e que o holismo é bom (cf. nota 21 deste capítulo); isto é, somos devolvidos outra vez, na prática, à moralidade totalitária (cf. texto das notas 40/41 do capítulo 6).

Se a *Sétima Carta* é genuína, então temos ali (314b/c) mais uma declaração de Platão de que a sua doutrina do Bem não pode ser formulada, pois diz dela: «Não é passível de expressão como outros ramos de estudo.» (Cf. também nota 57 do capítulo 10.)

Foi mais uma vez Grote quem viu claramente e criticou o vazio da Ideia ou Forma platónica de Bem. Depois de perguntar o que é este Bem, diz (*Plato*, III, 241 *seq.*): «Esta questão é posta (...). Mas infelizmente fica sem resposta (...). Ao descrever a condição da mente dos outros homens – de que adivinham um Bem Real (...) fazem tudo para o obter mas se desconcertam em vão por captar e determinar o que é – ele» (Platão) «descreveu inconscientemente a condição da sua.» É surpreendente ver que poucos foram os escritores modernos que fizeram algum caso da excelente crítica de Platão feita por Grote.

Para as citações do próximo parágrafo do texto, ver (1): *República*, 500b-c; (2) *op. cit.*, 485a/b. Este segundo passo é muito interessante. É, como repete Adam (485b9), o primeiro passo em que «geração» e «degeneração» são usados neste sentido meio técnico. Refere-se ao devir e às entidades imutáveis de Parménides. E introduz o principal argumento a favor do governo dos filósofos. Ver também nota 26 (1) do capítulo 3 e nota 2 (2) do capítulo 4. Nas *Leis*, 689c-d, ao discutir a «degeneração» (688c) do reino dório causada pela «pior das ignorâncias» (a ignorância, designadamente, que consiste em não saber obedecer aos que são governantes por natureza; ver 689b), Platão explica o que quer dizer por sabedoria: só a sabedoria que visa a máxima unidade ou «unissonidade» confere autoridade a um homem. E o termo «unissonidade» é explicado na *República*, 591b e d, como a harmonia das ideias de justiça (isto é, de se manter no seu lugar) e de temperança (de estar satisfeito com isso). Assim, somos outra vez remetidos para o nosso ponto de partida.

([33]) * Um crítico deste passo asseverou que não encontrava em Platão qualquer rasto de receio do pensamento independente. Mas devemos lembrar a insistência de Platão na censura (ver notas 40 e 41 do capítulo 4) e a sua proibição, na *República* (ver notas 19 a 21 do capítulo 7), de estudos superiores de dialética a quem tenha menos de 50 anos de idade, para não falar das *Leis* (ver nota 18 do capítulo 7 e muitos outros passos.)*

([34]) Para o problema da casta sacerdotal, ver *Timeus*, 24a. Num passo que alude claramente ao melhor ou «antigo» Estado da *República*, a casta dos sacerdotes toma o lugar da «raça filosófica» da *República*. Cf. também o ataque aos sacerdotes (e até aos sacerdotes do Egito), adivinhos e feiticeiros, no *Político*, 290c, seq.; ver também nota 57 (2) do capítulo 8 e nota 29 do capítulo 4.

A observação de Adam, citada no texto no parágrafo a seguir ao próximo, é da nota dele à *República*, 547a3 (citado acima no texto da nota 43 do capítulo 5).

([35]) Cf. por exemplo *República*, 484c, 500

([36]) *República*, 535a/b. Tudo o que Adam diz sobre o termo que traduzo por «aterrador» apoia a opinião habitual de que o termo significa «severo» ou «horrível», especialmente no sentido de «inspirar terror». A sugestão de Adam de que o traduzamos por «masculino» ou «viril» segue a tendência geral para suavizar o que Platão diz e choca, estranhamente, com o *Teeteto*, 149a. Lindsay traduz «de (...) robusta moralidade».

([37]) *Op. cit.*, 540c; ver também 500c-d: «o próprio filósofo (...) torna-se divino», e nota 12 do capítulo 9, onde 540c, *seq.*, é citado em maior extensão. – É muito interessante notar como Platão transforma o Uno parmenidiano quando argumenta a favor de uma hierarquia aristocrática. A oposição *um-muitos* não é preservada mas dá, sim, lugar a um sistema de graus: a Ideia una – os poucos que dela se aproximam – os mais que são seus ajudantes – os muitos, isto é, a multidão (esta divisão é fundamental no *Político*). Por oposição a isto, o monoteísmo de Antístenes preserva a oposição eleática original entre o Uno (Deus) e os Muitos (que considerava muito provavelmente irmãos, dada a sua igual distância de Deus). – Antístenes foi influenciado por Parménides através da influência de Zenão sobre Górgias. Provavelmente havia também influência de Demócrito, que ensinara: «O homem sábio pertence igualmente a todos os países, pois a pátria de uma grande alma é o mundo inteiro.»

([38]) *República*, 500d.

([39]) As citações são da *República*, 459b e ss.; cf. também notas 34 *seq.* do capítulo 4 e especialmente 40 (2) do capítulo 5. Cf. também os três símiles do *Político*, onde o governante é comparado (1) ao pastor, (2) ao médico e (3) ao tecelão, cujas funções são explicadas como as de um homem que mescla os carateres por meio de uma hábil criação (310b, *seq.*).

([40]) *Op. cit.*, 460a. A minha afirmação de que Platão considera esta lei muito importante baseia-se no facto de ele a mencionar no esquema para a *República* do *Timeu*, 18d/e.

([41]) *Op. cit.*, 460b. A «sugestão é aceite» em 468c; ver nota seguinte.

([42]) *Op. cit.*, 468c. Embora os meus críticos o tenham negado, a minha tradução é correta, bem como a minha observação sobre «o segundo benefício». Shorey considera este passo «deplorável».

([43]) Para a História do Número e da Queda, cf. notas 13 e 52 deste capítulo, notas 39/40 do capítulo 5 e texto.

([44]) *República*, 473c-e. Note-se a oposição entre o *repouso* (divino) e o *mal*, isto é, a mudança na forma de corrupção ou degeneração. Relativamente ao termo aqui traduzido por «oligarcas» cf. o fim da nota 57, abaixo. É equivalente a «aristocratas hereditários».

NOTAS | 409

A expressão que, por razões estilísticas, pus entre parênteses, é importante, pois nela *Platão exige a supressão de todos os filósofos «puros»* (e dos políticos não filosóficos). Uma tradução mais literal da frase seria esta: «enquanto os muitos» (que têm) «naturezas» (dispostas ou dotadas) «para se deixarem levar, hoje em dia, por um só destes dois cursos, *são eliminados pela força»*. Adam admite que o significado da frase de Platão é «que Platão se recusa a sancionar a busca exclusiva do conhecimento»; mas a sua sugestão de que suavizemos o significado das últimas palavras da frase pela tradução «são compelidos a não se dedicarem *exclusivamente* à procura de uma ou outra» (itálico dele; cf. nota a 473d24, vol. I, 330, da sua edição da *República*) não tem fundamento no original –, só na sua tendência para idealizar Platão. O mesmo vale para a tradução de Lindsay («são compelidos a evitar esse comportamento»). – Quem deseja Platão suprimir? Creio que «os muitos» cujos talentos ou «naturezas» limitados ou incompletos Platão condena aqui são idênticos (no que se refere aos filósofos) aos «muitos cujas naturezas são incompletas» referidos na *República*, 495d; e também aos «muitos» (supostos filósofos) «cuja maldade é inevitável» referidos em 489e (cf. também 490e/491a); cf. notas 47, 56 e 59 deste capítulo (e nota 23 do capítulo 5). O ataque é dirigido, por conseguinte, por um lado, contra os políticos democráticos «sem educação», e por outro, muito provavelmente sobretudo, contra o meio trácio Antístenes, o «bastardo sem educação», o filósofo igualitarista; cf. nota 47, abaixo.

(⁴⁵) Kant, *Sobre a Paz Perpétua*, Segundo Suplemento (*Werke*, org. Cassirer, 1914, vol. VI, 456). O itálico é meu; também abreviei o passo. (A «posse» do poder pode aludir a Frederico, *o Grande*.)

(⁴⁶) Cf. por exemplo Gomperz, *Greek Thinkers*, V, 12, 2 (edição alemã, vol. II, 382); ou a tradução da *República* de Lindsay. (Para uma crítica desta interpretação, cf. nota 50, abaixo.)

(⁴⁷) Tem de reconhecer-se que a atitude de Platão para com Antístenes levanta um problema altamente especulativo; isto está evidentemente ligado ao facto de se saber muito pouco sobre Antístenes de fontes de primeira ordem. Mesmo a velha tradição estoica de que se pode fazer remontar a Antístenes a origem do movimento ou da escola dos cínicos é hoje muitas vezes questio-

410 | A SOCIEDADE ABERTA E OS SEUS INIMIGOS

nada (cf. por exemplo, o *Plato* de G. C. Field, 1930, ou *A History of Cynicism*, de D. R. Dudley, 1937) embora talvez sem grande fundamento (cf. a recensão de Fritz do último dos livros mencionados em *Mind*, vol. 47, p. 390). Tendo em conta o que sabemos sobre Antístenes, em especial através de Aristóteles, parece-me altamente provável que haja muitas alusões a ele nos escritos de Platão; e mesmo o simples facto de Antístenes ter sido, à parte de Platão, o único membro do círculo íntimo de Sócrates que ensinou filosofia em Atenas seria justificação suficiente para procurar essas alusões na obra de Platão. Parece-me agora bastante provável que a série de ataques que Duemmler aponta na obra de Platão (especialmente *Rep.*, 495d/e, referido abaixo na nota 56 deste capítulo; *Rep.*, 535e *seq.*, *Sof.*, 251b-e) representa essas alusões. Há uma parecença inequívoca (ou, pelo menos, é o que me parece) entre estes passos e os ataques escarninhos de Aristóteles contra Antístenes. Aristóteles, que refere o nome de Antístenes, fala dele como um simplório e fala de «gente sem educação como os antistenianos» (cf. nota 54 do capítulo 11). Nos passos referidos, Platão fala de maneira semelhante, mas mais violenta. O primeiro passo em que estou a pensar é do *Sofista*, 251b *seq.*, que de facto corresponde muito de perto ao primeiro passo de Aristóteles. No respeitante aos dois passos da *República*, temos de nos lembrar que, segundo a tradição, Antístenes era um «bastardo» (a mãe dele vinha da Trácia bárbara) e que ensinou no liceu ateniense reservado a «bastardos». Ora, encontramos na *República*, 535e, *seq.*, (cf. fim da nota 52 deste capítulo) um ataque que é tão específico que visa certamente uma pessoa concreta. Platão fala de «gente que se mete em filosofia sem se sentir constrangida pela sua própria indignidade» e afirma que «gente de baixa condição devia ser proibida» de o fazer. Fala das pessoas como «desequilibradas» (ou «tortas» ou «coxas») no seu amor pelo tabalho e pelo lazer e, tornando-se mais pessoal, alude a alguém de «alma aleijada» que, embora ame a verdade (como é próprio de qualquer socrático), não a alcança, pois «chafurda na ignorância» (provavelmente porque não aceita a teoria das Formas), e previne a cidade de que não deve confiar nesses «bastardos» claudicantes. Penso que é provável que o alvo deste ataque inequivocamente pessoal seja Antístenes; o reconhecimento de que o inimigo ama a verdade parece-me um argumento especialmente forte, ocorrendo, como acontece, num ataque de extrema violência. Mas se este passo se refere a Antístenes, então é muito provável que um outro passo muito semelhante também se lhe refira, a saber, *República*, 495d/e onde Platão mais uma vez descreve a sua vítima como tendo uma alma tão desfigurada ou aleijada como o corpo. Insiste neste passo que o objeto do seu desprezo, embora aspire a ser filósofo, é tão depravado que nem sequer se envergonha de se entregar a trabalhos manuais degradantes («banáusicos»; cf. nota 4 do capítulo 11). Ora, sabemos que Antístenes recomendava o trabalho manual, que tinha em grande conta (para a atitude de Sócrates, cf. Xenofonte, *Mem.*, II, 7, 10) e que praticava o que recomendava; mais um forte argumento em favor de que o homem de alma aleijada era Antístenes.

Ora, no mesmo passo, *República*, 495d, há também uma observação sobre «os muitos cujas naturezas são incompletas» e que, no entanto, aspiram à filosofia. Isto parece referir-se ao mesmo grupo (os «antistenianos» de Aristóteles) de «muitas naturezas» cuja supressão é exigida na *República*, 473c-e, discutida na nota 44 deste capítulo. – Cf. também *República*, 489e, que se refere nas notas 59 e 56 deste capítulo.

(⁴⁸) Sabemos (por Cícero, *De Natura Deorum*, e Filodemo, *De Pietate*) que Antístenes era um monoteísta; e a forma como exprimia esse monoteísmo (só há Um Deus «segundo a natureza», isto é, segundo a verdade, embora haja muitos «segundo a convenção») mostra que ele tinha presente a oposição *natureza-convenção*, a qual, na mente de um antigo membro da escola de Górgias e contemporâneo de Alcidamas e Licofronte (cf. nota 13 do capítulo 15), tinha de estar ligada ao *igualitarismo*.

É claro que isto por si só não avaliza a conclusão de que o semibárbaro Antístenes acreditava na irmandade de gregos e bárbaros. Parece-me extremamente provável, todavia, que acreditasse nela.

W. W. Tarn (*Alexander the Great and the Unity of Mankind*; cf. nota 13 (2) do capítulo 5) tentou mostrar – pensei em tempos que com êxito – que a ideia da unidade da humanidade pode fazer-se remontar, pelo menos, a Alexandre, *o Grande*. Penso que seguindo uma linha de raciocínio semelhante se pode fazer remontar a sua origem ainda mais atrás; a Diógenes, a Antístenes e até a Sócrates e à «Grande Geração» da era de Péricles (cf. nota 27 do capítulo 10 e texto). Parece bastante provável, mesmo sem considerar pro-

412 | A SOCIEDADE ABERTA E OS SEUS INIMIGOS

vas mais circunstanciais; pois é de esperar que uma ideia cosmopolita surja como corolário de tendências imperialistas como as
daquela era (cf. *Rep.*, 494c/d, mencionada na nota 50 (5) deste
capítulo, e o *Primeiro Alcibíades*, 105b, ss.; ver também texto das
notas 9-22, 36 e 47 do capítulo 10). Isto é especialmente provável se existirem também outras tendências igualitárias. Não pretendo menosprezar o significado dos feitos de Alexandre, mas
as ideias que lhe são atribuídas por Tarn parecem-me, de certa
maneira, um renascimento de algumas das melhores ideias do
imperialismo ateniense do século V a.C.. Ver também Adenda III,
pp. 255 *seq.*

Passando aos pormenores, posso dizer em primeiro lugar
que há indícios muito fortes de que, pelo menos no tempo de
Platão (e de Aristóteles), se percebia claramente que o problema
do igualitarismo tinha a ver com duas distinções completamente
análogas, entre *gregos e bárbaros*, por um lado, e entre *senhores* (*ou
homens livres*) *e escravos*, por outro; cf. com isto a nota 13 do capítulo 5. Ora, nós temos fortes indícios de que o movimento contra
a escravatura da Atenas do século V a.C. não estava confinado a
uns quantos intelectuais como Eurípides, Alcidamas, Licofronte,
Antífon, Hípias, etc., mas na prática tinha bastante êxito. Estas
provas estão contidas nos relatórios unânimes dos inimigos da
democracia ateniense (especialmente o «Velho Oligarca», Platão,
Aristóteles, cf. notas 17, 18 e 29 do capítulo 4 e 36 do capítulo 10).

Se considerarmos agora desta perspetiva os indícios disponíveis, escassos, é certo, da existência de *cosmopolitismo*, estes parecem, creio, razoavelmente fortes − *na condição de que incluamos
nesses indícios os ataques dos inimigos deste movimento.* Por outras palavras, temos de nos socorrer de todos os ataques do Velho Oligarca,
de Platão e de Aristóteles contra o movimento humanitarista se
queremos avaliar o seu real significado. Assim, o Velho Oligarca
(2, 7) ataca Atenas pelo seu modo de vida eclético e cosmopolita. Os ataques de Platão às tendências cosmopolitas e similares,
embora não frequentes, são especialmente valiosos. (Estou a
pensar em passos como *Rep.*, 562/563a − «cidadãos, estrangeiros
residentes, e estranhos de outros países, todos devem ser colo-
cados em pé de igualdade» − um passo que deve ser comparado
com a descrição irónica do *Menexeno*, 245c-d, no qual Platão louva
sarcasticamente Atenas pelo seu ódio consistente aos bárbaros;
Rep., 494c/d; o passo *Rep.* 469b-471c tem de ser sem dúvida con-

siderado também neste contexto. Ver também a parte final da nota 19 do capítulo 6.) Tenha ou não razão Tarn a respeito de Alexandre, o certo é que não faz completa justiça às várias proclamações conhecidas do movimento do século V, a Antífon, por exemplo (cf. p. 149, nota 6 do seu estudo), ou a Eurípides ou Hípias ou Demócrito (cf. nota 29 do capítulo 10) ou a Diógenes (p. 150, nota 12) e Antístenes. Não penso que Antífon quisesse apenas realçar o parentesco biológico entre os homens, pois era sem dúvida um reformador social; e «por natureza» para ele queria dizer «na verdade». Parece-me assim praticamente certo que atacou a distinção entre gregos e bárbaros como sendo fictícia. Tarn, ao comentar o fragmento de Eurípides em que este afirma que um homem nobre pode cobrir o mundo como uma águia o céu, observa que ele «sabia que as águias têm um lar-rocha permanente»; mas esta observação não faz inteira justiça ao fragmento; pois para sermos cosmopolitas não precisamos de desistir do nosso lar permanente. À luz de tudo isto, não vejo porque seria puramente «negativa» a afirmação de Diógenes quando em resposta à pergunta «donde és?» disse que era um cosmopolita, um cidadão do mundo inteiro; especialmente se tivermos em conta que se atribui a Sócrates uma resposta semelhante («Sou um homem do mundo») e uma outra («Um homem sábio pertence a todos os países, pois a pátria de uma grande alma é o mundo inteiro»; cf. Diels[5], fr. 247; autenticidade questionada por Tarn e Diels) a Demócrito.

O monoteísmo de Antístenes também tem de ser considerado à luz destas provas. Não há dúvida de que este monoteísmo não era do tipo judaico, isto é, tribal e exclusivo. (Caso seja verdadeira a história de *Diog. Laert.*, VI, 13, que Antístenes ensinava no Cinosargo, o liceu para «bastardos», então deve ter realçado deliberadamente a sua própria ascendência mista e bárbara.) Tarn tem com certeza razão quando nota (p. 145) que o monoteísmo de Alexandre estava ligado à sua ideia da unidade da humanidade. Mas o mesmo se deve dizer das ideias cínicas, que foram influenciadas, como julgo (ver nota anterior), por Antístenes e, assim, por Sócrates. (Cf. especialmente o que mostram Cícero, *Tuscul*, V, 37 e Epicteto, I, 9, 1, com *D. L.*, VI, 2, 63-71; também *Górgias*, 492e, com *D. L.*, VI, 105. Ver também Epicteto, III, 22 e 24.)

Tudo isto fez-me em tempos parecer que não era muito improvável que Alexandre pudesse ter sido genuinamente inspirado, como relata a tradição, pelas ideias de Diógenes; e assim pela tra-

414 A SOCIEDADE ABERTA E OS SEUS INIMIGOS

dição igualitária. Mas tendo em conta a crítica que E. Badian faz de Tarn (*Historia*, 7, 1958, pp. 425 ss.) sinto-me agora inclinado a rejeitar a tese de Tarn; mas não, claro, as minhas opiniões sobre o movimento do século V.

(⁴⁹) Cf. *República*, 469b-471c, especialmente 470b-d e 469b/c. Temos aqui, na verdade (cf. a nota seguinte) o rasto de uma espécie de introdução a uma nova totalidade ética, mais envolvente do que a cidade; designadamente a unidade da superioridade helénica. Como seria de esperar (ver nota seguinte (1) *(b)*), Platão desenvolve este ponto em algum detalhe. *(Cornford resume com justeza este passo quando diz que Platão «não exprime quaisquer simpatias humanitárias que se estendam além das fronteiras da Hélade»; cf. *The Republic of Plato*, 1941, p. 165.)*

(⁵⁰) Nesta nota, reúnem-se mais argumentos relativos à interpretação da *República*, 473e e o *problema do humanitarismo de Platão*. Quero expressar os meus agradecimentos ao meu colega, Professor H. D. Broadhead, cujas críticas muito me ajudaram a completar e clarificar o meu argumento.

(1) Um dos tópicos habituais de Platão (cf. as observações metodológicas, *Rep.*, 368e, 445c, 577c e a nota 32 do capítulo 5) é a oposição e comparação entre o indivíduo e o todo, isto é, a cidade. A introdução de um todo mais abrangente do que a cidade, a saber, a humanidade, seria um passo muito importante a tomar por um holista; precisaria de *(a)* preparação e *(b)* desenvolvimento. *(a)* em vez dessa preparação temos o passo acima referido sobre a oposição entre gregos e bárbaros (*Rep.*, 469b-471c). *(b)* Em vez de um desenvolvimento, encontramos, quando muito, a remoção da ambígua expressão «raça dos homens». Primeiro, no seguimento imediato do passo crucial que estamos a tratar, isto é, o passo do filósofo-rei (*República*, 473d/e), ocorre uma paráfrase da expressão questionável, na forma de súmula ou conclusão de toda o passo, e nesta paráfrase a típica oposição *cidade-indivíduo* substitui a de *cidade-raça humana*. Reza a paráfrase: «Nenhuma outra constituição pode estabelecer um estado de felicidade, quer nos assuntos *privados* quer nos da cidade.» Em segundo lugar, chegamos a um resultado semelhante se analisarmos as seis variações ou repetições do passo crucial qu estamos a considerar, isto é, da *Rep.* 473d/e (a saber, 487e, 499b, 500e, 501e, 536a-b, discutidos

NOTAS 415

na nota 52 abaixo, e a súmula 540d/e com o aditamento 541b). Em dois deles (487e, 500e) só a cidade é mencionada; em todos os outros a típica oposição *cidade-indivíduo* torna a substituir a de *cidade-raça humana*. Em nenhum lugar há qualquer outra alusão à ideia alegadamente platónica de que só a sofocracia pode salvar, não só as *cidades* sofredoras, mas também toda a humanidade sofredora. – Perante tudo isto, parece claro que em *todos* estes lugares só a sua típica oposição persistiu na mente de Platão (sem, no entanto, o desejo de lhe dar qualquer proeminência neste contexto), provavelmente no sentido de que apenas a sofocracia pode alcançar a estabilidade e a felicidade – o divino repouso – de qualquer Estado, bem como de todos os seus *cidadãos individuais e sua progenitura* (na qual, de outro modo, o mal terá de crescer – o mal da degeneração).

(2) O termo «humano» («anthrōpinos») é usado por Platão ou por oposição a «divino» (e, por conseguinte, algumas vezes num sentido ligeiramente depreciativo, em especial quando se trata de realçar as limitações do conhecimento humano ou da arte humana, cf. *Timeu*, 29c, 77a, ou *Sofista*, 266c, 268d, ou *Leis*, 691e, *seq.*,854a) ou num sentido *zoológico*, por oposição, ou em referência, a animais, águias, por exemplo. Em parte alguma a não ser nos primeiros diálogos socráticos (para mais uma exceção, ver esta nota, (6), mais abaixo) encontramos este termo (ou o termo «homem») usado num sentido humanitário, isto é, indicando algo que transcende as divisões de nação, raça ou classe. Mesmo um uso «mental» do termo é raro. (Estou a pensar num uso como o que é feito nas *Leis*, 737b: «um caso de insensatez humanamente impossível».) Na verdade, as opiniões nacionalistas extremas de Fichte ou Spengler citadas no capítulo 12, texto da nota 79, são uma expressão aguda do uso platónico do termo «humano» num sentido de categoria zoológica e não moral. Podemos indicar vários passos de Platão que indicam este uso e outros semelhantes: *República*, 365d, 486a, 459b/c, 514b, 522c, 606e, *seq.* (onde Homero como guia nos assuntos humanos é contraposto ao compositor de hinos aos deuses); 620b. – *Fédon*, 82b. *Crátilo*, 392b. *Parménides*, 134e. – *Teeteto*, 107b. – *Críton*, 46e. – *Protágoras*, 344c. – *Político*, 274d (o pastor do rebanho humano que é um deus, não um homem). *Leis*, 673d, 688d, 737b (890b é talvez outro exemplo de um uso pejorativo – «os homens» parecem aqui quase equivalentes a «os muitos»).

(3) É verdade, sem dúvida, que Platão presume uma *Forma ou Ideia do Homem*, mas é um erro pensar que esta representa aquilo que todos os homens têm em comum; é, antes, o ideal aristocrático de um supergrego orgulhoso, e baseia-se nisto a crença, não na irmandade dos homens, mas numa hierarquia de «naturezas», aristocráticas ou escravas, conforme a sua maior ou menor parecença com o original, o ancestral primogenitor da raça humana. (Os gregos são mais parecidos com ele do que qualquer outra raça.) Assim, «a inteligência é partilhada pelos deuses com apenas muito poucos homens» (*Tim.* 51e; cf. Aristóteles, no texto da nota 3, capítulo 11).

(4) A «Cidade do Céu» (*Rep.*, 592b) e os seus cidadãos não são, como justamente aponta Adam, gregos; mas isto não quer dizer que pertençam à «humanidade» como ele julga (nota a 470e30 e outros); são antes superexclusivos, supergregos (estão «acima» da cidade grega de 470e, ss.) – mais longe dos bárbaros do que nunca. (Esta observação não implica que a ideia da Cidade do Céu – como as do Leão do Céu, por exemplo, e de outras constelações – possa não ter sido de origem oriental.)

(5) Finalmente, pode mencionar-se que o passo 499c/d não rescinde a distinção entre gregos e bárbaros nem entre passado, presente e futuro: Platão tenta aqui dar expressão drástica a uma generalização radical a respeito do tempo e do espaço; não deseja dizer mais do que: «Se em qualquer tempo que seja, ou qualquer lugar» (podemos acrescentar: mesmo num lugar tão extremamente improvável como um país bárbaro) «aconteceu tal coisa, então (...)». A observação, da *República*, 494c/d, exprime o sentimento semelhante, embora mais intenso, de estar perante algo que raia o absurdo sacrílego, um sentimento aqui despertado pelas esperanças de Alcibíades num império universal de gregos e estrangeiros. (Concordo com as opiniões manifestadas por Field, *Plato and His Contemporaries*, 130, nota 1, e por Tarn; cf. nota 13 (2) do capítulo 5.)

Em suma, não sou capaz de encontrar senão hostilidade para com a ideia humanitária de uma unidade da humanidade que transcenda raça e classe e acredito que aqueles que encontram o contrário idealizam Platão (cf. nota 3 do capítulo 6 e texto) e não veem a ligação entre a sua seletividade aristocrática e anti-humanitária e a sua teoria das Ideias. Ver também este capítulo, notas 51, 52 e 57, abaixo.

NOTAS   417

* (6) Há, que eu saiba, uma única verdadeira exceção, um passo que aparece em flagrante contraste com tudo isto. Num passo (*Teeteto*, 174e, *seq.*) destinado a ilustrar a largueza de vistas e o ponto de vista universalista do filósofo, lemos: «Todos os homens tiveram incontáveis antecessores e entre eles há em qualquer caso ricos e pobres, reis e escravos, bárbaros e gregos.» Não sei como conciliar este passo interessante e inequivocamente humanitário – a sua ênfase no paralelismo senhor e escravo e grego e bárbaro é reminiscente de todas as teorias a que Platão se opõe – com as outras opiniões de Platão. Talvez seja, como tanta coisa no *Górgias*, socrático; e o *Teeteto* é talvez (contra o que é hábito supor) mais antigo do que a *República*. Ver também a minha Adenda II, p. 253.*

([51]) A alusão, penso eu, é a dois trechos da História do Número onde Platão (ao falar da «vossa raça») se refere à raça dos homens: «no respeitante à vossa própria raça» (546a/b; cf. nota 39 do capítulo 5 e texto) e «testando os metais dentro das vossas raças» (546d/e, *seq.*; cf. notas 39 e 40 do capítulo 5 e o passo seguinte). Cf. também a argumentação da nota 52 deste capítulo, a respeito de uma «ponte» entre os dois passos, isto é, o passo crucial do filósofo-rei e a História do Número.

([52]) *República*, 546d/e, *seq.* O passo aqui citado faz parte da História do Número e Queda do Homem, 546a-547a, citado no texto das notas 39/40 do capítulo 5; ver também notas 13 e 43 do presente capítulo. – A minha tese (cf. texto da nota anterior) de que a observação no passo crucial do filósofo-rei, *República*, 473e (cf. notas 44 e 50 deste capítulo) prefigura a História do Número é reforçada pela verificação de que existe ali uma ponte, por assim dizer, entre os dois passos. A História do Número é indubitavelmente prefigurada pela *República*, 536a/b, um passo que, por outro lado, pode ser descrito como o inverso (e portanto como uma variação) do passo do filósofo-rei; pois diz, com efeito, que o pior acontecerá necessariamente se forem eleitos como governantes os homens errados e acaba até com uma reminiscência direta da grande vaga: «Se tomarmos homens de outra espécie (...) precipitaremos um novo dilúvio de gargalhada sobre a filosofia». Esta reminiscência clara é, creio eu, uma indicação de que Platão tinha consciência do caráter deste passo (que procede, por assim dizer, do fim de 473c-e para regressar ao princípio), que mostra o que deve acontecer se não se fizer caso do conselho dado no passo do filósofo-rei. Ora, este passo «invertido» (536a/b) pode ser descrito como uma ponte entre o «passo crucial» (473e) do filósofo-rei e o «passo do Número» (546a, ss.), pois contém referências claras ao racismo, prefigurando o passo (546d, *seq.*) sobre o mesmo tema a que está apensa esta nota. (Isto pode ser interpretado como mais uma prova de que Platão tinha em mente o racismo e a ele aludia quando escreveu o passo do filósofo-rei.) Cito agora o princípio do passo «invertido» (536a/b): «Temos de distinguir cuidadosamente entre o bem nascido e o bastardo. Pois se um indivíduo ou uma cidade não sabem como olhar por estes assuntos, aceitarão com toda a inocência os serviços de bastardos desequilibrados (ou claudicantes) em qualquer cargo; talvez como amigos ou mesmo como governantes.» (Cf. também nota 47 deste capítulo.)

Para uma espécie de explicação da preocupação de Platão com questões de degeneração racial e de criação racial, ver texto das notas 6, 7 e 63 do capítulo 10, em ligação com as notas 39 (3) e 40 (2) do capítulo 5.

* Para o passo sobre Codro e o seu martírio, citado no parágrafo seguinte do texto, ver o *Banquete*, 208d, citado mais extensamente na nota 4 do capítulo 3. – R. R. Eisler (*Caucasica*, 5, 1928, p. 129, nota 237) assevera que «Codro» é uma palavra pré-helénica para «rei». Isto conferiria mais alguma cor à tradição de que a nobreza ateniense era autóctone. (Ver nota 11 (2) deste capítulo, nota 52 do capítulo 8 e *República* 368a e 580b/c.)*

(53) A. E. Taylor, *Plato* (1908, 1914), p. 122, *seq.* Concordo com este passo interessante tal como é citado no texto. Omiti, no entanto, a palavra «patriota» a seguir a «ateniense», pois não concordo inteiramente com esta caracterização de Platão no sentido em que é usada por Taylor. Para o «patriotismo» de Platão, cf. texto das notas 14-18 do capítulo 4. Para o termo «patriotismo» e o de «Estado paternal» cf. notas 23-26 e 45 do capítulo 10.

(54) *República*, 494b: «Mas aquele que seja deste tipo não será o primeiro em tudo desde a infância?»

(55) *Op. cit.*, 496c: «Do meu próprio signo espiritual não preciso falar.»

NOTAS 419

(^{56}) Cf. o que Adam diz na sua edição da *República*, notas a 495d23 e 495e31 e a minha nota 47 deste capítulo. (Ver também a nota 59 deste capítulo.)

(^{57}) *República*, 496c-d; cf. a *Sétima Carta*, 325d. (Não penso que Barker, *Greek Political Theory*, I, 107, n. 2, acerte quando diz do passo citado que «é possível (...) que Platão esteja a pensar nos cínicos». O passo não se refere certamente a Antístenes; e Diógenes, em quem Barker deve estar a pensar, não era propriamente famoso quando isto foi escrito, para não falar do facto de que Platão não se teria referido a ele desta maneira.)

(1) No mesmo passo da *República* há anteriormente uma outra observação que pode ser uma referência ao próprio Platão. Falando do pequeno grupo dos que têm valor e de quem lhe pertence, refere «um personagem de alto nascimento e boa educação que foi salvo pela fuga» (ou pelo «exílio»; salvo, quer dizer, do destino de Alcibíades, que se tornou vítima da lisonja e desertou da filosofia socrática). Adam pensa (nota a 496b9) que «Platão não esteve propriamente exilado»; mas a fuga para Megara dos discípulos de Sócrates depois da morte do mestre pode muito bem destacar-se na memória de Platão como um dos pontos de viragem da sua vida. É pouco provável que o passo se refira a Dio, visto que este tinha cerca de quarenta anos quando foi para o exílio e estava portanto muito para além da idade juvenil crítica: e não havia (como no caso de Platão) um paralelismo com o companheiro de Sócrates, Alcibíades (já para não falar que Platão resistira ao banimento de Dio e tentara que fosse revogado). Se partirmos do princípio de que o passo se refere a Platão, teremos então de presumir o mesmo quanto a 502a: «Quem duvidará da possibilidade de que reis ou aristocratas tenham um descendente que seja um filósofo nato?»; pois a continuação desse passo é tão semelhante ao anterior que parecem referir-se à mesma «personagem de alto nascimento». Esta interpretação de 502a é provável per se, pois devemos lembrar-nos que Platão sempre se mostrou orgulhoso da sua família, no elogio, por exemplo, do seu pai e dos seus irmãos, a quem chamou «divinos». (*Rep.*, 368a; não posso concordar com Adam, que considera este comentário irónico; cf. também a observação sobre o alegado antepassado de Platão, Codro, no *Banq.*, 208d, juntamente com a sua alegada descendência dos reis tribais da Ática.) Se se adotar esta interpre-

420 | A SOCIEDADE ABERTA E OS SEUS INIMIGOS

tação, a referência em 499b-c a «governantes, reis e seus filhos», que assenta perfeitamente a Platão (não só era um códrio mas também descendente do governante Drópides), teria de ser considerada à mesma luz, isto é, como preparação para 502a. Mas isto resolveria um outro enigma. Estou a pensar em 499b e 502a. É difícil, se não impossível, interpretar estes passos como tentativas de lisonjear o Dionísio mais novo, visto que tal interpretação dificilmente se pode conciliar com a violência sem limites e o pano de fundo reconhecidamente pessoal (576a) dos ataques de Platão (572-580) contra o Dionísio mais velho. É importante notar que Platão fala nestes três passos (473d, 499b, 502a) sobre reinos hereditários (que contrapõe tão vigorosamente às tiranias) e sobre «dinastias», mas sabemos pela *Política* de Aristóteles, 1292b2 (cf. Meyer, *Gesch. d. Altertums*, V, p. 56) e 1293a11, que as «dinastias» são famílias oligárquicas hereditárias e, por conseguinte, não tanto as famílias de tiranos como Dionísio, antes aquilo a que hoje chamamos famílias *aristocráticas*, como a do próprio Platão. A afirmação de Aristóteles é confirmada por Tucídides, IV, 78 e Xenofonte, *Hellenica*, V,4, 46. (Estes argumentos são dirigidos contra a segunda nota de Adam a 499b13.) Ver também nota 4 do capítulo 3.

* (2) No *Político* encontra-se outro passo importante que contém uma autorreferência reveladora. Aqui (258b, 292c, presume-se que a característica essencial do estadista régio é o seu *conhecimento ou ciência*; e a conclusão é mais um apelo à sofocracia: «O único governo justo é aquele em que os governantes são verdadeiros Senhores da Ciência» (293c). E Platão prova que «o homem que possua a Ciência Régia, *quer governe quer não governe*, deve, como mostra a nossa argumentação, ser proclamado régio» (292e/293a). Platão julgava-se certamente possuidor da Ciência Régia; assim, este passo implica que se considerava a si próprio um «homem que deve ser proclamado régio». Este passo esclarecedor não pode ser ignorado em qualquer tentativa de interpretar a *República*. (A Ciência Régia é, mais uma vez, claro, a do pedagogo romântico e criador de uma raça dominante que tem de fornecer a estrutura que abarque e mantenha unidas as outras classes – os escravos, trabalhadores, funcionários, etc., discutidas em 289c, ss. A tarefa da Ciência Régia é assim descrita como o «entretecer» (misturar, fundir) «dos caracteres de homens temperados e corajosos, que tenham sido unidos, pela realeza, numa

NOTAS   421

vida comunitária de unanimidade e amizade». Ver também notas 40 (2) do capítulo 5, 29 do capítulo 4 e a nota 34 do presente capítulo.)*

([58]) Num passo famoso do *Fédon* (89d), Sócrates previne contra a misantropia ou ódio dos homens (com o qual compara a misologia, ou desconfiança da argumentação racional.) Ver também notas 28 e 56 do capítulo 10 e a nota 9 do capítulo 7. A citação seguinte neste parágrafo é da *República*, 489b-c.

– A ligação com os passos anteriores é mais óbvia se tivermos em conta todo 488 e 489, e especialmente o ataque em 489e contra os «muitos» filósofos cuja maldade é inevitável, isto é, os mesmos «muitos» e «naturezas incompletas» cuja supressão é discutida nas notas 44 e 47 deste capítulo.

Creio que se pode encontrar um indício de que Platão sonhara em tempos tornar-se o filósofo-rei e salvador de Atenas, nas *Leis*, 704a-707c, onde Platão tenta apontar os perigos morais do mar, da navegação, do comércio e do imperialismo. (Cf. Aristóteles, *Pol.*, 1326b-1327a, e as minhas notas 9-22 e 36 do capítulo 10, e texto.)

Ver em especial *Leis*, 704d: «Se a cidade houvesse de ser construída na costa e bem fornecida de portos naturais (...) precisaria então de um poderoso salvador e na verdade de um legislador sobre-humano para a fazer escapar à variabilidade e à degeneração.» Não dá isto a ideia de que Platão queria mostrar que o seu fracasso em Atenas se devia às dificuldades sobre-humanas criadas pela geografia do lugar? (Mas a despeito de todas as desilusões – cf. nota 25 do capítulo 7 –, Platão ainda acreditava no método de granjear a simpatia um tirano; cf, *Leis*, 710c/d, citado no texto da nota 24 do capítulo 4.)

([59]) Há um passo (que começa em *República*, 498d/e; cf. nota 12 do capítulo 9) no qual Platão exprime mesmo a esperança de que «os muitos» possam mudar de opinião e aceitar filósofos como governantes, logo que tenham aprendido (talvez pela *República?*) a distinguir entre o filósofo genuíno e o pseudo-filósofo.

Com as duas últimas linhas deste parágrafo no texto, cf. *República*, 473e-474a e 517a/b.

([60]) Algumas vezes esses sonhos foram confessados abertamente. F. Nietzsche, *The Will to Power* [*Vontade de Poder*] (ed. 1911,

Livro IV, Afor. 958; a referência é a *Teages*, 125e/126a), escreve: «No *Teages* de Platão está escrito: 'Qualquer um de nós quereria ser senhor de todos os homens, se acaso fosse possível – e a maioria de nós gostaria de ser o próprio Deus nosso Senhor.' É este o espírito que tem de voltar.» Não preciso de fazer comentários às opiniões políticas de Nietzsche; mas outros filósofos, platónicos, insinuaram candidamente que se um platónico, por qualquer feliz acaso, houvesse de obter o poder num Estado moderno, procuraria alcançar o ideal platónico e deixar as coisas mais perto, pelo menos, da perfeição do que as tivesse encontrado. «(...) homens nascidos numa 'oligarquia' ou numa 'democracia'», lemos (num contexto que pode muito bem ser o da Inglaterra de 1939), «com os ideais dos filósofos platónicos, que se encontrassem, por algum feliz concurso de circunstâncias, na posse do poder político supremo, tentariam certamente realizar na atualidade o Estado Platónico, e mesmo que não tivessem total êxito, como poderia acontecer, deixariam pelo menos a comunidade mais perto do modelo do que a tinham encontrado.» (Citado de A. E. Taylor, «The Decline and Fall of the State in *Republic*, VIII», *Mind*, N. S. 48, 1939, p. 31.) A argumentação do próximo capítulo é dirigida contra estes sonhos românticos.

* Pode encontrar-se uma análise penetrante da sede de poder platónica no brilhante artigo de H. Kelsen *Platonic love* (*The American Imago*, vol. III, 1942, pp. 1 ss.)*

(61) *Op. cit.*, 520a-521c, a citação é de 520d.

(62) Cf. G. B. Stern, *The Ugly Dachsund*, 1938.

NOTAS DO CAPÍTULO 9

A epígrafe, de *Les Thibault*, de Roger Martin du Gard, é tirada da p. 575 da edição inglesa (Summer 1914, Londres, 1940).

(1) A minha descrição da engenharia social utópica parece coincidir com o tipo de engenharia social advogado por M. Eastman em *Marxism: is it science?*, ver especialmente pp. 22 ss. Tenho a impressão de que as opiniões de Eastman representam o movimento do pêndulo do historicismo para a engenharia utópica.

NOTAS   423

Mas é possível que eu esteja enganado e que Eastman realmente
tenha em mente uma coisa mais próxima daquilo a que chamo
engenharia parcelar. A conceção de «engenharia social» de Roscoe Pound é claramente «parcelar»; cf. nota 9 do capítulo 3. Ver
também nota 18 (3) do capítulo 5.

(^{2}) Creio que, do ponto de vista ético, não há simetria entre
o sofrimento e a felicidade ou entre a dor e o prazer. Tanto o
princípio da maior felicidade dos utilitaristas como o princípio
de Kant de «promover a felicidade dos outros (...)» me parecem
(pelo menos nas suas formulações) errados quanto a este ponto,
o qual, todavia, não é completamente decidível por meio de
argumentos racionais. (Para o aspeto irracional das convicções
éticas, ver nota 11 deste capítulo e para o aspeto racional, as secções II e, especialmente, III do capítulo 24.) Na minha opinião
(cf. nota 6 (2) do capítulo 5) o sofrimento humano faz um apelo
moral direto, designadamente o apelo de ajuda, ao passo que não
há apelo semelhante para aumentar a felicidade de um homem
que afinal já está bem. (Uma outra crítica à fórmula utilitarista
«maximizar a felicidade» é que presume, em princípio, uma escala
contínua dor-prazer que nos permite tratar os graus de dor como
graus negativos de prazer. Mas, do ponto de vista moral, a dor
não pode ser contrabalançada pelo prazer e, especialmente, a dor
de um homem não pode ser compensada pelo prazer de outro.
Em vez da maior felicidade para o maior número, devemos reivindicar, mais modestamente, a quantidade mínima de sofrimento
evitável para todos e, além disso, que o sofrimento inevitável
– como a fome em tempos de irreparável falta de alimentos – haja
de ser repartido tão igualmente quanto possível.) Há uma espécie
de analogia entre esta visão da ética e a visão da metodologia da
ciência que advoguei no meu *The Logic of Scientific Discovery*. Contribui para a clareza no campo da ética formularmos as nossas exigências negativamente, isto é, se exigirmos a eliminação do sofrimento em vez da promoção da felicidade. Da mesma maneira, é
útil definir a missão do método científico como a eliminação de
teorias falsas (das várias teorias que são apresentadas à experiência) em vez da obtenção de verdades estabelecidas.

(^{3}) Um exemplo muito bom desta espécie de engenharia
parcelar ou talvez da correspondente tecnologia parcelar são os

424 | A SOCIEDADE ABERTA E OS SEUS INIMIGOS

dois artigos de C. G. F. Simkin sobre «Reforma orçamental» no *Economic Record* australiano (1941, pp. 192 ss. e 1942, pp. 16 ss.). Apraz-me poder referir esses dois artigos, dado que fazem um uso consciente dos princípios metodológicos que advogo; mostram, assim, que estes princípios são úteis na prática da investigação tecnológica.

Não quero dizer que a engenharia parcelar não possa ser ousada ou que tenha de se confinar a problemas «pequeninos». Mas penso que o grau de complicação que podemos enfrentar é governado pelo grau de experiência que ganhamos com a prática de uma sistemática e consciente engenharia parcelar.

(^{4}) Esta opinião tem sido posta em evidência recentemente por F. A. Hayek em vários trabalhos interessantes (cf. por exemplo o seu *Freedom and the Economic System*, Public Policy Pamphlets, Chicago, 1939). Aquilo a que chamo «engenharia utópica» corresponde em grande parte, creio, ao que Hayek chamaria planificação «centralizada» ou «coletivista». Hayek, por seu lado, recomenda aquilo a que chama «planificar para a liberdade». Suponho que ele concordaria que isto assumiria a forma de «engenharia parcelar». Creio que poderíamos formular as objeções de Hayek à planificação coletivista mais ou menos assim: se tentarmos construir a sociedade segundo um plano, poderemos verificar que não é possível incluir a liberdade individual no nosso plano; ou, se a incluirmos, que não é possível realizá-la. A razão para tal é que a planificação económica centralizada elimina da vida económica uma das mais importantes funções do indivíduo, designadamente, a sua função de escolha de um produto, como consumidor livre. Por outras palavras, a crítica de Hayek pertence ao domínio da tecnologia social. Realça uma certa impossibilidade tecnológica, designadamente, a de conceber um plano para uma sociedade ao mesmo tempo economicamente centralizada e individualista.

* Os leitores de *The Road to Serfdom* [*O Caminho para a Servidão*] (1944) podem sentir-se perplexos perante esta nota, pois a atitude de Hayek neste livro é tão explícita que não dá margem aos comentários um tanto vagos da minha nota. Mas a minha nota foi impressa antes de o livro ter sido publicado e embora muitas das suas principais ideias fossem prenunciadas nos seus primeiros escritos, ainda não eram tão explícitas como em *The Road to Serfdom*. E muitas ideias cuja associação ao nome de Hayek

nos parece hoje uma evidência eram-me desconhecidas quando escrevi a minha nota.

À luz do que sei agora sobre a posição de Hayek, não me parece errada a minha súmula, embora seja sem dúvida uma versão minimalista da sua posição. Talvez as modificações que se seguem possam retificar a situação.

(a) Hayek nunca usaria a expressão «engenharia social» para qualquer ação política que ele próprio estivesse disposto a advogar. O que ele contesta nesta expressão é que está associada a uma tendência geral a que chamou «cientismo» – a crença ingénua de que os métodos das ciências naturais (ou, antes, o que muitas pessoas julgam ser os métodos das ciências naturais) podem produzir resultados de igual modo impressionantes no campo social. (Cf. as duas séries de artigos de Hayek, «Scientism and the Study of Society», *Economica*, IX-XI, 1942-44, e «The Counter-revolution of Science», *ibid.*, VIII, 1941.)

Se entendermos por «cientismo» a tendência para macaquear, no campo da ciência social, os supostos métodos das ciências naturais, então *o historicismo pode ser considerado uma forma de cientismo*. Um típico e influente argumento cientista a favor do historicismo é, resumidamente, o seguinte: «Se somos capazes de prever os eclipses porque não havemos de ser capazes de prever as revoluções?» ou, numa versão mais elaborada, «A tarefa da ciência é prever, por conseguinte a tarefa das ciências sociais tem de ser a de fazer previsões sociais, isto é, históricas.» Já tentei refutar este género de argumento (cf. os meus *The Poverty of Historicism* e *Prediction* e *Prophecy and their Significance for Social Theory, Proceedings of the Xth International Congress of Philosophy*, Amsterdam, 1948; estão agora no meu *Conjecturas e Refutações*); e neste sentido oponho-me ao cientismo.

Mas se por «cientismo» se entender a opinião de que os métodos das ciências sociais são, em grande parte, os mesmos das ciências naturais, nesse caso seria obrigado a declarar-me «culpado» de adesão ao «cientismo»; acredito inclusivamente que a semelhança entre as ciências naturais e sociais pode ser usada para corrigir ideias erradas sobre as ciências naturais, ao mostrar que estas são muito mais parecidas com as ciências sociais do que geralmente se supõe.

É por esta razão que tenho continuado a usar o termo de Roscoe Pound «engenharia social», no sentido em que ele o emprega,

426 | A SOCIEDADE ABERTA E OS SEUS INIMIGOS

o qual, tanto quanto me é dado ver, está livre daquele «cientismo» que, na minha opinião, deve ser rejeitado.

Questões de terminologia à parte, continuo a pensar que as opiniões de Hayek podem ser interpretadas como favoráveis àquilo que chamo «engenharia parcelar». Por outro lado, Hayek deu às suas opiniões uma formulação muito mais clara do que indica o meu anterior resumo. A parte das suas opiniões que corresponde àquilo a que chamarei «engenharia social» (no sentido de Pound) é a sua sugestão de que há uma necessidade premente, numa sociedade livre, para reconstruir o que ele descreve como o seu *enquadramento legal*.*

(⁵) Bryan Magee chamou-me a atenção para o que designa muito justamente como «a soberba argumentação» de Tocqueville em *L'ancien régime*.

(⁶) A questão de saber se um bom fim justifica ou não um meio mau parece nascer de casos como o de se devemos ou não mentir a um doente para o tranquilizar ou se devemos manter um povo na ignorância, de modo a fazê-lo feliz, ou se devemos iniciar uma longa e sangrenta guerra civil para estabelecer um mundo de paz e beleza.

Em todos estes casos a ação em vista é alcançar primeiro um resultado mais imediato (chamado «os meios») que é considerado um mal, para que um resultado secundário (chamado «o fim»), considerado um bem, possa ser alcançado.

Penso que em todos estes casos surgem três tipos de questões.

(a) Até que ponto temos o direito de presumir que os meios vão conduzir de facto ao fim esperado? Visto que os meios são o resultado mais imediato, serão na maior parte dos casos o resultado mais certo da ação em vista e o fim, que é mais remoto, será menos certo.

A questão que aqui se suscita é uma questão de facto, mais do que de avaliação moral. É, de facto, a questão de saber se se pode confiar na presumida ligação causal entre os meios e o fim; e poder-se-ia responder, por conseguinte que, se essa presumida ligação causal não se verificar, o caso não era realmente de meios e fins.

Isto pode ser verdade. Mas, na prática, o ponto aqui considerado contém o que é talvez a mais importante das questões morais. Pois embora a questão (se os meios contemplados trarão ou não o fim visado) seja factual, *a nossa atitude para com esta questão levanta alguns dos mais fundamentais problemas morais* – o problema de saber se, em tais casos, devemos confiar ou não na nossa convicção de que se verifica essa ligação causal, ou, por outras palavras, se devemos confiar, dogmaticamente, em certas teorias causais ou se devemos adotar uma atitude cética para com elas, especialmente quando o resultado imediato da nossa ação é, em si próprio, considerado um mal.

Esta questão talvez não seja muito importante no primeiro dos nossos três exemplos, mas é-o nos outros dois. Algumas pessoas podem julgar que as relações causais presumidas nestes dois casos se verificarão com certeza; mas a ligação pode ser muito remota e mesmo a certeza emocional da sua crença pode ser resultado da própria tentativa de suprimir as suas dúvidas. (A questão, por outras palavras, é entre o fanático e o racionalista no sentido de Sócrates – o homem que tenta conhecer as suas limitações intelectuais.) A questão será tanto mais importante quanto maior a maldade dos «meios». Seja como for, educarmo-nos a nós próprios para adotar uma atitude de ceticismo em relação às nossas teorias causais – e de modéstia intelectual – é, sem dúvida, um dos mais importantes deveres morais.

Mas partamos do princípio de que se verifica a presumida relação causal ou, por outras palavras, que existe uma situação em que se pode falar com propriedade de meios e fins. Teremos então de distinguir duas questões mais, *(b)* e *(c)*.

(b) Presumindo que se verifica a relação causal e que podemos estar razoavelmente certos dela, o problema passa a ser, principalmente, o de escolher o menor de dois males – o dos meios em vista e aquele que surgirá certamente se esses meios não forem adotados. Por outras palavras, o melhor dos fins não justificará enquanto tal meios maus, mas a tentativa de evitar certos resultados pode justificar ações que são em si próprias produtoras de maus resultados. (A maioria de nós não duvidará de que é correto cortar um membro a um homem para lhe salvar a vida.)

Em relação a isto pode tornar-se muito importante que não tenhamos realmente maneira de avaliar os males em questão. Alguns marxistas, por exemplo (cf. nota 9 do capítulo 19), acreditam que uma revolução violenta implicaria muito menos

428 | A SOCIEDADE ABERTA E OS SEUS INIMIGOS

sofrimento do que os males crónicos intrínsecos ao que chamam «capitalismo». Mas mesmo presumindo que esta revolução conduziria a um estado de coisas melhor, como é que podem avaliar o sofrimento num caso e noutro? Aqui, mais uma vez, levanta-se uma questão de facto e, mais uma vez, é nosso dever não sobrestimar o nosso conhecimento factual. Além disso, mesmo que se admita que os meios contemplados, no fim de contas, melhorarão a situação – determinámos nós se outros meios não alcançariam melhores resultados com um custo mais baixo?

Mas o mesmo exemplo levanta uma outra questão muito importante. Presumindo, mais uma vez, que a soma total dos sofrimentos sob o «capitalismo», se continuasse por várias gerações, seria mais elevada do que o sofrimento da guerra civil, será que podemos condenar uma geração a sofrer em nome de futuras gerações? (Há uma grande diferença entre sacrificar-se a si próprio em favor de outros e sacrificar terceiros – ou a si próprio *e* a terceiros – para o mesmo fim.)

(c) O terceiro ponto de importância é que não podemos pensar que o chamado «fim», como resultado final, é mais importante do que o resultado intermédio, os «meios». Esta ideia, sugerida por ditados como «Tudo está bem quando acaba bem» é muito enganadora. Primeiro, o chamado «fim» quase nunca é o fim do assunto. Em segundo lugar, os meios não são, por assim dizer, suplantados logo que se atinge o fim. Assim, por exemplo, meios «maus», tais como uma nova arma de grande potência usada na guerra para obter a vitória, podem, depois de este «fim» ter sido atingido, criar novos problemas. Por outras palavras, mesmo que algo possa ser corretamente descrito como um meio para alcançar um fim, amiúde é muito mais do que isso. Produz outros resultados à parte o fim em questão; e o que temos de equilibrar não são os meios (passados ou presentes) com os fins (futuros), mas os resultados totais, na medida em que podem ser previstos, de um curso de ação em comparação com outro. Estes resultados estendem-se por um período de tempo que inclui os resultados intermédios e o «fim» contemplado não é o último a ser considerado.

([7]) (1) Creio que o paralelismo entre os problemas institucionais da paz civil e internacional é muito importante. Qualquer organização internacional que tenha instituições legislativas, admi-

NOTAS   429

nistrativas e judiciais, *bem como um braço armado que esteja pronto a agir*, deveria ter tanto êxito na manutenção da paz internacional como as instituições análogas no seio do Estado. Mas parece-me importante não esperar mais do que isso. Conseguimos reduzir o crime nos Estados a algo relativamente pouco importante, mas não fomos capazes de o eliminar por completo. Por conseguinte, vamos precisar de ter ainda por muito tempo uma força policial pronta a atuar, e que algumas vezes atua mesmo. De igual modo, creio que temos de estar preparados para a probabilidade de que não conseguiremos eliminar o crime internacional. Se declararmos que o nosso objetivo é tornar a guerra impossível de uma vez para sempre, talvez estejamos a querer de mais, com o resultado fatal de que talvez não tenhamos uma força que esteja pronta a intervir quando essas esperanças se gorarem. (A incapacidade da Sociedade das Nações para intervir contra os agressores deveu-se, em grande parte, pelo menos no caso do ataque a Manchukuo, ao sentimento geral de que a Sociedade fora instituída para acabar com *todas* as guerras e não para as travar. Isto mostra como a propaganda para acabar com *todas* as guerras é contraproducente. Temos de acabar com a anarquia internacional e estar dispostos a entrar em guerra contra qualquer crime internacional. (Cf. especialmente H. Manheim, *War and Crime*, 1941 e A. D. Lindsay, «War to End War», em *Background and Issues*, 1940.

Mas também é importante procurar o ponto fraco na analogia entre a paz civil e internacional, isto é, o ponto em que a analogia deixa de servir. No caso da paz civil, defendida pelo Estado, há o cidadão individual a ser protegido pelo Estado. O cidadão é, por assim dizer, uma unidade ou átomo «natural» (embora haja um certo elemento «convencional» mesmo nas condições da cidadania). Por outro lado, os membros ou unidades ou átomos da nossa ordem internacional serão Estados. Mas um Estado nunca pode ser uma unidade «natural» como o cidadão; *um Estado não tem fronteiras naturais*. As fronteiras do Estado mudam e só podem ser definidas pela aplicação do princípio do *status quo*; e dado que qualquer *status quo* tem de referir-se a uma data escolhida arbitrariamente, a determinação das fronteiras de um Estado é puramente convencional.

A tentativa de encontrar algumas fronteiras «naturais» para os Estados e, com isso, de olhar para o Estado como uma unidade «natural», leva ao *princípio do Estado nacional* e às ficções român-

430 | A SOCIEDADE ABERTA E OS SEUS INIMIGOS

ticas do nacionalismo, do racismo e do tribalismo. Mas este princípio não é «natural» e a ideia de que existem unidades naturais como as nações ou os grupos linguísticos ou raciais é inteiramente fictícia. Se alguma coisa se há de aprender com a história é isto, pois desde o dealbar da história que os homens se têm continuamente misturado, unido, separado e misturado outra vez; e isto não pode ser desfeito, por muito desejável que fosse.

Há um segundo ponto quanto ao qual a analogia entre paz civil e internacional se desfaz. O Estado tem de proteger o cidadão individual, as suas unidades ou átomos, mas a organização internacional também tem de proteger os indivíduos humanos e não as suas unidades ou átomos, isto é, os Estados ou Nações.

A renúncia total ao princípio do Estado nacional (um princípio que deve a sua popularidade exclusivamente ao facto de apelar aos instintos tribais e que é o método mais barato e mais seguro através do qual pode fazer carreira um político que nada de melhor tenha a oferecer), e o reconhecimento da demarcação necessariamente convencional de *todos* os Estados, juntamente com uma outra perceção, a de que *os indivíduos humanos, e não Estados ou Nações, têm de ser a preocupação última das próprias organizações internacionais*, ajudar-nos-ão a perceber claramente, e a ultrapassar, as dificuldades nascidas da ruína da nossa analogia fundamental. (Cf. também o capítulo 12, notas 51-64 e texto e nota 2 do capítulo 13.)

(2) Parece-me que a observação de que os indivíduos humanos devem ser reconhecidos como a preocupação última, não só das organizações internacionais, mas de toda a política, seja internacional, seja «nacional» ou paroquial, tem aplicações importantes. Temos de perceber que *podemos tratar as pessoas com justiça mesmo que decidamos destruir o poder-organização de um Estado* ou «Nação» *agressivos* a que esses indivíduos pertençam. É um preconceito muito difundido o de que a destruição e controlo do poder militar, político e mesmo económico de um Estado ou «Nação» implique a desgraça ou subjugação dos seus cidadãos individuais. Mas este preconceito é tão injustificado como perigoso.

É injustificado desde que uma organização internacional proteja os cidadãos do Estado assim enfraquecido contra a exploração das suas fraquezas militares e políticas. O único dano ao cidadão individual que não pode ser evitado é o que sofre o seu orgulho nacional, e se presumirmos que ele era cidadão de um país agressor, então este dano será inevitável em qualquer caso, desde que a agressão tenha sido repelida.

O preconceito de que não podemos distinguir entre o tratamento de um Estado e o dos seus cidadãos individuais é também muito perigoso, pois quando se chega ao ponto de lidar com um país agressor isso cria necessariamente duas fações nos países vitoriosos, a saber, a fação dos que exigem um tratamento duro e a dos que pedem clemência. Em regra, ambos esquecem a possibilidade de tratar duramente um Estado e ao mesmo tempo oferecer clemência os seus cidadãos.

Mas se se esquece esta possibilidade, então é provável que aconteça o seguinte. Imediatamente após a vitória, o Estado agressor *e* os seus cidadãos serão tratados com relativa dureza. Mas o Estado, o poder-organização, não será provavelmente tratado com a dureza que seria razoável devido à relutância a tratar duramente indivíduos inocentes, ou seja, porque a influência dos partidários da clemência se faz sentir de algum modo. A despeito desta relutância, é provável que os indivíduos sofram além do que merecem. Depois de um breve tempo, por conseguinte, é provável que surja uma reação nos países vitoriosos. As tendências igualitárias e humanitárias vão provavelmente reforçar a fação favorável à clemência até que a política de dureza seja invertida. Mas não só é provável que esta evolução dê ao Estado agressor a oportunidade de uma nova agressão como também lhe proporcionará a arma da indignação moral de quem foi ofendido, sendo provável que os países vitoriosos passem a sofrer do constrangimento de quem pensa que talvez tenha ofendido.

Esta evolução muito indesejável tem de conduzir finalmente a uma nova agressão. Pode ser evitada se, e apenas se, desde o princípio se fizer uma distinção clara entre o Estado agressor (e os responsáveis pelos seus atos), por um lado, e os seus cidadãos, por outro. A severidade para com o Estado agressor, e mesmo a destruição radical do seu aparelho de poder, não produzirá esta reação moral de sentimentos humanitaristas nos países vitoriosos se for combinada com uma política de justiça para com os cidadãos individuais.

Mas será possível destruir o poder político de um Estado sem ferir indiscriminadamente os seus cidadãos? Para demonstrar que isto é possível, vou criar o exemplo de uma política que destrói o poder militar e político de um Estado agressor sem violar os interesses dos seus cidadãos individuais.

A orla do país agressor, incluindo a sua costa e as suas principais fontes (não todas) de energia hídrica, carvão e aço, poderia ser separada do Estado e administrada como território internacional, a nunca mais devolver. Tanto os portos como as matérias-primas poderiam ser tornados acessíveis aos cidadãos do Estado para as suas atividades económicas legítimas, sem lhes impor quaisquer desvantagens económicas, na condição de que *convidassem* comissões internacionais para controlarem o uso apropriado desses recursos. Qualquer uso que possa ajudar a construir um novo potencial de guerra é proibido e se houver razão para suspeitar que os recursos internacionalizados e as matérias-primas podem ser usadas para esse fim, o seu uso tem de ser suspenso imediatamente. Compete então à parte suspeita *convidar* e facilitar uma investigação completa e apresentar garantias satisfatórias de um uso apropriado dos seus recursos.

Tal procedimento não só eliminaria a possibilidade de um novo ataque, mas obrigaria o Estado agressor a atacar os territórios internacionalizados antes de acumular um novo potencial de guerra. Assim, um ataque desses não teria hipótese de êxito desde que as outras potências tivessem conservado e desenvolvido o seu potencial de guerra. Confrontado com esta situação, o Estado antes agressor seria forçado a mudar radicalmente de atitude e a adotar uma atitude de cooperação, seria forçado a *convidar* o controlo internacional da sua indústria e a facilitar a investigação da autoridade internacional de fiscalização (em vez de os obstruir) porque só essa atitude garantiria o seu uso dos recursos requeridos pelas indústrias e uma tal evolução teria provavelmente lugar sem mais nenhuma interferência na política interna do Estado.

O perigo de que a internacionalização desses recursos possa ser mal usada com o fim de explorar ou humilhar a população do país derrotado pode ser contrabalançado por medidas legais internacionais que remetam para tribunais de recurso, etc.

Este exemplo mostra que não é impossível tratar duramente um Estado e com clemência os seus cidadãos.

* (Deixei as partes (1) e (2) desta nota exatamente como foram escritas em 1942. Só na parte (3), que não é tópica, é que fiz um acrescento, a seguir aos dois primeiros parágrafos.)*

NOTAS

433

(3) Mas será científica uma tal abordagem de engenharia da paz? Muitos alegarão, estou certo, que uma atitude verdadeiramente científica em relação aos problemas da guerra e da paz tem de ser diferente. Dirão que *devemos primeiro estudar as causas da guerra*. Temos de estudar as forças que levam à guerra e também aquelas que podem levar à paz. Afirmou-se recentemente, por exemplo, que uma «paz duradoura» só pode chegar se considerarmos na plenitude «as forças dinâmicas subjacentes» na sociedade que podem produzir a guerra ou a paz. Para descobrir essas forças temos, claro, de estudar história. Por outras palavras, temos de abordar o problema da paz por um método historicista, e não tecnológico. Esta é, alega-se, a única abordagem científica.

O historicista pode mostrar, com a ajuda da história, que as causas da guerra se podem encontrar no choque dos interesses económicos, ou no choque de classes, ou de ideologias, da liberdade contra a tirania, por exemplo, ou no choque de raças, ou de nações, ou de imperialismos, ou de sistemas militaristas, ou no ódio, ou no medo, ou na inveja, ou no desejo de vingança, ou em todas estas coisas juntas e em muitas outras. E mostrará, assim, que a tarefa de eliminar todas estas causas é extremamente difícil. E mostrará que de nada serve criar uma organização internacional enquanto não tivermos eliminado as causas da guerra, como por exemplo as suas causas económicas, etc.

De igual modo, o psicologismo pode argumentar que as causas da guerra estão na «natureza humana», ou mais especificamente na sua agressividade, e que a via da paz é preparar outros escapes para a agressão. (Já foi sugerida, com toda a seriedade, a leitura de romances policiais – apesar de alguns dos nossos mais recentes ditadores serem viciados neles.)

Não me parece que estes métodos de lidar com este problema importante sejam muito prometedores. E não acredito, especialmente, no argumento plausível de que para estabelecer a paz tenhamos de apurar ao certo a causa ou causas da guerra.

Há casos em que se sabe que o método de procurar as causas de um mal, e de as eliminar, pode ter êxito. Se eu sentir uma dor no pé posso descobrir que é causada por uma pedra e tirá-la. Mas não podemos generalizar a partir daqui. O método de retirar pedras nem sequer cobre todos os casos de dor no pé. Em alguns destes casos posso não encontrar «a causa» e noutros posso não ser capaz de a eliminar.

Em geral, o método de eliminar as causas de algum acontecimento indesejável só é aplicável se conhecermos uma curta lista de condições necessárias (isto é, uma lista de condições tais que o acontecimento em questão nunca aconteça a não ser que pelo menos uma das condições da lista esteja presente) e se todas estas condições puderem ser controladas ou, mais precisamente, evitadas. (Pode observar-se que condições necessárias não são exatamente aquilo que descrevemos com o termo vago «causas»; são, antes, aquilo a que normalmente se chama «causas contributivas»; em regra, quando falamos de «causas» queremos dizer um conjunto de condições suficientes.) Mas não penso que possamos ter esperança de conseguir elaborar uma tal lista de condições necessárias da guerra. As guerras eclodiram nas mais variadas circunstâncias. As guerras não são fenómenos simples como, talvez, as trovoadas. Não há razão para crer que por chamar «guerras» a uma vasta variedade de fenómenos garantimos que todas são «causadas» da mesma maneira.

Tudo isto mostra que a abordagem aparentemente despreconceituosa e convincentemente científica, o estudo das «causas da guerra» é, de facto, não só preconceituosa como também suscetível de barrar o caminho a uma solução razoável; é, de facto, pseudocientífica.

Até onde chegaríamos se, em vez de criar leis e uma força de polícia, abordássemos o problema da criminalidade «cientificamente», isto é, tentando descobrir quais são exatamente as causas do crime? Não estou a sugerir que não possamos aqui ou ali descobrir fatores que contribuem de forma importante para o crime e para a guerra e que não podemos evitar muitos males desta maneira; mas isto pode muito bem ser feito depois de termos conseguido controlar o crime, isto é, depois de termos criado a nossa força de polícia. Por outro lado, o estudo das «causas» económicas, psicológicas, hereditárias, morais, etc., do crime e a tentativa de eliminar estas causas dificilmente nos levariam à conclusão de que uma força de polícia (que não elimina as causas) possa controlar o crime. Mesmo considerando que expressões como «a causa da guerra» são vagas, toda esta abordagem é tudo menos científica. É como se alguém insistisse que não é científico usar um sobretudo quando está frio e que devíamos antes estudar as causas do tempo frio e eliminá-las. Ou, talvez, que lubrificar não é científico, visto que deveríamos antes descobrir as causas da fricção e eliminá-las. Este último exemplo mostra, creio eu, o absurdo desta crítica pretensamente científica, pois tal como a lubrificação certamente reduz as «causas» da fricção, também uma força de polícia internacional (ou outro corpo armado do género) pode reduzir uma importante «causa» da guerra, designadamente a esperança «de ficar impune».

(8) Tentei mostrar isto no meu *The Logic of Scientific Discovery*. Creio que, de acordo com a metodologia esquematizada, a engenharia parcelar sistemática nos ajudará a edificar uma tecnologia social empírica, alcançada pelo método de tentativa e erro. Só assim, creio, podemos começar a construir uma ciência social empírica. Que tal ciência social praticamente não tenha existido até agora e que o método histórico seja incapaz de a fazer avançar muito é um dos mais fortes argumentos contra a possibilidade de uma engenharia social em grande escala ou utópica. Ver também o meu *The Poverty of Historicism* [*A Pobreza do Historicismo*].

(9) Para uma formulação muito semelhante, ver a conferência de John Carruthers *Socialism & Radicalism* (publicada como opúsculo pela Socialist Society de Hammersmith, Londres, 1894). Argumenta de uma maneira típica contra as reformas casuísticas: «Todas as medidas paliativas trazem consigo o seu próprio mal e o mal é geralmente maior do que aquele que se destinavam a curar. A não ser que nos decidamos a arranjar uma roupa totalmente nova, temos de nos preparar para andar em farrapos, pois os remendos não vão melhorar o velho.» (Deve notar-se que por «radicalismo», que Carruthers usa no título da sua conferência, quer dizer quase o oposto do que se quer dizer aqui. Carruthers advoga um programa intransigente de tábua rasa e ataca o «radicalismo», isto é, um programa de reformas «progressistas» advogado pelos «liberais radicais». Este uso do termo «radical» é, claro, mais costumeiro do que o meu; no entanto, o termo significa originalmente «ir à raiz» – do mal, por exemplo – ou «erradicar o mal», e não há um substituto apropriado.)

Para as citações do parágrafo seguinte do texto (o «original divino», que o artista-político deve «copiar»), ver *República*, 500e/501a. Ver também as notas 25 e 26 do capítulo 8.

Na Teoria das Formas de Platão há, a meu ver, elementos que são de grande importância para a compreensão e para a teoria da

436 | A SOCIEDADE ABERTA E OS SEUS INIMIGOS

arte. Este aspeto do platonismo é tratado por J. A. Stewart, no seu livro *Plato's Doctrine of Ideas* (1909), 128 ss. Penso, no entanto, que realça demasiado o objeto de pura contemplação (por oposição àquele «padrão» que o artista não só visualiza, mas se esforça por reproduzir na sua tela).

([10]) *República*, 520c. Para a «Arte Régia», ver especialmente o *Político*, cf. nota 57 (2) do capítulo 8.

([11]) Tem-se dito muitas vezes que a ética não é mais do que uma parte da estética, visto que as questões éticas são em última análise uma questão de gosto. (Cf. por exemplo G. E. G. Catlin, *The Science and Methods of Politics*, 315 ss.) Se ao dizer isto se quer dizer apenas que os problemas éticos não podem ser resolvidos pelos métodos racionais da ciência, concordo. Mas não podemos esquecer a vasta diferença entre «problemas de gosto» morais e problemas de gosto em estética. Se não gosto de um romance, de uma música, ou talvez de um quadro, não sou obrigado a lê-lo ou a ouvi-la ou a olhar para ele. Os problemas estéticos (com a possível exceção da arquitetura) são de caráter amplamente privado, mas os problemas éticos referem-se aos homens e às suas vidas. Neste sentido, há uma diferença fundamental entre eles.

([12]) Para esta e as citações precedentes, cf. *República*, 500d--501a (itálico meu); cf. também notas 29 (fim) do capítulo 4 e 25, 26, 37, 38 (especialmente 25 e 38) do capítulo 8.

As duas citações do parágrafo seguinte são da *República*, 541a, e do *Político*, 293c-e.

É interessante (porque é, creio, característico da histeria do radicalismo romântico com a sua *hubris* – a sua ambiciosa arrogância de divindade) ver que ambos os passos da *República* – a limpeza da tela de 500d ss. e a purga de 541a – são precedidas por uma referência à parecença dos filósofos com os deuses; cf. 500c-d, «o filósofo torna-se ele próprio (...) semelhante a um deus» e 540c-d (cf. nota 37 do capítulo 8 e texto), «E o Estado erigirá monumentos, a expensas do público, para os comemorar; e ser-lhes-ão oferecidos sacrifícios, como a semideuses (...) ou pelo menos homens que são abençoados pela graça e semelhantes a deuses.»

Também é interessante (pelas mesmas razões) que o primeiro destes passos seja precedido pelo passo (498d/e, *seq.*; ver nota 59

NOTAS 437

do capítulo 8) em que Platão exprime a sua esperança de que os filósofos possam tornar-se aceitáveis como governantes até para «os muitos».

* No que se refere ao termo «liquidar», pode referir-se a seguinte expressão moderna de radicalismo: «Não é óbvio que para termos socialismo – socialismo real e permanente – toda a oposição fundamental tem de ser «liquidada» (isto é, tornada politicamente inativa pela sua desautorização e se necessário pela prisão)?» Esta notável pergunta retórica está impressa na página 18 do ainda mais notável opúsculo *Christians in the Class Struggle*, de Gilbert Cope, com Prefácio do bispo de Bradford. (1942; sobre o historicismo deste panfleto, ver nota 3 do capítulo 1.) O bispo, no seu Prefácio, denuncia «o nosso atual sistema económico» como «imoral e não-cristão» e diz que «quando alguma coisa é tão claramente obra do demónio (...) nada pode eximir um ministro da Igreja de trabalhar pela sua destruição». Consequentemente, recomenda o opúsculo «como uma análise lúcida e penetrante».

Podem citar-se mais umas quantas frases do opúsculo. «Dois partidos podem assegurar uma democracia parcial, mas uma democracia plena só pode ser estabelecida por um partido único (...)» (p. 17). – «No período de transição (...) os trabalhadores (...) têm de ser dirigidos e organizados por um partido único que não tolere a existência de qualquer outro partido que se lhe oponha de modo fundamental (...) (p. 19). – «A liberdade no Estado socialista significa que ninguém pode atacar o princípio da propriedade coletiva, mas toda a gente é encorajada a trabalhar para a sua mais efetiva realização e funcionamento (...). A importante questão de como há de ser neutralizada a oposição depende dos métodos usados pela própria oposição» (p. 18).

O mais interessante de tudo é talvez o seguinte argumento (que também se encontra na p. 18), que merece uma leitura cuidadosa: «Porque é possível ter um partido socialista num país capitalista e não é possível ter um partido capitalista num Estado socialista? A resposta é simplesmente que um é um movimento que envolve todas as forças produtivas de uma grande maioria contra uma pequena minoria, enquanto o outro é a tentativa de uma minoria para restaurar a sua posição de poder e privilégio pela renovada exploração da maioria». Por outras palavras, uma «pequena minoria» dirigente pode permitir-se ser tolerante, enquanto uma «grande maioria» não pode permitir-se tolerar

438 A SOCIEDADE ABERTA E OS SEUS INIMIGOS

uma «pequena minoria». Esta resposta singela é sem dúvida um modelo de «análise lúcida e penetrante», como diz o bispo.*

([13]) Para esta evolução cf. também o capítulo 13, especialmente a nota 7 e texto.

([14]) Parece que a origem do romantismo, tanto na literatura como na filosofia, pode fazer-se remontar a Platão. É bem conhecido que Rousseau foi diretamente influenciado por ele (cf. nota 1 do capítulo 6). Rousseau também conhecia o *Político* (cf. *O Contrato Social,* Livro II, cap. VII, e Livro III, capítulo VI), com o respetivo elogio dos antigos pastores de montanha. Mas além desta influência direta, é provável que Rousseau tenha inferido indiretamente de Platão o seu romantismo pastoral e o seu amor pelo primitivismo; pois foi certamente influenciado pelo Renascimento italiano, que redescobrira Platão, e especialmente os seus sonhos de uma sociedade perfeita de pastores primitivos (cf. notas 11 (3) e 32 do capítulo 4 e nota 1 do capítulo 6). – É interessante que Voltaire tenha reconhecido imediatamente os perigos do obscurantismo romântico de Platão; tal como a admiração por Rousseau não impediu Kant de reconhecer este perigo quando se deparou com ele nas «Ideias» de Herder (cf. também a nota 56 do capítulo 12 e texto).

NOTAS DO CAPÍTULO 10

A epígrafe deste capítulo é tomada do *Banquete,* 193d

([1]) Cf. *República,* 419a, ss., 421b, 465c, ss., e 519e; ver também capítulo 6, especialmente secções II e IV.

([2]) Estou a pensar não só nas tentativas medievais para fazer estacar a sociedade, tentativas essas baseadas na teoria platónica de que os governantes são responsáveis pelas almas, pelo bem-estar espiritual dos governados (e em muitos dispositivos práticos desenvolvidos por Platão na *República* e nas *Leis*), mas também de muitos desenvolvimentos posteriores.

([3]) Tentei, por outras palavras, aplicar na medida do possível o método que descrevi no meu *The Logic of Scientific Discovery.*

NOTAS | 439

(⁴) Cf. especialmente *República*, 566e; ver também abaixo, nota 63 deste capítulo.

(⁵) Na minha história «não deveria haver vilões (...). O crime não é interessante (...). É o que os homens fazem de melhor, com boas intenções (...) que realmente nos interessa». Tentei na medida do possível aplicar este princípio metodológico à minha interpretação de Platão. (A formulação do princípio citado nesta nota é tomada do Prefácio de *Saint Joan* de G. B. Shaw; ver as primeiras frases na secção «Tragédia, não Melodrama».)

(⁶) Para Heráclito, ver capítulo 2. Para as teorias da isonomia de Alcméon e Heródoto, ver notas 13, 14 e 17 do capítulo 6. Para o igualitarismo económico de Faleas de Calcedónia, ver Aristóteles, *Política*, 1266a, e Diels⁵, capítulo 39 (também sobre Hipódamo). Para Hipódamo de Mileto, ver a *Política* de Aristóteles, 1267b22 e nota 9 do capítulo 3. Devemos, sem dúvida, contar também os sofistas, Protágoras, Antífon, Hípias, Alcidamas, Licofronte, entre os primeiros teóricos da política, bem como Crítias (cf. Diels⁶, fr. 6, 30-38 e nota 17 do capítulo 8) e o Velho Oligarca (se se tratar de duas pessoas diferentes) e Demócrito.

Para os termos «sociedade fechada» e «sociedade aberta» e o seu uso num sentido em certa medida semelhante por Bergson, ver a Nota da Introdução. A minha caracterização da sociedade fechada como mágica e da sociedade aberta como racional e crítica torna impossível aplicar estes termos sem idealizar a sociedade em questão. A atitude mágica de modo algum desapareceu da nossa vida, nem sequer nas sociedades mais «abertas» até hoje realizadas, e penso que é muito improvável que alguma vez desapareça por completo. Apesar disso, parece possível proporcionar um critério útil da transição da sociedade fechada para a sociedade aberta. Esta transição dá-se quando as instituições sociais são pela primeira vez conscientemente reconhecidas como obra do homem e quando a sua alteração consciente é discutida em termos da sua adequação à consecução de objetivos ou propósitos humanos. Ou, pondo a questão de um modo menos abstrato, a sociedade fechada entra em colapso quando o temor sobrenatural com que é olhada a ordem social dá lugar a uma interferência ativa e à prossecução consciente de interesses pessoais ou de grupo. Está claro que o contacto cultural através da civilização

440 | A SOCIEDADE ABERTA E OS SEUS INIMIGOS

pode gerar esse colapso e, ainda mais, a aparição de um setor empobrecido, isto é, sem terras, da classe dirigente.

Quero referir aqui que não gosto de falar de «colapso social» em termos gerais. Penso que o colapso de uma sociedade fechada, como o descrevo aqui, é um assunto bastante claro, mas, em geral, a expressão «colapso social» parece-me exprimir pouco mais que o observador não apreciar o rumo que tomaram os acontecimentos que descreve. Penso que o termo é muito mal usado. Mas admito que, com razão ou sem ela, um membro de determinada sociedade possa ter a sensação de que «está tudo a ruir». Cabem poucas dúvidas de que para os membros do *ancien régime* ou da nobreza russa a Revolução Francesa ou a Russa devem ter parecido um colapso social total, mas para os novos governantes pareceram uma coisa muito diferente.

Toynbee (cf. *A Study of History*, V, 23.35; 338) indica «a aparição de um cisma no corpo social» como critério de que uma sociedade entrou em colapso. Dado que na sociedade grega, muito antes da guerra do Peloponeso, ocorreu sem dúvida um cisma, na forma de desunião de classe, não é totalmente claro porque sustenta ele que esta guerra (e não o colapso do tribalismo) é que marca o que descreve como colapso da civilização helénica. (Cf. também a nota 45 (2) do capítulo 4 e a nota 8 deste capítulo).

No que se referente à semelhança entre os gregos e os maoris, podem encontrar-se algumas observações no *Early Greek Philosophy* de Burnet, especialmente pp. 2 e 9.

([7]) Devo esta crítica da teoria orgânica do Estado, bem como muitas outras sugestões, a J. Popper-Lynkeus; escreve ele (*Die allgemeine Nährpflicht*, segunda edição, 1923, pp. 71 seq.): «O excelente Melénio Agripa (...) persuadiu a plebe insurreta a regressar» (a Roma) «contando-lhes a sua parábola dos membros do corpo que se rebelaram contra o seu estômago (...). Mas nem um deles respondeu: 'Muito bem, Agripa! Se tem de haver um estômago então nós, os plebeus, queremos ser o estômago a partir de agora e vó podeis desempenhar o papel de membros!'» (Quanto à parábola, ver Lívio, II, 32, e o *Coriolano* de Shakespeare, ato I, cena 1.) Talvez seja interessante notar que um movimento moderno e aparentemente progressista como 'Mass-Observation' faz propaganda da teoria orgânica da sociedade (na capa do seu opúsculo *First Year's Work*, 1937-38). Ver também nota 31 do capítulo 5.

NOTAS | 441

Por outro lado, é forçoso admitir que a «sociedade fechada» tribal tem qualquer coisa de «orgânico», quanto mais não seja pela ausência de tensão social. O facto de que tal sociedade se possa basear na escravatura (como era o caso dos gregos) em si mesmo não cria uma tensão social, porque os escravos muitas vezes não fazem mais parte da sociedade do que o gado; as suas aspirações e problemas não criam necessariamente nada que seja sentido pelos governantes como um problema no seio da sociedade. O *crescimento da população*, todavia, cria um problema desse tipo. Em Esparta, que não criava colónias no exterior, levou primeiro à subjugação das tribos vizinhas em nome da conquista dos seus territórios e, depois, a um esforço consciente de sustar qualquer mudança pela adoção de medidas que incluíam o controlo do crescimento da população através da instituição do infanticídio, do controlo da natalidade e da homossexualidade. Tudo isto foi visto com bastante clareza por Platão, que sempre insistiu (talvez por influência de Hipódamo) na necessidade de um número fixo de cidadãos e que recomendou nas *Leis* a colonização e o controlo da natalidade, como antes recomendara a homossexualidade (explicada da mesma maneira na *Política* de Aristóteles, 1272a23) como meio de manter a população constante; ver *Leis*, 740d-741a e 838e. (Para a recomendação do infanticídio por Platão na *República* e questões semelhantes, ver especialmente a nota 34 do capítulo 4; além disso, as notas 22 e 63 do capítulo 10 e 39 (3) do capítulo 5.)

É certo que estas práticas estavam longe de se explicar completamente em termos racionais e a homossexualidade dória, mais especialmente, está intimamente ligada à prática da guerra e às tentativas de recapturar, na vida da horda guerreira, uma satisfação emocional que fora destruída em grande parte pelo colapso do tribalismo; ver especialmente a «horda guerreira composta de amantes» que Platão glorifica no *Banquete*, 178e. Nas *Leis*, 636b, *seq.*, 836b/c, Platão deprecia a homossexualidade (cf. todavia 838e).

(8) Suponho que aquilo a que chamo o «esforço da civilização» é semelhante ao fenómeno que Freud tinha em mente quando escrevia *Civilização e os seus Descontentamentos*. Toynbee fala de uma Sensação de Deriva (*A Study of History*, V, 412 ss.) mas confina-a às «eras de desintegração», enquanto vejo o meu

442 | A SOCIEDADE ABERTA E OS SEUS INIMIGOS

esforço muito claramente expresso em Heráclito (na verdade, já se encontram sinais em Hesíodo) – muito antes do tempo em que, segundo Toynbee, a sua «sociedade helénica» começa a «desintegrar-se». Meyer fala da desaparição do «estatuto do nascimento, que determinara o lugar de cada homem na vida, os seus direitos e deveres civis e sociais, juntamente com a garantia de ganhar a sua vida» (*Geschichte des Altertums*, III, 542). Isto dá uma descrição certeira das tensões da sociedade grega do século V a.C.

(9) Outra profissão desta espécie que levou a uma comparativa independência intelectual foi a de bardo itinerante. Estou a pensar aqui principalmente em Xenófanes, o progressista; cf. o parágrafo sobre «protagorismo» na nota 7 do capítulo 5. (Homero pode ser também um caso pertinente.) É claro que esta profissão era acessível apenas a muito poucos homens.

Não tenho grande interesse pessoal em questões de comércio ou em pessoas com preocupações comerciais. Mas a influência da iniciativa comercial parece-me bastante importante. Não deve ser por acaso que a mais antiga civilização conhecida, a da Suméria, era, tanto quanto sabemos, uma civilização comercial com fortes aspetos democráticos; e que as artes da escrita e da aritmética e os começos da ciência estavam intimamente ligados à sua vida comercial. (Cf. também texto da nota 24 deste capítulo.)

(10) *Tucídides*, I, 93 (sigo em geral a tradução de Jowett). Para o problema da parcialidade de Tucídides, cf. nota 15 (1) deste capítulo.

(11) Esta citação e a seguinte: *op. cit.*, I, 107. A história que conta Tucídides dos oligarcas traidores mal se pode reconhecer na versão apologética de Meyer (*Gesch. d. Altertums*, III, 594), apesar de não ter melhores fontes; é simplesmente distorcida até ficar irreconhecível. (Para a parcialidade de Meyer, ver nota 15 (2) do presente capítulo.) – Para uma traição semelhante (em 479 a. de C., nas vésperas de Plateia) cf. o *Aristides* de Plutarco, 13.

(12) *Tucídides*, III, 82-84. A seguinte conclusão do passo é característica do elemento de individualismo e humanitarismo presente em Tucídides, membro da Grande Geração (ver abaixo e nota 27 deste capítulo) e, como referido acima, um moderado:

NOTAS

443

«Quando os homens se vingam, são temerários; não têm em conta o futuro e não hesitam em anular as leis comuns de humanidade das quais todos os indivíduos têm de depender para garantir a sua própria salvação no caso de serem assolados pela calamidade; esquecem-se que na hora da sua própria aflição as procurarão em vão.» Para prosseguir a discussão do ponto de vista de Tucídides, ver nota 15 (1) deste capítulo.

([13]) Aristóteles, *Política*, VIII, (V), 9, 10/11; 1310a. Aristóteles não concorda com uma hostilidade tão aberta; acha mais sábio que «os verdadeiros Oligarcas *afetem* ser advogados da causa do povo» e está ansioso por lhes dar um bom conselho: «Devem tomar, ou pelo menos *fingir* que tomam, a linha oposta, incluindo no seu juramento esta promessa: não farei mal ao povo.»

([14]) *Tucídides*, II, 9.

([15]) Cf. E. Meyer, *Geschichte des Altertums*, IV (1915), 368.

(1) Para avaliar a alegada imparcialidade de Tucídides, ou melhor, a sua parcialidade involuntária, temos de comparar o seu tratamento da importantíssima questão de Plateia, que marcou a eclosão da primeira parte da guerra do Peloponeso (Meyer, seguindo Lísias, chama a esta parte guerra Arquidâmia; cf. Meyer, *Gesch. d. Altertums*, IV, 307 e V, p. vii), com o seu tratamento da questão de Melos, o primeiro movimento agressivo de Atenas na segunda parte (a guerra de Alcibíades). A guerra Arquidâmia foi desencadeada por um ataque contra a democrática Plateia – um ataque-relâmpago efetuado sem declaração de guerra por Tebas, parceira da Esparta totalitária, cujos amigos no interior de Plateia, a quinta coluna oligárquica, tinham, de noite, aberto ao inimigo as portas da cidade. Embora muitíssimo importante como causa imediata da guerra, o incidente é relatado de modo comparativamente breve por Tucídides (II, 1-7). Não comenta o seu aspeto moral, a não ser para dizer que «a questão de Plateia» foi «uma flagrante violação da trégua de trinta anos». Mas censura (II, 5) os democratas de Plateia pelo tratamento severo que deram aos invasores e até manifesta dúvidas sobre se terão violado um juramento. Este método de apresentação contrasta em muito com o famoso e muitíssimo elaborado, embora é claro fictício, Diálogo Meliano (*Tucídides*, V, 85-113), no qual Tucídides tenta estigmati-

zar o imperialismo ateniense. Por muito chocante que o assunto de Melos pareça ter sido (a responsabilidade pode ter sido de Alcibíades; cf. Plutarco, *Alc.*, 16), os atenienses *não* atacaram sem aviso e tentaram negociar antes de usar a força.

Outro caso pertinente, relativo à atitude de Tucídides, é o seu elogio (VIII, 68) do líder do partido oligárquico, o orador Antífon (que é mencionado no *Menexeno* de Platão, 236a, como mestre de Sócrates; cf. o fim da nota 19 do capítulo 6).

(2) E. Meyer é uma das maiores sumidades modernas sobre este período. Mas para apreciar o seu ponto de vista temos de ler as suas observações escarninhas sobre o governo democrático (tem muitos passos deste género): «Muito mais importante» (a saber, do que armar-se) «era continuar o divertido jogo das querelas partidárias e garantir uma liberdade ilimitada, a interpretar por cada qual de acordo com o seu particular interesse» (V, 61) Mas será mais, pergunto eu, do que uma «interpretação segundo o seu particular interesse» quando Meyer escreve: «A maravilhosa liberdade da democracia e dos seus líderes provou manifestamente a sua ineficiência.» (V, 69.) Sobre os líderes democráticos atenienses que em 403 a.C. recusaram render-se a Esparta (e cuja recusa até foi justificada mais tarde pelo êxito – embora não precisasse de justificação), Meyer diz: «Alguns destes líderes talvez tenham sido fanáticos sinceros; (...) talvez tenham sido tão absolutamente desprovidos de qualquer senso que realmente acreditavam» (no que diziam, designadamente:) «que Atenas nunca deveria capitular.» (IV, 659.) Meyer censura outros historiadores, em termos assaz vigorosos, por serem parciais. (Cf., por exemplo, as notas em V, 89 e 102, onde defende o tirano Dionísio mais velho contra ataques alegadamente parciais, e do fim de 113 ao início de 114, onde também se exaspera com alguns «historiadores que papagueiam» acusações contra Dionísio.) Assim, chama a Grote «líder radical inglês» e da sua obra diz que «não é história, mas sim uma apologia de Atenas», e compara-se orgulhosamente com tais homens: «Será praticamente impossível negar que nos tornámos mais imparciais em matéria de política e que chegámos por isso a um juízo histórico mais correto e mais abrangente.» (Tudo isto em III, 239.)

Por trás do ponto de vista de Meyer está – Hegel. Isto explica tudo (como ficará claro, espero, aos leitores do capítulo 12). O hegelianismo de Meyer torna-se óbvio na seguinte observação,

NOTAS   445

que é uma citação inconsciente mas quase literal de Hegel; está
em III, 256, quando Meyer fala de uma «avaliação chã e moraliza-
dora, que julga grandes empreendimentos políticos pelo padrão
da moralidade civil» (Hegel fala da «ladainha das virtudes privadas»), «ignorando os fatores mais profundos, verdadeiramente
morais, do Estado e das responsabilidades históricas». (Isto corresponde exatamente aos passos de Hegel citados no capítulo 12,
abaixo; cf. nota 75 do capítulo 12.) Desejo usar esta oportunidade
para uma vez mais deixar claro que não pretendo ser imparcial no
meu juízo histórico. Sem dúvida que faço o que posso para apurar
os factos relevantes. Mas tenho consciência de que as minhas avaliações (como as de qualquer outro) não podem deixar de depender inteiramente do meu ponto de vista. Reconheço isso, embora
acredite totalmente no meu ponto de vista, isto é, que as minhas
avaliações estão corretas.

([16]) Cf. Meyer, *op. cit.*, IV, 367.

([17]) Cf. Meyer, *op. cit.*, IV, 464.

([18]) Deve-se todavia ter presente que, como se queixavam os
reacionários, a escravatura em Atenas estava à beira de ser dissol-
vida. Cf. os indícios referidos nas notas 17, 18 e 29 do capítulo
4; além disso, as notas 13 do capítulo 5, 48 do capítulo 8 e 27-37
deste capítulo.

([19]) Cf. Meyer, *op. cit.*, IV, 659.
Meyer comenta assim este movimento dos democratas atenienses: «Agora que era tarde de mais, avançaram para uma
constituição política que mais tarde ajudou Roma (...) a lançar
as bases da sua grandeza.» Por outras palavras, em vez de atribuir
aos atenienses uma invenção constitucional de primeira ordem,
recrimina-os; e o crédito vai para Roma, cujo conservadorismo é
mais ao gosto de Meyer.
O incidente da história romana a que alude Meyer é a aliança,
ou federação, de Roma com Gabii. Mas imediatamente antes, e
na própria página em que Meyer descreve esta federação (em IV,
135), podemos ler também: «Todas estas cidades, quando se incor-
poraram em Roma, perderam a sua existência (...) sem receber
sequer uma organização política do tipo da '*demes*' da Ática.» Um
pouco mais à frente, em V, 147, há uma nova referência a Gabii e

446 | A SOCIEDADE ABERTA E OS SEUS INIMIGOS

Roma, na sua generosa liberalidade, torna a ser contrastada com Atenas; mas ao virar da mesma página, Meyer relata, sem criticar, o saque e total destruição de Veii por Roma, que significou o fim da civilização etrusca.

Talvez a pior de todas estas devastações romanas tenha sido a de Cartago. Teve lugar numa altura em que Cartago já não representava um perigo para Roma e privou Roma, e nós, do contributo muitíssimo valioso que Cartago podia ter dado à civilização. Basta-me referir os grandes tesouros de informação geográfica que ali foram destruídos. (A história do declínio de Cartago não é muito diferente da da queda de Atenas em 404 a.C., discutida mais abaixo neste capítulo; ver nota 48. Os oligarcas de Cartago preferiram a queda da sua cidade à vitória da democracia.)

Mais tarde, por influência do estoicismo, derivado indiretamente de Antístenes, Roma começou a desenvolver uma perspetiva muito liberal e humanitarista. Alcançou o auge desta evolução nos séculos de paz depois de Augusto (cf., p. ex., Toynbee, *A Study of History*, V, pp. 343-346), mas é aqui que alguns historiadores românticos veem o princípio da sua decadência.

Quanto a esta decadência, é, sem dúvida, ingénuo e romântico acreditar, como muitos ainda acreditam, que se deveu à degeneração causada por uma paz muito prolongada, ou à desmoralização ou à superioridade dos jovens povos bárbaros, etc.; em suma, ao excesso de comida. (Cf. nota 45 (3) do capítulo 4.) As consequências devastadoras de epidemias violentas (cf. H. Zinsser, *Rats, Lice and History*, 1937, pp. 131 ss.) e a incontrolada e progressiva exaustão do solo, e com ela o colapso da base agrícola do sistema económico romano (cf. V. G. Simkhovitch, «Hay and History» e «Rome's Fall Reconsidered», em *Towards the Understanding of Jesus*, 1927), parecem ter sido algumas das causas principais. Cf. também W. Hegermann, *Entlarvte Geschichte* (1934).

(^{20}) *Tucídides*, VII, 28; cf. Meyer, *op. cit.* IV, 535. A importante observação de que «isto renderia mais» permite-nos, é claro, fixar um limite superior aproximado para o rácio entre os impostos anteriormente em vigor e o volume de comércio.

(^{21}) Trata-se de uma alusão a um pequeno trocadilho que devo a P. Milford: «A Plutocracy is preferable to a Lootocracy» [Uma plutocracia é preferível a uma pilhocracia – *N.T.*]

NOTAS

447

(^{22}) Platão, *República*, 423b. Para o problema de manter constante o tamanho da população, cf. nota 7, acima.

(^{23}) Cf. Meyer, *Geschichte des Altertums*, IV, 577.

(^{24}) *Op. cit.*, V, 27. Cf. também a nota 9 deste capítulo e texto da nota 30 do capítulo 4.
* Para o passo das *Leis*, ver 742a-c. Platão desenvolve aqui a atitude espartana. Dita «uma lei que proíbe os cidadãos particulares de possuírem qualquer prata ou ouro (...). Só deverão ser consentidas aos nossos cidadãos as moedas que têm curso legal entre nós, mas nenhum valor têm em qualquer outro lugar (...). Por mor de uma força expedicionária, ou uma visita oficial ao estrangeiro, como uma embaixada ou outras missões necessárias (...) é preciso que o Estado tenha sempre moeda helénica (ouro). E se um cidadão particular alguma vez se vir obrigado a ir ao estrangeiro poderá fazê-lo desde que tenha obtido a devida licença dos magistrados. E caso tenha, no regresso, qualquer dinheiro estrangeiro que lhe tenha sobrado tem de o entregar ao Estado e aceitar em troca o equivalente em dinheiro local. E caso se descubra que alguém o guardou, terá de ser confiscado e quem o tiver importado ou quem não o tenha denunciado será passível de maldições e condenações e, além disso, de uma multa não inferior a quantia de dinheiro envolvida.» Lendo este passo ficamos a pensar se não somos injustos com Platão ao descrevê-lo como um reacionário que copiou as leis da cidade totalitária de Esparta; pois aqui antecipa em mais de 2000 anos os princípios e práticas que são hoje em dia quase universalmente aceites como boa política pelas governos democráticos mais progressivos da Europa Ocidental (que, como Platão, esperam que algum outro governo cuide da «moeda de ouro helénica universal»).

Um passo posterior (*Leis*, 950d) tem, no entanto, um timbre bastante menos ocidental. «Primeiro, nenhum homem com menos de 40 anos obterá autorização para ir ao estrangeiro, seja qual for o destino. Em segundo lugar, ninguém obterá essa autorização a título particular; a título público, só poderá ser concedida autorização a enviados, embaixadores e certas missões de inspeção (...) E *estes homens, depois de regressados, ensinarão aos jovens que as instituições políticas dos outros países são inferiores às deles próprios*».

448 | A SOCIEDADE ABERTA E OS SEUS INIMIGOS

Leis semelhantes são ditadas para a receção de estrangeiros. Pois «a intercomunicação entre Estados resulta necessariamente na mistura de carateres (...) e na importação de novos costumes e isto não pode deixar de causar o maior dano às pessoas que gozam (...) das boas leis» (949e/950a).*

([25]) Isto é reconhecido por Meyer (*op. cit.*, IV, 433 seq.), que num passo muito interessante diz dos dois partidos: «cada um deles pretende defender 'o Estado paternal' (...) e que o seu antagonista está infetado pelo espírito moderno do egoísmo e da violência revolucionária. Na realidade, estão ambos infetados (...). Os costumes e a religião tradicionais estão mais profundamente enraizados no partido democrático; os seus inimigos aristocratas que combatem sob a bandeira da restauração dos tempos antigos estão (...) inteiramente modernizados.» Cf. também *op. cit.*, V, 4 *seq.*, 14 e a nota seguinte.

([26]) Na *Constituição Ateniense* de Aristóteles, cap. 34, § 3, ficamos a saber que os Trinta Tiranos professavam inicialmente aquilo que parecia a Aristóteles um programa «moderado», a saber, o do «Estado paternal». – Para o niilismo e a modernidade de Crítias, cf. a sua teoria da religião discutida no capítulo 8 (ver especialmente a nota 17 desse capítulo) e a nota 48 do presente capítulo.

([27]) É muitíssimo interessante comparar a atitude de Sófocles em relação à nova fé com a de Eurípides. Sófocles queixa-se (cf. Meyer, *op. cit.*, IV, III): «Não está certo (...) que os de baixo nascimento floresçam enquanto os valentes e bem nascidos são infelizes.» Eurípides replica (com Antífon; cf. nota 13 do capítulo 5) que a distinção entre os de alto e baixo nascimento (especialmente os escravos) é meramente verbal: «Só o nome traz o opróbrio ao escravo». Para o elemento humanitário em Tucídides, cf. a citação da nota 12 deste capítulo. Para a questão de até que ponto a Grande Geração estava ligada a tendências cosmopolitas, ver as provas alinhadas na nota 48 do capítulo 8 – em especial as testemunhas hostis, isto é, o Velho Oligarca, Platão e Aristóteles.

([28]) Os «misologistas», os que odeiam a argumentação racional, são comparados por Sócrates aos «misantropos», os que odeiam os homens; cf. o *Fédon*, 89c. Em contraste, cf. a observação

NOTAS | 449

misantrópica de Platão na *República*, 496c-d (cf. notas 57 e 58 do capítulo 8).

([29]) As citações deste parágrafo são dos fragmentos de Demócrito, Diels, *Vorsokratiker*[5], fragmentos 41, 179, 34, 261, 62, 55, 251, 247 (cuja autenticidade é questionada por Diels e por Tarn, cf. nota 48 do capítulo 8), 118.

([30]) Cf. texto da nota 16, capítulo 6.

([31]) Cf. *Tucídides*, II, 37-41. Cf. também as observações da nota 16 do capítulo 6.

([32]) Cf. Gomperz, *Greek Thinkers*, Livro V, Cap. 13, 3 (edição alemã, II, 407).

([33]) A obra de Heródoto com a sua tendência pró-democrática (cf. p. ex. III, 80) apareceu cerca de um ano ou dois depois da oração de Péricles (Cf. Meyer, *Gesch. d. Altertums*, IV, 369).

([34]) Isto foi destacado, por exemplo, por T. Gomperz, *Greek Thinkers*, V, 13, 2 (ed. alemã, II, 406 *seq.*); os passos da *República* para os quais chama a atenção são: 557d e 561c, ss. A similitude é sem dúvida intencional. Cf. também a edição da *República* de Adams, vol. II, 235, nota a 557d26. Ver também as *Leis*, 699d/e, ss., e 704d-707d. Para uma observação semelhante a respeito de Heródoto III, 80, ver nota 17 do capítulo 6.

([35]) Há quem sustente que o *Menexeno* é apócrifo, mas creio que isso mostra apenas a tendência para idealizar Platão. A autenticidade do *Menexeno* é atestada por Aristóteles, que cita uma observação ali contida como devida ao «Sócrates do Diálogo Fúnebre» (*Retórica*, I, 9, 30 = 1367b8 e III, 14, 11 = 1415b30). Ver especialmente também o fim da nota 19 do capítulo 6; repare-se também na nota 48 do capítulo 8 e nas notas 15 (1) e 61 do presente capítulo.

([36]) A *Constituição de Atenas* do Velho Oligarca (ou do Pseudo-Xenofonte) foi publicada em 424 a.C. (segundo Kirchhoff, citado por Gomperz, *Greek Thinkers*, ed. alemã, I, 477). Para a sua atribuição a Crítias, cf. J. E. Sandys, *Aristotle's Constitution of Athens*,

450 | A SOCIEDADE ABERTA E OS SEUS INIMIGOS

Introdução IX, especialmente a nota 3. Ver também as notas 18 e 48 deste capítulo. A sua influência em Tucídides é visível, penso eu, nos passos citados nas notas 10 e 11 deste capítulo. Para a sua influência em Platão, ver especialmente a nota 59 do capítulo 8 e *Leis*, 704a-707d. (Cf. Aristóteles, *Política*, 1326b-1327a; Cícero, *De Republica*, II, 3 e 4.)

([37]) Estou a aludir ao livro de M. M. Rader *No Compromise – The Conflict between Two Worlds* (1939), uma excelente crítica da ideologia do fascismo.

Com a alusão, mais à frente neste parágrafo, ao aviso de Sócrates contra a misologia e a misantropia, cf. nota 28, acima.

([38]) * (1) Para a teoria de que aquilo a que se pode chamar «a invenção do pensamento crítico» consiste na fundação de uma nova tradição – a tradição de discutir criticamente os mitos e teorias tradicionais – ver o meu *Towards a Rational Theory of Tradition, The Rationalist Annual*, 1949; agora incluído em *Conjecturas e Refutações*. (Apenas uma tal tradição nova pode explicar o facto de, na Escola Jónica, as três primeiras gerações produzirem três filosofias diferentes.)*

(2) As escolas (em especial as universidades) retiveram até hoje certos aspetos de tribalismo. Mas não se trata apenas dos seus emblemas, ou da velha gravata da escola, com todas as suas implicações de casta, etc., mas também do caráter patriarcal e autoritário de tantas escolas. Não foi por acaso que Platão, não tendo conseguido restabelecer o tribalismo, decidiu fundar uma escola, nem é por acaso que as escolas são tantas vezes bastiões de reacionarismo e os professores ditadores de trazer por casa.

Como ilustração do caráter tribalista dessas primeiras escolas, dou aqui uma lista de alguns dos tabus dos primeiros pitagóricos. (A lista é de Burnet, *Early Greek Philosophy*[2], 106, que a toma de Diels; cf. *Vorsokratiker*[5], vol. I, pp. 97 ss.; mas ver também a informação de Aristoxeno em *op. cit.*, p. 101.) Burnet fala de «autênticos tabus de um tipo absolutamente primitivo». – Abster-se de feijões. – Não apanhar o que caiu. – Não tocar num galo branco. – Não partir o pão. – Não passar por cima de uma trave. – Não atiçar o fogo com ferro. – Não comer de um pão inteiro. – Não desfolhar uma grinalda. – Não se sentar num barril. – Não comer corações. – Não andar em estradas. – Não deixar as andorinhas partilhar

NOTAS | 451

os nossos telhados. – Ao tirar a panela do lume não deixar a sua marca nas cinzas, mas misturá-las. – Não se ver ao espelho ao pé de uma luz. – Depois de nos levantarmos da cama, enrolar os lençóis e alisar a marca deixada pelo corpo.

([39]) Um paralelismo interessante com esta evolução é o da destruição do tribalismo pelas conquistas persas. Esta revolução social conduziu, como salienta Meyer (*op. cit.*, vol. III, 167 ss.) à emergência de algumas religiões proféticas, isto é, na nossa terminologia, historicistas, de destino, degeneração e salvação, entre as quais a do «povo eleito», os judeus (cf. capítulo 1).

Algumas dessas religiões caracterizavam-se também pela doutrina de que a criação do mundo não está completa, mas continua ainda. Esta doutrina tem de ser comparada com a antiga conceção grega do mundo como um edifício e com a destruição heraclitiana desta conceção, descrita no capítulo 2 (ver nota 1 desse capítulo). Pode mencionar-se aqui que até Anaximandro não se sentia à vontade com a história do edifício. A sua ênfase no caráter ilimitado ou indeterminado ou indefinido do material de construção pode ter sido a expressão do sentimento de que o edifício podia não possuir um quadro definido, de que podia estar em devir (cf. a nota seguinte).

O desenvolvimento na Grécia dos mistérios órficos e dionisíacos foi provavelmente determinada pela evolução religiosa do Oriente (cf. *Heródoto*, II, 81). O pitagorismo, como é geralmente sabido, tinha muito em comum com o ensinamento órfico, em especial no que se referia à teoria da alma (ver também nota 44 abaixo). Mas o pitagorismo tinha um sabor decididamente «aristocrático», em contraste com o ensinamento órfico, que representava uma espécie de versão «proletária» deste movimento. Meyer (*op. cit.*, III, p. 428, § 246) tem provavelmente razão quando descreve os princípios da filosofia como uma contracorrente racional ao movimento dos mistérios; cf. a atitude de Heráclito nesta matéria (frag. 5, 14, 15 e 40, 129, Diels[5]; 124-129 e 16-17, Bywater). Detestava os mistérios *e* Pitágoras. O Platão pitagórico detestava os mistérios (*Rep.*, 364e seq.; cf. no entanto o Apêndice IV de Adam ao Livro IX da *República*, vol. II, 378 ss. da sua edição.)

([40]) Para Anaximandro (cf. a nota precedente) ver Diels[5], fragm. 9: «A origem das coisas (...) é uma natureza indeterminada

452 A SOCIEDADE ABERTA E OS SEUS INIMIGOS

(ou ilimitada) (...) daquelas coisas de que são geradas as coisas existentes, que nelas se voltam por força a dissolver. Pois fazem penitência umas às outras pela sua ofensa (ou injustiça) de acordo com a ordem do tempo.» Que a existência individual aparecia a Anaximandro como *injustiça* foi a interpretação de Gomperz (*Greek Thinkers*, ed. alemã vol. I, p. 46; note-se a similitude com a teoria da justiça de Platão); mas esta interpretação tem sido severamente criticada.

([41]) Parménides foi o primeiro a procurar a sua salvação deste esforço interpretando como revelação da verdadeira realidade o seu sonho de um mundo parado, e como um sonho o mundo em devir em que vivia. «O ser real é indivisível. É sempre um todo integrado, que nunca se separa da sua ordem; nunca se dispersa, e assim não precisa de se reunificar.» (D[5], fragm. 4). Para Parménides, cf. também a nota 22 do capítulo 3 e texto.

([42]) Cf. nota 9 deste capítulo (e nota 7 do capítulo 5).

([43]) Cf. Meyer, *Geschichte des Altertums*, III, 443, e IV, 120 seq.

([44]) J. Burnet, «The Socratic Doctrine of the Soul», *Proceedings of the British Academy*, VIII (1915/16), 235 ss. Estou tanto mais ansioso por realçar esta concordância parcial quanto não posso concordar com Burnet na maioria das suas outras teorias, especialmente aquelas que se referem à relação de Sócrates com Platão, em particular a sua opinião de que Sócrates é, politicamente, o mais reacionário dos dois (*Greek Philosophy*, I, 210), o que me parece insustentável. Cf. nota 56 deste capítulo.

Quanto à doutrina socrática da alma, creio que Burnet tem razão ao insistir que o dito «cuidai das vossas almas» é socrático, pois exprime os interesses morais de Sócrates. Mas penso que é altamente improvável que Sócrates tivesse qualquer teoria metafísica da alma. As teorias do *Fédon*, da *República*, etc., parecem-me indubitavelmente pitagóricas. (Para a teoria órfico-pitagórica de que o corpo é o túmulo da alma, cf. Adam, Apêndice IV do Livro IX da *República*, ver também a nota 39 deste capítulo.) E tendo em conta a clara declaração de Sócrates na *Apologia*, 19c, de que não tinha «absolutamente nada a ver com tais coisas» (isto é, especulações sobre a natureza; ver nota 56 (5) deste capítulo) discordo bastante da opinião de Burnet de que Sócrates era um pitagórico e também da opinião de que tinha qualquer doutrina metafísica definida sobre a «natureza» da alma. Creio que o dito de Sócrates «cuidai das vossas almas» é uma expressão do seu individualismo moral (e intelectual). Poucas das suas doutrinas parecem estar tão bem atestadas como a sua teoria individualista da autossuficiência moral do homem virtuoso. (Ver as provas referidas nas notas 25 do capítulo 5 e 36 do capítulo 6.) Mas com o que isto está mais estreitamente ligado é a ideia expressa na frase «cuidai das vossas almas». Com a sua ênfase na autossuficiência, Sócrates queria dizer: «Podem destruir o vosso corpo, mas não podem destruir a vossa integridade moral. Se for esta última a vossa principal preocupação não podem causar-vos qualquer dano verdadeiramente sério».

Parece que Platão, quando travou conhecimento com a teoria metafísica pitagórica da alma, sentiu que a atitude moral de Sócrates precisava de um alicerce metafísico, em especial de uma teoria da sobrevivência. Assim, substituiu «não podem destruir a vossa integridade moral» pela ideia da indestrutibilidade da alma. (Cf. também notas 9 *seq.* do capítulo 7.)

Contra a minha interpretação, pode ser alegado, tanto por metafísicos como por positivistas, que não pode haver tal ideia moral e não-metafísica da alma como a que atribuo a Sócrates, visto que não há maneira de falar da alma que não seja metafísica. Não penso que possa ter muita esperança em convencer os metafísicos platónicos, mas tentarei mostrar aos positivistas (ou materialistas, etc.) que eles também acreditam numa «alma», num sentido muito semelhante àquele que atribuo a Sócrates e que muitos deles dão mais valor a essa «alma» do que ao corpo.

Em primeiro lugar, mesmo os positivistas têm de admitir que podemos estabelecer uma distinção perfeitamente empírica e «significativa», embora um tanto imprecisa, entre doenças «físicas» e «psíquicas». De resto, esta distinção é de considerável importância prática para a orgnização dos hospitais, etc. (É bastante provável que um dia seja suplantada por qualquer coisa de mais preciso, mas isso é uma questão diferente.) Ora, a maioria de nós, mesmo os positivistas, se fosse possível escolher preferiria provavelmente uma doença física ligeira do que uma ligeira forma de loucura. Mesmo os positivistas prefeririam provavelmente, além disso, uma doença física longa e ao fim e ao cabo incurável (desde que não

454 | A SOCIEDADE ABERTA E OS SEUS INIMIGOS

fosse demasiado dolorosa, etc.) a um período igualmente longo de loucura incurável e talvez mesmo a um período de loucura curável. Podemos assim dizer, creio eu, sem recorrer a termos metafísicos, que se preocupam mais com as suas «almas» do que com os seus «corpos». (Cf. *Fédon*, 82d: «cuidam das suas almas e não são servos dos seus corpos»; ver também *Apologia*, 29d-30b) E esta maneira de falar seria bastante independente de qualquer teoria que pudessem ter a respeito da «alma», mesmo que mantivessem que em última análise esta é apenas uma parte do corpo e qualquer loucura apenas uma doença física, a nossa conclusão ainda seria válida. (Viria a dar numa coisa deste género: que dão mais valor ao seu cérebro do que a outras partes do corpo.)

Podemos prosseguir agora para uma consideração semelhante de uma ideia da «alma» ainda mais próxima da ideia socrática. Muitos de nós estão dispostos a sofrer consideráveis dificuldades físicas em nome de fins puramente intelectuais. Estamos prontos, por exemplo, a sofrer para fazer progredir o conhecimento científico e também em nome da promoção do nosso desenvolvimento intelectual, isto é, para alcançar a «sabedoria». (Para o intelectualismo de Sócrates, cf. por exemplo o *Críton*, 44d/e e 47b), Pode dizer-se algo semelhante da prossecução de fins morais, por exemplo, a justiça igualitária, a paz, etc. (Cf. *Críton*, 47e/48a, em que Sócrates explica que por «alma» quer designar aquela parte de nós que é «melhorada pela justiça e depravada pela injustiça».) E muitos de nós diriam, com Sócrates, que estas coisas são mais importantes para nós do que coisas como a saúde, embora gostemos de estar bem de saúde. E muitos podem até concordar com Sócrates que a possibilidade de adotar tal atitude é o que nos faz orgulharmo-nos de ser homens e não animais.

Tudo isto, creio, pode ser dito sem qualquer referência a uma teoria metafísica da «natureza da alma». E não vejo razão para que devamos atribuir a Sócrates uma tal teoria perante a sua clara declaração de que nada tinha a ver com especulações dessa natureza.

([45]) No *Górgias*, que é, creio, socrático em parte (embora os elementos pitagóricos que Gomperz salientou mostrem, penso, que é em grande parte platónico; cf. nota 56 deste capítulo), Platão coloca na boca de Sócrates um ataque aos «portos e estaleiros e muralhas» de Atenas e aos tributos ou taxas impostos aos seus

NOTAS 455

aliados. Estes ataques, tal como estão, são certamente de Platão, o que pode explicar porque se parecem tanto com os dos oligarcas. Mas penso que é muito possível que Sócrates tenha feito observações semelhantes, na sua ânsia de realçar as coisas que, na sua opinião, mais importavam. Mas detestaria, creio, a ideia de que a sua crítica moral pudesse transformar-se em propaganda oligárquica traiçoeira contra a sociedade aberta e, especialmente, contra a sua representante, Atenas. (Para a questão da lealdade de Sócrates, cf. especialmente a nota 53 deste capítulo e texto.)

(46) As figuras típicas nas obras de Platão são Cálicles e Trasímaco. Historicamente, as realizações mais aproximadas são talvez Terameno e Crítias; Alcibíades também, cujo caráter e feitos, no entanto, são muito difíceis de julgar.

(47) As observações seguintes são altamente especulativas e não têm a ver com a minha argumentação.

Considero possível que a base do *Primeiro Alcibíades* seja a própria conversão de Platão por Sócrates, isto é, que Platão, neste diálogo, possa ter escolhido a figura de Alcibíades para se esconder a si próprio. Pode ter tido um forte incentivo para que contasse a história da sua conversão; pois Sócrates, quando acusado de ser responsável pelas malfeitorias de Alcibíades, Crítias e Cármides (ver abaixo), na sua defesa perante o tribunal, referira Platão como um exemplo vivo, e testemunho, da sua verdadeira influência educativa. Não parece improvável que Platão, com a sua propensão para o testemunho literário, sentisse que tinha de contar a história das relações de Sócrates consigo, uma história que não podia contar em tribunal (cf. Taylor, *Socrates*, nota 1 da página 105). Ao usar o nome de Alcibíades e as especiais circunstâncias que o rodeavam (por exemplo, os seus ambiciosos sonhos políticos, que bem podiam ter sido os de Platão antes de se converter) alcançaria o seu propósito apologético (cf. texto das notas 49-50), mostrando que a influência moral de Sócrates, em geral e muito especialmente sobre Alcibíades, fora muito diferente do que os seus acusadores mantinham que tinha sido. Penso que não é improvável que o *Cármides* seja, também, em grande parte, um autorretrato. (Não deixa de ter interesse notar que o próprio Platão empreendeu conversões semelhantes, mas, tanto quanto podemos ajuizar, de maneira diferente; não tanto atra-

456 | A SOCIEDADE ABERTA E OS SEUS INIMIGOS

vés de um apelo moral pessoal direto, mas pelo ensino institucional da matemática pitagórica, como pré-requisito da intuição dialética da ideia de bem. Cf. as histórias da sua tentativa de conversão do Dionísio mais novo.) Para o *Primeiro Alcibíades* e problemas relacionados, ver também o *Plato* de Grote, I, especialmente pp. 351-355.

(⁴⁸) Cf. Meyer, *Geschichte des Altertums*, V, 38 (e a *Hellenica* de Xenofonte, II, 4, 22). No mesmo volume, pp. 19-23 e 36-44 (ver especialmente p. 36) podem encontrar-se todos os elementos necessários para justificar a interpretação dada no texto. A *Cambridge Ancient History* (1927, vol. V; cf. especialmente pp. 369 ss.) dá uma interpretação muito semelhante dos acontecimentos.

Pode-se acrescentar que o número de cidadãos mortos pelos Trinta durante os oito meses de terror foi provavelmente perto de 1500, que, tanto quanto sabemos, não é muito menos do que um décimo (provavelmente cerca de 8 por cento) do número total de cidadãos plenos deixados depois da guerra, ou 1 por cento por mês – uma proeza dificilmente superada mesmo nos nossos dias.

Taylor escreve dos Trinta (*Socrates*, «Short Biographies», 1937, p. 100, nota 1): «É de elementar justiça lembrar que estes homens provavelmente 'perderam a cabeça' perante a tentação que a sua situação apresentava. Crítias fora conhecido anteriormente como homem de vasta cultura, cujas inclinações eram inequivocamente democráticas.» Creio que esta tentativa de minimizar a responsabilidade do governo fantoche, e especialmente do querido tio de Platão, não pode deixar de fracassar. Sabemos muito bem o que pensar dos sentimentos democráticos de curta vida professados em ocasiões apropriadas pelos jovens aristocratas. Além disso, o pai de Crítias (cf. Meyer, vol. IV, p. 579 e *Lis.*, 12, 43 e 12, 66) e provavelmente o próprio Crítias tinham pertencido à oligarquia dos Quatrocentos e os escritos de Crítias que chegaram até nós mostram as suas inclinações pró-espartanas sediciosas, bem como o seu ponto de vista oligárquico (cf., por exemplo, Diels⁵, 45) e o seu niilismo contundente (cf. nota 17 do capítulo 8) e a sua ambição (cf. Diels⁵, 15; cf. também *Memorabilia* de Xenofonte, I 2, 24; e a sua *Hellenica*, II, 3, 36 e 47). Mas o ponto decisivo é que ele tentou simplesmente dar execução consistente ao programa do «Velho Oligarca», o autor da *Constituição de Atenas* pseudo-xenofôntica (cf. nota 36 do presente capítulo); para erradicar a demo-

NOTAS 457

cracia e para levar a cabo uma tentativa determinada para o fazer com a ajuda espartana, caso Atenas fosse derrotada. O grau de violência empregue é o resultado lógico da situação. Não indica que Crítias tenha perdido a cabeça; antes, que estava bem ciente das dificuldades, isto é, da ainda enorme capacidade de resistência dos democratas.

Meyer, cuja grande simpatia por Dionísio I prova que ele pelo menos não tem preconceitos *contra* os tiranos, diz a respeito de Crítias (*op. cit.*, V, p. 17), depois de um resumo da sua carreira política espantosamente oportunista, que «ele tinha tão poucos escrúpulos como Lisandro», o conquistador espartano, e era por conseguinte um chefe apropriado para o governo fantoche de Lisandro.

Parece-me que há uma impressionante semelhança entre os carateres de Crítias, o soldado, esteta, poeta e companheiro cético de Sócrates, e de Frederico II da Prússia, chamado «o Grande», que também foi soldado, esteta, poeta e discípulo cético de Voltaire, bem como um dos piores tiranos e mais implacáveis opressores da história moderna (sobre Frederick, cf. W. Hegemann, *Entlarvte Geschichte*, 1934; ver especialmente a p. 90 sobre a sua atitude para com a religião, que lembra a de Crítias.)

(⁴⁹) Este ponto é muito bem explicado por Taylor, *Socrates*, «Short Biographies», 1937, p. 103, que segue aqui a nota de Burnet ao *Eutífron*, 4c, 4. – O único ponto em que me sinto tentado a desviar-me, mas apenas muito ligeiramente, do excelente tratamento do julgamento de Sócrates por Taylor (*op. cit.*, 103, 120) é na interpretação das tendências da acusação, especialmente da acusação referente à introdução de «novas práticas religiosas» (*op. cit.*, 109 e 111 seq.).

(⁵⁰) Pode encontrar-se prova disso no *Socrates* de Taylor (113-115; especialmente 115, nota 1, onde Ésquines, I, 173, é citado: «Imolásteis Sócrates, o Sofista, porque se mostrou que tinha educado Crítias.»

(⁵¹) Foi política dos Trinta implicar tanta gente quanto possível nos seus atos de terrorismo; cf. as excelentes observações de Taylor em *Socrates*, 101 seq. (especialmente nota 3 da p. 101). Para Querofonte, ver nota 56, (5) e_6 do presente capítulo.

458 | A SOCIEDADE ABERTA E OS SEUS INIMIGOS

([52]) Como fazem Crossman e outros; cf. Crossman, *Plato To--Day*, 91/92. Concordo neste ponto com Taylor, *Socrates*, 116; ver também as suas notas 1 e 2 dessa página.

Que o plano da acusação era não fazer de Sócrates um mártir, que o julgamento podia ter sido evitado, ou gerido de maneira diferente, se Sócrates tivesse estado disposto a um compromisso, isto é, a deixar Atenas ou mesmo apenas a prometer estar calado, tudo isto parece claro tendo em conta as alusões de Platão (ou Sócrates) na *Apologia*, bem como no *Críton*. (Cf. *Críton*, 45e e especialmente 52b/c, onde Sócrates diz que teria sido autorizado a emigrar se no julgamento se tivesse oferecido para o fazer.)

([53]) Cf. especialmente *Críton*, 53b/c, onde Sócrates explica que se tivesse aproveitado a oportunidade que lhe deram de fugir teria confirmado a convicção dos juízes, pois quem corrompe as leis é provável que corrompa também os jovens.

A *Apologia* e o *Críton* foram escritos provavelmente não muito depois da morte de Sócrates. O *Críton* (possivelmente o primeiro dos dois) foi talvez escrito em resultado do pedido de Sócrates de que fossem dados a conhecer os seus motivos para recusar a fuga. De facto, tal desejo pode mesmo ter sido a primeira inspiração dos diálogos socráticos. T. Gomperz (*Greek Thinkers*, V, 11, 1, edição alemã, II, 358) crê que o *Críton* é de uma data posterior e explica esta tendência presumindo que era Platão quem estava ansioso por vincar a sua lealdade. «Não sabemos», diz Gomperz, «a situação imediata a que este pequeno diálogo deve a sua existência; mas é difícil resistir à impressão de que Platão, aqui, está mais interessado em defender-se a si próprio e ao seu grupo contra a suspeita de acalentarem opiniões revolucionárias». Embora a sugestão de Gomperz facilmente encaixaria na minha interpretação das opiniões de Platão, parece-me que o *Críton* é provavelmente muito mais uma defesa de Sócrates do que de Platão. Mas concordo com a interpretação de Gomperz da sua tendência. Sócrates tinha decerto o máximo interesse em se defender de uma suspeita que punha em perigo a obra de toda a sua vida. – Quanto a esta interpretação do conteúdo do *Críton*, mais uma vez concordo totalmente com Taylor (*Socrates*, 124 seq.). Mas a lealdade do *Críton* e o seu contraste com a óbvia deslealdade da *República*, que muito claramente toma partido por Esparta contra Atenas, parece refutar a opinião de Burnet e Taylor de que a

NOTAS | 459

República é socrática e que Sócrates se opunha à democracia mais vigorosamente do que Platão. (Cf. nota 56 deste capítulo.)

Quanto à afirmação de Sócrates da sua lealdade à democracia, cf. especialmente os seguintes passos do *Críton*: 51d/e, onde é realçado o caráter democrático das leis, isto é, a possibilidade de os cidadãos poderem mudar as leis sem violência, por meio de uma argumentação racional (na expressão de Sócrates, podem tentar convencer as leis); – 52b, *seq.*, onde Sócrates insiste que nada tem contra a constituição ateniense; – 53c/d, onde descreve não só a virtude e a justiça mas em especial as instituições e leis (as de Atenas) como o que há de melhor entre os homens; – 54c, onde diz que talvez seja vítima dos homens mas insiste em que não é vítima das leis.

Tendo em conta todos estes passos (e especialmente da *Apologia*, 32c; cf. nota 8 do capítulo 7) temos de descontar, creio eu, o único passo que parece muito diferente, a saber, 52e, onde Sócrates louva implicitamente as constituições de Esparta e Creta. Considerando especialmente 52b/c, onde Sócrates disse que não tinha curiosidade em conhecer outros Estados *ou as suas leis*, podemos ser tentados a sugerir que a observação sobre Esparta e Creta em 52e é uma interpolação, feita por alguém que tentou conciliar o *Críton* com escritos posteriores, especialmente com a *República*. Quer tenha sido assim quer o passo tenha sido um aditamento platónico, parece muito pouco provável que seja socrático. Basta lembrar a ansiedade de Sócrates em não fazer fosse o que fosse que pudesse ser interpretado como pró-espartano, ansiedade de que temos conhecimento pela *Anabase* de Xenofonte, III, 1, 5. Aí lemos que «Sócrates temia que ele» (isto é, o seu amigo, o jovem Xenofonte – outro dos jovens tidos por ovelhas negras) «pudesse ser acusado de deslealdade; pois era sabido que Ciro ajudara os espartanos na guerra contra Atenas.» (Este passo é certamente muito menos suspeito do que a *Memorabilia*; não há aqui influência de Platão e Xenofonte confessa de facto, por implicação, ter tomado de ânimo leve as suas obrigações para com o seu país e ter merecido o seu banimento, referido em *op. cit.*, V, 3, 7, e VII, 7, 57.)

([54]) *Apologia*, 30e/31a.

([55]) Todos os platónicos concordariam decerto com Taylor quando este diz na última frase do seu *Socrates*: «Sócrates só teve um 'sucessor' – Platão.» Apenas Grote parece às vezes ter tido opiniões parecidas com as afirmadas no texto; o que ele diz, por exemplo, no passo citado aqui na nota 21 do capítulo 7 (ver também a nota 15 do capítulo 8) pode ser interpretado como expressão de dúvida, pelo menos, sobre se Platão traiu ou não Sócrates. Grote torna perfeitamente claro que a *República* (não somente as *Leis*) teria fornecido a base teórica para a condenação do Sócrates da *Apologia* e que este Sócrates nunca teria sido tolerado no melhor Estado de Platão. E até faz notar que a teoria de Platão concorda com o tratamento prático que os Trinta ministraram a Sócrates. (Um exemplo que mostra como a perversão dos ensinamentos do mestre por um discípulo é coisa que pode acontecer, mesmo que o mestre ainda seja vivo, famoso e proteste em público, pode ser encontrado na nota 58 do capítulo 12.)

Para os comentários sobre as *Leis* feitos mais adiante neste parágrafo, ver especialmente os passos das *Leis* referidos nas notas 19-23 do capítulo 8. Mesmo Taylor, cujas opiniões sobre estas questões são diametralmente opostas às apresentadas aqui (ver também a nota seguinte), admite: «A pessoa que primeiro propôs fazer das opiniões falsas em teologia uma ofensa contra o Estado, foi o próprio Platão, no Livro X das *Leis*.» (Taylor, *op. cit.*, 108, nota 1.)

No texto, ponho em contraste especialmente a *Apologia* e o *Críton* com as *Leis*. A razão para esta escolha é que quase toda a gente, mesmo Burnet e Taylor (ver a nota seguinte), concordaria que a *Apologia* e o *Críton* representam a doutrina *socrática* e que as *Leis* podem ser descritas como *platónicas*. Parece-me muito difícil, por conseguinte, compreender como puderam Burnet e Taylor defender a sua opinião de que a atitude de Sócrates para com a democracia era mais hostil do que a de Platão. (Esta opinião é exprimida no *Greek Philosophy* de Burnet, I, 209 *seq.* e no *Socrates* de Taylor, 150 *seq.* e 170 *seq.*) Não vi qualquer tentativa de defender esta visão de Sócrates, que lutou pela liberdade (cf. especialmente a nota 53 deste capítulo) e morreu por ela, e de Platão, que escreveu as *Leis*.

Burnet e Taylor sustentam este estranho ponto de vista porque se aferram à opinião de que a *República* é socrática, e não platónica, e porque se pode dizer que a *República* é ligeiramente menos antidemocrática do que o *Político* e as *Leis*. Mas as diferenças entre a *República* e o *Político*, bem como as *Leis*, são de facto muito ténues, em especial se considerarmos não apenas

NOTAS 461

os primeiros livros das *Leis*, mas também os últimos; na verdade, a concordância da doutrina é bastante mais próxima do que se esperaria de dois livros separados por uma década pelo menos, e provavelmente por três ou mais, e muitíssimo diferentes em temperamento e estilo (ver nota 6 do capítulo 4 e muitos outros pontos neste livro em que se mostra a semelhança, para não dizer a identidade, entre as doutrinas das *Leis* e da *República*). Não há a menor dificuldade interna em presumir que a *República* e as *Leis* são ambas platónicas; mas o reconhecimento pelos próprios Burnet e Taylor de que a sua teoria leva à conclusão de que Sócrates não só era um inimigo da democracia, mas até um maior inimigo dela do que Platão, mostra a dificuldade, se não o absurdo, da sua opinião de que não só a *Apologia* e o *Críton* são socráticos como também a *República*. Para todas estas questões, ver também a nota seguinte e a Adenda III, B (2), p. 263.

(56) Escusado será dizer que esta frase é uma tentativa de sintetizar a minha interpretação do papel histórico da teoria da justiça de Platão (para o fracasso moral dos Trinta, cf. a *Hellenica* de Xenofonte, II, 4, 40-42) e particularmente das principais doutrinas da *República*, uma interpretação que tenta explicar as contradições entre os primeiros diálogos, especialmente o *Górgias*, e a *República* como resultantes da diferença fundamental entre as opiniões de Sócrates e as do Platão mais tardio. A importância capital da questão a que normalmente se chama o *Problema Socrático* pode justificar que eu entre aqui num debate extenso e em parte metodológico.

(1) A solução mais antiga do Problema Socrático presumia que um grupo dos diálogos platónicos, especialmente a *Apologia* e o *Críton*, é socrático (isto é, em termos gerais, historicamente correto e assim pretendido) enquanto a maioria deles é platónica, incluindo muitos daqueles em que Sócrates é o principal orador, como por exemplo o *Fédon* e a *República*. As sumidades mais antigas justificaram muitas vezes esta opinião com a referência a uma «testemunha independente», Xenofonte, e apontando a similitude entre o Sócrates xenofôntico e o Sócrates do grupo «socrático» de diálogos e as diferenças entre o «Sócrates» xenofôntico e o «Sócrates» do grupo platónico de diálogos. A teoria metafísica das Formas ou Ideias, em especial, era normalmente considerada platónica.

462 | A SOCIEDADE ABERTA E OS SEUS INIMIGOS

(2) Contra esta opinião lançou J. Burnet o seu ataque, que foi apoiado por A. E. Taylor. Burnet denunciou o argumento em que se baseia a «solução mais antiga» (como lhe chamo) como circular e pouco convincente. Não é sério, sustentou, selecionar um grupo de diálogos apenas porque neles é menos proeminente a teoria das Formas para lhes chamar socráticos e depois dizer que a teoria das Formas não era uma invenção de «Sócrates» mas de Platão. E não é sério alegar que Xenofonte é uma testemunha independente, visto que não temos razão alguma para acreditar na sua independência e há boas razões para crer que devia conhecer alguns diálogos de Platão quando começou a escrever a *Memorabilia*. Burnet queria que partíssemos da base de que *Platão queria realmente dizer o que dizia* e que, quando punha na boca de Sócrates uma certa doutrina, acreditava, e desejava que os seus leitores acreditassem, que esta doutrina era característica do ensinamento de Sócrates.

(3) Embora as opiniões de Burnet sobre o Problema Socrático me pareçam insustentáveis, foram valiosas e estimulantes. Uma teoria ousada deste género, mesmo que seja falsa, significa sempre progresso. E os livros de Burnet estão carregados de opiniões ousadas e muitíssimo pouco ortodoxas sobre a questão. Isto é tanto mais de apreciar quanto um tema histórico tende sempre a tornar-se bafiento. Mas por muito que admire Burnet pelas suas teorias brilhantes e ousadas, e por muito que aprecie o seu efeito salutar, não sou capaz de me convencer, considerando os indícios de que disponho, de que estas teorias sejam sustentáveis. No seu entusiasmo precioso, Burnet nem sempre era, creio eu, suficientemente crítico em relação às suas próprias ideias. Houve por isso outros que se sentiram na necessidade de criticar essas ideias. No que respeita ao Problema Socrático, acredito, como muitos outros, que o ponto de vista que descrevi como «a solução mais antiga» está fundamentalmente correto. Este ponto de vista tem sido bem defendido ultimamente, contra Burnet e Taylor, em especial por G. C. Field (*Plato and His Contemporaries*, 1930) e A. K. Rogers (*The Socratic Problem*, 1933), e muitos outros académicos parecem aderir-lhe. A despeito do facto de que os argumentos aduzidos até agora me parecerem convincentes, permita-se-me que lhes acrescente alguns resultados do presente livro. Mas antes de passar à crítica de Burnet quero declarar que é a Burnet que devemos a nossa compreensão do seguinte princípio meto-

dológico: *o que diz Platão é a única informação de primeira ordem de que dispomos*, toda a informação restante é em segunda mão. (Burnet aplicou este princípio a Xenofonte, mas temos de o aplicar também a Aristófanes, cuja informação foi rejeitada pelo próprio Sócrates, na *Apologia*; ver em (5), abaixo.)

(4) Burnet explica que o seu método é presumir «que Platão queria dizer realmente o que dizia». De acordo com este princípio metodológico, o «Sócrates» de Platão tem de ser entendido como *um retrato do Sócrates histórico*. (Cf. *Greek Philosophy*, I, 128, 212 *seq.*, e a nota da p. 349/50; cf. o *Socrates* de Taylor, 14 *seq.*, 32 *seq.*, 153.) Admito que o princípio metodológico de Burnet é um ponto de partida seguro. Mas tentarei mostrar, em (5), que os factos são de molde a depressa obrigar *toda a gente* a abandoná-lo, incluindo Burnet e Taylor. São obrigados, como todos os outros, a *interpretar* o que Platão dizia. Mas enquanto outros tomam consciência deste facto, e são portanto cautelosos e críticos nas suas interpretações, é inevitável que os que se apegam à crença de que não interpretam Platão, mas simplesmente aceitam o que ele disse, ficam impossibilitados de examinar criticamente as suas interpretações.

(5) Os factos que tornam inaplicável a metodologia de Burnet e o obrigam, e a todos os outros, a interpretar o que Platão disse, são, é claro, as contradições no retrato que Platão alegadamente traça de Sócrates. Mesmo que aceitemos o princípio de que não temos informação melhor do que a de Platão, somos forçados pelas contradições internas dos seus escritos a não o tomar à letra e desistir da presunção de que ele «queria realmente dizer o que dizia». Se uma testemunha cai em contradições, não podemos aceitar o seu testemunho sem o interpretarmos, mesmo que seja a melhor testemunha disponível. Vou dar primeiro apenas três exemplos dessas contradições internas.

(*a*) O Sócrates da *Apologia* repete, muito impressionantemente, por três vezes (18b-c; 19c-d; 23d), que não lhe interessa a filosofia natural (não é portanto um pitagórico): «Não sei nada, nem muito nem pouco, sobre estas coisas», disse ele (19c); «Eu, homens de Atenas, nada tenho a ver com essas coisas» (isto é, especulações sobre a natureza). Sócrates assevera que muitos dos presentes no seu julgamento poderiam testemunhar a verdade desta afirmação; ouviram-no falar, mas nunca alguém o ouviu pronunciar poucas ou muitas palavras sobre questões de filosofia natural. (*Ap.*, 19c-d). Por outro lado, temos (*a'*) o *Fédon* (cf. espe-

464   A SOCIEDADE ABERTA E OS SEUS INIMIGOS

cialmente 108 d, *seq.*, com os passos referidos da *Apologia*) e a *República.* Nestes diálogos, Sócrates aparece como um filósofo da «natureza» pitagórico. De tal maneira que tanto Burnet como Taylor puderam dizer que ele foi de facto um membro destacado da escola de pensamento pitagórica. (Cf. Aristóteles, que diz dos pitagóricos que «as suas discussões (...) são todas sobre a natureza»; ver *Metafísica*, fim de 989b.)

Ora, eu sustento que (*a*) e (*a'*) se contradizem de forma direta. E a situação ainda é agravada pelo facto de a data crítica da *República* ser anterior e a do *Fédon* posterior à da *Apologia.* Isto torna impossível conciliar (*a*) com (*a'*) com a alegação de que Sócrates teria abandonado o pitogarismo nos últimos anos da sua vida, entre a *República* e a *Apologia*, ou de que se teria convertido ao pitagorismo no seu último mês de vida.

Não sustento que não haja maneira de eliminar esta contradição por uma qualquer presunção ou *interpretação.* Burnet e Taylor terão as suas razões, talvez até boas razões, para confiar antes no *Fédon* e na *República* do que na *Apologia.* (Mas deveriam perceber que ao presumir-se a exatidão do retrato de Platão, qualquer dúvida sobre a veracidade do Sócrates da *Apologia* faz dele alguém que mente para salvar a própria pele.) Tais questões, no entanto, não me preocupam de momento. O meu ponto é antes que ao aceitarem a versão (*a'*) por oposição a (*a*), Burnet e Taylor são forçados a abandonar o seu pressuposto metodológico fundamental de «que Platão queria dizer realmente o que dizia». Têm de interpretar.

Mas as interpretações que se faz inconscientemente têm de ser acríticas. Isto pode ser ilustrado pelo uso que Burnet e Taylor fazem do testemunho de Aristófanes. Sustentam que os remoques de Aristófanes não fariam sentido se Sócrates não tivesse sido um filósofo natural. Mas acontece justamente que Sócrates (estou sempre a presumir, com Burnet e Taylor, que a *Apologia* é histórica) anteviu este exato argumento. Na sua apologia, preveniu os juízes contra precisamente esta mesma interpretação de Aristófanes, insistindo com todo o empenho (*Ap.*, 19c, ss.; ver também 20c-e) que não tinha muito nem pouco a ver com a filosofia natural, absolutamente nada. Nesta questão, Sócrates sentia-se como se estivesse a combater contra sombras, contra as sombras do passado (*Ap.*, 18d-e); mas podemos dizer agora que estava a lutar contra as sombras do futuro. Pois quando desafiou os seus concidadãos a manifestarem-se – aqueles que acreditavam em Aristófanes e ousavam chamar mentiroso a Sócrates – *não apareceu nem um.* Tiveram de passar 2500 anos para que alguns platónicos se decidissem a responder ao seu desafio.

Pode referir-se a este respeito que Aristófanes, um antidemocrata moderado, atacou Sócrates como «sofista» e que na sua maioria os sofistas eram democratas.

(*b*) Na *Apologia* (40c, ss.) Sócrates assume uma atitude agnóstica para com o problema da sobrevivência; (*b'*) o *Fédon* consiste principalmente em provas rebuscadas da imortalidade da alma. Esta dificuldade é discutida por Burnet (na sua edição do *Fédon*, 1911, pp. xlviii ss.) de uma maneira que não me convence de todo. (Cf. notas 9 do capítulo 7 e 44 do presente capítulo.) Mas tenha ou não razão, a sua própria discussão prova que é obrigado a abandonar o seu princípio metodológico e a *interpretar* o que Platão diz.

(*c*) O Sócrates da *Apologia* mantém que a sabedoria, mesmo a do mais sábio, consiste em se aperceber do pouco que sabe e, assim, o ditado délfico «conhece-te a ti próprio» deve ser interpretado como «conhece as tuas limitações», e implica que os governantes, mais do que ninguém, deveriam conhecer as suas limitações. Podem ser encontradas opiniões semelhantes noutros diálogos mais antigos. Os principais oradores do *Político* e das *Leis* expõem a doutrina de que os poderosos devem ser sábios, mas por sabedoria já não entendem um conhecimento das próprias limitações, antes a iniciação nos mistérios mais profundos da filosofia dialética – a intuição do mundo das Formas ou Ideias, ou a formação na Régia Ciência da política. A mesma doutrina é exposta no *Filebo*, mesmo como parte da discussão do ditado délfico. (Cf. nota 26 do capítulo 7.)

(*d*) À parte estas três contradições flagrantes posso referir mais duas contradições que facilmente poderiam ser ignoradas por aqueles que não acreditam que a *Sétima Carta* seja genuína, mas que me parecem fatais para Burnet, que afirma que a *Sétima Carta* é autêntica. A opinião de Burnet (insustentável mesmo que não se tenha em conta esta carta; cf. para toda esta questão a nota 26 (5) do capítulo 3) de que Sócrates, *mas não* Platão, sustentava a teoria das Formas, é contraditada em 342a, ss., desta carta e a sua opinião de que a *República*, mais especificamente, é socrática, em 326a (cf. nota 14 do capítulo 7). Todas estas dificuldades pode-

466 | A SOCIEDADE ABERTA E OS SEUS INIMIGOS

riam ser eliminadas, sem dúvida, mas só por meio de interpretação.

(*e*) Há várias contradições semelhantes, embora ao mesmo tempo mais subtis e mais importantes, que foram discutidas com algum pormenor em capítulos anteriores, especialmente nos capítulos 6, 7 e 8. Vou resumir as mais importantes.

(*e₁*) A atitude para com os homens, especialmente os mais jovens, muda no retrato de Platão de um modo que não pode corresponder à evolução de Sócrates. Sócrates morreu pelo direito de falar livremente aos jovens, que ele amava. Mas na *República* vêmo-lo a tomar uma atitude de condescendência e desconfiança que se assemelha à atitude insatisfeita do Estrangeiro Ateniense (que é reconhecidamente o próprio Platão) nas *Leis* e à desconfiança geral da humanidade que com tanta frequência se exprime nesta obra. (Cf. texto das notas 17-18 do capítulo 4, 18-21 do capítulo 7 e 57-58 do capítulo 8.)

(*e₂*) Pode dizer-se uma coisa do mesmo género da atitude de Sócrates em relação à verdade e à liberdade de expressão. Morreu por elas. Mas na *República* «Sócrates» advoga que se minta. No *Político*, reconhecidamente platónico, é apresentada como verdade uma mentira e nas *Leis* a liberdade de pensamento é suprimida pelo estabelecimento de uma Inquisição. (Cf. os mesmos trechos que anteriormente e, além disso, as notas 1-23 e 40-41 do capítulo 8 e a nota 55 deste capítulo.)

(*e₃*) O Sócrates da *Apologia* e de alguns outros diálogos é intelectualmente modesto. No *Fédon*, transforma-se num homem que tem a certeza da verdade das suas especulações metafísicas. Na *República*, é um dogmático, adotando uma atitude que não se afasta muito do autoritarismo rígido do *Político* e das *Leis*. (Cf. texto das notas 8-14 e 26 do capítulo 7, 15 e 33 do capítulo 8 e (*c*) desta nota.)

(*e₄*) O Sócrates da *Apologia* é um individualista que acredita na autossuficiência do indivíduo humano. No *Górgias* ainda é um individualista. Na *República*, é um coletivista radical, muito semelhante à posição de Platão nas *Leis*. (Cf. notas 25 e 35 do capítulo 5, texto das notas 26, 32, 36 e 48-54 do capítulo 6 e a nota 45 do presente capítulo.)

(*e₅*) Mais uma vez, pode dizer-se coisas semelhantes sobre o igualitarismo de Sócrates. No *Menon*, ele reconhece que um escravo é partícipe da inteligência geral de todos os seres humanos

NOTAS 467

e que se lhe pode ensinar a própria matemática pura. No *Górgias* defende a teoria igualitária da justiça. Mas na *República* despreza os trabalhadores e os escravos e opõe-se tanto ao igualitarismo como o Platão do *Timeu* e das *Leis*. (Cf. os passos mencionados em (e_4); além disso, as notas 18 e 29 do capítulo 4, a nota 10 do capítulo 7 e a nota 50 (3) do capítulo 8, onde é citado o *Timeu*, 51e.) (e_6) O Sócrates da *Apologia* e do *Críton* é leal à democracia ateniense. No *Menon* e no *Górgias* (cf. nota 45 deste capítulo) há sugestões de uma crítica *hostil*. Na *República* (e, creio eu, no *Menexeno*), é inimigo declarado da democracia e embora Platão se exprima mais cautelosamente no *Político* e no princípio das *Leis*, as suas tendências políticas na parte ulterior das *Leis* (cf. texto da nota 32 do capítulo 6) são confessadamente idênticas às do «Sócrates» da *República*. (Cf. notas 53 e 55 do presente capítulo e notas 7 e 14-18 do capítulo 4.)

Este último ponto pode ser ainda corroborado pelo seguinte. Parece que Sócrates, na *Apologia*, não é apenas leal à democracia ateniense, mas apela diretamente para o partido democrático assinalando que Querofonte, um dos seus mais fervorosos discípulos, militava nas suas fileiras. Querofonte desempenha um papel decisivo na *Apologia*, visto que ao dirigir-se ao Oráculo é crucial no reconhecimento por Sócrates da sua missão na vida e por conseguinte na sua recusa última em chegar a um compromisso com o Demos. Sócrates introduz esta importante personagem (*Apol.*, 20e/21a) sublinhando que Querofonte não só era seu amigo, mas também amigo do povo, cujo exílio partilhou, e com o qual regressou (participou presumivelmente na luta contra os Trinta). Isto é, Sócrates escolhe como principal testemunha de defesa um ardoroso democrata. (Há mais provas independentes das simpatias de Querofonte, tais como as *Nuvens* de Aristófanes, 104, 501 ss. A aparição de Querofonte no *Cármides* pode ter a intenção de criar uma espécie de equilíbrio, já que a proeminência de Crítias e Cármides poderia de outro modo criar a impressão de um manifesto pró-Trinta.) Porque realça Sócrates a sua intimidade com um membro militante do movimento democrático? Não podemos partir do princípio de que isto fosse um mero apelo interesseiro destinado a estimular a misericórdia dos seus juízes; todo o espírito da sua apologia vai contra esta presunção. A hipótese mais provável é que Sócrates, ao assinalar que tinha discípulos no campo democrático, pretendia negar, implicitamente, a acusação

468 | A SOCIEDADE ABERTA E OS SEUS INIMIGOS

(que também era apenas implícita) de que era um seguidor do partido aristocrático e um mestre de tiranos. O espírito da *Apologia* exclui a hipótese de que Sócrates alegasse a amizade com um chefe democrático sem ter verdadeira simpatia pela causa democrática. E a mesma conclusão se pode tirar do passo em que sublinha a sua fé na legalidade democrática e denuncia os Trinta em termos inequívocos (*Apol.*, 32b-d).

(6) É a simples evidência interna dos diálogos platónicos que nos obriga a presumir que não sejam inteiramente históricos. Devemos por conseguinte tentar interpretar este indício avançando teorias que possam ser comparadas criticamente com os documentos, usando o método de tentativa e erro. Ora, temos muito fortes razões para crer que a *Apologia* é em geral histórica, pois é o único diálogo que descreve uma ocorrência histórica de considerável importância e bem conhecida de muita gente. Por outro lado, sabemos que as *Leis* são a última obra de Platão (à parte o duvidoso *Epinomis*) e que são francamente platónicas. É, por conseguinte, a mais simples das presunções supôr que os diálogos são históricos ou socráticos quando concordam com as tendências da *Apologia* e platónicos quando contradizem essas tendências. (Esta presunção traz-nos praticamente de volta à tese que descrevi acima como a «solução mais antiga» do Problema Socrático.)

Se considerarmos as tendências referidas acima em (e_1) e (e_6), descobrimos que podemos facilmente ordenar os diálogos mais importantes de tal modo que para cada uma destas tendências a semelhança com a *Apologia* socrática diminua e com as *Leis* platónicas aumente. Eis a série.

Apologia e *Críton* – *Menon* – *Górgias* – *Fédon* – *República* – *Político* – *Timeu* – *Leis*.

O facto de esta série ordenar os diálogos de acordo com *todas* as tendências (e_1) e (e_6) é em si próprio uma corroboração da teoria de que estamos perante uma evolução do pensamento de Platão. Mas podemos obter bastantes confirmações independentes. Investigações «estilométricas» mostram que a nossa série concorda com a ordem cronológica em que Platão escreveu os diálogos. Por fim, a série, pelo menos até ao *Timeu*, exibe um interesse continuamente crescente no pitagorismo (e no eleaticismo). Portanto, isto tem de ser outra tendência na evolução do pensamento de Platão.

NOTAS   469

Um argumento muito diferente é o seguinte. Sabemos pelo testemunho do próprio Platão no *Fédon* que Antístenes afirmava ser o continuador do verdeiro credo socrático. É difícil de acreditar que Antístenes pudesse ter sido amigo do Sócrates da *República*. Temos portanto de encontrar um ponto de partida comum para o ensinamento de Antístenes e Platão e esse ponto comum encontramo-lo no Sócrates da *Apologia* e do *Críton* e em *algumas* das doutrinas postas na boca do «Sócrates» do *Menon*, do *Górgias* e do *Fédon*.

Estes argumentos são inteiramente independentes de qualquer obra de Platão que tenha sido seriamente posta em dúvida (como o *Alcibíades I* ou o *Teages* ou as *Cartas*). São também independentes do testemunho de Xenofonte. Baseiam-se exclusivamente nos indícios internos de alguns dos mais famosos diálogos de Platão. Mas concordam com esta evidência secundária, especialmente com a *Sétima Carta*, na qual num esboço da sua própria evolução mental (325 seq.) Platão se refere mesmo, indiscutivelmente, ao passo crucial da *República* como *a sua descoberta nuclear*: «Tinha de afirmar (...) que (...) nunca a raça do homem será salva do seu dilema senão quando a raça dos genuínos e verdadeiros filósofos obtiver o poder político ou os governantes das cidades se tornarem verdadeiros filósofos, pela graça de Deus.» (326a; cf. nota 14 do capítulo 7 e (*d*) desta nota, acima.) Não vejo como seja possível aceitar como verdadeira esta carta, com Burnet, sem admitir que a doutrina central da *República* é de Platão e não de «Sócrates», ou seja, sem desistir da ficção de que o retrato de Sócrates na *República* é histórico. (Para mais indícios, cf. por exemplo Aristóteles, *Sofist. El.*, 183b7: «Sócrates levantou questões, mas não deu respostas, pois confessou que não as sabia.» Isto concorda com a *Apologia*, mas dificilmente com o *Górgias* e não certamente com o *Fédon* ou a *República*. Ver ainda o famoso texto de Aristóteles sobre a história da teoria das Ideias, admiravelmente discutido por Field, *op. cit.*; cf, também a nota 26 do capítulo 3.)

(7) Contra provas desta natureza, o tipo de prova que usam Burnet e Taylor pouco pode pesar. Segue-se um exemplo. Como prova da sua opinião de que Platão era politicamente mais moderado do que Sócrates e de que a família de Platão era bastante «liberal», Burnet usa o argumento de que um membro da família de Platão se chamava «Demos». (Cf. *Górgias*, 481d, 513b. – Não é no entanto certo, embora seja provável, que o pai de Demos,

470 | A SOCIEDADE ABERTA E OS SEUS INIMIGOS

Pirilampes, aqui referido, seja realmente o mesmo que o tio e padrasto de Platão mencionado no *Cármides*, 158a e no *Parménides*, 126b, isto é, que Demos fosse parente de Platão.) Que peso pode isto ter, pergunto, comparado com o registo histórico dos dois tios tiranos de Platão; com os fragmentos políticos sobreviventes do *Crítias* (que continuam na família mesmo que Burnet tenha razão, que não me parece que tenha, em atribuí-los ao seu avô; *Greek Phil.*, I, 338, nota 1, com *Cármides*, 157e e 162d, onde se alude aos dotes poéticos do tirano Crítias); com o facto de o pai de Crítias ter pertencido à Oligarquia dos Quatrocentos (*Lis.*, 12, 66); e com os textos do próprio Platão que combinam o orgulho na família com tendências não só antidemocráticas mas mesmo antiatenienses? (Cf. o elogio, no *Timeu* 20a, de um inimigo de Atenas como Hermócrates da Sicília, sogro de Dionísio, o *Velho*.) O propósito por trás do argumento de Burnet é, claro, reforçar a teoria de que a *República* é socrática. Outro exemplo de mau método pode ser tomado de Taylor, que argumenta (*Socrates*, nota 2 da p. 148 *seq.*; cf. também p. 162) em favor da opinião de que o *Fédon* é socrático (cf. a minha nota 9 do capítulo 7): «No *Fédon* [72e] (...) a doutrina de que 'aprender é apenas reconhecer' é expressamente classificada por Símias» (isto é um lapso de Taylor; o orador é Cebes) «dirigindo-se a Sócrates, como 'a doutrina que *tu* repetes constantemente'. A não ser que estejamos dispostos a considerar o *Fédon* uma gigantesca e imperdoável mistificação, isto parece-me a prova de que a teoria realmente pertence a Sócrates.» (Para um argumento semelhante, ver a edição do *Fédon* de Burnet, p. xii, fim do capítulo ii.) Sobre isto desejo fazer os seguintes comentários: (*a*) *Presume-se* aqui que Platão se considerava um *historiador* quando escreveu este passo, pois de outra forma a sua afirmação não seria «uma gigantesca e imperdoável mistificação»; por outras palavras, pressupõe-se o ponto mais questionável e central da teoria. (*b*) Mas mesmo que Platão se tivesse considerado um historiador (não penso que assim se considerasse), a expressão «gigantesca (...) etc.» parece-me forte de mais. É Taylor, não Platão, quem põe «tu» em itálico. Platão pode ter querido apenas indicar que vai partir do princípio de que os leitores do diálogo têm conhecimento desta teoria. Ou pode ter tido a intenção de se referir ao *Menon* e, assim, a si próprio. (Esta última explicação é, a meu ver, quase de certeza verdadeira, considerando *Fédon*, 73a *seq.*, com a alusão a diagramas.) Ou a sua

NOTAS | 471

pena pode ter tido um lapso por esta ou aquela razão. Estas coisas podem acontecer, mesmo a historiadores. Burnet, por exemplo, tem de explicar o pitagorismo de Sócrates; para tal faz de Parménides um pitagórico em vez de discípulo de Xenófanes, de quem escreve (*Greek Philosophy*, I, 64): «a história de que fundou a escola eleática parece ter resultado de uma observação jocosa de Platão, que também provaria que Homero teria sido um heracliteano.» A isto Burnet acrescenta a nota de rodapé: Platão, *Sof.*, 242d. Ver *E. G. Ph.*[2], p. 140. Ora, eu creio que esta afirmação de um historiador implica claramente três coisas, (1) que o passo de Platão que se refere a Xenófanes é jocoso, isto é, que não é para levar a sério, (2) que a sua jocosidade se manifesta na referência a Homero, ou seja, (3) ao comentar que ele era um heraclitiano, o que só podia ser uma observação muito jocosa, dado que Homero viveu muito antes de Heráclito, e (4) que não há qualquer outro indício sério que relacione Xenófanes com a escola eleática. Mas nenhuma destas implicações pode ser defendida. Pois verificamos (1) que o passo do *Sofista* (242d) que se refere a Xenófanes não é jocoso, mas sim que o próprio Burnet, no apêndice metodológico do seu *Early Greek Philosophy*, o recomenda como importante e recheado de valiosa informação histórica; (2) que não contém qualquer referência a Homero e (3) que o outro passo que contém essa referência (*Teeteto*, 179d/e; cf. 152d/e, 160d), que Burnet erradamente identificou como *Sofista* 242d em *Greek Philosophy*, I (erro que não é cometido no seu *Early Greek Philosophy*[2]), não se refere a Xenófanes nem chama heraclitiano a Homero, mas diz, isso sim, o contrário, designadamente que algumas das ideias de Heráclito são tão velhas como Homero (o que é, sem dúvida, muito menos jocoso); e (4) que há em Teofrasto (*Phys. Op.*, fragm. 8 = Simplicius, *Phys.*, 28, 4) um passo claro e importante que atribui a Xenófanes algumas opiniões que nós sabemos que Parménides partilhava com ele e o ligam a Parménides – para não falar de *D. L.* ix, 21-3 ou de Timeu *ap.* Clemente *Strom* 1, 64, 2. Este monte de mal-entendidos, más interpretações, citações erradas e omissões enganadoras (para o mito criado, ver Kirk e Raven, p. 265) figura numa simples observação histórica de um grande historiador como Burnet. Temos de concluir daqui que estas coisas acontecem de facto, mesmo ao melhor dos historiadores: todos os homens são falíveis. (Um exemplo mais grave deste género de falibilidade é o que se discute na nota 26 (5) do capítulo 3.)

472 | A SOCIEDADE ABERTA E OS SEUS INIMIGOS

(8) A ordem cronológica dos diálogos platónicos que desempenham algum papel nestas discussões é aqui tida como quase a mesma que a da lista estilométrica de Lutoslawski (*The Origin and Growth of Plato's Logic*, 1897). A lista dos diálogos que desempenham um papel no texto deste livro encontrar-se-á na nota 5 do capítulo 5. Foi elaborada de tal forma que as datas dentro de cada grupo são mais incertas do que entre os grupos. Há um desvio menor da lista estilométrica na posição do *Eutífron* que, por motivo do seu conteúdo (discutido no texto da nota 60 deste capítulo), me parece ser provavelmente posterior ao *Críton*; mas é uma questão de somenos importância. (Cf. também a nota 47 deste capítulo.)

([57]) Há na *Segunda Carta* (314c) um passo famoso e intrigante: «Não existe nem jamais existirá qualquer escrito de Platão. O que passa por ser dele pertence realmente a Sócrates tornado jovem e belo.» A solução mais plausível deste enigma é que o passo, se não toda a carta, seja espúrio. (Cf. Field, 200 *seq.*, onde dá um resumo admirável das razões para suspeitar da carta e especialmente os passos «312d-313c e possivelmente até 314c»; no respeitante a 314c, uma razão adicional é talvez que o falsificador possa ter tido a intenção de aludir a um passo um tanto parecido da *Sétima Carta*, 341b/c, citado na nota 32 do capítulo 8, ou dar a sua interpretação dele.) Mas se presumirmos por um momento, com Burnet, que o passo é genuíno, então a observação «tornado jovem e belo» levanta decerto um problema, especialmente quando não pode ser levado à letra, visto que Sócrates é apresentado em todos os diálogos platónicos como velho e feio (a única exceção é o *Parménides*, em que ele não é propriamente belo, embora ainda jovem). Se genuína, aquela intrigante observação significaria que Platão muito intencionalmente traçou uma imagem idealizada e não histórica de Sócrates e ajustar-se-ia muito bem à nossa interpretação verificar que Platão tinha realmente consciência de reinterpretar Sócrates como um jovem e belo aristocrata, que é, claro, o próprio Platão. (Cf. também a nota 11 (2) do capítulo 4, a nota 20 (1) do capítulo 6 e a nota 50 (3) do capítulo 8.)

([58]) Tomo esta citação do primeiro parágrafo da introdução de Davies e Vaughn à sua tradução da *República*. Cf. Crossman, *Plato To-Day*, 96.

NOTAS   473

(^{59}) (1) A «divisão» ou «brecha» na alma de Platão é uma das mais salientes impressões da sua obra e especialmente da *República*. Só um homem que teve de lutar duramente para manter o autodomínio ou o governo da sua razão sobre os seus instintos animais poderia realçar este ponto tanto como o faz Platão; cf. os passos referidos na nota 34 do capítulo 5, especialmente a história da besta que há no homem (*Rep.*, 588c), que é provavelmente de origem órfica, e nas notas 15 (1)-(4), 17 e 19 do capítulo 3, que não só mostra uma parecença assombrosa com certas doutrinas psicanalíticas, como também se poderia dizer que exibe fortes sintomas de repressão. (Ver também o princípio do Livro IX, 571d e 575a, que parece uma exposição da doutrina do Complexo de Édipo. A *República*, 548e-549d, lança talvez alguma luz sobre a atitude de Platão para com a mãe, tendo em conta especialmente que em 548e o seu irmão Glaucon é identificado com o filho em questão.) *Uma exposição excelente dos conflitos em Platão, e uma tentativa de análise psicológica da sua vontade de poder, é feita por H. Kelsen em *The American Imago*, vol. 3, 1942, pp. 1-110, e Wener Fite, *The Platonic Legend*, 1939.*

Àqueles platónicos que não estão preparados para admitir que dos anseios e clamores de Platão pela unidade e a harmonia e a unissonidade possamos concluir que ele próprio estava desunido e desarmónico, podemos lembrar que esta maneira de argumentar foi inventada por Platão. (Cf. *Banquete*, 200a, *seq.*, onde Sócrates argumenta que é uma inferência necessária e não simplesmente provável que quem ama ou deseja não possui aquilo que ama ou deseja.)

Aquilo a que chamei a *teoria política da alma* de Platão (ver também texto da nota 32 do capítulo 5), isto é, a divisão da alma de acordo com uma sociedade dividida em classes, há muito que perdura como base da maioria das psicologias. É também a base da psicanálise. Segundo a teoria de Freud, aquilo a que Platão chamava a parte dominante da alma tenta manter a sua tirania por meio de uma «censura», enquanto os instintos-animais proletários, que correspondem ao submundo social, exercem realmente uma tirania oculta, pois determinam a política do governante aparente. – Desde o «devir» e «guerra» de Heráclito, o domínio da experiência social tem influenciado bastante as teorias, metáforas e símbolos por meio dos quais interpretamos para nós próprios o mundo físico que nos rodeia (e nós próprios). Limito-me a referir

474 | A SOCIEDADE ABERTA E OS SEUS INIMIGOS

a adoção por Darwin, sob a influência de Malthus, da teoria da competição social.

(2) Podemos acrescentar aqui uma observação sobre o *misticismo*, na sua relação com a sociedade fechada e aberta e com o esforço da civilização.

Como mostrou McTaggart, no seu excelente estudo *Mysticism* (ver os seus *Philosophical Studies*, organizados por S. V. Keeling, 1934, esp. pp. 47 ss.), o misticismo tem duas ideias fundamentais: (*a*) a doutrina da *união mística*, ou seja, a asserção de que há uma unidade no mundo das realidades maior do que aquela que reconhecemos no mundo da experiência vulgar, e (*b*) a doutrina da *intuição mística*, isto é, a asserção de que há um modo de conhecimento que «leva o conhecido a uma relação mais direta e mais íntima com o que é conhecido» do que a relação entre o sujeito que conhece e o objeto conhecido na experiência vulgar. McTaggart afirma, com razão (p. 48), que «destas duas características, a mais fundamental é união mística», visto que a intuição mística «é um exemplo da união mística». Podemos acrescentar uma terceira característica, ainda menos fundamental, (*c*) o *amor místico*, que é um exemplo da união mística *e* da intuição mística.

Ora, é interessante (e isto não foi visto por McTaggart) que na história da Filosofia Grega a doutrina da união mística tenha sido afirmada em primeiro lugar por Parménides na sua doutrina holística do uno (cf. nota 41 deste capítulo). Depois por Platão, que acrescentou uma doutrina complexa da intuição mística e da comunhão com o divino (cf. capítulo 8), doutrina de que apenas estão em Parménides os primeiros balbuceios. A seguir por Aristóteles, em *De Anima*, 425b30 *seq.*, por exemplo: «A audição real e o som real fundem-se num só»; cf. *Rep.*, 507c, ss., 430a20 e 431a1: «O conhecimento real é idêntico ao seu objeto» (ver também *De Anima*, 404b16 e *Metafísica*, 1072b20 e 1075a2, e cf., de Platão, o *Timeu*, 45b-c, 47a-d; o *Menon*, 81a ss., o *Fédon*, 79d) e a seguir pelos neoplatónicos, que desenvolveram a doutrina do amor místico, da qual só o embrião se pode encontrar em Platão (por exemplo, na sua doutrina, *Rep.* 475 ss., de que o filósofo *ama* a verdade, que está relacionada de muito perto com as doutrinas do holismo e da comunhão do filósofo com a verdade divina).

Perante estes factos e a nossa análise histórica somos levados a interpretar o misticismo como uma das reações típicas ao colapso

NOTAS 475

da sociedade fechada, uma reação que, *na sua origem*, era dirigida contra a sociedade aberta e que pode ser descrita como uma fuga para o sonho de um paraíso no qual a unidade tribal se revela como a realidade imutável. Esta interpretação está em conflito direto com a de Bergson em *As Duas Fontes da Moral e da Religião*, pois Bergson afirma que é o misticismo que dá o salto da sociedade fechada para a aberta.

* Mas tem de admitir-se, claro (como Jacob Viner muito amavelmente me fez ver numa carta), que o misticismo é suficientemente versátil para funcionar em qualquer direção política, e mesmo entre os apóstolos da sociedade aberta os místicos e o misticismo têm os seus representantes. Foi a inspiração mística de uma sociedade melhor e menos dividida que sem dúvida animou não só Platão, mas também Sócrates.*

Pode observar-se que no século XIX, especialmente em Hegel e Bergson, encontramos um *misticismo evolucionista*, que, exaltando a mudança, parece estar em oposição direta ao ódio à mudança de Parménides e de Platão. E no entanto, a experiência subjacente a estas duas formas de misticismo parece ser a mesma, como se revela no facto de ser comum a ambos uma ênfase excessiva na mudança. Ambos são reações à assustadora experiência da mudança social: um, combinado com a esperança de que a mudança pode ser detida; o outro, com uma aceitação um tanto histérica (e sem dúvida ambivalente) da mudança como real, essencial e bem-vinda. – Cf. também notas 32-33 do capítulo 11, 36 do capítulo 12 e 4, 6, 29, 32 e 58 do capítulo 24.

(⁶⁰) O *Eutífron*, um dos primeiros diálogos, é normalmente interpretado como tentativa malsucedida de Sócrates para definir a piedade. O próprio Eutífron é a caricatura de um «pietista» popular que sabe exatamente o que os deuses desejam. À pergunta de Sócrates «O que é a piedade e o que é a impiedade?» faz-se-lhe responder: «Piedade é agir como eu faço! Isto é, processar quem seja culpado de homicídio, sacrilégio ou outro crime semelhante, mesmo que se trate do teu pai ou da tua mãe (...); enquanto impiedade é não os processar» (5, d/e). Eutífron é apresentado como acusador do pai por ter morto um servo. (Segundo a prova citada por Grote, *Plato*, nota da página 312, a lei ática obrigava qualquer cidadão a acusar em tais casos.)

476 | A SOCIEDADE ABERTA E OS SEUS INIMIGOS

(⁶¹) *Menexeno*, 235b. Cf. também a nota 35 deste capítulo e o fim da nota 19 do capítulo 6.

(⁶²) A ideia de que se queremos segurança temos de prescindir da liberdade tornou-se a trave-mestra da revolta contra a liberdade. Mas nada é menos verdadeiro. Não há na vida, é claro, nenhuma segurança absoluta. Mas até que ponto a segurança pode ser alcançada depende da nossa própria vigilância, garantida por instituições que nos ajudam a vigiar – isto é, por *instituições democráticas* que sejam concebidas (para usar linguagem platónica) para permitir à manada vigiar, e julgar, os seus cães de guarda.

(⁶³) Com as «variações» e «irregularidades», cf. *República*, 547a, citada no texto das notas 39 e 40 do capítulo 5. A obssessão de Platão com os problemas da propagação e do controlo da natalidade pode talvez ser explicada em parte pelo facto de ele compreender as implicações do crescimento da população. De facto (cf. o texto da nota 7 deste capítulo) a «Queda», a perda do paraíso tribal, é causada por um pecado «natural» ou «original» do homem, por assim dizer: por um desajuste na sua taxa natural de reprodução. Cf. também as notas 39 (3) do capítulo 5 e 34 do capítulo 4. Com a citação seguinte mais abaixo neste parágrafo, cf. *República*, 566e, e o texto da nota 20 do capítulo 4. – Crossman, cujo tratamento do período de tirania da história da Grécia é excelente (cf. *Plato To-Day*, 27-30), escreve: «Foram assim os tiranos quem realmente criou o *Estado* grego. Quebraram a velha organização tribal da primitiva aristocracia (...)» (*op. cit.*, 29). Isto explica porque Platão odiava a tirania, talvez ainda mais do que a liberdade: cf. *República*, 577c. – (Ver, no entanto, a nota 69 deste capítulo.) Os seus passos sobre a tirania, especialmente 565-568, são uma brilhante análise sociológica de uma política de poder consistente. Gostaria de lhe chamar a primeira tentativa de uma *lógica do poder*. (Escolho esta expressão por analogia com o uso da expressão *lógica da escolha* por F. A. von Hayek para a pura teoria económica.) – A lógica do poder é bastante simples e tem sido muitas vezes aplicada de forma magistral. O tipo oposto de política é muito mais difícil; em parte, porque a lógica da política do antipoder, isto é, a *lógica da liberdade*, ainda é pouco compreendida.

NOTAS 477

(^{64}) É bem sabido que a maioria das propostas políticas de Platão, incluindo o proposto comunismo de mulheres e crianças, andavam «no ar» no período de Péricles. Cf. a excelente súmula de Adam na sua edição da *República*, vol. I, p. 354 *seq.** e A. D. Winspear, *The Genesis of Plato's Thought*, 1940.*

(^{65}) Cf. V. Pareto, *Treatise on General Sociology*, § 1843 (tradução inglesa: *The Mind and Society*, 1935, vol. III, pp 1281); cf. nota 1 do capítulo 13, onde o passo é citado mais extensamente.

(^{66}) Cf. o efeito que teve em Carníades a apresentação por Glaucon da teoria de Licofronte (cf. a nota 54 do capítulo 6) e mais tarde em Hobbes. A professada «amoralidade» de tantos marxistas também vem ao caso. A gente de esquerda está amiúde convencida da sua própria imoralidade. (Isto, embora não venha tanto ao caso, é às vezes mais modesto e mais agradável do que o farisaísmo dogmático de muitos moralistas reacionários.)

(^{67}) O *dinheiro* é um dos símbolos, bem como uma das dificuldades da sociedade aberta. Não há dúvida de que ainda não dominámos o controlo racional do seu uso; o seu uso indevido mais importante é que pode comprar poder político. (A forma mais direta deste uso indevido é a instituição da mercado de escravos; mas é justamente esta instituição que é defendida na *República*, 563b; cf. nota 17 do capítulo 4; e nas *Leis* Platão não é contrário à influência política da riqueza; cf. nota 20 (1) do capítulo 6.) Do ponto de vista de uma sociedade individualista, o dinheiro é bastante importante. Faz parte da instituição do (parcialmente) *mercado livre*, que dá ao consumidor algum controlo sobre a produção. Sem uma instituição deste tipo, o produtor pode controlar o mercado em tal grau que deixa de produzir em nome do consumo, enquanto o consumidor consome em grande parte em nome da produção. – Este uso indevido do dinheiro, às vezes flagrante, tornou-nos bastante sensíveis e a oposição entre dinheiro e amizade que Platão estabelece é apenas a primeira de muitas tentativas conscientes ou inconscientes de utilizar esses sentimentos para fins de propaganda política.

(^{68}) O espírito de grupo do tribalismo não está, claro, inteiramente perdido. Manifesta-se, por exemplo, nas experiências muitíssimo valiosas da *amizade* e da *camaradagem*; também em movimentos juvenis tribalistas como os escuteiros (ou o Movimento da Juventude Alemã) e em certos clubes e sociedades adultas, como as descritas por Sinclair Lewis, por exemplo, em *Babbitt*. A importância daquela que é talvez a mais universal das experiências emocionais e estéticas não deve ser subestimada. Quase todos os movimentos sociais, sejam totalitários ou humanitaristas, são influenciados por ela. Desempenha um papel importante na guerra e é uma das mais poderosas armas da revolta contra a liberdade. Também, reconhecidamente, na paz e nas revoltas contra a tirania, mas nestes casos o seu humanitarismo é muitas vezes posto em perigo pelas suas tendências românticas. – Uma tentativa consciente e não desprovida de êxito de o ressuscitar com a finalidade de deter a sociedade e de perpetuar um domínio de classe parece ter sido o Sistema Inglês da Escola Pública. («Ninguém pode vir a ser um homem bom a não ser que os seus primeiros anos tenham sido entregues a jogos nobres» é o seu lema, tomado da *República*, 558b.)

Outro produto e sintoma da perda do espírito de grupo tribalista é, claro, a ênfase posta por Platão na analogia entre a política e a medicina (cf. capítulo 8, especialmente a nota 4), ênfase que exprime o sentimento de que o corpo da sociedade está doente, isto é, a sensação de tensão, de deriva. «Do tempo de Platão em diante as mentes dos filósofos políticos parecem ter recorrido a esta comparação entre medicina e política», diz G. E. G. Catlin (*A Study of the Principles of the Politics*, 1930, nota a 458, onde Tomás de Aquino, G. Santayana e o diácono Inge são citados em apoio desta afirmação; cf. também as citações em *op. cit.*, nota a 37, da *Logic* de Mill). Catlin também fala muito caracteristicamente (*op. cit*, 459) de «harmonia» e do «desejo de proteção, seja satisfeito pela mãe ou pela sociedade». (Cf. também a nota 18 do capítulo 5.)

([69]) Cf. capítulo 7 (nota 24 e texto; ver *Athen.*, XI, 508) para os nomes de nove desses discípulos de Platão (incluindo Dionísio, *o Jovem*, e Dio). Suponho que a repetida insistência de Platão no uso, não só da força, mas da «*persuasão* e da força» (cf. *Leis*, 722b e notas 5, 10 e 18 do capítulo 8) visava a crítica das táticas dos Trinta, cuja propaganda era realmente primitiva. Mas isto implicaria que Platão já conhecia a receita de Pareto para utilizar os

sentimentos em vez de os combater. Que o amigo de Platão Dio
(cf. nota 25 do capítulo 7) governou Siracusa tiranicamente, é
admitido mesmo por Meyer na sua defesa de Dio, cujo destino ele
explica, a despeito da sua admiração por Platão como político,
apontando «o abismo entre a teoria e a prática» (platónicas) (*op.
cit.*, V, 999). Meyer diz de Dio (*loc. cit.*) «O rei ideal tinha-se tornado, externamente, indestrinçável do mais desprezível tirano.»
Mas ele acredita que, intimamente, por assim dizer, Dio continuou a ser um idealista e que sofreu profundamente quando a
necessidade política lhe impôs o assassínio (especialmente o do
seu aliado Heráclides) e outras medidas do género. Penso, no
entanto, que Dio agiu de acordo com a teoria de Platão, teoria
que, pela lógica do poder, levou Platão, nas *Leis*, a admitir até
a bondade da tirania (709e, ss.; no mesmo lugar, pode também
haver a sugestão de que a derrocada dos Trinta foi devida ao seu
grande número: Crítias sozinho teria estado bem).

(70) O paraíso tribal é, claro, um mito (embora alguns povos
primitivos, especialmente os Esquimós, pareçam bastante felizes).
Pode não ter havido nenhum sentimento de deriva na sociedade
fechada, mas há indícios abundantes de outras formas de medo
– medo de poderes demoníacos por trás da natureza. A tentativa de ressuscitar essse medo e de o usar contra os intelectuais,
os cientistas, etc., caracteriza muitas manifestações recentes da
revolta contra a liberdade. Abona em favor de Platão, discípulo
de Sócrates, que nunca lhe tenha ocorrido apresentar os seus inimigos como filhos dos demónios das trevas sinistros. Neste ponto
manteve-se esclarecido. Era pouco dado a idealizar a maldade,
que para ele era simplesmente bondade depravada, ou degenerada ou empobrecida. (Só num passo das *Leis*, 896e e 898c, há o
que pode ser a alusão de uma idealização abstrata do mal.)

(71) Pode acrescentar-se aqui uma nota final sobre a minha
observação acerca do *regresso à animalidade*. Desde a intrusão do
darwinismo no campo dos problemas humanos (uma intrusão
de que não deveria culpar-se Darwin) tem havido muitos «zoólo-
gos sociais» que têm provado que a raça humana está destinada
a degenerar fisicamente porque uma insuficiente concorrência
física, e a possibilidade de proteger o corpo graças aos esforços da
mente, impedem a seleção natural de agir sobre os nossos corpos.

O primeiro a formular esta ideia (não que acreditasse nela) foi Samuel Butler, que escreveu: «O único perigo sério de que este escritor» (um escritor erewhoniano) «se apercebeu, foi o de que as máquinas» (e, poder-se-ia acrescentar, a civilização em geral) «diminuiriam (...) de tal modo a severidade da concorrência que muitas pessoas de compleição física inferior escapariam à deteção e transmitiriam a sua inferioridade aos descendentes.» (*Erewhon*, 1872; cf, a edição da Everyman, p. 161.) Que eu saiba, o primeiro a escrever um grosso volume sobre o assunto foi W. Schallmayer (cf. a nota 65 do capítulo 12), um dos fundadores do racismo moderno. Na verdade, a teoria de Butler tem sido continuamente redescoberta (especialmente pelos «biólogos naturalistas» no sentido do capítulo 5, acima). Segundo alguns escritores modernos (ver, por exemplo, G. H. Eastbrook, *Man: The Mechanical Misfit*, 1941), o homem cometeu o seu erro decisivo quando se tornou civilizado e especialmente quando começou a ajudar os fracos; antes disso era um homem-besta quase perfeito, mas a civilização, com os seus meios artificiais de proteger os fracos, conduz à degeneração e portanto tem, ao fim e ao cabo, de destruir-se a si própria. Em resposta a estes argumentos deveríamos, penso eu, começar por admitir que o homem provavelmente desaparecerá um dia deste mundo, mas acrescentar que isso também é próprio da mais perfeita das bestas, para já não falar daquelas que são «quase perfeitas». A teoria de que a raça humana poderia viver um pouco mais se não tivesse cometido o erro de fatal de ajudar os fracos é muitíssimo questionável, mas mesmo que fosse verdadeira – será realmente a mera duração da sobrevivência da raça tudo o que queremos? Ou será o quase perfeito homem-besta tão eminentemente valioso que deveríamos preferir o prolongamento da sua existência (já existiu, de qualquer modo, por bastante tempo) à nossa experiência de ajudar os fracos?

A humanidade, creio eu, não tem sido assim tão malsucedida. A despeito da traição de alguns dos seus líderes intelectuais, a despeito dos efeitos entorpecedores dos métodos platónicos na educação e dos efeitos devastadores da propaganda, tem havido alguns êxitos surpreendentes. Muitos homens fracos têm sido ajudados e há mais de cem anos que a escravatura foi praticamente abolida. Há quem diga que em breve será restabelecida. Sou mais otimista. No fim de contas, isso dependerá de nós. Mas mesmo que tudo isso deva perder-se outra vez e mesmo que tivéssemos

NOTAS

de regressar ao homem-besta quase perfeito, isto não alteraria o facto de que houve um tempo (mesmo que tenha sido breve) em que a escravatura desapareceu da face da Terra. Este feito e a sua memória pode, creio eu, compensar alguns de nós por todas as nossas inadaptações, mecânicas ou não. E pode até compensar alguns de nós pelo erro fatal cometido pelos nossos antepassados quando perderam a oportunidade dourada de travar toda a mudança de estabelecer para todo o sempre um jardim zoológico perfeito de macacos quase perfeitos.

ADENDA

(1) Aditado em 1965. Que a palavra «*douleia*» no passo em questão (*República*, 563d) comporta este sentido literal (*além do* sentido figurado que o Professor Levinson corretamente lhe atribui) é confirmado por Shorey, o grande platonista e inimigo declarado da democracia, que o Professor Levinson considera uma autoridade no texto de Platão. (Consigo muitas vezes concordar com a interpretação de Platão que faz Shorey porque ele raramente tenta humanizar ou liberalizar o texto de Platão.) Pois em nota de pé de página que Shorey anexa à palavra «servidão» (*douleia*) na sua tradução da *República* 563d, ele refere-se a dois passos paralelos: *Górgias* 491e, e *Leis*, 890a. No primeiro deles lê-se, na tradução de W. R. M. Lamb (edição da Loeb): «Pois como pode um homem ser feliz se for escravo seja de quem for?» Aqui a frase «ser escravo» tem, como a da *República*, não só o sentido figurado de «submeter- -se» como também o sentido literal; de facto, todo o objetivo é a fusão dos dois sentidos. No passo das *Leis* 890a (um ataque feito a certos sofistas da Grande Geração) lê-se, na tradução de Bury, (edição da Loeb) o seguinte: «estes professores [que corrompem os jovens] atraem-nos para a vida (...) 'segundo a natureza' que consiste em ser senhor sobre o resto, na realidade [*alétheia*], em vez de ser escravo de outros, de acordo com a convenção legal.» Platão alude claramente aqui, entre outros, aos sofistas (p. 97 e nota 13 do capítulo 5) que ensinavam que os homens não podem ser escravos «por natureza» ou «na verdade», só por «convenção legal» (por uma ficção legal). Assim, com esta referência, Shorey relaciona o passo crucial da *República*, pelo menos indiretamente,

482 A SOCIEDADE ABERTA E OS SEUS INIMIGOS

com a grande discussão clássica da teoria da escravatura («escravatura» no sentido literal).

(2) Não é de modo algum o único caso, como se pode ver no meu capítulo 8. O passo citado no texto da nota 2, por exemplo (*Rep.*, 389b), é um caso diferente do passo (*Rep.* 460a) que o Professor Levinson tem em mente. Há várias outros passos. Ver *Rep.* 415d e esp. *Tim.*, 18e, que provam como Platão considera a sua instrução para mentir suficientemente importante para ser incluída no muito breve sumário da *República*. (Ver também, *is*, 663d até 664b.)

Índice Remissivo

A Decadência do Ocidente (Spengler), 82, 331
Alcibíades I (Platão), 469
alma, 298-9, 304-5; como ponto de partida de todos os movimentos, 449-50; dividida, 473; e essência, 102-3; e história social, 311-2; e natureza, 106-7; individualidade, 236; individualismo moral de Sócrates, 453-4; segundo Platão, 78-9, 471-2;
alogos, 252, 361
altruismo: e coletivismo, 376-7; e individualismo, 132-5
amnistia, depois da queda de Atenas, 239
anamnese, 309
aparência e realidade, 299-301
Apologia [de Sócrates] (Platão), 402, 359-60; arbitrariedade, leis normativas, 91; conhecimento, 254; filosofia natural, 463-4; o julgamento de Sócrates, 241, 264; problema socrá-

tico, 646-8; Sócrates como moscardo, 240
archön, 290
aristocracia, 314-5, 372, *ver também* oligarquia; filósofos
aritmetização; geometria, 251, 360-3, *ver também* geometria; pitagorismo
arte: e essência, 102; e literatura, 325-6; parte e todo, 108-9
artificial e natureza, 102, 106-7
astrologia, 293-4, 333
Atenas, 222-3; atitude de Tucídides, 223-4; democracia, 238-9, 372; educação, 80; opinião de Platão sobre a democracia, 64-7, 79, 309, 313-4, 369-70; queda de, 39; Sócrates responsabilizado pela derrocada de Atenas, 238-9
Atomistas, 362
autarcia, 227-8, 345-6, *ver também* autossuficiência
autocrítica, autoridade e educação, 166

autoritarismo: atitude para com a crítica, 200; autoridade e educação, 165-8; e niilismo ético, 99, *ver também* totalitarismo; tirania

autossuficiência, 104, 118; falta de autossuficiência do indivíduo e cidades, 105-6, *ver também* autarcia

bárbaros, 339-41, 411-3; e gregos, 414-6

"bastardos": e filosofia, 413; racismo, 417-8

bem: Bem, 183-4; definição, 60, 304-5; e o coletivismo ético, 256-7; ética "científica", 341--2; papel do, 301-2; tirania, bondade da, 478-9

Bhalerum (Falera ?), 223-4

Bleak House (Dickens), 133

"bolchevismo", espectro, 139

caos, mito do, 295

caráter cíclico, evolução histórica, 291-4

Cármides (Platão), 40, 290

Cartago, 446

casta, 345-6; Estado de castas, 71-4, 320; rígido sistema de castas para impedir a mudança, 140-1; sistema de castas, origem, 330, *ver também* classe

causa e natureza, 103

censura, 118, 325-6

Christians in Class Struggle (Cope), 281

cidade: Cidade-Estado, *ver* Estado; as Cidades-Estado gregas, Declínio e Queda, 81; e natureza humana, 121; e a falta de autossuficiência do indivíduo, 105-6, *ver também* a inteira Cidade no Céu, 416

ciência dedutiva, a política como, 387-8

ciência social: Platão como cientista social, 59, 62-3, 80-2, 133-4, 184-5, 215, 245; prever acontecimentos, 380-1, 425-6

ciência, 216; a crítica como espírito da, 231; a honestidade de Sócrates, 164; Régia Ciência, 420, *ver também* conhecimento; ciência social

cientismo, 425-6

círculo encantado, 83, 333

cisma, 439-40

Civilização Ocidental: origem grega, 216, 220-1, *ver também* civilização

civilização: civilização ocidental, origem grega, 216, 220-1; e ao colapso do tribalismo, 221-2; e Darwinismo, 480-1; tensão da, 221-2, 441, *ver também* sociedade aberta

classe governante: e o Estado, 118; pastorícia, 75, 320-1; Platão, 75-8, *ver também* classe; Número Platónico

classe: abordagem historicista, 29, 117-8; as classes no melhor Estado de Platão, 72-8; classe dirigente de pastores, 75-8, 320-2; classe eleita, 27-9, 280--1; classe governante e estado, 118, 139-40; contra legislar para o povo vulgar, 317-8; divisão de classes, 64-6, 68-9, 317-8; e educação, 391-2; e justiça, 121-2; e raça, 75, 77; felicidade de se manter no seu lugar, 214; origem, 331-2; patriotismo dos oligarcas, 223-4; rígido sistema de castas para impedir a mudança, 140-1, *ver também* casta

coletivismo, 280-1; abordagem historicista, 29; coletivismo ético e bem, 236-7; coletivismo tribal e holismo, 108-9; e individualismo, 132-9, 376-7, 394-5; instituições, 394-5;

colonização, tentativa de impedir o colapso do tribalismo, 220-1

comércio e imperialismo ateniense, 226-7

comércio, 442-3; colapso do tribalismo, 222-3, *ver também* comunicação económica, comunicações marítimas e colapso do tribalismo, 222-3

Complexo de Édipo, 473

compromisso, 200

comunismo, 347-8; o melhor Estado de Platão, 73-4, 129-30

conflito e paz internacional, 147, 380-1, 429-34, *ver também* guerra

conhecimento e experiência, 351-2; ciência de, 51; conhecimento da razão, 50-1; conhecimento das próprias limitações, 175, 254, 396; e opinião, 50-4, 350; e percepção, 350-1; prossecução de,

409, *ver também* educação; filosofia; ciência

conquista dórica, 65, 320-2

constância, 55-6, 61, *ver também* constituições de estabilidade: Atenas e Roma, 446-7; classificação de, 311-2; justiça, 357-8

contrato social: origem da sociedade humana, 103-4; Rousseau, 357

convenção: e natureza, 83-113, 334-5, 382, 410-2, *ver também* convencionalismo normativo, 340-1, 347-8; convencionalismo crítico, 86-93, 95-6; origem da sociedade humana, 103-6

cópia, teoria das Formas ou Ideias, 60

corrupção: a capacidade corruptora do poder, 173-4, 396; a lei da mudança de Platão, 40, 42, 305-6, *ver também* mudança; crime; degenerescência; degeneração

cosmopolitismo, 412-3

cosmos, 32; lei cósmica, a lei da mudança social de Platão, 41-2; o fogo e a ordem cósmica, 35

crescimento da população: colapso do tribalismo, 220-1, 441, *ver também* experiências de criação; eugenia

Creta, 65, 71, 79, 81, 317, 323-4, 459

Criação: a criação de tiranos na Academia, 394-5; crescimento da população e Queda do Homem, 476; e o Número

486 | A SOCIEDADE ABERTA E OS SEUS INIMIGOS

Platónico, 353-4; hereditariedade, 354-6; preparação
filosófica, 188-90, *ver também* eugenia; infanticídio;
racismo
crianças: educação das, 260, *ver
também* educação
Crime, 438; exigências ao Estado, 144; engenharia social,
202; o crime internacional e
o Estado, 147, 428-9, *ver também* corrupção
cristianismo: altruísmo, 134-6;
e as opiniões de Platão sobre
o individualismo, 137; e leis
normativas, 92-3, *ver também*
religião
crítica: atitude do autoritarismo
para com a, 200; como espírito da ciência, 231; democrática e totalitária, 235-6
Críton (Platão), 240-1, 290, 415,
454, 458-61, 467-9, 472
Cronos, Idade de, 41, 292,
314-5

Darwinismo, 479-81
Decisões: ética, 92-4; e factos,
88-93, *ver também* dualismo
de factos e decisões
Declínio e Queda, histórias de,
81-2, 332-3
"definição", essência e mudança, 53-6
degeneração, 293-4; a lei da
mudança de Platão, 40-2,
60-3; a visão de Heráclito, 31;
contrariada pela preparação
filosófica, 189-90; imperfeição do indivíduo humano,

103-4, *ver também* mudança;
corrupção; degenerescência
Degenerescência: a lei da mudança de Platão, 40, 42-3,
293-4; e o Estado, 110-3, *ver
também* mudança; corrupção;
degeneração
democracia, 232, 444; a visão
de Platão, 64-7, 79, 309, 313-
-4, 369-70; Atenas, 66, 79, 238-
-9, 372; crítica, 235; defesa da
democracia ateniense, 444;
direito a eleger um tirano,
158-9; distinguir os problemas individuais dos institucionais, 161-3; durante a vida
de Platão, 39; e liberdade,
158-61, 388-9; e mérito, 232;
e oligarquia, conflito, 223-7;
e tirania, 158-61, 387-9; efeito
sobre Heráclito, 33; evolução do tribalismo na Grécia,
221-9; igualdade perante a
lei, 369; justiça, 123; restabelecida depois da queda de
Atenas, 218-9; Sócrates, 466-
-7, *ver também* igualitarismo;
liberdade; liberalismo; sociedade aberta
deriva e filosofia, 234-5
descrição e facto, 89
desigualdade: e justiça, 242;
naturalismo biológico, 98
destino, 282; a lei da mudança
de Platão, 43; Judaísmo, 31;
lei do, 34; mito do, 27-9; deuses, papel dos, 299
devir, 300-1; teoria de Heráclito,
32, 283-4; teoria de Platão,
297-8, *ver também* mudança

ÍNDICE REMISSIVO | 487

dialética, 170-1, 187-8; debate dialético proibido, 393-4; e esteticismo, 206
Dike, 369
dinheiro e sociedade aberta, 477-8
direito, *ver* justiça
direitos naturais e igualitarismo, 100, 340-1
divisão do trabalho e naturalismo biológico, 106-7
dórios, 76
douleia, 268-9, 481
Dualismo crítico (convencionalismo crítico), 86-96; e tendência geral para o monismo, 101
dualismo de factos e decisões, 89, *ver também* dualismo crítico

economia: divisão do trabalho e naturalismo biológico, 106-7; e formas de Estado, 65; interesses económicos como causa de desunião, 69-70; leis sociológicas, 94-5, *ver também* comércio
Édito glaucónico, 189-90
educação, 78-80, 260, 324-5; e classe, 391-2; e liderança 163, 165, 169-74; militarismo, 377-8; o álcool como instrumento de, 394-5; Sócrates como professor e filósofo, 163-70, *ver também* crianças; conhecimento
Egito, 317, 330, 402, 407
egoísmo: e individualismo, 152, 394-5; e protecionismo, 148--53

egoismo: egosimo de grupo, 376-7; e individualismo, 132-3, 137
engenharia parcelar, 197-9, 423-6, 435-6, *ver também* engenharia social
engenharia mecânica, comparada com a engenharia social, 204
engenharia social, 294-5, 423-4; comparada com a engenharia mecânica, 204; engenharia parcelar, 197-9; engenharia utópica, 197-209, 317-8, 424--5; Estado democrático, 146_-7; lei da mudança de Platão, 43-7, *ver também* engenharia parcelar; utopismo
engenharia, *ver* engenharia parcelar; engenharia social; utopismo
escola Cínica, 409, 413, 418-9
Escola Eleática, 471
escolas e tribalismo, 450-1
escravatura, 67, 72-3, 79, 276--7, 313-4, 319, 358-9, 445-6; democracia ateniense, 226-7; *douleia*, 267-8; e naturalismo biológico, 98
espaço: formas paradas, 317-8; Teoria das Formas ou Ideias de Platão, 48-9
Esparta, 39, 71-2, 76, 79-81, 112-3, 221-3, 225-6, 323, 441; gado humano, 324-5; mito, 65; música, 326-7; oligarcas conspiram com Esparta, 223--7, 233, 238, 257; simpatia de Tucídides, 223-4; tentativa de impedir a mudança fracassa,

244-5; tentativa de regressar ao tribalismo, 227-8, *ver também* Trinta Tiranos

espírito de grupo, influência hoje, 478-9

esquimós, 329

essência: a busca da, 51; e alma, 102-3; e essencialismo, 303-4; e natureza, 301-2; essencialismo metodológico, 54-5, 304-5; evolução social, 311--2; o essencialismo metodológico de Platão, 54-5, 247-8; virtude, 51

estabilidade, 141; e teoria do devir de Heráclito, 284-7, *ver também* constância

Estado paternal e patriotismo, 229-30

Estado: classe governante, 118; conflito e paz internacionais, 147, 380-1, 429-34; e lei, 108--9; e degenerescência, 110-3; e eugenia, 111-2; e indivíduo, 103-10, 148; educação, 166; melhor Estado, 70-80, 121, 129-30, 316-23; necessidade de ser autossuficiente, 118; origem, 328-30; papel do Estado e ética, 146; protecionismo, diferentes atitudes de Platão, 149-53; suas formas, 63-70, 313-4; teoria orgânica, 218, 440-1; visão humanitarista, 139-47, *ver também* governo, instituições; justiça; sociedade; utopismo

esteticismo: e ética, 435-6; engenharia utópica, 205-9

Estoicos, 340-1

ética: autonomia da, 337; coletivismo ético e bem, 349-50; constituições, 311-2; e estética, 435-6; e leis normativas, 92-4; e o naturalismo biológico, 96-7; Estado, papel do, 146; ética "científica", 341--2; interesse do Estado em impedir mudanças, 140-1; medo de assumir responsabilidades, 101; niilismo ético e autoritarismo, 99; positivismo ético, 99-100; sofrimento e felicidade, 422-3, *ver também* humanitarismo

eudemonismo, 312

eugenia, 77, 190-2, 270; o Número platónico, 112-3; e o Estado, 111-2, *ver também* criação; raça; racismo

Eutífron (Platão), 243, 290

evolução histórica: lei da, 112--3, *ver também* lei evolucionista

evolução social, essência, 311-2

exílio, 419-20

experiência: e conhecimento, 351-2; experiência prática e engenharia utópica, 202-3

factos, 335-6; leis naturais e normativas, 88-90

faculdades militares e autoridade, 185-6

Falero, 223

família, melhor Estado de Platão, 72-3

fascismo, semelhança com as ideias de Platão, 119

fé e razão, 179

ÍNDICE REMISSIVO

Fédon (Platão), 290-1, 297-8, 391-2; misantropia, 420; problema socrático, 464-71

felicidade: e justiça, 213-4; e revolução social, 215; e sofrimento, 422-3

fenomenologia, 304-5

Filebo (Platão), 184, 285

filosofia natural e o problema socrático, 464-7

filosofia: ascensão dela e revolução social, 234-5; deve ser interditada aos de baixo nascimento, 410-1; e física, teorias gregas, 32; filosofia natural, 463-4, *ver também* conhecimento

filósofos: como divinos, 407-8; como líderes do Estado, 110--1; e esteticismo, 206-7; educação das crianças, 260; mentiras propagandísticas, 175--81, 398-402; Platão como rei filósofo, 192-4, 421-2; reis filósofos, 175-6; Sócrates, 163-70, *ver também* liderança

fim: e meios, 201, 426-9; engenharia utópica, 198

física e filosofia, teorias gregas, 32

fogo e a teoria da mudança de Heráclito, 34-5, 285-7

força e persuasão, 478-9

Formas ou Ideias, 43, 47-56, 60-2, 81, 102, 110-1, 117, 295--9, 301-6, 309-10, 416; Bem, 183-4, 405-6; e natureza, 344--5; problema socrático, 461-2; reis filósofos, 182-3, 187-8, *ver também* mudança; Ideias

formas paradas, 42, 317-8

Gabii, 445

gado humano, 117, 324-5

gene, 310-1

geometria, 251-2; e irracionalidade da raíz quadrada de dois, 360-8, 391-2; geometria dos sólidos, 191-2; Teorema de Pitágoras, 165, 251, 361, 391-2, *ver também* aritmetização; Pitagorismo

ginástica e música, opinião de Platão, 78-9

Gobineau, Conde J.A., 29, 281

Górgias (Platão), 96-7, 466; igualitarismo, 125-6, 164, 370-1; justiça, 123, 138, 149--53, 379-80; natureza e convenção, 382-3; poder, 396; Pitagorismo, 252; Sócrates, 454-5

Górgias, escola de, 231

governo: formas de, 68-9; e leis, 414-5; mudança e constância, 55-6, *ver também* Estado

Grande Ano, 291-2

"Grande Geração", 98, 230--5, 240, 242, 245, 264, 411-2, 442-3

Grécia: a abordagem historicista de Heráclito, 31-8; Formas ou Ideias, 416; gregos e bárbaros, 415-6; origem da civilização ocidental, 216, 220-1

guerra do Peloponeso, 39, 223--6, 230, 238, 241, 402, 442-3

guerra: o Édito Glaucónico, 189-90; Platão e a educação, 80; teoria da mudança de Heráclito, 36-7, *ver também* conflito e paz internacionais

guerreiros autóctones, 400-2

Hades, 259-60

Hélade, 225-6, 232-3, 414

hereditário, 420

hilotas, assassínio de, 324-5

História da Guerra do Peloponeso (Tucídides), 223, 238

História do Número, 417-8

historicismo, 38, 40-1, 50, 282, 340-5; atitude do autor para com ele, 56; causas da guerra, 432-3; cidades-Estado gregas, Declínio e Queda, 81; e engenharia social, 47; e mudança, 34, 43; e naturalismo biológico, 109-10; e naturalismo, opiniões de Platão, 101-8; e Número platónico, 111-2; e teoria da natureza de Platão, 103; estabilidade do governo de classe, 117-8; Hesíodo, 31; histórias de Declínio e Queda, 331-2; imprevisibilidade dos acontecimentos sociais, 380-1; mito do destino, 27-9; opinião de Licofron sobre o Estado, 147-8; unidade, 31, *ver também* mudança; lei evolucionista; materialismo histórico

holismo, 132-3, 348-9; e coletivismo tribal, 108-9, *ver também* humano integral, uso do termo por Platão, 414-5

homem, enquanto moral, 337

humanidade, 190-1; e razão, 236

humanidade: unidade da, 411-2, *ver também* monoteísmo

humanitarismo, 227-8, 246, 265; e a guerra de classes em Atenas, 229; e anti-humanitaristas, 385-6; e individualismo, 442-3; hostilidade de Platão, 416; justiça, teoria da, 126-7; opiniões de Platão sobre o individualismo, 137-8;opiniões do autor, 336-7; Platão visto como humanitarista, 119, *ver também* democracia; igualitarismo; Grande Geração

Idade de Ouro: e a lei da mudança de Platão, 41-7; vista por Heráclito, 31

idade, a opinião de Platão sobre a educação, 169-71

Ideias: Ideia de sabedoria, 184-5; Ideia de Verdade, 182; Odeia do Bem, Formas ou Ideias, 183-4, 405-6, *ver também* Formas ou Ideias

igualdade natural, 360

igualitarismo, 245, 411-2; a visão de Rousseau, 374-5; anti-igualitarismo, 339-40, 372-4; Atenas, 70-1; e justiça, 123-32, 369, 373-4; e naturalismo biológico, 96-7; e naturalismo, 100, 128-32, 370-1, 382-3; e o protecionismo, 383-4; Kant, 373-4; Licofron, 382; o racismo de Platão, 190-1; opiniões do autor, 336-7;

ÍNDICE REMISSIVO

os ataques insultuosos de Platão, 369-70; Platão a respeito de igualdade e virtude, 360; Platão evita discutir o, 153; Sócrates, 164, 168-9, 466, *ver também* democracia; humanitarismo

imitação, *ver* cópia

imortalidade, Sócrates, 465

imperialismo: ateniense, 22-3, 227-9; e totalitarismo, 227-8

Império Romano, 226-7, 446-7

individualismo, 245; e altruísmo, 133-5; e coletivismo, 132--9, 376-7, 394-5; e egoísmo, 132-4, 137; e egoísmo, 152, 394-5; e humanitarismo, 137--8, 442-3; e justiça, 132-9, 379-80; e tribalismo, 236; Sócrates, 164, 236, 453-4, 466

indivíduo: abordagem historicista, 27; e o Estado, 103-10, 148; e o todo, 414-5; falta de autossuficiência, 105-6; imperfeição do e o Estado, 103-4

indução, Sócrates, 254

infanticídio, 271, 323-4, *ver também* criação

instituições sociais, leis sociológicas, 94-5

instituições: classificação, 311--2; compromisso, 200; e engenharia social, 43-7; e pessoal nas democracias, 161-3; leis sociológicas, 94-5, *ver também* Estado

insubordinação, 181

inteligência, Sócrates, 2367

isonomia, 125, 369-71

Jónia, filósofos, 282

Judaísmo: destino, 31; povo eleito, 280-1, *ver também* religião

Justiça: Baker sobre a Justiça Platónica, 358-9; constituições, 357-8; definição, 122-3; e classe, 121-2; e desigualdade, 242; e felicidade, 213-4; e individualismo, 379-80; e temperança, 130-1, 376-7; e totalitarismo, 120-4; Heráclito e a guerra, 37; igualitarismo, 123-3; individualismo e coletivismo, 132-9; laços espirituais, sociedade aberta, 220--1; papel histórico da teoria de Platão, 461; pesos da balança, 368-9; protecionismo, 149-53, 384-5; significado para Platão, 120-2, 155; visão humanitarista do Estado, 139-47

laissez faire (política): educação, 166-7; e o Estado, 144

lei da evolução, 62; abordagem historicista, 28, *ver também* mudança; evolução histórica

lei dórica, 393-4

lei sã, 343

Leis (Platão), 96-7, 119, 167-8, 459-60; alma, 61, 101, 304-5, 309; Declínio e Queda, 81; democracia, 309; escravatura, 319, 389-90; esteticismo, 108--9; formas de governo, 314--5; igualdade, 123, 370-1; justiça e igualdade políticas, 360; justiça, 135-7, 241, 264; militarização da sociedade,

271-7; mudança, 63; naturalismo, 105-6; origem da lei, 299; origem da sociedade, 103; pastores e classe governante, 75, 320; Platão desculpa o seu fracasso, 421-2; problema socrático, 465, 468; rejeição do igualitarismo, 128-9, 372-3; religião, 180-1; teoria cíclica, 292-3; teoria da mudança, 306-7; tirania, 69-70

leis naturais, 341-3, 380-1; e leis normativas, 84-8, 343-4; naturalismo biológico, 98-9; positivismo, 343; tribalismo, 35

leis normativas: e leis naturais, 84-8, 343-4; factos e decisões, 88-94; instituições, 94-5; por oposição a natureza, 96-7, *ver também* leis

leis sociológicas, 94-6

leis: corrupção e leis da mudança, 40-2, 60-3, 293-4; destino, 34, 43; e governo, 314-5; e o Estado, 108-9; evolução, 28, 62, 112-3; lei cósmica, 41-2; leis sociológicas, 94-6; matar e banir (princípio), 261-2, 269; moralidade, 379--80; naturalismo biológico, 96-9; origem, 299; questionar o proibido, 393-4, *ver também* leis da evolução; leis naturais; leis normativas

liberalismo: e o Estado, 144, *ver também* democracia; liberdade

liberdade: e democracia, 158--61, 388-9; liberdade e segu-

rança, 476; oração fúnebre de Péricles, 232-4; visão humanitarista do Estado, 143-4, *ver também* democracia

líder natural, Platão, 101

liderança: democracia e tirania, 160-1; e educação, 163, 165, 170-4; o ditador benévolo, teoria do, 396; pessoal e instituições nas democracias, 161--3; qualidade da, 158; seleção do líder, 173-4, 394-5; soberania, teoria da, 156-9; tradução de *archon* como líder, 174, *ver também* filósofos

liquidar, 207, 437

Lisistrata (Aristófanes), 227

Longas Paredes, 223-4

mágico, tribalismo, 87, 216-7

maiêutica, 254

maoris, 216, 440

marxismo: abordagem historicista, 29; o fim justifica os meios, 427

matar e banir (princípio), 261--2, 269

materialismo histórico, teoria de Marx, 63

médicos, comparação dos governantes com eles, 176-7

meios e fim, 201, 425-9

Menexeno (Platão), 233, 244, 499-50; democracia, 372

Ménon (Platão), 165, 290, 303, 361-3, 368, 392, 466-70, 474

mentira nobre, 398-9, *ver também* propaganda

mentiras: mentiras propagandísticas, 175-81, 269-70, 398-

ÍNDICE REMISSIVO 493

-402; o papel dos governantes é dizê-las, 175-81, 398-402; os governados punidos por elas, 176, *ver também* propaganda
mercado livre, 477
mérito e democracia, 232
Mesopotâmia, 329-30
metodologia: ciências físicas e ciências sociais, 303-4; essencialismo metodológico, 54-5, 247-8, 304-5; nominalismo metodológico, 55-6, 304-5
militarismo: disciplina militar, 136, 171-2; educação, 379-80; militarização da sociedade na guerra e na paz, 271-7
misantropia, 420
misologia, 231, 448-9
misticismo, 473-4; e antirracionalismo, a filosofia de Heráclito, 35-6
Mito do Sangue e do Solo, 177-80
mitologia e a Teoria das Formas ou Ideias de Platão, 49
Moeda, 447-8
monismo ingénuo, 86, 95-6, 101
monismo, 340-1; monismo ingénuo, 86, 95-6, 101
monoteísmo, 408-12
moralidade: decisões morais, 89; e a lei, 379-80; intelectualismo moral de Sócrates, 163-5; o homem enquanto moral, 337; o individualismo moral de Sócrates, 453-4, *ver também* ética
mudança: a abordagem de Heráclito, 32-7, 290-1; a luta de

classes como promotora da, 11-2; a teoria de Platão da, 40-2, 59-82, 305-9; como prejudicial para o poder, 314-5; destino, 43; e constância, 35-6; e corrupção, 40, 42, 304-5; e degeneração, 40-2, 60-3; e repouso, 189-90, 409; engenharia social, 43-7; fogo, Heráclito sobre a, 34-5, 285-8; futilidade da tentativa de regressar ao passado, 247-8; Idade de Ouro, 42-3, 46-7; lei invariável da, 34, 43, 60; natureza e prevenção da, 117; o insucesso de Esparta para impedir a, 244-5; ódio de Platão à, 170-1, 447-8; rígido sistema de castas para impedir a mudança, 140-1; Teoria das Formas ou Ideias de Platão, 43, 47-56, 60-2, 81, 102, *ver também* degenerescência; degeneração; lei do desenvolvimento; devir; Formas ou Ideias; desenvolvimento histórico
música, 326-7; e ginástica, opinião de Platão, 78-9

nascidos da terra, 321-2
naturalismo biológico, 96-100, 112-3; e divisão do trabalho, 106-7; e historicismo, 109-10, *ver também* naturalismo
naturalismo espiritual, 100-7
naturalismo psicológico, *ver* naturalismo espiritual
naturalismo, 86, 346-9; e historicismo, opiniões de Pla-

A SOCIEDADE ABERTA E OS SEUS INIMIGOS

tão, 101-8; e igualitarismo, 100, 128-32, 370-1, 382-3; e mudança, 117; e naturalismo biológico, 96-100, 106-7; 112-3; naturalismo espiritual, 100-1, 103, 106-7

natureza humana: e a cidade, 121; leis da, 94-5, *ver também* indivíduo

natureza: e alma, 106-7, 345-6; e artifício, 102, 106-7; e convenção, 83-113, 334-5, 383-4, 411-2; e prevenção da mudança, 117; e raça, 103; essência, 101-2; Formas ou Ideias, 344-5

niilismo, 144-51, 230; niilismo e autoritarismo éticos, 99

nominalismo, nominalismo metódico, 55-6, 304-5

normas, 335-6; positivismo ético, 99-100; tendência a reduzir a factos, 101, *ver também* convenção

Nova Política Económica, 207

Número Platónico, 186-7, 191-2, 350-4; e eugenia, 112-3; História do Número, 417-8

Número, *ver* Número Platónico

oligarquia, 314-5; classe e patriotismo, 223-4; e democracia, conflito, 223-7, 233; Oligarcas, 442-3; opinião de Platão, 64-5; Velho Oligarca, 241-5, 457, *ver também* aristocracia; plutocracia

opinião e conhecimento, 50-4, 348-9

oração fúnebre de Péricles, 232-3, 244, 273, 370-1

organismo, comparação com a sociedade fechada, 218

Origem da desigualdade (Rousseau), 375

origem: e natureza, 103; origem das coisas, 451

ouro e moeda, 447-8

Parte: e todo, 108-9, *ver também* holismo

pastorícia, classe governante, 75, 320-2

patriotismo: atitude de Tucídides, 229-30; dos oligarcas, 223-4; patriota, origem do termo, 229; Peloponeso, 39, 75-6, 180

Pensamento crítico, 449-50

pensamento independente, 185-6, 406-7

perceção e conhecimento, 350-1

periodicidade, 284-5

persuasão: e força, 478-9; e mentiras propagandísticas, 175-81, 269-70, 398-402

pi, 366-7

piedade, 476

Pireu, 223, 238

Pitagorismo, 111-2, 186-8, 251, 361, 451-2; Sócrates, 463-4, 470-1, *ver também* aritmetização; geometria

Planificação, planificação coletivista, 424-5

Platão: como cientista social, 59-63, 80-2, 133-4; como irracional, 112-3; como rei filó-

ÍNDICE REMISSIVO

sofo, 192-4; conflito interior, 142; idealização, 120, 367-8, 421-2; influência, 66, 118-20, 137, 149; influenciado pela seita pitagórica, 111-2; influenciado por Heráclito, 37; influenciado por Hesíodo, 32; influenciado por Parménides, 43, 51; influenciado por Sócrates, 40, 51, 100, 142, 163; origem aristocrática, 40, 49; pano de fundo histórico, 39-40; traição de Sócrates, 241, 460-1

Plateia, ataque a, 443-4

platonismo e totalitarismo, 214-5

pobreza, vista por Péricles, 232

poder: capacidade corruptora, 173-4, 396; como indivisível, 387-8; e razão, 190-1, *ver também* liderança

polícia e engenharia social, 45

Polinésios, 216

Política (Aristóteles), 224-5, 306, 309, 314-5, 370-1; protecionismo, 381-2

política: ciência e conhecimento, 51; como ciência dedutiva, 387-8; e esteticismo, 206; visão humanitarista do Estado, 142-7

Político (Platão), 306, 461; caráter cíclico da evolução, 292; classe governante, 75-6; como antidemocrático, 461; corrupção, 41; escravatura, 319; formas de Estado, 313-4; formas de governo, 68-9; idade de ouro, 42; matar-e-

-banir, 261; mudança, 63, 307-8, 310-1; pastorícia, 321-2; política, 355-6 problema socrático, 465; Régia Ciência do Governo, 207, 420

positivismo, 334-5; lei natural, 343

povo eleito/raça/classe, 27-9, 280-1

progresso: lei do, 331-2, *ver também* lei da evolução

propaganda, mentiras propagandísticas, 175-81, 269-70, 398-402, *ver também* mentiras

proposições e propostas, 335-6

protecionismo, 381-2; diferentes atitudes de Platão, 149-53; e egoísmo, 148-9, 152-3; e igualdade, 383-4; e justiça, 149-53, 384-5; visão humanitarista do Estado, 144-9

psicologia e a teoria da alma de Platão, 473

psicologismo, 334-5; causas da guerra, 432-3

punição, teoria da, 357

Queda do Homem, 191-2, 244, 309, 417-8, 476

questão meliana, 443-4

raça e classe, 75, 77; e natureza, Platão, 103, *ver também* eugenia

racionalidade: eugenia e Estado, 111-2; irracionalidade nas raízes quadradas, 361-8, 391-2; racional e irracional, 296, *ver também* Número Platónico racismo, 186-92, 269-71, 417-8; Mito do Sangue e do Solo, 177-9, *ver também* bárbaros; criação; eugenia

radicalismo, 205; e esteticismo, 208-9

raíz quadrada, irracionalidade, 360-8, 391-2

razão: e fé, 179; conhecimento da razão, Parménides e Platão, 50-1; e humanidade, 236; e poder, 190-1; hostilidade de Platão, 245; o ensinamento de Sócrates, 231; teoria de Heráclito, 36

realidade e aparência, 299--300

refeições, importância das refeições em comum, 377-8

reforma, *ver* engenharia parcelar

Régia Ciência do Governo, 420

relações pessoais, sociedade aberta, 219-20

relações, 331-2

relativismo, teoria da mudança de Heráclito, 37

religião, 451; abordagem historicista, 29; autonomia da ética, 93-4; como mentira propangandística, 179-80; e leis normativas, 92-3, *ver também* Cristianismo; Judaísmo

República (Platão), 63-97, 127--36, 170-1; alma, 78-9, 471-2; arte e literatura, 325-6; ataque contra a Antístenes, 410--1; autoritarismo, 167-8; bem, 60; caráter cíclico da evolução, 291-2; classe governante

e nascidos da terra, 76; democracia, 66; distorção de Sócrates, 241; enquanto antidemocrática, 461; escravatura, 72-3, 267-8, 213-4, 319, 358-9; Estado e indivíduo, 108-9; Formas ou Ideias, 49, 297-8, 300-1; holismo, 348-9; Ideia do Bem, 183-4, 404-5; igualdade exílio, 128-9, 369-70; individualismo, 134-5; justiça, 119, 121-4, 138; liberdade e democracia, 388-9; melhor estado, 70-1; mentiras, 177, 269; mudança, 69-70, 308-11; naturalismo espiritual, 103; pastorícia, 321-2; persuasão e mentiras propagandísticas, 398-402; poder, 396; problema socrático, 266-7, 461, 463-9; protecionismo, 149--53; racismo, 178, 180, 185-6, 190-1; rei filósofo, 175, 182, 192-4; reivindicação da realeza por Platão, 191-2; teoria contratualista, 105-6

"República", tradução errónea de Platão, 120

retórica, 165

Revolução da Córcira, 224

revolução social: e ascensão da filosofia, 234-5; e infelicidade, 215; efeitos em Heráclito, 33

revolução: lei das revoluções, 316; Marx e Platão, 205; Platão visto como um revolucionário, 119; vista por Platão, 81, *ver também* utopismo

Road to Serfdom, The (Hayek), 424

ÍNDICE REMISSIVO | 497

romantismo, 209, 357, 438
Rússia, 199, 207

sabedoria, 406; a Ideia de Sabedoria, 184-5; conhecimento
das próprias limitações, 173-4, 396; e soberania, 390-1;
homens sábios como líderes,
105-6; visão de Heráclito, 36
Samos, 226
Segunda Carta, 472
segurança e liberdade, 476
seguro e engenharia social, 45
Seitas órficas, 234
semântica, 403-4
sentido, 334-5
Sétima Carta, 40, 290, 393, 406,
419, 465, 469
Simpósio (Platão), 307-8
soberania, 390-1; limitações,
157; teoria da, 156-9; *ver também* democracia, liderança
sociedade aberta, 86, 218-20,
279-80; contributo de Sócrates, 235-40; e dinheiro, 477-8; e sociedade fechada, 439-40; evolução do tribalismo
na Grécia, 221-9; Grande
Geração, 230-5; nova fé em,
229, *ver também* sociedade
fechada
sociedade abstrata, 219
sociedade e indivíduo, 104; as
formas de Estado em Platão, 63-70; contrato social,
103-4, *ver também* sociedade
fechada; sociedade aberta
sociedade fechada, 279-90, 340-1; colapso, 244; definição,
218; e misticismo, 274-5;

ver também sociedade; tribalismo
Sócrates: a traição de Platão,
241, 460-1; aparência física,
471-2; como filósofo e professor, 163-70; como moscardo,
240; julgamento, 264-5; oposição aos Trinta Tiranos, 164;
retratado por Platão, 241-4;
retrato dele no *Teeteto*, 254
Sofista (Platão), 255, 285, 290,
297-8, 301, 303, 310
sofistas, 83, 168-9, 179, 217, 297-8, 384-5, 465; e naturalismo
biológico, 96-7
sofrimento e felicidade, 422-3
Suméria, 442

tabus, 217, 280-1
tecnologia social, 295
Teeteto, datação, 153-5, 372
Témis, 368-9
temperança e justiça, 130-1,
376-7
tempo, 298-9
tensões entre classes, 282; a
luta de classes como promotora da mudança, 111-2;
Atenas e Tucídides, 223-5;
depois da guerra do Peloponeso, 241; e humanitarismo
em Atenas, 229; Platão sobre
como evitar, 71-2; sociedade
aberta, 128, 221-3
teoria contratual do Estado,
103-6, 148, 328-9, 347-8, 357,
382
teoria idealista, Platão, 117
"terceiro homem", 310-1

498 | A SOCIEDADE ABERTA E OS SEUS INIMIGOS

Timeu (Platão), 40, 293-4, 299; conhecimento, 52; divisão de classes, 317-8; Formas ou Ideias, 48-9, 297-8, 302-3; geometria, 263-8; mudança, 307--8, 310-1; origem das espécies, 61-2

timocracia, vista por Platão, 64-5, 72-3

tirania, 64-9, 314-5; bondade dela, 478-9; direito democrático a eleger tiranos, 158-9; e democracia, 158-61, 388-9; ódio de Platão, 214, 245, 476; tiranos, discípulos de Platão, 394-5, *ver também* autoritarismo; totalitarismo

todo: e indivíduo, 414-5; e parte, 108-9, *ver também* cidade, holismo

totalitarismo: apoio de Platão, 117-20; crítica, 235-6; e imperialismo, 227-8; e platonismo, 214-5; justiça, definição, 122-4; visão da justiça de Platão, 120-2, *ver também* autoritarismo

trabalho manual, 347-8

tradução, as opiniões de Platão suavizadas, 120

tribalismo, 246; a tentativa de regresso a ele em Esparta, 227-8; abordagem historicista, 28; colapso do tribalismo e individualismo, 236; colapso em consequência do crescimento da população, 220-1; coletivismo tribal e holismo, 108-9; destruído pelas conquistas persas, 451; e desenvolvimento da democracia na Grécia, 221-9; espírito de grupo, influência atual, 478-9; leis legais e naturais, 35; magia, 87, 216-7; o desejo de Platão de voltar a ele, 215; segurança, 221--2; sociedades tribais, 81, 83, *ver também* sociedade fechada

tribo e deuses gregos, 49

tribos nómadas: a autoridade patriarcal de Platão, 75, *ver também* tribalismo

tributação, imperialismo ateniense, 226-7

Trinta Tiranos, 245-8, 257-9, 448-9, 456-7; derrota depois da queda de Atenas, 242; governo, 39-40, 179, 230, 238--9; oposição de Sócrates, 164, 390-1, *ver também* Esparta

unidade, historicismo, 31

unissonidade, 407, 473

utilidade coletiva, princípio da, 176-7

Utilitaristas, sofrimento e felicidade, 422-3

Utopismo: crítica de Marx, 204--5; engenharia utópica, 197--209, 317-8, 424-5; programa utópico, Platão, 69-70; sistemas utópicos, 46; *ver também* Estado, melhor Estado

verdade, 335-6, 404-5; a Ideia de Verdade, 182; e o Mito, 181; possuída pelos sábios de Platão, 168-9, *ver também* factos; mentiras

ÍNDICE REMISSIVO

viajar, restrições às viagens ao estrangeiro, 447-8

vingança, 442-3

Violência e engenharia utópica, 202

Virgo, 369

virtude, 231; e igualdade, 360; procura da essência, 51

Zeus, idade, 41

Índice

Prefácio à Edição Portuguesa	i
Prefácio da Primeira Edição	9
Prefácio da Segunda Edição	11
Agradecimentos	15
Introdução	17

O MITO DA ORIGEM E DO DESTINO	25
1. O historicismo e o mito do destino	27
2. Heráclito	31
3. A teoria platónica das Formas ou Ideias	39

A SOCIOLOGIA DESCRITIVA DE PLATÃO	57
4. Mudança e repouso	59
5. Natureza e convenção	83

O PROGRAMA POLÍTICO DE PLATÃO	115
6. Justiça Totalitária	117
7. O princípio da liderança	155
8. O Filósofo-rei	175
9. Esteticismo, perfecionismo, utopismo	197

O PANO DE FUNDO DO ATAQUE DE PLATÃO	211
10. A Sociedade aberta e os seus inimigos	213

Adenda (1957, 1961, 1965)	249
Notas	279
Índice Remissivo	485

Impressao e acabamento:

infinity

infinitygrafica.com.br/